| 유형의 완성 |

개념원리

RPM

미적분

개념원리
인강

개념원리 수학연구소

함께 만드는 최상의 수학 콘텐츠, RPM

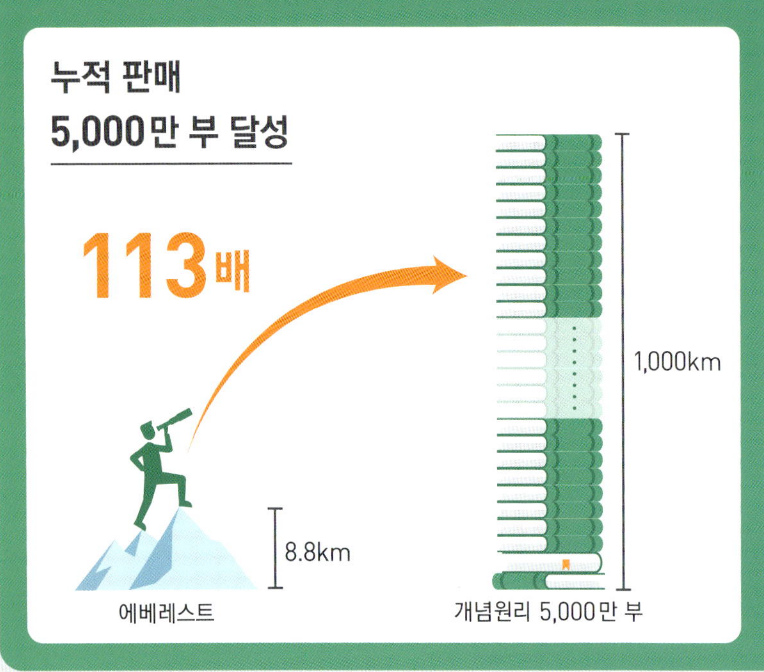

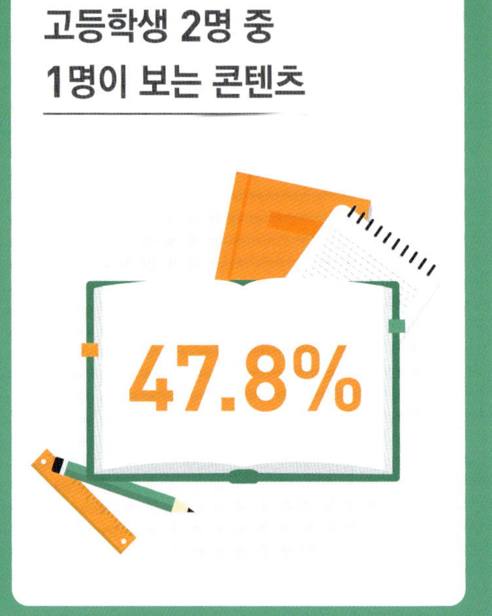

01 실사용자 의견 반영

교재 개발 시, 학생 교사 학원강사 500명 대상

3차례 검토 과정을 통한 실사용자 의견 반영

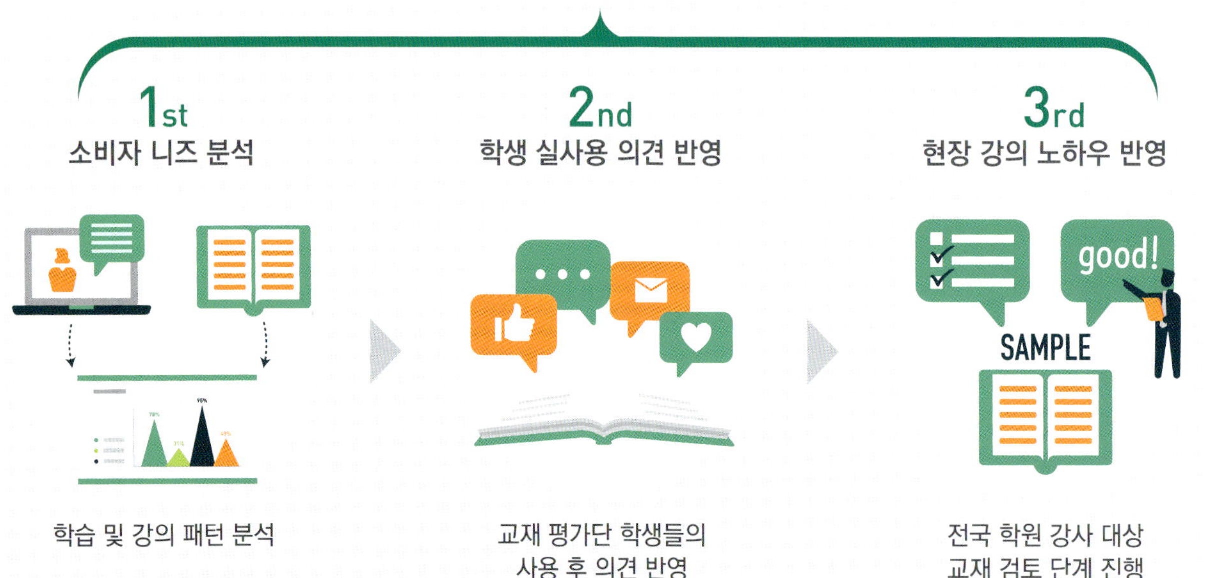

학습 및 강의 패턴 분석	교재 평가단 학생들의 사용 후 의견 반영	전국 학원 강사 대상 교재 검토 단계 진행

02 빅데이터 분석

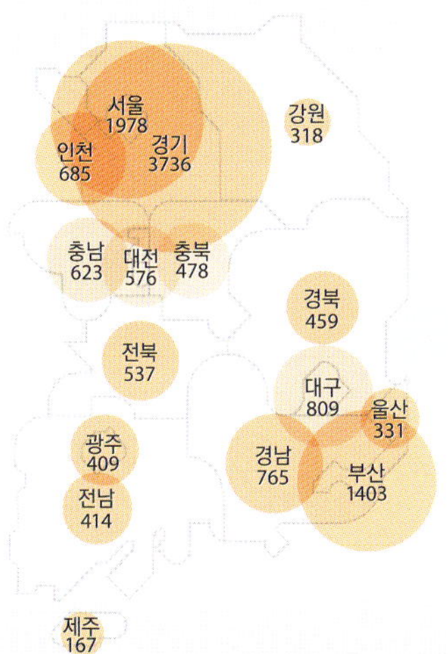

분석 시험지 총 수

13,688 장

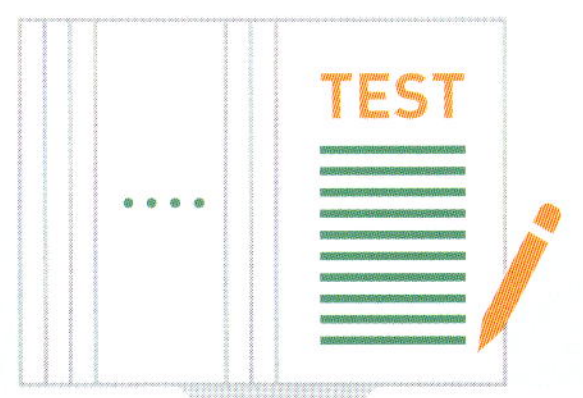

분석 기출문제 수

301,137 문제

트렌드 A

분석

평가원·교육청 기출문제와 동일
혹은 변형한 기출문제
출제율 증가

16% → **23%**

TEST

2017   2018

결과 반영

기출문제 보강 및
기출문제 수 추가

↑ 1.34배

47 문제 (Before)

63 문제 (After)

트렌드 B

분석

변별력을 요하는
고난도 문제 평균
1-2 문제씩 출제

$$\sqrt{2} \times \int_2 \cdots (\alpha+\beta)^2$$

결과 반영

고난도 문제를 위한

유형 UP
코너 신설

NEW

15 코너 신설

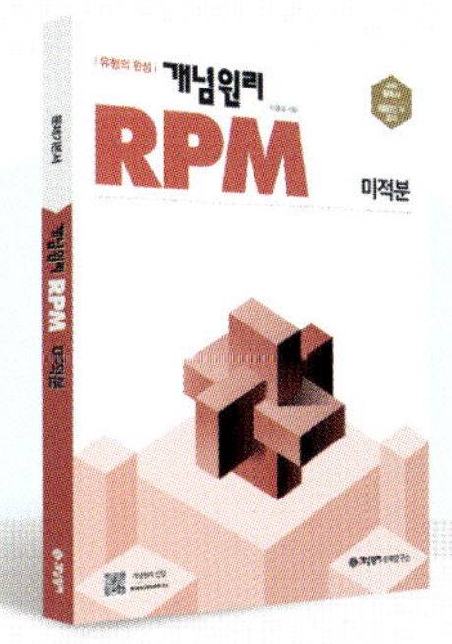

개념을 알면 원리가 보인다
유형의 완성, RPM

개념원리

| 발행일 | 2025년 12월 30일 2판 8쇄 |
| 기획 및 개발 | 개념원리 수학연구소 |

사업 책임	정현호
마케팅 책임	권가민
제작/유통 책임	이미혜, 이건호
콘텐츠 개발 총괄	한소영
콘텐츠 개발 책임	김현진, 모규리, 오서희
디자인	스튜디오 에딩크, 손수영

펴낸이	고사무열
펴낸곳	(주)개념원리
등록번호	제 22-2381호
주소	서울시 강남구 테헤란로 8길 37, 7층(역삼동, 한동빌딩) 06239
고객센터	1644-1248

1001 ④　　1002 1　　1003 3　　1004 e^x+C　　1005 $\dfrac{16}{3}$

1006 $2-2\ln 2$　　1007 $-\dfrac{1}{3}$　　1008 $\dfrac{1}{2}$　　1009 ④

1010 $\sqrt{3}$

09 정적분
본문 142~157쪽

1011 12　　1012 $\ln 6$　　1013 1　　1014 $\dfrac{26}{\ln 3}$　　1015 2

1016 $\dfrac{1}{2}$　　1017 $\dfrac{8\sqrt{2}}{3}$　　1018 $2-e-\dfrac{1}{e}$

1019 $\dfrac{7}{\ln 2}-3$　　1020 $-2\pi^2$　　1021 4

1022 $2\left(e^4-\dfrac{1}{e^4}\right)$　　1023 2　　1024 21

1025 $2\sqrt{3}-\dfrac{4\sqrt{2}}{3}$　　1026 $\dfrac{14}{3}$　　1027 $\dfrac{1}{6}\ln\dfrac{13}{4}$

1028 1　　1029 2　　1030 $f(x)=e^x$

1031 $f(x)=\dfrac{1}{x}+4$　　1032 $f(x)=2\cos x$　　1033 0

1034 π　　1035 ①　　1036 $16\sqrt{2}-6$　　1037 ①

1038 18　　1039 ②　　1040 $\dfrac{e^2}{2}+2-\dfrac{1}{2e^2}$　　1041 ③

1042 25　　1043 $\dfrac{\pi}{2}-1$　　1044 π　　1045 ②　　1046 $\dfrac{2}{3}$

1047 ②　　1048 5　　1049 $4+\dfrac{\pi}{2}$　　1050 $-\pi-2$　　1051 ②

1052 $\dfrac{1}{e}+e-2$　　1053 4　　1054 14

1055 $e^2-\dfrac{1}{e^2}$　　1056 0　　1057 2　　1058 ③　　1059 ④

1060 ④　　1061 5π　　1062 ②　　1063 $\dfrac{1}{3}$　　1064 0

1065 ②　　1066 ①　　1067 ②　　1068 $\dfrac{1}{2}$　　1069 e^2

1070 $\ln 2$　　1071 ②　　1072 $-\dfrac{2}{5}$　　1073 ⑤　　1074 ②

1075 $\dfrac{\pi}{8}$　　1076 ②　　1077 π　　1078 ③　　1079 ①

1080 ②　　1081 6　　1082 $9\ln 3-4$　　1083 ②

1084 ④　　1085 ①　　1086 $f(x)=\ln x+\dfrac{1}{2-e}$　　1087 $\dfrac{1}{2}$

1088 $2e-5$　　1089 ⑤　　1090 -8　　1091 6　　1092 $e+1$

1093 1　　1094 $e-1$　　1095 ④　　1096 $f(x)=\cos 2x$

1097 ③　　1098 $-2e^{2\pi}$　　1099 ⑤　　1100 ①

1101 $\dfrac{3}{2}(e+1)$　　1102 $\dfrac{e}{2}$　　1103 $\dfrac{\pi}{4}$　　1104 ③

1105 $\dfrac{9}{4}$　　1106 ②　　1107 $e-2$　　1108 ①　　1109 ②

1110 ④　　1111 ④　　1112 ②　　1113 e^2+e-2

1114 ①　　1115 $2\left(e-\dfrac{1}{e}\right)$　　1116 ④　　1117 ③

1118 2　　1119 ②　　1120 2　　1121 ①　　1122 ⑤

1123 ③　　1124 ②　　1125 ⑤　　1126 $2e-\dfrac{1}{e}$

1127 -1　　1128 ①　　1129 ⑤　　1130 ③

1131 $2A+2B$　　1132 $a=3,\ b=1$

1133 $f(x)=x+1$　　1134 $\dfrac{1}{2}$　　1135 ②　　1136 $-\pi$

1137 ①

10 정적분의 활용
본문 158~173쪽

1138 $\dfrac{1}{n}\cdot\dfrac{1}{n}\cdot\dfrac{1}{n}\cdot\dfrac{k^2}{n^3}\cdot\dfrac{1}{3}$　　1139 $\dfrac{8}{3}$　　1140 10　　1141 7

1142 2　　1143 2　　1144 18　　1145 $-e+4$　　1146 1

1147 $\dfrac{4}{3}$　　1148 $\dfrac{23}{3}$　　1149 1　　1150 $-\dfrac{1}{e^2}+5$

1151 $\dfrac{3}{2}-2\ln 2$　　1152 $\dfrac{1}{6}$　　1153 $\sqrt{2}-1$　　1154 $114\ \text{cm}^3$

1155 $\dfrac{1}{2}(e^8+31)\ \text{cm}^3$　　1156 (1) e^t-t-1　(2) e^4-5　　1157 15

1158 $9\sqrt{5}$　　1159 $\dfrac{45}{2}$　　1160 12　　1161 2　　1162 4

1163 6　　1164 $\sqrt{2}e^2-\sqrt{2}$　　1165 $4\sqrt{10}$　　1166 2π

1167 $\dfrac{19}{3}$　　1168 $e-\dfrac{1}{e}$　　1169 $\dfrac{3}{2}$　　1170 (가) $\dfrac{1}{n}$　(나) e^x　(다) 1

1171 336　　1172 ①　　1173 $e-1$　　1174 $\dfrac{1}{3}\ln 2$　　1175 1

1176 4　　1177 ⑤　　1178 3　　1179 e^3+1

1180 $e^2-\dfrac{2}{e}+2$　　1181 ④　　1182 ①　　1183 ②

1184 2　　1185 $2\ln 2-1$　　1186 ④　　1187 ①

1188 ③　　1189 $\dfrac{1}{2}\ln 2$　　1190 2　　1191 $\dfrac{49}{12}$

1192 $e+\dfrac{1}{e}-2$　　1193 $2\sqrt{2}$　　1194 ③

1195 $\dfrac{e}{2}-1$　　1196 ①　　1197 ③　　1198 e^2-1　　1199 ③

1200 $-\dfrac{2\sqrt{2}}{3}$　　1201 $\dfrac{2}{\pi}$　　1202 ①　　1203 e　　1204 $\dfrac{1}{4}$

1205 $\dfrac{1}{4}$　　1206 $6\ln 6-5$　　1207 6

1208 $\left(1-\dfrac{1}{e^8}\right)\text{cm}^3$　　1209 128　　1210 $\dfrac{8}{3}$　　1211 $2\sqrt{3}$

1212 $\dfrac{9}{2}\left(e^2-\dfrac{1}{e^2}\right)$　　1213 $\dfrac{3}{2}e^4-\dfrac{1}{2}e^2$　　1214 $\dfrac{16\sqrt{3}}{3}$

1215 e^3-3e+1　　1216 ③　　1217 ④　　1218 ③

1219 ③　　1220 $e^3-\dfrac{1}{e^3}$　　1221 π　　1222 $2e^\pi-2$　　1223 ③

1224 ①　　1225 $\dfrac{1}{2}e^2-\dfrac{1}{4}$　　1226 $\dfrac{61}{27}$　　1227 $\dfrac{1}{3}$

1228 $\dfrac{1}{4}$　　1229 $\dfrac{4}{\pi}$　　1230 $e+\dfrac{1}{2}$　　1231 8　　1232 $e-1$

1233 $\dfrac{1}{9}$　　1234 ②　　1235 ①　　1236 ③　　1237 e

1238 ③　　1239 2　　1240 ②　　1241 $\dfrac{1}{e-1}$

1242 $\dfrac{\sqrt{3}+1}{2}$　　1243 $\dfrac{1}{2}$　　1244 $\dfrac{\sqrt{3}}{12}(e^{12}-1)\ \text{cm}^3$　　1245 $\dfrac{e^2-1}{4}$

1246 e^2　　1247 ③　　1248 ⑤　　1249 7　　1250 1

1251 $\dfrac{\sqrt{3}}{4}\left(1-\dfrac{\pi}{4}\right)$　　1252 $\dfrac{1}{2}\ln 3$　　1253 e^2-2e

1254 2　　1255 $\dfrac{\pi^2}{32}-\dfrac{1}{4}$　　1256 $\dfrac{\pi^2}{2}-2$　　1257 ①

0755 $\dfrac{4}{3}$　0756 ⑤　0757 2　0758 $k\geq\sqrt{2}$　0759 ④

0760 ⑤　0761 1　0762 ②　0763 $e-1$　0764 ②

0765 ②　0766 1　0767 $\dfrac{1}{e^2}$　0768 $9e^{-\frac{3}{2}}$

0769 $-\dfrac{2\sqrt{7}}{7}<a<0$ 또는 $0<a<\dfrac{2\sqrt{7}}{7}$　0770 $\dfrac{5}{2}$　0771 ③

0772 5

0773 풀이 참조　0774 풀이 참조
0775 풀이 참조　0776 풀이 참조
0777 풀이 참조　0778 풀이 참조
0779 $(1,\ -2)$　0780 $(-1,\ 1),\ (1,\ 1)$

0781 $\left(-\sqrt{3},\ -\dfrac{\sqrt{3}}{4}\right),\ (0,\ 0),\ \left(\sqrt{3},\ \dfrac{\sqrt{3}}{4}\right)$　0782 $\left(-2,\ -\dfrac{2}{e^2}\right)$

0783 $(0,\ 2)$　0784 $(1,\ 1)$　0785 $\left(\dfrac{\pi}{2},\ \dfrac{\pi}{2}\right)$　0786 풀이 참조
0787 풀이 참조　0788 풀이 참조
0789 풀이 참조　0790 풀이 참조
0791 풀이 참조　0792 풀이 참조
0793 최댓값: 35, 최솟값: 19　0794 최댓값: $\dfrac{1}{2}$, 최솟값: $-\dfrac{1}{2}$

0795 최댓값: $\dfrac{1}{e}$, 최솟값: $-e$　0796 최댓값: $\dfrac{1}{e}$, 최솟값: 0

0797 최댓값: $\dfrac{\pi}{6}+\sqrt{3}$, 최솟값: $\dfrac{5}{6}\pi-\sqrt{3}$

0798 최댓값: $\dfrac{3\sqrt{3}}{4}$, 최솟값: $-\dfrac{3\sqrt{3}}{4}$　0799 1　0800 0

0801 0　0802 1　0803 ㈎ $x-2$ ㈏ 2 ㈐ 2
0804 풀이 참조　0805 속도: e^3-2, 가속도: e^3
0806 속도: 2, 가속도: $2\sqrt{3}$　0807 속도: $(3,\ 8)$, 가속도: $(0,\ 8)$
0808 속도: $(2,\ e^2-e^{-2})$, 가속도: $(0,\ e^2+e^{-2})$　0809 ④
0810 $x>\sqrt{e}$　0811 ③　0812 4　0813 2π　0814 ①
0815 -4　0816 $-\dfrac{1}{10}$　0817 -28　0818 $5e$

0819 $-\dfrac{1}{2}<a<\dfrac{1}{2}$　0820 ②, ④　0821 점 C　0822 3

0823 ②　0824 ㄴ, ㄷ　0825 ⑤　0826 5　0827 -3
0828 ③　0829 1　0830 $\dfrac{2}{3}$　0831 $-e$　0832 $\dfrac{4}{9e^2}$

0833 $2e^2$　0834 1　0835 $\dfrac{3}{2}$　0836 $\dfrac{1}{e}$　0837 ④

0838 ⑤　0839 ⑤　0840 ③　0841 4　0842 2
0843 ④　0844 ④　0845 4　0846 ③　0847 $\dfrac{1}{4}$

0848 $k\geq3-3\ln 3$　0849 8　0850 ⑤　0851 $a>e$
0852 ⑤　0853 ③　0854 $2-\ln 3$　0855 1　0856 -1
0857 ⑤　0858 $\dfrac{1}{2e}$　0859 ③　0860 $\pi-2\sqrt{3}$

0861 6　0862 $(4e^2-8)$ m　0863 ②　0864 2
0865 3　0866 6　0867 ④　0868 $\dfrac{3}{16}\pi^2$　0869 ①

0870 ①　0871 밑면의 한 변의 길이: 4 cm, 높이: 4 cm
0872 $3\sqrt{3}$　0873 ⑤　0874 $6\pi+9\sqrt{3}$　0875 ⑤
0876 $a\geq2$　0877 ⑤　0878 -3　0879 ⑤　0880 ③

0881 ④　0882 $-2\sqrt{5}$　0883 $-2e^3$　0884 ③　0885 ③
0886 ④　0887 12　0888 3　0889 $1-2\ln 2<k<0$
0890 ③　0891 ②　0892 $0<a<\dfrac{e}{2}$　0893 $\dfrac{3}{2}\pi$

0894 ④　0895 ②　0896 ④　0897 -3π　0898 e^2
0899 1　0900 3　0901 ①　0902 20　0903 6

0904 $-\dfrac{1}{3x^3}+C$　0905 $\dfrac{5}{8}x^5\sqrt{x^3}+C$

0906 $x+\ln|x|-\dfrac{1}{x^2}+C$　0907 $\dfrac{2}{5}x^2\sqrt{x}-2\sqrt{x}+C$

0908 $2e^x+\dfrac{3^x}{\ln 3}+C$　0909 $e^{x+4}+C$

0910 $-\cos x+3\sin x+C$　0911 $2\sin x+\cos x+C$
0912 $-\cot x-\csc x+C$　0913 $\tan x+\sin x+C$
0914 $-\cos x+\cot x+C$　0915 $\tan x-x+C$
0916 $\dfrac{1}{10}(2x+1)^5+C$　0917 $-\dfrac{1}{3(3x+1)}+C$

0918 e^x+C　0919 $\dfrac{1}{3}\sin^3 x+C$　0920 $\ln(x^2-x+1)+C$

0921 $\ln|x+\cos x|+C$　0922 $x^2-3x+5\ln|x+2|+C$
0923 $\ln\left|\dfrac{x-2}{x-1}\right|+C$　0924 $x\ln x-x+C$

0925 xe^x-e^x+C　0926 $-x\cos x+\sin x+C$
0927 ⑤　0928 $-\dfrac{8}{5}$　0929 $2+4\ln 2$　0930 $-\dfrac{4}{3}$

0931 $\dfrac{9}{10}x^{\frac{5}{3}}-\dfrac{3}{2}x+C$　0932 ④　0933 ⑤　0934 $e-\dfrac{5}{6}$

0935 2　0936 e^2+4e　0937 ②　0938 ①　0939 $\dfrac{1}{24}$

0940 $\dfrac{3}{\ln 3}$　0941 ⑤　0942 $2\sqrt{3}-4$　0943 ⑤　0944 $-\pi-4$

0945 ②　0946 ④　0947 ②　0948 50　0949 $\dfrac{23}{8}$

0950 3　0951 ①　0952 ④　0953 ②　0954 ③
0955 5　0956 81　0957 ①　0958 ②　0959 2
0960 $\dfrac{\ln 10}{2}$　0961 $\dfrac{1}{2}$　0962 $-\dfrac{1}{2}$　0963 $\pi+1$　0964 $\dfrac{3\sqrt{2}}{2}$

0965 $-\sqrt{3}$　0966 4　0967 ⑤　0968 $-\dfrac{5}{6}$　0969 $\dfrac{5}{24}$

0970 ②　0971 $f(x)=\dfrac{1}{2}\ln(x^2+4x+5)$　0972 ②

0973 $\ln\dfrac{\pi}{2}$　0974 ④　0975 ⑤　0976 $6\ln 2-1$

0977 ②　0978 ④　0979 5　0980 $2e^5$　0981 ②
0982 $\dfrac{\pi}{8}+1$　0983 $\dfrac{3}{2}$　0984 ③　0985 4　0986 ①

0987 ③　0988 -5　0989 $\dfrac{\pi}{2}$　0990 ①　0991 ③

0992 ②　0993 ③　0994 ③　0995 ③　0996 $-\ln 2$
0997 ①　0998 $\dfrac{1}{2}\ln\left|\dfrac{2x-1}{2x+1}\right|+C$　0999 3　1000 ③

0001 0   **0002** 1   **0003** 2   **0004** 발산   **0005** 수렴, 4

0006 수렴, 0   **0007** 발산   **0008** 발산   **0009** 수렴, 0   **0010** 발산

0011 수렴, 0   **0012** 수렴, 1   **0013** 발산

0014 (1) 0   (2) 1   (3) 2   (4) -6 (5) $-\dfrac{4}{5}$ (6) $\dfrac{1}{6}$ **0015** 2

0016 0   **0017** 6   **0018** 0   **0019** 수렴, $\dfrac{1}{2}$

0020 수렴, 3   **0021** 수렴, 0   **0022** 발산   **0023** 발산   **0024** 발산

0025 0   **0026** $\dfrac{2}{3}$ **0027** $\dfrac{1}{4}$ **0028** 발산   **0029** 수렴

0030 발산   **0031** 수렴   **0032** 발산   **0033** 발산   **0034** 수렴, 0

0035 수렴, 4   **0036** $-\dfrac{1}{3}<r\leq\dfrac{1}{3}$ **0037** $-2\leq r<2$

0038 $0<r\leq1$ **0039** ②   **0040** ③

0041 ㄱ, ㄷ, ㄹ   **0042** 30   **0043** 4   **0044** 26

0045 $-\dfrac{1}{2}$ **0046** ③   **0047** 2   **0048** ②   **0049** -2

0050 -14 **0051** $\dfrac{4}{3}$ **0052** ③   **0053** 16   **0054** $\dfrac{1}{2}$

0055 ②   **0056** ④   **0057** ④   **0058** 25   **0059** ②

0060 ②   **0061** 1   **0062** $\dfrac{\sqrt{2}}{2}$ **0063** $\dfrac{5}{6}$ **0064** $\dfrac{\sqrt{2}}{2}$

0065 ⑤   **0066** 3   **0067** -1 **0068** ①   **0069** 20

0070 3   **0071** $-\dfrac{3}{2}$ **0072** ⑤   **0073** ④   **0074** 4

0075 $\dfrac{1}{3}$ **0076** $\dfrac{1}{10}$ **0077** ⑤   **0078** ④   **0079** $\dfrac{1}{7}$

0080 ④   **0081** ②   **0082** ①   **0083** ⑤   **0084** ②

0085 $-\dfrac{1}{2}$ **0086** $-\dfrac{5}{6}$ **0087** ①   **0088** ④   **0089** 3

0090 2   **0091** $-2\leq x\leq2$ **0092** $\dfrac{\pi}{4}\leq x<\dfrac{3}{4}\pi$

0093 ②   **0094** $-1<x\leq0$ **0095** ㄴ, ㄷ   **0096** $\dfrac{3}{2}$

0097 ㄷ   **0098** $\dfrac{10}{3}$ **0099** ②   **0100** $-\dfrac{5}{12}$ **0101** ①

0102 풀이 참조   **0103** $\dfrac{1}{2}$ **0104** 6   **0105** $\dfrac{16}{9}$

0106 3   **0107** 2   **0108** 15   **0109** ①   **0110** 10

0111 ③   **0112** ③   **0113** ③   **0114** ⑤   **0115** $\dfrac{3}{2}$

0116 3   **0117** ①   **0118** ⑤   **0119** ②   **0120** ⑤

0121 13   **0122** ①   **0123** ②   **0124** 6   **0125** ⑤

0126 ②   **0127** 21   **0128** ③   **0129** ⑤   **0130** $\dfrac{2}{5}$

0131 1   **0132** 1   **0133** 9   **0134** ②   **0135** $\dfrac{63}{2}$

0136 20

0137 $\dfrac{1}{2}$ **0138** 2   **0139** 발산   **0140** 수렴, $\dfrac{1}{4}$

0141 발산   **0142** 수렴, 1   **0143** 풀이 참조

0144 풀이 참조   **0145** 풀이 참조

0146 풀이 참조   **0147** 풀이 참조   **0148** -1

0149 2   **0150** 수렴, $\dfrac{3}{2}$ **0151** 수렴, $\dfrac{1}{9}$

0152 발산   **0153** 수렴, $\dfrac{2}{3}$ **0154** 발산   **0155** 3

0156 $\dfrac{3+\sqrt{3}}{3}$ **0157** $-1<x<1$

0158 $-\dfrac{1}{2}<x\leq\dfrac{1}{2}$ **0159** $\dfrac{8}{9}$ **0160** $\dfrac{15}{11}$ **0161** 2

0162 ③   **0163** 1   **0164** -2 **0165** ④   **0166** ②

0167 ⑤   **0168** ⑤   **0169** $-\dfrac{1}{2}$ **0170** ②   **0171** 3

0172 -2 **0173** 3   **0174** $\dfrac{6}{5}$ **0175** ②   **0176** ②

0177 ㄱ, ㄷ   **0178** 4   **0179** 3   **0180** ㄱ, ㄴ   **0181** ㄱ

0182 ②   **0183** ②   **0184** $\dfrac{2}{3}$ **0185** ③   **0186** $\dfrac{2}{5}$

0187 $\dfrac{10}{3}+2\sqrt{3}$ **0188** ⑤   **0189** $\dfrac{4}{3}$ **0190** ⑤

0191 $\dfrac{31}{30}$ **0192** 2   **0193** ④   **0194** -2

0195 $0<x<1$ **0196** ㄱ, ㄴ   **0197** ⑤   **0198** ①

0199 ⑤   **0200** $\dfrac{54}{5}$ **0201** 1   **0202** ④   **0203** ③

0204 4   **0205** $\dfrac{27}{26}$ **0206** $\dfrac{16}{25}$ **0207** $\dfrac{8}{9}$ **0208** 3

0209 ①   **0210** ④   **0211** ④   **0212** 4

0213 $4(\sqrt{2}+1)\pi$ **0214** ⑤   **0215** $\dfrac{16\sqrt{3}}{3}$ **0216** 4

0217 ④   **0218** $16-4\pi$ **0219** $\dfrac{3}{4}$ **0220** $\dfrac{1}{4}$ **0221** 6

0222 90π cm   **0223** 30 m   **0224** 3000 kg   **0225** ③

0226 ③   **0227** ㄱ, ㄷ   **0228** 8   **0229** ②   **0230** ④

0231 ④   **0232** ④   **0233** ②   **0234** 16   **0235** 5

0236 ①   **0237** ⑤   **0238** 8   **0239** ②   **0240** ③

0241 ②   **0242** ⑤   **0243** 3   **0244** $-1<x<0$

0245 $\dfrac{9}{20}$ **0246** 35   **0247** ②

0248 0   **0249** 1   **0250** $-\infty$ **0251** -1 **0252** ∞

0253 ∞ **0254** $-\infty$ **0255** ∞ **0256** e^2 **0257** $e^{\frac{3}{2}}$

0258 e^2 **0259** $\dfrac{1}{e^2}$ **0260** 2   **0261** $\dfrac{2}{3}$

0262 $-\dfrac{2}{\ln 3}$ **0263** $\dfrac{1}{3}\ln 3$ **0264** $\ln\dfrac{2}{3}$

0265 $y'=2e^x$ **0266** $y'=(x+2)e^x$

0267 $y'=e^{x+2}$ **0268** $y'=3\ln 2\times 2^x$ **0269** $y'=\dfrac{1}{x}$

0270 $y'=\dfrac{1}{x\ln 2}$ **0271** $y'=\ln x+1$

0272 $y'=\log_3 2x+\dfrac{1}{\ln 3}$ **0273** ②   **0274** ④

0275 ②   **0276** 12   **0277** ③   **0278** ②   **0279** $\dfrac{1}{2}$

0280 ②   **0281** ④   **0282** 2   **0283** ⑤   **0284** e

0285 ②   **0286** $e^{\frac{3}{2}}$ **0287** ③   **0288** 25   **0289** 2

0290 ⑤	**0291** $\frac{1}{3}$	**0292** ⑤	**0293** $\frac{1}{4}$	**0294** ④
0295 $-\frac{5}{\ln 5}$		**0296** ②	**0297** $\frac{1}{\ln 2}$	**0298** ①
0299 ⑤	**0300** -3	**0301** 9	**0302** ④	**0303** ①
0304 ③	**0305** $(\ln 3)^2$	**0306** $\frac{1}{2}\ln 5$	**0307** ⑤	**0308** ⑤
0309 ③	**0310** ④	**0311** $a=1,\ b=\frac{1}{2}$		**0312** 7
0313 6	**0314** 1	**0315** ④	**0316** 2	**0317** ②
0318 3	**0319** 12	**0320** 3	**0321** $3e^{\frac{1}{3}}$	**0322** ③
0323 1	**0324** ③	**0325** ⑤	**0326** ④	**0327** $\frac{3}{e}$
0328 $a=5\ln 5,\ b=5-5\ln 5$			**0329** ①	**0330** $\frac{1}{2}e^{\frac{3}{2}}$
0331 ③	**0332** ④	**0333** ④	**0334** $\frac{e}{3}$	**0335** ②
0336 1	**0337** ⑤	**0338** ④	**0339** $\frac{2}{11}$	**0340** ②
0341 ③, ⑤	**0342** ③	**0343** ③	**0344** 6	**0345** $\ln 5$
0346 ④	**0347** ①	**0348** ⑤	**0349** ②	**0350** 4
0351 $-e$	**0352** $\frac{1}{2}$	**0353** 6	**0354** ⑤	
0355 $\frac{1}{4}\ln 10$				

0418 $-\frac{2}{3}$	**0419** ④	**0420** ④	**0421** 5050	**0422** ③
0423 $\frac{7}{3}$	**0424** $\frac{1}{2}$	**0425** ③	**0426** ②	**0427** $\frac{1}{6}$
0428 ③	**0429** 2	**0430** ②	**0431** ①	**0432** ①
0433 ①	**0434** ③	**0435** ②	**0436** $\sqrt{2}$	**0437** ⑤
0438 $\frac{4}{5}$	**0439** ④	**0440** ④	**0441** ①	**0442** $\frac{7}{3}$
0443 $\frac{1}{2}$	**0444** $\frac{9}{2}$	**0445** ③	**0446** 2	**0447** π
0448 1	**0449** ①	**0450** ①	**0451** ②	**0452** ②
0453 $-2e^{\pi}$	**0454** 1	**0455** 1	**0456** $a=0,\ b=1$	
0457 ⑤	**0458** ①	**0459** 4	**0460** 3	**0461** ④
0462 1	**0463** ②	**0464** ②	**0465** $-\frac{7}{9}$	**0466** 0
0467 ③	**0468** ②	**0469** $\frac{-1+\sqrt{5}}{2}$		**0470** ④
0471 $-\frac{\sqrt{7}}{4}$	**0472** 14	**0473** ③	**0474** ②	**0475** ①
0476 ①	**0477** ④	**0478** ②	**0479** ④	**0480** π
0481 ④	**0482** $-\frac{3}{2}\pi$	**0483** 5	**0484** ③	**0485** $\frac{47}{65}$
0486 3	**0487** 2π	**0488** -2π	**0489** ④	**0490** 1
0491 ⑤				

<table><tr><td>**04** 삼각함수의 미분</td><td style="text-align:right">본문 56~73쪽</td></tr></table>

0356 (1) $-\frac{17}{8}$ (2) $\frac{17}{15}$ (3) $-\frac{15}{8}$			**0357** $-\sqrt{5}$	
0358 $\frac{\sqrt{6}+\sqrt{2}}{4}$		**0359** $\frac{\sqrt{6}-\sqrt{2}}{4}$		
0360 $-2-\sqrt{3}$		**0361** $\frac{\sqrt{2}}{2}$	**0362** $-\frac{\sqrt{3}}{2}$	**0363** $\frac{\sqrt{3}}{3}$
0364 $\sqrt{2}\sin\left(\theta+\frac{\pi}{4}\right)$		**0365** $2\sin\left(\theta+\frac{\pi}{6}\right)$		
0366 $2\sin\left(\theta+\frac{2}{3}\pi\right)$		**0367** 주기: 2π, 최댓값: 2, 최솟값: -2		
0368 주기: 2π, 최댓값: $\sqrt{2}$, 최솟값: $-\sqrt{2}$		**0369** -2	**0370** $\sqrt{2}$
0371 $\frac{3}{2}$	**0372** $\frac{4}{3}$	**0373** 3	**0374** 1	**0375** 1
0376 -1	**0377** $y'=-\sin x-\cos x$		**0378** $y'=\cos^2 x-\sin^2 x$	
0379 -13	**0380** $\frac{2}{5}$	**0381** ①	**0382** 37	**0383** 4
0384 $\frac{9\sqrt{2}}{4}$	**0385** ⑤	**0386** $\frac{16}{3}$	**0387** $\frac{-6-4\sqrt{5}}{15}$	
0388 $\frac{\sqrt{3}}{2}$	**0389** ①	**0390** 8	**0391** $-\frac{24}{7}$	**0392** ①
0393 ④	**0394** $\frac{1}{4}$	**0395** ③	**0396** ①	**0397** 10
0398 $\frac{\sqrt{2}}{2}$	**0399** $\sqrt{3}$	**0400** $\frac{1}{2}$	**0401** ④	**0402** $\frac{60}{7}$
0403 ④	**0404** $\frac{7\sqrt{2}}{10}$	**0405** ①	**0406** $\frac{7}{25}$	**0407** ⑤
0408 $2\sqrt{7}$	**0409** ②	**0410** 3	**0411** $-\sqrt{10}$	**0412** 15
0413 ①	**0414** ③	**0415** ②	**0416** $\frac{1}{2}$	**0417** ④

<table><tr><td>**05** 여러 가지 미분법</td><td style="text-align:right">본문 74~89쪽</td></tr></table>

0492 $y'=-\dfrac{1}{(x-3)^2}$	**0493** $y'=\dfrac{2x+1}{(x^2+x)^2}$
0494 $y'=-\dfrac{e^x}{(e^x+4)^2}$	**0495** $y'=-\dfrac{5}{(3x-2)^2}$
0496 $y'=\dfrac{1-\ln x}{x^2}$	**0497** $y'=\dfrac{2\sin x}{(1+\cos x)^2}$
0498 $y'=-\dfrac{10}{x^6}$	**0499** $y'=4x-\dfrac{7}{x^8}$
0500 $y'=\dfrac{12}{x^4}$	**0501** $y'=2x+\dfrac{8}{x^5}$
0502 $y'=\sec^2 x-2\csc^2 x$	**0503** $y'=\sec x\tan x-\csc x\cot x$
0504 $y'=\sec x(2\tan^2 x+1)$	
0505 $y'=\dfrac{\sin x\cos x-x}{\sin^2 x}$	**0506** $y'=3(x+3)^2$
0507 $y'=2(x+1)(2x^2+x-2)$	
0508 $y'=\dfrac{6}{(3-2x)^4}$	**0509** $y'=3e^{3x+1}$
0510 $y'=(2x-1)2^{x^2-x}\ln 2$	**0511** $y'=-(2x+1)\sin(x^2+x)$
0512 $y'=3\sin^2 x\cos x$	**0513** $y'=\sec^2(\sin x)\cos x$
0514 $y'=\dfrac{2x}{x^2-3}$	**0515** $y'=-\tan x$
0516 $y'=\dfrac{5}{(5x+2)\ln 3}$	**0517** $y'=\dfrac{e^x}{(e^x-1)\ln 2}$
0518 $y'=3\sqrt{3}x^{\sqrt{3}-1}$	**0519** $y'=ex^{e-1}$
0520 $y'=-\dfrac{3}{2x^2\sqrt{x}}$	**0521** $y'=\dfrac{2x}{\sqrt{2x^2+1}}$
0522 $\dfrac{dy}{dx}=3t$	**0523** $\dfrac{dy}{dx}=2t^2-\dfrac{3}{2}t$

0524 $\dfrac{dy}{dx}=9(t+2)^4$　　0525 $\dfrac{dy}{dx}=2e^{3t-4}$

0526 $\dfrac{dy}{dx}=\dfrac{5-2\cos t}{4-3\sin t}$　　0527 $\dfrac{dy}{dx}=-\dfrac{2}{y}\,(y\neq0)$

0528 $\dfrac{dy}{dx}=-\dfrac{2x}{3y}\,(y\neq0)$　　0529 $\dfrac{dy}{dx}=-\dfrac{2x+y}{x+2y}\,(x+2y\neq0)$

0530 $\dfrac{dy}{dx}=\dfrac{3x^2-y}{x-4y}\,(x-4y\neq0)$

0531 $\dfrac{dy}{dx}=-2y^2+\dfrac{y}{x}\,(x\neq0)$

0532 $\dfrac{dy}{dx}=\dfrac{\cos x}{\sin y}\,(\sin y\neq0)$　　0533 $\dfrac{dy}{dx}=\dfrac{1}{3\sqrt[3]{x^2}}$

0534 $\dfrac{dy}{dx}=\dfrac{1}{4\sqrt[4]{(x-2)^3}}$　　0535 $\dfrac{dy}{dx}=\dfrac{2}{3\sqrt[3]{(2x+6)^2}}$

0536 (1) $\dfrac{1}{4}$　(2) $\dfrac{1}{13}$　　0537 $y''=6x-4$

0538 $y''=24(2x+1)$　　0539 $y''=\dfrac{2(3x^2-1)}{(x^2+1)^3}$

0540 $y''=-\dfrac{1}{x^2}$　　0541 $y''=16e^{4x-1}$

0542 $y''=-4\cos 2x$　　0543 $y''=2\cos x-x\sin x$

0544 $y''=(x^3-6x^2+6x)e^{-x}$　　0545 $-\dfrac{1}{3}$　0546 -3

0547 -4　0548 2　0549 ④　0550 -2　0551 $\dfrac{1}{6}$

0552 ②　0553 ③　0554 ②　0555 -110　0556 ③

0557 -70　0558 ③　0559 -9　0560 ④　0561 ④

0562 ③　0563 15　0564 ⑤　0565 ③　0566 ②

0567 ④　0568 24　0569 ④　0570 ⑤　0571 3

0572 $48\ln 2$　0573 ①　0574 2　0575 ⑤　0576 1

0577 3　0578 50　0579 ⑤　0580 $-\dfrac{1}{2}$　0581 ②

0582 ③　0583 $-\dfrac{3}{5}$　0584 ①　0585 $3\sqrt 2$　0586 8

0587 $\dfrac{5}{4}$　0588 $\dfrac{5}{2}$　0589 ①　0590 4　0591 ③

0592 3　0593 ④　0594 ⑤　0595 $\dfrac{1}{2}$　0596 ⑤

0597 $\dfrac{37}{6}$　0598 ⑤　0599 ④　0600 ①　0601 ④

0602 -2　0603 3　0604 $-\dfrac{\sqrt3}{2}$　0605 $2+2\ln 3$

0606 ③　0607 ③　0608 ④　0609 $\dfrac{5}{12}$

0610 $4+4\ln 2$　　0611 ③　0612 9　0613 ②

0614 ④　0615 ⑤　0616 5050　0617 ②　0618 $-\dfrac{\sqrt2}{2}$

0619 ②　0620 2　0621 $-\dfrac{4}{3}$　0622 ③　0623 17

0624 ③　0625 ③　0626 ①　0627 10　0628 40

0629 e　0630 1　0631 9　0632 $\dfrac{\sqrt{30}}{15}$　0633 ④

0634 $y=-x+4$　　0635 $y=\dfrac{1}{2}x+\dfrac{1}{2}$

0636 $y=-x+\pi$　　0637 $y=x+\dfrac{1}{2}$

0638 $y=\dfrac{2}{e}x$　　0639 $y=-x+4$

0640 $y=x-2$　　0641 $y=x+\dfrac{5}{4}$

0642 $y=2x-3-\ln 2$　　0643 $y=2x-e$

0644 $y=2x-3\pi$　　0645 $y=2x-\dfrac{\pi}{2}+1$

0646 $y=-\dfrac{1}{4}x+1$　　0647 $y=\dfrac{1}{2}x-1$

0648 $y=-x+1$　　0649 $y=\dfrac{1}{e}x$

0650 (1) $\dfrac{dy}{dx}=\dfrac{t^2-1}{2t^3}$　(2) $x=3,\ y=\dfrac{5}{2}$　(3) $y=\dfrac{3}{16}x+\dfrac{31}{16}$

0651 (1) $\dfrac{dy}{dx}=\dfrac{x-y}{x+y}\,(x+y\neq0)$　(2) $-\dfrac{1}{3}$　(3) $y=-\dfrac{1}{3}x+\dfrac{7}{3}$

0652 풀이 참조　0653 풀이 참조
0654 풀이 참조　0655 풀이 참조
0656 풀이 참조　0657 풀이 참조
0658 풀이 참조　0659 풀이 참조
0660 풀이 참조　0661 풀이 참조

0662 풀이 참조　0663 극댓값: $\dfrac{1}{2}$, 극솟값: $-\dfrac{1}{2}$

0664 극솟값: $\sqrt3$　0665 극솟값: $-\dfrac{1}{2e}$

0666 극댓값: $\dfrac{2}{3}\pi+\sqrt3$　0667 (가) $<$　(나) $>$　(다) -5　(라) -9

0668 극댓값: -2, 극솟값: 2

0669 극솟값: 2　　0670 극솟값: $-\dfrac{1}{2e}$

0671 극댓값: $\dfrac{\pi}{12}+\dfrac{\sqrt3}{2}$, 극솟값: $\dfrac{5}{12}\pi-\dfrac{\sqrt3}{2}$

0672 ①　0673 $y=2ex-e$　0674 ④　0675 ④

0676 ③　0677 $\dfrac{2}{e^2}$　0678 ③　0679 $y=-\dfrac{1}{6}x+\dfrac{1}{2}$

0680 10　0681 $\dfrac{3}{4}$　0682 ②

0683 $y=\dfrac{1}{2}x-\dfrac{1}{2}$ 또는 $y=\dfrac{1}{2}x+\dfrac{7}{2}$　0684 $-2e$　0685 ②

0686 ⑤　0687 ①　0688 e^3　0689 $\sqrt{26}$　0690 $e^2+\dfrac{1}{4}$

0691 2　0692 ③　0693 $\dfrac{3}{4}$　0694 ①　0695 $\dfrac{\sqrt e}{4e}$

0696 $\dfrac{5}{2}$　0697 $-\dfrac{3}{2}$　0698 $y=3x-10$

0699 $-\dfrac{\pi}{2}+2$　0700 3　0701 ①

0702 $y=-8x+11$　0703 1　0704 ④　0705 $\dfrac{21}{5}$

0706 $\dfrac{9}{5}$　0707 6　0708 ②　0709 ③　0710 $\dfrac{\sqrt2}{2}$

0711 6　0712 ④　0713 $k\leq-3$　　0714 0

0715 $\dfrac{3}{4}$　0716 ⑤　0717 $a\geq1$　0718 ②　0719 ④

0720 $\dfrac{3}{2}$　0721 ⑤　0722 ⑤　0723 $6\sqrt3$　0724 ④

0725 ②　0726 2　0727 16　0728 2　0729 ②

0730 $-\sqrt2$　0731 $-\dfrac{8}{27}$　0732 $-2+\ln 3$　　0733 π

0734 $\dfrac{3\sqrt3}{2}$　0735 ①　0736 -2　0737 $0\leq a\leq3$

0738 ③　0739 1　0740 ③　0741 $-\dfrac{3}{2}<a<-\dfrac{1}{2}$

0742 -17　0743 ⑤　0744 $-\dfrac{\pi}{4}$　0745 32

0746 $\ln(e-1)$　0747 ①　0748 $e-\dfrac{1}{4e}$　0749 10

0750 1　0751 ③　0752 ②　0753 $-\dfrac{3}{2}\pi$　0754 15

개념원리 RPM 미적분

수학의 자신감은
많은 문제들을 반복해서 풀어 봄으로써
얻을 수 있습니다.

이 책을 펴내면서

수학 공부에도 비결이 있나요?

예. 있습니다.
무조건 암기하거나 문제를 풀기만 하는 수학 공부는 잘못된 학습방법입니다.
공부는 많이 하는 것 같은데 효과를 얻을 수 없는 이유가 여기에 있지요.

그렇다면 효과적인 수학 공부의 비결은 무엇일까요?

첫째. 개념원리 기본서를 통하여 개념과 원리를 정확히 이해합니다.
둘째. RPM의 다양한 문제를 풀어 봄으로써 수학의 자신감을 얻습니다.

이처럼 개념원리 기본서와 RPM을 함께 공부해 나간다면 수학의 자신감을 얻고
학교 시험에서 고득점을 얻는 데 큰 도움이 될 것입니다.
개념원리 기본서와 RPM으로 열심히 공부하여 수학에서 만점을 받아 보세요.

구성과 특징

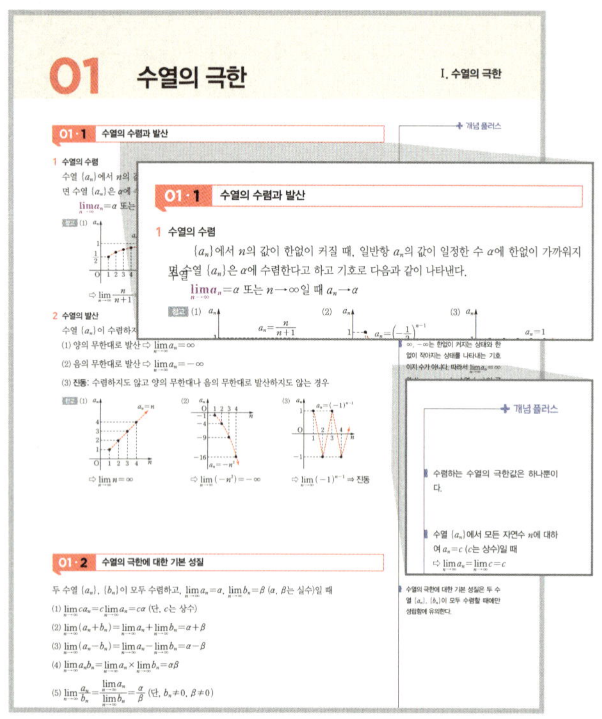

1 핵심 개념 정리

교과서 내용을 꼼꼼히 분석하여 핵심 개념만을 모아 알차고 이해하기 쉽게 정리하였습니다.

핵심 개념

각 단원에서 반드시 알아야 할 개념만을 모아 자세한 부가설명과 함께 수록하였습니다.

개념 플러스

혼동하기 쉬운 개념이나 새로운 개념을 이해하는데 필요한 내용과 문제해결에 유용한 내용 등을 제공하였습니다.

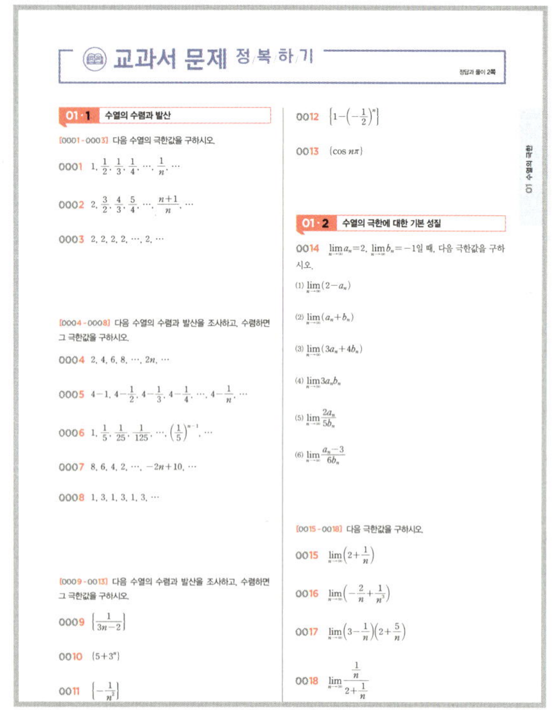

2 교과서 문제 정복하기

학습한 정의와 공식을 적용하여 해결할 수 있는 기본적인 문제를 충분히 연습하여 개념을 확실하게 익힐 수 있도록 구성하였습니다.

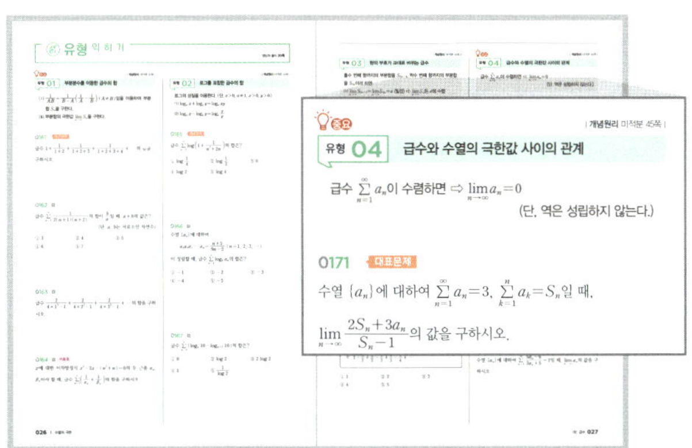

3 유형 익히기 / 유형 UP

문제 해결에 사용되는 핵심 개념과 문제의 형태 및 풀이 방법
등에 따라 문제를 유형화하였습니다.

핵심 개념

유형 연습에 필요한 핵심 개념 및 풀이 방법을 실었습니다.
중요 유형은 중단원별로 세분화된 유형 중 시험 출제율이 70 % 이상인
유형입니다. 모든 유형의 학습이 다 중요하겠지만 중요 유형은 반드시
알아두어야 합니다.

개념원리 수학기본서 피드백

각 유형에 대한 개념과 공식의 적용 및 접근 방법을 좀 더 자세히 볼
수 있는 개념원리 수학기본서 쪽수입니다.

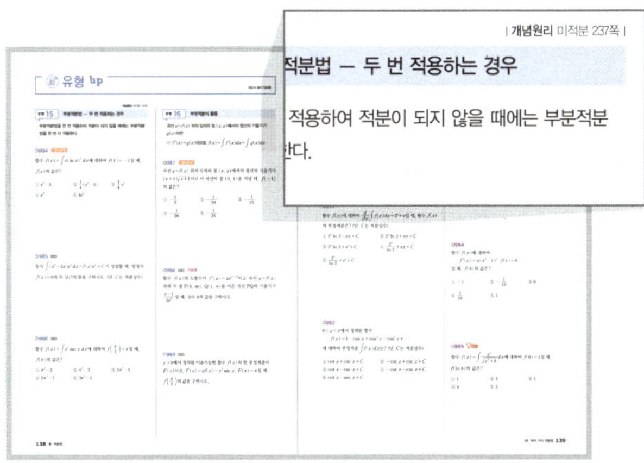

4 시험에 꼭 나오는 문제

실제 학교 시험에 나왔던 출제율이 높은 문제를 통해 유형을
익혔는지 확인할 수 있을 뿐만 아니라 실전력을 기를 수 있
도록 하였습니다.

서술형 주관식

비중이 높아진 서술형 문제의 풀이 방법을 확인할 수 있도록 구성하였
습니다.

실력 UP

난이도 높은 문제를 풀어 봄으로써 어려워지는 학교 시험을 더욱 완벽
하게 대비할 수 있습니다.

차례

개념원리
RPM

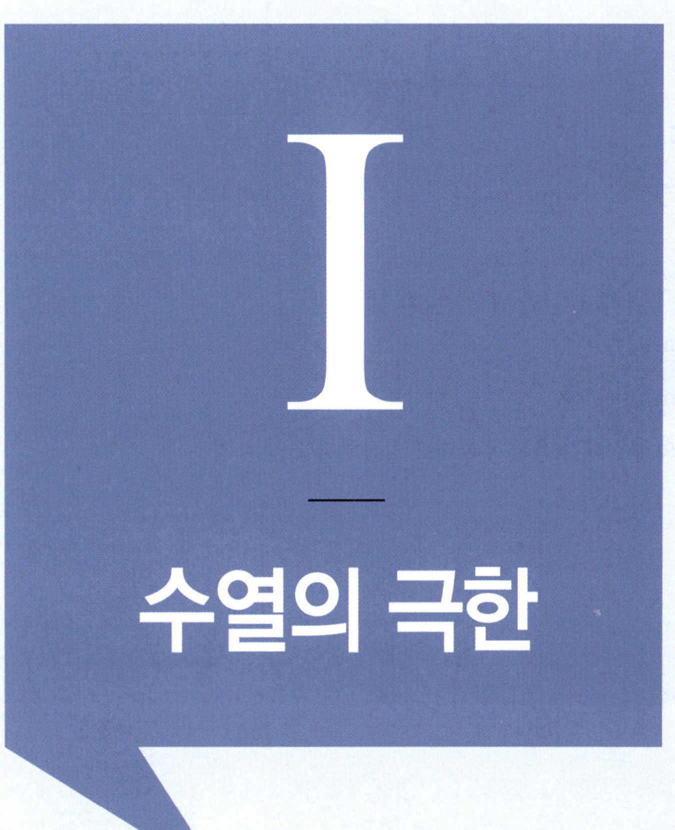

01 수열의 극한

01·1 수열의 수렴과 발산

1 수열의 수렴

수열 $\{a_n\}$에서 n의 값이 한없이 커질 때, 일반항 a_n의 값이 일정한 수 α에 한없이 가까워지면 수열 $\{a_n\}$은 α에 수렴한다고 하고 기호로 다음과 같이 나타낸다.

$$\lim_{n \to \infty} a_n = \alpha \ \text{또는} \ n \to \infty \text{일 때} \ a_n \to \alpha$$

참고 (1) 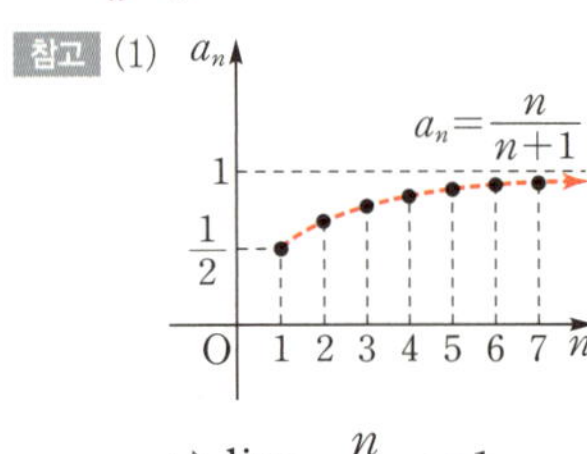

$$\Rightarrow \lim_{n \to \infty} \frac{n}{n+1} = 1$$

(2) 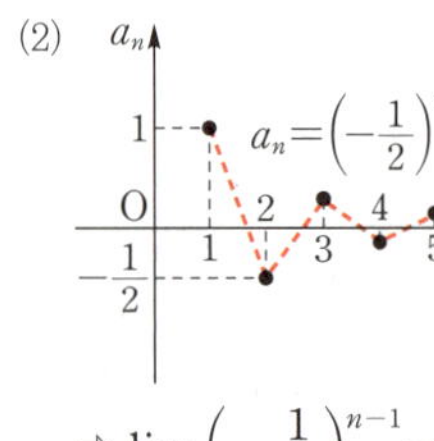

$$\Rightarrow \lim_{n \to \infty} \left(-\frac{1}{2}\right)^{n-1} = 0$$

(3) 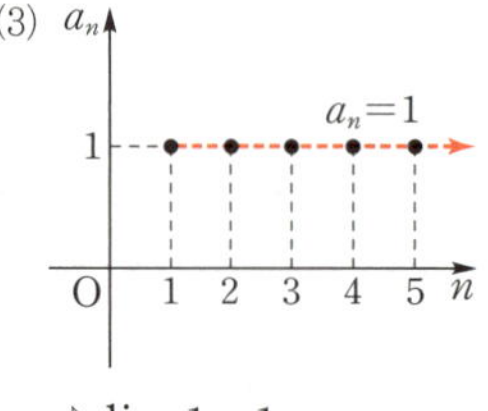

$$\Rightarrow \lim_{n \to \infty} 1 = 1$$

수렴하는 수열의 극한값은 하나뿐이다.

수열 $\{a_n\}$에서 모든 자연수 n에 대하여 $a_n = c$ (c는 상수)일 때
$$\Rightarrow \lim_{n \to \infty} a_n = \lim_{n \to \infty} c = c$$

2 수열의 발산

수열 $\{a_n\}$이 수렴하지 않을 때, 수열 $\{a_n\}$은 발산한다고 한다.

(1) 양의 무한대로 발산 $\Rightarrow \lim_{n \to \infty} a_n = \infty$

(2) 음의 무한대로 발산 $\Rightarrow \lim_{n \to \infty} a_n = -\infty$

(3) **진동**: 수렴하지도 않고 양의 무한대나 음의 무한대로 발산하지도 않는 경우

참고 (1) 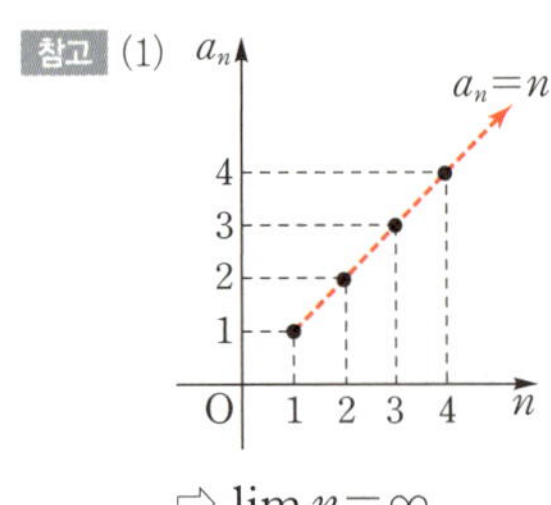

$$\Rightarrow \lim_{n \to \infty} n = \infty$$

(2) 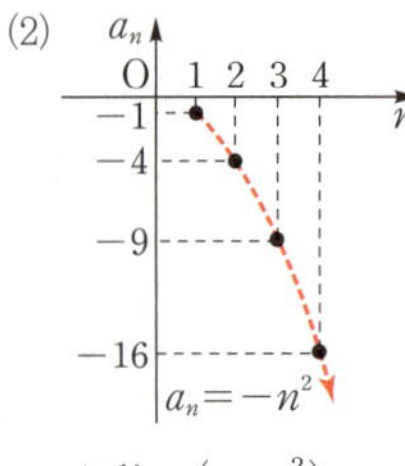

$$\Rightarrow \lim_{n \to \infty} (-n^2) = -\infty$$

(3) 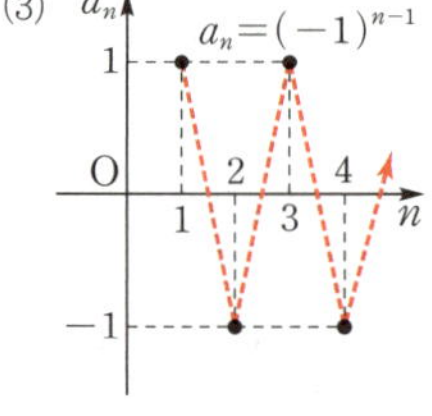

$$\Rightarrow \lim_{n \to \infty} (-1)^{n-1} \Rightarrow \text{진동}$$

∞, $-\infty$는 한없이 커지는 상태와 한없이 작아지는 상태를 나타내는 기호이지 수가 아니다. 따라서 $\lim\limits_{n \to \infty} a_n = \infty$와 $\lim\limits_{n \to \infty} a_n = -\infty$는 수열 $\{a_n\}$의 극한값이 ∞, $-\infty$라는 뜻이 아니라 수열 $\{a_n\}$의 극한값이 존재하지 않는다는 의미이다.

01·2 수열의 극한에 대한 기본 성질

두 수열 $\{a_n\}$, $\{b_n\}$이 모두 수렴하고, $\lim\limits_{n \to \infty} a_n = \alpha$, $\lim\limits_{n \to \infty} b_n = \beta$ (α, β는 실수)일 때

(1) $\lim\limits_{n \to \infty} c a_n = c \lim\limits_{n \to \infty} a_n = c\alpha$ (단, c는 상수)

(2) $\lim\limits_{n \to \infty} (a_n + b_n) = \lim\limits_{n \to \infty} a_n + \lim\limits_{n \to \infty} b_n = \alpha + \beta$

(3) $\lim\limits_{n \to \infty} (a_n - b_n) = \lim\limits_{n \to \infty} a_n - \lim\limits_{n \to \infty} b_n = \alpha - \beta$

(4) $\lim\limits_{n \to \infty} a_n b_n = \lim\limits_{n \to \infty} a_n \times \lim\limits_{n \to \infty} b_n = \alpha\beta$

(5) $\lim\limits_{n \to \infty} \dfrac{a_n}{b_n} = \dfrac{\lim\limits_{n \to \infty} a_n}{\lim\limits_{n \to \infty} b_n} = \dfrac{\alpha}{\beta}$ (단, $b_n \neq 0$, $\beta \neq 0$)

수열의 극한에 대한 기본 성질은 두 수열 $\{a_n\}$, $\{b_n\}$이 모두 수렴할 때에만 성립함에 유의한다.

01 · 1 　수열의 수렴과 발산

[0001 ~ 0003] 다음 수열의 극한값을 구하시오.

0001　$1, \dfrac{1}{2}, \dfrac{1}{3}, \dfrac{1}{4}, \cdots, \dfrac{1}{n}, \cdots$

0002　$2, \dfrac{3}{2}, \dfrac{4}{3}, \dfrac{5}{4}, \cdots, \dfrac{n+1}{n}, \cdots$

0003　$2, 2, 2, 2, \cdots, 2, \cdots$

[0004 ~ 0008] 다음 수열의 수렴과 발산을 조사하고, 수렴하면 그 극한값을 구하시오.

0004　$2, 4, 6, 8, \cdots, 2n, \cdots$

0005　$4-1, 4-\dfrac{1}{2}, 4-\dfrac{1}{3}, 4-\dfrac{1}{4}, \cdots, 4-\dfrac{1}{n}, \cdots$

0006　$1, \dfrac{1}{5}, \dfrac{1}{25}, \dfrac{1}{125}, \cdots, \left(\dfrac{1}{5}\right)^{n-1}, \cdots$

0007　$8, 6, 4, 2, \cdots, -2n+10, \cdots$

0008　$1, 3, 1, 3, 1, 3, \cdots$

[0009 ~ 0013] 다음 수열의 수렴과 발산을 조사하고, 수렴하면 그 극한값을 구하시오.

0009　$\left\{\dfrac{1}{3n-2}\right\}$

0010　$\{5+3^n\}$

0011　$\left\{-\dfrac{1}{n^2}\right\}$

0012　$\left\{1-\left(-\dfrac{1}{2}\right)^n\right\}$

0013　$\{\cos n\pi\}$

01 · 2 　수열의 극한에 대한 기본 성질

0014　$\lim\limits_{n\to\infty} a_n = 2$, $\lim\limits_{n\to\infty} b_n = -1$일 때, 다음 극한값을 구하시오.

(1) $\lim\limits_{n\to\infty}(2-a_n)$

(2) $\lim\limits_{n\to\infty}(a_n+b_n)$

(3) $\lim\limits_{n\to\infty}(3a_n+4b_n)$

(4) $\lim\limits_{n\to\infty}3a_nb_n$

(5) $\lim\limits_{n\to\infty}\dfrac{2a_n}{5b_n}$

(6) $\lim\limits_{n\to\infty}\dfrac{a_n-3}{6b_n}$

[0015 ~ 0018] 다음 극한값을 구하시오.

0015　$\lim\limits_{n\to\infty}\left(2+\dfrac{1}{n}\right)$

0016　$\lim\limits_{n\to\infty}\left(-\dfrac{2}{n}+\dfrac{1}{n^3}\right)$

0017　$\lim\limits_{n\to\infty}\left(3-\dfrac{1}{n}\right)\left(2+\dfrac{5}{n}\right)$

0018　$\lim\limits_{n\to\infty}\dfrac{\dfrac{1}{n}}{2+\dfrac{1}{n}}$

＋ 개념 플러스

01·3　수열의 극한값의 계산

1 $\dfrac{\infty}{\infty}$ 꼴: 분모의 최고차항으로 분자, 분모를 각각 나눈다.

　참고　① (분자의 차수)＝(분모의 차수) ⇨ 극한값은 최고차항의 계수의 비
　　　　② (분자의 차수)＜(분모의 차수) ⇨ 극한값은 0
　　　　③ (분자의 차수)＞(분모의 차수) ⇨ ∞ 또는 $-\infty$로 발산

2 $\infty-\infty$ 꼴

(1) 다항식은 최고차항으로 묶는다.
(2) 무리식을 포함한 경우에는 근호가 있는 부분을 유리화한다.

　주의　$\dfrac{\infty}{\infty}\neq1$, $\infty-\infty\neq0$임에 주의한다.

■ $\displaystyle\lim_{n\to\infty}a_n=\alpha$ (α는 실수),
$\displaystyle\lim_{n\to\infty}b_n=\infty$일 때
① $\alpha>0$이면
　$\displaystyle\lim_{n\to\infty}a_nb_n=\infty$
② $\alpha<0$이면
　$\displaystyle\lim_{n\to\infty}a_nb_n=-\infty$

01·4　수열의 극한의 대소 관계

두 수열 $\{a_n\}$, $\{b_n\}$이 모두 수렴하고, $\displaystyle\lim_{n\to\infty}a_n=\alpha$, $\displaystyle\lim_{n\to\infty}b_n=\beta$ (α, β는 실수)일 때

(1) 모든 자연수 n에 대하여 $a_n\leq b_n$이면 $\alpha\leq\beta$이다.
(2) 수열 $\{c_n\}$이 모든 자연수 n에 대하여 $a_n\leq c_n\leq b_n$이고 $\alpha=\beta$이면 $\displaystyle\lim_{n\to\infty}c_n=\alpha$이다.

　주의　두 수열 $\{a_n\}$과 $\{b_n\}$에 대하여 $a_n<b_n$이라고 해서 반드시 $\displaystyle\lim_{n\to\infty}a_n<\lim_{n\to\infty}b_n$이 성립하는 것이 아니다.

■ 두 수열 $\{a_n\}$, $\{b_n\}$에서 모든 자연수 n에 대하여 $a_n\leq b_n$일 때
① $\displaystyle\lim_{n\to\infty}a_n=\infty$이면 $\displaystyle\lim_{n\to\infty}b_n=\infty$
② $\displaystyle\lim_{n\to\infty}b_n=-\infty$이면 $\displaystyle\lim_{n\to\infty}a_n=-\infty$

01·5　등비수열의 극한

등비수열 $\{r^n\}$에서

(1) $r>1$일 때, $\displaystyle\lim_{n\to\infty}r^n=\infty$　　　⇨ 양의 무한대로 발산

(2) $r=1$일 때, $\displaystyle\lim_{n\to\infty}r^n=1$　　　⇨ 1에 수렴

(3) $-1<r<1$일 때, $\displaystyle\lim_{n\to\infty}r^n=0$ ⇨ 0에 수렴

(4) $r\leq-1$일 때, $\{r^n\}$은 진동　⇨ 발산

　참고　등비수열의 수렴 조건
　　　　① 등비수열 $\{r^n\}$이 수렴하기 위한 조건 ⇨ $-1<r\leq1$
　　　　② 등비수열 $\{ar^{n-1}\}$이 수렴하기 위한 조건 ⇨ $a=0$ 또는 $-1<r\leq1$

■ r^n을 포함한 수열의 극한은 r의 값의 범위를 $|r|<1$, $r=1$, $|r|>1$, $r=-1$의 네 가지 경우로 나누어 구한다.

01·3　수열의 극한값의 계산

[0019 ~ 0022] 다음 극한을 조사하고, 극한이 존재하면 그 극한값을 구하시오.

0019　$\lim\limits_{n\to\infty}\dfrac{n-1}{2n+3}$

0020　$\lim\limits_{n\to\infty}\dfrac{3n^2-3n+1}{n^2+5n+1}$

0021　$\lim\limits_{n\to\infty}\dfrac{3n+1}{n^2+2n}$

0022　$\lim\limits_{n\to\infty}\dfrac{2n^2+n-5}{6n-1}$

[0023 ~ 0024] 다음 극한을 조사하고, 극한이 존재하면 그 극한값을 구하시오.

0023　$\lim\limits_{n\to\infty}(1+2n-n^2)$

0024　$\lim\limits_{n\to\infty}(5n^2-4n)$

[0025 ~ 0026] 다음 극한값을 구하시오.

0025　$\lim\limits_{n\to\infty}(\sqrt{n+1}-\sqrt{n})$

0026　$\lim\limits_{n\to\infty}\dfrac{1}{\sqrt{n^2+3n}-n}$

01·4　수열의 극한의 대소 관계

0027　수열 $\{a_n\}$이 모든 자연수 n에 대하여 $\dfrac{n}{4n+5}<a_n<\dfrac{n+6}{4n+3}$을 만족시킬 때, $\lim\limits_{n\to\infty}a_n$의 값을 구하시오.

01·5　등비수열의 극한

[0028 ~ 0031] 다음 수열의 수렴과 발산을 조사하시오.

0028　$\left\{\left(\dfrac{3}{2}\right)^n\right\}$

0029　$\{(-0.5)^n\}$

0030　$\left\{\left(-\dfrac{4}{3}\right)^n\right\}$

0031　$\left\{\dfrac{3^n}{4^n}\right\}$

[0032 ~ 0035] 다음 수열의 수렴과 발산을 조사하고, 수렴하면 그 극한값을 구하시오.

0032　$\left\{\dfrac{4^n}{3^{n+1}}\right\}$

0033　$\left\{\left(\dfrac{3}{5}\right)^{1-n}\right\}$

0034　$\{3^{-n}+4^{-n}\}$

0035　$\left\{4+\left(-\dfrac{1}{3}\right)^n\right\}$

[0036 ~ 0038] 다음 수열이 수렴하기 위한 실수 r의 값의 범위를 구하시오.

0036　$1,\ 3r,\ 9r^2,\ 27r^3,\ \cdots$

0037　$1,\ -\dfrac{r}{2},\ \dfrac{r^2}{4},\ -\dfrac{r^3}{8},\ \cdots$

0038　$\{(2r-1)^n\}$

유형 익/히/기

| 개념원리 미적분 12쪽 |

유형 01 수열의 수렴과 발산

0이 아닌 상수 a에 대하여

(1) n의 값이 한없이 커지면 수열 $\left\{\dfrac{a}{n}\right\}$는 $\Rightarrow$ 0에 수렴

(2) n의 값이 한없이 커지면 수열 $\left\{\dfrac{n}{a}\right\}$은 $\Rightarrow$ 양의 무한대 또는 음의 무한대로 발산

0039 대표문제

다음 수열 중 수렴하는 것은?

① $-\dfrac{1}{2}, \dfrac{2}{3}, -\dfrac{3}{4}, \dfrac{4}{5}, \cdots, \dfrac{(-1)^n \times n}{n+1}, \cdots$

② $4, \dfrac{4}{3}, \dfrac{4}{5}, \dfrac{4}{7}, \cdots, \dfrac{4}{2n-1}, \cdots$

③ $2, 1, 2, 1, \cdots$

④ $2, \dfrac{5}{2}, \dfrac{10}{3}, \dfrac{17}{4}, \cdots, \dfrac{n^2+1}{n}, \cdots$

⑤ $\dfrac{1}{1000}, \dfrac{2}{1000}, \dfrac{3}{1000}, \dfrac{4}{1000}, \cdots, \dfrac{n}{1000}, \cdots$

0040 중하

다음 수열 중 수렴하는 것은?

① $\left\{\dfrac{n^2-3}{n+1}\right\}$ ② $\{2n-3\}$ ③ $\left\{\dfrac{(-1)^n}{n}\right\}$

④ $\{1-n^2\}$ ⑤ $\left\{\sin\dfrac{n\pi}{2}\right\}$

0041 중

다음 **보기**의 수열 중에서 발산하는 것만을 있는 대로 고르시오.

> **보기**
>
> ㄱ. $\left\{\dfrac{\sqrt{3n}}{3}\right\}$ ㄴ. $\left\{\dfrac{1}{\sqrt{n}}\right\}$
>
> ㄷ. $\left\{\tan\left(\dfrac{n\pi}{2}+\dfrac{\pi}{4}\right)\right\}$ ㄹ. $\left\{\left(-\dfrac{3}{2}\right)^n\right\}$

| 개념원리 미적분 16쪽 |

유형 02 수열의 극한에 대한 기본 성질

$\displaystyle\lim_{n\to\infty} a_n = \alpha$, $\displaystyle\lim_{n\to\infty} b_n = \beta$ (α, β는 실수)이면 실수 p, q, r에 대하여

$\displaystyle\lim_{n\to\infty}(pa_n+qb_n)=p\alpha+q\beta$, $\displaystyle\lim_{n\to\infty} ra_nb_n = r\alpha\beta$

0042 대표문제

수렴하는 두 수열 $\{a_n\}$, $\{b_n\}$에 대하여

$$\lim_{n\to\infty}(a_n+b_n)=6, \quad \lim_{n\to\infty} a_nb_n=3$$

일 때, $\displaystyle\lim_{n\to\infty}(a_n^{\,2}+b_n^{\,2})$의 값을 구하시오.

0043 중하

두 수열 $\{a_n\}$, $\{b_n\}$에 대하여

$$\lim_{n\to\infty} a_n = -3, \quad \lim_{n\to\infty} b_n = 3$$

일 때, $\displaystyle\lim_{n\to\infty}\dfrac{3a_n-b_n}{a_nb_n+6}$의 값을 구하시오.

0044 중

두 수열 $\{a_n\}$, $\{b_n\}$에 대하여

$$a_n = \dfrac{1}{n} - 2, \quad b_n = 3 - \dfrac{2}{n(n+1)}$$

일 때, $\displaystyle\lim_{n\to\infty} a_n(2a_n-3b_n)$의 값을 구하시오.

0045 중

수렴하는 두 수열 $\{a_n\}$, $\{b_n\}$에 대하여

$$\lim_{n\to\infty}(a_n-b_n)=3, \quad \lim_{n\to\infty}(4a_n+3b_n)=5$$

일 때, $\displaystyle\lim_{n\to\infty}\dfrac{b_n}{a_n}$의 값을 구하시오.

유형 03 $\lim\limits_{n\to\infty} a_n = \lim\limits_{n\to\infty} a_{n+1} = \alpha$의 이용

수열 $\{a_n\}$이 수렴하고 $\lim\limits_{n\to\infty} a_n = \alpha$ (α는 실수)이면
$$\lim_{n\to\infty} a_{n+1} = \lim_{n\to\infty} a_{n+2} = \cdots = \alpha$$

0046 대표문제

수렴하는 수열 $\{a_n\}$에 대하여 $\lim\limits_{n\to\infty} \dfrac{a_{n+2}+5}{3a_n-1} = 3$일 때, $\lim\limits_{n\to\infty} a_n$의 값은?

① $-\dfrac{5}{3}$ ② -1 ③ 1

④ $\dfrac{5}{3}$ ⑤ 2

0047 중

수열 $\{a_n\}$이 0이 아닌 실수에 수렴하고
$$\dfrac{4}{a_{n+1}} = 4 - a_n \ (n=1,\,2,\,3,\,\cdots)$$
이 성립할 때, $\lim\limits_{n\to\infty} a_n$의 값을 구하시오.

💡 중요

| 개념원리 미적분 17쪽 |

유형 04 $\dfrac{\infty}{\infty}$ 꼴의 극한

분모의 최고차항으로 분자, 분모를 각각 나눈다.

0048 대표문제

다음 중 옳은 것은?

① $\lim\limits_{n\to\infty} \dfrac{2n^2+3n+5}{2n^2+1} = \dfrac{3}{2}$ ② $\lim\limits_{n\to\infty} \dfrac{\sqrt{n}}{\sqrt{9n+5}} = \dfrac{1}{3}$

③ $\lim\limits_{n\to\infty} \dfrac{n}{\sqrt{n^2+1}+n} = 0$ ④ $\lim\limits_{n\to\infty} \dfrac{(n+1)(2n+1)}{n^2} = 3$

⑤ $\lim\limits_{n\to\infty} \dfrac{\sqrt{n}}{\sqrt{n+1}+\sqrt{n}} = 1$

0049 중

$\lim\limits_{n\to\infty} \{\log_2(n^2-2n+3) - \log_2(2n+1)^2\}$의 값을 구하시오.

0050 중

수열 $\{a_n\}$에 대하여 $\lim\limits_{n\to\infty} a_n = \dfrac{1}{7}$일 때, $\lim\limits_{n\to\infty} \dfrac{-2n+1}{na_n}$의 값을 구하시오.

0051 중 서술형

함수 $f(x) = x^2 + 2nx + 1$에 대하여 방정식 $f(x) = 0$의 두 근을 $\alpha_n,\ \beta_n$이라 할 때, $\lim\limits_{n\to\infty} \dfrac{\alpha_n^2 + \beta_n^2}{f(n)}$의 값을 구하시오.

(단, n은 자연수)

0052 중

수열 $\{a_n\}$에서 첫째항부터 제 n항까지의 합 S_n이 $S_n = 2n^2 - 3n$일 때, $\lim\limits_{n\to\infty} \dfrac{a_n^2}{S_n}$의 값은?

① 6 ② 7 ③ 8

④ 9 ⑤ 10

유형 **05** $\dfrac{\infty}{\infty}$ 꼴의 극한 – 합과 곱

(i) 합과 곱으로 된 부분을 간단히 정리하여 n에 대한 식으로 나타낸다.

(ii) $\dfrac{\infty}{\infty}$ 꼴의 극한을 구하는 방법을 이용하여 극한값을 구한다.

0053 대표문제

$\displaystyle\lim_{n\to\infty}\dfrac{8n^2-3n}{1+2+3+\cdots+n}$ 의 값을 구하시오.

0054 중

수열 $\{a_n\}$의 일반항이

$$a_n=\left(1-\dfrac{1}{2^2}\right)\left(1-\dfrac{1}{3^2}\right)\left(1-\dfrac{1}{4^2}\right)\cdots\left(1-\dfrac{1}{n^2}\right)$$

일 때, $\displaystyle\lim_{n\to\infty}a_n$의 값을 구하시오.

0055 중

수열 $\{a_n\}$의 일반항이 $a_n=\log\dfrac{n+1}{n}$일 때,

$\displaystyle\lim_{n\to\infty}\dfrac{2n+4}{10^{a_1+a_2+a_3+\cdots+a_n}}$의 값은?

① 1   ② 2   ③ 3

④ 4   ⑤ 5

유형 **06** $\dfrac{\infty}{\infty}$ 꼴의 극한 – 미정계수의 결정

$\dfrac{\infty}{\infty}$ 꼴의 극한값이 0이 아닌 실수 α이면

⇨ (분자의 차수)=(분모의 차수)이고, 최고차항의 계수의 비가 α이다.

0056 대표문제

$\displaystyle\lim_{n\to\infty}\dfrac{an^2+bn+7}{2n-3}=3$일 때, 상수 a, b에 대하여 $a+b$의 값은?

① 3   ② 4   ③ 5

④ 6   ⑤ 7

0057 중하

$\displaystyle\lim_{n\to\infty}\dfrac{an^2-3n-1}{4n^2+n}=2$일 때, 상수 a의 값은?

① 2   ② 4   ③ 6

④ 8   ⑤ 10

0058 중

$\displaystyle\lim_{n\to\infty}\dfrac{an^2-4n-1}{bn^3-n^2+6}=5$일 때, 상수 a, b에 대하여

$\displaystyle\lim_{n\to\infty}\dfrac{(an+b)^2}{n^2-2n+7}$의 값을 구하시오.

0059 중

$\displaystyle\lim_{n\to\infty}\dfrac{n-6}{\sqrt{n^2+3n-2}+an}=\dfrac{1}{5}$일 때, 상수 a의 값은?

① 3   ② 4   ③ 5

④ 6   ⑤ 7

유형 **07** ∞−∞ 꼴의 극한

∞−∞ 꼴이면서 근호가 있을 때
⇨ 분모를 1로 놓고 분자를 유리화한다.

0060 대표문제

$\lim\limits_{n\to\infty}(\sqrt{4n^2+3n+1}-2n)$의 값은?

① 0   ② $\dfrac{3}{4}$ ③ 1

④ $\dfrac{3}{2}$ ⑤ 3

0061 중

$\lim\limits_{n\to\infty}\sqrt{n}(\sqrt{n+2}-\sqrt{n})$의 값을 구하시오.

0062 중

수열 $\{a_n\}$에서 첫째항부터 제 n 항까지의 합 S_n이
$S_n=1+2+3+\cdots+n$일 때, $\lim\limits_{n\to\infty}(\sqrt{S_n}-\sqrt{S_{n-1}})$의 값을
구하시오.

0063 중 서술형

자연수 n에 대하여 $\sqrt{9n^2+5n+1}$의 소수 부분을 a_n이라 할
때, $\lim\limits_{n\to\infty}a_n$의 값을 구하시오.

0064 중

$\lim\limits_{n\to\infty}\{\sqrt{1+2+3+\cdots+n}-\sqrt{1+2+3+\cdots+(n-1)}\}$의
값을 구하시오.

유형 **08** ∞−∞ 꼴의 극한 − 분수 꼴

(1) 분자에만 근호가 있는 경우 ⇨ 분자를 유리화한다.
(2) 분모에만 근호가 있는 경우 ⇨ 분모를 유리화한다.
(3) 분자, 분모에 모두 근호가 있는 경우 ⇨ 분자, 분모를 각각 유
리화한다.

0065 대표문제

$\lim\limits_{n\to\infty}\dfrac{1}{\sqrt{n^2+2n}-n}$의 값은?

① -1 ② $-\dfrac{1}{2}$ ③ 0

④ $\dfrac{1}{2}$ ⑤ 1

0066 중

$\lim\limits_{n\to\infty}\dfrac{\sqrt{n+3}-\sqrt{n}}{\sqrt{n+2}-\sqrt{n+1}}$의 값을 구하시오.

0067 중

자연수 n에 대하여 이차방정식 $x^2-x+n-\sqrt{n^2+2n}=0$의
두 근을 α_n, β_n이라 할 때, $\lim\limits_{n\to\infty}\left(\dfrac{1}{\alpha_n}+\dfrac{1}{\beta_n}\right)$의 값을 구하시오.

유형 09 ∞ − ∞ 꼴의 극한 − 미정계수의 결정

(ⅰ) 무리식을 유리화하여 $\dfrac{\infty}{\infty}$ 꼴로 변형한다.

(ⅱ) 극한값이 0이 아닌 실수 α이면 최고차항의 계수의 비가 α임을 이용한다.

0068 대표문제

$\lim\limits_{n\to\infty}\{\sqrt{n^2+4n-2}-(an+b)\}=2$일 때, 상수 a, b에 대하여 a^2+b^2의 값은?

① 1   ② 2   ③ 3
④ 4   ⑤ 5

0069 중

$\lim\limits_{n\to\infty}(\sqrt{n^2+an}-\sqrt{n^2+bn})=10$일 때, 상수 a, b에 대하여 $a-b$의 값을 구하시오.

0070 중

$\lim\limits_{n\to\infty}\dfrac{1}{\sqrt{9n^2+an}-3n+a}=\dfrac{2}{7}$일 때, 상수 a의 값을 구하시오.

0071 상중

수열 $\{a_n\}$이 수렴하고 $a_n=\sqrt{(n-1)(n-2)}+kn$일 때, $\lim\limits_{n\to\infty}a_n$의 값을 구하시오. (단, k는 상수)

유형 10 일반항 a_n을 포함한 식의 극한값

일반항 a_n을 포함한 식의 극한값

⇨ 주어진 수열을 $\{b_n\}$으로 놓고 a_n을 b_n으로 나타낸다.

0072 대표문제

수열 $\{a_n\}$에 대하여 $\lim\limits_{n\to\infty}\dfrac{3a_n-2}{a_n+1}=2$일 때, $\lim\limits_{n\to\infty}a_n$의 값은?

① -2 ② $-\dfrac{4}{5}$ ③ $\dfrac{4}{5}$
④ $\dfrac{5}{2}$ ⑤ 4

0073 중

수열 $\{a_n\}$에 대하여 $\lim\limits_{n\to\infty}(2n^2-3n)a_n=4$일 때, $\lim\limits_{n\to\infty}n^2a_n$의 값은?

① $\dfrac{1}{3}$ ② $\dfrac{1}{2}$ ③ 1
④ 2 ⑤ 3

0074 중

두 수열 $\{a_n\}$, $\{b_n\}$에 대하여
$$\lim\limits_{n\to\infty}(n^2+2n)a_n=2,\quad \lim\limits_{n\to\infty}(3n-2)b_n=6$$
일 때, $\lim\limits_{n\to\infty}\dfrac{(4n+2)a_n}{b_n}$의 값을 구하시오.

0075 중

각 항이 모두 양수인 두 수열 $\{a_n\}$, $\{b_n\}$에 대하여
$$\lim\limits_{n\to\infty}(a_n-3b_n)=2,\quad \lim\limits_{n\to\infty}b_n=\infty$$
일 때, $\lim\limits_{n\to\infty}\dfrac{b_n-5}{a_n+5}$의 값을 구하시오.

유형 **11**　수열의 극한의 대소 관계

모든 자연수 n에 대하여 $a_n < c_n < b_n$이고 $\lim\limits_{n \to \infty} a_n = \lim\limits_{n \to \infty} b_n = \alpha$이면 $\Rightarrow \lim\limits_{n \to \infty} c_n = \alpha$

0076　대표문제

수열 $\{a_n\}$이 모든 자연수 n에 대하여

$$n^2 + n < (10n^2 + 3)a_n < n^2 + 2n$$

을 만족시킬 때, $\lim\limits_{n \to \infty} a_n$의 값을 구하시오.

0077　중하

수열 $\{a_n\}$이 모든 자연수 n에 대하여

$$\frac{3n^2 - n}{n^2 + 1} < a_n < \frac{3n^2 + n}{n^2 + 1}$$

을 만족시킬 때, $\lim\limits_{n \to \infty} a_n$의 값은?

① -3　　　② -1　　　③ 0
④ 1　　　⑤ 3

0078　중

수열 $\{a_n\}$이 모든 자연수 n에 대하여

$$3n - 3 < na_n < \sqrt{9n^2 + 5n}$$

을 만족시킬 때, $\lim\limits_{n \to \infty} \dfrac{(n^2 + 3n)a_n}{4n^2 - 2}$의 값은?

① $\dfrac{1}{4}$　　　② $\dfrac{1}{2}$　　　③ $\dfrac{3}{4}$
④ 1　　　⑤ $\dfrac{5}{4}$

0079　중　서술형

수열 $\{a_n\}$이 모든 자연수 n에 대하여

$$2n < a_n < 2n + 1$$

을 만족시킬 때, $\lim\limits_{n \to \infty} \dfrac{a_1 + a_2 + a_3 + \cdots + a_n}{7n^2 + 10}$의 값을 구하시오.

0080　상중

$\lim\limits_{n \to \infty} \dfrac{3n - \sin n\theta}{2n + 1}$의 값은? (단, θ는 상수, n은 자연수)

① 0　　　② $\dfrac{1}{2}$　　　③ 1
④ $\dfrac{3}{2}$　　　⑤ 2

유형 **12**　수열의 극한에 대한 참, 거짓 판별

극한값을 구하려는 수열을 수렴하는 수열에 대한 식으로 나타내고, 거짓인 명제는 반례를 찾는다.

0081　대표문제

두 수열 $\{a_n\}$, $\{b_n\}$에 대하여 다음 **보기**에서 옳은 것만을 있는 대로 고른 것은? (단, α, β는 실수)

> ● 보기 ●
>
> ㄱ. $\lim\limits_{n \to \infty} a_n = \infty$, $\lim\limits_{n \to \infty} b_n = \infty$이면 $\lim\limits_{n \to \infty} \dfrac{a_n}{b_n} = 1$이다.
>
> ㄴ. $\lim\limits_{n \to \infty} a_n = \infty$, $\lim\limits_{n \to \infty}(a_n - b_n) = \alpha$이면 $\lim\limits_{n \to \infty} \dfrac{b_n}{a_n} = 1$이다.
>
> ㄷ. $\lim\limits_{n \to \infty} a_n = \alpha$, $\lim\limits_{n \to \infty} b_n = \beta$이고 모든 자연수 n에 대하여 $a_n < b_n$이면 $\alpha < \beta$이다.

① ㄱ　　　② ㄴ　　　③ ㄱ, ㄴ
④ ㄴ, ㄷ　　　⑤ ㄱ, ㄴ, ㄷ

유형 익/히/기

0082 중

두 수열 $\{a_n\}$, $\{b_n\}$에 대하여 다음 **보기**에서 옳은 것만을 있는 대로 고른 것은?

> ● 보기 ●
>
> ㄱ. $\lim\limits_{n\to\infty}|a_n|=0$이면 $\lim\limits_{n\to\infty}a_n=0$이다.
>
> ㄴ. $\lim\limits_{n\to\infty}(3a_n+b_n)=0$이고 $\lim\limits_{n\to\infty}a_n=1$이면 $\lim\limits_{n\to\infty}b_n=-3$이다.
>
> ㄷ. 두 수열 $\{a_n\}$, $\{a_nb_n\}$이 모두 수렴하면 수열 $\{b_n\}$은 수렴한다.
>
> ㄹ. 모든 자연수 n에 대하여 $a_n<c_n<b_n$이고 $\lim\limits_{n\to\infty}(b_n-a_n)=0$이면 수열 $\{c_n\}$은 수렴한다.

① ㄱ, ㄴ   ② ㄱ, ㄷ   ③ ㄱ, ㄹ

④ ㄴ, ㄷ   ⑤ ㄷ, ㄹ

0083 상 중

두 수열 $\{a_n\}$, $\{b_n\}$에 대하여 다음 중 옳은 것은?

① $\lim\limits_{n\to\infty}a_n=\infty$, $\lim\limits_{n\to\infty}b_n=0$이면 $\lim\limits_{n\to\infty}a_nb_n=0$이다.

② $\lim\limits_{n\to\infty}a_nb_n=0$이면 $\lim\limits_{n\to\infty}a_n=0$ 또는 $\lim\limits_{n\to\infty}b_n=0$이다.

③ $\lim\limits_{n\to\infty}a_n=\infty$, $\lim\limits_{n\to\infty}(a_n-b_n)=0$이면 $\lim\limits_{n\to\infty}b_n=\infty$이다.

④ 두 수열 $\{a_n\}$, $\{b_n\}$이 모두 발산하면 수열 $\{a_nb_n\}$은 발산한다.

⑤ 두 수열 $\{a_{2n}\}$, $\{a_{2n-1}\}$이 모두 수렴하면 수열 $\{a_n\}$은 수렴한다.

유형 13   등비수열의 극한

분모에 r^n 꼴이 들어 있는 분수식의 극한

⇨ 분모에서 밑의 절댓값이 가장 큰 항으로 분자, 분모를 각각 나눈다.

0084 대표문제

$\lim\limits_{n\to\infty}\dfrac{3^n-2^{2n-1}}{3^{n-1}+2^{2n}}$의 값은?

① $-\dfrac{2}{3}$ ② $-\dfrac{1}{2}$ ③ $-\dfrac{1}{3}$

④ $\dfrac{1}{3}$ ⑤ $\dfrac{1}{2}$

0085 중

$\lim\limits_{n\to\infty}(\sqrt{9^n-3^n}-3^n)$의 값을 구하시오.

0086 중

수렴하는 수열 $\{a_n\}$에 대하여 $\lim\limits_{n\to\infty}\dfrac{5^{n+1}+3^na_n}{3^{n+1}-5^na_n}=6$일 때, $\lim\limits_{n\to\infty}a_n$의 값을 구하시오.

0087 중

이차방정식 $x^2-2x-1=0$의 두 근을 α, β라 할 때, $\lim\limits_{n\to\infty}\dfrac{\alpha^{n+2}+\beta^{n+3}}{\alpha^n+\beta^{n+1}}$의 값은? (단, $\alpha>\beta$)

① α^2 ② α^3 ③ 1

④ β^2 ⑤ β^3

0088 중
수열 $\{a_n\}$에서 첫째항부터 제n항까지의 합 S_n이
$S_n = n \times 3^n$일 때, $\displaystyle\lim_{n\to\infty} \frac{S_n}{a_n}$의 값은?

① $\dfrac{1}{4}$ ② $\dfrac{1}{2}$ ③ 1

④ $\dfrac{3}{2}$ ⑤ 2

0089 상중
수열 $\sqrt{3},\ \sqrt{3\sqrt{3}},\ \sqrt{3\sqrt{3\sqrt{3}}},\ \cdots$의 제$n$항을 a_n이라 할 때,
$\displaystyle\lim_{n\to\infty} a_n$의 값을 구하시오.

| 개념원리 미적분 32쪽 |

유형 14 **등비수열의 수렴 조건**

(1) 등비수열 $\{r^n\}$의 수렴 조건 $\Rightarrow -1 < r \le 1$
(2) 등비수열 $\{ar^{n-1}\}$의 수렴 조건 $\Rightarrow a=0$ 또는 $-1 < r \le 1$

0090 대표문제
등비수열 $\left\{\left(\dfrac{x-x^2}{2}\right)^n\right\}$이 수렴하기 위한 정수 x의 개수를 구하시오.

0091 중하
등비수열 $\left\{\left(\dfrac{x}{2}\right)^{n-1}(x+2)\right\}$가 수렴하기 위한 x의 값의 범위를 구하시오.

0092 중
등비수열 $\{(\sqrt{2}\cos x)^{n-1}\}$이 수렴하도록 하는 x의 값의 범위를 구하시오. (단, $0 \le x < \pi$)

0093 중
등비수열 $\{(\log_3 x - 2)^n\}$이 수렴하기 위한 모든 자연수 x의 값의 합은?

① 370 ② 372 ③ 374

④ 376 ⑤ 378

0094 중 서술형
두 등비수열 $\left\{\left(\dfrac{3x+1}{2}\right)^n\right\}$, $\{(x-3)(2x+1)^n\}$이 모두 수렴하기 위한 x의 값의 범위를 구하시오.

0095 상중
등비수열 $\{r^n\}$이 수렴할 때, 다음 **보기**에서 항상 수렴하는 수열만을 있는 대로 고르시오.

┌─ **보기** ─
ㄱ. $\{(-r)^n\}$ ㄴ. $\left\{\left(\dfrac{1-r}{2}\right)^n\right\}$ ㄷ. $\{r^{2n}\}$
└─

📝 유형 익/히/기

| **개념원리** 미적분 33쪽 |

유형 15 r^n을 포함한 수열의 극한

r^n을 포함한 수열의 극한은 r의 값의 범위를
$$|r|<1,\ r=1,\ |r|>1,\ r=-1$$
인 경우로 나누어 구한다.

0096 `대표문제`

$\displaystyle\lim_{n\to\infty}\frac{r^{2n}}{1+r^{2n}}$ 의 값이 $|r|>1$이면 a, $|r|=1$이면 b, $|r|<1$이면 c일 때, $a+b-c$의 값을 구하시오.

0097 `중`

수열 $\left\{\dfrac{2-r^n}{2+r^n}\right\}$의 극한에 대하여 다음 **보기**에서 옳은 것만을 있는 대로 고르시오.

• 보기 •

ㄱ. $r>1$일 때, 극한값은 r이다.
ㄴ. $r=1$일 때, 극한값은 -1이다.
ㄷ. $-1<r<1$일 때, 극한값은 1이다.

0098 `중`

$r>0$일 때, $\displaystyle\lim_{n\to\infty}\frac{r^{n+1}+r+2}{r^n+1}=\frac{8}{3}$ 을 만족시키는 모든 r의 값의 합을 구하시오.

0099 `상 중`

다음 중 수열 $\left\{\dfrac{r^{2n+1}-1}{r^{2n}+r^2}\right\}$의 극한값이 될 수 <u>없는</u> 것은?

(단, $r\neq0$)

① -1 ② $\dfrac{1}{2}$ ③ $\dfrac{3}{2}$

④ 2 ⑤ $\dfrac{5}{2}$

유형 16 x^n을 포함한 극한으로 정의된 함수

x^n을 포함한 극한으로 정의된 함수는 x의 값의 범위를
$$|x|<1,\ x=1,\ |x|>1,\ x=-1$$
인 경우로 나누고 다음을 이용하여 함수식을 구한다.
① $|x|<1$일 때, $\displaystyle\lim_{n\to\infty}x^n=0$
② $|x|>1$일 때, $-1<\dfrac{1}{x}<1$이므로 $\displaystyle\lim_{n\to\infty}\frac{1}{x^n}=0$

0100 `대표문제`

함수 $f(x)=\displaystyle\lim_{n\to\infty}\frac{x^{2n}-2x}{x^{2n+2}+2}$에 대하여

$f\left(\dfrac{1}{3}\right)+f(1)+f(2)$의 값을 구하시오. (단, n은 자연수)

0101 `중`

$x>-1$에서 정의된 함수 $f(x)=\displaystyle\lim_{n\to\infty}\frac{1-x^n}{1+x^n}$에 대하여 $y=f(x)$의 그래프는? (단, n은 자연수)

① 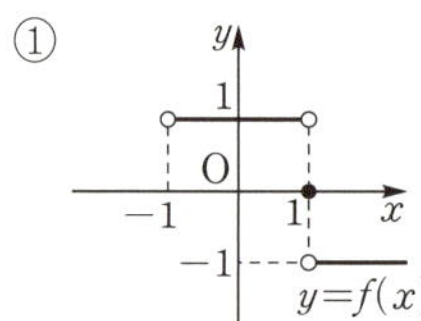   ② 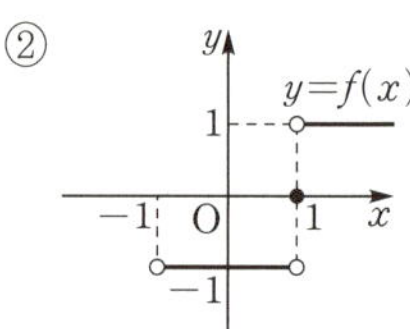

③ 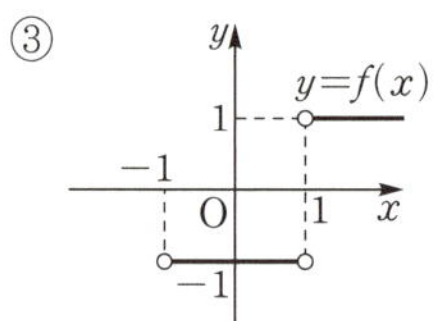   ④ 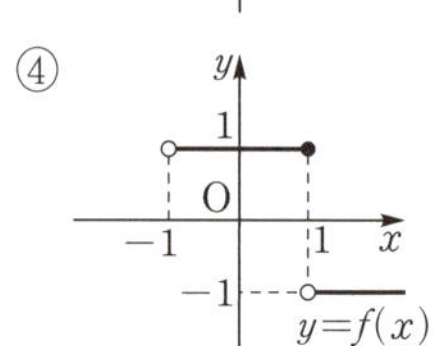

⑤ 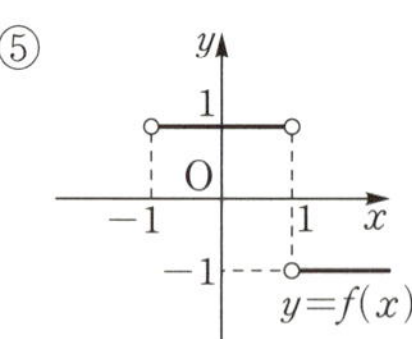

0102 `중` `서술형`

함수 $f(x)=\displaystyle\lim_{n\to\infty}\frac{x^{2n+4}+ax^2+b}{x^{2n}+1}$에 대하여 $|x|<1$, $x=1$, $|x|>1$, $x=-1$일 때, $f(x)$를 다항함수로 각각 나타내시오. (단, n은 자연수, a, b는 상수)

유형 **17** 그래프를 이용한 수열의 극한

그래프 위의 점의 좌표 또는 선분의 길이 등을 n에 대한 식으로 나타낸 후 이 식의 극한값을 구한다.

0103 대표문제

오른쪽 그림과 같이 자연수 n에 대하여 무리함수 $y=\sqrt{x}$의 그래프 위의 점 $P_n(2n, \sqrt{2n})$에서 x축에 내린 수선의 발을 Q_n이라 할 때, $\lim\limits_{n\to\infty}(\overline{OP_n}-\overline{OQ_n})$의 값을 구하시오. (단, O는 원점)

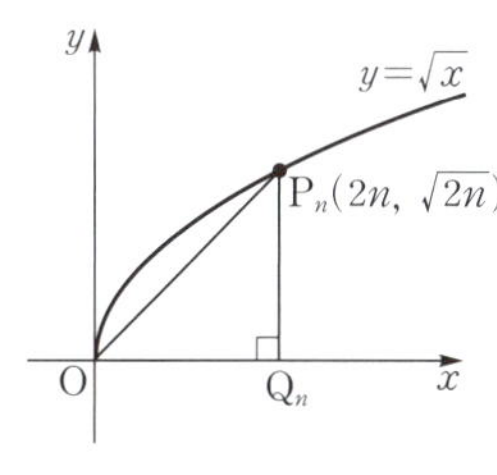

0104 중

자연수 n에 대하여 이차함수 $f(x)=3x^2$의 그래프 위의 두 점 $P(n, f(n))$, $Q(n+1, f(n+1))$ 사이의 거리를 a_n이라 할 때, $\lim\limits_{n\to\infty}\dfrac{a_n}{n}$의 값을 구하시오.

0105 상중 서술형

오른쪽 그림과 같이 자연수 n에 대하여 직선 $2x+3y=8$이 직선 $y=\dfrac{n}{3n+1}x$와 만나는 점을 P_n, x축과 만나는 점을 A라 하자. 삼각형 OAP_n의 넓이를 S_n이라 할 때, $\lim\limits_{n\to\infty}S_n$의 값을 구하시오. (단, O는 원점)

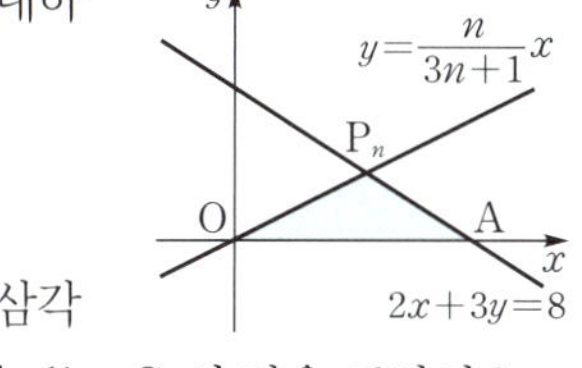

0106 상중

오른쪽 그림과 같이 자연수 n에 대하여 직선 $y=\left(\dfrac{1}{2}\right)^{n-1}(x-1)$과 이차함수 $y=3x(x-1)$의 그래프가 만나는 두 점을 $A(1, 0)$과 P_n이라 하자. 점 P_n에서 x축에 내린 수선의 발을 H_n이라 할 때, $\lim\limits_{n\to\infty}\dfrac{\overline{P_nH_n}}{\overline{OH_n}}$의 값을 구하시오. (단, O는 원점)

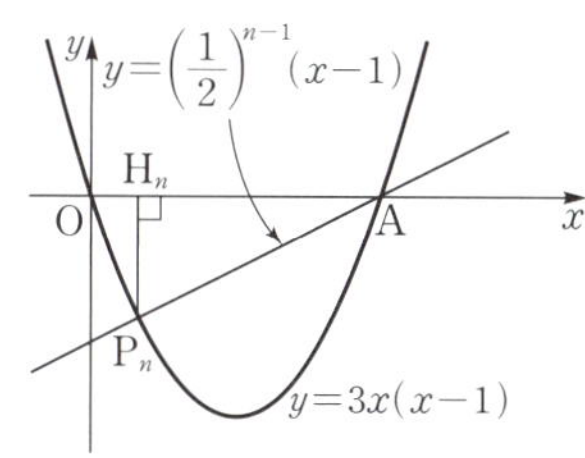

유형 **18** 수열의 극한의 활용

일반항 a_n을 구한 후 수열의 극한에 대한 기본 성질을 이용하여 $\lim\limits_{n\to\infty}a_n$의 값을 구한다.

0107 대표문제

오른쪽 그림은 한 변의 길이가 n인 정사각형의 각 변을 n등분하여 각 변에 평행한 선분을 나타낸 것이다. 한 변의 길이가 1인 정사각형의 개수를 a_n, 한 변의 길이가 1인 모든 정사각형의 꼭짓점의 개수를 b_n이라 할 때, $\lim\limits_{n\to\infty}\dfrac{b_n-a_n}{n}$의 값을 구하시오.

(단, n은 자연수이고 중복되는 꼭짓점은 한 번만 센다.)

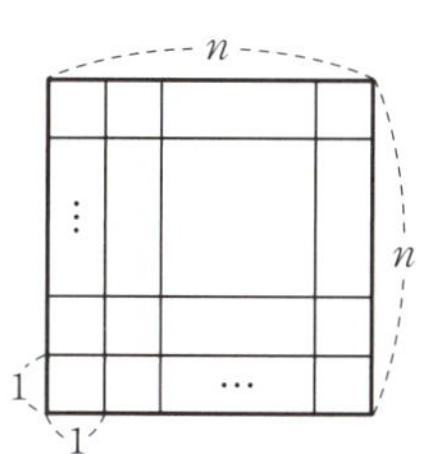

0108 상중

오른쪽 그림과 같이 가로의 길이가 n, 세로의 길이가 30인 직사각형 AOC_nB_n이 있다. $\overline{AB_1}=1$이고, 대각선 AC_n과 선분 B_1C_1의 교점을 D_n이라 할 때, $\lim\limits_{n\to\infty}\dfrac{\overline{AC_n}-\overline{OC_n}}{\overline{B_1D_n}}$의 값을 구하시오. (단, n은 자연수)

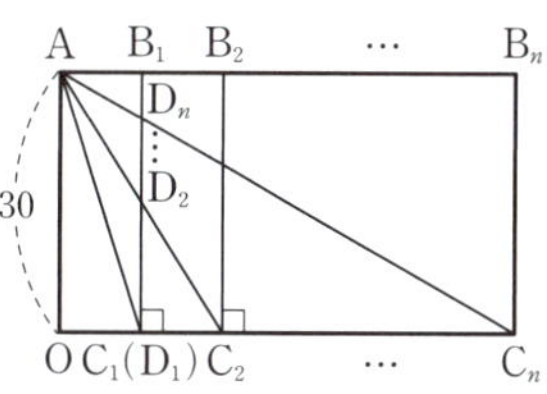

0109

다음 **보기**의 수열 중에서 수렴하는 것만을 있는 대로 고른 것은?

> ─● 보기 ●─
>
> ㄱ. $\left\{\dfrac{1}{7^n}\right\}$　　　　ㄴ. $\left\{\dfrac{2n-1}{n+3}\right\}$
>
> ㄷ. $\left\{\dfrac{1-(-1)^n}{2}\right\}$　　ㄹ. $\left\{\dfrac{n^2+3}{2n+1}\right\}$

① ㄱ, ㄴ　　　　② ㄱ, ㄷ　　　　③ ㄱ, ㄹ

④ ㄴ, ㄷ　　　　⑤ ㄷ, ㄹ

0110

수렴하는 수열 $\{a_n\}$에 대하여 $\lim\limits_{n\to\infty}(a_n-3)=1$일 때, $\lim\limits_{n\to\infty}(a_n{}^2-2a_n+2)$의 값을 구하시오.

0111　평가원 기출

수열 $\{a_n\}$에 대하여 $\lim\limits_{n\to\infty}\dfrac{5^n a_n}{3^n+1}$이 0이 아닌 상수일 때,

$\lim\limits_{n\to\infty}\dfrac{a_n}{a_{n+1}}$의 값은?

① $\dfrac{2}{3}$　　　　② $\dfrac{4}{5}$　　　　③ $\dfrac{5}{3}$

④ $\dfrac{9}{5}$　　　　⑤ $\dfrac{8}{3}$

0112

다음 중 극한값이 가장 큰 것은?

① $\lim\limits_{n\to\infty}\dfrac{n+1}{2n-3}$　　　　② $\lim\limits_{n\to\infty}\dfrac{1}{n^3-1}$

③ $\lim\limits_{n\to\infty}\dfrac{n^2(n-4)}{n^3+1}$　　　　④ $\lim\limits_{n\to\infty}\dfrac{n(n+1)}{3n^2-5n}$

⑤ $\lim\limits_{n\to\infty}\dfrac{(n-1)(3n-1)}{4n^2-5n}$

0113

$\lim\limits_{n\to\infty}\{\log_2(2n-1)+\log_2(8n+1)-2\log_2(n+1)\}$의 값은?

① 1　　　　② 2　　　　③ 4

④ 8　　　　⑤ 16

0114　중요

$\lim\limits_{n\to\infty}\dfrac{an^2+bn+2}{cn^3+3n-2}=3$일 때, 상수 a, b, c에 대하여 $a+b+c$의 값은?

① -9　　　　② -6　　　　③ 3

④ 6　　　　⑤ 9

0115

자연수 n에 대하여 $\sqrt{4n^2+3n+1}$의 정수 부분을 a_n, 소수 부분을 b_n이라 할 때, $\lim\limits_{n\to\infty}\dfrac{a_n b_n}{n}$의 값을 구하시오.

0116

자연수 n에 대하여 이차방정식 $x^2+2nx-6n=0$의 양의 실근을 a_n이라 할 때, $\lim\limits_{n\to\infty} a_n$의 값을 구하시오.

0117

$\lim\limits_{n\to\infty} \dfrac{2n-\sqrt{4n^2+1}}{n-\sqrt{n^2+2}}$의 값은?

① $\dfrac{1}{4}$　　　② $\dfrac{1}{2}$　　　③ 1

④ 2　　　⑤ 4

0118 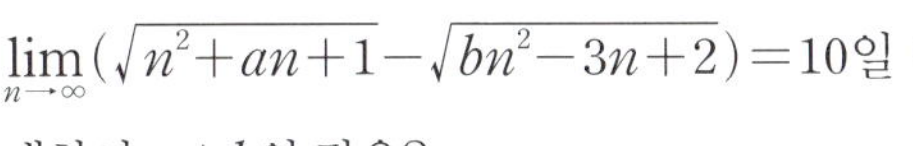

$\lim\limits_{n\to\infty}(\sqrt{n^2+an+1}-\sqrt{bn^2-3n+2})=10$일 때, 상수 a, b에 대하여 $a+b$의 값은?

① 10　　　② 12　　　③ 14

④ 16　　　⑤ 18

0119

수열 $\{a_n\}$에 대하여 $\lim\limits_{n\to\infty} \dfrac{-2a_n+1}{5a_n-3}=-1$일 때, $\lim\limits_{n\to\infty} \dfrac{a_n+1}{a_n-1}$의 값은?

① -10　　　② -5　　　③ 0

④ 5　　　⑤ 10

0120 수능 기출

수열 $\{a_n\}$에 대하여 곡선 $y=x^2-(n+1)x+a_n$은 x축과 만나고, 곡선 $y=x^2-nx+a_n$은 x축과 만나지 않는다. $\lim\limits_{n\to\infty} \dfrac{a_n}{n^2}$의 값은?

① $\dfrac{1}{20}$　　　② $\dfrac{1}{10}$　　　③ $\dfrac{3}{20}$

④ $\dfrac{1}{5}$　　　⑤ $\dfrac{1}{4}$

0121

두 수열 $\{a_n\}$, $\{b_n\}$이 모든 자연수 n에 대하여 다음 조건을 만족시킬 때, $\lim\limits_{n\to\infty} a_n$의 값을 구하시오.

> (가) $16-\dfrac{1}{n}\le a_n+b_n\le 16+\dfrac{1}{n}$
>
> (나) $10-\dfrac{1}{n}\le a_n-b_n\le 10+\dfrac{1}{n}$

0122

두 수열 $\{a_n\}$, $\{b_n\}$에 대하여 다음 **보기**에서 옳은 것만을 있는 대로 고른 것은? (단, α는 실수)

> ● 보기 ●
>
> ㄱ. $\lim\limits_{n\to\infty} a_n=\alpha$이고 $\lim\limits_{n\to\infty}(a_n-b_n)=0$이면 $\lim\limits_{n\to\infty} b_n=\alpha$이다.
>
> ㄴ. $\lim\limits_{n\to\infty} a_n^2=\alpha^2$이면 $\lim\limits_{n\to\infty} a_n=\alpha$ 또는 $\lim\limits_{n\to\infty} a_n=-\alpha$이다.
>
> ㄷ. $\lim\limits_{n\to\infty} a_{2n}=\alpha$이면 $\lim\limits_{n\to\infty} a_n=\alpha$이다.

① ㄱ　　　② ㄷ　　　③ ㄱ, ㄴ

④ ㄴ, ㄷ　　　⑤ ㄱ, ㄴ, ㄷ

0123

자연수 a, b에 대하여 연산 $\blacklozenge$를

$$a \blacklozenge b = \lim_{n \to \infty} \frac{(b+1)a^n + (a-1)b^n}{a^n + b^n}$$

으로 정의할 때, $(4 \blacklozenge 2) \blacklozenge 6$의 값은?

① 1 ② 2 ③ 3
④ 4 ⑤ 5

0124

수열 $\{a_n\}$에 대하여 $\displaystyle\lim_{n \to \infty} \frac{2^n + (-3)^n \times a_n}{2^n \times a_n - (-3)^n} = -6$일 때, $\displaystyle\lim_{n \to \infty} a_n$의 값을 구하시오.

0125

첫째항이 1이고 공비가 r $(r > 1)$인 등비수열 $\{a_n\}$에 대하여 $S_n = \displaystyle\sum_{k=1}^{n} a_k$일 때, $\displaystyle\lim_{n \to \infty} \frac{a_n}{S_n} = \frac{6}{7}$이다. r의 값은?

① 3 ② 4 ③ 5
④ 6 ⑤ 7

0126

등비수열 $\left\{\left(\dfrac{x^2 + 2x}{3}\right)^n\right\}$이 수렴하도록 하는 실수 x의 값의 범위가 $\alpha \le x \le \beta$일 때, $\alpha + \beta$의 값은?

① -4 ② -2 ③ 0
④ 2 ⑤ 4

0127

함수 $f(x) = \displaystyle\lim_{n \to \infty} \frac{x^{n+2} - 6x + 2}{x^n + 1}$에 대하여 $f\left(-\dfrac{1}{2}\right) + f(4)$의 값을 구하시오. (단, n은 자연수)

0128 교육청 기출

다음 그림과 같이 곡선 $y = f(x)$와 직선 $y = g(x)$가 원점과 점 $(3, 3)$에서 만난다.

$h(x) = \displaystyle\lim_{n \to \infty} \frac{\{f(x)\}^{n+1} + 5\{g(x)\}^n}{\{f(x)\}^n + \{g(x)\}^n}$일 때, $h(2) + h(3)$의 값은?

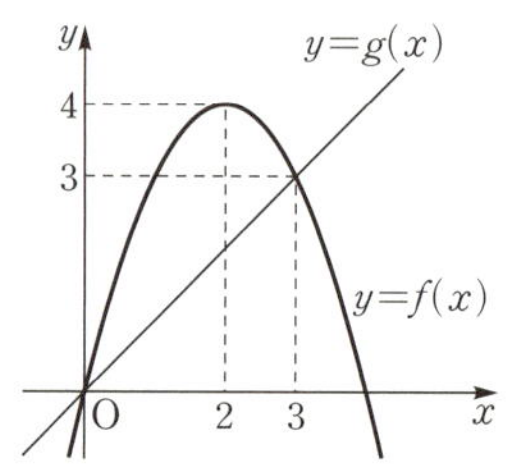

① 6 ② 7 ③ 8
④ 9 ⑤ 10

0129

다음 그림과 같이 한 변의 길이가 1인 정사각형을 이어 붙여서 가로의 길이가 1씩 커지는 직사각형을 만들어 나가려고 한다. n번째 만든 모양에서 모든 점의 개수를 a_n, 길이가 1인 모든 선분의 개수를 b_n이라 할 때, $\displaystyle\lim_{n \to \infty} \frac{6(a_n + b_n)^2}{a_n b_n}$의 값은?

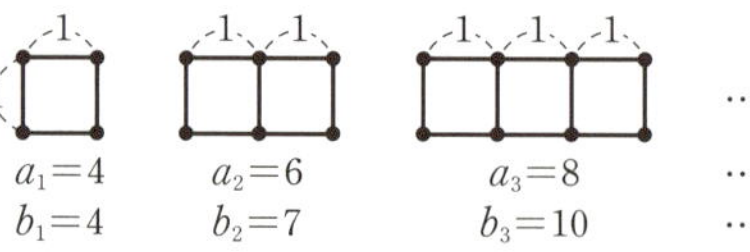

① 21 ② 22 ③ 23
④ 24 ⑤ 25

 **서술형 주관식**

0130

수렴하는 두 수열 $\{a_n\}$, $\{b_n\}$에 대하여

$$\lim_{n \to \infty}(2a_n+b_n)=6,\quad \lim_{n \to \infty}(3a_n-2b_n)=2$$

일 때, $\displaystyle\lim_{n \to \infty}\frac{3b_n-a_n}{2a_n+3b_n}$의 값을 구하시오.

0131

두 수열 $\{a_n\}$, $\{b_n\}$의 일반항이

$$a_n=\left(1-\frac{2}{3}\right)\left(1-\frac{2}{4}\right)\left(1-\frac{2}{5}\right)\cdots\left(1-\frac{2}{n+2}\right),$$
$$b_n=1+2+3+\cdots+n$$

일 때, $\displaystyle\lim_{n \to \infty}a_nb_n$의 값을 구하시오.

0132

첫째항이 3이고 공차가 2인 등차수열 $\{a_n\}$의 첫째항부터 제n항까지의 합을 S_n이라 할 때, $\displaystyle\lim_{n \to \infty}(\sqrt{S_{n+1}}-\sqrt{S_n})$의 값을 구하시오.

0133

$\displaystyle\lim_{n \to \infty}\frac{r^n+5^n}{r^n-5^n}=-1$을 만족시키는 정수 r의 개수를 구하시오.

(단, $|r|\neq 5$)

 **실력 up**

0134

수렴하는 수열

$$1,\ 1+\frac{1}{2},\ 1+\frac{1}{2+\frac{1}{2}},\ 1+\frac{1}{2+\frac{1}{2+\frac{1}{2}}},\ \cdots\text{의 극한값은?}$$

① 1　　　　　② $\sqrt{2}$　　　　③ 2
④ $2\sqrt{2}$　　　　⑤ 3

0135

양수 t에 대하여 $\log t$의 정수 부분과 소수 부분을 각각 $f(t)$, $g(t)$라 하자. 자연수 n에 대하여

$$f(t)=25n\left\{g(t)-\frac{3}{5}\right\}^2-n$$

을 만족시키는 서로 다른 모든 $f(t)$의 합을 a_n이라 할 때, $\displaystyle\lim_{n \to \infty}\frac{a_n}{n^2}$의 값을 구하시오.

0136 ···· 창의·융합 교육청 기출

자연수 n에 대하여 곡선 $y=x^2-\left(4+\frac{1}{n}\right)x+\frac{4}{n}$와 직선 $y=\frac{1}{n}x+1$이 만나는 두 점을 각각 P_n, Q_n이라 하자. 삼각형 OP_nQ_n의 무게중심의 y좌표를 a_n이라 할 때, $30\displaystyle\lim_{n \to \infty}a_n$의 값을 구하시오. (단, O는 원점)

02 급수

02·1 급수의 수렴과 발산

1 급수: 수열 $\{a_n\}$의 각 항을 차례로 덧셈 기호 $+$를 사용하여 연결한 식

$$a_1+a_2+a_3+\cdots+a_n+\cdots$$

을 급수라 하고, 이것을 기호 $\sum$를 사용하여 $\displaystyle\sum_{n=1}^{\infty}a_n$과 같이 나타낸다.

2 부분합: 급수 $\displaystyle\sum_{n=1}^{\infty}a_n$에서 첫째항부터 제$n$항까지의 합을 이 급수의 제$n$항까지의 부분합이라 한다.

$$\Rightarrow S_n=a_1+a_2+a_3+\cdots+a_n=\sum_{k=1}^{n}a_k$$

3 급수의 합: 급수 $\displaystyle\sum_{n=1}^{\infty}a_n$의 부분합으로 이루어진 수열 $\{S_n\}$이 일정한 값 S에 수렴할 때, 즉

$$\lim_{n\to\infty}S_n=\lim_{n\to\infty}\sum_{k=1}^{n}a_k=S$$일 때 이 급수는 S에 수렴한다고 한다. 이때 S를 이 급수의 합이라 한다.

$$\Rightarrow a_1+a_2+a_3+\cdots+a_n+\cdots=S \text{ 또는 } \sum_{n=1}^{\infty}a_n=S$$

> 급수 $\displaystyle\sum_{n=1}^{\infty}a_n$의 부분합으로 이루어진 수열 $\{S_n\}$이 발산할 때, 이 급수는 발산한다고 한다.

02·2 급수와 수열의 극한값 사이의 관계

1 급수 $\displaystyle\sum_{n=1}^{\infty}a_n$이 수렴하면 $\displaystyle\lim_{n\to\infty}a_n=0$이다.

2 $\displaystyle\lim_{n\to\infty}a_n\neq0$이면 급수 $\displaystyle\sum_{n=1}^{\infty}a_n$은 발산한다.

서로 대우인 명제

> $\displaystyle\lim_{n\to\infty}a_n=0$이라고 해서 $\displaystyle\sum_{n=1}^{\infty}a_n$이 반드시 수렴하는 것은 아니다.

02·3 급수의 성질

두 급수 $\displaystyle\sum_{n=1}^{\infty}a_n$, $\displaystyle\sum_{n=1}^{\infty}b_n$이 수렴하고 그 합을 각각 S, T라 하면

(1) $\displaystyle\sum_{n=1}^{\infty}ca_n=c\sum_{n=1}^{\infty}a_n=cS$ (단, c는 상수)

(2) $\displaystyle\sum_{n=1}^{\infty}(a_n+b_n)=\sum_{n=1}^{\infty}a_n+\sum_{n=1}^{\infty}b_n=S+T$

(3) $\displaystyle\sum_{n=1}^{\infty}(a_n-b_n)=\sum_{n=1}^{\infty}a_n-\sum_{n=1}^{\infty}b_n=S-T$

> 급수의 성질은 두 급수가 수렴할 때만 성립한다.

> $\displaystyle\sum_{n=1}^{\infty}a_nb_n\neq\sum_{n=1}^{\infty}a_n\times\sum_{n=1}^{\infty}b_n$
>
> $\displaystyle\sum_{n=1}^{\infty}\frac{a_n}{b_n}\neq\frac{\displaystyle\sum_{n=1}^{\infty}a_n}{\displaystyle\sum_{n=1}^{\infty}b_n}$

02·4 등비급수

1 등비급수: 첫째항이 a, 공비가 r인 등비수열 $\{ar^{n-1}\}$의 각 항의 합으로 이루어진 급수

$$\sum_{n=1}^{\infty}ar^{n-1}=a+ar+ar^2+\cdots+ar^{n-1}+\cdots$$

을 첫째항이 a, 공비가 r인 등비급수라 한다.

2 등비급수의 수렴과 발산

등비급수 $\displaystyle\sum_{n=1}^{\infty}ar^{n-1}=a+ar+ar^2+\cdots+ar^{n-1}+\cdots\ (a\neq0)$에서

(1) $|r|<1$일 때, 수렴하고 그 합은 $\dfrac{a}{1-r}$이다.

(2) $|r|\geq1$일 때, 발산한다.

> 급수 $\displaystyle\sum_{n=1}^{\infty}ar^{n-1}$에서 $a=0$이면 모든 항이 0이므로 이 급수의 합은 0이다.

> 등비수열 $\{ar^{n-1}\}$ $(a\neq0)$의 수렴 조건
> $\Rightarrow -1<r\leq1$
>
> 등비급수 $\displaystyle\sum_{n=1}^{\infty}ar^{n-1}$ $(a\neq0)$의 수렴 조건
> $\Rightarrow -1<r<1$

📖 교과서 문제 정/복/하/기

02·1   급수의 수렴과 발산

[0137 ~ 0138] 수열 $\{a_n\}$의 첫째항부터 제 n 항까지의 합 S_n이 다음과 같을 때, 급수 $\displaystyle\sum_{n=1}^{\infty} a_n$의 합을 구하시오.

0137 $S_n = \dfrac{n}{2n+1}$ **0138** $S_n = 2 - \left(\dfrac{1}{3}\right)^n$

[0139 ~ 0142] 다음 급수의 수렴과 발산을 조사하고, 수렴하면 그 합을 구하시오.

0139 $1+2+3+4+ \cdots +n+ \cdots$

0140 $\dfrac{1}{2\times 4} + \dfrac{1}{4\times 6} + \cdots + \dfrac{1}{2n(2n+2)} + \cdots$

0141 $\displaystyle\sum_{n=1}^{\infty} (\sqrt{n+1} - \sqrt{n})$

0142 $\displaystyle\sum_{n=1}^{\infty} \dfrac{1}{n(n+1)}$

02·2   급수와 수열의 극한값 사이의 관계

[0143 ~ 0145] 다음 급수가 발산함을 보이시오.

0143 $-2+1+4+7+10+ \cdots$

0144 $3+3^2+3^3+3^4+ \cdots$

0145 $5+5+5+5+ \cdots$

[0146 ~ 0147] 다음 급수가 발산함을 보이시오.

0146 $\displaystyle\sum_{n=1}^{\infty} \dfrac{n+1}{4n-1}$ **0147** $\displaystyle\sum_{n=1}^{\infty} \left\{ 1 - \left(\dfrac{1}{4}\right)^n \right\}$

02·3   급수의 성질

[0148 ~ 0149] $\displaystyle\sum_{n=1}^{\infty} a_n = 3$, $\displaystyle\sum_{n=1}^{\infty} b_n = -2$일 때, 다음 급수의 합을 구하시오.

0148 $\displaystyle\sum_{n=1}^{\infty} (a_n + 2b_n)$ **0149** $\displaystyle\sum_{n=1}^{\infty} \left(\dfrac{a_n}{3} - \dfrac{b_n}{2} \right)$

02·4   등비급수

[0150 ~ 0154] 다음 등비급수의 수렴과 발산을 조사하고, 수렴하면 그 합을 구하시오.

0150 $1 + \dfrac{1}{3} + \dfrac{1}{9} + \dfrac{1}{27} + \cdots$

0151 $0.1 + 0.01 + 0.001 + 0.0001 + \cdots$

0152 $\sqrt{5} - \dfrac{5}{2} + \dfrac{5\sqrt{5}}{4} - \dfrac{25}{8} + \cdots$

0153 $\displaystyle\sum_{n=1}^{\infty} \left(-\dfrac{1}{2} \right)^{n-1}$

0154 $\displaystyle\sum_{n=1}^{\infty} 2 \times \left(\dfrac{5}{3} \right)^{n-1}$

[0155 ~ 0156] 다음 등비급수의 합을 구하시오.

0155 $\displaystyle\sum_{n=1}^{\infty} \left(\dfrac{3}{4} \right)^{n}$ **0156** $\displaystyle\sum_{n=1}^{\infty} \left(\dfrac{1}{1+\sqrt{3}} \right)^{n-1}$

[0157 ~ 0158] 다음 등비급수가 수렴하도록 하는 x의 값의 범위를 구하시오.

0157 $1 + x + x^2 + x^3 + \cdots$

0158 $1 - 2x + 4x^2 - 8x^3 + \cdots$

[0159 ~ 0160] 등비급수를 이용하여 다음 순환소수를 기약분수로 나타내시오.

0159 $0.\dot{8}$ **0160** $1.\dot{3}\dot{6}$

 유형 익/히/기

| **개념원리** 미적분 42쪽 |

유형 **01** 부분분수를 이용한 급수의 합

(ⅰ) $\dfrac{1}{AB} = \dfrac{1}{B-A}\left(\dfrac{1}{A} - \dfrac{1}{B}\right)$ $(A \neq B)$임을 이용하여 부분합 S_n을 구한다.

(ⅱ) 부분합의 극한값 $\lim\limits_{n\to\infty} S_n$을 구한다.

0161 대표문제

급수 $1 + \dfrac{1}{1+2} + \dfrac{1}{1+2+3} + \dfrac{1}{1+2+3+4} + \cdots$의 합을 구하시오.

0162 중

급수 $\displaystyle\sum_{n=1}^{\infty} \dfrac{1}{2(n+1)(n+2)}$의 합이 $\dfrac{b}{a}$일 때, $a+b$의 값은?

(단, a, b는 서로소인 자연수)

① 3 　　　 ② 4 　　　 ③ 5
④ 6 　　　 ⑤ 7

0163 중

급수 $\dfrac{2}{4\times 1^2 - 1} + \dfrac{2}{4\times 2^2 - 1} + \dfrac{2}{4\times 3^2 - 1} + \cdots$의 합을 구하시오.

0164 중 서술형

x에 대한 이차방정식 $x^2 - 2x - (n^2+n) = 0$의 두 근을 α_n, β_n이라 할 때, 급수 $\displaystyle\sum_{n=1}^{\infty}\left(\dfrac{1}{\alpha_n} + \dfrac{1}{\beta_n}\right)$의 합을 구하시오.

| **개념원리** 미적분 43쪽 |

유형 **02** 로그를 포함한 급수의 합

로그의 성질을 이용한다. (단, $a>0$, $a\neq 1$, $x>0$, $y>0$)

(1) $\log_a x + \log_a y = \log_a xy$

(2) $\log_a x - \log_a y = \log_a \dfrac{x}{y}$

0165 대표문제

급수 $\displaystyle\sum_{n=1}^{\infty} \log\left(1 + \dfrac{1}{n^2+2n}\right)$의 합은?

① $\log \dfrac{1}{4}$ 　　 ② $\log \dfrac{1}{2}$ 　　 ③ 0
④ $\log 2$ 　　 ⑤ $\log 4$

0166 중

수열 $\{a_n\}$에 대하여

$$a_1 a_2 a_3 \cdots a_n = \dfrac{n+5}{9n-2} \ (n=1, 2, 3, \cdots)$$

이 성립할 때, 급수 $\displaystyle\sum_{n=1}^{\infty} \log_3 a_n$의 합은?

① -1 　　 ② -2 　　 ③ -3
④ -4 　　 ⑤ -5

0167 중

급수 $\displaystyle\sum_{n=2}^{\infty} (\log_n 10 - \log_{n+1} 10)$의 합은?

① 0 　　　 ② $\log 2$ 　　 ③ $2\log 2$
④ 1 　　　 ⑤ $\dfrac{1}{\log 2}$

유형 03 항의 부호가 교대로 바뀌는 급수

홀수 번째 항까지의 부분합을 S_{2n-1}, 짝수 번째 항까지의 부분합을 S_{2n}이라 하면

(1) $\lim\limits_{n\to\infty} S_{2n-1} = \lim\limits_{n\to\infty} S_{2n} = \alpha$ (일정) $\Rightarrow \lim\limits_{n\to\infty} S_n$은 α에 수렴

(2) $\lim\limits_{n\to\infty} S_{2n-1} \neq \lim\limits_{n\to\infty} S_{2n} \Rightarrow \lim\limits_{n\to\infty} S_n$은 발산

0168 대표문제

다음 **보기**에서 수렴하는 급수인 것만을 있는 대로 고른 것은?

● 보기 ●

ㄱ. $2-2+2-2+2-2+\cdots$

ㄴ. $(2-2)+(2-2)+(2-2)+\cdots$

ㄷ. $\left(\dfrac{1}{3}-\dfrac{1}{4}\right)+\left(\dfrac{1}{4}-\dfrac{1}{5}\right)+\left(\dfrac{1}{5}-\dfrac{1}{6}\right)+\cdots$

---

① ㄱ　　　　　② ㄴ　　　　　③ ㄷ
④ ㄱ, ㄴ　　　⑤ ㄴ, ㄷ

0169 중

급수 $\left(\dfrac{1}{2}-\dfrac{2}{3}\right)+\left(\dfrac{2}{3}-\dfrac{3}{4}\right)+\left(\dfrac{3}{4}-\dfrac{4}{5}\right)+\cdots$의 합을 구하시오.

0170 중

다음 **보기**의 급수 중에서 수렴하는 급수의 합을 모두 더한 값은?

● 보기 ●

ㄱ. $1-3+5-7+9-11+\cdots$

ㄴ. $\left(2-\dfrac{3}{2}\right)+\left(\dfrac{3}{2}-\dfrac{4}{3}\right)+\left(\dfrac{4}{3}-\dfrac{5}{4}\right)+\cdots$

ㄷ. $1-\dfrac{1}{2}+\dfrac{1}{2}-\dfrac{1}{3}+\dfrac{1}{3}-\dfrac{1}{4}+\cdots$

---

① 1　　　　　② 2　　　　　③ 3
④ 4　　　　　⑤ 5

유형 04 급수와 수열의 극한값 사이의 관계

급수 $\sum\limits_{n=1}^{\infty} a_n$이 수렴하면 $\Rightarrow \lim\limits_{n\to\infty} a_n = 0$

(단, 역은 성립하지 않는다.)

0171 대표문제

수열 $\{a_n\}$에 대하여 $\sum\limits_{n=1}^{\infty} a_n = 3$, $\sum\limits_{k=1}^{n} a_k = S_n$일 때,

$\lim\limits_{n\to\infty} \dfrac{2S_n+3a_n}{S_n-1}$의 값을 구하시오.

0172 중하

수열 $\{a_n\}$에 대하여 $\sum\limits_{n=1}^{\infty} a_n = 4$일 때,

$\lim\limits_{n\to\infty} \dfrac{3a_n-6n-5}{4a_n+3n+1}$의 값을 구하시오.

0173 중

수열 $\{a_n\}$에 대하여 급수
$$(a_1-2)+(a_2-2)+(a_3-2)+\cdots+(a_n-2)+\cdots$$
가 수렴할 때, $\lim\limits_{n\to\infty}(3a_n-3)$의 값을 구하시오.

0174 중

수열 $\{a_n\}$에 대하여 $\sum\limits_{n=1}^{\infty} \dfrac{5a_n-6}{2a_n+5} = 2$일 때, $\lim\limits_{n\to\infty} a_n$의 값을 구하시오.

유형 익/히/기

유형 05 급수의 수렴과 발산

(1) $\lim\limits_{n\to\infty} a_n \neq 0$이면 $\Rightarrow$ $\sum\limits_{n=1}^{\infty} a_n$은 발산

(2) $\lim\limits_{n\to\infty} a_n = 0$이면 $\Rightarrow$ 부분합 S_n을 구하여 $\lim\limits_{n\to\infty} S_n$을 조사한다.

0175 대표문제

다음 **보기**에서 수렴하는 급수인 것만을 있는 대로 고른 것은?

● 보기 ●

ㄱ. $\sum\limits_{n=1}^{\infty} \dfrac{3n}{2n+1}$　　ㄴ. $\sum\limits_{n=1}^{\infty} \dfrac{1}{(2n-1)(2n+1)}$

ㄷ. $\sum\limits_{n=1}^{\infty} (\sqrt{n+1}-\sqrt{n})$

① ㄱ　　　② ㄴ　　　③ ㄱ, ㄴ

④ ㄱ, ㄷ　　　⑤ ㄴ, ㄷ

0176 중

다음 급수 중 수렴하는 것은?

① $1+\dfrac{1}{2}+\dfrac{1}{3}+\dfrac{1}{4}+\cdots$

② $\dfrac{1}{1\times 2}+\dfrac{1}{2\times 3}+\dfrac{1}{3\times 4}+\dfrac{1}{4\times 5}+\cdots$

③ $\sum\limits_{n=2}^{\infty} \dfrac{n}{n-1}$

④ $\sum\limits_{n=1}^{\infty} (-1)^n$

⑤ $\sum\limits_{n=1}^{\infty} (2n+1)$

0177 중

다음 **보기**에서 발산하는 급수인 것만을 있는 대로 고르시오.

● 보기 ●

ㄱ. $\sum\limits_{n=1}^{\infty} 2^n$　　ㄴ. $\sum\limits_{n=1}^{\infty} \dfrac{2}{n(n+2)}$

ㄷ. $\sum\limits_{n=1}^{\infty} \dfrac{1}{\sqrt{n+1}+\sqrt{n}}$

유형 06 급수의 성질

$\sum\limits_{n=1}^{\infty} a_n = \alpha$, $\sum\limits_{n=1}^{\infty} b_n = \beta$ (α, β는 실수)이면 실수 p, q에 대하여

$\sum\limits_{n=1}^{\infty} (pa_n+qb_n) = p\sum\limits_{n=1}^{\infty} a_n + q\sum\limits_{n=1}^{\infty} b_n = p\alpha+q\beta$

0178 대표문제

두 급수 $\sum\limits_{n=1}^{\infty} a_n$, $\sum\limits_{n=1}^{\infty} b_n$이 모두 수렴하고

$$\sum\limits_{n=1}^{\infty} (5a_n+3b_n)=18, \quad \sum\limits_{n=1}^{\infty} (3a_n-2b_n)=7$$

일 때, $\sum\limits_{n=1}^{\infty} a_n + \sum\limits_{n=1}^{\infty} b_n$의 값을 구하시오.

0179 중 하

급수 $\sum\limits_{n=1}^{\infty} a_n$이 수렴하고 $\sum\limits_{n=1}^{\infty} b_n = 2$, $\sum\limits_{n=1}^{\infty} (2a_n+3b_n)=12$일 때,

급수 $\sum\limits_{n=1}^{\infty} a_n$의 합을 구하시오.

0180 중

두 수열 $\{a_n\}$, $\{b_n\}$에 대하여 다음 **보기**에서 옳은 것만을 있는 대로 고르시오.

● 보기 ●

ㄱ. $\sum\limits_{n=1}^{\infty} a_n$, $\sum\limits_{n=1}^{\infty} (a_n+b_n)$이 수렴하면 $\sum\limits_{n=1}^{\infty} b_n$도 수렴한다.

ㄴ. $\sum\limits_{n=1}^{\infty} a_n$, $\sum\limits_{n=1}^{\infty} b_n$이 수렴하면 $\lim\limits_{n\to\infty} a_n b_n = 0$이다.

ㄷ. $\sum\limits_{n=1}^{\infty} a_n$이 수렴하면 $\sum\limits_{n=1}^{\infty} (1-a_n)$도 수렴한다.

0181   중

두 수열 $\{a_n\}$, $\{b_n\}$에 대하여 다음 **보기**에서 옳은 것만을 있는 대로 고르시오.

> • 보기 •
>
> ㄱ. $\displaystyle\sum_{n=1}^{\infty} a_n = \sum_{n=1}^{\infty} b_n = a$ (a는 실수)이면 $\displaystyle\lim_{n\to\infty} a_n = \lim_{n\to\infty} b_n$이다.
>
> ㄴ. $\displaystyle\sum_{n=1}^{\infty} a_n b_n$이 발산하면 수열 $\{a_n\}$ 또는 $\{b_n\}$이 발산한다.
>
> ㄷ. $\displaystyle\sum_{n=1}^{\infty} a_n$, $\displaystyle\sum_{n=1}^{\infty} a_n b_n$이 수렴하면 $\displaystyle\sum_{n=1}^{\infty} b_n$도 수렴한다.

| 개념원리 미적분 53쪽 |

유형 07   등비급수의 합

등비급수 $\displaystyle\sum_{n=1}^{\infty} ar^{n-1}$ ($a \neq 0$)은 $-1 < r < 1$일 때 수렴하고 그 합은

$$\Rightarrow \frac{a}{1-r} \leftarrow \frac{(\text{첫째항})}{1-(\text{공비})}$$

0182   대표문제

급수 $\displaystyle\sum_{n=1}^{\infty} \frac{5^{n+2} - 4^{n+2}}{6^n}$의 합은?

① 91   ② 93   ③ 95
④ 97   ⑤ 99

0183   중

급수 $\displaystyle\sum_{n=1}^{\infty} \left(\frac{1}{2}\right)^n \cos\left(n\pi + \frac{\pi}{3}\right)$의 합은?

① $-\dfrac{1}{8}$ ② $-\dfrac{1}{6}$ ③ 0
④ 1 ⑤ $\dfrac{1}{2}$

0184   중

급수 $\displaystyle\sum_{n=1}^{\infty} \frac{1 + 2 + 2^2 + \cdots + 2^{n-1}}{4^n}$의 합을 구하시오.

0185   중

자연수 n을 2로 나누었을 때의 나머지를 a_n이라 할 때,

급수 $\displaystyle\sum_{n=1}^{\infty} \frac{a_n}{3^n}$의 합은?

① $\dfrac{1}{8}$ ② $\dfrac{1}{4}$ ③ $\dfrac{3}{8}$
④ $\dfrac{1}{2}$ ⑤ $\dfrac{5}{8}$

0186   중   서술형

이차함수 $y = x^2 - x - 20$의 그래프가 x축과 두 점 A, B에서 만난다. 두 점 A, B의 x좌표를 각각 α, β라 할 때, 급수 $\displaystyle\sum_{n=1}^{\infty} \left(\frac{4}{\alpha^n} + \frac{3}{\beta^n}\right)$의 합을 구하시오. (단, $\alpha > \beta$)

0187   중

두 함수 $f(x)$, $g(x)$가

$$f(x) = 1 + \sin x + \cos^2 x + \sin^3 x + \cos^4 x + \cdots,$$
$$g(x) = 1 - \cos x + \sin^2 x - \cos^3 x + \sin^4 x - \cdots$$

일 때, $f\left(\dfrac{\pi}{6}\right) - g\left(\dfrac{\pi}{6}\right)$의 값을 구하시오.

유형 08 합이 주어진 등비급수

$$\sum_{n=1}^{\infty} ar^{n-1} = a \,(a는 \text{ 실수})이면 \Rightarrow \frac{a}{1-r} = a \,(-1 < r < 1)$$

0188 대표문제

등비수열 $\{a_n\}$에 대하여 $\sum_{n=1}^{\infty} a_n = 2$, $\sum_{n=1}^{\infty} a_n{}^2 = \dfrac{4}{3}$일 때, 급수 $\sum_{n=1}^{\infty} a_n{}^3$의 합은?

① $\dfrac{7}{8}$ ② $\dfrac{8}{9}$ ③ 1

④ $\dfrac{9}{8}$ ⑤ $\dfrac{8}{7}$

0189 중하

첫째항이 1인 등비급수 $\sum_{n=1}^{\infty} a_n$의 합이 2일 때, 급수 $\sum_{n=1}^{\infty} a_n{}^2$의 합을 구하시오.

0190 중

첫째항이 a, 공비가 r인 등비수열 $\{a_n\}$에 대하여 $\sum_{n=1}^{\infty} a_n = 2$, $\sum_{n=1}^{\infty} a_n{}^3 = 24$일 때, $a+r$의 값은? (단, $-1 < r < 1$)

① $\dfrac{1}{2}$ ② 1 ③ $\dfrac{3}{2}$

④ 2 ⑤ $\dfrac{5}{2}$

0191 상중

두 등비수열 $\{a_n\}$, $\{b_n\}$에 대하여 $a_1 = 1$, $b_1 = 2$, $\sum_{n=1}^{\infty} a_n = 2$, $\sum_{n=1}^{\infty} b_n = 3$일 때, 급수 $\sum_{n=1}^{\infty} (a_n - b_n)^2$의 합을 구하시오.

유형 09 등비급수의 수렴 조건

등비급수 $\sum_{n=1}^{\infty} ar^{n-1}$의 수렴 조건은

$\Rightarrow a = 0$ 또는 $-1 < r < 1$

0192 대표문제

등비급수 $\sum_{n=1}^{\infty} \dfrac{(3x+1)^n}{2^{2n}}$이 수렴하도록 하는 정수 x의 개수를 구하시오.

0193 중하

등비급수 $\sum_{n=1}^{\infty} \{(\log_2 x - 2)^{n-1}\}$이 수렴하기 위한 실수 x의 값의 범위는?

① $0 < x \leq 4$ ② $2 \leq x < 8$ ③ $2 < x \leq 8$

④ $2 < x < 8$ ⑤ $x > 8$

0194 중

급수

$$(x+2) + \frac{(x+2)(1-x)}{3} + \frac{(x+2)(1-x)^2}{9} + \cdots$$

이 수렴하도록 하는 정수 x의 최솟값을 구하시오.

0195 중 서술형

등비수열 $\left\{\left(\dfrac{x+1}{2}\right)^n\right\}$과 등비급수 $\sum_{n=1}^{\infty} (-2x+1)^n$이 모두 수렴하기 위한 실수 x의 값의 범위를 구하시오.

0196 종

등비급수 $\sum\limits_{n=1}^{\infty} r^n$이 수렴할 때, 다음 **보기**에서 항상 수렴하는 급수인 것만을 있는 대로 고르시오.

┌─── 보기 ────────────────────────────
│
│ ㄱ. $\sum\limits_{n=1}^{\infty} r^{n+2}$ ㄴ. $\sum\limits_{n=1}^{\infty} r^{2n-1}$
│
│ ㄷ. $\sum\limits_{n=1}^{\infty} \left(\dfrac{1-4r}{4}\right)^n$ ㄹ. $\sum\limits_{n=1}^{\infty} \left(\dfrac{1}{r}\right)^n \ (r \neq 0)$
│
└──────────────────────────────────────

0197 종

등비급수 $\sum\limits_{n=1}^{\infty} r^n$이 수렴할 때, 다음 중 항상 수렴하는 급수가 <u>아닌</u> 것은?

① $\sum\limits_{n=1}^{\infty} \left(\dfrac{r}{2}\right)^n$ ② $\sum\limits_{n=1}^{\infty} \dfrac{r^n + (-r)^n}{2}$

③ $\sum\limits_{n=1}^{\infty} \left(\dfrac{r-1}{2}\right)^n$ ④ $\sum\limits_{n=1}^{\infty} \left(\dfrac{r+1}{2}\right)^n$

⑤ $\sum\limits_{n=1}^{\infty} \left(\dfrac{r}{2}+1\right)^n$

0198 상중

등비급수 $\sum\limits_{n=1}^{\infty} r^n$이 수렴할 때, 다음 중 그 합이 될 수 <u>없는</u> 것은?

① $-\dfrac{1}{2}$ ② $\dfrac{1}{2}$ ③ 1

④ 2   ⑤ 50

유형 **10** S_n과 a_n 사이의 관계를 이용한 급수

$a_1 = S_1$, $a_n = S_n - S_{n-1} \ (n \geq 2)$임을 이용하여 일반항 a_n을 구한 후 문제의 조건에 맞게 급수의 합을 구한다.

0199 대표문제

수열 $\{a_n\}$의 첫째항부터 제n항까지의 합을 S_n이라 할 때, $S_n = n^2$이다. 급수 $\sum\limits_{n=1}^{\infty} \dfrac{1}{a_n a_{n+1}}$의 합은?

① $\dfrac{1}{6}$ ② $\dfrac{1}{5}$ ③ $\dfrac{1}{4}$

④ $\dfrac{1}{3}$ ⑤ $\dfrac{1}{2}$

0200 종

수열 $\{a_n\}$에서 첫째항부터 제n항까지의 합 S_n이 $S_n = 27\left\{1 - \left(\dfrac{2}{3}\right)^n\right\}$일 때, 급수 $a_2 + a_4 + a_6 + \cdots$의 합을 구하시오.

0201 상중

수열 $\{a_n\}$에서 첫째항부터 제n항까지의 합 S_n이 $S_n = 1 - \dfrac{1}{2}a_n \ (n=1,\ 2,\ 3,\ \cdots)$을 만족시킬 때, 급수 $\sum\limits_{n=1}^{\infty} a_n$의 합을 구하시오.

02 급수

| 유형 **11** | 순환소수와 등비급수 |

주어진 순환소수를 분수로 나타낸 후 등비급수의 합을 구하는 공식에 대입한다.

0202 대표문제

각 항은 실수이고 첫째항이 $0.\dot{2}$, 제4항이 $0.02\dot{7}$인 등비급수의 합은?

① $\dfrac{1}{9}$ ② $\dfrac{2}{9}$ ③ $\dfrac{1}{3}$

④ $\dfrac{4}{9}$ ⑤ $\dfrac{5}{9}$

0203 중

등비수열 $\{a_n\}$의 공비가 $0.\dot{5}$이고 $\displaystyle\sum_{n=1}^{\infty} a_n = 0.\dot{3}\dot{6}$일 때, a_1의 값은?

① $\dfrac{14}{99}$ ② $\dfrac{5}{33}$ ③ $\dfrac{16}{99}$

④ $\dfrac{17}{99}$ ⑤ $\dfrac{2}{11}$

0204 중 서술형

첫째항이 $0.\dot{\alpha}$, 공비가 $0.1 \times \alpha$인 등비수열 $\{a_n\}$에 대하여 $\displaystyle\sum_{n=1}^{\infty} a_n = \dfrac{20}{27}$일 때, 자연수 α의 값을 구하시오. (단, $1 < \alpha < 9$)

0205 상중

$\dfrac{139}{999}$를 순환소수로 나타낼 때, 소수점 아래 n번째 자리의 숫자를 a_n이라 하자. 예를 들면 $a_3 = 9$이다. 이때 급수 $\displaystyle\sum_{n=1}^{\infty} \dfrac{a_n}{3^n}$의 합을 구하시오.

| 유형 **12** | 등비급수의 활용 – 좌표 |

등비급수의 합을 이용하여 점 (x, y)의 x좌표, y좌표를 각각 구한다.

0206 대표문제

오른쪽 그림과 같이 점 P_n이 원점 O를 출발하여 x축 또는 y축과 평행하게 P_1, P_2, P_3, P_4, $\cdots$로 움직인다.

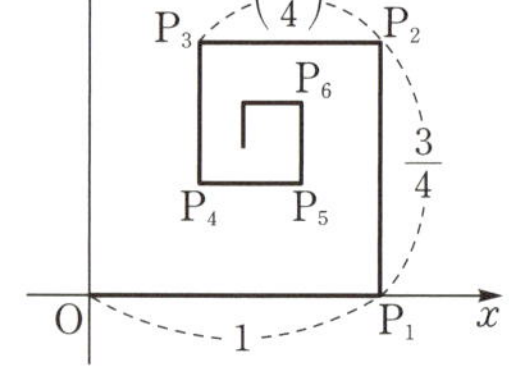

$$\overline{OP_1} = 1, \quad \overline{P_1P_2} = \frac{3}{4},$$

$$\overline{P_2P_3} = \left(\frac{3}{4}\right)^2, \cdots$$

을 만족시킬 때, 점 P_n이 한없이 가까워지는 점의 x좌표를 구하시오.

0207 중

오른쪽 그림과 같이 점 A_n이

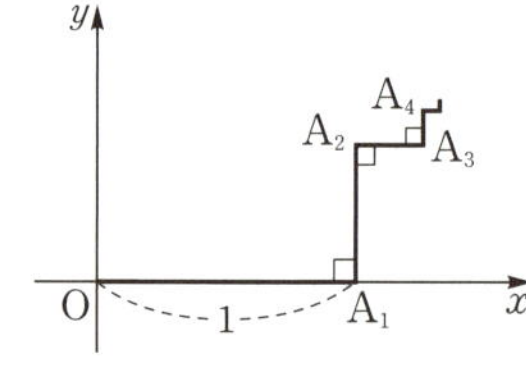

$$\overline{OA_1} = 1, \quad \overline{A_1A_2} = \frac{1}{2}\overline{OA_1},$$

$$\overline{A_2A_3} = \frac{1}{2}\overline{A_1A_2}, \cdots,$$

$$\angle OA_1A_2 = \angle A_1A_2A_3$$
$$= \cdots = 90°$$

를 만족시킬 때, 점 A_n이 한없이 가까워지는 점 (x, y)에 대하여 xy의 값을 구하시오. (단, O는 원점)

0208 상중

오른쪽 그림과 같이 점 P_n이

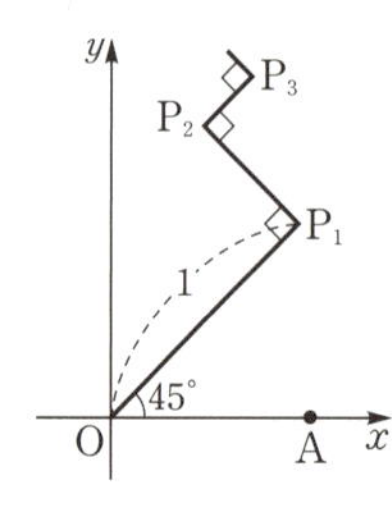

$$\overline{OP_1} = 1, \quad \overline{P_1P_2} = \frac{1}{2}\overline{OP_1},$$

$$\overline{P_2P_3} = \frac{1}{2}\overline{P_1P_2}, \cdots,$$

$$\angle AOP_1 = 45°,$$

$$\angle OP_1P_2 = \angle P_1P_2P_3 = \cdots = 90°$$

를 만족시킬 때, 점 P_n이 한없이 가까워지는 점 (a, b)에 대하여 $\dfrac{b}{a}$의 값을 구하시오.

(단, O는 원점이고 A는 x축 위의 점이다.)

| 개념원리 미적분 60쪽 |

유형 **13** 등비급수의 활용 — 길이

반복되는 도형에서의 길이의 수열을 구한 후 등비급수의 합을 이용한다.

O209 대표문제

오른쪽 그림과 같이 빗변의 길이가 $\sqrt{2}$인 직각이등변삼각형 OPQ에서 $\overline{\mathrm{OP}}$, $\overline{\mathrm{OQ}}$의 중점을 각각 $\mathrm{P_1}$, $\mathrm{Q_1}$이라 하고, 다시 삼각형 $\mathrm{OP_1Q_1}$에서 $\overline{\mathrm{OP_1}}$, $\overline{\mathrm{OQ_1}}$의 중점을 각각 $\mathrm{P_2}$, $\mathrm{Q_2}$라 한다. 이와 같은 과정을 한없이 반복할 때, $\overline{\mathrm{PQ}} + \overline{\mathrm{P_1Q_1}} + \overline{\mathrm{P_2Q_2}} + \cdots$의 값은?

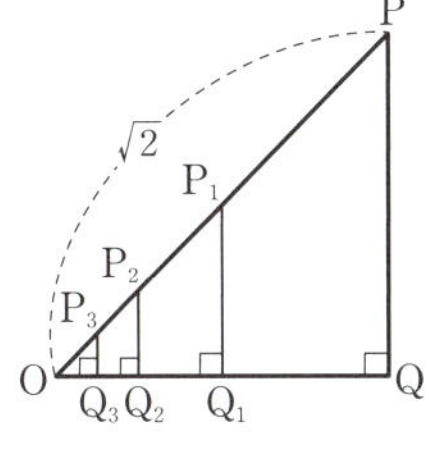

① 2   ② $\dfrac{3\sqrt{2}}{2}$ ③ $\dfrac{5}{2}$

④ $\dfrac{5\sqrt{2}}{2}$ ⑤ 4

O210 중

다음 그림과 같이 두 반직선 OX, OY가 이루는 각의 크기가 $30°$이고 반직선 OY 위에 $\overline{\mathrm{OP_1}} = 4$인 점 $\mathrm{P_1}$이 있다. 점 $\mathrm{P_1}$에서 반직선 OX에 내린 수선의 발을 $\mathrm{P_2}$, 점 $\mathrm{P_2}$에서 반직선 OY에 내린 수선의 발을 $\mathrm{P_3}$, 점 $\mathrm{P_3}$에서 반직선 OX에 내린 수선의 발을 $\mathrm{P_4}$라 하자. 이와 같은 과정을 한없이 반복하여 얻은 선분 $\mathrm{P_nP_{n+1}}$의 길이를 l_n이라 할 때, $\displaystyle\sum_{n=1}^{\infty} l_n$의 값은?

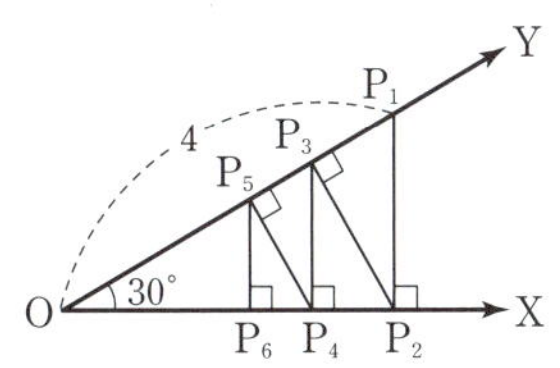

① $2+\sqrt{3}$ ② $2(2+\sqrt{3})$ ③ $3(2+\sqrt{3})$

④ $4(2+\sqrt{3})$ ⑤ $5(2+\sqrt{3})$

| 개념원리 미적분 60쪽 |

유형 **14** 등비급수의 활용 — 둘레의 길이

도형의 둘레의 길이가 따르는 일정한 규칙을 찾은 다음 등비급수의 합을 이용한다.

O211 대표문제

오른쪽 그림과 같이 한 변의 길이가 a인 정사각형의 각 변의 중점을 꼭짓점으로 하는 작은 정사각형을 만들고, 이 작은 정사각형의 각 변의 중점을 꼭짓점으로 하는 더 작은 정사각형을 만든다. 이와 같은 과정을 한없이 반복할 때, 모든 정사각형의 둘레의 길이의 합은?

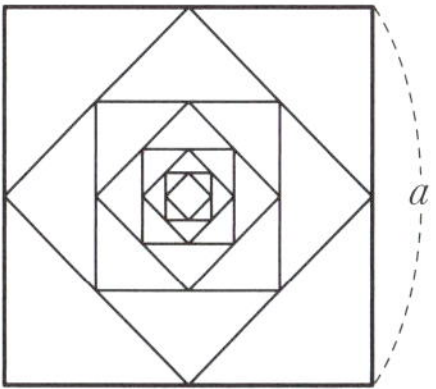

① $4(2-\sqrt{2})a$ ② $8(\sqrt{2}-1)a$ ③ $4(\sqrt{2}+1)a$

④ $4(2+\sqrt{2})a$ ⑤ $8(\sqrt{2}+1)a$

O212 중

오른쪽 그림과 같이 $\overline{\mathrm{AB}}=1$, $\overline{\mathrm{BC}}=1$이고 $\angle\mathrm{B}=90°$인 직각이등변삼각형 ABC에서 정사각형을 계속해서 한없이 만들 때, 모든 정사각형의 둘레의 길이의 합을 구하시오.

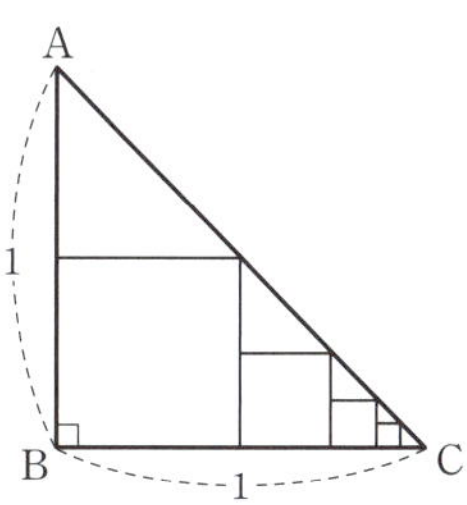

O213 상중

오른쪽 그림과 같이 넓이가 2π인 원 C_1에 내접하는 정사각형을 그리고 이 정사각형에 내접하는 원 C_2를 그린다. 다시 원 C_2에 내접하는 정사각형을 그리고 이 정사각형에 내접하는 원 C_3을 그린다. 이와 같은 과정으로 계속해서 그려 나갈 때, 원 C_n의 둘레의 길이를 l_n이라 하자. 이때 $\displaystyle\sum_{n=1}^{\infty} l_n$의 값을 구하시오.

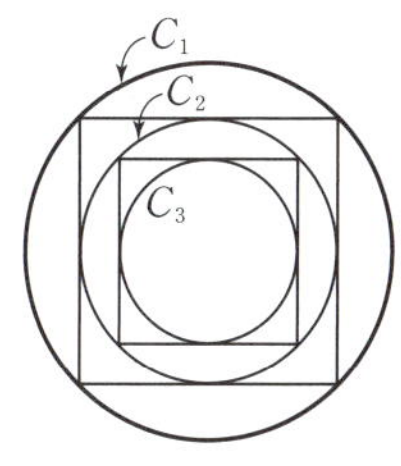

| 개념원리 미적분 61쪽 |

유형 15 | 등비급수의 활용 – 넓이

도형의 넓이가 따르는 일정한 규칙을 찾은 다음 등비급수의 합을 이용한다.

0214 대표문제

오른쪽 그림과 같이 반지름의 길이가 4인 원 C_1에 내접하고 지름의 길이가 4인 원 C_2를 그리고, 원 C_2에 내접하고 지름의 길이가 2인 원 C_3을 그린다. 이와 같은 과정을 한없이 반복할 때, 모든 원의 넓이의 합은?

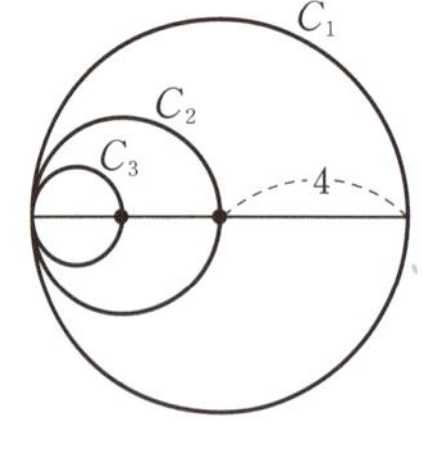

① $\dfrac{16}{9}\pi$　　② $\dfrac{16}{3}\pi$　　③ 16π

④ 20π　　⑤ $\dfrac{64}{3}\pi$

0215 중 서술형

오른쪽 그림과 같이 한 변의 길이가 4인 정삼각형 $A_1B_1C_1$의 각 변의 중점을 이어서 만든 삼각형을 $A_2B_2C_2$라 하고, 정삼각형 $A_2B_2C_2$의 각 변의 중점을 이어서 만든 삼각형을 $A_3B_3C_3$이라 하자. 이와 같은 과정을 한없이 반복할 때, 모든 삼각형의 넓이의 합을 구하시오.

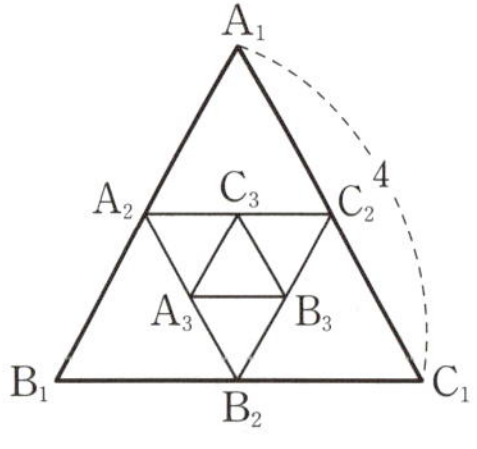

0216 중

오른쪽 그림과 같이 대각선의 길이가 2인 정사각형 R_1이 있다. 이 정사각형의 한 변을 대각선으로 하는 정사각형을 R_2라 하자. 이와 같은 과정을 한없이 반복하여 정사각형 R_{n-1}의 한 변을 대각선으로 하는 정사각형 R_n을 만든다고 하자. 정사각형 R_n의 넓이를 S_n이라 할 때, $\lim\limits_{n\to\infty}\sum\limits_{k=1}^{n} S_k$의 값을 구하시오.

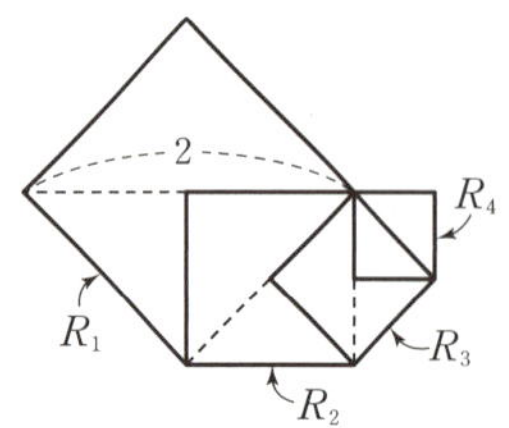

0217 상 중

다음 그림과 같이 한 변의 길이가 2인 정사각형 A_1의 한 변을 빗변으로 하는 직각이등변삼각형 B_1을 그리고, 직각이등변삼각형 B_1의 빗변이 아닌 변을 한 변으로 하는 정사각형 A_2를 그린다. 이와 같은 과정을 한없이 반복할 때, 그려지는 모든 정사각형과 직각이등변삼각형의 넓이의 합은?

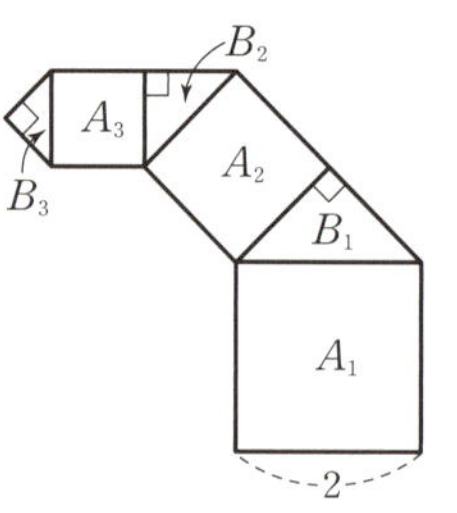

① 7　　② 8　　③ 9

④ 10　　⑤ 11

0218 상 중

오른쪽 그림과 같이 반지름의 길이가 4인 사분원 OAB에 내접하는 정사각형 $OA_1C_1B_1$을 그리고, 사분원 OA_1B_1에 내접하는 정사각형 $OA_2C_2B_2$를 그린다. 이와 같은 과정을 한없이 반복하여 정사각형과 사분원을 그릴 때, 색칠한 부분의 넓이의 합을 구하시오.

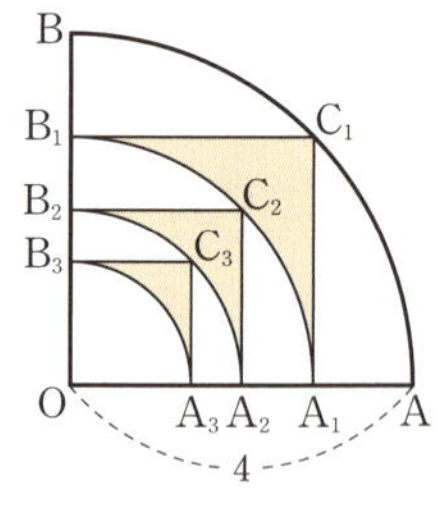

| 개념원리 미적분 62쪽 |

유형 16 급수의 활용

일반항을 구한 후 급수의 합을 구한다.

0219 대표문제

좌표평면에서 자연수 n에 대하여 네 직선 $x=1$, $x=n+1$, $y=x$, $y=3x$로 둘러싸인 사각형의 넓이를 S_n이라 할 때, $\displaystyle\sum_{n=1}^{\infty} \frac{1}{S_n}$의 값을 구하시오.

0220 중

자연수 n에 대하여 이차함수 $y=27^n x^2 - (9^n + 2 \times 3^n)x + 2$의 그래프가 x축과 만나는 두 점 사이의 거리를 l_n이라 할 때, $\displaystyle\sum_{n=1}^{\infty} l_n$의 값을 구하시오.

0221 상 중

오른쪽 그림과 같이 점 $A(0, 2)$에서 직선 $x+y=4$에 내린 수선의 발을 P_1이라 하고, 점 P_1에서 x축에 내린 수선을 발을 Q_1이라 하자. 자연수 n에 대하여 점 Q_n에서 직선 $x+y=4$에 내린 수선의 발을 P_{n+1}, 점 P_{n+1}에서 x축에 내린 수선의 발을 Q_{n+1}이라 할 때, $\displaystyle\sum_{n=1}^{\infty} \overline{P_n Q_n}$의 값을 구하시오.

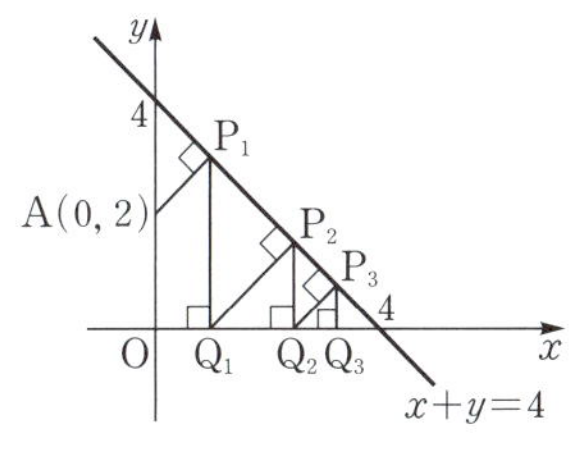

유형 17 등비급수의 실생활에의 활용

값이 변하는 일정한 규칙을 찾아 급수의 합을 구한다.

0222 대표문제

길이가 24 cm인 어떤 진자가 천장에 수직으로 매달려 있다. 오른쪽 그림과 같이 진자를 각 θ만큼 당겼다가 놓으면 추가 처음 매달려 있던 위치를 기준으로 이전에 올라간 각의 $\dfrac{4}{5}$배만큼 반대쪽으로 올라갔다가 내려오는 과정을 멈출 때까지 계속 반복한다고 한다. 처음에 $\theta=75\degree$인 지점에서 이 진자를 놓았을 때, 이 진자의 추가 멈출 때까지 움직인 거리의 합을 구하시오.

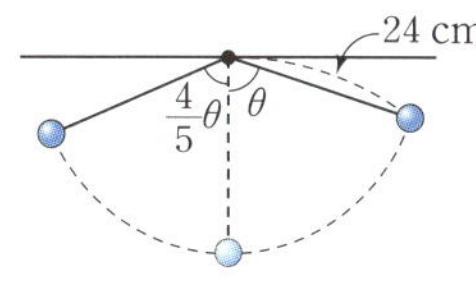

0223 중

낙하한 거리의 $\dfrac{1}{3}$만큼 튀어 오르는 공이 있다. 이 공을 지면으로부터 높이 15 m인 곳에서 수직으로 떨어뜨릴 때, 공이 정지할 때까지 움직인 거리를 구하시오.

0224 상 중

한 번 생산된 종이는 80 %가 수거되어 수거된 종이의 75 %가 재처리 과정을 거쳐 재생산된다고 하자. 2000 kg의 종이로 이와 같은 수거와 재처리 과정을 한없이 반복할 때, 재생산되는 종이의 총 무게의 합을 구하시오.

0225

첫째항이 3, 공차가 2인 등차수열의 첫째항부터 제 n 항까지의 합을 S_n이라 할 때, $\lim\limits_{n\to\infty}\sum\limits_{k=1}^{n}\dfrac{1}{S_k}$ 의 값은?

① $\dfrac{1}{4}$ 　　② $\dfrac{1}{2}$ 　　③ $\dfrac{3}{4}$

④ 1 　　⑤ $\dfrac{5}{4}$

0226

급수 $\sum\limits_{n=2}^{\infty}\log\dfrac{n^2}{n^2-1}$ 의 합은?

① $\dfrac{1}{2}$ 　　② 1 　　③ $\log 2$

④ 10 　　⑤ 12

0227

다음 **보기**에서 옳은 것만을 있는 대로 고르시오.

$$\text{━●━ 보기 ━●━}$$

ㄱ. $\dfrac{1}{2}-\dfrac{1}{2}+\dfrac{1}{3}-\dfrac{1}{3}+\dfrac{1}{4}-\dfrac{1}{4}+\cdots=0$

ㄴ. $\dfrac{1}{1}-\dfrac{1}{1}+\dfrac{2}{3}-\dfrac{2}{3}+\dfrac{3}{5}-\dfrac{3}{5}+\cdots=0$

ㄷ. $\sum\limits_{n=1}^{\infty}\left(\sqrt{\dfrac{n}{n+1}}-\sqrt{\dfrac{n+1}{n+2}}\right)=\dfrac{\sqrt{2}-2}{2}$

0228　평가원 기출

수열 $\{a_n\}$ 에 대하여 급수 $\sum\limits_{n=1}^{\infty}\left(a_n-\dfrac{5n}{n+1}\right)$ 이 수렴할 때, $\lim\limits_{n\to\infty}a_n$ 의 값을 구하시오.

0229

다음 **보기**에서 옳은 것만을 있는 대로 고른 것은?

$$\text{━●━ 보기 ━●━}$$

ㄱ. $\sum\limits_{n=2}^{\infty}\log\dfrac{n^2-1}{n^2}=1$

ㄴ. $\lim\limits_{n\to\infty}a_n=0$ 이면 급수 $\sum\limits_{n=1}^{\infty}a_n$ 은 수렴한다.

ㄷ. 급수 $1+\dfrac{1}{2}+\dfrac{3}{7}+\cdots+\dfrac{n}{3n-2}+\cdots$ 은 발산한다.

① ㄱ 　　② ㄷ 　　③ ㄱ, ㄴ

④ ㄱ, ㄷ 　　⑤ ㄴ, ㄷ

0230

다음 급수 중 수렴하는 것은?

① $1+2+3+4+5+6+\cdots$

② $2-4+6-8+10-12+\cdots$

③ $1-1+1-1+1-1+\cdots$

④ $2+1+\dfrac{1}{2}+\dfrac{1}{4}+\dfrac{1}{8}+\cdots$

⑤ $1+\dfrac{2}{3}+\dfrac{3}{5}+\cdots+\dfrac{n}{2n-1}+\cdots$

0231

두 급수 $\sum\limits_{n=1}^{\infty} a_n$, $\sum\limits_{n=1}^{\infty} b_n$이 모두 수렴하고

$$\sum_{n=1}^{\infty}(2a_n+b_n)=19,\quad \sum_{n=1}^{\infty}(3a_n-2b_n)=18$$

일 때, 급수 $\sum\limits_{n=1}^{\infty}(a_n+b_n)$의 합은?

① 8   ② 9   ③ 10
④ 11   ⑤ 12

0232

두 수열 $\{a_n\}$, $\{b_n\}$에 대하여 다음 **보기**에서 옳은 것만을 있는 대로 고른 것은?

> **보기**
>
> ㄱ. $\sum\limits_{n=1}^{\infty} a_n b_n$이 수렴하면 $\lim\limits_{n\to\infty} a_n=0$ 또는 $\lim\limits_{n\to\infty} b_n=0$이다.
>
> ㄴ. $\sum\limits_{n=1}^{\infty} a_n$과 $\sum\limits_{n=1}^{\infty} b_n$이 모두 수렴하면 $\lim\limits_{n\to\infty}(a_n+b_n)=0$이다.
>
> ㄷ. $\sum\limits_{n=1}^{\infty} a_n=\alpha$, $\sum\limits_{n=1}^{\infty} b_n=\beta$ (α, β는 실수)이면 $\sum\limits_{n=1}^{\infty} a_n b_n=\alpha\beta$이다.

① ㄱ   ② ㄴ   ③ ㄱ, ㄴ
④ ㄱ, ㄷ   ⑤ ㄴ, ㄷ

0233

급수 $\sum\limits_{n=1}^{\infty} \dfrac{2^n+3^n}{5^n}$의 합은?

① $\dfrac{7}{3}$ ② $\dfrac{13}{6}$ ③ 2
④ $\dfrac{11}{6}$ ⑤ $\dfrac{5}{3}$

0234 평가원 기출

공비가 양수인 등비수열 $\{a_n\}$이

$$a_1+a_2=20,\quad \sum_{n=3}^{\infty} a_n=\frac{4}{3}$$

를 만족시킬 때, a_1의 값을 구하시오.

0235 중요

급수 $\sum\limits_{n=1}^{\infty}(x+1)\left(1-\dfrac{x}{2}\right)^{n-1}$이 수렴하도록 하는 모든 정수 x의 값의 합을 구하시오.

0236

첫째항이 a, 공비가 r인 등비급수 $a+ar+ar^2+\cdots$의 합이 2이고, 첫째항이 a^2, 공비가 r^2인 등비급수 $a^2+a^2r^2+a^2r^4+\cdots$의 합이 6일 때, r의 값은?

① $-\dfrac{1}{5}$ ② $-\dfrac{1}{4}$ ③ $-\dfrac{1}{3}$
④ $-\dfrac{1}{2}$ ⑤ $-\dfrac{3}{4}$

0237

수열 $\{a_n\}$에서 첫째항부터 제n항까지의 합을 S_n이라 할 때, $\log_3(S_n+1)=n$이다. 급수 $\sum\limits_{n=1}^{\infty} \dfrac{1}{a_n}$의 합은?

① $\dfrac{1}{4}$ ② $\dfrac{3}{8}$ ③ $\dfrac{1}{2}$
④ $\dfrac{5}{8}$ ⑤ $\dfrac{3}{4}$

0238

첫째항이 $0.2\dot{9}$, 공비가 $0.\dot{x}$인 등비수열 $\{a_n\}$에 대하여

$\lim\limits_{n\to\infty}\sum\limits_{k=1}^{n}a_k=2.6\dot{3}$일 때, 자연수 x의 값을 구하시오.

(단, $0<x<10$)

0239 중요

오른쪽 그림과 같이 점 P_n이 원점 O를 출발하여 x축 또는 y축과 평행하게

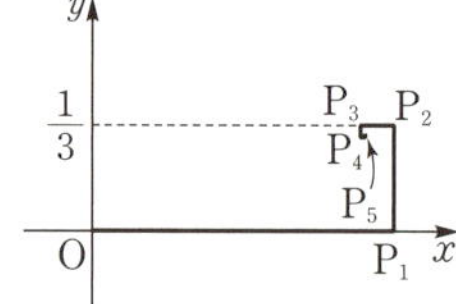

$$\overline{OP_1}=1,\quad \overline{P_1P_2}=\frac{1}{3}\overline{OP_1},$$

$$\overline{P_2P_3}=\frac{1}{3}\overline{P_1P_2},\ \cdots$$

를 만족시키면서 움직일 때, 점 P_n이 한없이 가까워지는 점의 좌표를 $(x,\ y)$라 하자. 이때 $x-y$의 값은?

① $\dfrac{2}{5}$ 　　② $\dfrac{1}{2}$ 　　③ $\dfrac{3}{5}$

④ $\dfrac{7}{10}$ 　　⑤ $\dfrac{4}{5}$

0240

오른쪽 그림과 같이 길이가 6인 선분 A_1A_2를 $1:3$으로 내분하는 점을 A_3, 선분 A_2A_3을 $1:3$으로 내분하는 점을 A_4라 하자. 이와 같은 과정을 한없이 반복하여 점 A_n을 잡고 선분 A_nA_{n+1}을 지름으로 하는 반원의 호의 길이를 l_n이라 할 때, $\sum\limits_{n=1}^{\infty}l_n$의 값은?

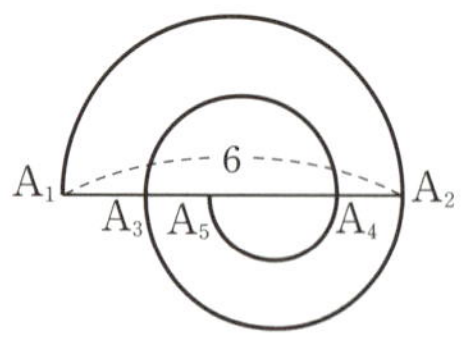

① 10π 　　② 11π 　　③ 12π

④ 13π 　　⑤ 14π

0241 평가원 기출

한 변의 길이가 3인 정삼각형 AB_1C_1이 있다. 그림과 같이 선분 AB_1과 선분 AC_1을 $2:1$로 내분하는 점을 각각 B_2, C_2라 하고, 선분 B_2C_2를 지름으로 하는 원의 호 B_2C_2와 선분 B_1C_1로 둘러싸인 부분의 넓이를 S_1이라 하자. 정삼각형 AB_2C_2에서 선분 AB_2와 선분 AC_2를 $2:1$로 내분하는 점을 각각 B_3, C_3이라 하고, 선분 B_3C_3을 지름으로 하는 원의 호 B_3C_3과 선분 B_2C_2로 둘러싸인 부분의 넓이를 S_2라 하자. 이와 같은 과정을 계속하여 n번째 얻은 부분의 넓이를 S_n이라 할 때, $\sum\limits_{n=1}^{\infty}S_n$의 값은?

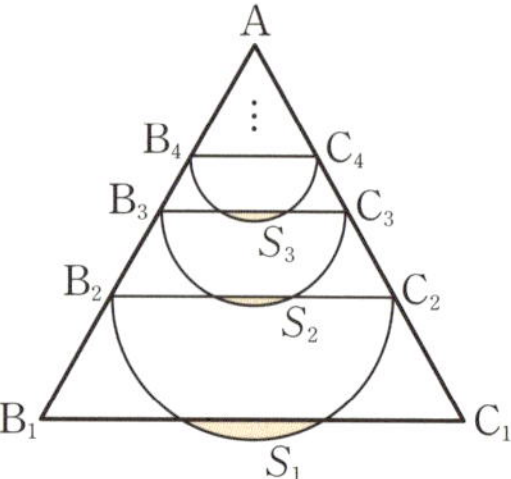

① $\dfrac{3\pi-5\sqrt{3}}{10}$ 　　② $\dfrac{6\pi-9\sqrt{3}}{20}$ 　　③ $\dfrac{4\pi-5\sqrt{3}}{10}$

④ $\dfrac{8\pi-9\sqrt{3}}{20}$ 　　⑤ $\dfrac{10\pi-9\sqrt{3}}{20}$

0242

소연이의 노트북 배터리는 방전되면 충전하여 사용할 때마다 사용 가능 시간이 바로 전 사용 가능 시간의 $\dfrac{1}{100}$배씩 감소한다고 한다. 처음 사용 가능한 시간이 100시간인 소연이의 노트북 배터리를 방전되면 충전하여 사용하는 과정을 한없이 반복할 때, 처음으로 충전한 후 사용 가능한 시간의 합은?

① 9100시간 　　② 9300시간 　　③ 9500시간

④ 9700시간 　　⑤ 9900시간

 **서술형 주관식**

0243 

급수 $\dfrac{4}{2^2-1}+\dfrac{4}{3^2-1}+\dfrac{4}{4^2-1}+\cdots$의 합을 구하시오.

0244

등비급수 $\displaystyle\sum_{n=1}^{\infty}(x^2+x+1)^n$이 수렴하기 위한 실수 x의 값의 범위를 구하시오.

 **실력 up**

0245

오른쪽 그림과 같이 좌표평면 위의 점 $A_n(n,\,0)$에서 원 $x^2+(y-n)^2=9$에 두 접선을 그어 만나는 점을 각각 B_n, C_n이라 하자. $a_n=\overline{A_nB_n}+\overline{A_nC_n}$이라 할 때, $\displaystyle\sum_{n=4}^{\infty}\dfrac{16}{a_n{}^2+16n+36}$의 값을 구하시오.

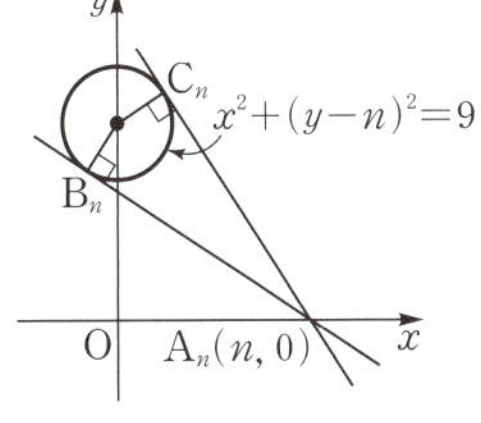

(단, n은 3보다 큰 자연수)

0246

수열 $\{a_n\}$을 $a_n=(3^n$을 5로 나눈 나머지)로 정의할 때, $\displaystyle\sum_{n=1}^{\infty}\dfrac{40a_{2n-1}}{\{4+(-1)^{n+1}\}^n}$의 값을 구하시오.

0247 ···· 창의·융합 평가원 기출

다음 그림과 같이 $\overline{AB}=1$, $\overline{BC}=2$인 직사각형 ABCD에서 선분 BC의 중점을 M이라 하자. 중심이 B, 반지름의 길이가 $\overline{BM}$이고 중심각의 크기가 $90°$인 부채꼴 BMA를 그리고, 중심이 C, 반지름의 길이가 $\overline{CD}$이고 중심각의 크기가 $90°$인 부채꼴 CDM을 그린다. 두 부채꼴의 호 MA, 호 DM과 선분 AD에 모두 접하는 원의 내부에 색칠하여 얻은 그림을 R_1이라 하자. 그림 R_1에서 새로 그려진 각 부채꼴의 내부에 두 변의 길이의 비가 1 : 2인 직사각형을 긴 변이 선분 BC 위에 놓이면서 각 부채꼴에 내접하도록 각각 그리고, 각 직사각형에 그림 R_1을 얻은 것과 같은 방법으로 만들어지는 원의 내부에 색칠하여 얻은 그림을 R_2라 하자.

이와 같은 과정을 계속하여 n번째 얻은 그림을 R_n이라 할 때, 그림 R_n에 색칠되어 있는 부분의 넓이를 S_n이라 하자. 이때 $\displaystyle\lim_{n\to\infty}S_n$의 값은?

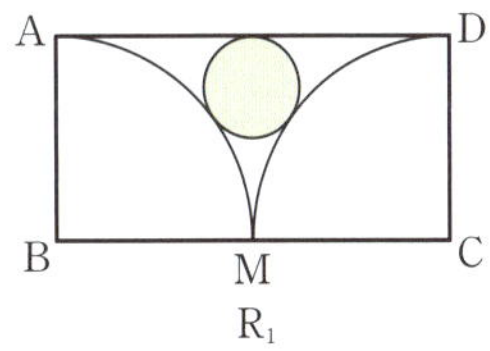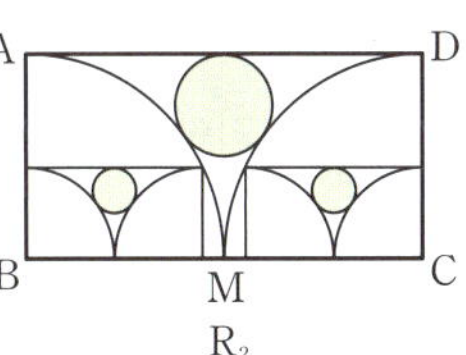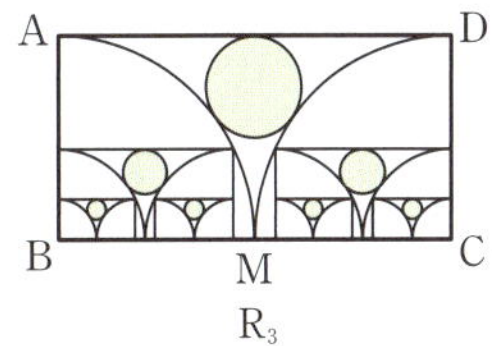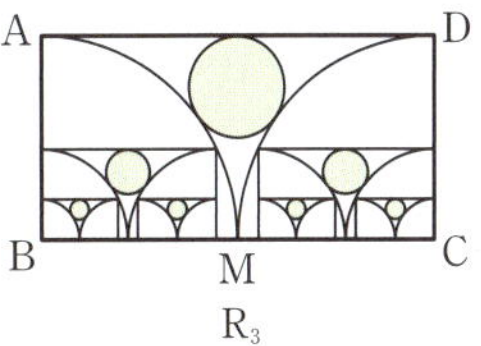

① $\dfrac{1}{12}\pi$ ② $\dfrac{5}{48}\pi$ ③ $\dfrac{1}{8}\pi$

④ $\dfrac{7}{48}\pi$ ⑤ $\dfrac{1}{6}\pi$

친구

많은 사람이 아니라 단 한 사람이라도 좋습니다.
동성이든 이성이든 언제 어느 때고 스스럼없이 다가서서 나의 생각과 느낌을
다 털어놓을 수 있는 사람.
아무것도 숨길 필요가 없는 사람.
그래서 내가 홀가분할 수 있는 사람.

〈어린왕자〉에서 여우는 이렇게 말합니다.

"너의 장미꽃을 그토록 소중하게 만드는 건 그 꽃을 위해 네가 소비한 그 시간
이란다."

당신이 우울한 얼굴로 찾아갔을 때 아무리 바쁜 일이 있어도 그 일을 멈추고
당신의 이야기에 귀 기울여 주는 친구.
당신의 손을 따뜻하게 잡아 주며 함께 눈물 글썽여 주는 친구.
당신에게는 그런 친구가 몇 명이나 있습니까?
지금 손꼽아 보는 사람이 있다면 당신은 이 세상에서 남부러울 게 없는 사람
일 것입니다.
학식이 높고 재물이 많아도 마음 터놓을 친구 하나 없다면 무슨 소용이겠습니
까?

개념원리

RPM

II

미분법

03 지수함수와 로그함수의 미분

03·1 지수함수와 로그함수의 극한

1 지수함수의 극한

지수함수 $y=a^x\ (a>0,\ a\neq1)$에서

(1) $a>1$일 때, $\displaystyle\lim_{x\to\infty}a^x=\infty$, $\displaystyle\lim_{x\to-\infty}a^x=0$

(2) $0<a<1$일 때, $\displaystyle\lim_{x\to\infty}a^x=0$, $\displaystyle\lim_{x\to-\infty}a^x=\infty$

2 로그함수의 극한

로그함수 $y=\log_a x\ (a>0,\ a\neq1)$에서

(1) $a>1$일 때, $\displaystyle\lim_{x\to0+}\log_a x=-\infty$, $\displaystyle\lim_{x\to\infty}\log_a x=\infty$

(2) $0<a<1$일 때, $\displaystyle\lim_{x\to0+}\log_a x=\infty$, $\displaystyle\lim_{x\to\infty}\log_a x=-\infty$

> 지수함수 $y=a^x\ (a>0,\ a\neq1)$은 실수 전체의 집합에서 연속이다.

> 로그함수 $y=\log_a x\ (a>0,\ a\neq1)$는 양의 실수 전체의 집합에서 연속이다.

03·2 무리수 e와 자연로그

1 무리수 e의 정의

$$e=\lim_{x\to0}(1+x)^{\frac{1}{x}}=\lim_{x\to\infty}\left(1+\frac{1}{x}\right)^x$$

참고 e는 무리수이고 그 값은 $e=2.71828\cdots$이다.

2 자연로그

무리수 e를 밑으로 하는 로그 $\log_e x$를 x의 **자연로그**라 하고, 기호 $\ln x$로 나타낸다.

참고 지수함수 $y=e^x$과 로그함수 $y=\ln x$는 서로 역함수 관계에 있다.

3 e의 정의를 이용한 지수함수와 로그함수의 극한

$a>0,\ a\neq1$일 때

(1) $\displaystyle\lim_{x\to0}\frac{\ln(1+x)}{x}=1$

(2) $\displaystyle\lim_{x\to0}\frac{e^x-1}{x}=1$

(3) $\displaystyle\lim_{x\to0}\frac{\log_a(1+x)}{x}=\frac{1}{\ln a}$

(4) $\displaystyle\lim_{x\to0}\frac{a^x-1}{x}=\ln a$

> 무리수 e와 자연로그의 극한의 계산
>
> 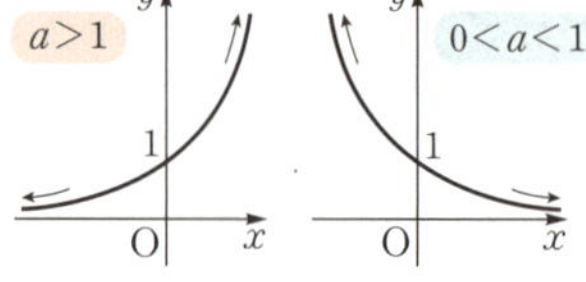
>
> 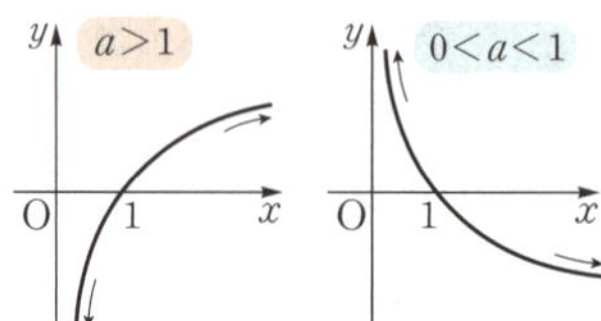

> 자연로그의 성질
> $x>0,\ y>0$일 때
> ① $\ln 1=0,\ \ln e=1$
> ② $\ln xy=\ln x+\ln y$
> ③ $\ln\dfrac{x}{y}=\ln x-\ln y$
> ④ $\ln x^n=n\ln x$ (단, n은 실수)

03·3 지수함수와 로그함수의 도함수

1 지수함수의 도함수

(1) $y=e^x$이면 $y'=e^x$

(2) $y=a^x$이면 $y'=a^x\ln a\ (a>0,\ a\neq1)$

2 로그함수의 도함수

(1) $y=\ln x$이면 $y'=\dfrac{1}{x}$

(2) $y=\log_a x$이면 $y'=\dfrac{1}{x\ln a}\ (a>0,\ a\neq1)$

> 미분가능한 함수 $y=f(x)$의 도함수는
> $$f'(x)=\lim_{h\to0}\frac{f(x+h)-f(x)}{h}$$

> 로그의 밑의 변환
> $a>0,\ a\neq1,\ b>0,\ b\neq1,\ N>0$일 때
> $$\log_a N=\frac{\log_b N}{\log_b a}$$

 교과서 문제 정/복/하/기

03·1 지수함수와 로그함수의 극한

[0248 ~ 0251] 다음 극한을 조사하시오.

0248 $\lim\limits_{x \to \infty} \dfrac{3^x}{2^{2x}}$

0249 $\lim\limits_{x \to \infty} \dfrac{2^x}{1+2^x}$

0250 $\lim\limits_{x \to \infty} (3^x - 5^x)$

0251 $\lim\limits_{x \to -\infty} \dfrac{5^x + 5^{-x}}{5^x - 5^{-x}}$

[0252 ~ 0255] 다음 극한을 조사하시오.

0252 $\lim\limits_{x \to 0+} \log_{\frac{1}{3}} x$

0253 $\lim\limits_{x \to \infty} \log_4 (x^2 + 1)$

0254 $\lim\limits_{x \to \infty} \log_3 \dfrac{1}{x}$

0255 $\lim\limits_{x \to 4+} \log_{\frac{1}{2}} (x - 4)$

03·2 무리수 e와 자연로그

[0256 ~ 0259] 다음 극한값을 구하시오.

0256 $\lim\limits_{x \to 0} (1+2x)^{\frac{1}{x}}$

0257 $\lim\limits_{x \to 0} \left(1 + \dfrac{x}{2}\right)^{\frac{3}{x}}$

0258 $\lim\limits_{x \to \infty} \left(1 + \dfrac{2}{x}\right)^{x}$

0259 $\lim\limits_{x \to -\infty} \left(1 - \dfrac{1}{x}\right)^{2x}$

[0260 ~ 0264] 다음 극한값을 구하시오.

0260 $\lim\limits_{x \to 0} \dfrac{\ln(1+2x)}{x}$

0261 $\lim\limits_{x \to 0} \dfrac{e^{2x} - 1}{3x}$

0262 $\lim\limits_{x \to 0} \dfrac{\log_3 (1 - 2x)}{x}$

0263 $\lim\limits_{x \to 0} \dfrac{3^x - 1}{3x}$

0264 $\lim\limits_{x \to 0} \dfrac{2^x - 3^x}{x}$

03·3 지수함수와 로그함수의 도함수

[0265 ~ 0268] 다음 함수를 미분하시오.

0265 $y = 2e^x$

0266 $y = (x+1)e^x$

0267 $y = e^{x+2}$

0268 $y = 3 \times 2^x$

[0269 ~ 0272] 다음 함수를 미분하시오.

0269 $y = \ln 3x$

0270 $y = \log_2 4x$

0271 $y = x \ln x$

0272 $y = x \log_3 2x$

| 개념원리 미적분 71쪽 |

유형 **01** 지수함수의 극한

지수함수 $y=a^x\,(a>0,\ a\neq1)$에서

(1) $a>1$일 때, $\lim\limits_{x\to\infty}a^x=\infty$, $\lim\limits_{x\to-\infty}a^x=0$

(2) $0<a<1$일 때, $\lim\limits_{x\to\infty}a^x=0$, $\lim\limits_{x\to-\infty}a^x=\infty$

0273 대표문제

$\lim\limits_{x\to\infty}(3^x+4^x)^{\frac{1}{x}}$의 값은?

① 3 ② 4 ③ 5

④ 6 ⑤ 7

0274 중하

$\lim\limits_{x\to0-}\dfrac{1}{1+5^{\frac{1}{x}}}$의 값은?

① -1 ② $-\dfrac{1}{5}$ ③ 0

④ 1 ⑤ 5

0275 중

$\lim\limits_{x\to-\infty}\dfrac{3^x-2^{-x}}{3^x+2^{-x}}$의 값은?

① -2 ② -1 ③ 0

④ 1 ⑤ 2

0276 중 서술형

$\lim\limits_{x\to\infty}\dfrac{a\times3^x}{3^{x+1}-2^x}=4$가 성립하도록 하는 상수 a의 값을 구하시오.

0277 중

다음 **보기** 중에서 극한값이 존재하는 것만을 있는 대로 고른 것은?

┌─── **보기** ───

ㄱ. $\lim\limits_{x\to-\infty}\dfrac{2^x}{2^x-2^{-x}}$ ㄴ. $\lim\limits_{x\to-\infty}\dfrac{3^x}{\sqrt{5^x}}$

ㄷ. $\lim\limits_{x\to-\infty}\dfrac{1}{3^{\frac{1}{x}}-1}$

① ㄱ ② ㄴ ③ ㄱ, ㄴ

④ ㄱ, ㄷ ⑤ ㄴ, ㄷ

| 개념원리 미적분 72쪽 |

유형 **02** 로그함수의 극한

로그함수 $y=\log_a x\,(a>0,\ a\neq1)$에서

(1) $a>1$일 때, $\lim\limits_{x\to0+}\log_a x=-\infty$, $\lim\limits_{x\to\infty}\log_a x=\infty$

(2) $0<a<1$일 때, $\lim\limits_{x\to0+}\log_a x=\infty$, $\lim\limits_{x\to\infty}\log_a x=-\infty$

(3) $\lim\limits_{x\to\infty}\log_a f(x)=\log_a\left\{\lim\limits_{x\to\infty}f(x)\right\}$

0278 대표문제

$\lim\limits_{x\to\infty}\{\log_3(7+3x)-\log_3 x\}$의 값은?

① 0 ② 1 ③ 2

④ 3 ⑤ 4

0279 중하

$\lim\limits_{x \to \infty} (\log_2 \sqrt{2x^2+x} - \log_2 x)$의 값을 구하시오.

0280 중

$\lim\limits_{x \to 1} (\log_2 |x^3-1| - \log_2 |x^2-1|)$의 값은?

① $\log_2 3 + 1$ ② $\log_2 3 - 1$ ③ $\log_2 3$

④ $2\log_2 3$ ⑤ $3\log_2 3$

0281 중

$\lim\limits_{x \to \infty} \{\log_3 (ax+1) - \log_3 (x-1)\} = 3$을 만족시키는 상수 a의 값은?

① 9 ② 15 ③ 21
④ 27 ⑤ 33

0282 중

$\lim\limits_{x \to \infty} \dfrac{1}{x} \log_3 (6^x + 9^x)$의 값을 구하시오.

유형 **03** $\lim\limits_{x \to 0} (1+x)^{\frac{1}{x}}$ 꼴의 극한

$\lim\limits_{x \to 0} (1+x)^{\frac{1}{x}} = e$임을 이용한다.

0283 대표문제

$\lim\limits_{x \to 0} (1+4x)^{\frac{3}{x}} + \lim\limits_{x \to 0} (1-5x)^{\frac{1}{x}}$의 값은?

① $e^3 + \dfrac{1}{e}$ ② $e^4 + \dfrac{1}{e}$ ③ $e^4 + \dfrac{1}{e^5}$

④ $e^{12} + e^5$ ⑤ $e^{12} + \dfrac{1}{e^5}$

0284 중하

$\lim\limits_{x \to 2} (x-1)^{\frac{1}{x-2}}$의 값을 구하시오.

0285 중하

$\lim\limits_{x \to 0} (1+ax)^{\frac{2}{x}} = e^6$을 만족시키는 상수 a의 값은?

① 2 ② 3 ③ 4
④ 5 ⑤ 6

유형 익/히/기

유형 04 $\lim_{x \to \infty}\left(1+\dfrac{1}{x}\right)^x$ 꼴의 극한

$\lim_{x \to \infty}\left(1+\dfrac{1}{x}\right)^x = e$임을 이용한다.

0286 대표문제

$\lim_{x \to \infty}\left\{\left(1+\dfrac{1}{x}\right)\left(1+\dfrac{1}{2x}\right)\right\}^x$의 값을 구하시오.

0287 중

$\lim_{x \to \infty}\left\{\dfrac{1}{2}\left(1+\dfrac{1}{x}\right)\left(1+\dfrac{1}{x+1}\right)\left(1+\dfrac{1}{x+2}\right)\cdots\left(1+\dfrac{1}{2x}\right)\right\}^x$
의 값은?

① $\dfrac{1}{e}$　　　② $\dfrac{1}{\sqrt{e}}$　　　③ $\sqrt{e}$

④ e　　　⑤ e^2

0288 중

$\lim_{x \to \infty}\left(\dfrac{x+a}{x-a}\right)^x = e^{50}$을 만족시키는 상수 a의 값을 구하시오.

0289 중

다음 **보기** 중에서 극한값이 e인 것의 개수를 구하시오.

보기

ㄱ. $\lim_{x \to \infty}\left(1-\dfrac{1}{x}\right)^x$ 　　ㄴ. $\lim_{x \to -\infty}\left(1-\dfrac{1}{x}\right)^{-x}$

ㄷ. $\lim_{x \to 0}(1-x)^{\frac{1}{x}}$ 　　ㄹ. $\lim_{x \to 1}x^{\frac{1}{x-1}}$

유형 05 $\lim_{x \to 0}\dfrac{\ln(1+x)}{x}$ 꼴의 극한

$\lim_{x \to 0}\dfrac{\ln(1+x)}{x} = 1$임을 이용한다.

0290 대표문제

$\lim_{x \to 0}\dfrac{\ln(2x+1)}{3x^2+x}$의 값은?

① -1　　　② 0　　　③ $\dfrac{1}{2}$

④ 1　　　⑤ 2

0291 중하

$\lim_{x \to 0}\dfrac{\ln(1+2x)}{\ln(1+6x)}$의 값을 구하시오.

0292 중하

$\lim_{x \to 0}\dfrac{\ln(1+ax)}{x} = 3$을 만족시키는 상수 a의 값은?

① $\dfrac{1}{3}$　　　② $\dfrac{1}{2}$　　　③ 1

④ 2　　　⑤ 3

0293 중 서술형

함수 $f(x) = e^{4x} - 1$의 역함수를 $g(x)$라 할 때, $\lim_{x \to 0}\dfrac{g(x)}{x}$의 값을 구하시오.

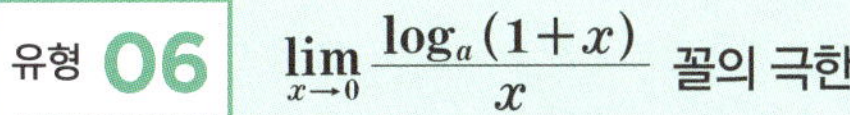

유형 06 $\displaystyle\lim_{x\to 0}\frac{\log_a(1+x)}{x}$ 꼴의 극한

$$\lim_{x\to 0}\frac{\log_a(1+x)}{x}=\frac{1}{\ln a}$$ 임을 이용한다.

0294 대표문제

$\displaystyle\lim_{x\to 0}\frac{\log_2(3+x)-\log_2 3}{x}$ 의 값은?

① $\dfrac{1}{2}$ ② 1 ③ 3

④ $\dfrac{1}{3\ln 2}$ ⑤ $\ln 3$

0295 중 하

$\displaystyle\lim_{x\to 0}\frac{\log_5(1-5x)}{x}$ 의 값을 구하시오.

0296 중

$\displaystyle\lim_{x\to 0}\frac{\log_5(1+7x)}{\log_3(1-x)}$ 의 값은?

① $-7\log_3 5$ ② $-7\log_5 3$ ③ $-\log_3 5$
④ $7\log_3 5$ ⑤ $7\log_5 3$

0297 중

$\displaystyle\lim_{x\to 2}\frac{\log_2(x-1)}{x-2}$ 의 값을 구하시오.

중요

유형 07 $\displaystyle\lim_{x\to 0}\frac{e^x-1}{x}$ 꼴의 극한

$$\lim_{x\to 0}\frac{e^x-1}{x}=1$$ 임을 이용한다.

0298 대표문제

$\displaystyle\lim_{x\to 0}\frac{e^x-1}{\ln(1+2x)}$ 의 값은?

① $\dfrac{1}{2}$ ② 1 ③ 2

④ $\ln 2$ ⑤ $2\ln 2$

0299 중

$\displaystyle\lim_{x\to 0}\frac{e^{2x}-e^{-3x}}{x}$ 의 값은?

① -5 ② -1 ③ 1
④ 3 ⑤ 5

0300 중

$\displaystyle\lim_{x\to 0}\frac{e^{3x}-1}{x^2-x}$ 의 값을 구하시오.

0301 중

$\displaystyle\lim_{x\to 0}\frac{e^{5x}+e^{3x}+e^x-3}{x}$ 의 값을 구하시오.

0302
$$\lim_{x \to 0} \frac{e^{2x}+10x-1}{x}$$의 값은?

① 9   ② 10   ③ 11

④ 12   ⑤ 13

0303
$$\lim_{x \to 0} \frac{e^{-ax}-1}{\ln(1+a^2x)}=\frac{1}{9}$$ 을 만족시키는 상수 a의 값은?

① -9 ② -6 ③ 3

④ 6   ⑤ 9

| 개념원리 미적분 79쪽 |

유형 08 $\lim\limits_{x \to 0} \dfrac{a^x-1}{x}$ 꼴의 극한

$\lim\limits_{x \to 0} \dfrac{a^x-1}{x}=\ln a$임을 이용한다.

0304 대표문제
$$\lim_{x \to 0} \frac{6^x-2^x}{x}$$의 값은?

① 0   ② $\ln 2$ ③ $\ln 3$

④ $\ln 6$ ⑤ $2\ln 3$

0305
$$\lim_{x \to 0} \frac{3^x-1}{\log_3(1+x)}$$의 값을 구하시오.

0306
$$\lim_{x \to 1} \frac{5^{x-1}-1}{x^2-1}$$의 값을 구하시오.

0307
$$\lim_{x \to 0+} \{\ln(4^x-2^x)-\ln x\}=A$$일 때, e^A의 값은?

① 1   ② 2   ③ e

④ e^3 ⑤ $\ln 2$

0308
$$\lim_{x \to 0} \frac{(a+12)^x-a^x}{x}=\ln 3$$을 만족시키는 양수 a의 값은?

① 2   ② 3   ③ 4

④ 5   ⑤ 6

| 개념원리 미적분 80쪽 |

유형 **09** 지수함수·로그함수의 극한과 미정계수

$\displaystyle\lim_{x\to a}\dfrac{f(x)}{g(x)}=\alpha$ (a는 상수)에서 $x\to a$일 때

(1) (분모) $\to 0$이면 (분자) $\to 0$

(2) (분자) $\to 0$이면 (분모) $\to 0$ (단, $a\neq0$)

0309 대표문제

$\displaystyle\lim_{x\to 1}\dfrac{ax+b}{e^{x-1}-1}=3$을 만족시키는 상수 a, b에 대하여 $a-b$의 값은?

① 2   ② 4   ③ 6
④ 8   ⑤ 10

0310 중

$\displaystyle\lim_{x\to 0}\dfrac{\sqrt{ax+b}-2}{e^x-1}=\dfrac{1}{2}$ 을 만족시키는 상수 a, b에 대하여 $a+b$의 값은?

① 3   ② 4   ③ 5
④ 6   ⑤ 7

0311 중

$\displaystyle\lim_{x\to 1}\dfrac{e^{x-1}-a}{x^2-1}=b$를 만족시키는 상수 a, b의 값을 구하시오.

0312 중 서술형

$\displaystyle\lim_{x\to 0}\dfrac{\ln(1+ax)}{e^{bx+c}-1}=7$을 만족시키는 상수 a, b, c에 대하여 $\dfrac{a+c}{b}$의 값을 구하시오. (단, $a\neq0$)

| 개념원리 미적분 81쪽 |

유형 **10** 지수함수·로그함수의 연속과 미정계수

함수 $f(x)=\begin{cases} g(x) & (x\neq a) \\ k & (x=a) \end{cases}$ 가 $x=a$에서 연속이면

$\Rightarrow \displaystyle\lim_{x\to a}g(x)=k$

0313 대표문제

함수 $f(x)=\begin{cases} \dfrac{\ln(5x+a)}{x} & (x\neq0) \\ b & (x=0) \end{cases}$ 가 $x=0$에서 연속이 되도록 하는 상수 a, b에 대하여 $a+b$의 값을 구하시오.

0314 중 하

함수 $f(x)=\begin{cases} \dfrac{xe^x}{e^x-1} & (x\neq0) \\ a & (x=0) \end{cases}$ 가 $x=0$에서 연속이 되도록 하는 실수 a의 값을 구하시오.

0315 중

함수 $f(x)=\begin{cases} \dfrac{kx}{\ln(1+2x)} & (x\neq0) \\ 2 & (x=0) \end{cases}$ 가 열린구간 $\left(-\dfrac{1}{2}, \infty\right)$ 에서 연속일 때, 상수 k의 값은?

① 1   ② 2   ③ 3
④ 4   ⑤ 5

0316 중 서술형

함수 $f(x)$가 모든 실수 x에서 연속이고 $(x-1)f(x)=e^{2x-2}-1$을 만족시킬 때, $f(1)$의 값을 구하시오.

| 개념원리 미적분 88쪽, 90쪽 |

| 유형 **11** | 지수함수의 도함수 |

(1) $y=e^x$이면 $y'=e^x$
(2) $y=a^x$이면 $y'=a^x \ln a$ $(a>0,\ a\neq 1)$

0317 대표문제
함수 $f(x)=(6x^2+2)e^x$에 대하여 $f'(0)$의 값은?

① 1 ② 2 ③ e
④ 8 ⑤ $6e+2$

0318 중하
함수 $f(x)=e^{x+\ln 3}$에 대하여 $f(\ln 2)-f'(0)$의 값을 구하시오.

0319 중
함수 $f(x)=3^x+4^x$에 대하여 곡선 $y=f(x)$ 위의 점 $(0,\ f(0))$에서의 접선의 기울기가 $\ln a$일 때, 양수 a의 값을 구하시오.

0320 중
함수 $f(x)=e^x(ax^2-1)$에 대하여 $f'(1)=8e$일 때, 상수 a의 값을 구하시오.

| 개념원리 미적분 89쪽, 90쪽 |

💡중요

| 유형 **12** | 로그함수의 도함수 |

(1) $y=\ln x$이면 $y'=\dfrac{1}{x}$
(2) $y=\log_a x$이면 $y'=\dfrac{1}{x \ln a}$ $(a>0,\ a\neq 1)$

0321 대표문제
함수 $f(x)=e^x \ln 3x$에 대하여 $f'\left(\dfrac{1}{3}\right)$의 값을 구하시오.

0322 중하
함수 $f(x)=\log_3 x+\log_9 x$에 대하여 $f'(2)=\dfrac{a}{4 \ln 3}$일 때, 상수 a의 값은?

① 1 ② 2 ③ 3
④ 4 ⑤ 5

0323 중하
곡선 $y=x^2 \ln x$ 위의 점 $(1,\ 0)$에서의 접선의 기울기를 구하시오.

0324 중
함수 $f(x)=\ln x$에 대하여 닫힌구간 $[2,\ 4]$에서의 평균값 정리를 만족시키는 x의 값을 c라 할 때, 실수 c의 값은?

① $\dfrac{1}{2 \ln 2}$ ② $\dfrac{1}{\ln 2}$ ③ $\dfrac{2}{\ln 2}$
④ $\ln 2$ ⑤ $2 \ln 2$

유형 13 미분계수를 이용한 극한값 구하기

$$f'(a)=\lim_{h\to 0}\frac{f(a+h)-f(a)}{h}\leftarrow\lim_{\blacksquare\to 0}\frac{f(a+\blacksquare)-f(a)}{\blacksquare}$$
$$=\lim_{x\to a}\frac{f(x)-f(a)}{x-a}\leftarrow\lim_{\blacksquare\to a}\frac{f(\blacksquare)-f(a)}{\blacksquare-a}$$

0325 `대표문제`

함수 $f(x)=x\ln x+x^3$에 대하여

$\lim\limits_{h\to 0}\dfrac{f(1+h)-f(1-2h)}{h}$의 값은?

① $3e$ ② e^2 ③ 6
④ 9 ⑤ 12

0326 중

함수 $f(x)=5^{2x-1}$에 대하여 $\lim\limits_{x\to 1}\dfrac{f(x)-f(1)}{x^2-1}$의 값은?

① $-10\ln 5$ ② $-5\ln 5$ ③ 1
④ $5\ln 5$ ⑤ $10\ln 5$

0327 중

함수 $f(x)=e^x\ln x$에 대하여 $\lim\limits_{x\to 1}\dfrac{x^3-1}{f(x)-f(1)}$의 값을 구하시오.

유형 14 지수함수 · 로그함수가 미분가능할 조건

함수 $f(x)=\begin{cases} g(x) & (x\geq a) \\ h(x) & (x<a) \end{cases}$가 $x=a$에서 미분가능하면

(1) $\lim\limits_{x\to a-}h(x)=g(a)$ (2) $g'(a)=h'(a)$

0328 `대표문제`

함수 $f(x)=\begin{cases} ax+b & (x<1) \\ 5^x & (x\geq 1) \end{cases}$이 $x=1$에서 미분가능할 때,

상수 a, b의 값을 구하시오.

0329 중

함수 $f(x)=\begin{cases} \ln ax & (0<x<1) \\ be^{x-1} & (x\geq 1) \end{cases}$이 모든 양수 x에서 미분

가능할 때, 상수 a, b에 대하여 ab의 값은? (단, $a>0$)

① e ② $2e$ ③ $3e$
④ e^2 ⑤ e^3

0330 중 `서술형`

함수 $f(x)=\begin{cases} ax^2+1 & (x\leq 1) \\ \ln bx & (x>1) \end{cases}$가 $x=1$에서 미분가능하도

록 하는 상수 a, b에 대하여 ab의 값을 구하시오. (단, $b>0$)

| 개념원리 미적분 82쪽 |

| 유형 **15** | 지수함수·로그함수의 극한의 활용 |

선분의 길이, 도형의 넓이, 점의 좌표 등을 지수함수 또는 로그함수로 나타낸 후 극한의 성질을 이용한다.

0331 〔대표문제〕

다음 그림과 같이 곡선 $y=\ln x$ 위를 움직이는 제1사분면 위의 점 $P(t, \ln t)$와 두 점 $A(1, 0)$, $B(e, 0)$에 대하여 삼각형 PAB의 넓이를 $S(t)$라 할 때, $\displaystyle\lim_{t\to1+}\frac{S(t)}{t-1}$의 값은?

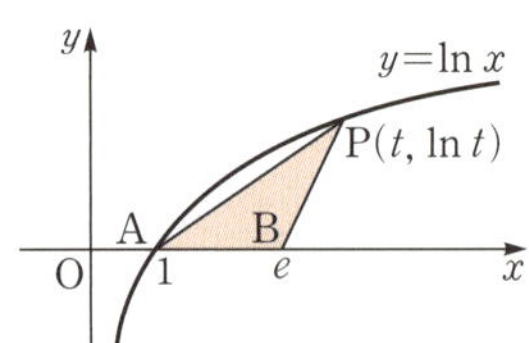

① $e-1$ ② $2(e-1)$ ③ $\dfrac{e-1}{2}$

④ $\dfrac{e-1}{2e}$ ⑤ $\dfrac{e(e-1)}{2}$

0332 〔중〕

다음 그림과 같이 직선 $x=t$ $(t>0)$가 곡선 $y=2e^{2x}-2$와 만나는 점을 P, x축과 만나는 점을 Q라 할 때, $\displaystyle\lim_{t\to0+}\frac{\overline{PQ}}{\overline{OQ}}$의 값은? (단, O는 원점)

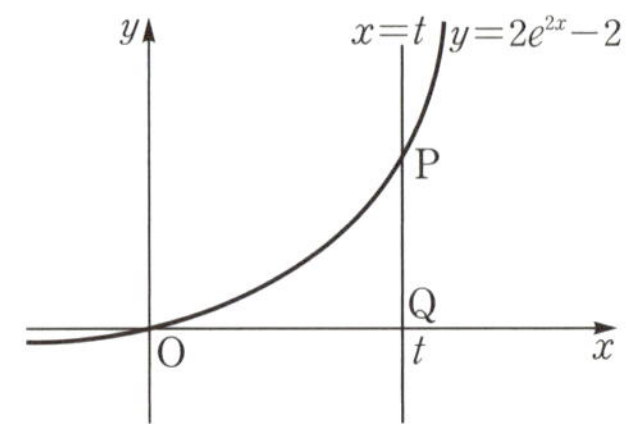

① 1 ② 2 ③ 3

④ 4 ⑤ 5

0333 〔중〕

다음 그림과 같이 두 곡선 $y=3^x$, $y=\left(\dfrac{1}{3}\right)^x$과 직선 $x=t$ $(t>0)$가 만나는 점을 각각 A, B라 하고, 점 A에서 y축에 내린 수선의 발을 H라 하자. 이때 $\displaystyle\lim_{t\to0+}\frac{\overline{AB}}{\overline{AH}}$의 값은?

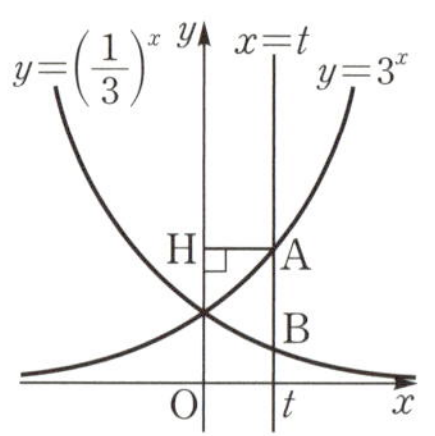

① $\ln 3$ ② $2\ln 2$ ③ $3\ln 2$

④ $2\ln 3$ ⑤ $3\ln 3$

0334 〔상중〕

다음 그림과 같이 곡선 $y=e^x-1$ 위를 움직이는 점 P와 세 점 $A(0, e)$, $B(3, 0)$, $O(0, 0)$에 대하여 두 삼각형 PAO, POB의 넓이를 각각 S_1, S_2라 하자. 점 P가 이 곡선을 따라 점 O에 한없이 가까워질 때, $\dfrac{S_1}{S_2}$의 극한값을 구하시오.

(단, 점 P는 제1사분면 위의 점이다.)

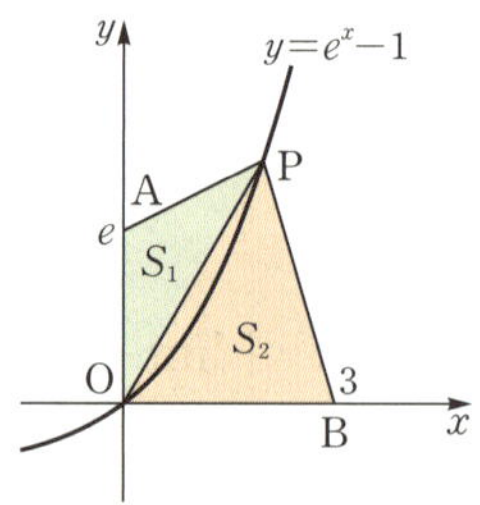

0335

$\displaystyle\lim_{x\to\infty}\dfrac{2^x+3^{x+a}}{2^x-3^x}=-\dfrac{1}{3}$ 을 만족시키는 상수 a의 값은?

① -2 ② -1 ③ 0

④ 1 ⑤ 2

0336

$\displaystyle\lim_{x\to\infty}\left\{\log_3(6x+1)+\log_{\frac{1}{3}}2x\right\}$ 의 값을 구하시오.

0337 중요

$\displaystyle\lim_{x\to\infty}\log_2\left(1+\dfrac{1}{x}\right)^{3x}$ 의 값은?

① 1 ② e ③ $3\ln 2$

④ $\dfrac{1}{3\ln 2}$ ⑤ $\dfrac{3}{\ln 2}$

0338

$\displaystyle\lim_{x\to 0}\dfrac{\{\log_3(1+x)\}(5^x-1)}{x^2}$ 의 값은?

① -2 ② $\dfrac{1}{\ln 3}$ ③ $\dfrac{5}{\ln 3}$

④ $\dfrac{\ln 5}{\ln 3}$ ⑤ $\dfrac{\ln 3}{\ln 5}$

0339

$\displaystyle\lim_{x\to 0}\dfrac{10x}{e^x+e^{2x}+e^{3x}+\cdots+e^{10x}-10}$ 의 값을 구하시오.

0340

$\displaystyle\lim_{x\to -1}\dfrac{7^{x+1}-1}{x^2-1}=\ln a$ 일 때, 양수 a의 값은?

① $\dfrac{1}{7}$ ② $\dfrac{\sqrt{7}}{7}$ ③ 1

④ $\sqrt{7}$ ⑤ 7

0341

다음 중 옳지 <u>않은</u> 것을 모두 고르면? (정답 2개)

① $\displaystyle\lim_{x\to 0}\dfrac{e^{2x}-1}{3x}=\dfrac{2}{3}$

② $\displaystyle\lim_{x\to 0}(1+x)^{\frac{2}{x}}=e^2$

③ $\displaystyle\lim_{x\to 0}\dfrac{\log_3(1+x)}{x}=1$

④ $\displaystyle\lim_{x\to\infty}\ln\left(1+\dfrac{1}{x}\right)^x=1$

⑤ $\displaystyle\lim_{x\to 0}\left\{\dfrac{\log_3(1-x)}{x}\right\}^x=\log_3 e$

0342 평가원 기출

함수 $f(x)$가 $x>-1$인 모든 실수 x에 대하여 부등식

$$\ln(1+x)\leq f(x)\leq \frac{1}{2}(e^{2x}-1)$$

을 만족시킬 때, $\displaystyle\lim_{x\to 0}\frac{f(3x)}{x}$의 값은?

① 1   ② e ③ 3
④ 4   ⑤ $2e$

0343

$\displaystyle\lim_{x\to 0}\frac{12^x-4^x-3^x+a}{x^2}=b\ln 2$를 만족시키는 상수 a, b에 대하여 e^{ab}의 값은?

① e^9 ② $\ln 3$ ③ 9
④ $\ln 9$ ⑤ $2\ln 9$

0344

$\displaystyle\lim_{x\to -1}\frac{a\ln(x+2)+b}{x^2-1}=-3$을 만족시키는 상수 a, b에 대하여 $a+b$의 값을 구하시오.

0345 💡중요

함수 $f(x)$가 $x>-1$인 모든 실수 x에서 연속이고 $f(x)\ln(x+1)=5^x-1$을 만족시킬 때, $f(0)$의 값을 구하시오.

0346

함수 $f(x)=x^3 e^{x+1}$에 대하여 $f'(-2)$의 값은?

① $-\dfrac{4}{e^2}$ ② $-\dfrac{4}{e}$ ③ $\dfrac{1}{e}$
④ $\dfrac{4}{e}$ ⑤ $\dfrac{4}{e^2}$

0347

함수 $f(x)=2^x \ln x$에 대하여 $f'(a)=2$일 때, 상수 a의 값은?

① 1   ② 2   ③ 3
④ 4   ⑤ 5

0348

함수 $f(x)=a+x\ln bx$에 대하여 $f(1)=3$, $f'(1)=2$일 때, $f(e)$의 값은? (단, a, b는 상수)

① e ② $e+1$ ③ $2e$
④ $2e+1$ ⑤ $2e+2$

0349 평가원 기출

함수 $f(x)=\log_3 x$에 대하여 $\lim\limits_{h\to 0}\dfrac{f(3+h)-f(3-h)}{h}$의 값은?

① $\dfrac{1}{2\ln 3}$ ② $\dfrac{2}{3\ln 3}$ ③ $\dfrac{5}{6\ln 3}$

④ $\dfrac{1}{\ln 3}$ ⑤ $\dfrac{7}{6\ln 3}$

0350

함수 $f(x)=2\ln(x+1)+1$의 역함수를 $g(x)$라 할 때, $\lim\limits_{x\to 1}\dfrac{f(x-1)-f(0)}{g(x)-g(1)}$의 값을 구하시오.

서술형 주관식

0351

$\lim\limits_{x\to -\infty} x\{\ln(3-x)-\ln(-x)\}=\alpha$, $\lim\limits_{x\to 0}\dfrac{ex^2}{e^{3x^2}-1}=\beta$일 때, 실수 α, β에 대하여 $\alpha\beta$의 값을 구하시오.

0352 중요

함수 $f(x)=\begin{cases}\dfrac{2x}{e^x+3x-1} & (x\neq 0)\\ k & (x=0)\end{cases}$가 $x=0$에서 연속일 때, 실수 k의 값을 구하시오.

0353

함수 $f(x)=\begin{cases}3+a\ln 2x & \left(0<x\leq\dfrac{1}{2}\right)\\ bx+1 & \left(x>\dfrac{1}{2}\right)\end{cases}$ 이 $x=\dfrac{1}{2}$에서 미분 가능할 때, 상수 a, b에 대하여 $a+b$의 값을 구하시오.

실력 up

0354 평가원 기출

두 함수
$$f(x)=\begin{cases}ax & (x<1)\\ -3x+4 & (x\geq 1)\end{cases}, \quad g(x)=2^x+2^{-x}$$

에 대하여 합성함수 $(g\circ f)(x)$가 실수 전체의 집합에서 연속이 되도록 하는 모든 실수 a의 값의 곱은?

① -5 ② -4 ③ -3

④ -2 ⑤ -1

0355 창의·융합

오른쪽 그림과 같이 곡선 $y=4\log x$ 위의 한 점 $A(1, 0)$과 이 곡선 위를 움직이는 점 $B(t, 4\log t)$가 있다. 선분 AB의 수직이등분선이 y축과 만나는 점의 y좌표를 $f(t)$라 할 때, $\lim\limits_{t\to 1} f(t)$의 값을 구하시오.

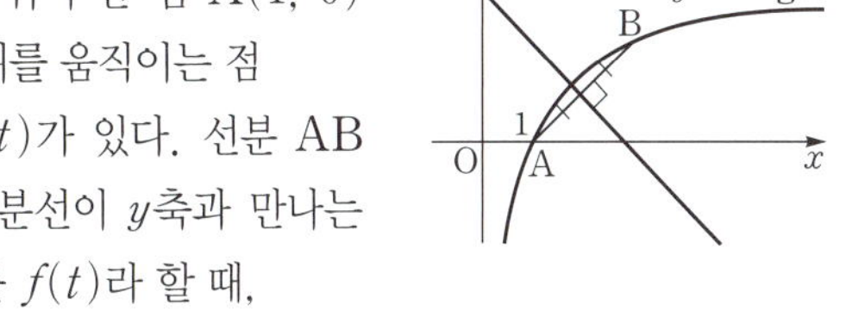

04 삼각함수의 미분

04·1 삼각함수 − $\csc\theta$, $\sec\theta$, $\cot\theta$

1 $\csc\theta$, $\sec\theta$, $\cot\theta$의 정의

일반각 θ를 나타내는 동경과 원점 O를 중심으로 하고 반지름의 길이가 r인 원의 교점을 $\mathrm{P}(x,\,y)$라 하면

(1) $\csc\theta=\dfrac{r}{y}\ (y\neq0)$ (2) $\sec\theta=\dfrac{r}{x}\ (x\neq0)$

(3) $\cot\theta=\dfrac{x}{y}\ (y\neq0)$

2 삼각함수 사이의 관계

(1) $1+\tan^2\theta=\sec^2\theta$ (2) $1+\cot^2\theta=\csc^2\theta$

04·2 삼각함수의 덧셈정리

(1) $\sin(\alpha+\beta)=\sin\alpha\cos\beta+\cos\alpha\sin\beta,\quad \sin(\alpha-\beta)=\sin\alpha\cos\beta-\cos\alpha\sin\beta$

(2) $\cos(\alpha+\beta)=\cos\alpha\cos\beta-\sin\alpha\sin\beta,\quad \cos(\alpha-\beta)=\cos\alpha\cos\beta+\sin\alpha\sin\beta$

(3) $\tan(\alpha+\beta)=\dfrac{\tan\alpha+\tan\beta}{1-\tan\alpha\tan\beta},\quad \tan(\alpha-\beta)=\dfrac{\tan\alpha-\tan\beta}{1+\tan\alpha\tan\beta}$

04·3 삼각함수의 합성

(1) $a\sin\theta+b\cos\theta=\sqrt{a^2+b^2}\sin(\theta+\alpha)\ \left(\text{단},\ \sin\alpha=\dfrac{b}{\sqrt{a^2+b^2}},\ \cos\alpha=\dfrac{a}{\sqrt{a^2+b^2}}\right)$

(2) $a\sin\theta+b\cos\theta=\sqrt{a^2+b^2}\cos(\theta-\beta)\ \left(\text{단},\ \sin\beta=\dfrac{a}{\sqrt{a^2+b^2}},\ \cos\beta=\dfrac{b}{\sqrt{a^2+b^2}}\right)$

04·4 삼각함수의 극한

1 삼각함수의 극한

(1) 실수 a에 대하여 $\displaystyle\lim_{x\to a}\sin x=\sin a,\ \lim_{x\to a}\cos x=\cos a$

(2) $a\neq n\pi+\dfrac{\pi}{2}$ (n은 정수)인 실수 a에 대하여 $\displaystyle\lim_{x\to a}\tan x=\tan a$

2 함수 $\dfrac{\sin x}{x}$의 극한

x의 단위가 라디안일 때, $\displaystyle\lim_{x\to0}\dfrac{\sin x}{x}=1$

04·5 삼각함수의 도함수

(1) $y=\sin x\ \Rightarrow\ y'=\cos x$ (2) $y=\cos x\ \Rightarrow\ y'=-\sin x$

+ 개념 플러스

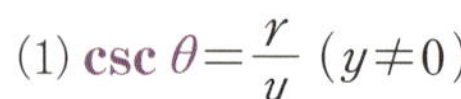

■ $\csc\theta=\dfrac{1}{\sin\theta}$

   $\sec\theta=\dfrac{1}{\cos\theta}$

   $\cot\theta=\dfrac{1}{\tan\theta}=\dfrac{\cos\theta}{\sin\theta}$

■ **배각의 공식**

$\sin2\alpha=2\sin\alpha\cos\alpha$

$\cos2\alpha=\cos^2\alpha-\sin^2\alpha$

$\quad\ =2\cos^2\alpha-1$

$\quad\ =1-2\sin^2\alpha$

$\tan2\alpha=\dfrac{2\tan\alpha}{1-\tan^2\alpha}$

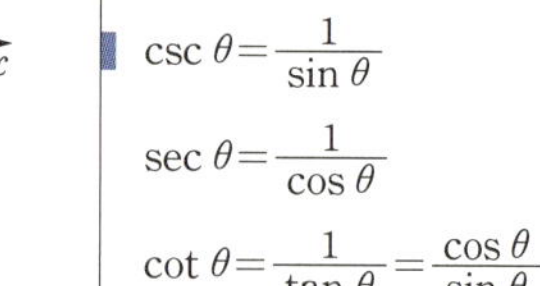

■ $\displaystyle\lim_{x\to0}\dfrac{\tan x}{x}$

$\displaystyle=\lim_{x\to0}\left(\dfrac{1}{\cos x}\times\dfrac{\sin x}{x}\right)$

$=1\times1=1$

 교과서 문제 정/복/하/기

04·1 삼각함수 – $\csc\theta$, $\sec\theta$, $\cot\theta$

0356 각 θ를 나타내는 동경과 원점 O를 중심으로 하는 원의 교점이 $P(15, -8)$일 때, 다음 값을 구하시오.
⑴ $\csc\theta$ ⑵ $\sec\theta$ ⑶ $\cot\theta$

0357 θ가 제2사분면의 각이고 $\tan\theta=-2$일 때, $\sec\theta$의 값을 구하시오.

04·2 삼각함수의 덧셈정리

[0358 ~ 0360] 다음 삼각함수의 값을 구하시오.

0358 $\sin 105°$

0359 $\cos 75°$

0360 $\tan 105°$

[0361 ~ 0363] 다음 식의 값을 구하시오.

0361 $\sin 75° \cos 30° - \cos 75° \sin 30°$

0362 $\cos 50° \cos 100° - \sin 50° \sin 100°$

0363 $\dfrac{\tan 80° - \tan 50°}{1 + \tan 80° \tan 50°}$

04·3 삼각함수의 합성

[0364 ~ 0366] 다음 식을 $r\sin(\theta+\alpha)$의 꼴로 나타내시오.
(단, $r>0$, $0 \le \alpha < 2\pi$)

0364 $\sin\theta + \cos\theta$

0365 $\sqrt{3}\sin\theta + \cos\theta$

0366 $-\sin\theta + \sqrt{3}\cos\theta$

[0367 ~ 0368] 다음 함수의 주기와 최댓값, 최솟값을 각각 구하시오.

0367 $y = \sin x + \sqrt{3}\cos x$

0368 $y = \sin x - \cos x$

04·4 삼각함수의 극한

[0369 ~ 0370] 다음 극한값을 구하시오.

0369 $\displaystyle\lim_{x\to 0} \dfrac{\sin^2 x}{\cos x - 1}$

0370 $\displaystyle\lim_{x\to \frac{\pi}{4}} \dfrac{\sin 2x}{\sin x}$

[0371 ~ 0376] 다음 극한값을 구하시오.

0371 $\displaystyle\lim_{x\to 0} \dfrac{\sin 3x}{2x}$

0372 $\displaystyle\lim_{x\to 0} \dfrac{\tan 4x}{3x}$

0373 $\displaystyle\lim_{x\to 0} \dfrac{\sin x + \tan 2x}{x}$

0374 $\displaystyle\lim_{x\to 0} \dfrac{\sin(2x^2+x)}{x}$

0375 $\displaystyle\lim_{x\to \infty} x\sin\dfrac{1}{x}$

0376 $\displaystyle\lim_{x\to \pi} \dfrac{\sin x}{x-\pi}$

04·5 삼각함수의 도함수

[0377 ~ 0378] 다음 함수를 미분하시오.

0377 $y = \cos x - \sin x$

0378 $y = \sin x \cos x$

유형 익/히/기

| **개념원리** 미적분 99쪽, 100쪽 |

유형 01 삼각함수

일반각 θ를 나타내는 동경과 원점 O를 중심으로 하고 반지름의 길이가 r인 원의 교점을 $P(x, y)$라 하면

(1) $\csc\theta=\dfrac{r}{y}\,(y\neq0)$, $\sec\theta=\dfrac{r}{x}\,(x\neq0)$, $\cot\theta=\dfrac{x}{y}\,(y\neq0)$

(2) $\csc\theta=\dfrac{1}{\sin\theta}$, $\sec\theta=\dfrac{1}{\cos\theta}$, $\cot\theta=\dfrac{1}{\tan\theta}$

0379 대표문제

θ가 제3사분면의 각이고 $\cos\theta=-\dfrac{5}{13}$일 때,

$5\csc\theta\tan\theta$의 값을 구하시오.

0380 중

원점 O와 점 $P(12, -5)$를 지나는 동경 OP가 나타내는 각의 크기를 θ라 할 때, $\sqrt{\dfrac{\csc\theta\cot\theta}{39}}$의 값을 구하시오.

0381 중

$\csc\theta\sec\theta>0$, $\cos\theta\tan\theta>0$을 만족시키는 θ는 제 몇 사분면의 각인가?

① 제1사분면　　② 제3사분면　　③ 제1, 2사분면
④ 제2, 3사분면　　⑤ 제3, 4사분면

0382 중

이차방정식 $12x^2+ax+b=0$의 두 근이 $\tan\theta$, $\cot\theta$이고 $\sin\theta+\cos\theta=-\dfrac{1}{5}$일 때, 상수 a, b에 대하여 $a+b$의 값을 구하시오.

| **개념원리** 미적분 103쪽 |

유형 02 삼각함수 사이의 관계

$1+\tan^2\theta=\sec^2\theta$, $1+\cot^2\theta=\csc^2\theta$임을 이용하여 식을 간단히 한다.

0383 대표문제

$\tan\theta+\cot\theta=2$일 때, $\csc^2\theta+\sec^2\theta$의 값을 구하시오.

$$\left(\text{단, } 0<\theta<\frac{\pi}{2}\right)$$

0384 중

$\sin\theta=-\dfrac{1}{3}$일 때, $\tan\theta+\cot\theta$의 값을 구하시오.

$$\left(\text{단, } \pi<\theta<\frac{3}{2}\pi\right)$$

0385 중

다음 중 옳지 <u>않은</u> 것은?

① $\tan^2\theta-\sin^2\theta=\tan^2\theta\sin^2\theta$

② $\dfrac{1}{1+\sin\theta}+\dfrac{1}{1-\sin\theta}=2\sec^2\theta$

③ $\tan\theta\sec\theta+\sec^2\theta=\dfrac{1}{1-\sin\theta}$

④ $(1-\sin^2\theta)(1-\cos^2\theta)(1+\tan^2\theta)(1+\cot^2\theta)=1$

⑤ $\dfrac{\cos\theta}{\sec\theta-\tan\theta}+\dfrac{\cos\theta}{\sec\theta+\tan\theta}=1$

0386 상중

$\dfrac{1+\tan\theta}{1-\tan\theta}=2+\sqrt{3}$일 때, $\sec^2\theta+\csc^2\theta$의 값을 구하시오.

유형 03 삼각함수의 덧셈정리

(1) $\sin(\alpha+\beta)=\sin\alpha\cos\beta+\cos\alpha\sin\beta$

$\sin(\alpha-\beta)=\sin\alpha\cos\beta-\cos\alpha\sin\beta$

(2) $\cos(\alpha+\beta)=\cos\alpha\cos\beta-\sin\alpha\sin\beta$

$\cos(\alpha-\beta)=\cos\alpha\cos\beta+\sin\alpha\sin\beta$

(3) $\tan(\alpha+\beta)=\dfrac{\tan\alpha+\tan\beta}{1-\tan\alpha\tan\beta}$

$\tan(\alpha-\beta)=\dfrac{\tan\alpha-\tan\beta}{1+\tan\alpha\tan\beta}$

0387 대표문제

$\dfrac{\pi}{2}<\alpha<\pi$, $\dfrac{3}{2}\pi<\beta<2\pi$이고 $\sin\alpha=\dfrac{3}{5}$, $\cos\beta=\dfrac{\sqrt{5}}{3}$일 때, $\cos(\alpha-\beta)$의 값을 구하시오.

0388 중하

$\sin 80°\sin 110°-\sin 10°\sin 20°$의 값을 구하시오.

0389 중하

$\tan 15°$의 값은?

① $2-\sqrt{3}$ ② $\dfrac{\sqrt{6}-\sqrt{2}}{2}$ ③ $\dfrac{\sqrt{6}+\sqrt{2}}{2}$

④ $1+\sqrt{3}$ ⑤ $2+\sqrt{3}$

0390 중

$0<\alpha<\dfrac{\pi}{2}$, $\dfrac{\pi}{2}<\beta<\pi$이고 $\sin\alpha=\dfrac{1}{3}$, $\cos\beta=-\dfrac{2}{3}$일 때, $\sin(\alpha+\beta)=\dfrac{a+2\sqrt{b}}{9}$이다. 정수 a, b에 대하여 $a+b$의 값을 구하시오.

0391 중 서술형

$\sin\alpha=\dfrac{4}{5}$, $\cot\beta=-\dfrac{3}{4}$일 때, $\tan(\alpha-\beta)$의 값을 구하시오. $\left(\text{단, } 0<\alpha<\dfrac{\pi}{2},\ \dfrac{\pi}{2}<\beta<\pi\right)$

0392 중

$\cos\theta=\dfrac{1}{3}$일 때, $\tan\left(\dfrac{\pi}{4}+\theta\right)=\dfrac{4\sqrt{2}-a}{7}$를 만족시키는 정수 a의 값은? $\left(\text{단, } \dfrac{3}{2}\pi<\theta<2\pi\right)$

① 9 ② 10 ③ 11

④ 12 ⑤ 13

0393 중

$\alpha+\beta=\dfrac{5}{4}\pi$일 때, $(1+\tan\alpha)(1+\tan\beta)$의 값은?

① -2 ② -1 ③ 1

④ 2 ⑤ 3

0394 중

$\sin\alpha+\sin\beta=\dfrac{1}{2}$, $\cos\alpha+\cos\beta=\dfrac{3}{2}$일 때, $\cos(\alpha-\beta)$의 값을 구하시오.

유형 **04** 삼각함수의 덧셈정리의 활용 − 방정식

이차방정식 $ax^2+bx+c=0$의 두 근이 α, β일 때,
$\alpha+\beta=-\dfrac{b}{a}$, $\alpha\beta=\dfrac{c}{a}$임을 이용한다.

0395 대표문제

이차방정식 $2x^2-kx+1=0$의 두 근이 $\tan\alpha$, $\tan\beta$이고
$\tan(\alpha+\beta)=3$일 때, 상수 k의 값은?

① 1　　　　② 2　　　　③ 3
④ 4　　　　⑤ 5

0396 중

이차방정식 $x^2-4x-1=0$의 두 근이 $\tan\alpha$, $\tan\beta$일 때,
$\cos\alpha\cos\beta-\sin\alpha\sin\beta$의 값은?

$$\left(\text{단, } 0<\alpha<\frac{\pi}{2},\ \frac{\pi}{2}<\beta<\pi\right)$$

① $-\dfrac{\sqrt{5}}{5}$　　② $-\dfrac{\sqrt{3}}{3}$　　③ $-\dfrac{\sqrt{2}}{2}$

④ $\dfrac{\sqrt{3}}{3}$　　⑤ $\dfrac{\sqrt{5}}{5}$

0397 중 서술형

이차방정식 $x^2-6x-1=0$의 두 근이 $\tan\alpha$, $\tan\beta$일 때,
$\sec^2(\alpha+\beta)$의 값을 구하시오.

유형 **05** 두 직선이 이루는 각의 크기

(1) 직선 $y=mx+n$이 x축의 양의 부분과 이루는 각의 크기를 θ
라 하면 $\Rightarrow m=\tan\theta$

(2) 두 직선 l, m이 x축의 양의 부분과 이루는 각의 크기가 각각
α, β일 때, 두 직선 l, m이 이루는 예각의 크기를 θ라 하면

$$\Rightarrow \tan\theta=|\tan(\alpha-\beta)|=\left|\frac{\tan\alpha-\tan\beta}{1+\tan\alpha\tan\beta}\right|$$

0398 대표문제

두 직선 $y=3x$, $y=\dfrac{1}{2}x$가 이루는 예각의 크기를 θ라 할 때,
$\sin\theta$의 값을 구하시오.

0399 중

두 직선 $x-y+1=0$, $(2-\sqrt{3})x+y-\sqrt{3}=0$이 이루는 예
각의 크기를 θ라 할 때, $\tan\theta$의 값을 구하시오.

0400 중

두 직선 $mx-y-1=0$, $3x-y+2=0$이 이루는 예각의 크
기가 $45°$일 때, 양수 m의 값을 구하시오.

0401 상중

오른쪽 그림과 같이 직선 $y=\dfrac{1}{2}x$를
점 $(2, 1)$을 중심으로 $45°$만큼 시계
반대 방향으로 회전하여 얻은 직선
의 방정식을 $y=ax+b$라 할 때, 상
수 a, b에 대하여 ab의 값은?

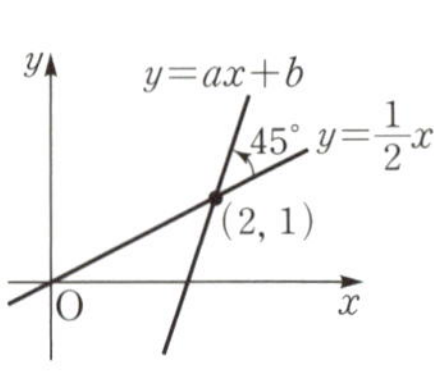

① -28　　　　② -24　　　　③ -20
④ -15　　　　⑤ -12

유형 06 삼각함수의 덧셈정리의 도형에의 활용

주어진 도형에서 삼각함수의 값을 구할 수 있는 적당한 각을 문자로 놓고 삼각함수의 덧셈정리를 이용한다.

0402 대표문제

오른쪽 그림과 같이 $\overline{AB}=5$, $\overline{AD}=12$인 직사각형 ABCD에서 $\overline{BC}$를 $2:1$로 내분하는 점을 P라 하자. $\angle APD=\theta$라 할 때, $\tan\theta$의 값을 구하시오.

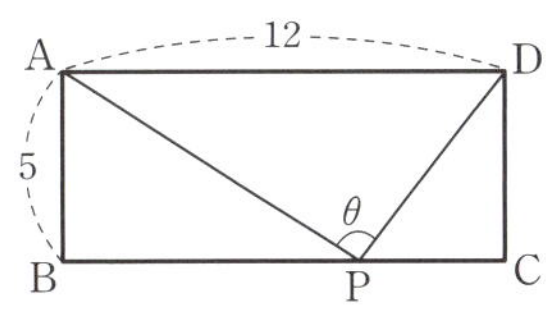

0403 중

오른쪽 그림과 같이 빗변이 아닌 두 변의 길이가 각각 2, 3인 두 직각삼각형 ABC와 ADE가 있다. $\angle CAE=\theta$라 할 때, $12\tan\theta+13\cos\theta$의 값은?

① 14   ② 15
③ 16   ④ 17   ⑤ 18

0404 중

오른쪽 그림과 같이 $\overline{AB}=5$, $\overline{BC}=3$, $\angle ABC=\alpha$인 직각삼각형 ABC에서 $\overline{CD}=3$이 되도록 하는 $\overline{AC}$ 위의 점 D에 대하여 $\angle DBC=\beta$일 때, $\sin(\alpha+\beta)$의 값을 구하시오.

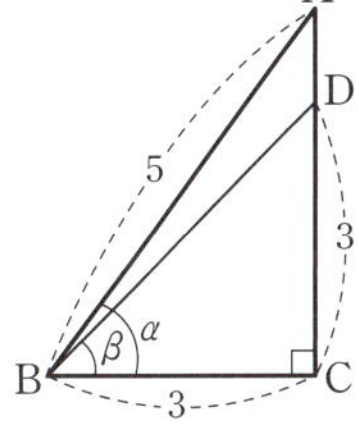

유형 07 배각의 공식

(1) $\sin 2\alpha = 2\sin\alpha\cos\alpha$

(2) $\cos 2\alpha = \cos^2\alpha - \sin^2\alpha = 2\cos^2\alpha - 1 = 1 - 2\sin^2\alpha$

(3) $\tan 2\alpha = \dfrac{2\tan\alpha}{1-\tan^2\alpha}$

0405 대표문제

$\sin\theta + \cos\theta = \dfrac{1}{3}$일 때, $\sin 2\theta$의 값은?

① $-\dfrac{8}{9}$ ② $-\dfrac{4}{9}$ ③ $\dfrac{1}{9}$

④ $\dfrac{4}{9}$ ⑤ $\dfrac{8}{9}$

0406 중하

$\sin\theta = \dfrac{3}{5}$일 때, $\cos 2\theta$의 값을 구하시오.

0407 중

함수 $y=\cos 2x + 4\sin x + 1$의 최댓값을 M, 최솟값을 m이라 할 때, $M-m$의 값은?

① 4   ② 5   ③ 6
④ 7   ⑤ 8

| 개념원리 미적분 115쪽, 116쪽 |

유형 **08** 삼각함수의 합성

(1) $a \sin \theta + b \cos \theta = \sqrt{a^2+b^2} \sin(\theta+\alpha)$

$$\left(\text{단, } \sin \alpha = \frac{b}{\sqrt{a^2+b^2}}, \cos \alpha = \frac{a}{\sqrt{a^2+b^2}}\right)$$

(2) 함수 $y=a \sin x + b \cos x$의 최댓값과 최솟값을 구할 때
⇨ 삼각함수의 합성을 이용한다.

0408 　대표문제

함수 $y=3 \cos x - 2 \cos\left(x+\dfrac{\pi}{3}\right)$의 최댓값을 M, 최솟값을 m이라 할 때, $M-m$의 값을 구하시오.

0409 　중하

함수 $f(x)=2+3 \sin x + 4 \cos x$에 대한 다음 **보기**의 설명 중 옳은 것만을 있는 대로 고른 것은?

─● 보기 ●─

ㄱ. 주기는 2π이다.

ㄴ. 최댓값은 7이다.

ㄷ. 최솟값은 -5이다.

① ㄱ 　　② ㄱ, ㄴ 　　③ ㄱ, ㄷ

④ ㄴ, ㄷ 　　⑤ ㄱ, ㄴ, ㄷ

0410 　중

$2\sqrt{3} \sin x + 3 \cos\left(x+\dfrac{\pi}{3}\right)=r \sin(x+\alpha)$를 만족시키는 양수 r와 각 α에 대하여 $r \tan \alpha$의 값을 구하시오.

$$\left(\text{단, } 0 < \alpha < \dfrac{\pi}{2}\right)$$

0411 　중　서술형

함수 $f(x)=\sqrt{2} \sin\left(x-\dfrac{\pi}{4}\right)+4 \cos x$가 $x=\theta$에서 최솟값 m을 갖는다고 할 때, $3m \tan \theta$의 값을 구하시오.

$$(\text{단, } 0 \leq x \leq 2\pi)$$

0412 　중

함수 $f(x)=-\sin x + \sqrt{a} \cos x$의 최댓값이 4일 때, 양수 a의 값을 구하시오.

0413 　중

함수 $f(x)=a \sin x + b \cos x$의 최댓값이 $2\sqrt{5}$이고 $b=3a \tan \dfrac{\pi}{6}$일 때, b^2-a^2의 값은? (단, a, b는 상수)

① 10 　　② 20 　　③ 30

④ 40 　　⑤ 50

0414 　상중

오른쪽 그림과 같이 길이가 1인 선분 AB를 지름으로 하는 반원 위에 점 P를 잡을 때, $\overline{AP}+2\overline{BP}$의 최댓값은?

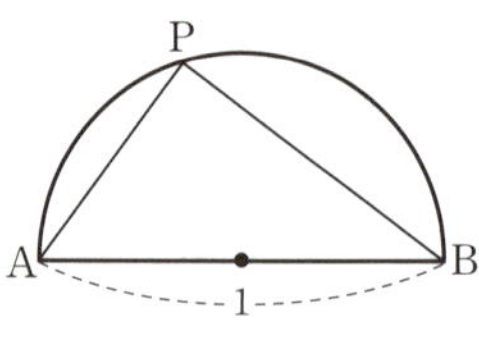

① $\sqrt{2}$ 　　② $\sqrt{3}$ 　　③ $\sqrt{5}$

④ $2\sqrt{2}$ 　　⑤ $2\sqrt{5}$

| 개념원리 미적분 123쪽 |

유형 **09** 삼각함수의 극한

실수 a에 대하여

(1) $\displaystyle\lim_{x \to a} \sin x = \sin a$

(2) $\displaystyle\lim_{x \to a} \cos x = \cos a$

(3) $\displaystyle\lim_{x \to a} \tan x = \tan a \left(\text{단, } a \neq n\pi + \frac{\pi}{2}, \ n \text{은 정수}\right)$

0415 〔대표문제〕

$\displaystyle\lim_{x \to \frac{\pi}{4}} \frac{\sin x - \cos x}{1 - \tan x}$ 의 값은?

① $-\dfrac{\sqrt{2}}{4}$ ② $-\dfrac{\sqrt{2}}{2}$ ③ 1

④ $\dfrac{\sqrt{2}}{4}$ ⑤ $\dfrac{\sqrt{2}}{2}$

0416 〔중〕

$\displaystyle\lim_{x \to 0} \frac{1 - \cos x}{\sin^2 x}$ 의 값을 구하시오.

0417 〔중〕

$\displaystyle\lim_{x \to \frac{\pi}{2}} \left(\sec^2 x - \frac{\tan x}{\cos x}\right)$ 의 값은?

① -1 ② $-\dfrac{1}{2}$ ③ 0

④ $\dfrac{1}{2}$ ⑤ 1

| 개념원리 미적분 124쪽 |

유형 **10** $\displaystyle\lim_{x \to 0} \frac{\sin x}{x}$ 꼴의 극한

$\displaystyle\lim_{x \to 0} \frac{\sin x}{x} = 1$

$\Rightarrow \displaystyle\lim_{x \to 0} \frac{\sin bx}{ax} = \lim_{x \to 0} \frac{\sin bx}{bx} \times \frac{b}{a} = 1 \times \frac{b}{a} = \frac{b}{a}$

0418 〔대표문제〕

$\displaystyle\lim_{x \to 0} \frac{\sin 2x - \sin 4x}{\sin 3x}$ 의 값을 구하시오.

0419 〔중〕

$\displaystyle\lim_{x \to 0} \frac{\sin(\sin 5x)}{\sin 4x}$ 의 값은?

① $\dfrac{16}{25}$ ② $\dfrac{4}{5}$ ③ 1

④ $\dfrac{5}{4}$ ⑤ $\dfrac{25}{16}$

0420 〔중〕

두 함수 $f(x) = 2x$, $g(x) = \sin x$에 대하여 $\displaystyle\lim_{x \to 0} \frac{f(g(x))}{g(f(x))}$ 의 값은?

① 0 ② $\dfrac{1}{4}$ ③ $\dfrac{1}{2}$

④ 1 ⑤ 2

0421 〔상중〕

$\displaystyle\lim_{x \to 0} \frac{\sin x + \sin 2x + \sin 3x + \cdots + \sin 100x}{x}$ 의 값을 구하시오.

유형 11　$\displaystyle\lim_{x\to0}\dfrac{\tan x}{x}$ 꼴의 극한

$$\lim_{x\to0}\frac{\tan x}{x}=1$$
$$\Rightarrow \lim_{x\to0}\frac{\tan bx}{ax}=\lim_{x\to0}\frac{\tan bx}{bx}\times\frac{b}{a}=1\times\frac{b}{a}=\frac{b}{a}$$

0422 `대표문제`

$\displaystyle\lim_{x\to0}\dfrac{\tan(\tan 2x)}{\tan 3x}$ 의 값은?

① 0　　　　② $\dfrac{1}{2}$　　　　③ $\dfrac{2}{3}$

④ 1　　　　⑤ $\dfrac{3}{2}$

0423 `중 하`

$\displaystyle\lim_{x\to0}\dfrac{\tan 2x+\tan 5x}{3x}$ 의 값을 구하시오.

0424 `중`

$\displaystyle\lim_{x\to0}\dfrac{\tan(3x^2+x)}{\sin(x^2+2x)}$ 의 값을 구하시오.

0425 `중`

함수 $f(x)=x^2-2x$에 대하여 $\displaystyle\lim_{x\to0}\dfrac{f(\tan x)}{\tan f(x)}$ 의 값은?

① -2　　　　② -1　　　　③ 1

④ 2　　　　⑤ 3

유형 12　$\displaystyle\lim_{x\to0}\dfrac{1-\cos x}{x}$ 꼴의 극한

분자, 분모에 $1+\cos x$를 각각 곱한 후 $1-\cos^2 x=\sin^2 x$임을 이용한다.

0426 `대표문제`

$\displaystyle\lim_{x\to0}\dfrac{\cos x-1}{x\sin x}$ 의 값은?

① -1　　　　② $-\dfrac{1}{2}$　　　　③ $\dfrac{1}{2}$

④ 1　　　　⑤ 2

0427 `중 하`

$\displaystyle\lim_{x\to0}\dfrac{1-\cos x}{x\tan 3x}$ 의 값을 구하시오.

0428 `중 하`

$\displaystyle\lim_{x\to0}\dfrac{1-\cos x}{1-\cos 2x}$ 의 값은?

① $\dfrac{1}{2}$　　　　② $\dfrac{1}{3}$　　　　③ $\dfrac{1}{4}$

④ $\dfrac{1}{5}$　　　　⑤ $\dfrac{1}{6}$

0429 `중`

$\displaystyle\lim_{x\to0}\dfrac{x^3}{\tan x-\sin x}$ 의 값을 구하시오.

0430 중

$$\lim_{x\to 0}\frac{1-\cos kx}{4x^2}=\frac{7}{2}$$ 을 만족시키는 양수 k의 값은?

① $\sqrt{7}$ ② $2\sqrt{7}$ ③ $3\sqrt{7}$

④ $4\sqrt{7}$ ⑤ $5\sqrt{7}$

유형 **13** 치환을 이용한 삼각함수의 극한

삼각함수의 극한에서 0이 아닌 실수 a에 대하여 $x\to a$일 때

⇨ $x-a=t$로 치환하여 $t\to 0$이 되도록 식을 변형한 후,

$$\lim_{t\to 0}\frac{\sin t}{t}=1 \text{ 또는 } \lim_{t\to 0}\frac{\tan t}{t}=1$$ 임을 이용한다.

0431 대표문제

$$\lim_{x\to \pi}\frac{1+\cos x}{(x-\pi)\sin x}$$ 의 값은?

① $-\dfrac{1}{2}$ ② $-\dfrac{1}{3}$ ③ 0

④ $\dfrac{1}{3}$ ⑤ $\dfrac{1}{2}$

0432 중

$$\lim_{x\to \frac{\pi}{2}}\left(x-\frac{\pi}{2}\right)\tan x$$ 의 값은?

① -1 ② $-\dfrac{1}{2}$ ③ 0

④ $\dfrac{1}{2}$ ⑤ 1

0433 중

$$\lim_{x\to 2\pi}\frac{\sin x}{x^2-4\pi^2}$$ 의 값은?

① $\dfrac{1}{4\pi}$ ② $\dfrac{1}{2\pi}$ ③ 1

④ 2π ⑤ 4π

0434 중

$$\lim_{x\to 3}\frac{\sin\left(\cos\dfrac{\pi}{2}x\right)}{x-3}$$ 의 값은?

① $-\dfrac{3}{2}\pi$ ② $-\dfrac{\pi}{2}$ ③ $\dfrac{\pi}{2}$

④ π ⑤ $\dfrac{3}{2}\pi$

0435 중

$$\lim_{x\to 1}\frac{e^{2-x}-e}{\sin(x-1)}$$ 의 값은?

① $-e^2$ ② $-e$ ③ e

④ e^2 ⑤ e^3

0436 중 서술형

$$\lim_{x\to \frac{\pi}{4}}\frac{\sin x-\cos x}{x-\frac{\pi}{4}}$$ 의 값을 구하시오.

| 개념원리 미적분 126쪽 |

유형 14 $\lim\limits_{x\to\infty} x \sin \dfrac{1}{x}$, $\lim\limits_{x\to\infty} x \tan \dfrac{1}{x}$ 꼴의 극한

$\dfrac{1}{x}=t$로 치환하면 $x\to\infty$일 때 $t\to 0$이므로

(1) $\lim\limits_{x\to\infty} x \sin \dfrac{1}{x}=\lim\limits_{t\to 0} \dfrac{\sin t}{t}=1$

(2) $\lim\limits_{x\to\infty} x \tan \dfrac{1}{x}=\lim\limits_{t\to 0} \dfrac{\tan t}{t}=1$

0437 　대표문제

$\lim\limits_{x\to\infty} x \sin \dfrac{5}{x}$의 값은?

① $\dfrac{1}{5}$ ② 1 ③ 2

④ $\dfrac{7}{2}$ ⑤ 5

0438 　중

$\lim\limits_{x\to\infty} \sin \dfrac{4}{x} \cot \dfrac{5}{x}$의 값을 구하시오.

0439 　중

$\lim\limits_{x\to\infty} x^{\circ} \tan \dfrac{1}{2x}$의 값은?

① $\dfrac{\pi}{90}$ ② $\dfrac{\pi}{180}$ ③ $\dfrac{\pi}{270}$

④ $\dfrac{\pi}{360}$ ⑤ $\dfrac{\pi}{540}$

0440 　중

$\lim\limits_{x\to\infty} \dfrac{2x+1}{4} \tan \dfrac{4}{x-2}$의 값을 구하시오.

| 개념원리 미적분 127쪽 |

유형 15   삼각함수의 극한에서 미정계수의 결정

$\lim\limits_{x\to a} \dfrac{f(x)}{g(x)}=\alpha$ (α는 상수)에서

$\begin{cases} x\to a일 \text{ 때 (분모)}\to 0이면 \text{ (분자)}\to 0 \\ x\to a일 \text{ 때 (분자)}\to 0이면 \text{ (분모)}\to 0 \text{ (단, } \alpha\neq 0) \end{cases}$

0441 　대표문제

$\lim\limits_{x\to 0} \dfrac{\ln(a+3x)}{\tan x}=b$를 만족시키는 상수 a, b에 대하여 $a+b$의 값은?

① 1 ② 2 ③ 3

④ 4 ⑤ 5

0442 　중 　서술형

$\lim\limits_{x\to 0} \dfrac{\sin 2x}{\sqrt{ax+b}-1}=3$을 만족시키는 상수 a, b에 대하여 $a+b$의 값을 구하시오.

0443 　중

$\lim\limits_{x\to a} \dfrac{3^x-1}{2\sin(x-a)}=b \ln 3$을 만족시키는 상수 a, b에 대하여 $a+b$의 값을 구하시오.

0444 　중

$\lim\limits_{x\to 0} \dfrac{a-3\cos x}{x\tan x}=b$를 만족시키는 상수 a, b에 대하여 $a+b$의 값을 구하시오.

| **개념원리** 미적분 132쪽 |

유형 16 · 삼각함수의 연속을 이용한 미정계수의 결정

함수 $f(x)$가 $x=a$에서 연속일 조건

$\Rightarrow \lim\limits_{x \to a} f(x) = f(a)$

0445 대표문제

함수 $f(x) = \begin{cases} \dfrac{\sin 3(x-1)}{x-1} & (x \neq 1) \\ a & (x=1) \end{cases}$ 가 $x=1$에서 연속이

되도록 하는 상수 a의 값은?

① 1 ② 2 ③ 3
④ 4 ⑤ 5

0446 중

$-\dfrac{\pi}{2} \leq x \leq \dfrac{\pi}{2}$에서 정의된 함수

$$f(x) = \begin{cases} \dfrac{e^{2x}-1}{\sin x} & (x \neq 0) \\ a & (x=0) \end{cases}$$

가 $x=0$에서 연속이 되도록 하는 상수 a의 값을 구하시오.

0447 중

등식 $(x-1)f(x) = \tan(x-1)\pi$를 만족시키는 함수 $f(x)$가 $x=1$에서 연속일 때, $f(1)$의 값을 구하시오.

0448 상중

함수 $f(x) = \begin{cases} \dfrac{\sin x - a}{x - \dfrac{\pi}{2}} & \left(x \neq \dfrac{\pi}{2}\right) \\ b & \left(x = \dfrac{\pi}{2}\right) \end{cases}$ 가 $x = \dfrac{\pi}{2}$에서 연속이

되도록 하는 상수 a, b에 대하여 $a+b$의 값을 구하시오.

유형 17 · 삼각함수의 도함수

(1) $y = \sin x$이면 $y' = \cos x$

(2) $y = \cos x$이면 $y' = -\sin x$

0449 대표문제

함수 $f(x) = e^x(3\cos x - 2)$에 대하여 $f'(0)$의 값은?

① 1 ② 3 ③ 5
④ 9 ⑤ 15

0450 중하

함수 $f(x) = x^3 \cos x$에 대하여 $f'\left(\dfrac{\pi}{2}\right)$의 값은?

① $-\dfrac{\pi^3}{8}$ ② $-\dfrac{\pi^2}{4}$ ③ 1
④ $\dfrac{\pi^2}{2}$ ⑤ 4

0451 중

함수 $f(x) = \sin^2 x$에 대하여 $\lim\limits_{x \to \pi} \dfrac{f'(x)}{x-\pi}$의 값은?

① -2 ② $-\dfrac{\pi}{2}$ ③ $\dfrac{\pi}{2}$
④ 2 ⑤ π

| 개념원리 미적분 133쪽 |

<table><tr><td>유형 18</td><td>미분계수를 이용한 극한값 구하기</td></tr></table>

(1) $\lim\limits_{h \to 0} \dfrac{f(a+h)-f(a)}{h}=f'(a)$

(2) $\lim\limits_{x \to a} \dfrac{f(x)-f(a)}{x-a}=f'(a)$

0452 대표문제

함수 $f(x)=x\cos x$에 대하여 $\lim\limits_{h \to 0} \dfrac{f(\pi+2h)-f(\pi)}{h}$의 값은?

① -2 ② -1 ③ 0
④ 1 ⑤ 2

0453 중

함수 $f(x)=e^x \cos x$에 대하여 $\lim\limits_{h \to 0} \dfrac{f(\pi+h)-f(\pi-h)}{h}$의 값을 구하시오.

0454 중

함수 $f(x)=e^x(\sin x - \cos x + 1)$에 대하여 $\lim\limits_{x \to 0} \dfrac{f(x)}{x}$의 값을 구하시오.

| 개념원리 미적분 133쪽 |

<table><tr><td>유형 19</td><td>삼각함수의 도함수 − 미분가능성</td></tr></table>

함수 $f(x)=\begin{cases} g(x) & (x<a) \\ h(x) & (x \geq a) \end{cases}$ 가 $x=a$에서 미분가능할 조건

(i) $x=a$에서 연속이다. $\Rightarrow \lim\limits_{x \to a-} g(x)=h(a)$

(ii) $x=a$에서 좌미분계수와 우미분계수가 같아야 한다.
   $\Rightarrow g'(a)=h'(a)$

0455 대표문제

함수 $f(x)=\begin{cases} ax+b & (-1<x<0) \\ \sin x & (0 \leq x<1) \end{cases}$ 가 $x=0$에서 미분가능할 때, 상수 a, b에 대하여 $a+b$의 값을 구하시오.

0456 중 서술형

함수 $f(x)=\begin{cases} \cos x & (x \leq 0) \\ 5x^2+ax+b & (x>0) \end{cases}$ 가 $x=0$에서 미분가능하도록 하는 상수 a, b의 값을 각각 구하시오.

0457 중

함수 $f(x)=\begin{cases} ae^x & (x<0) \\ b\sin x+2x-1 & (x \geq 0) \end{cases}$ 이 $x=0$에서 미분가능하도록 하는 상수 a, b에 대하여 ab의 값은?

① -3 ② -1 ③ 0
④ 1 ⑤ 3

유형 **20** 삼각함수의 극한의 도형에의 활용

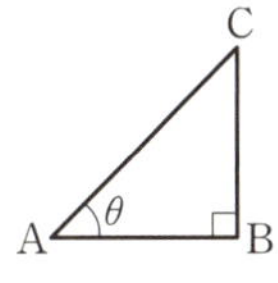

$\angle B = \dfrac{\pi}{2}$인 직각삼각형 ABC에서 $\angle A = \theta$ 일 때,

$\Rightarrow \overline{BC} = \overline{AC} \sin \theta = \overline{AB} \tan \theta$

$\overline{AB} = \overline{AC} \cos \theta$

0458 대표문제

오른쪽 그림과 같이 선분 AB를 지름으로 하는 원 위를 움직이는 점 P에 대하여 $\angle PAB = \theta$라 하자. 삼각형 ABP의 넓이를 S_1, 부채꼴 OPB의 넓이를 S_2라 할 때, $\displaystyle\lim_{\theta \to 0+} \dfrac{S_1}{S_2}$의 값은?

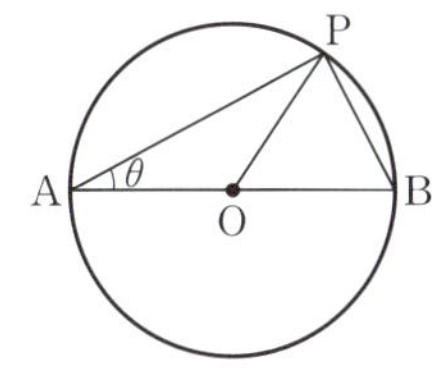

(단, 점 O는 원의 중심)

① 2   ② 3   ③ 4
④ 5   ⑤ 6

0459 중

오른쪽 그림과 같이 $\angle A = \dfrac{\pi}{2}$인 직각삼각형 ABC의 꼭짓점 A에서 변 BC에 내린 수선의 발을 H라 하자. $\overline{AB} = 1$이고 $\angle B = 2\theta$라 할 때, $\displaystyle\lim_{\theta \to 0+} \dfrac{\overline{CH}}{\theta^2}$의 값을 구하시오.

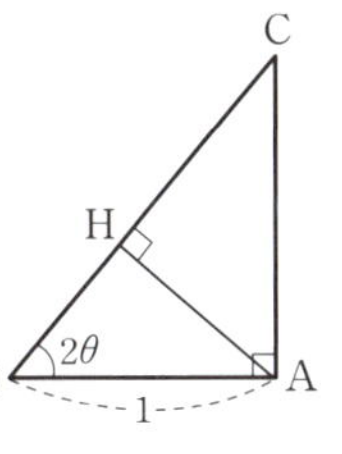

0460 중

오른쪽 그림과 같이 반지름의 길이가 6인 사분원 위의 한 점 A에서 반지름 OB에 내린 수선의 발을 H라 하자. $\angle AOB = \theta$라 할 때, $\displaystyle\lim_{\theta \to 0+} \dfrac{\overline{BH}}{\theta^2}$의 값을 구하시오.

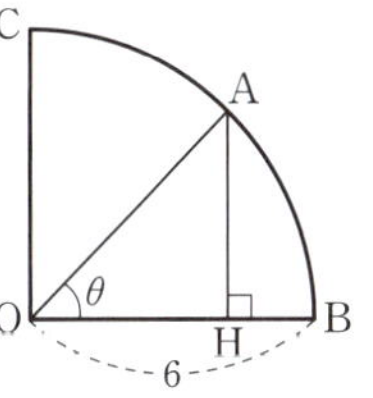

0461 중

오른쪽 그림과 같이 반지름의 길이가 r인 원에 내접하는 정n각형의 한 변을 $\overline{AB}$, 원의 중심을 O라 하자. $\triangle OAB$의 넓이를 $f(n)$이라 할 때, $\displaystyle\lim_{n \to \infty} nf(n)$의 값은?

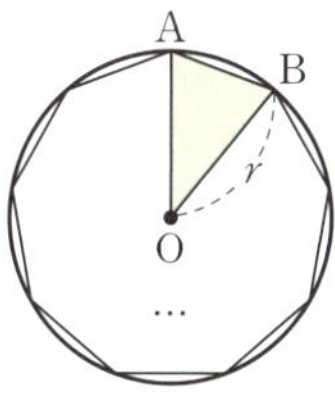

① π ② πr
③ $2\pi r$ ④ πr^2 ⑤ $2\pi r^2$

0462 중

오른쪽 그림과 같이 점 $A(1, 0)$과 원 $x^2 + y^2 = 1$ 위를 움직이는 점 B에 대하여 점 B에서 x축에 내린 수선의 발을 C라 하자. $\angle AOB = \theta$, 부채꼴 OAB의 넓이를 S_1, 삼각형 OBC의 넓이를 S_2라 할 때, $\displaystyle\lim_{\theta \to 0+} \dfrac{S_1}{S_2}$의 값을 구하시오.

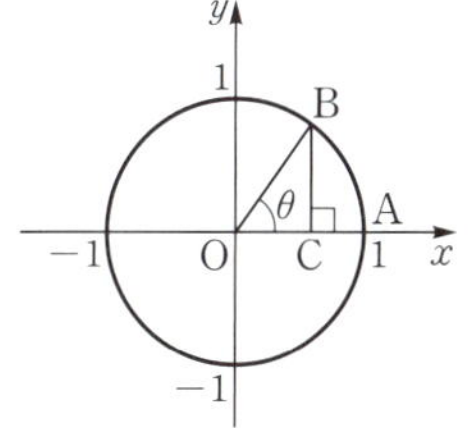

0463 상

오른쪽 그림과 같이 $\overline{BC} = 2$이고 $\angle B = \angle C = \theta$인 이등변삼각형 ABC가 있다. 삼각형 ABC의 내접원의 중심을 O, 변 AB, AC와 내접원이 만나는 점을 각각 D, E라 하자. 삼각형 ODE의 넓이를 $S(\theta)$라 할 때, $\displaystyle\lim_{\theta \to 0+} \dfrac{S(\theta)}{\theta^3}$의 값은?

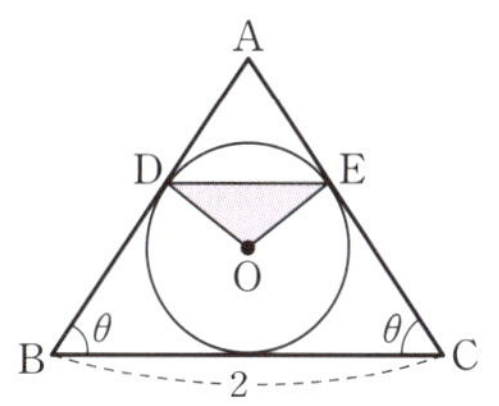

① $\dfrac{1}{8}$ ② $\dfrac{1}{4}$ ③ $\dfrac{3}{8}$
④ $\dfrac{1}{2}$ ⑤ $\dfrac{5}{8}$

0464

$\csc \theta \sec \theta < 0$일 때, 다음 중 항상 옳은 것은?

① $\cot \theta > 0$　　② $\cot \theta < 0$　　③ $\csc \theta > 0$

④ $\csc \theta < 0$　　⑤ $\sec \theta < 0$

0465

$\sin \alpha + \cos \beta = \dfrac{1}{3}$, $\cos \alpha + \sin \beta = \dfrac{\sqrt{3}}{3}$일 때,

$\sin(\alpha + \beta)$의 값을 구하시오.

0466

함수 $f(x) = \cos x\ (0 < x < \pi)$의 역함수 $g(x)$에 대하여

$g\left(\dfrac{8}{17}\right) = \alpha$, $g\left(\dfrac{15}{17}\right) = \beta$일 때, $f(\alpha + \beta)$의 값을 구하시오.

0467

두 점 $P(\cos \alpha, \sin \alpha)$, $Q(\cos \beta, \sin \beta)$ 사이의 거리가 $\sqrt{2}$

일 때, $|\alpha - \beta|$의 값은? (단, $0 < \alpha < \pi$, $0 < \beta < \pi$)

① 0　　　　　　② $\dfrac{\pi}{3}$　　　　　　③ $\dfrac{\pi}{2}$

④ $\dfrac{2}{3}\pi$　　　　　⑤ $\dfrac{3}{4}\pi$

0468

이차방정식 $x^2 - 4ax + a^2 + 5 = 0$의 두 근이 $\tan \alpha$, $\tan \beta$이

고 $\alpha + \beta = \dfrac{\pi}{4}$일 때, 상수 a의 값은?

① -1　　　　　② -2　　　　　③ -3

④ -4　　　　　⑤ -5

0469

직선 $y = mx$가 직선 $y = 2x$와 x축이 이루는 예각을 이등분할

때, 상수 m의 값을 구하시오.

0470

한 변의 길이가 1인 정사각형 3개를 이어 붙여 다음 그림과 같

은 직사각형을 만들었다. $\angle ACD = \alpha$, $\angle BCD = \beta$일 때,

$\cos(\alpha + \beta)$의 값은?

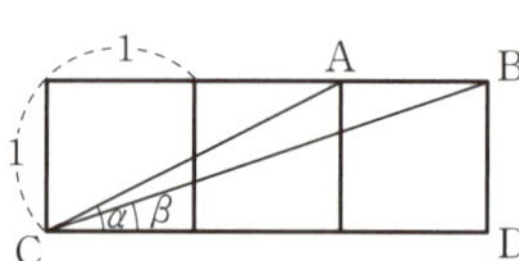

① $\dfrac{\sqrt{3}}{4}$　　　　　② $\dfrac{1}{2}$　　　　　③ $\dfrac{2\sqrt{2}}{5}$

④ $\dfrac{\sqrt{2}}{2}$　　　　　⑤ $\dfrac{\sqrt{3}}{2}$

0471

$\sin\theta - \cos\theta = \dfrac{1}{2}$일 때, $\cos 2\theta$의 값을 구하시오.

$$\left(\text{단, } 0 < \theta < \dfrac{\pi}{2}\right)$$

0472

함수 $f(x) = 3\sin x - 2\cos\left(x - \dfrac{5}{6}\pi\right)$의 주기가 $a\pi$이고 최댓값이 b일 때, ab^2의 값을 구하시오.

0473 평가원 기출

함수 $f(x) = \sqrt{5}\sin x + 2\cos x + a$의 최댓값이 7일 때, 상수 a의 값은?

① 1   ② 2   ③ 3

④ 4   ⑤ 5

0474

$\displaystyle\lim_{x\to 0} \dfrac{\sin(3x^2 + 5x)}{5x^2 + 4x}$의 값은?

① 1   ② $\dfrac{5}{4}$ ③ $\dfrac{4}{3}$

④ $\dfrac{3}{2}$ ⑤ 5

0475

$\displaystyle\lim_{x\to 0} \dfrac{x}{\tan x + \tan 2x + \tan 3x}$의 값은?

① $\dfrac{1}{6}$ ② $\dfrac{1}{5}$ ③ $\dfrac{1}{4}$

④ $\dfrac{1}{3}$ ⑤ $\dfrac{1}{2}$

0476

$\displaystyle\lim_{x\to 0} \dfrac{1 - \cos kx}{2x^2} = \dfrac{1}{9}$을 만족시키는 양수 k의 값은?

① $\dfrac{1}{3}$ ② $\dfrac{2}{3}$ ③ 1

④ $\dfrac{4}{3}$ ⑤ $\dfrac{5}{3}$

0477 중요

$\displaystyle\lim_{x\to \frac{\pi}{2}} \dfrac{1 - \sin x}{\cos^2 x}$의 값은?

① -1 ② $-\dfrac{1}{2}$ ③ 0

④ $\dfrac{1}{2}$ ⑤ 1

0478

$\displaystyle\lim_{x\to\infty} \sin\left(\tan\frac{1}{x}\right)\cot\frac{1}{x}$ 의 값은?

① 0   ② 1   ③ 2

④ 3   ⑤ 4

0479 💡중요

$\displaystyle\lim_{x\to 0}\frac{\sqrt{ax+b}-2}{\sin 3x}=2$ 일 때, 상수 a, b에 대하여 $a+b$의 값은?

① 16   ② 20   ③ 24

④ 28   ⑤ 32

0480

함수 $f(x)=\begin{cases} \dfrac{\sin \pi x}{1-x} & (x\neq 1) \\ a & (x=1) \end{cases}$ 가 $x=1$에서 연속이 되도록 하는 상수 a의 값을 구하시오.

0481

함수 $f(x)=\sin^2 x-\cos^2 x$에 대하여 $f'\left(\dfrac{\pi}{6}\right)$의 값은?

① $\dfrac{1}{2}$ ② $\dfrac{\sqrt{3}}{2}$ ③ 1

④ $\sqrt{3}$ ⑤ 2

0482 💡중요

함수 $f(x)=x\cos x$에 대하여 $\displaystyle\lim_{h\to 0}\frac{f\left(\frac{\pi}{2}+3h\right)-f\left(\frac{\pi}{2}\right)}{h}$의 값을 구하시오.

0483

실수 전체의 집합에서 미분가능한 함수 $y=f(x)$에 대하여 $f'(1)=10$일 때, $\displaystyle\lim_{x\to 0}\frac{f(2-\cos x)-f(1)}{x^2}$의 값을 구하시오.

0484 수능 기출

다음 그림과 같이 한 변의 길이가 1인 마름모 ABCD가 있다. 점 C에서 선분 AB의 연장선에 내린 수선의 발을 E, 점 E에서 선분 AC에 내린 수선의 발을 F, 선분 EF와 선분 BC의 교점을 G라 하자. $\angle DAB=\theta$일 때, 삼각형 CFG의 넓이를 $S(\theta)$라 하자. $\displaystyle\lim_{\theta\to 0+}\frac{S(\theta)}{\theta^5}$의 값은? $\left(\text{단, } 0<\theta<\dfrac{\pi}{2}\right)$

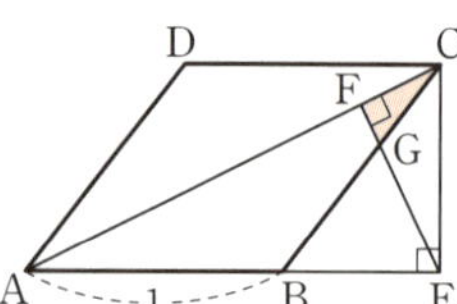

① $\dfrac{1}{24}$ ② $\dfrac{1}{20}$ ③ $\dfrac{1}{16}$

④ $\dfrac{1}{12}$ ⑤ $\dfrac{1}{8}$

 ### 서술형 주관식

0485

$0<\alpha<\dfrac{\pi}{2}$, $\dfrac{\pi}{2}<\beta<\pi$이고 $\sin\alpha=\dfrac{3}{5}$, $\cos\beta=-\dfrac{12}{13}$일 때, $\sin(\alpha+\beta)-\cos(\alpha+\beta)$의 값을 구하시오.

0486

두 직선 $y=-2x+1$, $y=x+1$이 이루는 예각의 크기를 θ라 할 때, $\tan\theta$의 값을 구하시오.

0487

함수 $y=\sqrt{3}\sin x-3\cos x+\sqrt{3}$의 그래프는 함수 $y=a\sin x$의 그래프를 x축의 방향으로 m만큼, y축의 방향으로 n만큼 평행이동한 것이다. 상수 a, m, n에 대하여 amn의 값을 구하시오. $\left(\text{단, } -\dfrac{\pi}{2}<m<\dfrac{\pi}{2}\right)$

0488

$\displaystyle\lim_{x\to\frac{\pi}{2}}\dfrac{\cos x}{ax+b}=\dfrac{1}{2}$일 때, 상수 a, b에 대하여 ab의 값을 구하시오.

 ### 실력 up

0489 평가원 기출

두 함수 $f(x)=\sin^2 x$, $g(x)=e^x$에 대하여 $\displaystyle\lim_{x\to\frac{\pi}{4}}\dfrac{g(f(x))-\sqrt{e}}{x-\dfrac{\pi}{4}}$의 값은?

① $\dfrac{1}{e}$ 　　② $\dfrac{1}{\sqrt{e}}$ 　　③ 1

④ $\sqrt{e}$ 　　⑤ e

0490

열린구간 $\left(-\dfrac{\pi}{2},\dfrac{\pi}{2}\right)$에서 정의된 함수

$$f(x)=\begin{cases} x^2+\dfrac{x^2}{1+\tan^2 x}+\dfrac{x^2}{(1+\tan^2 x)^2}+\cdots & (x\neq 0) \\ a & (x=0) \end{cases}$$

가 $x=0$에서 연속이 되도록 하는 상수 a의 값을 구하시오.

0491 창의·융합

오른쪽 그림과 같이 반지름의 길이가 r인 서로 외접하는 n개의 원의 중심이 반지름의 길이가 4인 원 위에 놓여 있다. 이러한 n개의 원의 둘레의 길이의 합을 $f(n)$이라 할 때, $\displaystyle\lim_{n\to\infty}f(n)$의 값은?

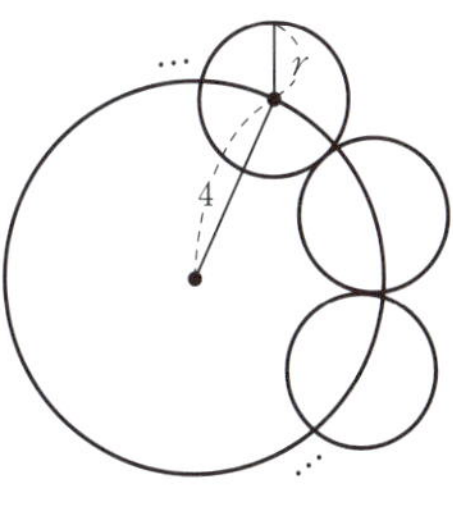

① π^2 　　② $2\pi^2$ 　　③ $4\pi^2$

④ $6\pi^2$ 　　⑤ $8\pi^2$

05 여러 가지 미분법

05·1 함수의 몫의 미분법

1 함수의 몫의 미분법

두 함수 $f(x)$, $g(x)$ $(g(x)\neq0)$가 미분가능할 때

(1) $y=\dfrac{1}{g(x)}$이면 $y'=-\dfrac{g'(x)}{\{g(x)\}^2}$

(2) $y=\dfrac{f(x)}{g(x)}$이면 $y'=\dfrac{f'(x)g(x)-f(x)g'(x)}{\{g(x)\}^2}$

2 함수 $y=x^n$ (n은 정수)의 도함수

n이 정수일 때, $y=x^n$이면 $y'=nx^{n-1}$

3 삼각함수의 도함수

(1) $y=\tan x$이면 $y'=\sec^2 x$

(2) $y=\cot x$이면 $y'=-\csc^2 x$

(3) $y=\sec x$이면 $y'=\sec x \tan x$

(4) $y=\csc x$이면 $y'=-\csc x \cot x$

■ 0이 아닌 x에 대하여 $x^0=1$이므로 함수 $y=x^n$에서 $n=1$일 때에도 $y'=nx^{n-1}$이 성립한다.

■ ① $y=\sin x$이면 $y'=\cos x$
② $y=\cos x$이면 $y'=-\sin x$

05·2 합성함수의 미분법

1 합성함수의 미분법

미분가능한 두 함수 $y=f(u)$와 $u=g(x)$에 대하여 합성함수 $y=f(g(x))$의 도함수는

$$\dfrac{dy}{dx}=\dfrac{dy}{du}\times\dfrac{du}{dx} \ \text{또는} \ y'=f'(g(x))g'(x)$$

참고 미분가능한 함수 $f(x)$에 대하여
① $y=f(ax+b)$ $(a, b$는 상수)이면 $y'=af'(ax+b)$
② $y=\{f(x)\}^n$ $(n$은 정수)이면 $y'=n\{f(x)\}^{n-1}f'(x)$

2 로그함수의 도함수

(1) $y=\ln|x|$이면 $y'=\dfrac{1}{x}$

(2) $y=\log_a|x|$이면 $y'=\dfrac{1}{x\ln a}$ (단, $a>0$, $a\neq1$)

참고 미분가능한 함수 $f(x)$ $(f(x)\neq0)$에 대하여
① $y=\ln|f(x)|$이면 $y'=\dfrac{f'(x)}{f(x)}$
② $y=\log_a|f(x)|$이면 $y'=\dfrac{f'(x)}{f(x)\ln a}$ (단, $a>0$, $a\neq1$)

3 함수 $y=x^n$ ($x>0$, n은 실수)의 도함수

n이 실수일 때, $y=x^n$이면 $y'=nx^{n-1}$

■ ① $y=e^{f(x)}$이면 $y'=e^{f(x)}f'(x)$
② $y=a^{f(x)}$이면
$y'=a^{f(x)}\ln a\times f'(x)$

■ $y=\ln|f(x)|$는 두 함수 $y=\ln|u|$, $u=f(x)$의 합성함수이다.

■ n이 실수일 때, 함수 $y=x^n$ $(x\leq0)$의 도함수가 존재하지 않는 경우도 있다. 도함수가 존재할 때에는 $y'=nx^{n-1}$이다.

정답과 풀이 **63쪽**

05·1 함수의 몫의 미분법

[0492 ~ 0497] 다음 함수를 미분하시오.

0492 $y=\dfrac{1}{x-3}$

0493 $y=-\dfrac{1}{x^2+x}$

0494 $y=\dfrac{1}{e^x+4}$

0495 $y=\dfrac{x+1}{3x-2}$

0496 $y=\dfrac{\ln x}{x}$

0497 $y=\dfrac{1-\cos x}{1+\cos x}$

[0498 ~ 0501] 다음 함수를 미분하시오.

0498 $y=2x^{-5}$

0499 $y=2x^2+x^{-7}$

0500 $y=-\dfrac{4}{x^3}$

0501 $y=\dfrac{x^6-2}{x^4}$

[0502 ~ 0505] 다음 함수를 미분하시오.

0502 $y=\tan x+2\cot x$

0503 $y=\sec x+\csc x$

0504 $y=\sec x\tan x$

0505 $y=\dfrac{x}{\tan x}$

05·2 합성함수의 미분법

[0506 ~ 0513] 다음 함수를 미분하시오.

0506 $y=(x+3)^3$

0507 $y=(x+1)^2(x^2-2)$

0508 $y=\dfrac{1}{(3-2x)^3}$

0509 $y=e^{3x+1}$

0510 $y=2^{x^2-x}$

0511 $y=\cos(x^2+x)$

0512 $y=\sin^3 x$

0513 $y=\tan(\sin x)$

[0514 ~ 0517] 다음 함수를 미분하시오.

0514 $y=\ln|x^2-3|$

0515 $y=\ln|\cos x|$

0516 $y=\log_3|5x+2|$

0517 $y=\log_2|e^x-1|$

[0518 ~ 0521] 다음 함수를 미분하시오.

0518 $y=3x^{\sqrt{3}}\ (x>0)$

0519 $y=x^e\ (x>0)$

0520 $y=\dfrac{1}{x\sqrt{x}}$

0521 $y=\sqrt{2x^2+1}$

05·3 매개변수로 나타낸 함수의 미분법

1 두 변수 x와 y 사이의 관계를 변수 t를 매개로 하여

$$x=f(t),\ y=g(t) \quad \cdots\cdots \ \text{㉠}$$

꼴로 나타낼 때 변수 t를 **매개변수**라 하며, ㉠을 매개변수로 나타낸 함수라 한다.

2 매개변수로 나타낸 함수의 미분법

매개변수로 나타낸 함수 $x=f(t),\ y=g(t)$가 t에 대하여 미분가능하고 $f'(t)\ne 0$이면

$$\frac{dy}{dx}=\frac{\dfrac{dy}{dt}}{\dfrac{dx}{dt}}=\frac{g'(t)}{f'(t)}$$

05·4 음함수의 미분법

1 x의 함수 y가 방정식 $f(x,\ y)=0$ 꼴로 주어졌을 때, y를 x의 **음함수** 표현이라 한다.

2 음함수의 미분법

음함수 $f(x,\ y)=0$ 꼴에서 y를 x의 함수로 보고, 각 항을 x에 대하여 미분하여 $\dfrac{dy}{dx}$를 구한다.

음함수의 미분법은 y를 x에 대한 식으로 나타내기 어려울 때 이용하면 편리하다.

05·5 역함수의 미분법

미분가능한 함수 $f(x)$의 역함수 $f^{-1}(x)$가 존재하고 미분가능할 때, $y=f^{-1}(x)$의 도함수는

$$\frac{dy}{dx}=\frac{1}{\dfrac{dx}{dy}}\ \ \text{또는}\ \ (f^{-1})'(x)=\frac{1}{f'(y)}\ \left(\text{단},\ \frac{dx}{dy}\ne 0,\ f'(y)\ne 0\right)$$

역함수의 미분법을 이용하면 역함수를 직접 구하지 않고도 역함수의 미분계수를 구할 수 있다.

05·6 이계도함수

함수 $y=f(x)$의 도함수 $f'(x)$가 미분가능할 때, 함수 $f'(x)$의 도함수

$$\lim_{\varDelta x \to 0}\frac{f'(x+\varDelta x)-f'(x)}{\varDelta x}$$

를 함수 $y=f(x)$의 **이계도함수**라 하고, 기호로

$$f''(x),\ y'',\ \frac{d^2y}{dx^2},\ \frac{d^2}{dx^2}f(x)$$

와 같이 나타낸다.

일반적으로 자연수 n에 대하여 함수 $f(x)$를 n번 미분하여 얻은 함수를 $y=f(x)$의 n계도함수라 하고, 기호로 $f^{(n)}(x),\ y^{(n)},\ \dfrac{d^n y}{dx^n},\ \dfrac{d^n}{dx^n}f(x)$와 같이 나타낸다.

교과서 문제 정/복/하/기

05·3 매개변수로 나타낸 함수의 미분법

[0522 ~ 0526] 다음 매개변수로 나타낸 함수에서 $\dfrac{dy}{dx}$를 구하시오.

0522 $x=2t+7,\ y=3t^2-5$

0523 $x=t^2+2,\ y=t^4-t^3$

0524 $x=\dfrac{1}{t+2},\ y=-3(t+2)^3$

0525 $x=2e^{t+1},\ y=e^{4t-3}$

0526 $x=4t+3\cos t,\ y=5t-2\sin t\ (0<t<\pi)$

05·4 음함수의 미분법

[0527 ~ 0532] 다음 음함수에서 $\dfrac{dy}{dx}$를 구하시오.

0527 $y^2+4x=0$

0528 $2x^2+3y^2=5$

0529 $x^2+xy+y^2=1$

0530 $xy=x^3+2y^2$

0531 $x^2-\dfrac{x}{y}+2=0$

0532 $\sin x+\cos y=1$

05·5 역함수의 미분법

[0533 ~ 0535] 역함수의 미분법을 이용하여 다음 함수에서 $\dfrac{dy}{dx}$를 구하시오.

0533 $x=y^3$

0534 $y=\sqrt[4]{x-2}$

0535 $y=\sqrt[3]{2x+6}$

0536 함수 $f(x)=x^3+x$의 역함수를 $f^{-1}(x)$라 할 때, 다음 값을 구하시오.

(1) $(f^{-1})'(2)$ (2) $(f^{-1})'(-10)$

05·6 이계도함수

[0537 ~ 0544] 다음 함수의 이계도함수를 구하시오.

0537 $y=x^3-2x^2+5$

0538 $y=(2x+1)^3$

0539 $y=\dfrac{1}{x^2+1}$

0540 $y=\ln x$

0541 $y=e^{4x-1}$

0542 $y=\cos 2x$

0543 $y=x\sin x$

0544 $y=x^3e^{-x}$

| 개념원리 미적분 139쪽 |

유형 01 함수의 몫의 미분법 $-\dfrac{1}{g(x)}$ 꼴

함수 $g(x)$ $(g(x)\neq0)$가 미분가능할 때

$$y=\frac{1}{g(x)} \Rightarrow y'=-\frac{g'(x)}{\{g(x)\}^2}$$

0545 〔대표문제〕

함수 $f(x)=\dfrac{1}{x^3+2}$에 대하여 $\displaystyle\lim_{h\to0}\dfrac{f(1+h)-f(1)}{h}$의 값을 구하시오.

0546 〔중 하〕

함수 $f(x)=\dfrac{1}{e^x-2}$에 대하여 $f'(\ln3)$의 값을 구하시오.

0547 〔중〕

함수 $f(x)=\dfrac{1}{x^2+kx}$에 대하여 $f'(1)=\dfrac{2}{9}$일 때, 정수 k의 값을 구하시오.

| 개념원리 미적분 139쪽 |

유형 02 함수의 몫의 미분법 $-\dfrac{f(x)}{g(x)}$ 꼴

두 함수 $f(x), g(x)$ $(g(x)\neq0)$가 미분가능할 때

$$y=\frac{f(x)}{g(x)} \Rightarrow y'=\frac{f'(x)g(x)-f(x)g'(x)}{\{g(x)\}^2}$$

0548 〔대표문제〕

함수 $f(x)=\dfrac{ax}{x^2+b}$에 대하여 $f(1)=1$, $f'(0)=2$일 때, 상수 a, b에 대하여 ab의 값을 구하시오. (단, $b\neq0$)

0549 〔중〕

함수 $f(x)=\dfrac{3x+2}{x^2+5}$에 대하여 부등식 $f'(x)>0$을 만족시키는 정수 x의 개수는?

① 1　　　　② 2　　　　③ 3

④ 4　　　　⑤ 5

0550 〔중〕

함수 $f(x)=\dfrac{\cos x}{\sin x+\cos x}$에 대하여

$$\lim_{h\to0}\frac{f\left(\dfrac{\pi}{2}+h\right)-f\left(\dfrac{\pi}{2}-h\right)}{h}$$의 값을 구하시오.

0551 〔중〕

함수 $f(x)=\dfrac{2x+1}{x+2}$에 대하여 $\displaystyle\lim_{x\to1}\dfrac{f(x)-1}{x^2-1}$의 값을 구하시오.

0552 〔중〕

미분가능한 함수 $f(x)$에 대하여

$$f(0)=-2, \quad g(x)=\frac{x^2+3x}{f(x)-1}$$

일 때, $g'(0)$의 값은?

① -2　　　　② -1　　　　③ 1

④ 2　　　　⑤ 3

유형 **03** $y=x^n$ (n은 정수)의 도함수

n이 정수일 때, $y=x^n \Rightarrow y'=nx^{n-1}$

0553   대표문제

함수 $f(x)=\dfrac{x^2-3x+5}{x}$ 에 대하여 $f'(5)$의 값은?

① $-\dfrac{3}{2}$ ② $-\dfrac{2}{3}$ ③ $\dfrac{4}{5}$

④ $\dfrac{5}{4}$ ⑤ 3

0554   중하

함수 $f(x)=\dfrac{(x-1)(x+1)(x^2+1)}{x^3}$ 에 대하여 $f'(-1)$의 값은?

① 3 ② 4 ③ 5

④ 6 ⑤ 7

0555   중

함수 $f(x)=1+\dfrac{1}{x}+\dfrac{1}{x^2}+\dfrac{1}{x^3}+\cdots+\dfrac{1}{x^{10}}$ 에 대하여

$\displaystyle\lim_{x\to 0}\dfrac{f(1+x)-f(1-x)}{x}$ 의 값을 구하시오.

유형 **04**   삼각함수의 도함수

(1) $y=\sin x \Rightarrow y'=\cos x$

(2) $y=\cos x \Rightarrow y'=-\sin x$

(3) $y=\tan x \Rightarrow y'=\sec^2 x$

(4) $y=\cot x \Rightarrow y'=-\csc^2 x$

(5) $y=\sec x \Rightarrow y'=\sec x \tan x$

(6) $y=\csc x \Rightarrow y'=-\csc x \cot x$

0556   대표문제

함수 $f(x)=\dfrac{\tan x}{1+\sec x}$ 에 대하여 $f'\left(\dfrac{\pi}{3}\right)$의 값은?

① $\dfrac{1}{3}$ ② $\dfrac{1}{2}$ ③ $\dfrac{2}{3}$

④ 1 ⑤ 2

0557   중하

함수 $f(x)=5\csc x \cot x$의 $x=\dfrac{\pi}{6}$ 에서의 미분계수를 구하시오.

0558   중

함수 $f(x)=2\tan x+a\sec x$ 에 대하여 $f'\left(\dfrac{\pi}{4}\right)=8$일 때, 상수 a의 값은?

① $\sqrt{2}$ ② 2 ③ $2\sqrt{2}$

④ 4 ⑤ $4\sqrt{2}$

0559   중   서술형

함수 $f(x)=\begin{cases} ae^x+b & (x<0) \\ 3\tan x & (x\geq 0) \end{cases}$ 가 $x=0$에서 미분가능할 때, 상수 a, b에 대하여 ab의 값을 구하시오.

| 개념원리 미적분 146쪽 |

유형 05 합성함수의 미분법

미분가능한 두 함수 $y=f(u)$, $u=g(x)$에 대하여 합성함수 $y=f(g(x))$의 도함수는

$$\Rightarrow \frac{dy}{dx}=\frac{dy}{du}\times\frac{du}{dx} \text{ 또는 } y'=f'(g(x))g'(x)$$

0560 대표문제

함수 $f(x)=\dfrac{3x}{e^x+1}$와 미분가능한 함수 $g(x)$의 합성함수 $h(x)=g(f(x))$에 대하여 $h'(0)=12$일 때, $g'(0)$의 값은?

① 2   ② 4   ③ 6

④ 8   ⑤ 10

0561 중

두 함수 $f(x)=\dfrac{1-x}{1+x}$, $g(x)=\sec x$의 합성함수 $h(x)=(f\circ g)(x)$에 대하여 $h'\left(\dfrac{\pi}{3}\right)$의 값은?

① $-\dfrac{\sqrt{3}}{9}$ ② $-\dfrac{2\sqrt{3}}{9}$ ③ $-\dfrac{\sqrt{3}}{3}$

④ $-\dfrac{4\sqrt{3}}{9}$ ⑤ $-\dfrac{5\sqrt{3}}{9}$

0562 중

미분가능한 두 함수 $f(x)$, $g(x)$가 $f(1)=-2$, $f'(1)=5$, $g(1)=1$, $g'(1)=3$을 만족시킬 때, $\displaystyle\lim_{x\to 1}\dfrac{f(g(x))+2}{x-1}$의 값은?

① 13   ② 14   ③ 15

④ 16   ⑤ 17

0563 상중 서술형

미분가능한 두 함수 $f(x)$, $g(x)$가 $\displaystyle\lim_{x\to 2}\dfrac{f(x)+1}{x-2}=5$, $\displaystyle\lim_{x\to -1}\dfrac{g(x)-2}{x+1}=3$을 만족시킬 때, 함수 $y=(g\circ f)(x)$의 $x=2$에서의 미분계수를 구하시오.

| 개념원리 미적분 146쪽 |

유형 06 합성함수의 미분법 $-f(ax+b)$ 꼴

함수 $y=f(ax+b)$ (a, b는 상수)의 도함수는
$$\Rightarrow y'=af'(ax+b)$$

0564 대표문제

모든 실수 x에 대하여 미분가능한 함수 $f(x)$가 $f(2x-3)=x^3-x^2+x-1$을 만족시킬 때, $f'(0)$의 값은?

① $\dfrac{1}{8}$ ② $\dfrac{3}{8}$ ③ $\dfrac{5}{8}$

④ $\dfrac{9}{8}$ ⑤ $\dfrac{19}{8}$

0565 중

미분가능한 함수 $f(x)$가 모든 실수 x에 대하여
$$f'(1)=12, \quad f(x)=f(2x+3)$$
을 만족시킬 때, $f'(13)$의 값은?

① 1   ② 2   ③ 3

④ 4   ⑤ 5

| 개념원리 미적분 146쪽 |

유형 **07** 합성함수의 미분법 – $\{f(x)\}^n$ 꼴

함수 $y=\{f(x)\}^n$ (n은 정수)의 도함수는
$$\Rightarrow y'=n\{f(x)\}^{n-1}f'(x)$$

0566 대표문제

함수 $f(x)=\left(\dfrac{3x+a}{x-1}\right)^3$에 대하여 $f'(0)=-6$일 때, 정수 a 의 값은?

① -2 ② -1 ③ 1

④ 2 ⑤ 4

0567 중 하

함수 $f(x)=(\cos x-1)^4$에 대하여 $f'\left(\dfrac{\pi}{2}\right)$의 값은?

① 1 ② 2 ③ 3

④ 4 ⑤ 5

0568 중

함수 $f(x)=(x^2+2x+2)^3$에 대하여 $\displaystyle\lim_{x\to 0}\dfrac{f(x)-f(0)}{x}$의 값을 구하시오.

0569 중

미분가능한 함수 $f(x)$가 $f(2)=1$, $f'(2)=3$을 만족시킬 때, 함수 $y=x^2\{f(x)\}^3$의 $x=2$에서의 미분계수는?

① 28 ② 32 ③ 36

④ 40 ⑤ 44

| 개념원리 미적분 147쪽 |

유형 **08** 합성함수의 미분법 – 지수함수, 삼각함수

(1) ① $y=e^{f(x)} \Rightarrow y'=e^{f(x)}f'(x)$
    ② $y=a^{f(x)} \Rightarrow y'=a^{f(x)}\ln a \times f'(x)$
(2) ① $y=\sin f(x) \Rightarrow y'=\cos f(x) \times f'(x)$
    ② $y=\cos f(x) \Rightarrow y'=-\sin f(x) \times f'(x)$

0570 대표문제

두 함수 $f(x)=e^{3x}$, $g(x)=\sin 2x$의 합성함수 $h(x)=(f \circ g)(x)$에 대하여 $h'(\pi)$의 값은?

① 0 ② 1 ③ 2

④ 3 ⑤ 6

0571 중 하

함수 $f(x)=\cos(3x-\pi)$에 대하여 $f'\left(\dfrac{\pi}{6}\right)$의 값을 구하시오.

0572 중

함수 $f(x)=2^{x^2-7}$에 대하여 $\displaystyle\lim_{h\to 0}\dfrac{f(3+h)-f(3-h)}{h}$의 값을 구하시오.

0573 중

함수 $f(x)=\dfrac{\tan\dfrac{x}{2}}{e^{2x}-3}$에 대하여 $f'(0)$의 값은?

① $-\dfrac{1}{4}$ ② $-\dfrac{1}{2}$ ③ 0

④ $\dfrac{1}{4}$ ⑤ $\dfrac{1}{2}$

유형 **09** 로그함수의 도함수

(1) $y=\ln|x| \Rightarrow y'=\dfrac{1}{x}$

(2) $y=\log_a|x|\ (a>0,\ a\neq1) \Rightarrow y'=\dfrac{1}{x\ln a}$

(3) 미분가능한 함수 $f(x)\ (f(x)\neq0)$에 대하여

$$y=\ln|f(x)| \Rightarrow y'=\dfrac{f'(x)}{f(x)}$$

0574　대표문제

함수 $y=\ln\sqrt{\dfrac{1-\cos x}{1+\cos x}}$의 $x=\dfrac{\pi}{6}$에서의 미분계수를 구하시오.

0575　중하

함수 $f(x)=\ln(\log_2 x)$에 대하여 $f'(4)$의 값은?

① $\dfrac{1}{2\ln 2}$　　　② $\dfrac{1}{2}$　　　③ $\dfrac{1}{4\ln 2}$

④ $\dfrac{1}{4}$　　　⑤ $\dfrac{1}{8\ln 2}$

0576　중

함수 $f(x)=\log_3(3x-1)^4$에 대하여 $f'(a)=\dfrac{6}{\ln 3}$일 때, 상수 a의 값을 구하시오.

0577　상중

함수 $f(x)=\ln(x^2-1)$에 대하여 $\displaystyle\sum_{n=2}^{\infty}\dfrac{2f'(n)}{n}$의 값을 구하시오.

유형 **10** $y=x^n\,(x>0,\ n$은 실수$)$의 도함수

n이 실수일 때, $y=x^n \Rightarrow y'=nx^{n-1}$

0578　대표문제

함수 $f(x)=(x+\sqrt{1+x^2}\,)^{10}$에 대하여 $f'(1)=a$, $f'(-1)=b$일 때, ab의 값을 구하시오.

0579　중하

함수 $f(x)=\sqrt[3]{(2x-1)^5}$에 대하여 $\displaystyle\lim_{x\to 1}\dfrac{f(x)-f(1)}{x-1}$의 값은?

① $\dfrac{3}{5}$　　　② 1　　　③ $\dfrac{5}{3}$

④ 2　　　⑤ $\dfrac{10}{3}$

0580　중

함수 $f(x)=\dfrac{1-\sqrt{x^2+1}}{x}$에 대하여 $\displaystyle\lim_{x\to 0}f'(x)$의 값을 구하시오.

0581　중

함수 $f(x)=\dfrac{1}{\sqrt{2\tan x+3}}$에 대하여 함수 $g(x)$가 $f'(x)=f(x)g(x)$를 만족시킬 때, $g\!\left(\dfrac{\pi}{4}\right)$의 값은?

① $-\dfrac{1}{5}$　　　② $-\dfrac{2}{5}$　　　③ $-\dfrac{3}{5}$

④ $-\dfrac{4}{5}$　　　⑤ -1

유형 11 매개변수로 나타낸 함수의 미분법

매개변수로 나타낸 함수 $x=f(t)$, $y=g(t)$가 t에 대하여 미분가능하고 $f'(t)\neq 0$이면

$$\Rightarrow \frac{dy}{dx}=\frac{\dfrac{dy}{dt}}{\dfrac{dx}{dt}}=\frac{g'(t)}{f'(t)}$$

0582 대표문제

매개변수로 나타낸 함수 $x=t^2$, $y=t^4+2t^3+t^2$에 대하여 $t=1$일 때, $\dfrac{dy}{dx}$의 값은?

① 2 　　　　② 4 　　　　③ 6
④ 8 　　　　⑤ 10

0583 중하

매개변수로 나타낸 함수

$$x=\frac{2}{3}t^3-8t, \ y=\frac{1}{3}t^3-\frac{5}{2}t^2+6$$

에 대하여 $\displaystyle\lim_{t\to 3}\frac{dy}{dx}$의 값을 구하시오.

0584 중

매개변수로 나타낸 함수

$$x=a\cos^3 t, \ y=a\sin^3 t$$

에 대하여 $t=\dfrac{\pi}{3}$일 때, $\dfrac{dy}{dx}$의 값은? (단, $a\neq 0$)

① $-\sqrt{3}$ 　　　② -1 　　　③ 0
④ 1 　　　　⑤ $\sqrt{3}$

0585 중

매개변수로 나타낸 곡선

$$x=1+\sin\theta, \ y=\theta+\tan\theta$$

에 대하여 $\theta=\dfrac{\pi}{4}$에 대응하는 곡선 위의 점에서의 접선의 기울기를 구하시오.

0586 중 서술형

매개변수로 나타낸 곡선

$$x=t^3-3a^2, \ y=t^2-at$$

에 대하여 $t=1$에 대응하는 곡선 위의 점에서의 접선의 기울기가 -2일 때, 상수 a의 값을 구하시오.

0587 상중

매개변수로 나타낸 곡선

$$x=1+2\sin\theta, \ y=3-\cos\theta$$

에 대하여 $\theta=\alpha$에 대응하는 곡선 위의 점에서의 접선이 직선 $y=-4x+3$과 수직일 때, $\sec^2\alpha$의 값을 구하시오.

0588 상중

매개변수로 나타낸 함수

$$x=t^3-1, \ y=3t^2-2t+1$$

에 대하여 $y=f(x)$로 나타낼 때,

$$\lim_{h\to 0}\frac{f(7+2h)-f(7-h)}{h}$$

의 값을 구하시오.

| 유형 **12** | 음함수의 미분법 |

음함수 $f(x, y)=0$ 꼴로 주어졌을 때에는 y를 x의 함수로 보고, 각 항을 x에 대하여 미분하여 $\dfrac{dy}{dx}$를 구한다.

0589 〈대표문제〉

곡선 $x^3+2y^3-axy+b=0$ 위의 점 $(0, -1)$에서의 접선의 기울기가 2일 때, 상수 a, b에 대하여 ab의 값은?

① -24 ② -12 ③ 6
④ 12 ⑤ 24

0590 〈중〉

곡선 $2x-\sqrt{y}-3=0$ 위의 점 $(2, 1)$에서의 접선의 기울기를 구하시오.

0591 〈중〉

곡선 $\pi y=x+\sin xy$ 위의 점 $(\pi, 1)$에서의 $\dfrac{dy}{dx}$의 값은?

① $\dfrac{1-\pi}{2}$ ② $\dfrac{1-\pi}{2\pi}$ ③ 0
④ $\dfrac{1+\pi}{2\pi}$ ⑤ $\dfrac{1+\pi}{2}$

0592 〈중〉

곡선 $\ln xy=ax^2+b$ 위의 점 $\left(\dfrac{1}{\sqrt{2}}, \sqrt{2}\right)$에서의 접선의 기울기가 2일 때, 상수 a, b에 대하여 $a-b$의 값을 구하시오.

| 유형 **13** | 역함수의 미분법 |

(1) $x=f(y)$ 꼴로 주어진 함수에서 $\dfrac{dy}{dx}$를 구할 때에는 x를 y에 대하여 미분한 후 역함수의 미분법을 이용한다.

$$\Rightarrow \frac{dy}{dx}=\frac{1}{\dfrac{dx}{dy}} \left(\text{단, } \frac{dx}{dy}\neq 0\right)$$

(2) 함수 $f(x)$의 역함수가 $g(x)$이고 $g(b)=a$이면

$$\Rightarrow g'(b)=\frac{1}{f'(a)} \text{ (단, } f'(a)\neq 0)$$

0593 〈대표문제〉

미분가능한 함수 $f(x)$에 대하여 $f(x)$의 역함수를 $g(x)$라 하자. $f(1)=5$, $f'(1)=\dfrac{1}{3}$일 때, $g'(5)$의 값은?

① $\dfrac{1}{3}$ ② $\dfrac{1}{5}$ ③ 1
④ 3 ⑤ 5

0594 〈중 하〉

함수 $x=\sqrt[3]{y^2+y}$ $(y>0)$에 대하여 $\dfrac{dy}{dx}$는?

① $\dfrac{2y+1}{3\sqrt[3]{y^2+y}}$ ② $\dfrac{2y+1}{3\sqrt[3]{(y^2+y)^2}}$
③ $\dfrac{3\sqrt[3]{y^2+y}}{2y+1}$ ④ $\dfrac{3\sqrt[3]{(y^2+y)^2}}{2y+1}$
⑤ $\dfrac{2\sqrt[3]{(y^2+y)^2}}{2y+1}$

0595 〈중〉

$0\leq x<\dfrac{\pi}{2}$에서 정의된 함수 $f(x)=\tan x$의 역함수를 $g(x)$라 할 때, $g'(1)$의 값을 구하시오.

0596 중

미분가능한 함수 $f(x)$에 대하여 $f(x)$의 역함수를 $g(x)$라 할 때, $\lim\limits_{x \to 1} \dfrac{g(x)-2}{x-1} = 5$를 만족시킨다. $f'(2)$의 값은?

① 1 ② $\dfrac{1}{2}$ ③ $\dfrac{1}{3}$

④ $\dfrac{1}{4}$ ⑤ $\dfrac{1}{5}$

0597 상중

함수 $f(x)=2x^3-1$의 역함수를 $g(x)$라 할 때, $\lim\limits_{x \to 1} \dfrac{f(x)g(x)-1}{x-1}$의 값을 구하시오.

| **개념원리** 미적분 162쪽, 163쪽 |

유형 **14**　이계도함수

함수 $f(x)$의 도함수 $f'(x)$가 미분가능할 때, 함수 $f'(x)$의 도함수 $\Rightarrow f''(x) = \lim\limits_{\Delta x \to 0} \dfrac{f'(x+\Delta x)-f'(x)}{\Delta x}$

0598 대표문제

함수 $f(x)=xe^{ax+b}$에 대하여 $f'(0)=7$, $f''(0)=14$일 때, 상수 a, b에 대하여 ab의 값은?

① $\ln 3$ ② $2\ln 2$ ③ $\ln 5$
④ $\ln 6$ ⑤ $\ln 7$

0599 중하

함수 $f(x)=\ln(\ln x)$에 대하여 $f''(e)$의 값은?

① $-\dfrac{2}{e}$ ② $-\dfrac{2}{e^2}$ ③ $\dfrac{2}{e^2}$

④ $\dfrac{2}{e}$ ⑤ e

0600 중하

함수 $f(x)=e^x \sin x$에 대하여 $\dfrac{f(x)}{f''(x)}$는?

① $\dfrac{1}{2}\tan x$ ② $2\tan x$ ③ $\dfrac{1}{2}\cot x$

④ $2\cot x$ ⑤ 1

0601 중

두 함수 $f(x)=\ln x$, $g(x)=x^2$의 합성함수 $h(x)=(g \circ f)(x)$에 대하여 $\lim\limits_{x \to 1} \dfrac{h'(x)}{x-1}$의 값은?

① $\dfrac{1}{2}$ ② 1 ③ $\dfrac{3}{2}$

④ 2 ⑤ $\dfrac{5}{2}$

0602 중 서술형

함수 $y=e^x \cos 2x$가 모든 실수 x에 대하여 $y''+ay'+5y=0$을 만족시킬 때, 상수 a의 값을 구하시오.

0603 상

실수 전체의 집합에서 이계도함수를 갖는 함수 $f(x)$가 다음 조건을 모두 만족시킬 때, $f''(2)$의 값을 구하시오.

> (가) $f(3)=2$, $f'(3)=1$
> (나) $\lim\limits_{x \to 3} \dfrac{f'(f(x))-1}{x-3}=3$

| 유형 **15** | 합성함수의 미분법의 활용 |

여러 함수의 합성으로 이루어진 함수는 합성함수의 미분법을 순차적으로 적용한다.

참고 $y=\sin^n f(x)$ (n은 정수)

$\Rightarrow y'=n\sin^{n-1}f(x)\{\sin f(x)\}'$

$\quad=n\sin^{n-1}f(x)\cos f(x)\times f'(x)$

0604 <대표문제>

함수 $f(x)=\ln\left(\cos^3\dfrac{x}{2}\right)$에 대하여 $f'\left(\dfrac{\pi}{3}\right)$의 값을 구하시오.

0605 상중

함수 $f(x)=e^{2x}3^{\tan 2x}$에 대하여 $\displaystyle\lim_{x\to 0}\dfrac{f(x)-1}{x}$의 값을 구하시오.

| **개념원리** 미적분 149쪽 |

| 유형 **16** | 로그함수의 도함수의 활용 |

$y=\dfrac{f(x)}{g(x)}$, $y=\{f(x)\}^{g(x)}$ 꼴의 도함수는 다음과 같은 방법으로 구한다.

(i) 주어진 식의 양변의 절댓값에 자연로그를 취한 후 양변을 x에 대하여 미분한다.

(ii) (i)의 식을 y'에 대하여 정리한다.

0606 <대표문제>

함수 $f(x)=\dfrac{x(x-2)^2}{x^2+1}$에 대하여 $f'(1)$의 값은?

① -4 ② -2 ③ -1

④ 1 ⑤ 2

0607 중

함수 $y=x^{\ln x}$에 대하여 $x=e$에서의 미분계수는?

① $\dfrac{1}{2}$ ② 1 ③ 2

④ e ⑤ $2e$

0608 중

함수 $f(x)=\dfrac{(x-3)^2(x+2)}{(x-2)^3}$에 대하여 $f'(x)=f(x)g(x)$일 때, $g(0)$의 값은?

① $\dfrac{1}{3}$ ② $\dfrac{2}{3}$ ③ 1

④ $\dfrac{4}{3}$ ⑤ $\dfrac{5}{3}$

0609 중

함수 $f(x)=\sqrt{\dfrac{(x+2)(x-3)}{x-1}}$에 대하여 $\dfrac{f'(4)}{f(4)}$의 값을 구하시오.

0610 상중

함수 $f(x)=x^x$ $(x>0)$에 대하여 $\displaystyle\lim_{x\to 2}\dfrac{f(x)-4}{x-2}$의 값을 구하시오.

0611

함수 $f(x)=\dfrac{1+\sin x}{\cos x}$ 에 대하여 $\displaystyle\lim_{x\to-\frac{\pi}{2}} f'(x)$ 의 값은?

① $-\dfrac{\sqrt{3}}{2}$ ② $-\dfrac{1}{2}$ ③ $\dfrac{1}{2}$

④ $\dfrac{\sqrt{2}}{2}$ ⑤ $\dfrac{\sqrt{3}}{2}$

0612

함수 $f(x)=\dfrac{3x^5-2x^3-5}{x^3}$ 에 대하여 $f'(-1)$ 의 값을 구하시오.

0613 중요

모든 실수에서 미분가능한 세 함수 $f(x)=2\sin x+\cos x$, $g(x)$, $h(x)$ 에 대하여 $h(x)=(g\circ f)(x)$ 가 성립한다. $h'(0)=4$ 일 때, $g'(1)$ 의 값은?

① 1 ② 2 ③ 4

④ 5 ⑤ 6

0614 평가원 기출

실수 전체의 집합에서 미분가능한 함수 $f(x)$ 가 모든 실수 x 에 대하여 $f(2x+1)=(x^2+1)^2$ 을 만족시킬 때, $f'(3)$ 의 값은?

① 1 ② 2 ③ 3

④ 4 ⑤ 5

0615

함수 $f(x)=e^{-x}\sin ax\cos x$ 에 대하여 $f'(0)=\pi$ 일 때, 상수 a 의 값은?

① $-\pi$ ② -1 ③ $\dfrac{1}{\pi}$

④ 1 ⑤ π

0616

$\displaystyle\lim_{x\to0}\dfrac{1}{x}\ln\dfrac{e^x+e^{2x}+e^{3x}+\cdots+e^{100x}}{100}=A$ 일 때, $100A$ 의 값을 구하시오.

0617

함수 $f(x)=\sqrt{1+\cos^2 x}$ 에 대하여 $f'\left(\dfrac{\pi}{4}\right)$ 의 값은?

① $-\dfrac{\sqrt{3}}{3}$ ② $-\dfrac{\sqrt{6}}{6}$ ③ 0

④ $\dfrac{\sqrt{6}}{6}$ ⑤ $\dfrac{\sqrt{3}}{3}$

0618 중요

함수 $f(x)=\ln\left(\sqrt{x^2+1}-x\right)$ 에 대하여 $\displaystyle\lim_{h\to0}\dfrac{f(-1+h)-f(-1)}{h}$ 의 값을 구하시오.

0619

매개변수로 나타낸 곡선

$$x=2\sqrt{t}+at,\ y=at^2-\frac{1}{t}$$

에 대하여 $t=1$에 대응하는 곡선 위의 점에서의 접선의 기울기가 3일 때, 상수 a의 값은?

① -3　　　　② -2　　　　③ -1

④ 2　　　　⑤ 3

0620 수능 기출

곡선 $2x+x^2y-y^3=2$ 위의 점 $(1, 1)$에서의 접선의 기울기를 구하시오.

0621

오른쪽 그림과 같이 길이가 5 m인 장대가 지면에 수직인 벽에 걸쳐 있고, 이 장대의 한 끝은 벽을 따라 미끄러진다. 이 장대의 한 끝은 벽으로부터 x m 떨어진 지점에 있고, 다른 한 끝은 지면으로부터 y m 떨어진 지점에 있다. $x=4$일 때, $\dfrac{dy}{dx}$의 값을 구하시오.

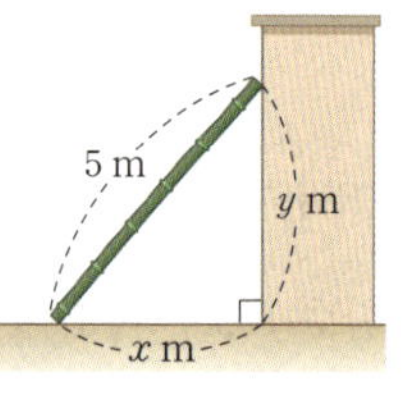

0622 중요

함수 $f(x)=x^3+2x^2+3x-4$의 역함수를 $g(x)$라 할 때, $g'(2)$의 값은?

① $-\dfrac{1}{5}$　　　　② $-\dfrac{1}{2}$　　　　③ $\dfrac{1}{10}$

④ $\dfrac{1}{12}$　　　　⑤ $\dfrac{1}{15}$

0623 평가원 기출

함수 $f(x)=3e^{5x}+x+\sin x$의 역함수를 $g(x)$라 할 때, 곡선 $y=g(x)$는 점 $(3, 0)$을 지난다. $\displaystyle\lim_{x\to3}\frac{x-3}{g(x)-g(3)}$의 값을 구하시오.

0624

함수 $f(x)=e^{3x}\sin x$에 대하여 방정식 $f''(x)=0$의 해가 $x=\theta$일 때, $\tan\theta$의 값은? $\left(\text{단, } \dfrac{\pi}{2}<\theta<\pi\right)$

① $-\dfrac{3}{2}$　　　　② $-\dfrac{4}{3}$　　　　③ $-\dfrac{3}{4}$

④ $-\dfrac{\sqrt{2}}{2}$　　　　⑤ $-\dfrac{1}{2}$

0625

함수 $f(x)=\cos^3 2x$에 대하여 $\displaystyle\lim_{x\to\frac{\pi}{2}}\frac{f'(x)}{x-\frac{\pi}{2}}$의 값은?

① 8　　　　② 10　　　　③ 12

④ 14　　　　⑤ 16

0626

함수 $y=x^{\sin x}\ (x>0)$의 $x=\dfrac{\pi}{2}$에서의 미분계수는?

① 1　　　　② $\dfrac{\pi}{2}$　　　　③ π

④ 2π　　　　⑤ $\dfrac{\pi^2}{4}$

 **서술형 주관식**

0627

함수 $f(x)=\dfrac{kx}{2x-1}$에 대하여 $f'(1)=10$일 때,

$\displaystyle\lim_{h\to0}\dfrac{f(h)}{h}$의 값을 구하시오. (단, k는 상수)

0628

미분가능한 함수 $f(x)$가 $\displaystyle\lim_{x\to2}\dfrac{f(x)+2}{x-2}=5$를 만족시키고

$g(x)=4x^2-2$일 때, $\displaystyle\lim_{x\to1}\dfrac{f(g(x))+2}{x-1}$의 값을 구하시오.

0629

함수 $f(x)=\begin{cases}\ln ax\ (0<x<1)\\ be^{x-1}\ (x\ge1)\end{cases}$이 모든 양수 x에 대하여 미

분가능할 때, 상수 a, b에 대하여 ab의 값을 구하시오.

(단, $a>0$)

0630

함수 $f(x)=e^{ax}\sin x$에 대하여 등식

$f''(x)-2f'(x)+2f(x)=0$이 x의 값에 관계없이 항상 성립할 때, 상수 a의 값을 구하시오.

 **실력 up**

0631

이차 이상의 다항함수 $f(x)$와 함수 $g(x)=e^{-x^2+3x}$이

$$(f\circ g)(3)=3,\ (f\circ g)'(3)=6$$

을 만족시킨다. 다항식 $f(x)$를 $(x-1)^2$으로 나누었을 때의 나머지를 $R(x)$라 할 때, $R(-2)$의 값을 구하시오.

0632 창의·융합

오른쪽 그림과 같이 좌표평면 위에 원점을 중심으로 하는 원 $x^2+y^2=8$과 점 $A(0,\ 1)$이 있다. 원 위의 점 $P(x,\ y)$에 대하여 직선 AP가 원과 만나는 점 중에서 P가 아닌 점을 Q라 하고, 직선 AP와 x축의 양의 방향이 이루는 각의 크기를 θ라 하자.

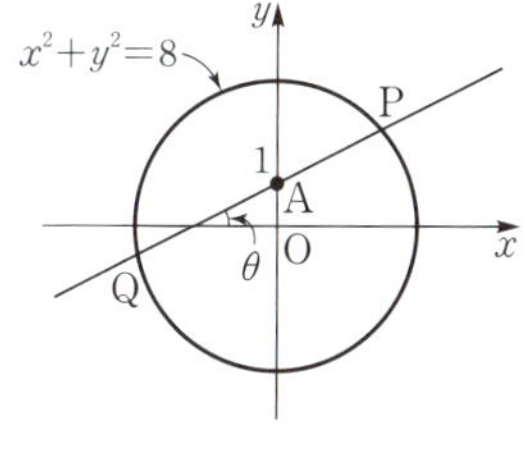

선분 PQ의 길이를 $l(\theta)$라 할 때, $l'\!\left(\dfrac{\pi}{4}\right)$의 값을 구하시오.

(단, 점 P는 제1사분면 위의 점이다.)

0633

함수 $f(x)=\ln(x+\sqrt{x^2+1})$에 대하여 **보기**에서 옳은 것만을 있는 대로 고른 것은?

> **보기**
>
> ㄱ. $f'(\sqrt{3})=1$
>
> ㄴ. $(x^2+1)f''(x)+xf'(x)=0$
>
> ㄷ. $\displaystyle\lim_{x\to\infty}\dfrac{f''(x)}{f'(x)}=0$

① ㄱ   ② ㄷ   ③ ㄱ, ㄴ

④ ㄴ, ㄷ   ⑤ ㄱ, ㄴ, ㄷ

06 도함수의 활용 (1)

06·1 접선의 방정식

함수 $f(x)$가 $x=a$에서 미분가능할 때

1 접선의 기울기와 미분계수의 관계

곡선 $y=f(x)$ 위의 점 $\mathrm{P}(a, f(a))$에서의 접선의 기울기는
$x=a$에서의 미분계수 $f'(a)$와 같다.

2 접선의 방정식

곡선 $y=f(x)$ 위의 점 $\mathrm{P}(a, f(a))$에서의 접선의 방정식은
$$y-f(a)=f'(a)(x-a)$$

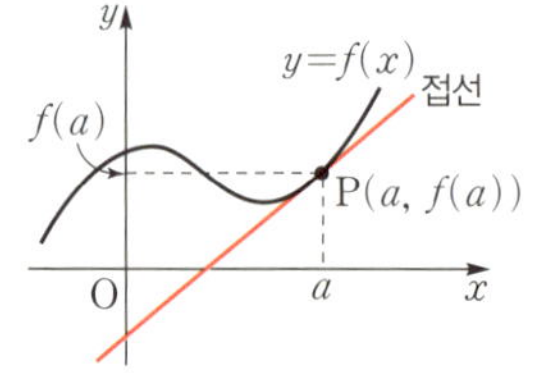

■ 기울기가 m이고 점 (a, b)를 지나는
직선의 방정식
$\Rightarrow y-b=m(x-a)$

06·2 접선의 방정식을 구하는 방법

1 곡선 $y=f(x)$ 위의 점 $(a, f(a))$에서의 접선의 방정식

(ⅰ) 접선의 기울기 $f'(a)$를 구한다.

(ⅱ) $f'(a)$의 값을 $y-f(a)=f'(a)(x-a)$에 대입하여 접선의 방정식을 구한다.

2 곡선 $y=f(x)$에 접하고 기울기가 m인 접선의 방정식

(ⅰ) 접점의 좌표를 $(a, f(a))$로 놓는다.

(ⅱ) $f'(a)=m$임을 이용하여 a의 값을 구한다.

(ⅲ) a의 값을 $y-f(a)=m(x-a)$에 대입하여 접선의 방정식을 구한다.

3 곡선 $y=f(x)$ 밖의 한 점 (x_1, y_1)에서 곡선에 그은 접선의 방정식

(ⅰ) 접점의 좌표를 $(a, f(a))$로 놓는다.

(ⅱ) 접선의 기울기 $f'(a)$를 구한다.

(ⅲ) $y-f(a)=f'(a)(x-a)$에 점 (x_1, y_1)의 좌표를 대입하여 a의 값을 구한다.

(ⅳ) a의 값을 $y-f(a)=f'(a)(x-a)$에 대입하여 접선의 방정식을 구한다.

4 매개변수로 나타낸 곡선 $x=f(t)$, $y=g(t)$에서 $t=a$에 대응하는 점에서의 접선의 방정식

(ⅰ) $\dfrac{g'(t)}{f'(t)}$를 구한다.

(ⅱ) $f(a)$, $g(a)$, $\dfrac{g'(a)}{f'(a)}$의 값을 구한다.

(ⅲ) (ⅱ)에서 구한 값을 $y-g(a)=\dfrac{g'(a)}{f'(a)}\{x-f(a)\}$에 대입하여 접선의 방정식을 구한다.

5 곡선 $f(x, y)=0$ 위의 점 (a, b)에서의 접선의 방정식

(ⅰ) 음함수의 미분법을 이용하여 $\dfrac{dy}{dx}$를 구한다.

(ⅱ) $\dfrac{dy}{dx}$에 $x=a$, $y=b$를 대입하여 접선의 기울기 m을 구한다.

(ⅲ) 접선의 방정식 $y-b=m(x-a)$를 구한다.

■ 곡선 $y=f(x)$ 위의 점 $(a, f(a))$를
지나고 이 점에서의 접선에 수직인 직
선의 방정식
$\Rightarrow y-f(a)=-\dfrac{1}{f'(a)}(x-a)$
　　　　　(단, $f'(a)\neq 0$)

■ **두 곡선의 공통인 접선**
두 곡선 $y=f(x)$, $y=g(x)$가 $x=a$
인 점에서 공통인 접선을 가지면
$\Rightarrow f(a)=g(a)$, $f'(a)=g'(a)$

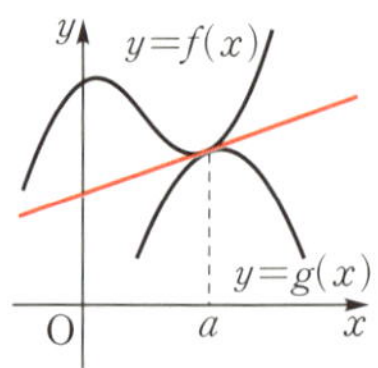

교과서 문제 정/복/하/기

06·2 접선의 방정식을 구하는 방법

[0634 ~ 0638] 다음 곡선 위의 주어진 점에서의 접선의 방정식을 구하시오.

0634 $y=\dfrac{1}{x-2}$ $(3,\ 1)$

0635 $y=\sqrt{x}$ $(1,\ 1)$

0636 $y=\sin x$ $(\pi,\ 0)$

0637 $y=\dfrac{1}{2}e^{2x}$ $\left(0,\ \dfrac{1}{2}\right)$

0638 $y=\ln x^2$ $(e,\ 2)$

0639 곡선 $y=3+\ln x$ 위의 점 $(1,\ 3)$을 지나고 이 점에서의 접선에 수직인 직선의 방정식을 구하시오.

[0640 ~ 0641] 다음 곡선에 접하고 기울기가 1인 접선의 방정식을 구하시오.

0640 $y=-\dfrac{1}{x}$ $(x>0)$

0641 $y=\sqrt{x+1}$

[0642 ~ 0645] 다음 곡선에 접하고 기울기가 2인 접선의 방정식을 구하시오.

0642 $y=\ln(x-1)$

0643 $y=x\ln x$

0644 $y=2\cos x$ $(0\leq x\leq 2\pi)$

0645 $y=\tan x$ $\left(0<x<\dfrac{\pi}{2}\right)$

[0646 ~ 0649] 주어진 점에서 다음 곡선에 그은 접선의 방정식을 구하시오.

0646 $y=\dfrac{1}{x}$ $(4,\ 0)$

0647 $y=\sqrt{x-3}$ $(2,\ 0)$

0648 $y=e^{-x}$ $(1,\ 0)$

0649 $y=\ln x$ $(0,\ 0)$

0650 매개변수 t로 나타낸 곡선 $x=t^2-1$, $y=t+\dfrac{1}{t}$에 대하여 다음 물음에 답하시오.

(1) $\dfrac{dy}{dx}$를 구하시오.

(2) $t=2$일 때, $x,\ y$의 값을 구하시오.

(3) $t=2$에 대응하는 점에서의 접선의 방정식을 구하시오.

0651 곡선 $x^2-2xy-y^2+7=0$에 대하여 다음 물음에 답하시오.

(1) $\dfrac{dy}{dx}$를 구하시오.

(2) 점 $(1,\ 2)$에서의 접선의 기울기를 구하시오.

(3) 점 $(1,\ 2)$에서의 접선의 방정식을 구하시오.

06·3　함수의 증가와 감소

1 함수의 증가와 감소

함수 $f(x)$가 어떤 구간에 속하는 임의의 두 실수 x_1, x_2에 대하여

(1) $x_1 < x_2$일 때, $f(x_1) < f(x_2)$이면 함수 $f(x)$는 이 구간에서 증가한다고 한다.

(2) $x_1 < x_2$일 때, $f(x_1) > f(x_2)$이면 함수 $f(x)$는 이 구간에서 감소한다고 한다.

2 함수의 증가와 감소의 판정

함수 $f(x)$가 어떤 열린구간에서 미분가능하고, 이 구간에 속하는
모든 x에 대하여

(1) $f'(x) > 0$이면 $f(x)$는 이 구간에서 증가한다.

(2) $f'(x) < 0$이면 $f(x)$는 이 구간에서 감소한다.

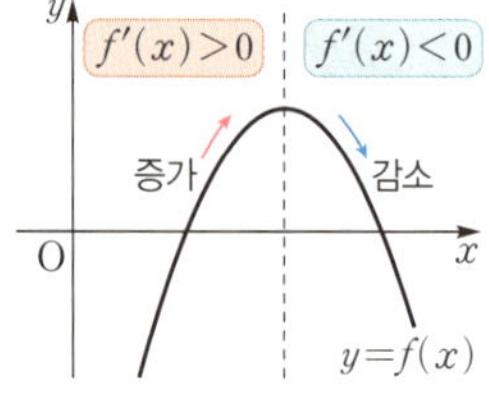

> **참고**　함수 $f(x)$가 어떤 열린구간에서 미분가능하고, 이 구간에서
> ① 증가하면 ⇨ $f'(x) \geq 0$
> ② 감소하면 ⇨ $f'(x) \leq 0$

06·4　함수의 극대와 극소

1 함수의 극대와 극소

함수 $f(x)$에서 $x=a$를 포함하는 어떤 열린구간에 속하는 모든 x에 대하여

(1) $f(x) \leq f(a)$일 때, 함수 $f(x)$는 $x=a$에서 극대라 하며, $f(a)$를 극댓값이라 한다.

(2) $f(x) \geq f(a)$일 때, 함수 $f(x)$는 $x=a$에서 극소라 하며, $f(a)$를 극솟값이라 한다.

이때 극댓값과 극솟값을 통틀어 극값이라 한다.

> **참고**　극값과 미분계수
> 함수 $f(x)$가 $x=a$에서 미분가능하고 $x=a$에서 극값을 가지면 $f'(a)=0$이다.

■ 함수 $f(x)$가 $x=a$에서 연속이고
$x=a$의 좌우에서
① $f(x)$가 증가하다가 감소하면
　⇨ $f(x)$는 $x=a$에서 극대
② $f(x)$가 감소하다가 증가하면
　⇨ $f(x)$는 $x=a$에서 극소

2 도함수를 이용한 함수의 극대와 극소의 판정

미분가능한 함수 $f(x)$에 대하여 $f'(a)=0$이고, $x=a$의 좌우에서 $f'(x)$의 부호가

(1) 양에서 음으로 바뀌면 $f(x)$는 $x=a$에서 극대이다.

(2) 음에서 양으로 바뀌면 $f(x)$는 $x=a$에서 극소이다.

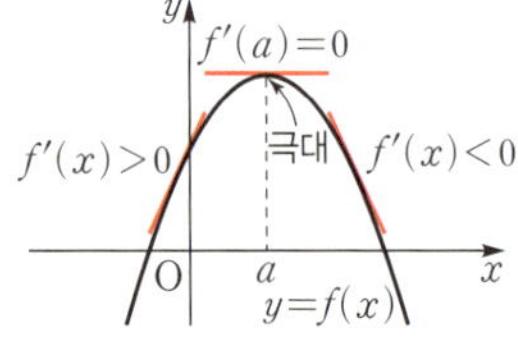

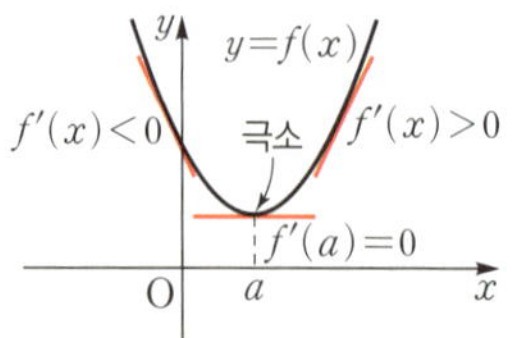

■ 함수 $f(x)$가 $x=a$에서 극값을 가져
도 $f'(a)$가 존재하지 않을 수 있다.

3 이계도함수를 이용한 함수의 극대와 극소의 판정

이계도함수를 갖는 함수 $f(x)$에 대하여 $f'(a)=0$일 때

(1) $f''(a) < 0$이면 $f(x)$는 $x=a$에서 극대이다.

(2) $f''(a) > 0$이면 $f(x)$는 $x=a$에서 극소이다.

06·3   함수의 증가와 감소

[0652 ~ 0655] 다음 함수의 증가와 감소를 조사하시오.

0652 $f(x)=\dfrac{1}{x^2+3}$

0653 $f(x)=\dfrac{1}{2}x^2+\dfrac{1}{x}$

0654 $f(x)=\sqrt{x^2+x+1}$

0655 $f(x)=x\sqrt{x+1}\ (x>-1)$

[0656 ~ 0659] 다음 함수의 증가와 감소를 조사하시오.

0656 $f(x)=e^x-x$

0657 $f(x)=x-\ln x$

0658 $f(x)=\dfrac{e^{-x}}{x}$

0659 $f(x)=x\ln x$

[0660 ~ 0662] 다음 함수의 증가와 감소를 조사하시오.

0660 $f(x)=\dfrac{x}{2}+\cos x\ (0<x<2\pi)$

0661 $f(x)=\sin x-\cos x\ (0<x<\pi)$

0662 $f(x)=\tan x-2x\left(-\dfrac{\pi}{2}<x<\dfrac{\pi}{2}\right)$

06·4   함수의 극대와 극소

[0663 ~ 0666] 증감표를 이용하여 다음 함수의 극값을 구하시오.

0663 $f(x)=\dfrac{x}{x^2+1}$

0664 $f(x)=\sqrt{x^2+3}$

0665 $f(x)=xe^{2x}$

0666 $f(x)=x+2\sin x\ (0<x<\pi)$

0667   다음은 이계도함수를 이용하여 함수 $f(x)=x^3-3x^2-5$의 극값을 구하는 과정이다. ㈎~㈜에 알맞은 것을 써넣으시오.

$$f'(x)=3x^2-6x,\ f''(x)=6x-6$$
$f'(x)=0$에서 $x=0$ 또는 $x=2$
이때 $f''(0)$ ㈎ 0, $f''(2)$ ㈏ 0이므로 $f(x)$의 극댓값은 ㈐ , 극솟값은 ㈑ 이다.

[0668 ~ 0671] 이계도함수를 이용하여 다음 함수의 극값을 구하시오.

0668 $f(x)=x+\dfrac{1}{x}$

0669 $f(x)=e^x+e^{-x}$

0670 $f(x)=x^2\ln x$

0671 $f(x)=x+\cos 2x\ (0<x<\pi)$

| **개념원리** 미적분 170쪽 |

유형 **01** 곡선 위의 점이 주어진 경우의 접선의 방정식

곡선 $y=f(x)$ 위의 점 (a, b)가 주어졌을 때
(i) 접선의 기울기 $f'(a)$를 구한다.
(ii) $f'(a)$의 값을 $y-b=f'(a)(x-a)$에 대입한다.

0672 대표문제

곡선 $y=e^{-x^2+x}-3$ 위의 점 $(1, -2)$에서의 접선의 방정식이 $y=ax+b$일 때, 상수 a, b에 대하여 a^2+b^2의 값은?

① 2　　　　　② 5　　　　　③ 8
④ 10　　　　　⑤ 14

0673 중 하

곡선 $y=xe^x$ 위의 점 $(1, e)$에서의 접선의 방정식을 구하시오.

0674 중

곡선 $y=\sqrt{1+\sin \pi x}$ 위의 점 $(1, 1)$에서의 접선의 y절편은?

① $-\dfrac{\pi}{2}-1$　　② $-\dfrac{\pi}{2}+1$　　③ $\dfrac{\pi}{2}-1$

④ $\dfrac{\pi}{2}+1$　　　⑤ $\pi+1$

0675 중

곡선 $y=3-\ln x^2$ 위의 x좌표가 e인 점에서의 접선이 점 $(k, -5)$를 지날 때, k의 값은?

① e　　　　　② $2e$　　　　　③ $3e$
④ $4e$　　　　　⑤ $5e$

0676 중

곡선 $y=\sqrt{3x^2+a}$ 위의 점 $(-1, \sqrt{a+3})$에서의 접선의 x절편이 1일 때, 상수 a의 값은?

① 1　　　　　② 2　　　　　③ 3
④ 4　　　　　⑤ 5

0677 중

곡선 $y=\ln\left(x+\dfrac{1}{e^2}\right)$ 위의 점 $(0, -2)$에서의 접선과 x축, y축으로 둘러싸인 도형의 넓이를 구하시오.

유형 **02** 접선과 수직인 직선의 방정식

곡선 $y=f(x)$ 위의 점 $(a, f(a))$를 지나고 이 점에서의 접선과 수직인 직선의 방정식은

$$y-f(a)=-\frac{1}{f'(a)}(x-a) \ (단, f'(a)\neq 0)$$

0678 대표문제

곡선 $y=\dfrac{3x}{x+4}$ 위의 점 $(2, 1)$을 지나고 이 점에서의 접선과 수직인 직선의 방정식이 $y=ax+b$일 때, 상수 a, b에 대하여 $a+b$의 값은?

① 2 　　　　② 3 　　　　③ 4
④ 6 　　　　⑤ 9

0679 중하

곡선 $y=x\ln(2x-5)$ 위의 점 $(3, 0)$을 지나고 이 점에서의 접선과 수직인 직선의 방정식을 구하시오.

0680 중 서술형

곡선 $y=x^2e^{x-2}$ 위의 점 $(2, a)$를 지나고 이 점에서의 접선과 수직인 직선이 점 $(b, 5)$를 지날 때, $a-b$의 값을 구하시오.

0681 상중

곡선 $y=\cos 2x$ 위의 점 $(t, \cos 2t)$를 지나고 이 점에서의 접선과 수직인 직선의 y절편을 $g(t)$라 할 때, $\lim\limits_{t\to 0}g(t)$의 값을 구하시오.

유형 **03** 기울기가 주어진 경우의 접선의 방정식

곡선 $y=f(x)$의 접선의 기울기 m이 주어졌을 때
(ⅰ) 접점의 좌표를 $(a, f(a))$로 놓는다.
(ⅱ) $f'(a)=m$임을 이용하여 a의 값을 구한다.
(ⅲ) a의 값을 $y-f(a)=m(x-a)$에 대입한다.

0682 대표문제

곡선 $y=\ln(x^2+1)$에 접하고 직선 $x-y+2=0$에 평행한 직선의 x절편은?

① $\ln 2$ 　　　② $1-\ln 2$ 　　　③ $1+\ln 2$
④ $2-\ln 2$ 　　　⑤ $2+\ln 2$

0683 중하

곡선 $y=\dfrac{x-1}{x+1}$에 접하고 직선 $y=-2x+3$과 수직인 직선의 방정식을 구하시오.

0684 중

곡선 $y=e^{4x}+2ax$가 x축에 접할 때, 상수 a의 값을 구하시오.

0685 중

곡선 $y=\sin 2x \left(0\le x\le \dfrac{\pi}{2}\right)$에 접하는 직선 l이 x축의 양의 방향과 이루는 각의 크기가 $45°$일 때, 직선 l의 방정식이 $y=ax+b$이다. 이때 상수 a, b에 대하여 ab의 값은?

① $\dfrac{\sqrt{3}}{2}-\dfrac{\pi}{3}$ 　　　② $\dfrac{\sqrt{3}}{2}-\dfrac{\pi}{6}$ 　　　③ $-\dfrac{\sqrt{3}}{2}$
④ $\dfrac{1}{2}-\dfrac{\pi}{3}$ 　　　⑤ $\dfrac{1}{2}-\dfrac{\pi}{6}$

| 개념원리 미적분 172쪽 |

유형 04 곡선 밖의 한 점에서 곡선에 그은 접선의 방정식

곡선 $y=f(x)$ 밖의 한 점 (x_1, y_1)이 주어졌을 때
(i) 접점의 좌표를 $(a, f(a))$로 놓는다.
(ii) $y-f(a)=f'(a)(x-a)$에 점 (x_1, y_1)의 좌표를 대입하여 a의 값을 구한다.
(iii) a의 값을 $y-f(a)=f'(a)(x-a)$에 대입한다.

0686 대표문제

원점에서 곡선 $y=\dfrac{e^x}{x}$에 그은 접선이 점 $(1, k)$를 지날 때, k의 값은?

① $-e^2$ ② e^2 ③ $\dfrac{e^2}{2}$

④ $\dfrac{e^2}{3}$ ⑤ $\dfrac{e^2}{4}$

0687 중하

점 $\left(\dfrac{1}{2}, 0\right)$에서 곡선 $y=\sqrt{2x^2+1}$에 그은 접선의 기울기는?

① $-\dfrac{2\sqrt{3}}{3}$ ② $-\dfrac{\sqrt{3}}{3}$ ③ $\dfrac{\sqrt{3}}{3}$

④ $\dfrac{2\sqrt{3}}{3}$ ⑤ $\sqrt{3}$

0688 중

점 $(2, 0)$에서 곡선 $y=(x-1)e^x$에 그은 두 접선의 기울기의 곱을 구하시오.

0689 중

원점 O에서 곡선 $y=\ln\dfrac{x}{5}+1$에 그은 접선이 곡선과 점 A에서 접할 때, 선분 OA의 길이를 구하시오.

0690 상중

원점 O에서 곡선 $y=\dfrac{\ln x}{x}$에 그은 접선의 접점을 A, 점 A를 지나고 접선에 수직인 직선이 y축과 만나는 점을 B라 할 때, 삼각형 OAB의 넓이를 구하시오.

| 개념원리 미적분 173쪽 |

유형 05 곡선 밖의 한 점에서 곡선에 그은 접선의 개수

(i) 접점의 좌표를 $(t, f(t))$로 놓고 접선의 방정식을 세운다.
(ii) 곡선 밖의 점의 좌표를 접선의 방정식에 대입하여 t에 대한 방정식을 만든다.
(iii) (ii)의 방정식의 실근의 개수를 이용하여 접선의 개수를 구한다.

0691 대표문제

점 $(3, 2)$에서 곡선 $y=\dfrac{x-1}{x}$에 그을 수 있는 접선의 개수를 구하시오.

0692 중

점 $(k, 0)$에서 곡선 $y=xe^x$에 서로 다른 두 개의 접선을 그을 수 있을 때, 다음 중 k의 값이 될 수 <u>없는</u> 것은?

① -9 ② -5 ③ -3

④ 2 ⑤ 3

유형 **06**　두 곡선의 공통인 접선

두 곡선 $y=f(x)$, $y=g(x)$가 $x=a$인 점에서 공통인 접선을 가지면 $\Rightarrow f(a)=g(a)$, $f'(a)=g'(a)$

0693　대표문제

두 곡선 $y=\ln x$, $y=ax+\dfrac{b}{x}$가 $x=e^2$인 점에서 공통인 접선을 가질 때, 상수 a, b에 대하여 ab의 값을 구하시오.

0694　중

두 곡선 $y=\dfrac{k}{x}$, $y=e^x$이 서로 접할 때, 상수 k의 값은?

(단, $k\neq0$)

① $-\dfrac{1}{e}$　　　② $-\dfrac{2}{e}$　　　③ $\dfrac{1}{e}$

④ $\dfrac{2}{e}$　　　⑤ e

0695　중　서술형

두 곡선 $y=ax^2$, $y=\ln x$가 점 (p, q)에서 공통인 접선을 가질 때, apq의 값을 구하시오. (단, a는 상수)

0696　중

두 곡선 $y=a-2\sin^2 x$, $y=2\cos x$가 $x=t$인 점에서 공통인 접선을 가질 때, 상수 a의 값을 구하시오. (단, $0<t<\pi$)

유형 **07**　역함수의 그래프의 접선의 방정식

함수 $f(x)$의 역함수 $g(x)$에 대하여 곡선 $y=g(x)$에서 $x=a$인 점에서의 접선의 방정식을 구할 때

(ⅰ) $f(b)=a$를 만족시키는 b의 값을 구한다.

(ⅱ) $g'(a)=\dfrac{1}{f'(b)}$임을 이용하여 접선의 기울기를 구한다.

(ⅲ) (ⅱ)에서 구한 값을 $y-b=g'(a)(x-a)$에 대입한다.

0697　대표문제

함수 $f(x)=e^{2x+3}$의 역함수를 $g(x)$라 할 때, 곡선 $y=g(x)$ 위의 $x=e$인 점에서의 접선의 y절편을 구하시오.

0698　중

함수 $f(x)=\dfrac{x-2}{x+1}$의 역함수를 $g(x)$라 할 때, 곡선 $y=g(x)$ 위의 x좌표가 2인 점에서의 접선의 방정식을 구하시오.

 중요

유형 **08**　매개변수로 나타낸 곡선의 접선의 방정식

매개변수로 나타낸 곡선 $x=f(t)$, $y=g(t)$에서 $t=a$에 대응하는 점에서의 접선의 방정식을 구할 때

(ⅰ) $\dfrac{g'(t)}{f'(t)}$를 구한다.

(ⅱ) $f(a)$, $g(a)$, $\dfrac{g'(a)}{f'(a)}$의 값을 구한다.

(ⅲ) (ⅱ)에서 구한 값을 $y-g(a)=\dfrac{g'(a)}{f'(a)}\{x-f(a)\}$에 대입한다.

0699　대표문제

매개변수 θ로 나타낸 곡선 $x=\theta-\sin\theta$, $y=1-\cos\theta$에 대하여 $\theta=\dfrac{\pi}{2}$에 대응하는 점에서의 접선의 y절편을 구하시오.

(단, $0<\theta<\pi$)

유형 익/히/기

0700 중

매개변수 t로 나타낸 곡선 $x=t+\dfrac{1}{t^2}$, $y=t^2-\dfrac{1}{t^2}$에 대하여 $t=1$에 대응하는 점에서의 접선이 점 $(a, -4)$를 지날 때, a의 값을 구하시오.

0701 중

매개변수 t로 나타낸 곡선 $x=3\sec t$, $y=2\tan t$에 대하여 $t=\dfrac{\pi}{3}$에 대응하는 점에서의 접선의 방정식이 $y=ax+b$이다. 이때 상수 a, b에 대하여 ab의 값은? $\left(\text{단}, -\dfrac{\pi}{2}<t<\dfrac{\pi}{2}\right)$

① $-\dfrac{8}{9}$ 　　② $-\dfrac{4}{9}$ 　　③ $-\dfrac{1}{9}$

④ $\dfrac{4}{9}$ 　　⑤ $\dfrac{8}{9}$

0702 중

매개변수 t로 나타낸 곡선 $x=\dfrac{a}{t}$, $y=t^2-1$에 대하여 $t=2$에 대응하는 점에서의 접선의 기울기가 -8일 때, 이 점에서의 접선의 방정식을 구하시오. (단, a는 상수)

0703 상중

매개변수 t로 나타낸 곡선 $x=\cos^3 t$, $y=\sin^3 t$ 위의 임의의 점에서의 접선이 x축, y축에 의하여 잘려지는 부분의 길이를 구하시오. $\left(\text{단}, 0<t<\dfrac{\pi}{3}\right)$

유형 **09**　음함수로 나타낸 곡선의 접선의 방정식

곡선 $f(x, y)=0$ 위의 점 (a, b)가 주어졌을 때

(i) 음함수의 미분법을 이용하여 $\dfrac{dy}{dx}$를 구한다.

(ii) $\dfrac{dy}{dx}$에 $x=a$, $y=b$를 대입하여 접선의 기울기 m을 구한다.

(iii) (ii)에서 구한 m의 값을 $y-b=m(x-a)$에 대입한다.

0704 대표문제

곡선 $2\sqrt{x}+\sqrt{y}=7$ 위의 점 $(4, 9)$에서의 접선이 점 $(a, 0)$을 지날 때, a의 값은?

① 1 　　② 3 　　③ 5

④ 7 　　⑤ 9

0705 중

곡선 $x^2+3xy^2-y^2=-15$ 위의 점 $(-1, 2)$에서의 접선의 방정식을 $y=ax+b$라 할 때, 상수 a, b에 대하여 $\dfrac{b}{a}$의 값을 구하시오.

0706 중

곡선 $y^2+y\ln(x^2-3)-2x=0$ 위의 점 $(2, -2)$에서의 접선과 x축, y축으로 둘러싸인 도형의 넓이를 구하시오.

0707 중

곡선 $x^2+aye^x+y^3=b$ 위의 점 $(0, 1)$에서의 접선의 방정식이 $y=-\dfrac{2}{5}x+1$일 때, 상수 a, b에 대하여 ab의 값을 구하시오.

유형 10 함수의 증가와 감소

함수 $f(x)$가 어떤 구간에서 미분가능하고, 이 구간에 속하는 모든 x에 대하여
(1) $f'(x)>0$ ⇨ $f(x)$는 이 구간에서 증가한다.
(2) $f'(x)<0$ ⇨ $f(x)$는 이 구간에서 감소한다.

0708 대표문제

함수 $f(x)=\dfrac{2x}{x^2+1}$가 증가하는 구간이 닫힌구간 $[\alpha, \beta]$일 때, $\beta-\alpha$의 값은?

① 1 ② 2 ③ 3
④ 4 ⑤ 5

0709 중하

다음 중 함수 $f(x)=e^{\sin x}+\sin x$가 증가하는 구간에 속하는 x의 값이 <u>아닌</u> 것은?

① 0 ② $\dfrac{\pi}{4}$ ③ π
④ $\dfrac{7}{4}\pi$ ⑤ 2π

0710 중

함수 $f(x)=\ln x-x^2$이 구간 $[\alpha, \infty)$에서 감소할 때, 실수 α의 최솟값을 구하시오.

0711 중

함수 $f(x)=2x+\sqrt{15-x^2}$이 증가하는 구간에 속하는 모든 정수 x의 값의 합을 구하시오. (단, $x>0$)

유형 11 실수 전체의 구간에서 함수가 증가 또는 감소하기 위한 조건

미분가능한 함수 $f(x)$가 실수 전체의 구간에서
(1) 증가하면 ⇨ 모든 실수 x에 대하여 $f'(x)\geq0$
(2) 감소하면 ⇨ 모든 실수 x에 대하여 $f'(x)\leq0$

0712 대표문제

함수 $f(x)=kx+\ln(x^2+4)$가 실수 전체의 구간에서 증가할 때, 실수 k의 최솟값은?

① -1 ② $-\dfrac{1}{2}$ ③ 0
④ $\dfrac{1}{2}$ ⑤ 1

0713 중

함수 $f(x)=kx-\cos 3x$가 열린구간 $(-\infty, \infty)$에서 감소하도록 하는 실수 k의 값의 범위를 구하시오.

0714 중 서술형

함수 $f(x)=(x^2+kx+1)e^{-x}$이 열린구간 $(-\infty, \infty)$에서 감소하도록 하는 실수 k의 값을 구하시오.

0715 상중

함수 $f(x)=2x+\ln(3x^2+a)$의 역함수가 존재하도록 하는 실수 a의 최솟값을 구하시오. (단, $a>0$)

유형 익/히/기

유형 **12** 주어진 구간에서 함수가 증가 또는 감소하기 위한 조건

함수 $f(x)$가 어떤 구간에서 미분가능하고, 이 구간에서
(1) 증가하면 $\Rightarrow f'(x) \geq 0$
(2) 감소하면 $\Rightarrow f'(x) \leq 0$

0716 대표문제

함수 $f(x)=4x-a\ln x$가 열린구간 $(3, \infty)$에서 증가하도록 하는 실수 a의 최댓값은?

① 6   ② 8   ③ 9
④ 10   ⑤ 12

0717 중 서술형

함수 $f(x)=ax-\sin x$가 열린구간 $\left(0, \dfrac{\pi}{4}\right)$에서 증가하도록 하는 실수 a의 값의 범위를 구하시오.

0718 중

함수 $f(x)=(x^2+ax)e^x$이 열린구간 $(1, 2)$에서 감소하도록 하는 정수 a의 최댓값은?

① -4 ② -3 ③ -2
④ -1 ⑤ 0

유형 **13** 유리함수의 극대와 극소

유리함수 $f(x)$의 극값을 구할 때
$\Rightarrow f'(x)=0$을 만족시키는 x의 값 a를 구한 후 $x=a$의 좌우에서 $f'(x)$의 부호를 조사하여 증감표를 만든다.

0719 대표문제

함수 $f(x)=\dfrac{x-1}{x^2+3}$이 $x=\alpha$에서 극대이고 $x=\beta$에서 극소일 때, $\alpha-\beta$의 값은?

① -4 ② -2 ③ 2
④ 4   ⑤ 6

0720 중

함수 $f(x)=\dfrac{x^2+2x+1}{x^2+2}$의 극댓값을 M, 극솟값을 m이라 할 때, $M+m$의 값을 구하시오.

0721 중

함수 $f(x)=\dfrac{ax-b}{x^2+1}$가 $x=-2$에서 극값 -1을 가질 때, 상수 a, b에 대하여 $a-b$의 값은?

① -1 ② 1   ③ 3
④ 5   ⑤ 7

| 개념원리 미적분 184쪽, 185쪽 |

유형 **14** 무리함수의 극대와 극소

무리함수 $f(x)$의 극값을 구할 때

⇨ 정의역을 먼저 파악하고, $f'(x)=0$을 만족시키는 x의 값 a를 구한 후 $x=a$의 좌우에서 $f'(x)$의 부호를 조사하여 증감표를 만든다.

0722 대표문제

함수 $f(x)=\dfrac{x+3}{\sqrt{x+1}}$의 극솟값은?

① 1   ② $\sqrt{2}$ ③ $\sqrt{3}$
④ 2   ⑤ $2\sqrt{2}$

0723 중

함수 $f(x)=\sqrt{x}+\sqrt{6-x}$가 $x=a$에서 극댓값 b를 가질 때, ab의 값을 구하시오.

0724 중

함수 $f(x)=x\sqrt{8-x^2}$에 대하여 다음 **보기**에서 옳은 것만을 있는 대로 고른 것은?

─ 보기 ─
ㄱ. 정의역은 실수 전체의 집합이다.
ㄴ. 극솟값은 -4이다.
ㄷ. 닫힌구간 $[-2, 2]$에서 증가한다.

① ㄴ   ② ㄷ   ③ ㄱ, ㄴ
④ ㄴ, ㄷ   ⑤ ㄱ, ㄴ, ㄷ

| 개념원리 미적분 184～186쪽 |

유형 **15** 지수함수의 극대와 극소

다음을 이용하여 도함수의 부호를 조사한다.

(1) $y=e^x \Rightarrow y'=e^x$
(2) $y=e^{f(x)} \Rightarrow y'=e^{f(x)}f'(x)$

0725 대표문제

함수 $f(x)=(x^2-2x)e^x$의 극댓값과 극솟값의 곱은?

① -6 ② -4 ③ -2
④ 2   ⑤ 4

0726 중하

함수 $f(x)=\dfrac{2x+1}{e^{x^2}}$이 극값을 갖는 x의 값의 개수를 구하시오.

0727 중

함수 $f(x)=e^x+4e^{-x}$이 $x=a$에서 극솟값 b를 가질 때, e^{ab}의 값을 구하시오.

0728 중

함수 $f(x)=e^{2x}-ae^x$의 극솟값이 -1일 때, 상수 a의 값을 구하시오. (단, $a>0$)

| 유형 **16** | 로그함수의 극대와 극소 |

| 개념원리 미적분 184~186쪽 |

정의역을 먼저 파악한 후 다음을 이용하여 도함수의 부호를 조사한다.

(1) $y=\ln|x| \Rightarrow y'=\dfrac{1}{x}$

(2) $y=\ln|f(x)| \Rightarrow y'=\dfrac{f'(x)}{f(x)}$

0729 대표문제

함수 $f(x)=x\ln x-2x$의 극솟값은?

① $-2e$　　　② $-e$　　　③ 0

④ e　　　⑤ $2e$

0730 중

함수 $f(x)=\dfrac{1}{2}x^2-\ln x^2 \,(x<0)$이 $x=a$에서 극솟값을 가질 때, a의 값을 구하시오.

0731 중

함수 $f(x)=x^2(\ln x)^3$이 $x=a$에서 극솟값 b를 가질 때, $\dfrac{a^2}{b}$의 값을 구하시오.

0732 중

함수 $f(x)=x+\ln(x^2+ax+b)$가 $x=-1$에서 극솟값 -1을 가질 때, $f(x)$의 극댓값을 구하시오. (단, a, b는 상수)

| 유형 **17** | 삼각함수의 극대와 극소 |

| 개념원리 미적분 184~186쪽 |

다음을 이용하여 도함수의 부호를 조사한다.

(1) $y=\sin x \Rightarrow y'=\cos x$　　(2) $y=\cos x \Rightarrow y'=-\sin x$

(3) $y=\tan x \Rightarrow y'=\sec^2 x$　　(4) $y=\cot x \Rightarrow y'=-\csc^2 x$

(5) $y=\sec x \Rightarrow y'=\sec x\tan x$

(6) $y=\csc x \Rightarrow y'=-\csc x\cot x$

0733 대표문제

함수 $f(x)=2+4\sin x-4\sin^2 x \,(0<x<\pi)$가 $x=a$에서 극솟값 b를 가질 때, ab의 값을 구하시오.

0734 중

함수 $f(x)=(1+\sin x)\cos x \,(0<x<\pi)$의 극댓값을 M, 극솟값을 m이라 할 때, $M-m$의 값을 구하시오.

0735 중

매개변수 θ로 나타낸 함수 $x=\theta-\sin\theta$, $y=\cos\theta$의 극솟값은? (단, $0<\theta<2\pi$)

① -1　　　② $-\dfrac{1}{2}$　　　③ 0

④ $\dfrac{1}{2}$　　　⑤ 1

0736 중

함수 $f(x)=a\sin 2x+b\cos x$가 $x=\dfrac{7}{6}\pi$에서 극댓값 $\dfrac{3\sqrt{3}}{2}$을 가질 때, 상수 a, b에 대하여 ab의 값을 구하시오.

유형 up

| 개념원리 미적분 187쪽 |

유형 **18** 극값을 가질 조건 – 판별식을 이용하는 경우

미분가능한 함수 $f(x)$에 대하여 $f'(x)=\dfrac{h(x)}{g(x)}$ $(g(x)>0)$

이고 $h(x)$가 이차식일 때, $h(x)=0$의 판별식을 D라 하면

(1) $f(x)$가 극값을 갖는다.

　　$\Rightarrow h(x)=0$이 서로 다른 두 실근을 갖는다. $\Rightarrow D>0$

(2) $f(x)$가 극값을 갖지 않는다.

　　$\Rightarrow h(x)=0$이 중근 또는 허근을 갖는다. $\Rightarrow D\leq0$

0737 대표문제

함수 $f(x)=x-2a\ln x-\dfrac{3a}{x}$가 극값을 갖지 않도록 하는

실수 a의 값의 범위를 구하시오.

0738 중

함수 $f(x)=e^{-x}(x^2+6x+a)$가 극값을 갖도록 하는 자연수 a의 최댓값은?

① 7　　　　　② 8　　　　　③ 9
④ 10　　　　⑤ 11

0739 상중

함수 $f(x)=\ln 3x+\dfrac{a}{x}-2x$가 극댓값과 극솟값을 모두 갖

도록 하는 실수 a의 값의 범위가 $\alpha<a<\beta$이다. 이때 $8(\beta-\alpha)$의 값을 구하시오.

| 개념원리 미적분 187쪽 |

유형 **19** 극값을 가질 조건 – 판별식을 이용하지 않는 경우

미분가능한 함수 $f(x)$에 대하여

(1) $f(x)$가 극값을 갖는다.

　　$\Rightarrow f'(x)=0$이 실근을 갖고 $f'(x)=0$의 실근의 좌우에서 $f'(x)$의 부호가 바뀐다.

(2) $f(x)$가 극값을 갖지 않는다.

　　$\Rightarrow$ 정의역의 모든 실수 x에 대하여 $f'(x)\leq0$ 또는 $f'(x)\geq0$ 이다.

0740 대표문제

함수 $f(x)=kx+3\sin x$가 극값을 갖지 않도록 하는 자연수 k의 최솟값은?

① 1　　　　　② 2　　　　　③ 3
④ 4　　　　　⑤ 5

0741 상중

함수 $f(x)=x^3+2ax^2-4a^2x$가 $-1<x<1$에서 극댓값을 갖고, $x>1$에서 극솟값을 갖도록 하는 실수 a의 값의 범위를 구하시오.

0742 상중 서술형

함수 $f(x)=e^x(x^3-9x+a)$가 극댓값과 극솟값을 모두 가질 때, 정수 a의 최솟값을 구하시오.

0743

곡선 $y=\sqrt{2x^2+3}$ 위의 x좌표가 $\sqrt{3}$인 점에서의 접선의 방정식이 $y=ax+b$일 때, 상수 a, b에 대하여 a^2+b의 값은?

① 1   ② $\dfrac{4}{3}$ ③ $\dfrac{5}{3}$

④ 2   ⑤ $\dfrac{7}{3}$

0744

곡선 $y=\sin 2x$ 위의 점 $\left(\dfrac{\pi}{2},\ 0\right)$을 지나고 이 점에서의 접선과 수직인 직선의 y절편을 구하시오.

0745 평가원 기출

곡선 $y=\ln(x-7)$에 접하고 기울기가 1인 직선이 x축, y축과 만나는 점을 각각 A, B라 할 때, 삼각형 AOB의 넓이를 구하시오. (단, O는 원점)

0746

곡선 $y=e^{x-1}-1$이 x축, y축과 만나는 점을 각각 P, Q라 할 때, 이 곡선의 접선 중 직선 PQ에 평행한 접선의 접점의 x좌표를 구하시오.

0747

점 $(2,\ 0)$에서 곡선 $y=e^{x-k}$에 그은 접선이 점 $(5,\ 6)$을 지날 때, 상수 k의 값은?

① $3-\ln 2$ ② $2-\ln 3$ ③ $1+\ln 2$

④ $3+\ln 2$ ⑤ $2+\ln 3$

0748

원점에서 두 곡선 $y=e^{2x}$, $y=\ln\sqrt{x}$에 각각 그은 두 접선이 이루는 예각의 크기를 θ라 할 때, $\tan\theta$의 값을 구하시오.

0749 평가원 기출

미분가능한 함수 $f(x)$와 함수 $g(x)=\sin x$에 대하여 합성함수 $y=(g\circ f)(x)$의 그래프 위의 점 $(1,\ (g\circ f)(1))$에서의 접선이 원점을 지난다. $\displaystyle\lim_{x\to 1}\dfrac{f(x)-\dfrac{\pi}{6}}{x-1}=k$일 때, 상수 k에 대하여 $30k^2$의 값을 구하시오.

0750

원점에서 곡선 $y=(x-a)e^{-x}$에 서로 다른 두 개의 접선을 그을 수 있을 때, 자연수 a의 최솟값을 구하시오.

0751

두 곡선 $y=\ln(2x+3)$, $y=a-\ln x$가 점 P에서 만나고 이 점에서의 두 곡선의 접선이 서로 수직일 때, 상수 a의 값은?

① 1　　　　② $\dfrac{1}{2}$　　　　③ $\ln 2$

④ e　　　　⑤ $\dfrac{1}{e}$

0752

두 곡선 $y=\ln x$, $y=a\sqrt{x}$가 서로 접할 때, 상수 a의 값은?

① $\dfrac{1}{e}$　　　　② $\dfrac{2}{e}$　　　　③ 1

④ e　　　　⑤ e^2

0753

함수 $f(x)=2x+\cos x$의 역함수를 $g(x)$라 할 때, 곡선 $y=g(x)$ 위의 점 $\left(3\pi,\ \dfrac{3}{2}\pi\right)$에서의 접선의 x절편을 구하시오.

0754

매개변수 t로 나타낸 곡선 $x=\ln(2t+1)+4$, $y=t^2-t+3$ 위의 점 $(4,\ 3)$에서의 접선이 x축, y축과 만나는 점을 각각 A, B라 할 때, $\overline{\mathrm{OA}}+\overline{\mathrm{OB}}$의 값을 구하시오. (단, O는 원점)

0755

매개변수 θ로 나타낸 곡선 $x=a\tan\theta$, $y=b\sec\theta$에 대하여 $\theta=\dfrac{\pi}{6}$에 대응하는 점에서의 접선의 방정식이 $y=2x+2$이다. 상수 a, b에 대하여 ab의 값을 구하시오.

0756 평가원 기출

곡선 $e^y\ln x=2y+1$ 위의 점 $(e,\ 0)$에서의 접선의 방정식을 $y=ax+b$라 할 때, ab의 값은? (단, a, b는 상수)

① $-2e$　　　　② $-e$　　　　③ -1

④ $-\dfrac{2}{e}$　　　　⑤ $-\dfrac{1}{e}$

0757 중요

함수 $f(x)=\dfrac{e^{\frac{x}{2}}}{x^2+3}$이 감소하는 구간이 닫힌구간 $[\alpha,\ \beta]$일 때, $\beta-\alpha$의 값을 구하시오.

0758

함수 $f(x)=e^x(k+\cos x)$가 열린구간 $(-\infty,\ \infty)$에서 증가하도록 하는 실수 k의 값의 범위를 구하시오.

0759

함수 $f(x)=\dfrac{e^x}{ax^2+3}$이 열린구간 $\left(\dfrac{1}{2},\,1\right)$에서 감소하도록

하는 실수 a의 최솟값은? (단, $a>0$)

① 1   ② 2   ③ 3

④ 4   ⑤ 5

0760

함수 $f(x)=\dfrac{4x}{x^2+1}$에 대하여 **보기**에서 옳은 것만을 있는 대

로 고른 것은?

> **보기**
>
> ㄱ. $f(0)+f'(0)=4$
> ㄴ. 함수 $f(x)$의 극댓값과 극솟값의 곱은 -4이다.
> ㄷ. $-1<x_1<x_2<1$이면 $f(x_1)<f(x_2)$

① ㄱ   ② ㄷ   ③ ㄱ, ㄴ

④ ㄴ, ㄷ   ⑤ ㄱ, ㄴ, ㄷ

0761

함수 $f(x)=xe^{ax+b}$이 $x=-1$에서 극솟값 $-\dfrac{1}{e}$을 가질 때,

상수 a, b에 대하여 $a+b$의 값을 구하시오.

0762

함수 $f(x)=(x^2-ax+a)e^{-x}$의 극솟값을 $g(a)$라 할 때,

$g(a)$의 최댓값은? (단, $a<2$)

① e^{-a} ② $\dfrac{1}{e}$ ③ e

④ 1   ⑤ e^2

0763

함수 $f(x)=\dfrac{x-\ln x}{x}$가 $x=a$에서 극솟값 b를 가질 때,

ab의 값을 구하시오.

0764 중요

함수 $f(x)=x-2\sin x\;(0\le x\le2\pi)$의 극댓값을 M, 극솟

값을 m이라 할 때, $M+m$의 값은?

① π ② 2π ③ 3π

④ 4π ⑤ 5π

0765

함수 $f(x)=x-|k|\cos x$가 극값을 갖지 않도록 하는 실수

k의 값의 범위가 $\alpha\le k\le\beta$일 때, $\alpha+\beta$의 값은?

① -1 ② 0   ③ 1

④ 2   ⑤ 3

 서술형 주관식

0766

곡선 $y=\tan x$ 위의 점 $(0, 0)$에서의 접선의 방정식이
$y=kx$이고 곡선 $y=\sin x$ 위의 점 $\left(\dfrac{k}{2}\pi,\ \sin\dfrac{k}{2}\pi\right)$에서의
접선의 방정식이 $y=ax+b$일 때, a^2+b^2의 값을 구하시오.
(단, a, b, k는 상수)

0767

곡선 $y=e^x$ 위의 점 $(1, e)$에서의 접선이 곡선 $y=2\sqrt{x-k}$에
접할 때, 상수 k의 값을 구하시오.

0768

함수 $f(x)=(2x^2-ax)e^x$이 $x=1$에서 극솟값을 가진다. 이
때 함수 $f(x)$의 극댓값을 구하시오.

0769

함수 $f(x)=\ln(x^2+x+2)+ax$가 극댓값과 극솟값을 모두
가질 때, 실수 a의 값의 범위를 구하시오.

 실력 up

0770

매개변수 θ로 나타낸 곡선 $x=2\sin\theta$, $y=\cos 2\theta$ 위의 점
P에서의 접선의 방정식이 $y=ax+b$라 할 때, $a+b$의 최댓
값과 최솟값의 곱을 구하시오.

0771 교육청 기출

양의 실수 t에 대하여 곡선 $y=\ln x$ 위의 두 점 $P(t, \ln t)$,
$Q(2t, \ln 2t)$에서의 접선이 x축과 만나는 점을 각각
$R(r(t), 0)$, $S(s(t), 0)$이라 하자. 함수 $f(t)$를
$f(t)=r(t)-s(t)$라 할 때, 함수 $f(t)$의 극솟값은?

① $-\dfrac{1}{2}$ ② $-\dfrac{1}{3}$ ③ $-\dfrac{1}{4}$

④ $-\dfrac{1}{5}$ ⑤ $-\dfrac{1}{6}$

0772 창의·융합

$x>0$에서 정의된 함수 $f(x)=\cos 2x-2\cos x$에 대하여
극솟값을 갖는 x의 값을 작은 것부터 차례로 a_1, a_2, a_3, $\cdots$이
라 할 때, $\dfrac{a_{12}}{a_3}$의 값을 구하시오.

07 도함수의 활용 (2)

07·1 곡선의 오목과 볼록

1 곡선의 오목과 볼록
어떤 구간에서 곡선 위의 임의의 서로 다른 두 점 P, Q를 잇는 곡선 부분이 항상

(1) 선분 PQ의 아래쪽에 있으면 곡선은 이 구간에서 아래로 볼록 (또는 위로 오목)하다고 한다.

(2) 선분 PQ의 위쪽에 있으면 곡선은 이 구간에서 위로 볼록 (또는 아래로 오목)하다고 한다.

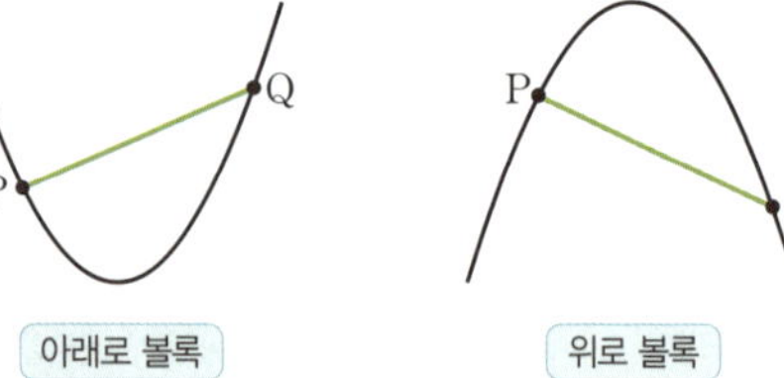

2 곡선의 오목과 볼록의 판정
이계도함수를 갖는 함수 $f(x)$가 어떤 구간에서

(1) $f''(x) > 0$이면 곡선 $y = f(x)$는 이 구간에서 아래로 볼록하다.

(2) $f''(x) < 0$이면 곡선 $y = f(x)$는 이 구간에서 위로 볼록하다.

07·2 변곡점

1 변곡점
곡선 $y = f(x)$ 위의 점 $P(a, f(a))$에 대하여 $x = a$의 좌우에서 곡선의 모양이 아래로 볼록에서 위로 볼록으로 변하거나 위로 볼록에서 아래로 볼록으로 변할 때, 점 P를 곡선 $y = f(x)$의 변곡점이라 한다.

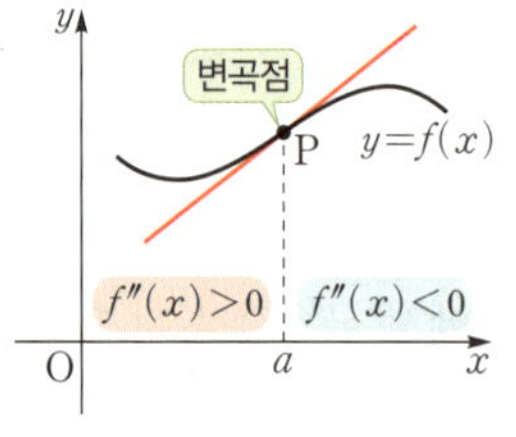

2 변곡점의 판정
이계도함수를 갖는 함수 $f(x)$에서 $f''(a) = 0$이고 $x = a$의 좌우에서 $f''(x)$의 부호가 바뀌면 점 $(a, f(a))$는 곡선 $y = f(x)$의 변곡점이다.

참고 $f''(a) = 0$이라고 해서 점 $(a, f(a))$가 항상 변곡점인 것은 아니다.

예를 들어 $f(x) = x^4$에서 $f''(x) = 12x^2$이므로 $f''(0) = 0$이지만, $x = 0$의 좌우에서 $f''(x)$의 부호가 바뀌지 않으므로 점 $(0, 0)$은 곡선 $y = f(x)$의 변곡점이 아니다.

07·3 함수의 그래프

함수 $y = f(x)$의 그래프의 개형은 다음을 조사하여 그릴 수 있다.

① 함수의 정의역과 치역
② 곡선의 대칭성과 주기
③ 곡선과 좌표축의 교점
④ 함수의 증가와 감소, 극대와 극소
⑤ 곡선의 오목과 볼록, 변곡점
⑥ $\lim\limits_{x \to \infty} f(x)$, $\lim\limits_{x \to -\infty} f(x)$, 점근선

＋ 개념 플러스

■ 변곡점 $(a, f(a))$에 대하여 $x = a$의 좌우에서 $f''(x)$의 부호가 바뀌므로 $f''(a)$가 존재하면 $f''(a) = 0$이다.

■ ① $f(-x) = -f(x)$
⇨ $y = f(x)$의 그래프가 원점에 대하여 대칭
② $f(-x) = f(x)$
⇨ $y = f(x)$의 그래프가 y축에 대하여 대칭

📖 교과서 문제 정/복/하/기

07 · 1 　곡선의 오목과 볼록

[0773 ~ 0775] 다음 곡선의 오목과 볼록을 조사하시오.

0773　$y=\dfrac{1}{3}x^3-4x$

0774　$y=x^4-2x^3+4x-5$

0775　$y=x^2+\dfrac{1}{x}$

[0776 ~ 0778] 다음 곡선의 오목과 볼록을 조사하시오.

0776　$y=(x^2-x)e^x$

0777　$y=\ln(x^2+1)$

0778　$y=x+2\sin x\ (0<x<2\pi)$

07 · 2 　변곡점

[0779 ~ 0781] 다음 곡선의 변곡점의 좌표를 구하시오.

0779　$y=x^3-3x^2+x-1$

0780　$y=x^4-6x^2+6$

0781　$y=\dfrac{x}{x^2+1}$

[0782 ~ 0785] 다음 곡선의 변곡점의 좌표를 구하시오.

0782　$y=xe^x$

0783　$y=e^x-e^{-x}+2$

0784　$y=x^2-2x\ln x$

0785　$y=x+\cos x\ (0<x<\pi)$

07 · 3 　함수의 그래프

[0786 ~ 0788] 다음 함수의 그래프의 개형을 그리시오.

0786　$f(x)=x^4-4x^3$

0787　$f(x)=\dfrac{x}{x^2+3}$

0788　$f(x)=x-\sqrt{x}$

[0789 ~ 0792] 다음 함수의 그래프의 개형을 그리시오.

0789　$f(x)=e^{-x^2}$

0790　$f(x)=(1-x)e^x$

0791　$f(x)=x\ln x$

0792　$f(x)=x-\sin x\ (-\pi\leq x\leq\pi)$

07·4   함수의 최대와 최소

함수 $f(x)$가 닫힌구간 $[a, b]$에서 연속일 때, 최댓값과 최솟값은 다음과 같은 순서로 구한다.
(ⅰ) $f(x)$의 극댓값과 극솟값을 구한다.
(ⅱ) 주어진 구간의 양 끝에서의 함숫값 $f(a)$, $f(b)$를 구한다.
(ⅲ) (ⅰ), (ⅱ)에서 구한 극댓값, 극솟값, $f(a)$, $f(b)$ 중에서 가장 큰 값이 최댓값이고, 가장 작은 값이 최솟값이다.

■ **최대·최소 정리**
함수 $f(x)$가 닫힌구간 $[a, b]$에서 연속이면 $f(x)$는 이 구간에서 반드시 최댓값과 최솟값을 갖는다.

07·5   방정식에의 활용

1 방정식 $f(x)=0$의 서로 다른 실근의 개수는 함수 $y=f(x)$의 그래프와 x축의 교점의 개수와 같다.
2 방정식 $f(x)=g(x)$의 서로 다른 실근의 개수는 두 함수 $y=f(x)$와 $y=g(x)$의 그래프의 교점의 개수와 같다.

■ 방정식 $f(x)=0$의 실근은 함수 $y=f(x)$의 그래프와 x축의 교점의 x좌표와 같다.

07·6   부등식에의 활용

1 어떤 구간에서 부등식 $f(x) \geq 0$이 성립함을 보이려면
⇨ 그 구간에서 ($f(x)$의 최솟값)≥ 0임을 보인다.
2 어떤 구간에서 부등식 $f(x) \geq g(x)$가 성립함을 보이려면
⇨ $h(x)=f(x)-g(x)$로 놓고 그 구간에서 ($h(x)$의 최솟값)≥ 0임을 보인다.

■ 어떤 구간에서 부등식 $f(x)>g(x)$ 가 성립하려면 그 구간에서 함수 $y=f(x)$의 그래프가 함수 $y=g(x)$의 그래프보다 항상 위쪽에 있어야 한다.

07·7   속도와 가속도

1 **직선 운동에서의 속도와 가속도**
수직선 위를 움직이는 점 P의 시각 t에서의 위치 x가 $x=f(t)$일 때, 시각 t에서의 점 P의 속도 v와 가속도 a는

(1) **속도**: $v=\dfrac{dx}{dt}=f'(t)$

(2) **가속도**: $a=\dfrac{dv}{dt}=f''(t)$

2 **평면 운동에서의 속도와 가속도**
좌표평면 위를 움직이는 점 $\mathrm{P}(x, y)$의 시각 t에서의 위치가 함수 $x=f(t)$와 $y=g(t)$로 나타내어질 때, 시각 t에서의 점 P의 속도와 가속도는

(1) **속도**: $\left(\dfrac{dx}{dt}, \dfrac{dy}{dt}\right)$ 또는 $(f'(t), g'(t))$

(2) **가속도**: $\left(\dfrac{d^2x}{dt^2}, \dfrac{d^2y}{dt^2}\right)$ 또는 $(f''(t), g''(t))$

■ 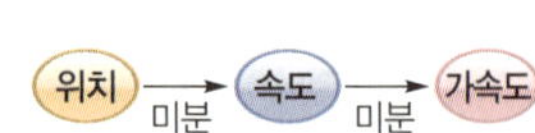

■ 평면 운동에서
① 속도의 크기(속력)
⇨ $\sqrt{\{f'(t)\}^2+\{g'(t)\}^2}$
② 가속도의 크기
⇨ $\sqrt{\{f''(t)\}^2+\{g''(t)\}^2}$

07·4　함수의 최대와 최소

[0793 ~ 0798] 주어진 구간에서 다음 함수의 최댓값과 최솟값을 구하시오.

0793　$f(x)=\dfrac{x^2+3x+7}{x-3}$　$[4,\ 9]$

0794　$f(x)=x\sqrt{1-x^2}$　$[-1,\ 1]$

0795　$f(x)=xe^{-x}$　$[-1,\ 3]$

0796　$f(x)=\dfrac{\ln x}{x}$　$[1,\ 3e]$

0797　$f(x)=x+2\cos x$　$[0,\ \pi]$

0798　$f(x)=\sin x(1+\cos x)$　$[0,\ 2\pi]$

07·5　방정식에의 활용

[0799 ~ 0802] 다음 방정식의 서로 다른 실근의 개수를 구하시오.

0799　$2x-\sqrt{x}-1=0$

0800　$e^x-x=0$

0801　$x=\ln x$

0802　$x+\sin x=\dfrac{1}{2}$

07·6　부등식에의 활용

0803　다음은 $x>1$일 때, 부등식 $x>\ln(x-1)$이 성립함을 증명하는 과정이다. ㈎, ㈏, ㈐에 알맞은 것을 써넣으시오.

$f(x)=x-\ln(x-1)$이라 하면 $f'(x)=\dfrac{\boxed{㈎}}{x-1}$

$f'(x)=0$에서 $x=\boxed{㈏}$

$f(x)$의 최솟값은 $\boxed{㈐}$

x	1	$\cdots$	$\boxed{㈏}$	$\cdots$
$f'(x)$		$-$	0	$+$
$f(x)$		$\searrow$	$\boxed{㈐}$	$\nearrow$

이므로 $f(x)>0$, 즉 $x-\ln(x-1)>0$

따라서 $x>1$일 때 부등식 $x>\ln(x-1)$이 성립한다.

0804　모든 실수 x에 대하여 부등식 $e^x\geq x+1$이 성립함을 보이시오.

07·7　속도와 가속도

[0805 ~ 0806] 수직선 위를 움직이는 점 P의 시각 t에서의 위치 $x=f(t)$가 다음과 같을 때, [ ] 안의 시각 t에서의 점 P의 속도와 가속도를 구하시오.

0805　$f(t)=e^t-2t$　$[t=3]$

0806　$f(t)=3t-\sin 2t$　$\left[t=\dfrac{\pi}{6}\right]$

[0807 ~ 0808] 좌표평면 위를 움직이는 점 $P(x,\ y)$의 시각 t에서의 위치가 다음과 같을 때, $t=2$에서의 점 P의 속도와 가속도를 구하시오.

0807　$x=3t-2,\ y=\dfrac{2}{3}t^3-2$

0808　$x=2t-1,\ y=e^t+e^{-t}$

| 개념원리 미적분 192쪽 |

유형 **01** 곡선의 오목과 볼록

함수 $f(x)$가 어떤 구간에서
(1) $f''(x)>0$ ⇨ 곡선 $y=f(x)$는 이 구간에서 아래로 볼록
(2) $f''(x)<0$ ⇨ 곡선 $y=f(x)$는 이 구간에서 위로 볼록

0809 대표문제

곡선 $y=e^x \sin x\ (0<x<2\pi)$가 위로 볼록한 구간은?

① $\left(0,\ \dfrac{\pi}{2}\right)$ ② $\left(\dfrac{\pi}{4},\ \dfrac{\pi}{2}\right)$ ③ $\left(\dfrac{\pi}{3},\ \pi\right)$

④ $\left(\dfrac{\pi}{2},\ \dfrac{3}{2}\pi\right)$ ⑤ $\left(\dfrac{3}{2}\pi,\ 2\pi\right)$

0810 중 하

곡선 $y=x^2(\ln x-2)$가 아래로 볼록한 부분의 x의 값의 범위를 구하시오.

0811 중

열린구간 $(0,\ 1)$의 임의의 두 실수 $a,\ b$에 대하여
$$f\left(\frac{a+b}{2}\right)>\frac{f(a)+f(b)}{2}$$
를 만족시키는 함수만을 다음 **보기**에서 있는 대로 고른 것은?

┌─ 보기 ●
ㄱ. $f(x)=\sin x$ ㄴ. $f(x)=x \ln x$
ㄷ. $f(x)=xe^{-x}$
└──────

① ㄱ   ② ㄱ, ㄴ   ③ ㄱ, ㄷ
④ ㄴ, ㄷ   ⑤ ㄱ, ㄴ, ㄷ

| 개념원리 미적분 192쪽 |

유형 **02** 변곡점

함수 $f(x)$에 대하여
(i) $f''(a)=0$이고
(ii) $x=a$의 좌우에서 $f''(x)$의 부호가 바뀌면
⇨ 점 $(a,\ f(a))$는 곡선 $y=f(x)$의 변곡점

0812 대표문제

함수 $f(x)=\ln(x^2+4)^2$에 대하여 곡선 $y=f(x)$의 두 변곡점 사이의 거리를 구하시오.

0813 중 서술형

곡선 $y=x+3\cos x\ (0\le x\le 2\pi)$의 모든 변곡점의 x좌표의 합을 구하시오.

0814 중

곡선 $y=\ln(x^2+1)$의 두 변곡점을 A, B라 할 때, 삼각형 OAB의 넓이는? (단, O는 원점)

① $\ln 2$ ② 1 ③ $2\ln 2$
④ $3\ln 2$ ⑤ 2

0815 중

곡선 $y=xe^{-x}$의 변곡점에서의 접선의 방정식이
$$y=\frac{a}{e^2}x+\frac{b}{e^2}$$
일 때, ab의 값을 구하시오. (단, $a,\ b$는 상수)

유형 03 변곡점을 이용한 미정계수의 결정

함수 $f(x)$에 대하여
(1) $f(x)$가 $x=a$에서 극값 b를 가지면
  $\Rightarrow f'(a)=0,\ f(a)=b$
(2) 점 $(a,\ b)$가 곡선 $y=f(x)$의 변곡점이면
  $\Rightarrow f''(a)=0,\ f(a)=b$

0816 대표문제

함수 $f(x)=ax^2+x+b\ln x$가 $x=c$에서 극소, $x=2$에서 극대이고 곡선 $y=f(x)$의 변곡점의 x좌표가 1일 때, 상수 a, b, c에 대하여 $a+b+c$의 값을 구하시오.

0817 중하

함수 $f(x)=2x^3+ax^2+bx+c$가 $x=1$에서 극소이고 곡선 $y=f(x)$의 변곡점의 좌표가 $(-1,\ 6)$일 때, 상수 a, b, c에 대하여 $a+b+c$의 값을 구하시오.

0818 중

곡선 $y=\left(\ln\dfrac{1}{ax}\right)^2$의 변곡점이 직선 $y=5x$ 위에 있을 때, 양수 a의 값을 구하시오.

0819 상중

함수 $f(x)=ax^2+3x-\cos x$의 그래프가 변곡점을 갖도록 하는 실수 a의 값의 범위를 구하시오.

유형 04 $y=f'(x)$의 그래프를 이용한 $y=f(x)$의 이해

함수 $y=f'(x)$의 그래프에서
(1) 접선의 기울기가 0인 점
  $\Rightarrow f''(x)=0$
  $\Rightarrow$ 좌우에서 접선의 기울기의 부호가 바뀌면
   함수 $y=f(x)$의 그래프에서 변곡점
(2) 접선의 기울기가 양수인 점
  $\Rightarrow f''(x)>0$
  $\Rightarrow$ 함수 $y=f(x)$의 그래프에서 아래로 볼록한 구간의 점
(3) 접선의 기울기가 음수인 점
  $\Rightarrow f''(x)<0$
  $\Rightarrow$ 함수 $y=f(x)$의 그래프에서 위로 볼록한 구간의 점

0820 대표문제

함수 $f(x)$의 도함수 $y=f'(x)$의 그래프가 아래 그림과 같을 때, 다음 중 함수 $y=f(x)$의 그래프의 모양이 아래로 볼록한 구간을 모두 고르면? (정답 2개)

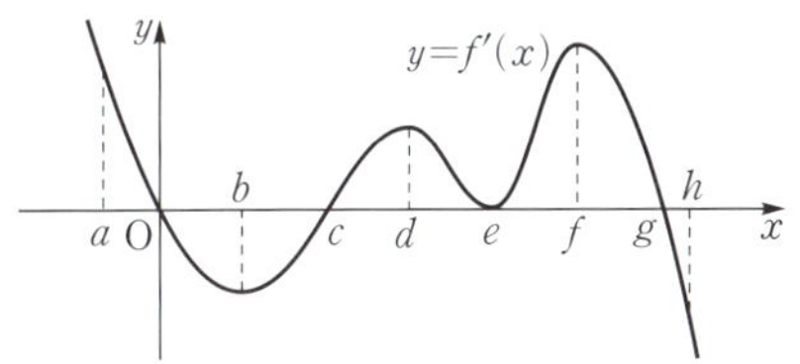

① $(a,\ b)$ ② $(b,\ d)$ ③ $(c,\ e)$
④ $(e,\ f)$ ⑤ $(f,\ h)$

0821 중

함수 $y=f(x)$의 그래프가 오른쪽 그림과 같을 때, $f'(x)<0$, $f''(x)>0$을 동시에 만족시키는 점을 구하시오. (단, 점 B는 변곡점이고, 점 D는 극값을 갖는 점이다.)

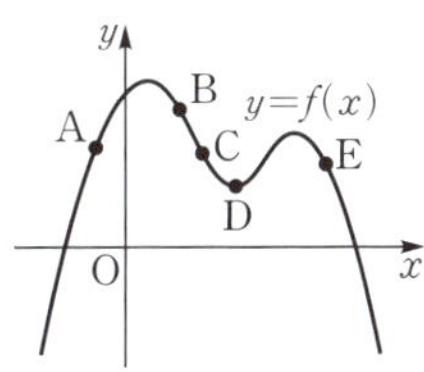

0822 중

연속함수 $f(x)$의 도함수 $y=f'(x)$의 그래프가 오른쪽 그림과 같을 때, 곡선 $y=f(x)$의 변곡점의 개수를 구하시오.

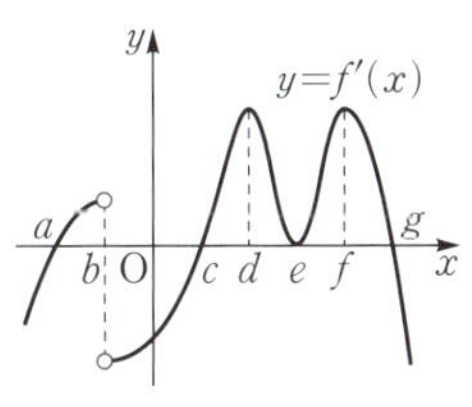

유형 05 함수의 그래프의 성질

함수 $f(x)$에 대하여 다음을 조사하면 $y=f(x)$의 그래프의 성질을 알 수 있다.

(1) 정의역과 치역
(2) 곡선 $y=f(x)$의 대칭성과 주기
(3) 곡선 $y=f(x)$와 좌표축의 교점
(4) 함수의 증가와 감소, 극대와 극소
(5) 곡선 $y=f(x)$의 오목과 볼록, 변곡점
(6) $\lim\limits_{x\to\infty} f(x)$, $\lim\limits_{x\to-\infty} f(x)$, 점근선

0823 대표문제

함수 $f(x)=\dfrac{2x}{x^2+3}$에 대한 설명으로 옳은 것만을 다음 **보기**에서 있는 대로 고른 것은?

> ● 보기 ●
>
> ㄱ. $y=f(x)$의 그래프는 열린구간 $(0, \infty)$에서 위로 볼록하다.
> ㄴ. $y=f(x)$의 그래프의 점근선의 방정식은 $x=0$이다.
> ㄷ. $y=f(x)$의 그래프의 변곡점은 3개이다.

① ㄱ 　　② ㄷ 　　③ ㄱ, ㄴ
④ ㄴ, ㄷ 　　⑤ ㄱ, ㄴ, ㄷ

0824 중

함수 $f(x)=e^{-x}\sin x$ $(0\le x\le\pi)$에 대한 설명으로 옳은 것만을 다음 **보기**에서 있는 대로 고르시오.

> ● 보기 ●
>
> ㄱ. 극댓값 $e^{-\frac{\pi}{2}}$을 갖는다.
> ㄴ. $y=f(x)$의 그래프는 열린구간 $\left(\dfrac{\pi}{2}, \pi\right)$에서 아래로 볼록하다.
> ㄷ. $y=f(x)$의 그래프의 변곡점은 1개이다.

유형 06 유리함수의 최대와 최소

$$y=\dfrac{f(x)}{g(x)} \Rightarrow y'=\dfrac{f'(x)g(x)-f(x)g'(x)}{\{g(x)\}^2}$$

임을 이용하여 극값을 구하고, 주어진 구간에서 극댓값, 극솟값, 구간의 양 끝에서의 함숫값을 비교하여 최댓값과 최솟값을 구한다.

0825 대표문제

$-2\le x<3$에서 함수 $f(x)=\dfrac{x^2-3x+1}{x-3}$의 최댓값은?

① $-\dfrac{11}{5}$ 　　② $-\dfrac{5}{4}$ 　　③ $-\dfrac{1}{3}$

④ $\dfrac{1}{2}$ 　　⑤ 1

0826 중 서술형

함수 $f(x)=\dfrac{5x-3}{x^2+x+1}$ $(x\ge-1)$이 $x=a$에서 최댓값 b를 가질 때, a^2+b^2의 값을 구하시오.

0827 중

함수 $f(x)=\dfrac{ax+b}{x^2-x+2}$가 $x=-1$에서 최댓값 1을 가질 때, 상수 a, b에 대하여 ab의 값을 구하시오.

| 개념원리 미적분 201쪽, 204쪽 |

유형 07　무리함수의 최대와 최소

$$y=\sqrt{f(x)} \Rightarrow y'=\frac{f'(x)}{2\sqrt{f(x)}}$$

임을 이용하여 극값을 구하고, 극댓값, 극솟값, 정의역의 양 끝에서의 함숫값을 비교하여 최댓값과 최솟값을 구한다.

0828　대표문제

함수 $f(x)=\sqrt{x}+\sqrt{6-x}$ 가 $x=a$ 에서 최댓값 b 를 가질 때, ab 의 값은?

① $1+\sqrt{5}$　　　② $4+2\sqrt{2}$　　　③ $6\sqrt{3}$

④ $8+4\sqrt{2}$　　　⑤ $5+5\sqrt{5}$

0829　중

함수 $f(x)=x\sqrt{1-x^2}$ 의 최댓값을 M, 최솟값을 m 이라 할 때, $M-m$ 의 값을 구하시오.

0830　중

양수 a 에 대하여 닫힌구간 $[0,\ a]$ 에서 함수 $f(x)=(x+a)\sqrt{a^2-x^2}$ 의 최댓값이 $\dfrac{\sqrt{3}}{3}$ 일 때, a 의 값을 구하시오.

| 개념원리 미적분 202쪽, 204쪽 |

유형 08　지수함수의 최대와 최소

① $y=e^x \Rightarrow y'=e^x$　　　② $y=e^{f(x)} \Rightarrow y'=e^{f(x)}f'(x)$

임을 이용하여 극값을 구하고, 주어진 구간에서 극댓값, 극솟값, 구간의 양 끝에서의 함숫값을 비교하여 최댓값과 최솟값을 구한다.

0831　대표문제

닫힌구간 $[-2,\ 3]$ 에서 함수 $f(x)=(x^2-3x+1)e^x$ 의 최댓값을 M, 최솟값을 m 이라 할 때, $\dfrac{M}{m}$ 의 값을 구하시오.

0832　중 하

닫힌구간 $[-1,\ 0]$ 에서 함수 $f(x)=x^2e^{3x}$ 의 최댓값과 최솟값의 합을 구하시오.

0833　중

닫힌구간 $[0,\ 4]$ 에서 함수 $f(x)=\dfrac{kx^2}{e^x}$ 의 최댓값이 8일 때, 양수 k 의 값을 구하시오.

0834　중

함수 $f(x)=a\sqrt{2-x^2}\,e^x$ 의 최댓값이 e 일 때, 양수 a 의 값을 구하시오.

| 개념원리 미적분 202쪽, 204쪽 |

유형 09 로그함수의 최대와 최소

① $y=\ln|x| \Rightarrow y'=\dfrac{1}{x}$　　② $y=\ln|f(x)| \Rightarrow y'=\dfrac{f'(x)}{f(x)}$

임을 이용하여 극값을 구하고, 주어진 구간에서 극댓값, 극솟값, 구간의 양 끝에서의 함숫값을 비교하여 최댓값과 최솟값을 구한다.

0835 대표문제

닫힌구간 $[0,\ 2]$에서 함수 $f(x)=\ln(x^2-x+4)$는 $x=a$에서 최댓값을 갖고, $x=b$에서 최솟값을 갖는다. 이때 $a-b$의 값을 구하시오.

0836 중하

함수 $f(x)=x\ln\dfrac{1}{x}$의 최댓값을 구하시오.

0837 중

함수 $f(x)=\log_3(3-x)+2\log_3(x+3)$의 최댓값은?

① $1-\log_3 2$　　② $-\log_3 2$　　③ $\log_3 2$
④ $5\log_3 2$　　⑤ $2+\log_3 2$

0838 중

함수 $f(x)=x\ln x-2x+k$의 최솟값이 0일 때, 상수 k의 값은?

① $-e$　　② -1　　③ 0
④ 1　　⑤ e

| 개념원리 미적분 203쪽, 204쪽 |

유형 10 삼각함수의 최대와 최소

① $y=\sin x \Rightarrow y'=\cos x$　　② $y=\cos x \Rightarrow y'=-\sin x$

임을 이용하여 극값을 구하고, 주어진 구간에서 극댓값, 극솟값, 구간의 양 끝에서의 함숫값을 비교하여 최댓값과 최솟값을 구한다.

0839 대표문제

닫힌구간 $[0,\ 2\pi]$에서 함수 $f(x)=x\sin x+\cos x$의 최댓값과 최솟값의 합은?

① $-\pi$　　② $-\dfrac{\pi}{2}$　　③ π
④ $\dfrac{3}{2}\pi$　　⑤ 2π

0840 중하

$0<x<\pi$에서 함수 $f(x)=\dfrac{2-\cos x}{\sin x}$의 최솟값은?

① $-\dfrac{1}{2}$　　② $\dfrac{\sqrt{3}}{2}$　　③ $\sqrt{3}$
④ 2　　⑤ $2\sqrt{3}$

0841 중

닫힌구간 $[0,\ 2\pi]$에서 함수 $f(x)=(2-\cos x)\cos x$의 최댓값을 M, 최솟값을 m이라 할 때, $M-m$의 값을 구하시오.

0842 중 서술형

$0\le x\le\dfrac{\pi}{2}$에서 함수 $f(x)=a(x-\sin 2x)$의 최댓값이 π일 때, 양수 a의 값을 구하시오.

유형 11 치환을 이용한 함수의 최대와 최소

함수 $f(x)$의 식에 공통부분이 있을 때에는
⇨ 공통부분을 t로 치환하여 함수 $f(x)$를 t에 대한 함수 $g(t)$로
나타내고, t의 값의 범위에서 $g(t)$의 최댓값, 최솟값을 구한다.

0843 대표문제
함수 $f(x)=\cos x \sin^2 x+3$의 최댓값과 최솟값의 합은?

① 0 ② 2 ③ 4
④ 6 ⑤ 8

0844 중
함수 $f(x)=27^x-2\times 3^{x+1}+4$의 최솟값은?

① $1-\sqrt{2}$ ② $2(1-\sqrt{2})$ ③ $3(1-\sqrt{2})$
④ $4(1-\sqrt{2})$ ⑤ $5(1-\sqrt{2})$

0845 중
$\dfrac{1}{4}\leq x\leq 2$에서 함수 $f(x)=(\log_2 x)^3-6\log_4 x-5$의 최
댓값을 M, 최솟값을 m이라 할 때, $M-m$의 값을 구하시오.

유형 12 방정식 $f(x)=k$의 실근의 개수

방정식 $f(x)=k$의 실근의 개수는
⇨ 함수 $y=f(x)$의 그래프와 직선 $y=k$의 교점의 개수와 같다.

0846 대표문제
x에 대한 방정식 $\ln x-x-a=0$이 서로 다른 두 실근을 가
질 때, 실수 a의 값의 범위는?

① $a>e$ ② $0<a<e$ ③ $a<-1$
④ $-1<a<1$ ⑤ $-2<a<0$

0847 중
x에 대한 방정식 $ae^{2x}-e^x+1=0$이 한 개의 실근을 갖도록
하는 양수 a의 값을 구하시오.

0848 중
x에 대한 방정식 $e^x=3x+k$가 실근을 갖도록 하는 실수 k의
값의 범위를 구하시오.

0849 상중
x에 대한 방정식 $\dfrac{3}{x}=-x^3+k$가 서로 다른 두 실근을 갖도
록 하는 실수 k의 값의 범위가 $k<\alpha$ 또는 $k>\beta$일 때, $\beta-\alpha$
의 값을 구하시오.

유형 13 방정식 $f(x)=g(x)$의 실근의 개수

방정식 $f(x)=g(x)$의 실근의 개수는
⇨ 두 함수 $y=f(x)$, $y=g(x)$의 그래프의 교점의 개수와 같다.

0850 ◀대표문제▶

x에 대한 방정식 $2x^2=a \ln x$에 대하여 다음 **보기**에서 옳은 것만을 있는 대로 고른 것은? (단, $a>0$)

┌─ 보기 ─
ㄱ. $a=2e$일 때, 실근을 갖지 않는다.
ㄴ. $a=4e$일 때, 오직 한 개의 실근을 갖는다.
ㄷ. $a=6e$일 때, 서로 다른 두 실근을 갖는다.
└─

① ㄱ   ② ㄴ   ③ ㄱ, ㄴ
④ ㄴ, ㄷ   ⑤ ㄱ, ㄴ, ㄷ

0851 중

x에 대한 방정식 $e^x=ax$가 서로 다른 두 실근을 갖도록 하는 실수 a의 값의 범위를 구하시오.

0852 중

다음 중 닫힌구간 $\left[-\dfrac{\pi}{2}, \dfrac{\pi}{2}\right]$에서 x에 대한 방정식

$\sin 2x=kx$가 서로 다른 세 실근을 갖도록 하는 상수 k의 값이 될 수 없는 것은?

① 0 ② $\dfrac{1}{2}$ ③ 1
④ $\dfrac{3}{2}$ ⑤ 2

유형 14 부등식 $f(x) \geq a$의 꼴

(1) 어떤 구간에서 부등식 $f(x) \geq a$가 성립하려면
⇨ ($f(x)$의 최솟값) $\geq a$
(2) 어떤 구간에서 부등식 $f(x) \leq a$가 성립하려면
⇨ ($f(x)$의 최댓값) $\leq a$

0853 ◀대표문제▶

모든 실수 x에 대하여 부등식 $e^{2x}-2x \geq k$가 성립하도록 하는 실수 k의 최댓값은?

① $-e$ ② -2 ③ 1
④ 2 ⑤ e

0854 중

$x>-1$인 모든 실수 x에 대하여 부등식 $3x+k \geq \ln(x+1)$이 성립할 때, 실수 k의 최솟값을 구하시오.

0855 중

$x \geq 0$인 모든 실수 x에 대하여 부등식 $\sin 2x < 2x+k$를 만족시키는 정수 k의 최솟값을 구하시오.

0856 중 서술형

$x>0$인 모든 실수 x에 대하여 $(\ln x)^2-2 \ln x \geq k$가 성립할 때, 정수 k의 최댓값을 구하시오.

유형 **15** 부등식 $f(x) \geq g(x)$의 꼴

어떤 구간에서 부등식 $f(x) > g(x)$가 성립하려면
➾ $y=f(x)$의 그래프가 $y=g(x)$의 그래프보다 항상 위쪽에 있어야 한다.

0857 대표문제

모든 실수 x에 대하여 부등식 $e^{2x} \geq kx$를 만족시키는 실수 k의 최댓값은?

① 1 ② 2 ③ e

④ 3 ⑤ $2e$

0858 중

$f(x) = \dfrac{\ln x}{x}$, $g(x) = kx$일 때, $x > 0$인 모든 실수 x에 대하여 $f(x) \leq g(x)$가 성립하도록 하는 실수 k의 최솟값을 구하시오.

0859 중

$x \geq 0$일 때, 부등식 $3x \geq a \sin 2x$를 만족시키는 양수 a의 최댓값은?

① $\dfrac{1}{2}$ ② 1 ③ $\dfrac{3}{2}$

④ 2 ⑤ $\dfrac{5}{2}$

유형 **16** 직선 운동에서의 속도와 가속도

수직선 위를 움직이는 점 P의 시각 t에서의 위치 x가 $x=f(t)$일 때, 시각 t에서의 점 P의 속도 v와 가속도 a는

(1) $v = \dfrac{dx}{dt} = f'(t)$ (2) $a = \dfrac{dv}{dt} = f''(t)$

0860 대표문제

수직선 위를 움직이는 점 P의 시각 t에서의 위치 $x=f(t)$가 $f(t) = 6t - a \sin 2t$이다. $t = \dfrac{\pi}{6}$에서의 점 P의 속도가 2일 때, $t = \dfrac{\pi}{6}$에서의 점 P의 위치를 구하시오. (단, a는 상수)

0861 중

수직선 위를 움직이는 점 P의 시각 t에서의 위치 $x=f(t)$가 $f(t) = a \sin \pi t + b \cos \pi t$이다. $t = 3$에서의 점 P의 속도가 -4π이고 가속도가 $-2\pi^2$일 때, 상수 a, b에 대하여 $a-b$의 값을 구하시오.

0862 상중

지상 44 m의 높이에서 똑바로 위로 던져 올린 물체의 t초 후의 높이를 h m라 하면 $h = -t^2 e^t + 8e^t + 36$이다. 이 물체가 최고 높이에 도달할 때까지 움직인 거리는 몇 m인지 구하시오.

유형 익/히/기

| **개념원리** 미적분 214쪽 |

유형 **17**   평면 운동에서의 속도

좌표평면 위를 움직이는 점 $P(x, y)$의 시각 t에서의 위치가 $x=f(t), y=g(t)$일 때, 시각 t에서의 점 P의 속도와 속력은

(1) 속도: $(f'(t), g'(t))$

(2) 속력: $\sqrt{\{f'(t)\}^2+\{g'(t)\}^2}$

0863 대표문제

좌표평면 위를 움직이는 점 P의 시각 t에서의 위치 (x, y)가 $x=3t-2$, $y=\dfrac{1}{2}t^2-2t$일 때, 점 P의 속력의 최솟값은?

① $\sqrt{3}$　　　　② 3　　　　③ $\sqrt{13}$

④ $3\sqrt{3}$　　　　⑤ 6

0864 중

좌표평면 위를 움직이는 점 P의 시각 t에서의 위치 (x, y)가 $x=2t$, $y=t-\dfrac{1}{3}t^3$이다. 점 P의 속력이 $\sqrt{13}$일 때의 시각을 구하시오.

0865 중

좌표평면 위를 움직이는 점 P의 시각 t에서의 위치 (x, y)가 $x=-1+\cos 2t$, $y=t+\sin 2t$일 때, 점 P의 속력의 최댓값을 구하시오.

0866 중   서술형

좌표평면 위를 움직이는 점 P의 시각 t에서의 위치 (x, y)가 $x=-t^2+a \ln t$, $y=3t$이다. $t=1$에서의 속력이 5일 때, 양수 a의 값을 구하시오.

| **개념원리** 미적분 214쪽 |

유형 **18**   평면 운동에서의 가속도

좌표평면 위를 움직이는 점 $P(x, y)$의 시각 t에서의 위치가 $x=f(t), y=g(t)$일 때, 시각 t에서의 점 P의 가속도와 가속도의 크기는

(1) 가속도: $(f''(t), g''(t))$

(2) 가속도의 크기: $\sqrt{\{f''(t)\}^2+\{g''(t)\}^2}$

0867 대표문제

좌표평면 위를 움직이는 점 P의 시각 t에서의 위치 (x, y)가 $x=\sqrt{15}t$, $y=t^3-2t$이다. 점 P의 속력이 8일 때, 가속도의 크기는?

① 6　　　　② 9　　　　③ $7\sqrt{2}$

④ $6\sqrt{3}$　　　　⑤ 18

0868 중

좌표평면 위를 움직이는 점 P의 시각 t에서의 위치 (x, y)가 $x=3 \cos \dfrac{\pi}{4}t$, $y=3 \sin \dfrac{\pi}{4}t$일 때, 점 P의 가속도의 크기를 구하시오.

0869 중

좌표평면 위를 움직이는 점 P의 시각 t에서의 위치 (x, y)가 $x=t^2+8t$, $y=at^3-3t$이다. $t=1$에서의 가속도의 크기가 $2\sqrt{10}$일 때, 양수 a의 값은?

① 1　　　　② 2　　　　③ 3

④ 4　　　　⑤ 5

 유형 up

| 개념원리 미적분 205쪽 |

유형 **19** 　최대, 최소의 활용

도형의 길이, 넓이, 부피에서의 최댓값, 최솟값을 구할 때
(i) 한 문자에 대한 함수로 나타낸다.
(ii) 도함수를 이용하여 최댓값 또는 최솟값을 구한다.

0870 대표문제

오른쪽 그림과 같이 곡선 $y=e^{-x}$ 위의 제1사분면 위에 있는 점 P에서 x축과 y축에 내린 수선의 발을 각각 Q, R라 할 때, $\square$OQPR의 넓이의 최댓값은? (단, O는 원점)

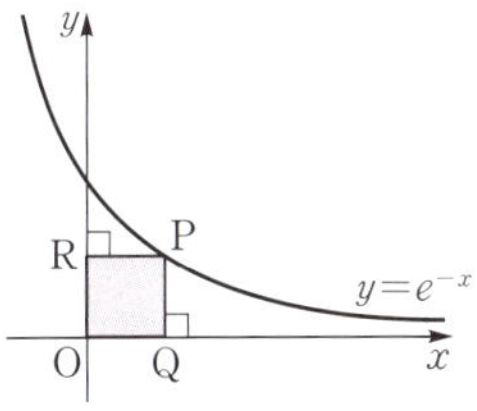

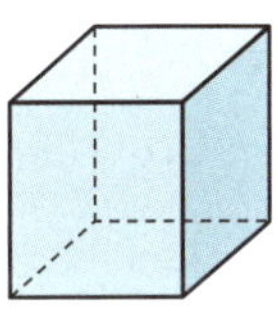

① $\dfrac{1}{e}$ 　　② $\dfrac{2}{e}$ 　　③ $\dfrac{3}{e}$

④ $\dfrac{4}{e}$ 　　⑤ $\dfrac{5}{e}$

0871 중

오른쪽 그림과 같이 종이를 사용하여 부피가 $64\,\mathrm{cm}^3$이고 밑면이 정사각형인 직육면체 모양의 상자를 만들려고 한다. 사용되는 종이의 넓이가 최소가 되도록 하는 밑면의 한 변의 길이와 높이를 구하시오.

0872 중

오른쪽 그림과 같이 $\overline{AB}=\overline{AD}=\overline{CD}=2$인 사다리꼴 ABCD에서 $\angle B=\angle C=\theta$라 할 때, 사다리꼴 ABCD의 넓이의 최댓값을 구하시오. $\left(\text{단, } 0<\theta<\dfrac{\pi}{2}\right)$

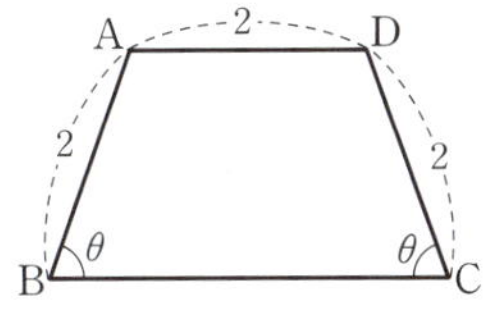

0873 중

오른쪽 그림과 같이 두 곡선 $y=2e^x$, $y=2e^{-x}$ 위에 두 꼭짓점 A, D가 각각 놓여 있고 변 BC가 x축 위에 있는 직사각형 ABCD의 넓이의 최댓값은?

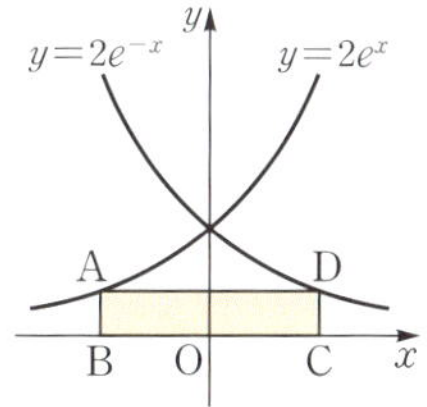

① $\dfrac{1}{e^2}$ 　　② $\dfrac{4}{e^2}$ 　　③ $\dfrac{1}{e}$

④ $\dfrac{2}{e}$ 　　⑤ $\dfrac{4}{e}$

0874 상중

오른쪽 그림과 같이 지름 AB의 길이가 12인 반원에서 지름에 평행한 현 CD를 그을 때 생기는 도형 OBDC의 넓이의 최댓값을 구하시오. (단, 점 O는 반원의 중심)

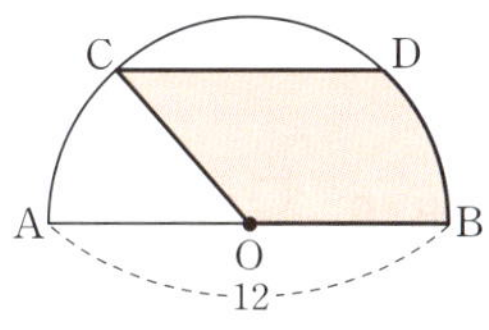

0875 상중

곡선 $y=e^{-x}\,(x\geq0)$ 위의 한 점 P에서의 접선과 x축, y축으로 둘러싸인 삼각형의 넓이의 최댓값은?

① $\dfrac{1}{2e}$ 　　② $\dfrac{1}{e}$ 　　③ $\dfrac{2}{e}$

④ $\dfrac{4}{e}$ 　　⑤ $\dfrac{8}{e}$

0876

곡선 $y=(x^2+a)e^{-x}$이 실수 전체의 구간에서 아래로 볼록할 때, 실수 a의 값의 범위를 구하시오.

0877

곡선 $y=x+3\sin x\ (0<x<2\pi)$의 변곡점에서의 접선의 y절편은?

① π ② $\dfrac{3}{2}\pi$ ③ 2π

④ $\dfrac{5}{2}\pi$ ⑤ 3π

0878 ⚡중요

함수 $f(x)=x^2+ax-b\ln x$가 $x=1$에서 극값을 갖고 곡선 $y=f(x)$의 변곡점의 x좌표가 $\dfrac{1}{2}$일 때, 상수 a, b에 대하여 $a+b$의 값을 구하시오.

0879

함수 $f(x)$의 도함수 $y=f'(x)$의 그래프가 오른쪽 그림과 같을 때, 다음 중 함수 $y=f(x)$의 그래프의 모양이 위로 볼록한 구간은?

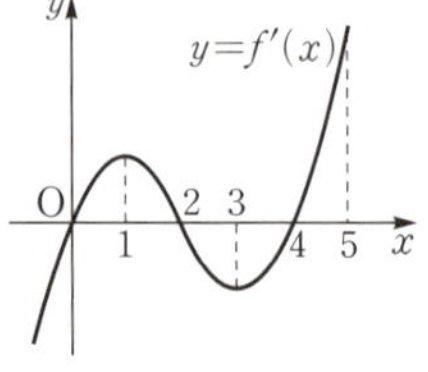

① $(0, 1)$ ② $(0, 2)$ ③ $(1, 3)$

④ $(2, 4)$ ⑤ $(3, 5)$

0880 ⚡중요

함수 $f(x)=ex-\ln x$에 대한 설명으로 옳은 것만을 다음 **보기**에서 있는 대로 고른 것은?

> • 보기 •
>
> ㄱ. 치역은 $\{y\,|\,y\geq2\}$이다.
>
> ㄴ. 곡선 $y=f(x)$의 점근선의 방정식은 $y=0$이다.
>
> ㄷ. $x>0$인 실수 x에 대하여 곡선 $y=f(x)$는 아래로 볼록하다.

① ㄱ   ② ㄴ   ③ ㄱ, ㄷ

④ ㄴ, ㄷ   ⑤ ㄱ, ㄴ, ㄷ

0881

$1\leq x\leq4$에서 함수 $f(x)=\dfrac{3x-4}{x^2+1}$의 최댓값을 M, 최솟값을 m이라 할 때, $M-m$의 값은?

① -2 ② -1 ③ 0
④ 1 ⑤ 2

0882

함수 $f(x)=2x+\sqrt{5-x^2}$은 $x=\alpha$에서 최댓값을 갖고 $x=\beta$에서 최솟값을 가질 때, $\alpha\beta$의 값을 구하시오.

0883

닫힌구간 $[-2, 2]$에서 함수 $f(x)=\dfrac{x^2-3}{e^x}$의 최댓값을 M, 최솟값을 m이라 할 때, Mm의 값을 구하시오.

0884

함수 $f(x)=x(2-\ln x)+k$의 최댓값이 $e+2$일 때, $f(1)$의 값은? (단, k는 상수)

① 2   ② 3   ③ 4
④ 5   ⑤ 6

0885 수능 기출

함수 $f(x)=4\ln x+\ln (10-x)$에 대하여 **보기**에서 옳은 것을 있는 대로 고른 것은?

> ● 보기 ●
>
> ㄱ. 함수 $f(x)$의 최댓값은 $13\ln 2$이다.
> ㄴ. 방정식 $f(x)=0$은 서로 다른 두 실근을 갖는다.
> ㄷ. 함수 $y=e^{f(x)}$의 그래프는 구간 $(4, 8)$에서 위로 볼록하다.

① ㄱ   ② ㄷ   ③ ㄱ, ㄴ
④ ㄴ, ㄷ   ⑤ ㄱ, ㄴ, ㄷ

0886

닫힌구간 $[0, \pi]$에서 함수 $f(x)=\sin x(1+\cos x)$의 최댓값은?

① 0   ② $\dfrac{\sqrt{3}}{4}$ ③ $\dfrac{\sqrt{3}}{2}$
④ $\dfrac{3\sqrt{3}}{4}$ ⑤ $\sqrt{3}$

0887

$-\dfrac{\pi}{2}\le x\le\dfrac{\pi}{2}$에서 함수 $f(x)=a(x+\sin 2x)$의 최댓값이 $4\pi+6\sqrt{3}$일 때, 양수 a의 값을 구하시오.

0888

함수 $f(x)=\sin^3 x+2\cos^2 x+1\ (0\le x\le 2\pi)$의 최댓값을 M, 최솟값을 m이라 할 때, $M+m$의 값을 구하시오.

0889

$-1<x<1$에서 방정식 $x^2-2\ln (1+x^2)=k$가 서로 다른 두 실근을 갖도록 하는 실수 k의 값의 범위를 구하시오.

0890

곡선 $f(x)=\dfrac{1}{2}ax^2+2\cos x+3x$가 변곡점을 갖도록 하는 정수 a의 개수는?

① 1 ② 2 ③ 3
④ 4 ⑤ 5

0891 💡중요

$x>0$일 때, 부등식 $e^x-\dfrac{x^2}{2}-x+k\geq0$이 항상 성립하도록 하는 실수 k의 최솟값은?

① -2 ② -1 ③ 0
④ 1 ⑤ 2

0892

$x>0$인 모든 실수 x에 대하여 부등식 $a\ln x<\sqrt{x}$가 성립하도록 하는 양수 a의 값의 범위를 구하시오.

0893

수직선 위를 움직이는 점 P의 시각 t에서의 위치 $x=f(t)$가 $f(t)=t-\cos t$일 때, 처음으로 점 P의 속도가 0이 되는 시각을 구하시오.

0894 평가원 기출

좌표평면 위를 움직이는 점 P의 시각 t $(t\geq0)$에서의 위치 (x, y)가 $x=3t-\sin t$, $y=4-\cos t$이다. 점 P의 속력의 최댓값을 M, 최솟값을 m이라 할 때, $M+m$의 값은?

① 3 ② 4 ③ 5
④ 6 ⑤ 7

0895 💡중요

좌표평면 위를 움직이는 점 P의 시각 t에서의 위치 (x, y)가 $x=e^t\cos t$, $y=e^t\sin t$이다. 점 P의 속력이 $\sqrt{2}e$일 때, 가속도의 크기는?

① e ② $2e$ ③ $4e$
④ e^2 ⑤ $2e^2$

0896 수능 기출

곡선 $y=2e^{-x}$ 위의 점 $P(t, 2e^{-t})$ $(t>0)$에서 y축에 내린 수선의 발을 A라 하고, 점 P에서의 접선이 y축과 만나는 점을 B라 하자. 삼각형 APB의 넓이가 최대가 되도록 하는 t의 값은?

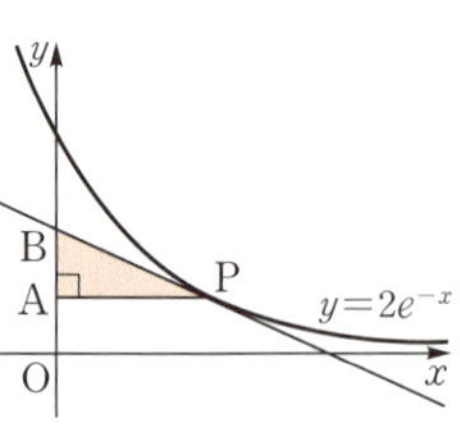

① 1 ② $\dfrac{e}{2}$ ③ $\sqrt{2}$
④ 2 ⑤ e

 **서술형 주관식**

0897

곡선 $y=x-2\cos x$ $(0\le x\le\pi)$의 변곡점에서의 접선의 방정식을 $y=ax+b$라 할 때, 상수 a, b에 대하여 ab의 값을 구하시오.

0898

함수 $f(x)=\dfrac{1}{4}x^2-\dfrac{1}{2}\ln kx$의 최솟값이 $-\dfrac{3}{4}$일 때, 양수 k의 값을 구하시오.

0899

x에 대한 방정식 $e^x=kx$, $\ln x=kx$가 모두 실근을 갖지 않도록 하는 실수 k의 값의 범위가 $\alpha<k<\beta$일 때, $\alpha\beta$의 값을 구하시오.

0900

$f(x)=x^2-x+3$, $g(x)=ke^{-x}$일 때, $x>0$인 모든 실수 x에 대하여 $f(x)\ge g(x)$가 성립하도록 하는 실수 k의 최댓값을 구하시오.

 **실력 up**

0901 평가원 기출

실수 전체의 집합에서 미분가능한 함수 $f(x)$가 모든 실수 x에 대하여 다음 조건을 만족시킨다.

> (가) $f(x)\ne 1$
> (나) $f(x)+f(-x)=0$
> (다) $f'(x)=\{1+f(x)\}\{1+f(-x)\}$

보기에서 옳은 것만을 있는 대로 고른 것은?

> ● 보기 ●
> ㄱ. 모든 실수 x에 대하여 $f(x)\ne -1$이다.
> ㄴ. 함수 $f(x)$는 어떤 열린구간에서 감소한다.
> ㄷ. 곡선 $y=f(x)$는 세 개의 변곡점을 갖는다.

① ㄱ   ② ㄴ   ③ ㄱ, ㄷ
④ ㄴ, ㄷ   ⑤ ㄱ, ㄴ, ㄷ

0902

지면으로부터 θ의 각을 이루는 방향으로 차 올린 공의 t초 후의 위치를 좌표평면에 점 $(x,\,y)$로 나타내면 $x=20t\cos\theta$, $y=20t\sin\theta-5t^2$이고, 이 공은 1초 후에 최고 높이에 도달한다. 이 공이 지면에 닿는 순간의 속력을 구하시오.

$$\left(\text{단, } 0<\theta<\frac{\pi}{2}\right)$$

0903 ···· 창의·융합

다음 그림과 같이 가로, 세로의 길이가 각각 24, 8인 직사각형 모양의 종이를 꼭짓점 B가 변 AD 위의 점 P에 놓이도록 $\overline{\text{QR}}$를 접는 선으로 하여 접었다. 선분 QR의 길이가 최소가 될 때의 선분 PQ의 길이를 구하시오.

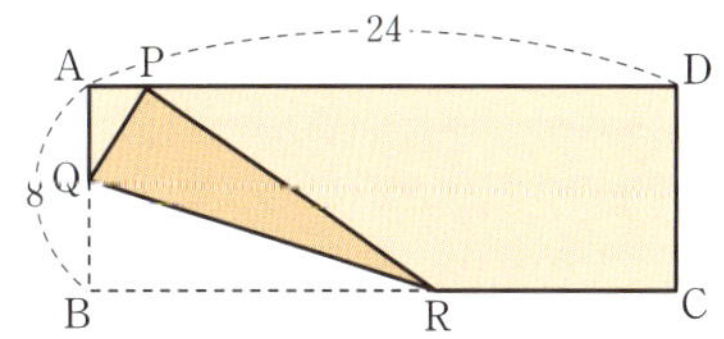

그대의 인생을 분별있게 나누어 쓰라.

그대의 인생을 분별있게 나누어 쓰라.

한숨도 쉬지 않는 인생은 주막에도 들르지 않는 긴 여행만큼 피곤하다.

다양한 지식은 삶을 즐겁게 만든다.

멋진 인생의 첫 여행은 죽은 자들과의 대화로 시작하라.

우리는 알기 위해서, 그리고 우리 자신을 알기 위해서 산다.

그럴 때 진실된 책이 우리를 사람답게 만들 것이다.

두 번째 여행은 산 사람들과 보내면서 이 세상의 좋은 것들을 보고 깨달으라.

이 세상을 만든 조물주도 자신의 재능을 나누어 썼고, 때로는 풍요로운 것에 추한 것을 곁들여 놓았다.

세 번째 여행은 자기 자신과 보내라.

마지막 행복은 철학하며 사는 것이다.

Ⅲ

적분법

08 여러 가지 적분법

08·1 함수 $y=x^n$ (n은 실수)의 부정적분

(1) $n \neq -1$일 때, $\displaystyle\int x^n\,dx = \frac{1}{n+1}x^{n+1}+C$

(2) $n=-1$일 때, $\displaystyle\int x^{-1}\,dx = \int \frac{1}{x}\,dx = \ln|x|+C$

> 두 함수 $f(x)$, $g(x)$에 대하여
> ① $\displaystyle\int kf(x)\,dx = k\int f(x)\,dx$
> (단, k는 0이 아닌 실수)
> ② $\displaystyle\int \{f(x)\pm g(x)\}\,dx$
> $\displaystyle = \int f(x)\,dx \pm \int g(x)\,dx$
> (복부호동순)

08·2 지수함수의 부정적분

(1) $\displaystyle\int e^x\,dx = e^x+C$

(2) $\displaystyle\int a^x\,dx = \frac{a^x}{\ln a}+C$ (단, $a>0$, $a\neq 1$)

08·3 삼각함수의 부정적분

(1) $\displaystyle\int \sin x\,dx = -\cos x+C$

(2) $\displaystyle\int \cos x\,dx = \sin x+C$

(3) $\displaystyle\int \sec^2 x\,dx = \tan x+C$

(4) $\displaystyle\int \csc^2 x\,dx = -\cot x+C$

(5) $\displaystyle\int \sec x \tan x\,dx = \sec x+C$

(6) $\displaystyle\int \csc x \cot x\,dx = -\csc x+C$

> $\tan^2 x,\ \cot^2 x$는
> $1+\tan^2 x = \sec^2 x$,
> $1+\cot^2 x = \csc^2 x$
> 임을 이용하여 식을 변형한 후 적분한다.

08·4 치환적분법

1 치환적분법: 미분가능한 함수 $g(t)$에 대하여 $x=g(t)$로 놓으면
$$\int f(x)\,dx = \int f(g(t))g'(t)\,dt$$

2 $\displaystyle\int \frac{f'(x)}{f(x)}\,dx$ 꼴의 부정적분
$$\int \frac{f'(x)}{f(x)}\,dx = \ln|f(x)|+C$$

> 치환적분법으로 구한 부정적분은 그 결과를 처음의 변수로 바꾸어 나타낸다.

> $\displaystyle\int f(x)\,dx = F(x)+C$이면
> $\displaystyle\int f(ax+b)\,dx$
> $\displaystyle = \frac{1}{a}F(ax+b)+C$ (단, $a\neq 0$)

08·5 유리함수의 부정적분

(1) (분자의 차수)≥(분모의 차수)인 경우
⇨ 분자를 분모로 나누어 몫과 나머지의 꼴로 나타낸 후 부정적분을 구한다.

(2) (분자의 차수)<(분모의 차수)인 경우 ⇨ 부분분수로 변형하여 부정적분을 구한다.

08·6 부분적분법

두 함수 $f(x)$, $g(x)$가 미분가능할 때
$$\int f(x)g'(x)\,dx = f(x)g(x) - \int f'(x)g(x)\,dx$$

> 부분적분법을 이용할 때 미분하기 쉬운 것을 $f(x)$로, 적분하기 쉬운 것을 $g'(x)$로 놓으면 계산이 편리하다. 일반적으로 로그함수, 다항함수, 삼각함수, 지수함수의 순서로 $f(x)$를 택한다.

정답과 풀이 **121**쪽

08·1   함수 $y=x^n$ (n은 실수)의 부정적분

[0904 ~ 0907] 다음 부정적분을 구하시오.

0904 $\displaystyle\int x^{-4}\,dx$

0905 $\displaystyle\int \sqrt[5]{x^3}\,dx$

0906 $\displaystyle\int \frac{x^3+x^2+2}{x^3}\,dx$

0907 $\displaystyle\int \frac{x^2-1}{\sqrt{x}}\,dx$

08·2   지수함수의 부정적분

[0908 ~ 0909] 다음 부정적분을 구하시오.

0908 $\displaystyle\int (2e^x+3^x)\,dx$

0909 $\displaystyle\int e^{x+4}\,dx$

08·3   삼각함수의 부정적분

[0910 ~ 0915] 다음 부정적분을 구하시오.

0910 $\displaystyle\int (\sin x+3\cos x)\,dx$

0911 $\displaystyle\int (2-\tan x)\cos x\,dx$

0912 $\displaystyle\int \csc x(\csc x+\cot x)\,dx$

0913 $\displaystyle\int \frac{1+\cos^3 x}{\cos^2 x}\,dx$

0914 $\displaystyle\int \frac{\sin^3 x-1}{\sin^2 x}\,dx$

0915 $\displaystyle\int \tan^2 x\,dx$

08·4   치환적분법

[0916 ~ 0921] 다음 부정적분을 구하시오.

0916 $\displaystyle\int (2x+1)^4\,dx$

0917 $\displaystyle\int \frac{1}{(3x+1)^2}\,dx$

0918 $\displaystyle\int 3x^2 e^{x^3}\,dx$

0919 $\displaystyle\int \sin^2 x\cos x\,dx$

0920 $\displaystyle\int \frac{2x-1}{x^2-x+1}\,dx$

0921 $\displaystyle\int \frac{1-\sin x}{x+\cos x}\,dx$

08·5   유리함수의 부정적분

[0922 ~ 0923] 다음 부정적분을 구하시오.

0922 $\displaystyle\int \frac{2x^2+x-1}{x+2}\,dx$

0923 $\displaystyle\int \frac{1}{x^2-3x+2}\,dx$

08·6   부분적분법

[0924 ~ 0926] 다음 부정적분을 구하시오.

0924 $\displaystyle\int \ln x\,dx$

0925 $\displaystyle\int xe^x\,dx$

0926 $\displaystyle\int x\sin x\,dx$

| 개념원리 미적분 221쪽 |

유형 **01** 함수 $y=x^n$ (n은 실수)의 부정적분

(1) $n \neq -1$일 때, $\displaystyle\int x^n dx = \frac{1}{n+1}x^{n+1}+C$

(2) $n = -1$일 때, $\displaystyle\int x^{-1} dx = \int \frac{1}{x} dx = \ln|x|+C$

0927 대표문제

함수 $f(x) = \displaystyle\int \frac{(\sqrt{x}-1)^2}{\sqrt{x}} dx$에 대하여 $f(1)=\dfrac{5}{3}$일 때, $f(4)$의 값은?

① $\dfrac{2}{3}$ 　　　 ② 1 　　　 ③ $\dfrac{5}{3}$

④ 2 　　　 ⑤ $\dfrac{7}{3}$

0928 중하

함수 $f(x)=x\sqrt{x}-2$의 한 부정적분을 $F(x)$라 할 때, $F(1)-F(0)$의 값을 구하시오.

0929 중

함수 $f(x)=\displaystyle\int \frac{(x+2)^2-2}{x^2} dx$에 대하여 곡선 $y=f(x)$가 점 $(1,\,0)$을 지날 때, $f(2)$의 값을 구하시오.

0930 중 서술형

다음 조건을 모두 만족시키는 함수 $f(x)$에 대하여 $f(1)$의 값을 구하시오.

> (가) $f'(x)=\dfrac{1+x^4}{x^2}$ 　　　 (나) $f(-1)=0$

0931 중

함수 $f(x)$를 미분하였더니 $\dfrac{1}{\sqrt[3]{x}}$이 되었다. $f(1)=0$일 때, $f(x)$의 부정적분을 구하시오.

0932 상중

자연수 n에 대하여 함수 $f_n(x)$가

$$f_n(x)=\int x^{\frac{1}{n+1}} dx,\ f_n(0)=0$$

일 때, $f_1(1)\times f_2(1)\times f_3(1)\times \cdots \times f_{10}(1)$의 값은?

① $\dfrac{1}{3}$ 　　　 ② $\dfrac{1}{4}$ 　　　 ③ $\dfrac{1}{5}$

④ $\dfrac{1}{6}$ 　　　 ⑤ $\dfrac{1}{7}$

| 개념원리 미적분 222쪽 |

유형 **02** 지수함수의 부정적분 ─ 밑이 e인 경우

$$\int e^x dx = e^x + C$$

0933 대표문제

함수 $f(x)=\displaystyle\int \frac{1-e^{2x}}{1+e^x} dx$에 대하여 $f(0)=3$일 때, $f(1)$의 값은?

① $e-5$ 　　　 ② $e-3$ 　　　 ③ $1-e$

④ $3-e$ 　　　 ⑤ $5-e$

0934 중

어떤 함수 $f(x)$를 적분해야 할 것을 잘못하여 미분하였더니 e^x-2x+1이 되었다. $f(0)=1$이고 $F(x)=\int f(x)\,dx$라 할 때, $F(1)-F(0)$의 값을 구하시오.

0935 중

미분가능한 함수 $f(x)$에 대하여

$$\lim_{h\to 0}\frac{f(x+h)-f(x)}{h}=e^{x+2}+4x$$

이고 $f(0)=e^2-e^3$일 때, $f(1)$의 값을 구하시오.

0936 중

모든 실수 x에서 연속인 함수 $f(x)$가

$$f(x)=\begin{cases} \displaystyle\int \frac{xe^x+2ex}{x}\,dx & (x\neq 0) \\ 1 & (x=0) \end{cases}$$

일 때, $f(2)$의 값을 구하시오.

0937 중

함수 $f(x)=\ln x-1$에 대하여 함수 $g(x)$가 $f(g(x))=x$를 만족시킬 때, 부정적분 $\int g(x)\,dx$는? (단, C는 적분상수)

① $e^{x-1}+C$　　② $e^{x+1}+C$　　③ $2e^{x-1}+C$

④ $2e^{x+1}+C$　　⑤ e^x-x+C

유형 03　지수함수의 부정적분 — 밑이 e가 아닌 경우

$$\int a^x\,dx=\frac{a^x}{\ln a}+C \ (\text{단, } a>0,\, a\neq 1)$$

0938 대표문제

등식 $\displaystyle\int \frac{9^x-1}{3^x+1}\,dx=\frac{3^x}{a}-x+C$가 성립할 때, 상수 a의 값은? (단, C는 적분상수)

① $\ln 3$　　② $2\ln 3$　　③ $3\ln 3$

④ $4\ln 3$　　⑤ $5\ln 3$

0939 중

함수 $f(x)$에 대하여 $f'(x)=5^{2x}\ln 25$이고 $f(0)=1$일 때, $\displaystyle\sum_{n=1}^{\infty}\frac{1}{f(n)}$의 값을 구하시오.

0940 상중

모든 실수 x에서 미분가능한 두 함수 $f(x)$, $g(x)$가 다음 조건을 모두 만족시킬 때, $f(1)+g(1)$의 값을 구하시오.

> (가) $\{f(x)+g(x)\}'=3^x$
>
> (나) $\{f(x)-g(x)\}'=3^{-x}$
>
> (다) $f(0)=0,\ g(0)=\dfrac{1}{\ln 3}$

| 개념원리 미적분 223쪽 |

유형 04 삼각함수의 부정적분

삼각함수 사이의 관계, 삼각함수의 덧셈정리, 배각의 공식 등을 이용하여 적분하기 쉬운 형태로 변형한 후 다음을 이용한다.

(1) $\displaystyle\int \sin x\,dx = -\cos x + C$

(2) $\displaystyle\int \cos x\,dx = \sin x + C$

(3) $\displaystyle\int \sec^2 x\,dx = \tan x + C$

(4) $\displaystyle\int \csc^2 x\,dx = -\cot x + C$

(5) $\displaystyle\int \sec x \tan x\,dx = \sec x + C$

(6) $\displaystyle\int \csc x \cot x\,dx = -\csc x + C$

0941 대표문제

함수 $f(x)=\displaystyle\int \dfrac{\sin^2 x}{1-\cos x}\,dx$에 대하여 $f(0)=3$일 때, $f\left(\dfrac{3}{2}\pi\right)$의 값은?

① $\dfrac{\pi}{2}+4$　　② $\dfrac{2}{3}\pi+3$　　③ π

④ $\pi+3$　　⑤ $\dfrac{3}{2}\pi+2$

0942 중하

함수 $f(x)=\displaystyle\int \dfrac{1}{1+\cos x}\,dx$에 대하여 $f\left(-\dfrac{\pi}{6}\right)-f\left(\dfrac{\pi}{6}\right)$의 값을 구하시오.

0943 중

함수 $f(x)=\left(\sin\dfrac{x}{2}+\cos\dfrac{x}{2}\right)^2$의 한 부정적분을 $F(x)$라 하자. $F(0)=0$일 때, $F(\pi)$의 값은?

① $\pi-2$　　② $\pi-1$　　③ π

④ $\pi+1$　　⑤ $\pi+2$

0944 중

모든 실수 x에서 연속인 함수 $f(x)$에 대하여

$$f'(x)=\begin{cases} 2\sin x-\cos x & (x>0) \\ 1-\cos x & (x<0) \end{cases}$$

이고 $f(\pi)=0$일 때, $f(-\pi)$의 값을 구하시오.

0945 중

함수 $f(x)$가 다음 조건을 모두 만족시킬 때, $f\left(\dfrac{\pi}{6}\right)$의 값은?

(단, a는 상수)

(가) $f'(x)=a\sec^2 x$	(나) $\displaystyle\lim_{x\to\frac{\pi}{3}}\dfrac{f(x)-3\sqrt{3}}{3x-\pi}=4$

① 2　　② $\sqrt{3}$　　③ $\sqrt{2}$

④ 1　　⑤ 0

0946 중

함수 $f(x)=\displaystyle\int \dfrac{\cos^3 x-2\sin^3 x+2\sin x-1}{\cos^2 x}\,dx$에 대하여 $f(0)=2$일 때, $f(\pi)$의 값은?

① 3　　② 4　　③ 5

④ 6　　⑤ 7

| 개념원리 미적분 228쪽 |

유형 **05**   다항함수의 치환적분법

미분가능한 함수 $g(t)$에 대하여 $x=g(t)$로 놓으면
$$\int f(x)\,dx=\int f(g(t))g'(t)\,dt$$

0947 대표문제

함수 $f(x)=\displaystyle\int x^2(x^3+2)^5\,dx$에 대하여 $f(0)=4$일 때, $f(x)$를 $x+1$로 나눈 나머지는?

① $\dfrac{5}{18}$ ② $\dfrac{1}{2}$ ③ 1

④ $\dfrac{5}{2}$ ⑤ 3

0948 중 하

등식 $\displaystyle\int(2x+5)^4\,dx=\dfrac{1}{a}(2x+5)^b+C$가 성립할 때, 상수 a, b에 대하여 ab의 값을 구하시오. (단, C는 적분상수)

0949 중

함수 $f(x)=\displaystyle\int(x+1)(x^2+2x-1)^3\,dx$에 대하여 $f(0)=1$일 때, $f(1)$의 값을 구하시오.

0950 중 서술형

함수 $f(x)=\displaystyle\int(ax-2)^8\,dx$의 최고차항의 계수가 3^6일 때, 양수 a의 값을 구하시오.

| 개념원리 미적분 229쪽 |

유형 **06**   무리함수의 치환적분법

$\sqrt{f(x)}$의 부정적분
$\Rightarrow \sqrt{f(x)}=t$ 또는 $f(x)=t$로 놓고 부정적분을 구한다.

0951 대표문제

등식 $\displaystyle\int\dfrac{2x}{\sqrt{4-3x^2}}\,dx=a\sqrt{4-3x^2}+C$가 성립할 때, 상수 a의 값은? (단, C는 적분상수)

① $-\dfrac{2}{3}$ ② $-\dfrac{1}{3}$ ③ $\dfrac{1}{3}$

④ $\dfrac{2}{3}$ ⑤ $\dfrac{4}{3}$

0952 중 하

부정적분 $\displaystyle\int(2x-1)\sqrt[3]{x^2-x+1}\,dx$를 구하면?
(단, C는 적분상수)

① $\dfrac{1}{4}\sqrt[3]{(x^2-x+1)^2}+C$ ② $\dfrac{3}{4}\sqrt[3]{(x^2-x+1)^2}+C$

③ $\dfrac{1}{4}\sqrt[3]{(x^2-x+1)^4}+C$ ④ $\dfrac{3}{4}\sqrt[3]{(x^2-x+1)^4}+C$

⑤ $\sqrt[3]{(x^2-x+1)^4}+C$

0953 중

함수 $f(x)=\displaystyle\int\dfrac{x}{\sqrt{x+2}}\,dx$에 대하여 곡선 $y=f(x)$가 점 $(4,\,0)$을 지날 때, $f(2)$의 값은?

① -3 ② $-\dfrac{8}{3}$ ③ $-\dfrac{7}{3}$

④ -2 ⑤ $-\dfrac{5}{3}$

유형 **07** 지수함수의 치환적분법

$\int f(e^x) \times e^x \, dx$의 부정적분

⇨ $e^x = t$로 놓으면 $\int f(e^x) \times e^x \, dx = \int f(t) dt$

0954 `대표문제`

함수 $f(x) = \int \dfrac{e^x}{\sqrt{e^x+3}} \, dx$에 대하여 $f(0)=1$일 때, $f(\ln 6)$의 값은?

① 1 　　② 2 　　③ 3
④ 4 　　⑤ 5

0955 `중 하`

$\int x \times 4^{x^2+3} \, dx = \dfrac{4^{x^2+b}}{4\ln a} + C$가 성립할 때, 상수 a, b에 대하여 $a+b$의 값을 구하시오. (단, a는 소수, C는 적분상수)

0956 `중`

함수 $f(x)$가 $f'(x) = 4e^x(e^x+1)^3$을 만족시키고 $f(0)=16$일 때, $f(\ln 2)$의 값을 구하시오.

0957 `중`

실수 전체의 집합에서 미분가능한 함수 $f(x)$가 다음 조건을 모두 만족시킬 때, $f(-1)$의 값은?

(가) $\displaystyle\lim_{h \to 0} \dfrac{f(x+h)-f(x-h)}{h} = 4xe^{x^2}$

(나) $\displaystyle\lim_{x \to 1} f(x) = 2e$

---

① $2e$ 　　② e 　　③ 0
④ $-e$ 　　⑤ $-2e$

유형 **08** 로그함수의 치환적분법

$\int f(\ln x) \times \dfrac{1}{x} \, dx$의 부정적분

⇨ $\ln x = t$로 놓으면 $\int f(\ln x) \times \dfrac{1}{x} \, dx = \int f(t) dt$

0958 `대표문제`

함수 $f(x)$에 대하여 $f'(x) = \dfrac{(\ln x)^2}{x}$이고 $f(e) = \dfrac{4}{3}$일 때, 함수 $f(x)$는?

① $f(x) = \dfrac{1}{3}(\ln x)^3$ 　　② $f(x) = \dfrac{1}{3}(\ln x)^3 + 1$

③ $f(x) = (\ln x)^3$ 　　④ $f(x) = 3(\ln x)^3$

⑤ $f(x) = 3(\ln x)^3 + 1$

0959 `중` `서술형`

함수 $f(x) = \int \dfrac{1}{x\sqrt{\ln x + 7}} \, dx$에 대하여 $f(e^2) = 4$일 때, $f\left(\dfrac{1}{e^3}\right)$의 값을 구하시오.

0960 `중`

$F'(x) = \dfrac{\log x}{x}$를 만족시키는 함수 $F(x)$에 대하여 $F(1)=0$일 때, $F(10)$의 값을 구하시오.

0961 `상 중`

$x > 0$에서 정의된 미분가능한 함수 $f(x)$의 한 부정적분 $F(x)$에 대하여 $F(x) = xf(x) - x\ln x$가 성립하고 $f(e)=2$일 때, $f(1)$의 값을 구하시오.

| **개념원리** 미적분 231쪽 |

유형 **09** 삼각함수의 치환적분법 − $\sin ax, \cos ax$ 꼴

(1) $\displaystyle\int \sin(ax+b)dx = -\frac{1}{a}\cos(ax+b)+C$

(2) $\displaystyle\int \cos(ax+b)dx = \frac{1}{a}\sin(ax+b)+C$

0962 대표문제

등식 $\displaystyle\int (\sin x-1)^2 dx = a\sin 2x + b\cos x + \frac{3}{2}x + C$ 가 성립할 때, 상수 a, b에 대하여 ab의 값을 구하시오.

(단, C는 적분상수)

0963 중

함수 $f(x)=\displaystyle\int (\sin^2 x + \sin 3x)dx$에 대하여 $f(0)=1$일 때, $f(2\pi)$의 값을 구하시오.

0964 중

함수 $f(x)$에 대하여 $f'(x)=\sin 2x - \cos 2x$이고 $f(x)$의 극솟값이 $\dfrac{\sqrt{2}}{2}$일 때, $f(x)$의 극댓값을 구하시오.

(단, $0<x<\pi$)

0965 상 중

함수 $f(x)$가 다음 조건을 모두 만족시킬 때, 상수 a에 대하여 $af\left(\dfrac{\pi}{2}\right)$의 값을 구하시오.

$$\text{(가) } f'(x)=a\cos 2x \qquad \text{(나) } \lim_{x\to\frac{\pi}{6}}\frac{f(x)}{x-\frac{\pi}{6}}=a-1$$

| **개념원리** 미적분 231쪽 |

유형 **10** 삼각함수의 치환적분법

$\displaystyle\int f(\sin x)\cos x\, dx$의 부정적분

⇨ $\sin x = t$로 놓으면 $\displaystyle\int f(\sin x)\cos x\, dx = \int f(t)dt$

0966 대표문제

함수 $f(x)=\displaystyle\int (1-\cos x)^3 \sin x\, dx$에 대하여 $f(0)=0$일 때, 함수 $f(x)$의 최댓값을 구하시오. (단, $0\le x\le 2\pi$)

0967 중 하

부정적분 $\displaystyle\int \sin x \cos^2 x\, dx$를 구하면? (단, C는 적분상수)

① $\sin^3 x + C$ ② $-\cos^3 x + C$ ③ $\cos^2 x + C$

④ $\dfrac{1}{3}\sin^3 x + C$ ⑤ $-\dfrac{1}{3}\cos^3 x + C$

0968 중

함수 $f(x)$에 대하여 $f'(x)=\sec^2 x \tan x$이고 $f\left(\dfrac{\pi}{4}\right)=-\dfrac{1}{2}$일 때, $f\left(\dfrac{\pi}{6}\right)$의 값을 구하시오.

0969 중

함수 $f(x)=\displaystyle\int \sin^3 x\, dx$에 대하여 $f(0)=0$일 때, $f\left(\dfrac{\pi}{3}\right)$의 값을 구하시오.

| 유형 **11** | $\displaystyle\int \dfrac{f'(x)}{f(x)}dx$ 꼴의 부정적분 |

$$\int \dfrac{f'(x)}{f(x)}\,dx=\ln|f(x)|+C$$

0970 　대표문제

함수 $f(x)=\displaystyle\int \dfrac{3x^2}{x^3+1}dx$에 대하여 $f(0)=1$일 때, $f(1)$의 값은?

① $\ln 2$ 　　② $\ln 2+1$ 　　③ $\ln 3$

④ $\ln 3+1$ 　　⑤ $2\ln 2$

0971 　중하

함수 $f(x)$에 대하여 $f'(x)=\dfrac{x+2}{x^2+4x+5}$이고 $f(-2)=0$일 때, 함수 $f(x)$를 구하시오.

0972 　중하

함수 $f(x)=\dfrac{e^x}{3e^x+1}$의 한 부정적분을 $F(x)$라 할 때, $F(\ln 5)-F(0)$의 값은?

① $\dfrac{1}{3}\ln 2$ 　　② $\dfrac{2}{3}\ln 2$ 　　③ $\ln 2$

④ $\dfrac{4}{3}\ln 2$ 　　⑤ $\dfrac{5}{3}\ln 2$

0973 　중하

함수 $f(x)=\displaystyle\int \dfrac{1-\sin x}{x+\cos x}dx$에 대하여 $f(0)=0$일 때, $f\left(\dfrac{\pi}{2}\right)$의 값을 구하시오.

0974 　중

함수 $f(x)$가 $f'(x)=3f(x)$를 만족시키고 $f'(0)=3$일 때, $f(1)$의 값은? (단, $f(x)>0$)

① 1 　　② e 　　③ $3e$

④ e^3 　　⑤ $3e^2$

| 유형 **12** | 유리함수의 부정적분−(분자의 차수)≥(분모의 차수) |

분자를 분모로 나누어 몫과 나머지의 꼴로 나타낸 후 부정적분을 구한다.

0975 　대표문제

함수 $f(x)$에 대하여

$$f'(x)=\dfrac{2x^2+x+2}{x-1},\ f(0)=0$$

일 때, $f(2)$의 값은?

① 6 　　② 7 　　③ 8

④ 9 　　⑤ 10

0976 　중 　서술형

함수 $f(x)=\displaystyle\int \dfrac{4-x}{x+2}dx$에 대하여 $f(-1)=0$일 때, $f(0)$의 값을 구하시오.

| 개념원리 미적분 233쪽 |

유형 **13** 유리함수의 부정적분−(분자의 차수)<(분모의 차수)

부분분수로 변형하여 부정적분을 구한다.

0977 `대표문제`

부정적분 $\displaystyle\int \frac{x+5}{x^2+x-2}dx$를 구하였더니 $\ln\left|\dfrac{(x+b)^2}{x+a}\right|+C$ 가 되었다. 이때 상수 a, b에 대하여 $a+b$의 값은?

(단, C는 적분상수)

① 0 ② 1 ③ 2

④ 3 ⑤ 4

0978 `중하`

부정적분 $\displaystyle\int \frac{1}{x(x+3)}dx$를 구하면? (단, C는 적분상수)

① $3\ln\left|\dfrac{x+3}{x}\right|+C$ ② $3\ln\left|\dfrac{x}{x+3}\right|+C$

③ $\dfrac{1}{3}\ln\left|\dfrac{x+3}{x}\right|+C$ ④ $\dfrac{1}{3}\ln\left|\dfrac{x}{x+3}\right|+C$

⑤ $\ln\left|\dfrac{x}{x+3}\right|+C$

0979 `중`

함수 $f(x)=\displaystyle\int \frac{x+2}{x^2+2x-3}dx$에 대하여 $f(0)=0$일 때, $3e^{4f(2)}$의 값을 구하시오.

| 개념원리 미적분 236쪽 |

유형 **14** 부분적분법

두 함수의 곱의 부정적분은 부분적분법을 이용한다.

$\Rightarrow \displaystyle\int f(x)g'(x)dx=f(x)g(x)-\int f'(x)g(x)dx$

$f(x)$: 미분하기 쉬운 식 (로그함수, 다항함수)

$g'(x)$: 적분하기 쉬운 식 (지수함수, 삼각함수)

0980 `대표문제`

함수 $f(x)=\displaystyle\int (x-2)e^x dx$에 대하여 $f(0)=-3$일 때, $f(5)$의 값을 구하시오.

0981 `중`

다항함수 $f(x)$가

$$\int \ln(x-1)dx=f(x)\ln(x-1)-x+C$$

를 만족시킬 때, $f(2020)$의 값은? (단, C는 적분상수)

① 2018 ② 2019 ③ 2020

④ 2021 ⑤ 2022

0982 `중` `서술형`

함수 $f(x)=\displaystyle\int x\cos 2x\, dx$에 대하여 $f(0)=\dfrac{5}{4}$일 때, $f\left(\dfrac{\pi}{4}\right)$의 값을 구하시오.

0983 `상중`

미분가능한 함수 $f(x)$가 다음 조건을 모두 만족시킬 때, 함수 $f(x)$의 상수항을 구하시오.

> (가) $\displaystyle\lim_{h\to 0}\frac{f(x)-f(x-2h)}{h}=\ln x$ (나) $f(1)=1$

| 개념원리 미적분 237쪽 |

유형 15 부분적분법 — 두 번 적용하는 경우

부분적분법을 한 번 적용하여 적분이 되지 않을 때에는 부분적분법을 한 번 더 적용한다.

0984 `대표문제`

함수 $f(x)=\int x(\ln x)^2\,dx$에 대하여 $f(1)=-1$일 때, $f(e)$의 값은?

① e^2-5 ② $\dfrac{1}{4}(e^2-5)$ ③ $\dfrac{1}{4}e^2$

④ e^2 ⑤ $4e^2$

0985 `상중`

등식 $\int(x^2-2x)e^x\,dx=f(x)e^x+C$가 성립할 때, 방정식 $f(x)=0$의 두 실근의 합을 구하시오. (단, C는 적분상수)

0986 `상중`

함수 $f(x)=\int x^2\sin x\,dx$에 대하여 $f\left(\dfrac{\pi}{2}\right)=\pi$일 때, $f(\pi)$의 값은?

① π^2-2 ② π^2-3 ③ $2\pi^2-5$

④ $2\pi^2-7$ ⑤ $3\pi^2-1$

유형 16 부정적분의 활용

곡선 $y=f(x)$ 위의 임의의 점 (x,y)에서의 접선의 기울기가 $g(x)$이면

⇨ $f'(x)=g(x)$이므로 $f(x)=\displaystyle\int f'(x)dx=\int g(x)dx$

0987 `대표문제`

곡선 $y=f(x)$ 위의 임의의 점 (x,y)에서의 접선의 기울기가 $(x+2)\sqrt{x+1}$이고 이 곡선이 점 $(0,1)$을 지날 때, $f(-1)$의 값은?

① $-\dfrac{1}{5}$ ② $-\dfrac{1}{10}$ ③ $-\dfrac{1}{15}$

④ $-\dfrac{1}{20}$ ⑤ $-\dfrac{1}{25}$

0988 `상중` `서술형`

함수 $f(x)$의 도함수가 $f'(x)=xe^{x^2+k}$이고 곡선 $y=f(x)$ 위의 두 점 $\mathrm{P}(0,m)$, $\mathrm{Q}(1,n)$을 이은 직선 PQ의 기울기가 $\dfrac{e-1}{2e^5}$일 때, 상수 k의 값을 구하시오.

0989 `상중`

$x>0$에서 정의된 미분가능한 함수 $f(x)$의 한 부정적분이 $F(x)$이고, $F(x)=xf(x)-x^2\sin x$, $F(\pi)=\pi$일 때, $f\left(\dfrac{\pi}{2}\right)$의 값을 구하시오.

0990

함수 $f(x)=\displaystyle\int \dfrac{3}{\sqrt{x+1}+\sqrt{x}}dx$에 대하여 $f(0)=2$일 때, $f(1)$의 값은?

① $4\sqrt{2}-2$ ② $4\sqrt{2}-3$ ③ $4\sqrt{2}-4$

④ $4\sqrt{2}-5$ ⑤ $4\sqrt{2}-6$

0991

함수 $f(x)$에 대하여 $\dfrac{d}{dx}\displaystyle\int f(x)dx=2^x+e$일 때, 함수 $f(x)$의 부정적분은? (단, C는 적분상수)

① $2^x\ln 2-ex+C$ ② $2^x\ln 2+ex+C$

③ $2^x\ln 2+e^x+C$ ④ $\dfrac{2^x}{\ln 2}+ex+C$

⑤ $\dfrac{2^x}{\ln 2}+e^x+C$

0992

$0<x<\pi$에서 정의된 함수

$$f(x)=1-\cos x+\cos^2 x-\cos^3 x+\cdots$$

에 대하여 부정적분 $\displaystyle\int f(x)dx$는? (단, C는 적분상수)

① $\cot x+\csc x+C$ ② $-\cot x+\csc x+C$

③ $\cot x-\csc x+C$ ④ $-\cot x-\csc x+C$

⑤ $\cot x-\sec x+C$

0993 중요

다음 **보기**에서 옳은 것만을 있는 대로 고른 것은?

(단, C는 적분상수)

• 보기 •

ㄱ. $\displaystyle\int \dfrac{x+1}{x^2}dx=\ln x-\dfrac{1}{x}+C$

ㄴ. $\displaystyle\int (e^x-1)dx=e^x-1+C$

ㄷ. $\displaystyle\int \dfrac{1-\cos^2 x}{\cos^2 x}dx=\tan x-x+C$

① ㄱ   ② ㄴ   ③ ㄷ

④ ㄱ, ㄴ   ⑤ ㄴ, ㄷ

0994

함수 $f(x)$에 대하여

$$f'(x)=x(x^2-1)^4,\ f(1)=0$$

일 때, $f(0)$의 값은?

① -1 ② $-\dfrac{1}{10}$ ③ 0

④ $\dfrac{1}{10}$ ⑤ 1

0995 중요

함수 $f(x)=\displaystyle\int \dfrac{e^x}{\sqrt{e^x+8}}dx$에 대하여 $f(0)=1$일 때, $f(\ln 8)$의 값은?

① 1 ② 2 ③ 3

④ 4 ⑤ 5

0996

$0<x<\pi$에서 정의된 함수

$$f(x)=\int \frac{\cos x(1+\sin x)}{\sin^2 x}dx$$

에 대하여 $f\left(\dfrac{\pi}{2}\right)=1$일 때, $f\left(\dfrac{\pi}{6}\right)$의 값을 구하시오.

0997 교육청 기출

뉴턴의 냉각법칙에 따르면 온도가 20으로 일정한 실내에 있는 어떤 물질의 시각 t(분)에서의 온도를 $T(t)$라 할 때, 함수 $T(t)$의 도함수 $T'(t)$에 대하여 다음 식이 성립한다고 한다.

$$\int \frac{T'(t)}{T(t)-20}dt=kt+C \text{ (단, } k, C\text{는 상수)}$$

$T(0)=100$, $T(3)=60$일 때, k의 값은?

(단, 온도의 단위는 ℃이다.)

① $-\dfrac{\ln 2}{3}$ ② $-\dfrac{2\ln 2}{3}$ ③ $-\ln 2$

④ $-\dfrac{4\ln 2}{3}$ ⑤ $-\dfrac{5\ln 2}{3}$

0998

부정적분 $\displaystyle\int \frac{2}{(2x-1)(2x+1)}dx$를 구하시오.

0999 💡중요

$x>0$에서 정의된 미분가능한 함수 $f(x)$에 대하여

$$\lim_{h\to 0}\frac{f(x+h)-f(x)}{h}=\ln x, \quad \lim_{x\to 1}f(x)=1$$

이 성립한다. $f(e^2)=ae^2+b$일 때, 유리수 a, b에 대하여 $a+b$의 값을 구하시오.

1000 교육청 기출

양의 실수를 정의역으로 하는 두 함수 $f(x)=x$, $h(x)=\ln x$에 대하여 다음 두 조건을 모두 만족시키는 함수 $g(x)$가 있다. 이때 $g(e)$의 값은?

> (개) $f'(x)g(x)+f(x)g'(x)=h(x)$
> (내) $g(1)=-1$

① -2 ② -1 ③ 0

④ 1 ⑤ 2

1001

함수 $f(x)=\displaystyle\int e^x \sin x\,dx$에 대하여 $f\left(\dfrac{\pi}{4}\right)=0$일 때, $f(\pi)$의 값은?

① $-e^\pi$ ② $-\dfrac{1}{2}e^\pi$ ③ 0

④ $\dfrac{1}{2}e^\pi$ ⑤ e^π

1002

$x>0$에서 정의된 함수 $f(x)$가 등식

$$f(x)+xf'(x)=(\ln x)^2$$

을 만족시키고 $f(1)=2$일 때, $f(e)$의 값을 구하시오.

1003

곡선 $y=f(x)$ 위의 임의의 점 (x, y)에서의 접선의 기울기가 $\dfrac{\sin(\ln x)}{x}$이고 이 곡선이 점 $(1, 1)$을 지날 때, $f(e^\pi)$의 값을 구하시오.

1004

함수 $f(x)=x\ln x-x$에 대하여 $f'(x)$의 역함수를 $g(x)$라 할 때, 부정적분 $\displaystyle\int g(x)\,dx$를 구하시오.

1005

$0\le x\le\ln 3$에서 $f(x)=\displaystyle\int e^x\sqrt{e^x+1}\,dx$이고 함수 $f(x)$의 최솟값이 $\dfrac{4\sqrt{2}}{3}$일 때, 함수 $f(x)$의 최댓값을 구하시오.

1006

미분가능한 함수 $f(x)$에 대하여 $f'(x)=(x-2)\ln x$이고 $f(x)$의 극댓값이 $\dfrac{3}{4}$일 때, $f(x)$의 극솟값을 구하시오.

1007

점 $\left(\dfrac{\pi}{2},\,0\right)$을 지나는 곡선 $y=f(x)$ 위의 임의의 점 $(x,\,y)$에서의 접선의 기울기가 $\sin^2 x\cos x$일 때, $f(\pi)$의 값을 구하시오.

1008 ···· 창의·융합

함수 $f(x)$가 다음 조건을 모두 만족시킬 때, 상수 k의 값을 구하시오.

> (개) $f(x)$는 $x=0$에서 연속이다.
> (내) $f(-\pi)=0$, $f(\pi)=\pi$
> (대) $f'(x)=\begin{cases}\cos x+k & (x<0)\\[4pt]\dfrac{1-\cos x}{2} & (x>0)\end{cases}$

1009 수능 기출

실수 전체의 집합에서 미분가능한 함수 $f(x)$가 다음 조건을 만족시킬 때, $f(-1)$의 값은?

> (개) 모든 실수 x에 대하여
> $$2\{f(x)\}^2 f'(x)=\{f(2x+1)\}^2 f'(2x+1)\text{이다.}$$
> (내) $f\left(-\dfrac{1}{8}\right)=1$, $f(6)=2$

① $\dfrac{\sqrt[3]{3}}{6}$ ② $\dfrac{\sqrt[3]{3}}{3}$ ③ $\dfrac{\sqrt[3]{3}}{2}$

④ $\dfrac{2\sqrt[3]{3}}{3}$ ⑤ $\dfrac{5\sqrt[3]{3}}{6}$

1010

$-\pi<x<\pi$에서 함수 $f(x)$의 극솟값이 $\dfrac{2}{3}\pi-\sqrt{3}$이고 $f'(x)=\sin x+\sqrt{3}\cos x-1$일 때, $f(x)$의 극댓값을 구하시오.

09 정적분

09·1 정적분

1 닫힌구간 $[a, b]$에서 연속인 함수 $f(x)$의 한 부정적분을 $F(x)$라 할 때, $f(x)$의 a에서 b까지의 정적분 $\Rightarrow \displaystyle\int_a^b f(x)dx = \Big[F(x) \Big]_a^b = F(b) - F(a)$

2 **정적분의 성질:** 두 함수 $f(x)$, $g(x)$가 세 실수 a, b, c를 포함하는 닫힌구간에서 연속일 때

(1) $\displaystyle\int_a^b kf(x)dx = k\int_a^b f(x)dx$ (단, k는 실수)

(2) $\displaystyle\int_a^b \{ f(x) \pm g(x) \}dx = \int_a^b f(x)dx \pm \int_a^b g(x)dx$ (복부호동순)

(3) $\displaystyle\int_a^c f(x)dx + \int_c^b f(x)dx = \int_a^b f(x)dx$

$\displaystyle\int_a^a f(x)dx = 0$,
$\displaystyle\int_a^b f(x)dx = -\int_b^a f(x)dx$

(3)은 a, b, c의 대소에 관계없이 성립한다.

09·2 우함수와 기함수의 정적분

함수 $f(x)$가 닫힌구간 $[-a, a]$에서 연속일 때

(1) $f(x)$가 우함수, 즉 $f(-x) = f(x)$이면 $\displaystyle\int_{-a}^a f(x)dx = 2\int_0^a f(x)dx$

(2) $f(x)$가 기함수, 즉 $f(-x) = -f(x)$이면 $\displaystyle\int_{-a}^a f(x)dx = 0$

주기함수의 정적분
주기가 p인 연속함수 $f(x)$에 대하여
① $\displaystyle\int_a^b f(x)dx = \int_{a+p}^{b+p} f(x)dx$
② $\displaystyle\int_a^{a+p} f(x)dx = \int_b^{b+p} f(x)dx$

09·3 정적분의 치환적분법과 부분적분법

1 **치환적분법을 이용한 정적분**
닫힌구간 $[a, b]$에서 연속인 함수 $f(x)$에 대하여 미분가능한 함수 $x=g(t)$의 도함수 $g'(t)$가 $a=g(\alpha)$, $b=g(\beta)$일 때 α, β를 포함하는 구간에서 연속이면
$$\int_a^b f(x)dx = \int_\alpha^\beta f(g(t))g'(t)dt$$

2 **부분적분법을 이용한 정적분**
닫힌구간 $[a, b]$에서 두 함수 $f(x)$와 $g(x)$가 미분가능하고, $f'(x)$와 $g'(x)$가 연속일 때
$$\int_a^b f(x)g'(x)dx = \Big[f(x)g(x) \Big]_a^b - \int_a^b f'(x)g(x)dx$$

삼각함수를 이용한 치환적분법
① $\sqrt{a^2 - x^2}$ $(a>0)$ 꼴
$\Rightarrow x = a\sin\theta \left(-\dfrac{\pi}{2} \leq \theta \leq \dfrac{\pi}{2} \right)$
로 치환
② $\dfrac{1}{a^2 + x^2}$ $(a>0)$ 꼴
$\Rightarrow x = a\tan\theta \left(-\dfrac{\pi}{2} < \theta < \dfrac{\pi}{2} \right)$
로 치환

09·4 정적분으로 정의된 함수

1 **정적분으로 정의된 함수의 미분**

(1) $\dfrac{d}{dx}\displaystyle\int_a^x f(t)dt = f(x)$ (단, a는 실수)

(2) $\dfrac{d}{dx}\displaystyle\int_x^{x+a} f(t)dt = f(x+a) - f(x)$ (단, a는 실수)

2 **정적분으로 정의된 함수의 극한**

(1) $\displaystyle\lim_{x\to 0} \frac{1}{x}\int_a^{x+a} f(t)dt = f(a)$

(2) $\displaystyle\lim_{x\to a} \frac{1}{x-a}\int_a^x f(t)dt = f(a)$

$\displaystyle\int_a^x f(t)dt = g(x)$와 같이 적분 구간에 변수 x가 있는 정적분을 포함한 등식에서 함수 $f(x)$를 구할 때
$\Rightarrow$ 양변을 x에 대하여 미분하고 양변에 $x=a$를 대입한다.

 교과서 문제 정/복/하/기

09·1 정적분

[1011 ~ 1016] 다음 정적분의 값을 구하시오.

1011 $\displaystyle\int_0^8 3\sqrt{x}\,dx$

1012 $\displaystyle\int_1^6 \frac{1}{x}\,dx$

1013 $\displaystyle\int_0^{\ln 2} e^x\,dx$

1014 $\displaystyle\int_0^3 3^x\,dx$

1015 $\displaystyle\int_0^{\pi} \sin x\,dx$

1016 $\displaystyle\int_{\frac{\pi}{6}}^{\frac{\pi}{2}} \cos x\,dx$

[1017 ~ 1020] 다음 정적분의 값을 구하시오.

1017 $\displaystyle\int_0^2 (\sqrt{x}-1)dx+\int_0^2 (\sqrt{x}+1)dx$

1018 $\displaystyle\int_{-1}^0 (e^x+1)dx+\int_0^{-1} (e^{-x}+1)dx$

1019 $\displaystyle\int_0^1 (2^x-1)dx+\int_1^3 (2^x-1)dx$

1020 $\displaystyle\int_0^{\pi} (\cos x-x)dx+\int_{2\pi}^{\pi} (x-\cos x)dx$

09·2 우함수와 기함수의 정적분

[1021 ~ 1023] 다음 정적분의 값을 구하시오.

1021 $\displaystyle\int_{-2}^2 |x|\,dx$

1022 $\displaystyle\int_{-4}^4 (e^x+e^{-x})dx$

1023 $\displaystyle\int_{-\frac{\pi}{2}}^{\frac{\pi}{2}} (\sin x+\cos x)dx$

09·3 정적분의 치환적분법과 부분적분법

[1024 ~ 1027] 다음 정적분의 값을 구하시오.

1024 $\displaystyle\int_0^3 (2x-1)^2\,dx$

1025 $\displaystyle\int_0^1 \sqrt{x+2}\,dx$

1026 $\displaystyle\int_0^2 x(x^2-1)^2\,dx$

1027 $\displaystyle\int_1^2 \frac{x}{3x^2+1}\,dx$

[1028 ~ 1029] 다음 정적분의 값을 구하시오.

1028 $\displaystyle\int_1^e \ln x\,dx$

1029 $\displaystyle\int_0^1 2xe^x\,dx$

09·4 정적분으로 정의된 함수

[1030 ~ 1032] 임의의 실수 x에 대하여 다음 등식이 성립할 때, $f(x)$를 구하시오.

1030 $\displaystyle\int_0^x f(t)dt=e^x-1$

1031 $\displaystyle\int_2^x f(t)dt=\ln x+4x-\ln 2-8\ (x>0)$

1032 $\displaystyle\int_{\frac{\pi}{2}}^x f(t)dt=2\sin x-2$

[1033 ~ 1034] 다음 극한값을 구하시오.

1033 $\displaystyle\lim_{x\to 0}\frac{1}{x}\int_0^x (e^t-1)dt$

1034 $\displaystyle\lim_{x\to \pi}\frac{1}{x-\pi}\int_{\pi}^x (\sin t+t)dt$

| **개념원리** 미적분 244쪽 |

유형 **01** 유리함수, 무리함수의 정적분

닫힌구간 $[a, b]$에서 연속인 함수 $f(x)$의 한 부정적분을 $F(x)$라 할 때

$$\int_a^b f(x)dx = \Big[F(x) \Big]_a^b = F(b) - F(a)$$

1035 대표문제

정적분 $\displaystyle\int_0^3 \frac{3}{x^2+5x+4}dx$의 값은?

① $4\ln 2 - \ln 7$ ② $4\ln 2$ ③ $4\ln 2 + \ln 7$

④ $2\ln 2 - \ln 7$ ⑤ $2\ln 2 + \ln 7$

1036 중 하

정적분 $\displaystyle\int_1^2 (5x+6)\sqrt{x}\,dx$의 값을 구하시오.

1037 중

정적분 $\displaystyle\int_1^4 \frac{(1-\sqrt{x})^2}{\sqrt{x}}dx$의 값은?

① $\dfrac{2}{3}$ ② $\dfrac{3}{4}$ ③ $\dfrac{3}{2}$

④ $\dfrac{7}{3}$ ⑤ $\dfrac{5}{2}$

1038 중 서술형

$\displaystyle\int_1^9 \frac{(\sqrt{x}+1)^2}{x}dx = a\ln 3 + b$일 때, 유리수 a, b에 대하여 $a+b$의 값을 구하시오.

| **개념원리** 미적분 245쪽 |

유형 **02** 지수함수의 정적분

피적분함수가 지수함수를 포함하는 경우

⇨ 지수법칙을 이용하여 간단히 한 후 정적분의 값을 구한다.

1039 대표문제

정적분 $\displaystyle\int_0^{\ln 2} \frac{e^{2x}}{e^x+1}dx + \int_{\ln 2}^0 \frac{1}{e^t+1}dt$의 값은?

① 1 ② $1-\ln 2$ ③ $\ln 2$

④ $1+\ln 2$ ⑤ $2\ln 2$

1040 중 하

정적분 $\displaystyle\int_0^1 (e^x+e^{-x})^2\,dx$의 값을 구하시오.

1041 중

정적분 $\displaystyle\int_{-1}^1 \sqrt{e^{2x}+2e^x+1}\,dx$의 값은?

① $e - \dfrac{1}{e} - 2$ ② $e - \dfrac{1}{e}$ ③ $e - \dfrac{1}{e} + 2$

④ $e + \dfrac{1}{e}$ ⑤ $e + \dfrac{1}{e} + 2$

1042 중

$\displaystyle\int_0^1 (3^x-1)(9^x+3^x+1)dx = \frac{a}{3\ln 3} - b$일 때, 자연수 a, b에 대하여 $a-b$의 값을 구하시오.

 중요

유형 03 삼각함수의 정적분

피적분함수가 삼각함수를 포함하는 경우

⇨ 삼각함수 사이의 관계, 배각의 공식 등을 이용하여 간단히 한 후 정적분의 값을 구한다.

1043 대표문제

정적분 $\displaystyle\int_0^{\frac{\pi}{2}} \frac{1}{1+\sin x}dx+\int_{\frac{\pi}{2}}^0 \frac{\sin^2 x}{1+\sin x}dx$의 값을 구하시오.

1044 중하

정적분
$$\int_0^{\frac{\pi}{2}} (\sin x+\cos x)^2 dx-\int_{\frac{\pi}{2}}^0 (\sin x-\cos x)^2 dx$$
의 값을 구하시오.

1045 중

정적분 $\displaystyle\int_1^2 (\sin^2 x+x)dx+\int_2^1 (5-\cos^2 t)dt$의 값은?

① -3 　　② $-\dfrac{5}{2}$ 　　③ -2

④ $-\dfrac{3}{2}$ 　　⑤ -1

1046 중

$\displaystyle\int_{\frac{\pi}{6}}^{\frac{\pi}{3}} \frac{1+3\sin^3 x}{\sin^2 x}dx=a\sqrt{3}+b$일 때, 유리수 a, b에 대하여 $a+b$의 값을 구하시오.

유형 04 구간에 따라 다르게 정의된 함수의 정적분

구간에 따라 함수가 다르게 정의되면

⇨ 적분 구간을 나누어 적분한다.

1047 대표문제

함수 $f(x)=\begin{cases} e^{-x}-1 & (x\leq 0) \\ \sin x & (x>0) \end{cases}$ 에 대하여 정적분 $\displaystyle\int_{-1}^{\pi} f(x)dx$의 값은?

① $e-2$ 　　② e 　　③ $e+2$

④ $e+3$ 　　⑤ e^2-1

1048 중

함수 $f(x)=\begin{cases} \cos \pi x+3 & (x\leq 1) \\ \dfrac{2}{x} & (x>1) \end{cases}$ 에 대하여 정적분 $\displaystyle\int_0^e f(x)dx$의 값을 구하시오.

1049 중

함수 $f(x)=\begin{cases} \cos x+2 & \left(x<\dfrac{\pi}{2}\right) \\ 3\sin x-1 & \left(x\geq\dfrac{\pi}{2}\right) \end{cases}$ 에 대하여 정적분 $\displaystyle\int_0^{\pi} f(x)dx$의 값을 구하시오.

1050 중 서술형

함수 $f(x)=\begin{cases} \sin x & (x<0) \\ \cos x+k & (x\geq 0) \end{cases}$ 가 모든 실수 x에서 연속일 때, 정적분 $\displaystyle\int_{-\pi}^{\pi} f(x)dx$의 값을 구하시오. (단, k는 상수)

| 유형 **05** | 절댓값 기호를 포함한 함수의 정적분 |

절댓값 기호 안의 식을 0으로 하는 x의 값을 경계로 적분 구간을 나누어 적분한다.

1051　대표문제

정적분 $\displaystyle\int_0^\pi |\sin x - \cos x|\,dx$의 값은?

① $\sqrt{2}$　　　② $2\sqrt{2}$　　　③ $3\sqrt{2}$

④ $4\sqrt{2}$　　　⑤ $5\sqrt{2}$

1052　중 하

정적분 $\displaystyle\int_{-1}^1 |e^x - 1|\,dx$의 값을 구하시오.

1053　중

함수 $f(x) = a\sin x \ (0 \le x \le \pi)$의 그래프가 오른쪽 그림과 같을 때, 정적분 $\displaystyle\int_0^\pi |f'(x)|\,dx$의 값을 구하시오.

（단, a는 상수）

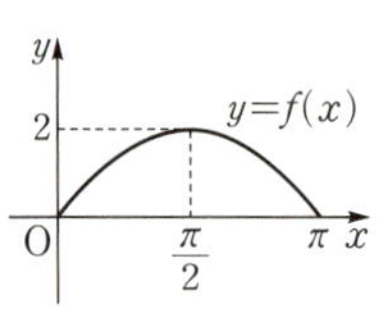

1054　상 중

$\displaystyle\int_{-1}^3 \left|\frac{x-2}{x+2}\right|\,dx = a\ln 2 + b\ln 5 + c$일 때, 정수 a, b, c에 대하여 $a+b-c$의 값을 구하시오.

| 유형 **06** | 우함수와 기함수의 정적분 |

(1) $f(-x) = f(x)$이면 $f(x)$는 우함수

$\Rightarrow \displaystyle\int_{-a}^a f(x)\,dx = 2\int_0^a f(x)\,dx$

(2) $f(-x) = -f(x)$이면 $f(x)$는 기함수

$\Rightarrow \displaystyle\int_{-a}^a f(x)\,dx = 0$

1055　대표문제

정적분 $\displaystyle\int_{-1}^1 (e^{2x} + e^{-2x})\,dx$의 값을 구하시오.

1056　중

정적분 $\displaystyle\int_{-\pi}^\pi (x\sin^2 x - 2x^3 + \cos 2x)\,dx$의 값을 구하시오.

1057　중

함수 $f(x) = (1-x)\cos x$에 대하여 정적분 $\displaystyle\int_{-\frac{\pi}{2}}^\pi f(x)\,dx + \int_\pi^{\frac{\pi}{2}} f(x)\,dx$의 값을 구하시오.

1058　상 중

함수 $f(x)$가 $f(-x) = -f(x)$를 만족시킬 때, 다음 **보기** 중에서 정적분의 값이 항상 0인 것만을 있는 대로 고른 것은?

─● 보기 ●─

ㄱ. $\displaystyle\int_{-\frac{\pi}{2}}^{\frac{\pi}{2}} \sin f(x)\,dx$　　　ㄴ. $\displaystyle\int_{-\pi}^\pi \cos f(x)\,dx$

ㄷ. $\displaystyle\int_{-\frac{\pi}{2}}^{\frac{\pi}{2}} f(x)\cos x\,dx$

① ㄱ　　　② ㄱ, ㄴ　　　③ ㄱ, ㄷ

④ ㄴ, ㄷ　　　⑤ ㄱ, ㄴ, ㄷ

유형 **07**   주기함수의 정적분

연속함수 $f(x)$가 주기가 p인 주기함수이면

(1) $\displaystyle\int_a^b f(x)dx=\int_{a+p}^{b+p} f(x)dx$

(2) $\displaystyle\int_a^{a+p} f(x)dx=\int_b^{b+p} f(x)dx$

1059   대표문제

정적분 $\displaystyle\int_0^{4\pi} |\sin x|\,dx$의 값은?

① 2　　　　　　② 4　　　　　　③ 6

④ 8　　　　　　⑤ 10

1060   중

임의의 실수 a에 대하여 정적분 $\displaystyle\int_a^{a+4} \cos \pi x\,dx$의 값은?

① -2　　　　　② -1　　　　　③ 0

④ 1　　　　　　⑤ 2

1061   상 중

다음 조건을 모두 만족시키는 함수 $f(x)$에 대하여
$\displaystyle\int_0^a f(x)dx=10$일 때, 양수 a의 값을 구하시오.

> (가) $0 \le x \le \pi$에서 $f(x)=\sin x$
>
> (나) 모든 실수 x에 대하여 $f(x)=f(x+\pi)$

유형 **08**   치환적분법을 이용한 정적분 – 유리함수, 무리함수

피적분함수가 복잡할 때는 치환적분법을 이용하되 변수가 바뀌면 적분 구간이 바뀐다는 사실에 유의한다.

1062   대표문제

정적분 $\displaystyle\int_0^1 \frac{x+1}{x^2+2x+2}dx$의 값은?

① 1　　　　　② $\dfrac{1}{2}\ln 2$　　　　③ $\dfrac{1}{2}\ln\dfrac{5}{2}$

④ $\ln 5$　　　　⑤ $1+2\ln 2$

1063   중 하

정적분 $\displaystyle\int_0^1 \frac{1}{(3-2x)^2}dx$의 값을 구하시오.

1064   중   서술형

$\displaystyle\int_0^1 \frac{x}{\sqrt{x^2+1}}dx=a+b\sqrt{2}$일 때, 유리수 a, b에 대하여 $a+b$의 값을 구하시오.

1065   상 중

정적분 $\displaystyle\int_6^{11} \frac{1}{(x-3)\sqrt{x-2}}dx$의 값은?

① $\ln 2$　　　　② $\ln\dfrac{3}{2}$　　　　③ $\ln\dfrac{4}{3}$

④ $\ln\dfrac{5}{4}$　　　　⑤ $\ln\dfrac{6}{5}$

| 개념원리 미적분 254쪽 |

유형 09 치환적분법을 이용한 정적분 – 지수함수, 로그함수

주어진 식의 적당한 부분을 t로 놓고
$$y=e^{f(x)} \Rightarrow y'=f'(x)e^{f(x)},\ y=\ln f(x) \Rightarrow y'=\frac{f'(x)}{f(x)}$$
임을 이용하여 t에 대한 정적분의 식으로 고친다.

1066 대표문제

정적분 $\displaystyle\int_0^1 xe^{1-x^2}\,dx$의 값은?

① $\dfrac{1}{2}(e-1)$ ② $\dfrac{1}{2}e$ ③ $\dfrac{1}{2}(e+1)$

④ $e-1$ ⑤ $e+1$

1067 중

정적분 $\displaystyle\int_{-2}^0 \frac{e^x}{e^x+1}\,dx + \int_0^2 \frac{e^x}{e^x+1}\,dx$의 값은?

① 1 ② 2 ③ $\ln(e^2-1)$

④ $\ln(e^2+1)$ ⑤ $\ln\dfrac{e^2+1}{e^2-1}$

1068 중

정적분 $\displaystyle\int_1^e \frac{1}{x(1+\ln x)^2}\,dx$의 값을 구하시오.

1069 중 서술형

$\displaystyle\int_1^k \frac{(\ln x)^3}{x}\,dx=4$일 때, 상수 k의 값을 구하시오. (단, $k>1$)

| 개념원리 미적분 254쪽 |

유형 10 치환적분법을 이용한 정적분 – 삼각함수

주어진 식의 적당한 부분을 t로 놓고
$$(\sin x)'=\cos x,\ (\cos x)'=-\sin x$$
임을 이용하여 t에 대한 정적분의 식으로 고친다.

1070 대표문제

정적분 $\displaystyle\int_0^{\frac{\pi}{2}} \frac{\sin x}{1+\cos x}\,dx$의 값을 구하시오.

1071 중

함수 $f(x)=e^x$에 대하여 정적분 $\displaystyle\int_0^\pi f(\cos x)\sin x\,dx$의 값은?

① $e^2-\dfrac{1}{e^2}$ ② $e-\dfrac{1}{e}$ ③ 0

④ $e+\dfrac{1}{e}$ ⑤ $e^2+\dfrac{1}{e^2}$

1072 중

정적분 $\displaystyle\int_0^\pi (1-\cos^3 x)\cos x \sin x\,dx$의 값을 구하시오.

1073 중

정적분 $\displaystyle\int_0^{\frac{\pi}{2}} \sin^3 x\,dx$의 값은?

① $\dfrac{1}{6}$ ② $\dfrac{1}{5}$ ③ $\dfrac{1}{4}$

④ $\dfrac{1}{3}$ ⑤ $\dfrac{2}{3}$

| 개념원리 미적분 255쪽 |

유형 **11**　삼각함수를 이용한 치환적분법

(1) 피적분함수가 $\sqrt{a^2-x^2}\ (a>0)$의 꼴

　$\Rightarrow x=a\sin\theta\left(-\dfrac{\pi}{2}\le\theta\le\dfrac{\pi}{2}\right)$로 치환

(2) 피적분함수가 $\dfrac{1}{a^2+x^2}\ (a>0)$의 꼴

　$\Rightarrow x=a\tan\theta\left(-\dfrac{\pi}{2}<\theta<\dfrac{\pi}{2}\right)$로 치환

1074　대표문제

정적분 $\displaystyle\int_0^1\dfrac{1}{\sqrt{4-x^2}}dx$의 값은?

① $\dfrac{\pi}{12}$　　　② $\dfrac{\pi}{6}$　　　③ $\dfrac{\pi}{2}$

④ π　　　⑤ 2π

1075　중

정적분 $\displaystyle\int_0^2\dfrac{1}{x^2+4}dx$의 값을 구하시오.

1076　중

$\displaystyle\int_0^{\sqrt{3}}\dfrac{2}{\pi(1+x^2)}dx=a$일 때, a에 가장 가까운 정수는?

① 0　　　② 1　　　③ 2

④ 3　　　⑤ 4

1077　중

$\displaystyle\int_0^a\dfrac{1}{a^2+x^2}dx=b$일 때, 상수 a, b에 대하여 $4ab$의 값을 구하시오. (단, $a>0$)

1078　상 중

$\displaystyle\int_0^a\sqrt{a^2-x^2}\,dx=\pi$일 때, 양수 a의 값은?

① $\dfrac{1}{2}$　　　② 1　　　③ 2

④ 4　　　⑤ 8

| 개념원리 미적분 256쪽 |

유형 **12**　부분적분법을 이용한 정적분

$$\int_a^b f(x)g'(x)dx=\Big[\,f(x)g(x)\,\Big]_a^b-\int_a^b f'(x)g(x)dx$$

이때 $f(x)$는 미분하기 쉬운 것으로, $g'(x)$는 적분하기 쉬운 것으로 택한다.

1079　대표문제

정적분 $\displaystyle\int_0^1 xe^{1-x}dx$의 값은?

① $e-2$　　　② $e-1$　　　③ e

④ $1-e$　　　⑤ $2-e$

1080　중

정적분 $\displaystyle\int_0^{\frac{\pi}{4}} x\sin 2x\,dx$의 값은?

① $\dfrac{1}{8}$　　　② $\dfrac{1}{4}$　　　③ $\dfrac{1}{2}$

④ 1　　　⑤ 2

유형 익/히/기

1081 중

$\int_1^3 \dfrac{\ln x}{x^2}dx = a(b-\ln 3)$일 때, 유리수 a, b에 대하여 $\dfrac{b}{a}$의 값을 구하시오.

1082 중 서술형

함수 $f(x)=2x\ln x$에 대하여

$\int_2^4 f(x)dx - \int_3^4 f(x)dx + \int_1^2 f(x)dx$의 값을 구하시오.

1083 상 중

정적분 $\int_0^\pi e^{-x}\cos x\,dx$의 값은?

① $\dfrac{1-e^\pi}{2e^\pi}$ ② $\dfrac{1+e^\pi}{2e^\pi}$ ③ $\dfrac{1-e^\pi}{4e^\pi}$

④ $\dfrac{1+e^\pi}{4e^\pi}$ ⑤ $\dfrac{1+e^\pi}{8e^\pi}$

1084 상 중

$a=\int_0^{\frac{\pi}{2}} e^x\cos x\,dx$, $b=\int_0^{\frac{\pi}{2}} e^x\sin x\,dx$일 때, $(a+b)^2+(a-b)^2$의 값은?

① $e^{\frac{\pi}{2}}$ ② $e^{\frac{\pi}{2}}+1$ ③ e^π

④ $e^\pi+1$ ⑤ $e^{2\pi}$

유형 13 아래끝과 위끝이 상수인 경우

$f(x)=g(x)+\int_a^b f(t)dt$ (a, b는 상수) 꼴의 등식이 주어졌을 때 $f(x)$ 구하기

(i) $\int_a^b f(t)dt=k$ (k는 상수)로 놓는다.

(ii) $f(x)=g(x)+k$를 (i)의 식에 대입하여 k의 값을 구한다.

(iii) k의 값을 $f(x)=g(x)+k$에 대입하여 $f(x)$를 구한다.

1085 대표문제

등식 $f(x)=e^x+\int_0^1 xf(t)dt$를 만족시키는 함수 $f(x)$에 대하여 $f(1)=ae+b$일 때, $a+b$의 값은? (단, a, b는 유리수)

① 1 ② 2 ③ 3

④ 4 ⑤ 5

1086 중

함수 $f(x)$가 $f(x)=\ln x+\int_1^e f(t)dt$를 만족시킬 때, 함수 $f(x)$를 구하시오.

1087 중

함수 $f(x)$가 $f(x)=\cos x+\int_0^\pi f(t)dt$를 만족시킬 때, $f\left(\dfrac{\pi}{3}\right)$의 값을 구하시오.

1088 중

함수 $f(x)$가 $f(x)=e^x-2x+\int_0^1 f'(t)dt$를 만족시킬 때, $f(1)$의 값을 구하시오.

| 개념원리 미적분 260쪽 |

> **유형 14**   아래끝 또는 위끝에 변수가 있는 경우

$\displaystyle\int_a^x f(t)dt=g(x)$ (a는 상수) 꼴의 등식이 주어진 경우

⇨ $\displaystyle\int_a^x f(t)dt=g(x)$ 의 양변을 x에 대하여 미분하고

$\displaystyle\int_a^a f(t)dt=0$ 임을 이용한다.

1089   대표문제

함수 $f(x)$가 $\displaystyle\int_0^x f(t)dt=e^{2x}+ae^x$을 만족시킬 때, $f(\ln 2)$ 의 값은? (단, a는 상수)

① 2   ② 3   ③ 4
④ 5   ⑤ 6

1090   중   서술형

함수 $f(x)$가 $\displaystyle\int_{\ln 9}^x e^t f(t)dt=e^{2x}-ae^x+9$를 만족시킬 때, $f(0)$의 값을 구하시오. (단, a는 상수)

1091   중

미분가능한 함수 $f(x)$가 모든 실수 x에 대하여 등식

$$f(x)=2\int_0^x e^t f(t)dt+1$$

을 만족시킬 때, $f''(0)$의 값을 구하시오.

1092   상중

$x>0$에서 미분가능한 함수 $f(x)$가 모든 실수 x에 대하여

$$xf(x)=x^2\ln x+\int_1^x f(t)dt$$

를 만족시킬 때, $f(e)$의 값을 구하시오.

| 개념원리 미적분 261쪽 |

> **유형 15**   아래끝 또는 위끝과 피적분함수에 변수가 있는 경우

$\displaystyle\int_a^x (x-t)f(t)dt=g(x)$ 꼴의 등식이 주어진 경우

⇨ 좌변을 $\displaystyle x\int_a^x f(t)dt-\int_a^x t f(t)dt$로 변형한 후 양변을 x에 대하여 미분한다.

1093   대표문제

미분가능한 함수 $f(x)$가 $\displaystyle f(x)=\int_0^x (x-t)\sin t\,dt$를 만족시킬 때, $f'\!\left(\dfrac{\pi}{2}\right)$의 값을 구하시오.

1094   중

함수 $f(x)$가 $\displaystyle\int_0^x (x-t)f(t)dt=e^x-x+a$를 만족시킬 때, $a+f(1)$의 값을 구하시오. (단, a는 상수)

1095   중

$x>0$에서 함수 $f(x)$가

$$\int_1^x (x-t)f(t)dt=x\ln x+2ax+b$$

를 만족시킬 때, 상수 a, b에 대하여 a^2+b^2의 값은?

① $\dfrac{1}{3}$ ② $\dfrac{5}{6}$ ③ $\dfrac{7}{6}$
④ $\dfrac{5}{4}$ ⑤ $\dfrac{7}{2}$

1096   중

미분가능한 함수 $f(x)$가 모든 실수 x에 대하여

$$\int_0^x (x-t)f'(t)dt=\frac{1}{2}\sin 2x-x$$

를 만족시키고 $f(0)=1$일 때, 함수 $f(x)$를 구하시오.

유형 익/히/기

| **개념원리** 미적분 263쪽 |

유형 16 정적분으로 정의된 함수의 극한
$$-\lim_{x\to 0}\frac{1}{x}\int_a^{x+a}f(t)\,dt \ \text{꼴}$$

함수 $f(x)$의 한 부정적분을 $F(x)$라 할 때
$$\lim_{x\to 0}\frac{1}{x}\int_a^{x+a}f(t)\,dt=\lim_{x\to 0}\frac{F(x+a)-F(a)}{x}$$
$$=F'(a)=f(a)$$

1097 대표문제

함수 $f(x)=x(\ln x+e^x)$에 대하여 $\displaystyle\lim_{h\to 0}\frac{1}{h}\int_1^{1+2h}f(t)\,dt$의 값은?

① 1 ② e ③ $2e$
④ e^2 ⑤ $3e$

1098 중

$\displaystyle\lim_{h\to 0}\frac{1}{h}\int_{\pi-h}^{\pi+h}e^{2t}(\cos t-\sin t)\,dt$의 값을 구하시오.

1099 중

$\displaystyle\lim_{h\to 0}\frac{1}{h}\int_0^h(e^x+a)\,dx=6$을 만족시키는 상수 a의 값은?

① -5 ② -3 ③ 1
④ 3 ⑤ 5

| **개념원리** 미적분 263쪽 |

유형 17 정적분으로 정의된 함수의 극한
$$-\lim_{x\to a}\frac{1}{x-a}\int_a^x f(t)\,dt \ \text{꼴}$$

함수 $f(x)$의 한 부정적분을 $F(x)$라 할 때
$$\lim_{x\to a}\frac{1}{x-a}\int_a^x f(t)\,dt=\lim_{x\to a}\frac{F(x)-F(a)}{x-a}$$
$$=F'(a)=f(a)$$

1100 대표문제

$\displaystyle\lim_{x\to \pi}\frac{1}{x-\pi}\int_\pi^x t\cos t\,dt$의 값은?

① $-\pi$ ② $-\dfrac{\pi}{2}$ ③ $\dfrac{\pi}{2}$
④ π ⑤ $\dfrac{3}{2}\pi$

1101 중

함수 $f(x)=e^x-\cos \pi x$에 대하여 $\displaystyle\lim_{x\to 1}\frac{1}{x^2-1}\int_1^{x^3}f(t)\,dt$의 값을 구하시오.

1102 중

$\displaystyle\lim_{x\to 1}\frac{1}{x-1}\int_1^{\sqrt{x}}e^{t^2}\,dt$의 값을 구하시오.

1103 상중 서술형

$\displaystyle\lim_{x\to a}\frac{1}{x-a}\int_a^x(\cos t-\sin t)\,dt=0$을 만족시키는 상수 a의 값을 구하시오. (단, $0\le a\le \pi$)

유형 up

| 개념원리 미적분 262쪽 |

유형 **18** 정적분으로 정의된 함수의 극대·극소

$f(x)=\int_a^x g(t)dt$와 같이 정의된 함수 $f(x)$의 극값

⇨ 양변을 x에 대하여 미분하여 $f'(x)=g(x)$임을 이용한다.

1104 대표문제

$0<x<\pi$에서 함수 $f(x)=\int_0^x t\cos t\,dt$는 $x=\alpha$에서 극댓값 β를 갖는다. 이때 $\alpha-\beta$의 값은?

① -1
② $\dfrac{\pi}{2}-1$
③ 1

④ $\dfrac{\pi}{2}+1$
⑤ 2π

1105 중

$0<x<\pi$에서 함수 $f(x)=\int_0^x \sin t(1+2\cos t)dt$의 극댓값을 구하시오.

1106 상중

함수 $f(x)=\int_{-1}^x \dfrac{kt}{t^2+1}dt$가 $x=\alpha$에서 극솟값 $-\ln 2$를 가질 때, $k+\alpha$의 값은? (단, $k\neq 0$인 상수)

① 1
② 2
③ 3

④ 4
⑤ 5

| 개념원리 미적분 262쪽 |

유형 **19** 정적분으로 정의된 함수의 최대·최소

정적분으로 정의된 함수의 최대·최소

⇨ $\dfrac{d}{dx}\int_a^x f(t)dt=f(x)$,

$\dfrac{d}{dx}\int_x^{x+a} f(t)dt=f(x+a)-f(x)$

임을 이용한다.

1107 대표문제

함수 $f(x)=\int_0^x (1-t)e^t\,dt$의 최댓값을 구하시오.

1108 중

$0<x<\dfrac{\pi}{2}$에서 함수 $f(x)=\int_0^x (1-2\cos t)dt$의 최솟값은?

① $\dfrac{\pi}{3}-\sqrt{3}$
② $\dfrac{\pi}{2}-\sqrt{3}$
③ $\dfrac{\pi}{3}-1$

④ $\dfrac{\pi}{2}-1$
⑤ $\dfrac{\pi}{3}-\dfrac{1}{2}$

1109 상중

$x>0$에서 함수 $f(x)=\int_x^{x+1}\left(t+\dfrac{6}{t}\right)dt$의 최솟값은?

① $\dfrac{3}{2}+6\ln\dfrac{3}{2}$
② $\dfrac{5}{2}+6\ln\dfrac{3}{2}$
③ $\dfrac{7}{2}+6\ln\dfrac{3}{2}$

④ $\dfrac{3}{2}+12\ln\dfrac{3}{2}$
⑤ $\dfrac{5}{2}+12\ln\dfrac{3}{2}$

1110

정적분 $\displaystyle\int_1^3 \frac{2x+3}{x^2}dx$의 값은?

① $2\ln 3-2$ ② $3\ln 2-2$ ③ $\ln 3+2$
④ $2\ln 3+2$ ⑤ $3\ln 2+2$

1111

정적분 $\displaystyle\int_1^4 \sqrt[3]{x}\,dx+\int_2^8 \sqrt[3]{x}\,dx-\int_2^4 \sqrt[3]{x}\,dx$의 값은?

① $\dfrac{39}{4}$ ② $\dfrac{41}{4}$ ③ $\dfrac{43}{4}$
④ $\dfrac{45}{4}$ ⑤ $\dfrac{47}{4}$

1112

함수 $f(x)$가 $\displaystyle\int_a^x f(t)dt=e^{2x}+e^x-6$을 만족시킬 때, 상수 a의 값은?

① $\ln 2-1$ ② $\ln 2$ ③ $\ln 2+1$
④ $\ln 3$ ⑤ $\ln 3+1$

1113 〔중요〕

함수 $f(x)=e^{|x-2|}$에 대하여 정적분 $\displaystyle\int_1^4 f(x)dx$의 값을 구하시오.

1114

두 함수 $f(x)=e^x+e^{-x}$, $g(x)=\tan x$에 대하여 정적분 $\displaystyle\int_{-1}^1 f(x)g(x)dx$의 값은?

① 0 ② $\dfrac{1}{2}e$ ③ 2
④ 5 ⑤ $2e$

1115

닫힌구간 $[-1, 2]$에서 정의된 함수 $y=f(x)$의 그래프가 오른쪽 그림과 같을 때, 정적분 $\displaystyle\int_{-1}^1 e^x f(x+1)dx$의 값을 구하시오.

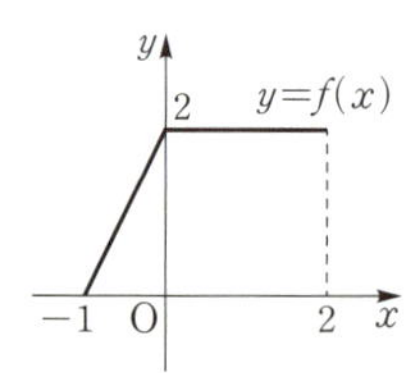

1116

정적분 $\displaystyle\int_1^4 \sqrt{\dfrac{1+\sqrt{x}}{x}}dx$의 값은?

① $\dfrac{3\sqrt{3}-2\sqrt{2}}{3}$ ② $\dfrac{2(3\sqrt{3}-2\sqrt{2})}{3}$

③ $3\sqrt{3}-2\sqrt{2}$ ④ $\dfrac{4(3\sqrt{3}-2\sqrt{2})}{3}$

⑤ $\dfrac{5(3\sqrt{3}-2\sqrt{2})}{3}$

1117

정적분 $\displaystyle\int_0^{\frac{\pi}{2}} \cos^3 x\, dx$의 값은?

① $\dfrac{1}{3}$　　　　② $\dfrac{1}{2}$　　　　③ $\dfrac{2}{3}$

④ $\dfrac{3}{4}$　　　　⑤ $\dfrac{4}{5}$

1118

$\displaystyle\int_1^e \frac{\sin(\pi \ln x)}{x}\, dx = \frac{k}{\pi}$일 때, 상수 k의 값을 구하시오.

1119

정적분 $\displaystyle\int_0^{\frac{1}{3}} \frac{1}{9x^2+1}\, dx$의 값은?

① $-\dfrac{\pi}{4}$　　　　② $-\dfrac{\pi}{12}$　　　　③ $\dfrac{\pi}{12}$

④ $\dfrac{\pi}{6}$　　　　⑤ π

1120 수능 기출

$\displaystyle\int_0^\pi x\cos(\pi-x)\, dx$의 값을 구하시오.

1121 중요

정적분 $\displaystyle\int_0^1 (2x-3)e^{-2x+2}\, dx$의 값은?

① $-e^2$　　　　② $-e$　　　　③ 1

④ e　　　　⑤ e^2

1122

함수 $f(x) = x\cos x + x\sin x$에 대하여

$\displaystyle\int_{-3\pi}^{\pi} f(x)dx - \int_{2\pi}^{\pi} f(x)dx + \int_{2\pi}^{3\pi} f(x)dx$의 값은?

① 0　　　　② 3　　　　③ 6

④ 3π　　　　⑤ 6π

1123

다음 **보기**에서 옳은 것만을 있는 대로 고른 것은?

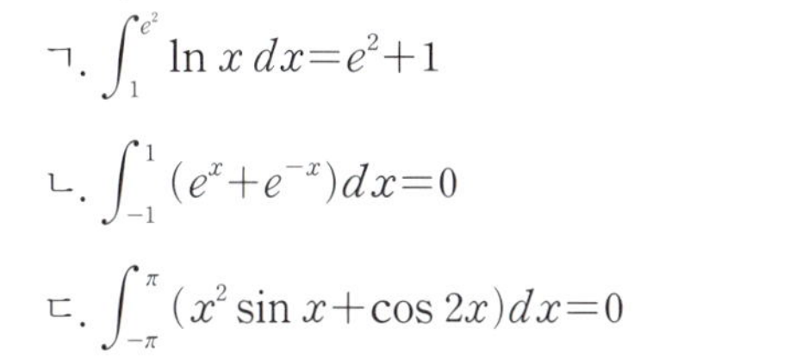

① ㄱ　　　　② ㄱ, ㄴ　　　　③ ㄱ, ㄷ

④ ㄴ, ㄷ　　　　⑤ ㄱ, ㄴ, ㄷ

1124

함수 $f(x)$가 $f(x)=\sin \pi x+\displaystyle\int_0^{\frac{1}{2}} f(t)\,dt$를 만족시킬 때, $f\!\left(\dfrac{1}{2}\right)$의 값은?

① $1+\dfrac{1}{\pi}$ ② $1+\dfrac{2}{\pi}$ ③ $1+\dfrac{\pi}{2}$

④ $1+\pi$ ⑤ $1+2\pi$

1125

함수 $f(x)$가 $f(x)=e^x-\displaystyle\int_0^2 t f(t)\,dt$를 만족시킬 때, 정적분 $\displaystyle\int_0^2 3x f(x)\,dx$의 값은?

① e^4-1 ② e^2-1 ③ $e-1$

④ $e+1$ ⑤ e^2+1

1126

$x>0$에서 미분가능한 함수 $f(x)$가 모든 실수 x에 대하여

$$\int_1^x f(t)\,dt=xf(x)+x^2 e^{-x}$$

을 만족시킬 때, $f(-1)$의 값을 구하시오.

1127

$x>0$에서 함수 $f(x)$에 대하여 등식

$$\int_1^x (x-t)f(t)\,dt=x^2 \ln x+ax+b$$

가 성립할 때, 상수 a, b에 대하여 ab의 값을 구하시오.

1128

$\displaystyle\lim_{x\to 1}\dfrac{1}{x-1}\int_1^{x^2}(\cos \pi t+\ln t)e^t\,dt$의 값은?

① $-2e$ ② $-e$ ③ e

④ $2e$ ⑤ $3e$

1129

$0<x<\pi$일 때, 함수 $f(x)=\displaystyle\int_0^x (1+\sin t)\cos t\,dt$는 $x=a$에서 극댓값을 갖는다. 이때 a의 값은?

① $\dfrac{\pi}{12}$ ② $\dfrac{\pi}{8}$ ③ $\dfrac{\pi}{6}$

④ $\dfrac{\pi}{4}$ ⑤ $\dfrac{\pi}{2}$

1130 교육청 기출

실수 전체의 집합에서 정의된 함수

$$f(x)=\int_0^x \dfrac{2t-1}{t^2-t+1}\,dt$$

의 최솟값은?

① $\ln \dfrac{1}{2}$ ② $\ln \dfrac{2}{3}$ ③ $\ln \dfrac{3}{4}$

④ $\ln \dfrac{4}{5}$ ⑤ $\ln \dfrac{5}{6}$

 ## 서술형 주관식

1131

함수 $f(x)=\sin(\cos x)$에 대하여 $\int_0^1 f(x)dx=A$, $\int_0^2 f(x)dx=B$라 할 때, $\int_{-1}^1 f(x)dx+\int_{-2}^2 f(x)dx$를 A, B를 사용하여 나타내시오.

1132

함수 $f(x)=a\ln x+b$가 다음 조건을 모두 만족시킬 때, 상수 a, b의 값을 각각 구하시오.

> (가) $\displaystyle\lim_{x\to 1}\frac{f(x)-f(1)}{x-1}=3$
>
> (나) $\displaystyle\int_1^e f(x)dx=e+2$

1133

미분가능한 함수 $f(x)$가 모든 실수 x에 대하여

$$f(x)=e^{-x}+x+\int_0^x f'(t)e^{-t}\,dt$$

를 만족시킬 때, 함수 $f(x)$를 구하시오.

1134

$0<x<\pi$에서 함수 $f(x)$가

$$f(x)=\int_0^x (1-\sin t)\cos t\,dt$$

일 때, $f(x)$의 극댓값을 구하시오.

 ## 실력 up

1135   창의·융합   수능 기출

$x>0$에서 정의된 연속함수 $f(x)$가 모든 양수 x에 대하여

$$2f(x)+\frac{1}{x^2}f\left(\frac{1}{x}\right)=\frac{1}{x}+\frac{1}{x^2}$$

을 만족시킬 때, $\int_{\frac{1}{2}}^2 f(x)dx$의 값은?

① $\dfrac{\ln 2}{3}+\dfrac{1}{2}$ ② $\dfrac{2\ln 2}{3}+\dfrac{1}{2}$ ③ $\dfrac{\ln 2}{3}+1$

④ $\dfrac{2\ln 2}{3}+1$ ⑤ $\dfrac{2\ln 2}{3}+\dfrac{3}{2}$

1136

연속함수 $f(x)$가 모든 실수 x에 대하여

$$f(x)+f(-x)=2\cos x-1$$

을 만족시킬 때, 정적분 $\int_{-\pi}^{\pi} f(x)dx$의 값을 구하시오.

1137

$x>0$에서 정의된 미분가능한 함수 $f(x)$가

$$2xf(x)-x=\int_1^x \{f(t)-1\}dt$$

를 만족시킬 때, $f(4)$의 값은? (단, $f(x)>0$)

① $\dfrac{1}{4}$ ② $\dfrac{1}{2}$ ③ $\dfrac{3}{4}$

④ 1 ⑤ $\dfrac{5}{4}$

10 정적분의 활용

10·1 정적분과 급수의 합 사이의 관계

1 함수 $f(x)$가 닫힌구간 $[a, b]$에서 연속일 때

$$\lim_{n\to\infty}\sum_{k=1}^{n}f(x_k)\,\varDelta x=\int_a^b f(x)dx \ \left(\text{단, } \varDelta x=\frac{b-a}{n},\ x_k=a+k\varDelta x\right)$$

2 정적분과 급수

(1) $\displaystyle\lim_{n\to\infty}\sum_{k=1}^{n}f\left(\frac{k}{n}\right)\times\frac{1}{n}=\int_0^1 f(x)dx$

(2) $\displaystyle\lim_{n\to\infty}\sum_{k=1}^{n}f\left(\frac{p}{n}k\right)\times\frac{p}{n}=\int_0^p f(x)dx$

(3) $\displaystyle\lim_{n\to\infty}\sum_{k=1}^{n}f\left(a+\frac{b-a}{n}k\right)\times\frac{b-a}{n}=\int_a^b f(x)dx$

(4) $\displaystyle\lim_{n\to\infty}\sum_{k=1}^{n}f\left(a+\frac{p}{n}k\right)\times\frac{p}{n}=\int_a^{a+p} f(x)dx=\int_0^p f(a+x)dx$

구분구적법: 어떤 도형의 넓이나 부피를 구할 때, 그 도형을 여러 개의 기본 도형으로 나누어 기본 도형의 넓이나 부피의 합의 극한값으로 구하는 방법

급수를 정적분으로 나타내는 순서
(ⅰ) 적분변수를 정한다.
(ⅱ) 적분 구간을 정한다.
(ⅲ) 정적분으로 나타낸다.

10·2 곡선과 좌표축 사이의 넓이

1 함수 $f(x)$가 닫힌구간 $[a, b]$에서 연속일 때, 곡선 $y=f(x)$와 x축 및 두 직선 $x=a$, $x=b$로 둘러싸인 도형의 넓이 S는

$$S=\int_a^b |f(x)|\,dx$$

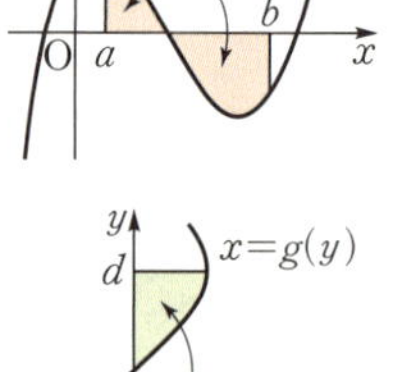

2 함수 $g(y)$가 닫힌구간 $[c, d]$에서 연속일 때, 곡선 $x=g(y)$와 y축 및 두 직선 $y=c$, $y=d$로 둘러싸인 도형의 넓이 S는

$$S=\int_c^d |g(y)|\,dy$$

닫힌구간 $[a, b]$에서 $f(x)$의 값이 양수인 구간과 음수인 구간으로 나누어 넓이를 구한다.

10·3 두 곡선 사이의 넓이

1 두 함수 $f(x)$와 $g(x)$가 닫힌구간 $[a, b]$에서 연속일 때, 두 곡선 $y=f(x)$와 $y=g(x)$ 및 두 직선 $x=a$, $x=b$로 둘러싸인 도형의 넓이 S는

$$S=\int_a^b |f(x)-g(x)|\,dx \ \rightarrow\ \int_a^b \{(\text{위쪽의 식})-(\text{아래쪽의 식})\}\,dx$$

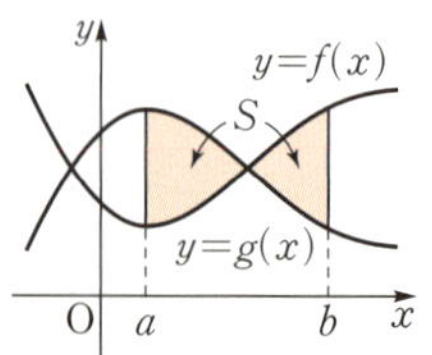

2 두 함수 $f(y)$와 $g(y)$가 닫힌구간 $[c, d]$에서 연속일 때, 두 곡선 $x=f(y)$와 $x=g(y)$ 및 두 직선 $y=c$, $y=d$로 둘러싸인 도형의 넓이 S는

$$S=\int_c^d |f(y)-g(y)|\,dy \ \rightarrow\ \int_c^d \{(\text{오른쪽의 식})-(\text{왼쪽의 식})\}\,dy$$

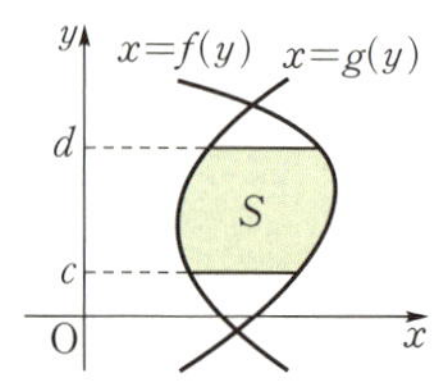

닫힌구간 $[a, b]$에서 $f(x)-g(x)$의 값이 양수인 구간과 음수인 구간으로 나누어 넓이를 구한다.

10·1 정적분과 급수의 합 사이의 관계

1138 다음은 곡선 $y=x^2$과 x축 및 직선 $x=1$로 둘러싸인 도형의 넓이 S를 구분구적법을 이용하여 구하는 과정이다. □ 안에 알맞은 것을 써넣으시오.

> 닫힌구간 $[0, 1]$을 n등분 한 각 구간의 오른쪽 끝 점의 x좌표는 차례로
> $$\frac{1}{n}, \frac{2}{n}, \cdots, \frac{n-1}{n}, \frac{n}{n}(=1)$$
> 이고, 이에 대응하는 y의 값은 각각
> $$\left(\frac{1}{n}\right)^2, \left(\frac{2}{n}\right)^2, \cdots, \left(\frac{n-1}{n}\right)^2, \left(\frac{n}{n}\right)^2$$
> 이므로 색칠한 직사각형의 넓이의 합을 S_n이라 하면
> $$S_n=\boxed{}\times\left(\frac{1}{n}\right)^2+\boxed{}\times\left(\frac{2}{n}\right)^2+\cdots+\boxed{}\times\left(\frac{n}{n}\right)^2$$
> $$=\sum_{k=1}^{n}\boxed{}$$
> $$\therefore S=\lim_{n\to\infty}S_n=\boxed{}$$

[1139 ~ 1142] 다음 급수의 합을 정적분을 이용하여 구하시오.

1139 $\displaystyle\lim_{n\to\infty}\sum_{k=1}^{n}\left(\frac{2k}{n}\right)^2\times\frac{2}{n}$

1140 $\displaystyle\lim_{n\to\infty}\sum_{k=1}^{n}\left(4+\frac{2k}{n}\right)\times\frac{2}{n}$

1141 $\displaystyle\lim_{n\to\infty}\frac{3}{n}\left\{\left(\frac{n+1}{n}\right)^2+\left(\frac{n+2}{n}\right)^2+\cdots+\left(\frac{n+n}{n}\right)^2\right\}$

1142 $\displaystyle\lim_{n\to\infty}\frac{\pi}{n}\left(\sin\frac{\pi}{n}+\sin\frac{2\pi}{n}+\cdots+\sin\frac{n\pi}{n}\right)$

10·2 곡선과 좌표축 사이의 넓이

1143 곡선 $y=\sin x\,(0\le x\le\pi)$와 x축으로 둘러싸인 도형의 넓이를 구하시오.

[1144 - 1146] 다음 곡선과 직선 및 x축으로 둘러싸인 도형의 넓이를 구하시오.

1144 $y=\sqrt{x}$, $x=9$

1145 $y=e^x-3$, $x=0$, $x=1$

1146 $y=\ln x$, $x=e$

1147 $x=y^2+2y$의 그래프가 오른쪽 그림과 같을 때, 곡선 $x=y^2+2y$와 y축으로 둘러싸인 도형의 넓이를 구하시오.

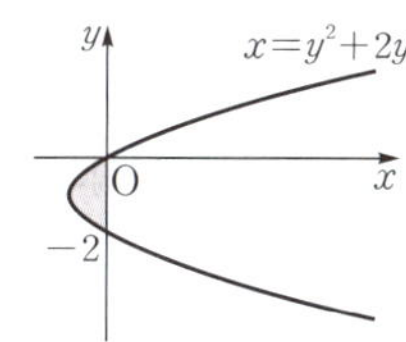

[1148 ~ 1150] 다음 곡선과 직선 및 y축으로 둘러싸인 도형의 넓이를 구하시오.

1148 $y=\sqrt{x+4}$, $y=0$, $y=3$

1149 $y=e^x$, $y=e$

1150 $y=-\ln(x-2)$, $y=0$, $y=2$

10·3 두 곡선 사이의 넓이

[1151 ~ 1152] 다음 곡선과 직선으로 둘러싸인 도형의 넓이를 구하시오.

1151 $y=\dfrac{2}{x}$, $y=-x+3$

1152 $y=\sqrt{x-1}$, $y=x-1$

1153 $0\le x\le\dfrac{\pi}{4}$에서 두 곡선 $y=\sin x$, $y=\cos x$ 및 y축으로 둘러싸인 도형의 넓이를 구하시오.

10·4 입체도형의 부피

닫힌구간 $[a, b]$에서 x좌표가 x인 점을 지나고 x축에 수직인 평면으로 자른 단면의 넓이가 $S(x)$인 입체도형의 부피 V는

$$V = \int_a^b S(x)\,dx$$

(단, $S(x)$는 닫힌구간 $[a, b]$에서 연속이다.)

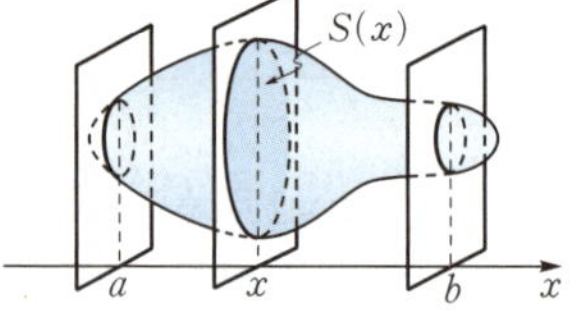

10·5 속도와 거리

1 직선 위를 움직이는 점의 위치와 움직인 거리

수직선 위를 움직이는 점 P의 시각 t에서의 속도가 $v(t)$, 시각 $t=a$에서의 위치가 x_0일 때,

(1) 시각 t에서의 점 P의 위치 x는

$$x = x_0 + \int_a^t v(t)\,dt$$

(2) 시각 $t=a$에서 $t=b$까지 점 P가 움직인 거리 s는

$$s = \int_a^b |v(t)|\,dt$$

> **참고** 수직선 위를 움직이는 점 P의 시각 t에서의 속도가 $v(t)$일 때, 시각 $t=a$에서 $t=b$까지 점 P의 위치의 변화량은
>
> $$\int_a^b v(t)\,dt$$

2 평면 위를 움직이는 점의 움직인 거리

좌표평면 위를 움직이는 점 $P(x, y)$의 시각 t에서의 위치가 함수 $x=f(t)$, $y=g(t)$로 나타내어질 때, 시각 $t=a$에서 $t=b$까지 점 P가 움직인 거리 s는

$$s = \int_a^b \sqrt{\left(\frac{dx}{dt}\right)^2 + \left(\frac{dy}{dt}\right)^2}\,dt = \int_a^b \sqrt{\{f'(t)\}^2 + \{g'(t)\}^2}\,dt$$

위치 $\underset{\text{적분}}{\overset{\text{미분}}{\rightleftarrows}}$ 속도

시각 t에서의 속도 $v(t)$가 주어지면 적분을 이용하여 움직인 거리를 구할 수 있다.

10·6 곡선의 길이

(1) 곡선 $x=f(t)$, $y=g(t)$ $(a \le t \le b)$의 겹치는 부분이 없을 때, 곡선의 길이 l은

$$l = \int_a^b \sqrt{\left(\frac{dx}{dt}\right)^2 + \left(\frac{dy}{dt}\right)^2}\,dt = \int_a^b \sqrt{\{f'(t)\}^2 + \{g'(t)\}^2}\,dt$$

(2) 곡선 $y=f(x)$ $(a \le x \le b)$의 길이 l은

$$l = \int_a^b \sqrt{1 + \left(\frac{dy}{dx}\right)^2}\,dx = \int_a^b \sqrt{1 + \{f'(x)\}^2}\,dx$$

곡선 $y=f(x)$에서 $x=t$, $y=f(t)$로 나타낼 수 있으므로

$$l = \int_a^b \sqrt{\left(\frac{dx}{dt}\right)^2 + \left(\frac{dy}{dt}\right)^2}\,dt$$
$$= \int_a^b \sqrt{1 + \{f'(t)\}^2}\,dt$$
$$= \int_a^b \sqrt{1 + \{f'(x)\}^2}\,dx$$

10·4 입체도형의 부피

1154 어떤 용기에 깊이가 x cm가 되도록 물을 넣으면 그 때의 수면의 넓이는 $(x+1)^2$ cm²라 한다. 물의 깊이가 6 cm일 때, 물의 부피를 구하시오.

1155 높이가 4 cm인 그릇이 있다. 밑면으로부터의 높이가 x cm인 지점에서 밑면에 평행한 평면으로 자른 단면의 넓이가 $(e^{2x}+x+2)$ cm²일 때, 이 그릇의 부피를 구하시오.

10·5 속도와 거리

1156 원점에서 출발하여 수직선 위를 움직이는 점 P의 시각 t에서의 속도가 $v(t)=e^t-1$일 때, 다음을 구하시오.

(1) 시각 t에서의 점 P의 위치

(2) 시각 $t=0$에서 $t=4$까지 점 P가 움직인 거리

[1157 ~ 1160] 좌표평면 위를 움직이는 점 $P(x, y)$의 시각 t에서의 위치가 다음과 같을 때, 시각 $t=0$에서 $t=3$까지 점 P가 움직인 거리를 구하시오.

1157 $x=-3t, y=4t-1$

1158 $x=t^2, y=2t^2$

1159 $x=2t^2, y=\dfrac{3}{2}t^2+1$

1160 $x=t-\dfrac{1}{3}t^3, y=t^2$

[1161 ~ 1164] 좌표평면 위를 움직이는 점 $P(x, y)$의 시각 t에서의 위치가 다음과 같을 때, 시각 $t=0$에서 $t=2$까지 점 P가 움직인 거리를 구하시오.

1161 $x=1-\cos t, y=2+\sin t$

1162 $x=\cos 2t, y=-\sin 2t+1$

1163 $x=3\sin t, y=1-3\cos t$

1164 $x=e^t \cos t, y=e^t \sin t$

10·6 곡선의 길이

[1165 ~ 1166] 다음 곡선의 길이를 구하시오.

1165 $x=3t^2, y=1-t^2 \ (0 \le t \le 2)$

1166 $x=2\sin t, y=1-2\cos t \ (0 \le t \le \pi)$

[1167 ~ 1168] 다음 곡선의 길이를 구하시오.

1167 $y=\dfrac{2}{3}x\sqrt{x}-\dfrac{1}{2}\sqrt{x} \ (0 \le x \le 4)$

1168 $y=\dfrac{e^x+e^{-x}}{2} \ (-1 \le x \le 1)$

| **개념원리** 미적분 275쪽 |

유형 **01** 정적분과 급수의 합 사이의 관계 (1)

함수 $f(x)$가 닫힌구간 $[a, b]$에서 연속일 때,

$$\lim_{n\to\infty}\sum_{k=1}^{n}f(x_k)\Delta x=\int_{a}^{b}f(x)dx\left(\text{단, }\Delta x=\frac{b-a}{n},\ x_k=a+k\Delta x\right)$$

1169　대표문제

등식 $\displaystyle\lim_{n\to\infty}\frac{1}{n}\sum_{k=1}^{n}\sin\left(1+\frac{2k}{n}\right)=a\int_{b}^{c}\sin x\,dx$가 성립할 때, 유리수 a, b, c에 대하여 abc의 값을 구하시오. (단, $a>0$)

1170　중 하

다음은 정적분을 이용하여 $\displaystyle\lim_{n\to\infty}\frac{1}{n^2}\sum_{k=1}^{n}ke^{\frac{k}{n}}$의 값을 구하는 과정이다.

$$\lim_{n\to\infty}\frac{1}{n^2}\sum_{k=1}^{n}ke^{\frac{k}{n}}=\lim_{n\to\infty}\boxed{\text{(가)}}\sum_{k=1}^{n}\frac{k}{n}e^{\frac{k}{n}}$$

$$=\int_{0}^{1}xe^{x}\,dx$$

$$=\left[x\times\boxed{\text{(나)}}\right]_{0}^{1}-\int_{0}^{1}\boxed{\text{(나)}}\,dx$$

$$=\boxed{\text{(다)}}$$

이때 (가), (나), (다)에 알맞은 것을 써넣으시오.

1171　중

$\displaystyle\lim_{n\to\infty}\sum_{k=1}^{n}\frac{ak^2}{n^2}\times\frac{4}{n}=\int_{0}^{4}(-3x)^2\,dx=b$라 할 때, 상수 a, b에 대하여 $a+b$의 값을 구하시오.

| **개념원리** 미적분 275쪽 |

유형 **02** 정적분과 급수의 합 사이의 관계 (2)

복잡한 급수의 합은 정적분을 이용하여 구한다.

$$\Rightarrow \lim_{n\to\infty}\sum_{k=1}^{n}f\left(\boxed{\frac{p}{n}k}\right)\times\boxed{\frac{p}{n}}$$

└─ 서로 같도록 만들어 준다.

(1) $\displaystyle\lim_{n\to\infty}\sum_{k=1}^{n}f\left(\frac{p}{n}k\right)\times\frac{p}{n}=\int_{0}^{p}f(x)dx$

(2) $\displaystyle\lim_{n\to\infty}\sum_{k=1}^{n}f\left(a+\frac{p}{n}k\right)\times\frac{p}{n}=\int_{a}^{a+p}f(x)dx=\int_{0}^{p}f(a+x)dx$

1172　대표문제

$\displaystyle\lim_{n\to\infty}\frac{\sqrt{n}}{n^2}(\sqrt{n+1}+\sqrt{n+2}+\sqrt{n+3}+\cdots+\sqrt{n+n}\,)$의 값은?

① $\dfrac{2}{3}(2\sqrt{2}-1)$　　② $\dfrac{2}{5}(2\sqrt{2}-1)$　　③ $\dfrac{2}{3}(2\sqrt{2}+1)$

④ $\dfrac{1}{3}(2\sqrt{2}-1)$　　⑤ $\dfrac{2}{3}(\sqrt{2}+3)$

1173　중 하

$\displaystyle\lim_{n\to\infty}\frac{1}{n}\left(e^{\frac{1}{n}}+e^{\frac{2}{n}}+e^{\frac{3}{n}}+\cdots+e^{\frac{n}{n}}\right)$의 값을 구하시오.

1174　중

$\displaystyle\lim_{n\to\infty}\left(\frac{1^2}{n^3+1^3}+\frac{2^2}{n^3+2^3}+\frac{3^2}{n^3+3^3}+\cdots+\frac{n^2}{n^3+n^3}\right)$의 값을 구하시오.

1175　상 중

함수 $f(x)=\sin\pi x$에 대하여

$\displaystyle\lim_{n\to\infty}\frac{\pi}{n^2}\left\{f\left(\frac{1}{n}\right)+2f\left(\frac{2}{n}\right)+3f\left(\frac{3}{n}\right)+\cdots+nf\left(\frac{n}{n}\right)\right\}$의 값을 구하시오.

유형 03 곡선과 x축 사이의 넓이

곡선 $y=f(x)$와 x축으로 둘러싸인 도형의 넓이 S는

$\Rightarrow S=S_1+S_2$

$$=\int_a^b f(x)dx+\int_b^c \{-f(x)\}dx$$

└→ 곡선이 x축 아래에 있는 경우
$\Rightarrow$ '$-$'가 붙는다.

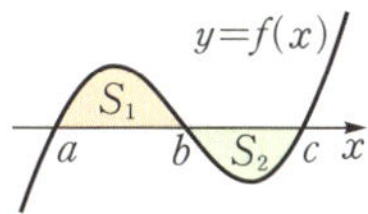

1176 대표문제

곡선 $y=\sin x+\sqrt{3}\cos x\left(-\dfrac{\pi}{3}\leq x\leq \dfrac{2}{3}\pi\right)$와 x축으로 둘러싸인 도형의 넓이를 구하시오.

1177 중

곡선 $y=a\cos x\left(0\leq x\leq \dfrac{\pi}{2}\right)$와 x축 및 y축으로 둘러싸인 도형의 넓이가 2일 때, 양수 a의 값은?

① 6　　　　② 5　　　　③ 4

④ 3　　　　⑤ 2

1178 중

오른쪽 그림과 같이 곡선 $y=\sin x$와 x축 및 두 직선 $x=0$, $x=\dfrac{3}{2}\pi$로 둘러싸인 도형의 넓이를 구하시오.

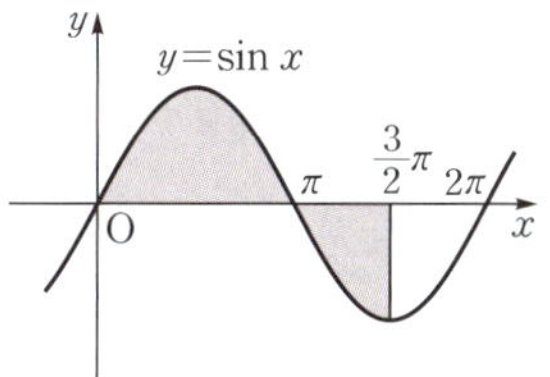

1179 중 서술형

곡선 $y=\dfrac{1}{x-1}$과 x축 및 두 직선 $x=2$, $x=a$로 둘러싸인 도형의 넓이가 3일 때, 상수 a의 값을 구하시오. (단, $a>2$)

1180 중

곡선 $y=\ln x$와 x축 및 두 직선 $x=\dfrac{1}{e}$, $x=e^2$으로 둘러싸인 도형의 넓이를 구하시오.

1181 중

곡선 $y=xe^x$과 x축 및 두 직선 $x=-1$, $x=1$로 둘러싸인 도형의 넓이는?

① $2-\dfrac{3}{e}$　　　② $3-\dfrac{3}{e}$　　　③ $4-\dfrac{3}{e}$

④ $2-\dfrac{2}{e}$　　　⑤ $3-\dfrac{2}{e}$

유형 04 곡선과 y축 사이의 넓이

곡선 $x=g(y)$와 y축으로 둘러싸인 도형의 넓이

$\Rightarrow S=S_1+S_2$

$$=\int_a^b g(y)dy+\int_b^c \{-g(y)\}dy$$

└→ 곡선이 y축 왼쪽에 있는 경우 $\Rightarrow$ '$-$'가 붙는다.

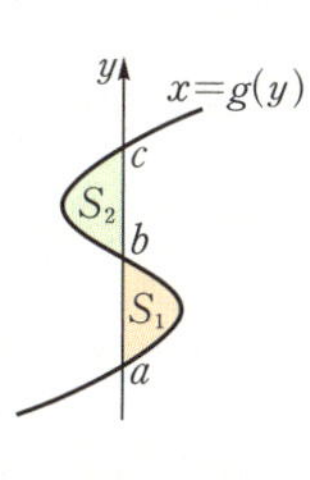

1182 대표문제

곡선 $y=\ln(x+1)$과 y축 및 직선 $y=1$로 둘러싸인 도형의 넓이는?

① $e-2$　　　② $e-1$　　　③ e

④ $e+1$　　　⑤ $e+2$

유형 익/히/기

1183 중하

곡선 $y=\dfrac{1}{x}$과 y축 및 두 직선 $y=2$, $y=3$으로 둘러싸인 도형의 넓이는?

① $\ln 2$ ② $\ln \dfrac{3}{2}$ ③ $\ln \dfrac{4}{3}$

④ $\ln \dfrac{5}{4}$ ⑤ $\ln \dfrac{6}{5}$

1184 중

곡선 $y=\sqrt{x+1}+1$과 y축 및 두 직선 $y=1$, $y=3$으로 둘러싸인 도형의 넓이를 구하시오.

1185 중

곡선 $y=e^x-1$과 y축 및 직선 $y=1$로 둘러싸인 도형의 넓이를 구하시오.

1186 중

곡선 $y=-\ln(x-2)$와 x축, y축 및 직선 $y=2$로 둘러싸인 도형의 넓이는?

① $4-\dfrac{1}{e}$ ② $5-\dfrac{1}{e}$ ③ $4-\dfrac{1}{e^2}$

④ $5-\dfrac{1}{e^2}$ ⑤ $6-\dfrac{1}{e^2}$

유형 05   곡선과 직선 사이의 넓이

곡선과 직선의 위치 관계를 파악한 후

$\Rightarrow \displaystyle\int_a^b \{(\text{위쪽의 식})-(\text{아래쪽의 식})\}dx$의 값을 구한다.

1187 대표문제

오른쪽 그림과 같이 곡선 $y=\dfrac{x}{x^2+2}$와 직선 $y=\dfrac{1}{3}x$로 둘러싸인 도형의 넓이는?

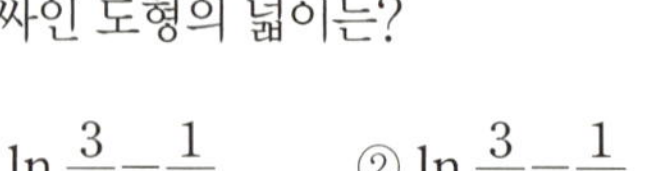

① $\ln \dfrac{3}{2}-\dfrac{1}{3}$ ② $\ln \dfrac{3}{2}-\dfrac{1}{4}$ ③ $\ln \dfrac{3}{2}-\dfrac{1}{6}$

④ $\ln \dfrac{4}{3}-\dfrac{1}{4}$ ⑤ $\ln \dfrac{4}{3}-\dfrac{1}{6}$

1188 중

곡선 $xy=4$와 직선 $x+y=5$로 둘러싸인 도형의 넓이는?

① $3-4\ln 2$ ② $\dfrac{13}{2}-8\ln 2$ ③ $\dfrac{15}{2}-8\ln 2$

④ $\dfrac{15}{2}-4\ln 2$ ⑤ $15-8\ln 2$

1189 중 서술형

곡선 $y=\dfrac{1}{x}$ $(x>0)$과 두 직선 $y=x$, $y=\dfrac{1}{2}x$로 둘러싸인 도형의 넓이를 구하시오.

1190 상중

곡선 $y=a\sqrt{x}$와 직선 $y=x$로 둘러싸인 도형의 넓이가 $\dfrac{8}{3}$일 때, 양수 a의 값을 구하시오.

| 개념원리 미적분 281쪽 |

유형 **06** 두 곡선 사이의 넓이

두 곡선의 위치 관계를 파악한 후

$\Rightarrow \displaystyle\int_a^b \{(위쪽의 식)-(아래쪽의 식)\}\,dx$의 값을 구한다.

1191 ◀대표문제

두 곡선 $y=\dfrac{1}{x}$, $y=\sqrt{x}$와 두 직선 $x=\dfrac{1}{4}$, $x=4$로 둘러싸인 도형의 넓이를 구하시오.

1192 중 하

두 곡선 $y=\ln x$, $y=\ln \dfrac{1}{x}$과 직선 $y=1$로 둘러싸인 도형의 넓이를 구하시오.

1193 중 서술형

$0 \le x \le 2\pi$에서 두 곡선 $y=\sin x$와 $y=\cos x$로 둘러싸인 도형의 넓이를 구하시오.

1194 중

두 곡선 $y=e^x$, $y=e^{-x}$과 직선 $y=3$으로 둘러싸인 도형의 넓이는?

① $5\ln 2-3$ ② $5\ln 2-2$ ③ $6\ln 3-4$

④ $6\ln 3-3$ ⑤ $6\ln 3-2$

| 개념원리 미적분 282쪽 |

유형 **07** 곡선과 접선으로 둘러싸인 도형의 넓이

곡선 $y=f(x)$ 위의 점 $(a, f(a))$에서의 접선의 기울기는 $f'(a)$이다.

1195 대표문제

곡선 $y=e^{-x}$과 원점에서 이 곡선에 그은 접선 및 y축으로 둘러싸인 도형의 넓이를 구하시오.

1196 중

곡선 $y=\ln x$와 이 곡선 위의 점 $(e, 1)$에서의 접선 및 x축으로 둘러싸인 도형의 넓이는?

① $\dfrac{1}{2}e-1$ ② $\dfrac{1}{3}e$ ③ $\dfrac{1}{2}e$

④ $\dfrac{1}{3}e+1$ ⑤ $e+1$

1197 중

곡선 $y=3\sqrt{x-1}$과 이 곡선 위의 점 $(10, 9)$에서의 접선 및 x축으로 둘러싸인 도형의 넓이는?

① 21 ② 25 ③ 27

④ 29 ⑤ 31

1198 상 중

곡선 $y=e^x$과 점 $(1, 0)$에서 이 곡선에 그은 접선 및 y축으로 둘러싸인 도형의 넓이를 구하시오.

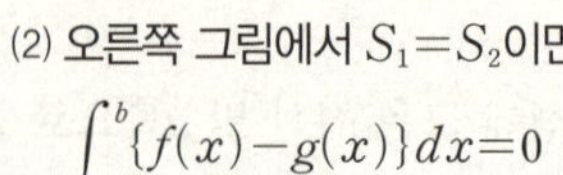

유형 **08**	두 도형의 넓이가 같은 경우

(1) 오른쪽 그림에서 $S_1=S_2$이면
$$\int_a^b f(x)\,dx=0$$

(2) 오른쪽 그림에서 $S_1=S_2$이면
$$\int_a^b \{f(x)-g(x)\}\,dx=0$$

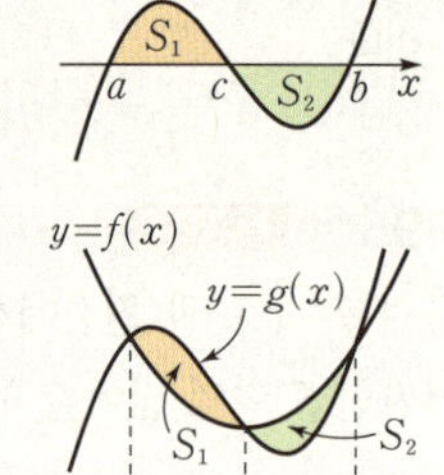

1199 대표문제

오른쪽 그림과 같이 곡선 $y=x\sqrt{x}$ 와 y축 및 두 직선 $x=1$, $y=a$로 둘러싸인 두 도형의 넓이가 서로 같을 때, 상수 a의 값은?

(단, $0<a<1$)

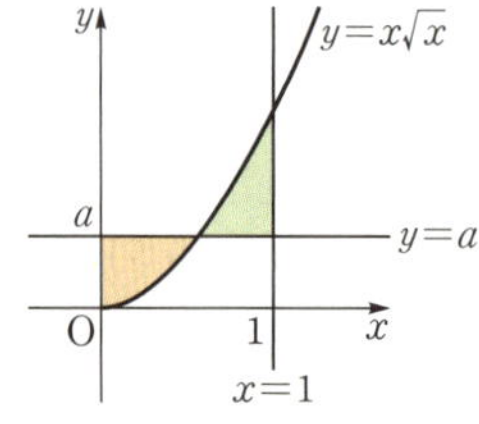

① $\dfrac{1}{5}$ ② $\dfrac{1}{3}$ ③ $\dfrac{2}{5}$

④ $\dfrac{3}{5}$ ⑤ $\dfrac{2}{3}$

1200 중

오른쪽 그림과 같이 곡선 $y=\sqrt{x}+k$와 직선 $x=2$ 및 x축, y축으로 둘러싸인 두 도형의 넓이가 서로 같을 때, 상수 k의 값을 구하시오. (단, $k<0$)

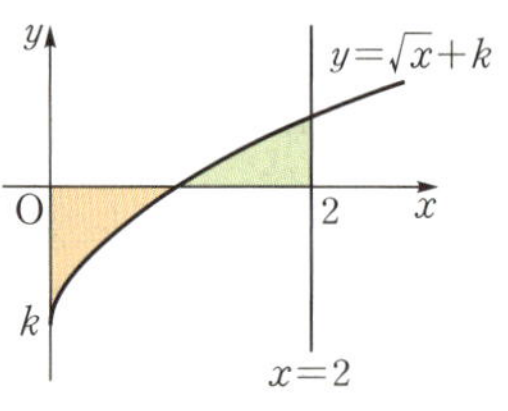

1201 중

오른쪽 그림과 같이 곡선 $y=\sin x$ 와 y축 및 두 직선 $x=\dfrac{\pi}{2}$, $y=k$로 둘러싸인 두 도형의 넓이가 서로 같을 때, 상수 k의 값을 구하시오.

(단, $0<k<1$)

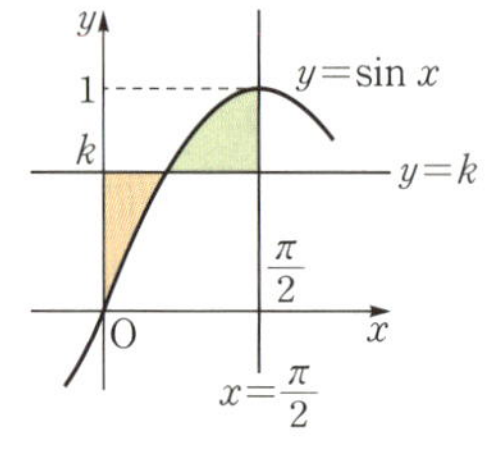

유형 **09**	도형의 넓이를 이등분하는 경우

오른쪽 그림과 같이 곡선 $y=f(x)$와 x축으로 둘러싸인 도형의 넓이를 직선 $y=g(x)$가 이등분하면

$$\Rightarrow \int_0^a \{f(x)-g(x)\}\,dx = \frac{1}{2}\int_0^b f(x)\,dx$$

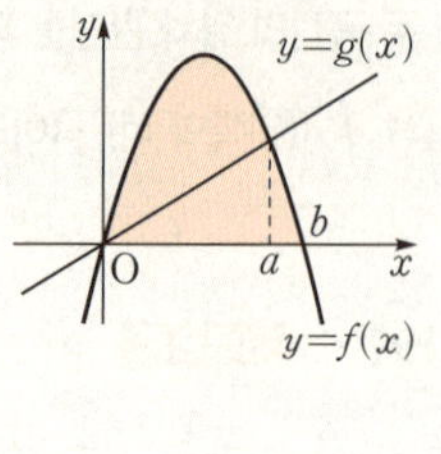

1202 대표문제

곡선 $y=\dfrac{1}{x}$과 x축 및 두 직선 $x=1$, $x=9$로 둘러싸인 도형의 넓이를 직선 $x=a$가 이등분할 때, 상수 a의 값은?

(단, $1<a<9$)

① 3 ② 4 ③ 5
④ 6 ⑤ 7

1203 중

곡선 $y=\dfrac{2}{x}$와 x축 및 두 직선 $x=1$, $x=e^2$으로 둘러싸인 도형의 넓이가 직선 $x=k$에 의하여 이등분될 때, 상수 k의 값을 구하시오. (단, $1<k<e^2$)

1204 중 서술형

곡선 $y=\sqrt{x}$와 x축 및 직선 $x=2$로 둘러싸인 도형의 넓이를 곡선 $y=\sqrt{kx}$가 이등분할 때, 상수 k의 값을 구하시오.

(단, $0<k<1$)

1205 중

곡선 $y=e^x$과 두 직선 $x=0$, $x=\ln 3$ 및 x축으로 둘러싸인 도형의 넓이를 곡선 $y=ae^{2x}$이 이등분할 때, 상수 a의 값을 구하시오. $\left(\text{단, } 0<a<\dfrac{1}{3}\right)$

| 개념원리 미적분 289쪽 |

유형 **10** 입체도형의 부피 — 단면이 밑면과 평행한 경우

높이가 a인 입체도형을 밑면으로부터의 높이가 x인 지점에서 밑면과 평행한 평면으로 자른 단면의 넓이가 $S(x)$이면 이 입체도형의 부피 V는

$$\Rightarrow V = \int_0^a S(x)\,dx$$

1206 대표문제

어떤 그릇에 물을 채우는 데 물의 깊이가 x일 때 수면의 넓이는 $\ln(x+1)$이라 한다. 물의 깊이가 5일 때, 그릇에 담긴 물의 부피를 구하시오.

1207 중하

높이가 3인 입체도형을 밑면으로부터의 높이가 x인 지점에서 밑면과 평행한 평면으로 자른 단면의 넓이는 $\sqrt{3x}$이다. 이 입체도형의 부피를 구하시오.

1208 중

어떤 그릇에 물을 부으면 깊이가 x cm일 때 수면은 한 변의 길이가 $e^{-\frac{x}{2}}$ cm인 정사각형이라 한다. 그릇의 높이가 8 cm일 때 그릇에 가득 담긴 물의 부피를 구하시오.

1209 중

어떤 입체도형을 밑면으로부터의 높이가 $x\,(0 \leq x \leq 4)$인 곳에서 밑면과 평행한 평면으로 자른 단면은 반지름의 길이가 $\sqrt{16-x^2}$인 원이다. 이 입체도형의 부피가 $\dfrac{k}{3}\pi$일 때, 유리수 k의 값을 구하시오.

| 개념원리 미적분 290쪽, 291쪽 |

유형 **11** 입체도형의 부피 — 단면이 밑면과 수직인 경우

닫힌구간 $[a, b]$에서 입체도형의 부피 V 구하는 방법

(ⅰ) 밑면을 좌표평면 위에 나타내기

(ⅱ) x축에 수직인 평면으로 입체도형 자르기

(ⅲ) 자른 단면의 넓이 $S(x)$ 구하기

(ⅳ) $V = \displaystyle\int_a^b S(x)\,dx$ 계산하기

1210 대표문제

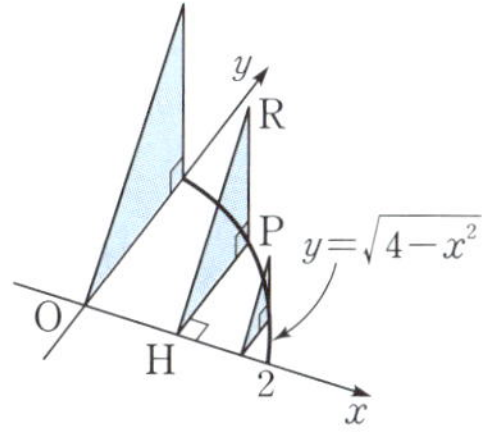

오른쪽 그림과 같이 곡선 $y = \sqrt{4-x^2}\,(0 \leq x \leq 2)$ 위의 점 $P(x,\ \sqrt{4-x^2})$에서 x축에 내린 수선의 발을 H라 하고 $\angle P = 90°$인 직각이등변삼각형 PRH를 x축에 수직인 평면 위에 그린다. 점 P의 x좌표가 0에서 2까지 변할 때, 이 직각이등변삼각형이 만드는 입체도형의 부피를 구하시오.

1211 중

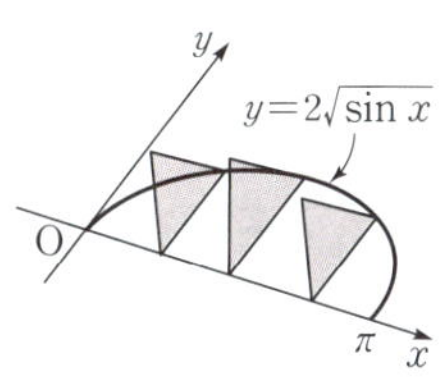

곡선 $y = 2\sqrt{\sin x}\,(0 \leq x \leq \pi)$와 x축으로 둘러싸인 도형을 밑면으로 하는 입체도형을 x축에 수직인 평면으로 자른 단면이 모두 정삼각형일 때, 이 입체도형의 부피를 구하시오.

1212 중

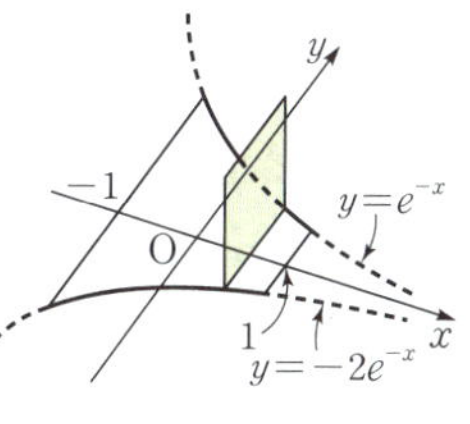

오른쪽 그림과 같이 두 곡선 $y = e^{-x}$, $y = -2e^{-x}$과 두 직선 $x = -1$, $x = 1$로 둘러싸인 도형을 밑면으로 하는 입체도형을 x축에 수직인 평면으로 자른 단면이 모두 정사각형일 때, 이 입체도형의 부피를 구하시오.

1213 중

오른쪽 그림과 같이 곡선 $y=e^{\sqrt{x+1}}$과 x축 및 두 직선 $x=0$, $x=3$으로 둘러싸인 도형을 밑면으로 하는 입체도형을 x축에 수직인 평면으로 자른 단면이 모두 정사각형일 때, 이 입체도형의 부피를 구하시오.

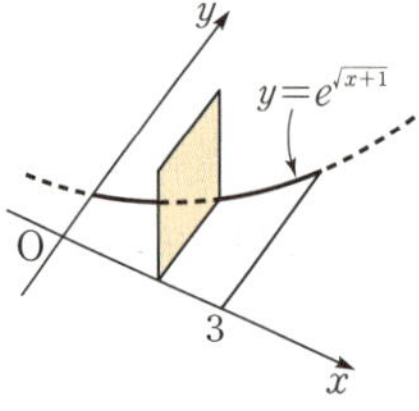

1214 상중 서술형

오른쪽 그림과 같이 밑면의 중심이 O이고 밑면의 반지름의 길이가 2, 높이가 4인 원기둥이 있다. 밑면의 한 지름을 지나고 밑면과 이루는 각의 크기가 60°인 평면으로 이 원기둥을 자를 때 생기는 두 입체도형 중에서 작은 것의 부피를 구하시오.

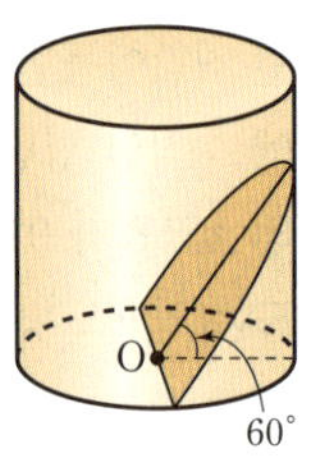

| 개념원리 미적분 294쪽 |

유형 12 직선 위에서 점이 움직인 거리

수직선 위를 움직이는 점 P의 시각 t에서의 속도가 $v(t)$, 시각 $t=a$에서의 위치가 x_0일 때

(1) 시각 t에서 점 P의 위치 x는

$\Rightarrow x=x_0+\displaystyle\int_a^t v(t)\,dt$

(2) 시각 $t=a$에서 $t=b$까지 점 P가 움직인 거리 s는

$\Rightarrow s=\displaystyle\int_a^b |v(t)|\,dt$

1215 대표문제

원점에서 출발하여 수직선 위를 움직이는 점 P의 시각 t에서의 속도가 $v(t)=e^t-e$일 때, 시각 $t=0$에서 $t=3$까지 점 P가 움직인 거리를 구하시오.

1216 중

원점에서 출발하여 수직선 위를 움직이는 점 P의 시각 t에서의 속도가 $v(t)=\sin t$이다. 시각 $t=0$에서 $t=a$까지 점 P가 움직인 거리가 6일 때, 양수 a의 값은?

① 2π ② $\dfrac{5}{2}\pi$ ③ 3π

④ $\dfrac{7}{2}\pi$ ⑤ 4π

1217 중

원점에서 출발하여 수직선 위를 움직이는 점 P의 시각 t에서의 속도가 $v(t)=\sin \pi t$이다. $0<t<10$에서 점 P가 원점을 지나는 횟수는?

① 1 ② 2 ③ 3

④ 4 ⑤ 5

1218 중

수직선 위를 움직이는 점 P의 시각 t에서의 속도가 $v(t)=\cos 2t-\cos t$일 때, 점 P가 출발한 후 처음으로 운동 방향을 바꿀 때까지 움직인 거리는?

① $\dfrac{\sqrt{3}}{4}$ ② $\dfrac{\sqrt{3}}{2}$ ③ $\dfrac{3\sqrt{3}}{4}$

④ $\sqrt{3}$ ⑤ $\dfrac{5\sqrt{3}}{4}$

| 개념원리 미적분 295쪽 |

유형 13 평면 위에서 점이 움직인 거리

좌표평면 위를 움직이는 점 $P(x, y)$의 시각 t에서의 위치가 함수 $x=f(t)$, $y=g(t)$로 나타내어질 때, 시각 $t=a$에서 $t=b$까지 점 P가 움직인 거리 s는

$$\Rightarrow s=\int_a^b \sqrt{\left(\frac{dx}{dt}\right)^2+\left(\frac{dy}{dt}\right)^2}\,dt$$

1219 　대표문제

좌표평면 위를 움직이는 점 $P(x, y)$의 시각 t에서의 위치가

$$x=\sin t+2\cos t,\ y=\cos t-2\sin t$$

일 때, 시각 $t=0$에서 $t=2$까지 점 P가 움직인 거리는?

① $\sqrt{5}$ 　　② $\sqrt{10}$ 　　③ $2\sqrt{5}$

④ 5 　　⑤ 10

1220 　중하

좌표평면 위를 움직이는 점 $P(x, y)$의 시각 t에서의 위치가

$$x=2t-1,\ y=e^t+e^{-t}$$

일 때, 시각 $t=0$에서 $t=3$까지 점 P가 움직인 거리를 구하시오.

1221 　중

좌표평면 위를 움직이는 점 $P(x, y)$의 시각 t에서의 위치가

$$x=\sqrt{3}\sin t+\cos t,\ y=\sqrt{3}\cos t-\sin t$$

일 때, 시각 $t=0$에서 $t=a$까지 점 P가 움직인 거리가 2π가 되도록 하는 양수 a의 값을 구하시오.

1222 　중

좌표평면 위를 움직이는 점 $P(x, y)$의 시각 t에서의 위치가

$$x=\sqrt{2}e^t\cos t,\ y=\sqrt{2}e^t\sin t$$

일 때, 시각 $t=0$에서 $t=\pi$까지 점 P가 움직인 거리를 구하시오.

| 개념원리 미적분 296쪽 |

유형 14 곡선의 길이

(1) 곡선 $x=f(t)$, $y=g(t)$ $(a\le t\le b)$의 겹치는 부분이 없을 때, 곡선의 길이 l은

$$\Rightarrow l=\int_a^b \sqrt{\{f'(t)\}^2+\{g'(t)\}^2}\,dt$$

(2) 곡선 $y=f(x)$ $(a\le x\le b)$의 길이 l은

$$\Rightarrow l=\int_a^b \sqrt{1+\{f'(x)\}^2}\,dx$$

1223 　대표문제

곡선 $x=\dfrac{1}{2}\left(t+\dfrac{1}{t}\right)$, $y=\ln t$ $(1\le t\le e)$의 길이는?

① $\dfrac{1}{2}\left(e-\dfrac{1}{e}\right)$ 　　② $\dfrac{1}{2}\left(e-\dfrac{2}{e}\right)$ 　　③ $e-\dfrac{1}{e}$

④ $e+\dfrac{1}{e}$ 　　⑤ $e+\dfrac{2}{e}$

1224 　중

곡선 $y=\dfrac{1}{4}(e^{2x}+e^{-2x})$ $(0\le x\le \ln 2)$의 길이는?

① $\dfrac{15}{16}$ 　　② $\dfrac{13}{16}$ 　　③ $\dfrac{11}{16}$

④ $\dfrac{5}{8}$ 　　⑤ $\dfrac{1}{2}$

1225 　중 　서술형

곡선 $y=\dfrac{1}{2}x^2-\dfrac{1}{4}\ln x$ $(1\le x\le e)$의 길이를 구하시오.

1226 　중

곡선 $x=2t^2-1$, $y=t^3$ $(0\le t\le 1)$의 길이를 구하시오.

| 개념원리 미적분 283쪽 |

| 유형 **15** | 정적분과 급수의 활용 |

급수를 $\dfrac{k}{n}$를 포함한 식으로 나타낸 다음 정적분으로 변형하여 그 값을 구한다.

1227 　대표문제

오른쪽 그림과 같이 x축 위의 닫힌구간 $[0,\ 1]$을 n등분 한 점을 차례로 A_1, A_2, A_3, $\cdots$, A_{n-1}이라 하고, 점 A_k를 지나고 y축에 평행한 직선이 곡선 $y=x^2$과 만나는 점을 B_k라 할 때, $\displaystyle\lim_{n\to\infty}\dfrac{1}{n}\sum_{k=1}^{n}\overline{A_kB_k}$의 값을 구하시오. (단, $A_n(1,\ 0)$이다.)

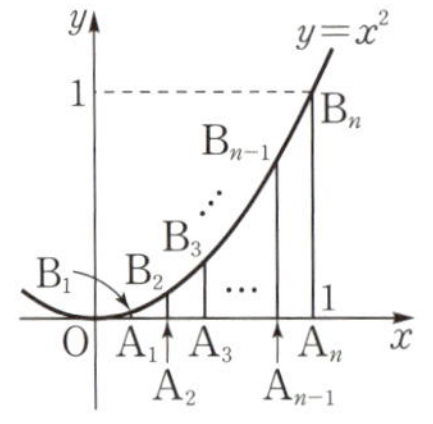

1228 　중

$\overline{AB}=\overline{BC}=1$, $\angle B=90\degree$인 직각이등변삼각형 ABC가 있다. 오른쪽 그림과 같이 변 AB를 n등분 한 점을 차례로 B_1, B_2, B_3, $\cdots$, B_{n-1}이라 하고, 각 점에서 변 BC와 평행한 직선을 그어 변 AC와 만나는 점을 각각 C_1, C_2, C_3, $\cdots$, C_{n-1}이라 할 때, $\displaystyle\lim_{n\to\infty}\dfrac{1}{n}\sum_{k=1}^{n-1}\overline{B_kC_k}^{\,3}$의 값을 구하시오.

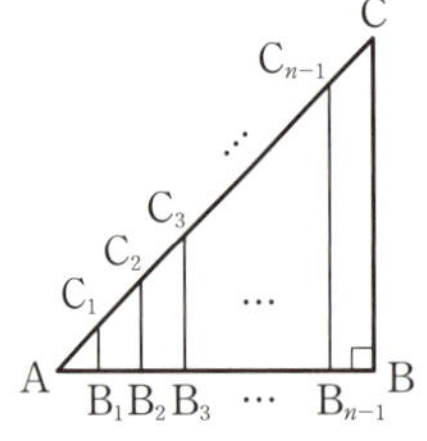

1229 　상중

반지름의 길이가 2이고 중심각의 크기가 $\dfrac{\pi}{2}$인 부채꼴 AOB가 있다. 오른쪽 그림과 같이 호 AB의 길이를 n등분 한 점을 차례로 P_1, P_2, P_3, $\cdots$, P_{n-1}이라 하고, 각 점에서 선분 OA에 내린 수선의 발을 각각 Q_1, Q_2, Q_3, $\cdots$, Q_{n-1}이라 할 때, $\displaystyle\lim_{n\to\infty}\dfrac{1}{n}\sum_{k=1}^{n-1}\overline{P_kQ_k}$의 값을 구하시오.

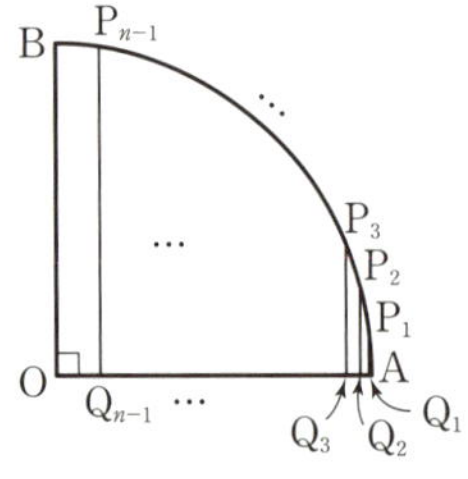

| 유형 **16** | 함수와 그 역함수의 정적분 |

(1) 두 함수 $y=f(x)$와 $y=g(x)$가 서로 역함수이면
　⇨ 두 함수 $y=f(x)$와 $y=g(x)$의 그래프는 직선 $y=x$에 대하여 대칭이다.
(2) (함수와 그 역함수의 그래프로 둘러싸인 도형의 넓이)
　$=2\times$(함수의 그래프와 직선 $y=x$로 둘러싸인 도형의 넓이)

1230 　대표문제

함수 $f(x)=e^x+\dfrac{1}{2}$의 역함수를 $g(x)$라 할 때, $\displaystyle\int_0^1 f(x)\,dx+\int_{\frac{3}{2}}^{e+\frac{1}{2}} g(x)\,dx$의 값을 구하시오.

1231 　중

함수 $f(x)=\sqrt{2x-4}$의 역함수를 $g(x)$라 할 때, $\displaystyle\int_0^2 g(x)\,dx+\int_2^4 f(x)\,dx$의 값을 구하시오.

1232 　중

함수 $f(x)=xe^x\ (0\le x\le 1)$에 대하여 오른쪽 그림은 $y=f(x)$의 그래프이다. 함수 $f(x)$의 역함수를 $g(x)$라 할 때, $\displaystyle\int_0^e g(x)\,dx$의 값을 구하시오.

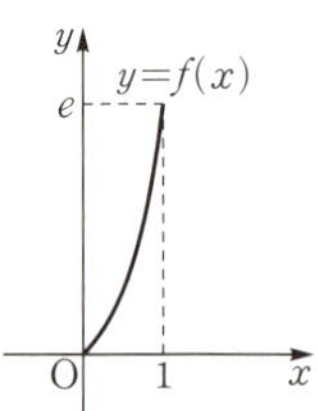

1233 　상중

함수 $f(x)=\sqrt{3x-2}$의 역함수를 $g(x)$라 할 때, 두 곡선 $y=f(x)$, $y=g(x)$로 둘러싸인 도형의 넓이를 구하시오.

1234

$\displaystyle\lim_{n\to\infty}\frac{\pi^2}{n^2}\left(\cos\frac{\pi}{n}+2\cos\frac{2}{n}\pi+\cdots+n\cos\frac{n}{n}\pi\right)$의 값은?

① -1 ② -2 ③ -3
④ -4 ⑤ -5

1235

곡선 $y=x\sqrt{1+x}$와 x축으로 둘러싸인 도형의 넓이는?

① $\dfrac{4}{15}$ ② $\dfrac{1}{3}$ ③ $\dfrac{2}{5}$
④ $\dfrac{7}{15}$ ⑤ $\dfrac{8}{15}$

1236

곡선 $y=\ln|x|$와 x축 및 직선 $y=1$로 둘러싸인 도형의 넓이는?

① $e-1$ ② $e+1$ ③ $2(e-1)$
④ $2e-1$ ⑤ $2(e+1)$

1237

곡선 $y=\ln(2x+k)$와 x축 및 y축으로 둘러싸인 도형의 넓이가 $\dfrac{1}{2}$일 때, 상수 k의 값을 구하시오. (단, $k>1$)

1238 교육청 기출

오른쪽 그림과 같은 곡선 $y=\dfrac{2x}{x^2+1}$와 직선 $y=x$로 둘러싸인 두 도형의 넓이의 합은?

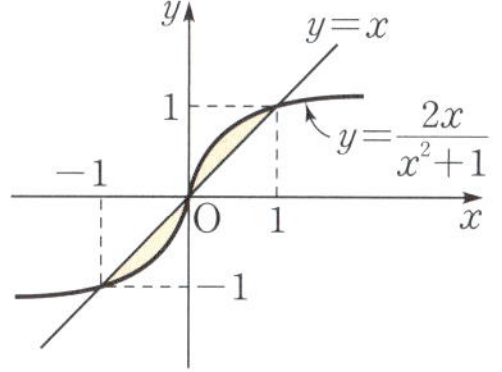

① $\ln 2-1$ ② $\ln 2+1$
③ $2\ln 2-1$ ④ $2\ln 2+1$
⑤ $4\ln 2-1$

1239

두 곡선 $y=e^{-x}$, $y=-e^{-x}$과 y축 및 직선 $x=n$으로 둘러싸인 도형의 넓이를 S_n이라 할 때, $\displaystyle\lim_{n\to\infty}S_n$의 값을 구하시오.

(단, $n>0$)

1240 평가원 기출

오른쪽 그림과 같이 두 곡선 $y=2^x-1$, $y=\left|\sin\dfrac{\pi}{2}x\right|$가 원점 O와 점 $(1,\,1)$에서 만난다. 두 곡선 $y=2^x-1$, $y=\left|\sin\dfrac{\pi}{2}x\right|$로 둘러싸인 부분의 넓이는?

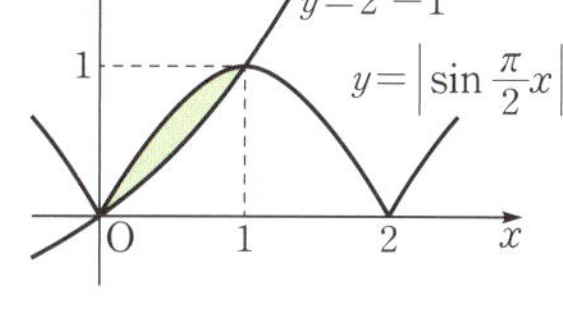

① $-\dfrac{1}{\pi}+\dfrac{1}{\ln 2}-1$ ② $\dfrac{2}{\pi}-\dfrac{1}{\ln 2}+1$
③ $\dfrac{2}{\pi}+\dfrac{1}{2\ln 2}-1$ ④ $\dfrac{1}{\pi}-\dfrac{1}{2\ln 2}+1$
⑤ $\dfrac{1}{\pi}+\dfrac{1}{\ln 2}-1$

1241

곡선 $y=\ln(x+1)$과 두 직선 $x=0$, $y=k$로 둘러싸인 도형의 넓이와 곡선 $y=\ln(x+1)$과 두 직선 $x=e-1$, $y=k$로 둘러싸인 도형의 넓이가 서로 같을 때, 상수 k의 값을 구하시오. (단, $0<k<1$)

1242

오른쪽 그림과 같이 $0 \leq x \leq \dfrac{\pi}{2}$에서 곡선 $y = \cos x$와 x축 및 y축으로 둘러싸인 도형을 곡선 $y = \dfrac{\sqrt{3}}{3} \sin x$가 두 부분 A, B로 나눈다. A, B의 넓이를 각각 S_A, S_B라 할 때, $\dfrac{S_A}{S_B}$의 값을 구하시오.

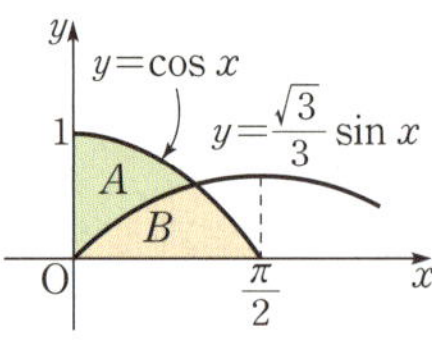

1243

오른쪽 그림과 같이 높이가 $\dfrac{e-1}{2}$인 그릇이 있다. 밑면으로부터의 물의 높이가 x일 때 수면은 한 변의 길이가 $\sqrt{\ln(2x+1)}$인 정사각형이다. 이 그릇의 부피를 구하시오.

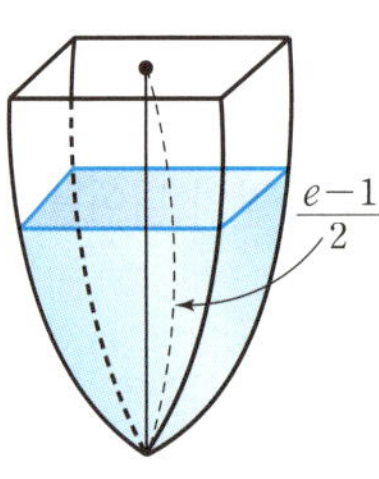

1244

높이가 $4\,\text{cm}$인 입체도형을 밑면으로부터의 높이가 $x\,\text{cm}$인 지점에서 밑면과 평행한 평면으로 자른 단면이 한 변의 길이가 $\sqrt{e^{3x}}\,\text{cm}$인 정삼각형일 때, 이 입체도형의 부피를 구하시오.

1245

오른쪽 그림과 같이 곡선 $y = \ln x \,(1 \leq x \leq e)$ 위의 한 점 $\text{A}(x,\ \ln x)$에서 y축에 내린 수선의 발을 B라 하고 $\angle \text{B} = 90°$인 직각이등변삼각형 ABC를 좌표평면에 수직으로 세운다. 점 A가 곡선 $y = \ln x \,(1 \leq x \leq e)$ 위를 움직일 때, 이 직각이등변삼각형에 의하여 생기는 입체도형의 부피를 구하시오.

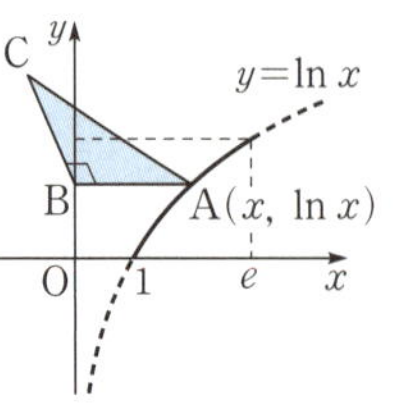

1246

좌표평면 위를 움직이는 점 $\text{P}(x,\ y)$의 시각 t에서의 위치가
$$x = \dfrac{1}{2}e^{2t} - at, \quad y = 2\sqrt{a}\,e^t$$
일 때, 시각 $t=0$에서 $t=1$까지 점 P가 움직인 거리는 $\dfrac{1}{2}(3e^2-1)$이다. 이때 양수 a의 값을 구하시오.

1247 중요

좌표평면 위를 움직이는 점 $\text{P}(x,\ y)$의 시각 t에서의 위치가
$$x = e^{-t}\sin t, \quad y = e^{-t}\cos t$$
일 때, 시각 $t=0$에서 $t=a$까지 점 P가 움직인 거리를 L이라 하자. 이때 $\displaystyle\lim_{a \to \infty} L$의 값은?

① $\dfrac{1}{2}$ ② 1 ③ $\sqrt{2}$

④ $\sqrt{3}$ ⑤ 2

1248 평가원 기출

$x=0$에서 $x = \ln 2$까지의 곡선 $y = \dfrac{1}{8}e^{2x} + \dfrac{1}{2}e^{-2x}$의 길이는?

① $\dfrac{1}{2}$ ② $\dfrac{9}{16}$ ③ $\dfrac{5}{8}$

④ $\dfrac{11}{16}$ ⑤ $\dfrac{3}{4}$

1249

함수 $f(x) = \sqrt{kx}$와 그 역함수 $g(x)$에 대하여 두 곡선 $y = f(x)$, $y = g(x)$로 둘러싸인 도형의 넓이가 $\dfrac{49}{3}$일 때, 양수 k의 값을 구하시오.

 **서술형 주관식**

1250

함수 $f(x)=e^x$에 대하여 $\displaystyle\lim_{n\to\infty}\sum_{k=1}^{n}\frac{k}{n^2}f\left(\frac{k}{n}\right)$의 값을 구하시오.

1251

높이가 $\dfrac{\pi}{4}$인 입체도형을 밑면으로부터의 높이가 x인 지점에서 밑면과 평행한 평면으로 자른 단면이 한 변의 길이가 $\tan x$인 정삼각형일 때, 이 입체도형의 부피를 구하시오.

1252

$0\le x\le\dfrac{\pi}{6}$에서 곡선 $y=\ln(\cos x)$의 길이를 구하시오.

1253

함수 $f(x)=e^{ax}$의 역함수를 $g(x)$라 할 때, 두 곡선 $y=f(x)$, $y=g(x)$가 $x=e$인 점에서 서로 접한다. 이때 두 곡선 $y=f(x)$, $y=g(x)$와 x축 및 y축으로 둘러싸인 도형의 넓이를 구하시오. (단, $a>0$)

 **실력 up**

1254

자연수 n에 대하여 닫힌구간 $[(n-1)\pi,\ n\pi]$에서 곡선 $y=\left(\dfrac{1}{2}\right)^n\sin x$와 x축으로 둘러싸인 도형의 넓이를 S_n이라 할 때, $\displaystyle\sum_{n=1}^{\infty}S_n$의 값을 구하시오.

1255

곡선 $y=x\sin 2x\left(0\le x\le\dfrac{\pi}{2}\right)$와 이 곡선 위의 점 $\left(\dfrac{\pi}{4},\ \dfrac{\pi}{4}\right)$에서의 접선으로 둘러싸인 도형의 넓이를 구하시오.

1256

곡선 $y=(x^2-a)\sin x\ (0\le x\le\pi)$와 x축으로 둘러싸인 두 도형의 넓이가 같을 때, 상수 a의 값을 구하시오.

(단, $0<a<\pi$)

1257 교육청 기출

오른쪽 그림과 같이 함수
$$f(x)=\sqrt{x\sin x^2}$$
$$\left(\frac{\sqrt{\pi}}{2}\le x\le\frac{\sqrt{3\pi}}{2}\right)$$
에 대하여 곡선 $y=f(x)$와 곡선 $y=-f(x)$ 및 두 직선 $x=\dfrac{\sqrt{\pi}}{2}$, $x=\dfrac{\sqrt{3\pi}}{2}$로 둘러싸인 도형을 밑면으로 하는 입체도형이 있다. 이 입체도형을 x축에 수직인 평면으로 자른 단면이 모두 정사각형일 때, 이 입체도형의 부피는?

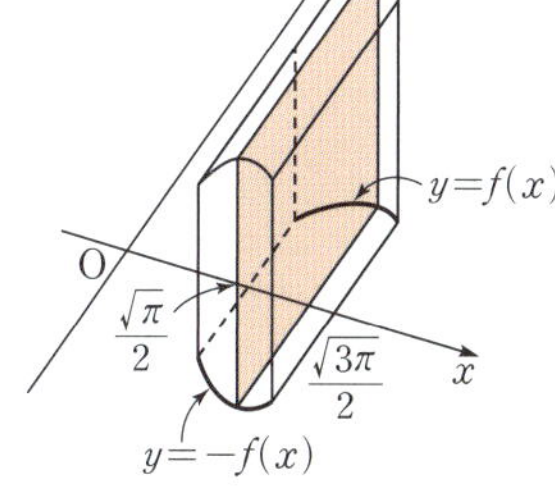

① $2\sqrt{2}$ ② $2\sqrt{3}$ ③ 4

④ $4\sqrt{2}$ ⑤ $4\sqrt{3}$

memo

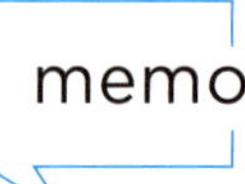

01 수열의 극한

📖 교과서 문제 정/복/하/기

본문 7쪽, 9쪽

0001 주어진 수열의 일반항을 a_n이라 하면 $a_n = \dfrac{1}{n}$

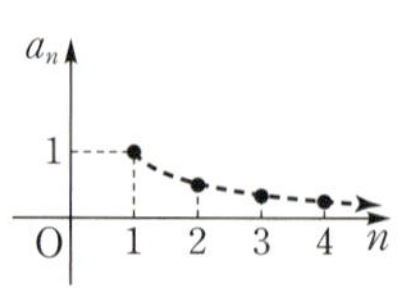

오른쪽 그림에서 n의 값이 한없이 커질 때 a_n의 값이 0에 한없이 가까워지므로 이 수열은 0에 수렴한다.

답 **0**

0002 주어진 수열의 일반항을 a_n이라 하면 $a_n = \dfrac{n+1}{n}$

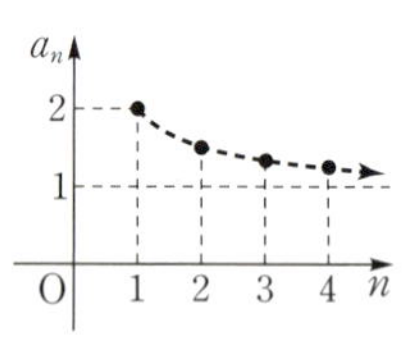

오른쪽 그림에서 n의 값이 한없이 커질 때 a_n의 값이 1에 한없이 가까워지므로 이 수열은 1에 수렴한다.

답 **1**

0003 주어진 수열의 일반항을 a_n이라 하면 $a_n = 2$

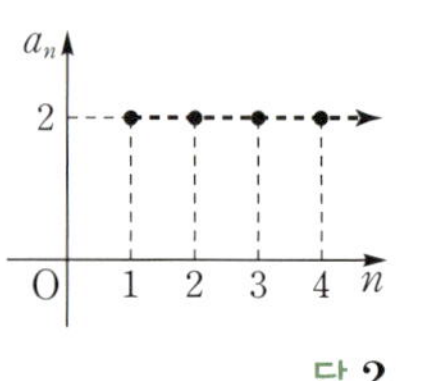

오른쪽 그림에서 n의 값이 한없이 커질 때 a_n의 값이 2이므로 이 수열은 2에 수렴한다.

답 **2**

0004 주어진 수열의 일반항을 a_n이라 하면 $a_n = 2n$

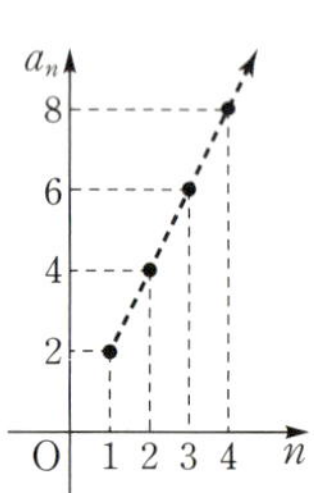

오른쪽 그림에서 n의 값이 한없이 커질 때 a_n의 값이 한없이 커지므로 이 수열은 양의 무한대로 발산한다.

답 **발산**

0005 주어진 수열의 일반항을 a_n이라 하면 $a_n = 4 - \dfrac{1}{n}$

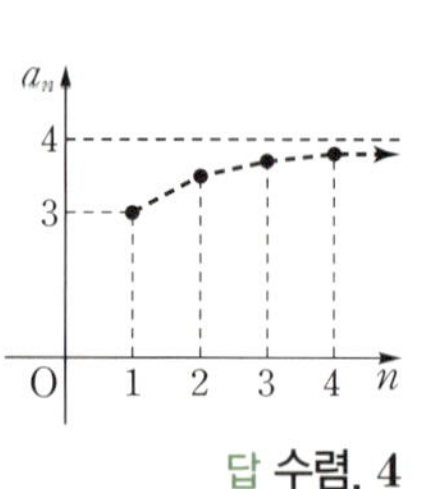

오른쪽 그림에서 n의 값이 한없이 커질 때 a_n의 값이 4에 한없이 가까워지므로 이 수열은 4에 수렴한다.

답 **수렴, 4**

0006 주어진 수열의 일반항을 a_n이라 하면 $a_n = \left(\dfrac{1}{5}\right)^{n-1}$

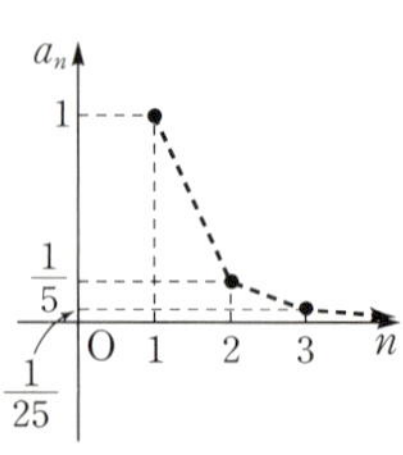

오른쪽 그림에서 n의 값이 한없이 커질 때 a_n의 값이 0에 한없이 가까워지므로 이 수열은 0에 수렴한다. 답 **수렴, 0**

0007 주어진 수열의 일반항을 a_n이라 하면 $a_n = -2n + 10$

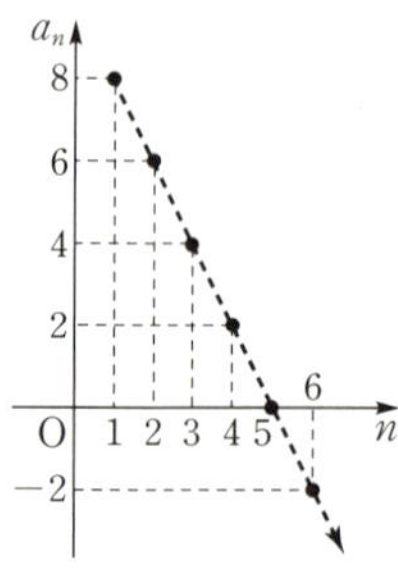

오른쪽 그림에서 n의 값이 한없이 커질 때 a_n의 값이 음수이면서 그 절댓값이 한없이 커지므로 이 수열은 음의 무한대로 발산한다.

답 **발산**

0008 주어진 수열의 일반항을 a_n이라 하면 오른쪽 그림에서 n의 값이 한없이 커질 때 수열 $\{a_n\}$은 수렴하지도 않고 양의 무한대나 음의 무한대로 발산하지도 않으므로 진동한다. 즉, 발산한다.

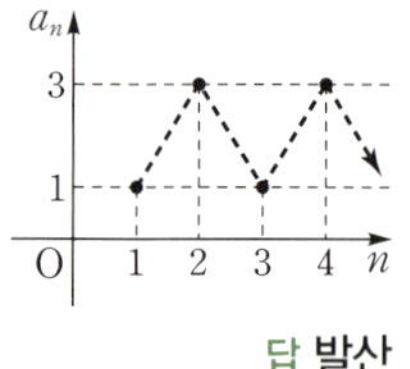

답 **발산**

0009 주어진 수열의 일반항을 a_n이라 하면 $a_n = \dfrac{1}{3n-2}$

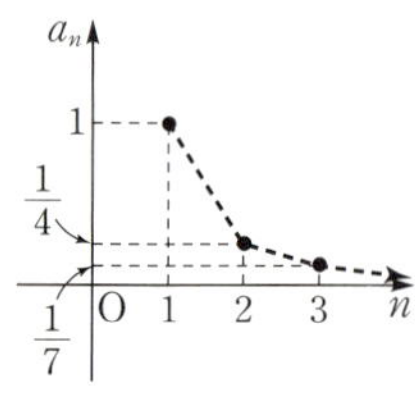

오른쪽 그림에서 n의 값이 한없이 커질 때 a_n의 값이 0에 한없이 가까워지므로 이 수열은 0에 수렴한다. 답 **수렴, 0**

0010 주어진 수열의 일반항을 a_n이라 하면 $a_n = 5 + 3^n$

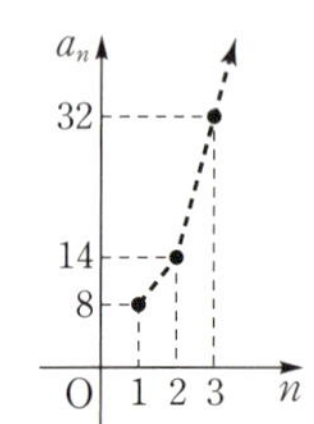

오른쪽 그림에서 n의 값이 한없이 커질 때 a_n의 값이 한없이 커지므로 이 수열은 양의 무한대로 발산한다. 답 **발산**

0011 주어진 수열의 일반항을 a_n이라 하면 $a_n = -\dfrac{1}{n^2}$

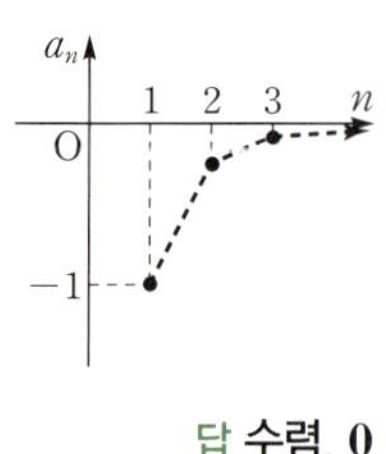

오른쪽 그림에서 n의 값이 한없이 커질 때 a_n의 값이 0에 한없이 가까워지므로 이 수열은 0에 수렴한다. 답 **수렴, 0**

0012 주어진 수열의 일반항을 a_n이라 하면 $a_n = 1 - \left(-\dfrac{1}{2}\right)^n$

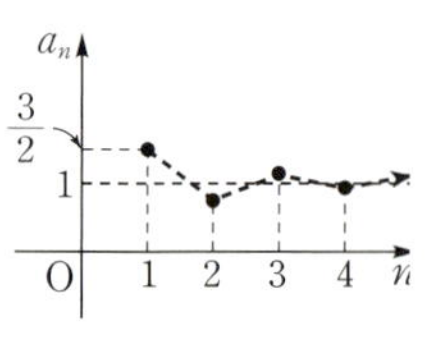

오른쪽 그림에서 n의 값이 한없이 커질 때 a_n의 값이 1에 한없이 가까워지므로 이 수열은 1에 수렴한다. 답 **수렴, 1**

0013 주어진 수열의 일반항을 a_n이라 하면 $a_n = \cos n\pi$

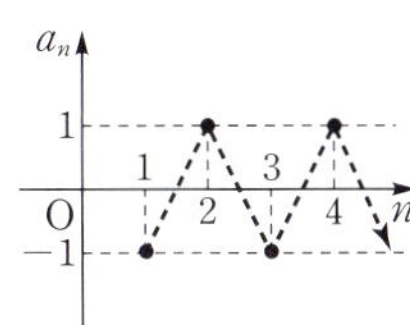

오른쪽 그림에서 n의 값이 한없이 커질 때 수열 $\{a_n\}$은 수렴하지도 않고 양의 무한대나 음의 무한대로 발산하지도 않으므로 진동한다. 즉, 발산한다.

답 **발산**

0014 (1) $\displaystyle\lim_{n\to\infty}(2-a_n)=\lim_{n\to\infty}2-\lim_{n\to\infty}a_n=2-2=0$

(2) $\displaystyle\lim_{n\to\infty}(a_n+b_n)=\lim_{n\to\infty}a_n+\lim_{n\to\infty}b_n=2+(-1)=1$

(3) $\displaystyle\lim_{n\to\infty}(3a_n+4b_n)=3\lim_{n\to\infty}a_n+4\lim_{n\to\infty}b_n$
$$=3\times2+4\times(-1)=2$$

(4) $\displaystyle\lim_{n\to\infty}3a_nb_n=3\lim_{n\to\infty}a_n\times\lim_{n\to\infty}b_n=3\times2\times(-1)=-6$

(5) $\displaystyle\lim_{n\to\infty}\frac{2a_n}{5b_n}=\frac{2\lim_{n\to\infty}a_n}{5\lim_{n\to\infty}b_n}=\frac{2\times2}{5\times(-1)}=-\frac{4}{5}$

(6) $\displaystyle\lim_{n\to\infty}\frac{a_n-3}{6b_n}=\frac{\lim_{n\to\infty}a_n-\lim_{n\to\infty}3}{6\lim_{n\to\infty}b_n}=\frac{2-3}{6\times(-1)}=\frac{1}{6}$

답 (1) **0** (2) **1** (3) **2** (4) **-6** (5) $\mathbf{-\dfrac{4}{5}}$ (6) $\mathbf{\dfrac{1}{6}}$

0015 $\displaystyle\lim_{n\to\infty}\left(2+\frac{1}{n}\right)=\lim_{n\to\infty}2+\lim_{n\to\infty}\frac{1}{n}=2+0=2$

답 **2**

0016 $\displaystyle\lim_{n\to\infty}\left(-\frac{2}{n}+\frac{1}{n^3}\right)=-2\lim_{n\to\infty}\frac{1}{n}+\lim_{n\to\infty}\frac{1}{n^3}$
$$=-2\times0+0=0$$

답 **0**

0017 $\displaystyle\lim_{n\to\infty}\left(3-\frac{1}{n}\right)\left(2+\frac{5}{n}\right)=\lim_{n\to\infty}\left(3-\frac{1}{n}\right)\times\lim_{n\to\infty}\left(2+\frac{5}{n}\right)$
$$=3\times2=6$$

답 **6**

0018 $\displaystyle\lim_{n\to\infty}\frac{\dfrac{1}{n}}{2+\dfrac{1}{n}}=\frac{\lim_{n\to\infty}\dfrac{1}{n}}{\lim_{n\to\infty}\left(2+\dfrac{1}{n}\right)}=\frac{0}{2}=0$

답 **0**

0019 $\displaystyle\lim_{n\to\infty}\frac{n-1}{2n+3}=\lim_{n\to\infty}\frac{1-\dfrac{1}{n}}{2+\dfrac{3}{n}}=\frac{1-0}{2+0}=\frac{1}{2}$

답 **수렴, $\dfrac{1}{2}$**

0020 $\displaystyle\lim_{n\to\infty}\frac{3n^2-3n+1}{n^2+5n+1}=\lim_{n\to\infty}\frac{3-\dfrac{3}{n}+\dfrac{1}{n^2}}{1+\dfrac{5}{n}+\dfrac{1}{n^2}}$
$$=\frac{3-0+0}{1+0+0}=3$$

답 **수렴, 3**

0021 $\displaystyle\lim_{n\to\infty}\frac{3n+1}{n^2+2n}=\lim_{n\to\infty}\frac{\dfrac{3}{n}+\dfrac{1}{n^2}}{1+\dfrac{2}{n}}=\frac{0+0}{1+0}=0$

답 **수렴, 0**

0022 $\displaystyle\lim_{n\to\infty}\frac{2n^2+n-5}{6n-1}=\lim_{n\to\infty}\frac{2n+1-\dfrac{5}{n}}{6-\dfrac{1}{n}}=\infty$

답 **발산**

0023 $\displaystyle\lim_{n\to\infty}(1+2n-n^2)=\lim_{n\to\infty}n^2\left(\frac{1}{n^2}+\frac{2}{n}-1\right)=-\infty$

답 **발산**

0024 $\displaystyle\lim_{n\to\infty}(5n^2-4n)=\lim_{n\to\infty}n^2\left(5-\frac{4}{n}\right)=\infty$

답 **발산**

0025 $\displaystyle\lim_{n\to\infty}(\sqrt{n+1}-\sqrt{n})$
$$=\lim_{n\to\infty}\frac{(\sqrt{n+1}-\sqrt{n})(\sqrt{n+1}+\sqrt{n})}{\sqrt{n+1}+\sqrt{n}}$$
$$=\lim_{n\to\infty}\frac{1}{\sqrt{n+1}+\sqrt{n}}=0$$

답 **0**

0026 $\displaystyle\lim_{n\to\infty}\frac{1}{\sqrt{n^2+3n}-n}$
$$=\lim_{n\to\infty}\frac{\sqrt{n^2+3n}+n}{(\sqrt{n^2+3n}-n)(\sqrt{n^2+3n}+n)}$$
$$=\lim_{n\to\infty}\frac{\sqrt{n^2+3n}+n}{3n}$$
$$=\lim_{n\to\infty}\frac{\sqrt{1+\dfrac{3}{n}}+1}{3}=\frac{2}{3}$$

답 $\mathbf{\dfrac{2}{3}}$

0027 $\dfrac{n}{4n+5}<a_n<\dfrac{n+6}{4n+3}$ 에서

$$\lim_{n\to\infty}\frac{n}{4n+5}=\lim_{n\to\infty}\frac{1}{4+\dfrac{5}{n}}=\frac{1}{4},$$

$$\lim_{n\to\infty}\frac{n+6}{4n+3}=\lim_{n\to\infty}\frac{1+\dfrac{6}{n}}{4+\dfrac{3}{n}}=\frac{1}{4}$$

이므로 수열의 극한의 대소 관계에 의하여

$$\lim_{n\to\infty}a_n=\frac{1}{4}$$

답 $\mathbf{\dfrac{1}{4}}$

0028 주어진 등비수열의 공비는 $\dfrac{3}{2}$이고, $\dfrac{3}{2}>1$이므로 발산한다.

답 **발산**

0029 주어진 등비수열의 공비는 -0.5이고, $-1<-0.5<1$이므로 0에 수렴한다.

답 **수렴**

0030 주어진 등비수열의 공비는 $-\dfrac{4}{3}$이고, $-\dfrac{4}{3}<-1$이므로 발산한다.

답 발산

0031 $\dfrac{3^n}{4^n}=\left(\dfrac{3}{4}\right)^n$에서 주어진 등비수열의 공비는 $\dfrac{3}{4}$이고, $-1<\dfrac{3}{4}<1$이므로 0에 수렴한다.

답 수렴

0032 $\dfrac{4^n}{3^{n+1}}=\dfrac{1}{3}\times\left(\dfrac{4}{3}\right)^n$에서 공비는 $\dfrac{4}{3}$이고, $\dfrac{4}{3}>1$이므로

$\displaystyle\lim_{n\to\infty}\dfrac{4^n}{3^{n+1}}=\infty$ (발산)

답 발산

0033 $\left(\dfrac{3}{5}\right)^{1-n}=\dfrac{3}{5}\times\left(\dfrac{5}{3}\right)^n$에서 공비는 $\dfrac{5}{3}$이고, $\dfrac{5}{3}>1$이므로

$\displaystyle\lim_{n\to\infty}\left(\dfrac{3}{5}\right)^{1-n}=\infty$ (발산)

답 발산

0034 $3^{-n}=\left(\dfrac{1}{3}\right)^n$에서 공비는 $\dfrac{1}{3}$이고, $-1<\dfrac{1}{3}<1$이므로

$\displaystyle\lim_{n\to\infty}3^{-n}=0$

$4^{-n}=\left(\dfrac{1}{4}\right)^n$에서 공비는 $\dfrac{1}{4}$이고, $-1<\dfrac{1}{4}<1$이므로

$\displaystyle\lim_{n\to\infty}4^{-n}=0$

$\therefore\ \displaystyle\lim_{n\to\infty}(3^{-n}+4^{-n})=0+0=0$ (수렴)

답 수렴, 0

0035 수열 $\left\{\left(-\dfrac{1}{3}\right)^n\right\}$의 공비는 $-\dfrac{1}{3}$이고, $-1<-\dfrac{1}{3}<1$이므로 $\displaystyle\lim_{n\to\infty}\left(-\dfrac{1}{3}\right)^n=0$

$\therefore\ \displaystyle\lim_{n\to\infty}\left\{4+\left(-\dfrac{1}{3}\right)^n\right\}=\lim_{n\to\infty}4+\lim_{n\to\infty}\left(-\dfrac{1}{3}\right)^n$

$\qquad\qquad\qquad =4+0=4$ (수렴)

답 수렴, 4

0036 공비가 $3r$이므로 주어진 등비수열이 수렴하려면

$-1<3r\le1\qquad \therefore\ -\dfrac{1}{3}<r\le\dfrac{1}{3}$

답 $-\dfrac{1}{3}<r\le\dfrac{1}{3}$

0037 공비가 $-\dfrac{r}{2}$이므로 주어진 등비수열이 수렴하려면

$-1<-\dfrac{r}{2}\le1\qquad \therefore\ -2\le r<2$

답 $-2\le r<2$

0038 공비가 $2r-1$이므로 주어진 등비수열이 수렴하려면

$-1<2r-1\le1,\ 0<2r\le2$

$\therefore\ 0<r\le1$

답 $0<r\le1$

유형 익/히/기

0039 ① 홀수 번째 항은 $-\dfrac{1}{2},\ -\dfrac{3}{4},\ -\dfrac{5}{6},\ \cdots$에서 -1에 수렴하고, 짝수 번째 항은 $\dfrac{2}{3},\ \dfrac{4}{5},\ \dfrac{6}{7},\ \cdots$에서 1에 수렴하므로 주어진 수열은 발산한다.

② n의 값이 한없이 커지면 $\dfrac{4}{2n-1}$의 값은 0에 한없이 가까워지므로 주어진 수열은 0에 수렴한다.

③ 주어진 수열은 진동한다. 즉, 발산한다.

④ 수열 $2,\ \dfrac{5}{2},\ \dfrac{10}{3},\ \dfrac{17}{4},\ \cdots,\ \dfrac{n^2+1}{n},\ \cdots$에서

$1+\dfrac{1}{1},\ 2+\dfrac{1}{2},\ 3+\dfrac{1}{3},\ 4+\dfrac{1}{4},\ \cdots,\ n+\dfrac{1}{n},\ \cdots$

n의 값이 한없이 커지면 $n+\dfrac{1}{n}$의 값도 한없이 커지므로 주어진 수열은 양의 무한대로 발산한다.

⑤ n의 값이 한없이 커지면 $\dfrac{n}{1000}$의 값도 한없이 커지므로 주어진 수열은 양의 무한대로 발산한다.

따라서 수렴하는 것은 ②이다.

답 ②

0040 ① $n=1,\ 2,\ 3,\ 4,\ \cdots$를 $\dfrac{n^2-3}{n+1}$에 차례로 대입하면

$-1,\ \dfrac{1}{3},\ \dfrac{3}{2},\ \dfrac{13}{5},\ \cdots$

이므로 수열 $\left\{\dfrac{n^2-3}{n+1}\right\}$은 양의 무한대로 발산한다.

② n의 값이 한없이 커지면 $2n-3$의 값도 한없이 커지므로 수열 $\{2n-3\}$은 양의 무한대로 발산한다.

③ $n=1,\ 2,\ 3,\ 4,\ \cdots$를 $\dfrac{(-1)^n}{n}$에 차례로 대입하면

$-1,\ \dfrac{1}{2},\ -\dfrac{1}{3},\ \dfrac{1}{4},\ \cdots$

이므로 수열 $\left\{\dfrac{(-1)^n}{n}\right\}$은 0에 수렴한다.

④ n의 값이 한없이 커지면 $1-n^2$의 값은 음수이면서 그 절댓값이 한없이 커지므로 수열 $\{1-n^2\}$은 음의 무한대로 발산한다.

⑤ $n=1,\ 2,\ 3,\ 4,\ 5,\ \cdots$를 $\sin\dfrac{n\pi}{2}$에 차례로 대입하면

$1,\ 0,\ -1,\ 0,\ 1,\ \cdots$

이므로 수열 $\left\{\sin\dfrac{n\pi}{2}\right\}$는 진동한다. 즉, 발산한다.

따라서 수렴하는 것은 ③이다.

답 ③

0041 ㄱ. n의 값이 한없이 커지면 $\dfrac{\sqrt{3n}}{3}$의 값도 한없이 커지므로 수열 $\left\{\dfrac{\sqrt{3n}}{3}\right\}$은 양의 무한대로 발산한다.

ㄴ. n의 값이 한없이 커지면 $\dfrac{1}{\sqrt{n}}$의 값은 0에 한없이 가까워지므

로 수열 $\left\{\dfrac{1}{\sqrt{n}}\right\}$은 0에 수렴한다.

ㄷ. $n=1,\ 2,\ 3,\ 4,\ \cdots$를 $\tan\left(\dfrac{n\pi}{2}+\dfrac{\pi}{4}\right)$에 차례로 대입하면

$-1,\ 1,\ -1,\ 1,\ \cdots$

이므로 수열 $\left\{\tan\left(\dfrac{n\pi}{2}+\dfrac{\pi}{4}\right)\right\}$는 진동한다. 즉, 발산한다.

ㄹ. $n=1,\ 2,\ 3,\ 4,\ \cdots$를 $\left(-\dfrac{3}{2}\right)^{n}$에 차례로 대입하면

$-\dfrac{3}{2},\ \dfrac{9}{4},\ -\dfrac{27}{8},\ \dfrac{81}{16},\ \cdots$

이므로 수열 $\left\{\left(-\dfrac{3}{2}\right)^{n}\right\}$은 진동한다. 즉, 발산한다.

이상에서 발산하는 수열은 ㄱ, ㄷ, ㄹ이다. **답 ㄱ, ㄷ, ㄹ**

0042 두 수열 $\{a_n\}$, $\{b_n\}$이 각각 수렴하므로
$\lim\limits_{n\to\infty}a_n=\alpha$, $\lim\limits_{n\to\infty}b_n=\beta$ (α, β는 실수)라 하면
$\lim\limits_{n\to\infty}(a_n+b_n)=6$에서 $\alpha+\beta=6$
$\lim\limits_{n\to\infty}a_nb_n=3$에서 $\alpha\beta=3$
$$\begin{aligned}\therefore \lim\limits_{n\to\infty}(a_n{}^2+b_n{}^2)&=\lim\limits_{n\to\infty}a_n{}^2+\lim\limits_{n\to\infty}b_n{}^2\\&=\alpha^2+\beta^2=(\alpha+\beta)^2-2\alpha\beta\\&=6^2-2\times3=30\end{aligned}$$
답 30

0043
$$\begin{aligned}\lim\limits_{n\to\infty}\dfrac{3a_n-b_n}{a_nb_n+6}&=\dfrac{\lim\limits_{n\to\infty}(3a_n-b_n)}{\lim\limits_{n\to\infty}(a_nb_n+6)}\\&=\dfrac{3\lim\limits_{n\to\infty}a_n-\lim\limits_{n\to\infty}b_n}{\lim\limits_{n\to\infty}a_n\times\lim\limits_{n\to\infty}b_n+6}\\&=\dfrac{3\times(-3)-3}{(-3)\times3+6}=4\end{aligned}$$
답 4

0044 $\lim\limits_{n\to\infty}a_n=\lim\limits_{n\to\infty}\left(\dfrac{1}{n}-2\right)=-2$

$\lim\limits_{n\to\infty}b_n=\lim\limits_{n\to\infty}\left\{3-\dfrac{2}{n(n+1)}\right\}=3$
$$\begin{aligned}\therefore \lim\limits_{n\to\infty}a_n(2a_n-3b_n)&=\lim\limits_{n\to\infty}a_n\times\lim\limits_{n\to\infty}(2a_n-3b_n)\\&=\lim\limits_{n\to\infty}a_n\times\left(2\lim\limits_{n\to\infty}a_n-3\lim\limits_{n\to\infty}b_n\right)\\&=-2\{2\times(-2)-3\times3\}\\&=26\end{aligned}$$
답 26

0045 두 수열 $\{a_n\}$, $\{b_n\}$이 각각 수렴하므로
$\lim\limits_{n\to\infty}a_n=\alpha$, $\lim\limits_{n\to\infty}b_n=\beta$ (α, β는 실수)라 하면
$\lim\limits_{n\to\infty}(a_n-b_n)=3$에서 $\alpha-\beta=3$ $\qquad\cdots\cdots$ ㉠
$\lim\limits_{n\to\infty}(4a_n+3b_n)=5$에서 $4\alpha+3\beta=5$ $\qquad\cdots\cdots$ ㉡
㉠, ㉡을 연립하여 풀면 $\alpha=2$, $\beta=-1$
$\therefore \lim\limits_{n\to\infty}\dfrac{b_n}{a_n}=\dfrac{\lim\limits_{n\to\infty}b_n}{\lim\limits_{n\to\infty}a_n}=\dfrac{\beta}{\alpha}=-\dfrac{1}{2}$ **답 $-\dfrac{1}{2}$**

0046 수열 $\{a_n\}$이 수렴하므로 $\lim\limits_{n\to\infty}a_n=\alpha$ (α는 실수)라 하면
$\lim\limits_{n\to\infty}a_{n+2}=\alpha$
$\lim\limits_{n\to\infty}\dfrac{a_{n+2}+5}{3a_n-1}=3$에서 $\dfrac{\alpha+5}{3\alpha-1}=3$
$9\alpha-3=\alpha+5$, $8\alpha=8$ $\quad\therefore \alpha=1$
$\therefore \lim\limits_{n\to\infty}a_n=1$ **답 ③**

0047 수열 $\{a_n\}$이 0이 아닌 실수에 수렴하므로
$\lim\limits_{n\to\infty}a_n=\alpha$ ($\alpha\neq0$)라 하면 $\lim\limits_{n\to\infty}a_{n+1}=\alpha$
$\dfrac{4}{a_{n+1}}=4-a_n$에서 $\lim\limits_{n\to\infty}\dfrac{4}{a_{n+1}}=\lim\limits_{n\to\infty}(4-a_n)$이므로
$\dfrac{4}{\alpha}=4-\alpha$, $\alpha^2-4\alpha+4=0$
$(\alpha-2)^2=0$ $\qquad\therefore \alpha=2$
$\therefore \lim\limits_{n\to\infty}a_n=2$ **답 2**

0048 ① $\lim\limits_{n\to\infty}\dfrac{2n^2+3n+5}{2n^2+1}=\lim\limits_{n\to\infty}\dfrac{2+\dfrac{3}{n}+\dfrac{5}{n^2}}{2+\dfrac{1}{n^2}}=1$

② $\lim\limits_{n\to\infty}\dfrac{\sqrt{n}}{\sqrt{9n+5}}=\lim\limits_{n\to\infty}\dfrac{1}{\sqrt{9+\dfrac{5}{n}}}=\dfrac{1}{3}$

③ $\lim\limits_{n\to\infty}\dfrac{n}{\sqrt{n^2+1}+n}=\lim\limits_{n\to\infty}\dfrac{1}{\sqrt{1+\dfrac{1}{n^2}}+1}=\dfrac{1}{1+1}=\dfrac{1}{2}$

④ $\lim\limits_{n\to\infty}\dfrac{(n+1)(2n+1)}{n^2}=\lim\limits_{n\to\infty}\dfrac{2n^2+3n+1}{n^2}$
$\qquad\qquad=\lim\limits_{n\to\infty}\dfrac{2+\dfrac{3}{n}+\dfrac{1}{n^2}}{1}=2$

⑤ $\lim\limits_{n\to\infty}\dfrac{\sqrt{n}}{\sqrt{n+1}+\sqrt{n}}=\lim\limits_{n\to\infty}\dfrac{1}{\sqrt{1+\dfrac{1}{n}}+1}=\dfrac{1}{1+1}=\dfrac{1}{2}$

따라서 옳은 것은 ②이다. **답 ②**

0049 $\lim\limits_{n\to\infty}\{\log_2(n^2-2n+3)-\log_2(2n+1)^2\}$
$=\lim\limits_{n\to\infty}\log_2\dfrac{n^2-2n+3}{(2n+1)^2}=\lim\limits_{n\to\infty}\log_2\dfrac{n^2-2n+3}{4n^2+4n+1}$
$=\lim\limits_{n\to\infty}\log_2\dfrac{1-\dfrac{2}{n}+\dfrac{3}{n^2}}{4+\dfrac{4}{n}+\dfrac{1}{n^2}}$
$=\log_2\dfrac{1}{4}=\log_2 2^{-2}=-2$ **답 -2**

참고 로그의 성질
$a>0$, $a\neq1$, $M>0$, $N>0$일 때
① $\log_a 1=0$, $\log_a a=1$
② $\log_a MN=\log_a M+\log_a N$
③ $\log_a \dfrac{M}{N}=\log_a M-\log_a N$
④ $\log_a M^k=k\log_a M$ (단, k는 실수)

0050 $\lim\limits_{n\to\infty}\dfrac{-2n+1}{na_n}=\lim\limits_{n\to\infty}\dfrac{-2n+1}{n}\times\lim\limits_{n\to\infty}\dfrac{1}{a_n}$

$\qquad\quad=\lim\limits_{n\to\infty}\left(-2+\dfrac{1}{n}\right)\times\dfrac{1}{\lim\limits_{n\to\infty}a_n}$

$\qquad\quad=(-2)\times7$

$\qquad\quad=-14$ $\qquad\qquad$ 답 -14

0051 이차방정식의 근과 계수의 관계에 의하여

$\alpha_n+\beta_n=-2n,\ \alpha_n\beta_n=1$

$\qquad\qquad\qquad\qquad\qquad\qquad\qquad\qquad$ ㉮

$\therefore\ \alpha_n{}^2+\beta_n{}^2=(\alpha_n+\beta_n)^2-2\alpha_n\beta_n=4n^2-2$

$\qquad\qquad\qquad\qquad\qquad\qquad\qquad\qquad$ ㉯

$f(n)=n^2+2n\times n+1=3n^2+1$이므로

$\qquad\qquad\qquad\qquad\qquad\qquad\qquad\qquad$ ㉰

$\lim\limits_{n\to\infty}\dfrac{\alpha_n{}^2+\beta_n{}^2}{f(n)}=\lim\limits_{n\to\infty}\dfrac{4n^2-2}{3n^2+1}$

$\qquad\qquad\quad=\lim\limits_{n\to\infty}\dfrac{4-\dfrac{2}{n^2}}{3+\dfrac{1}{n^2}}=\dfrac{4}{3}$

$\qquad\qquad\qquad\qquad\qquad\qquad\qquad\qquad$ ㉱

$\qquad\qquad\qquad\qquad\qquad\qquad$ 답 $\dfrac{4}{3}$

단계	채점요소	배점
㉮	$\alpha_n+\beta_n,\ \alpha_n\beta_n$을 n에 대한 식으로 나타내기	30%
㉯	$\alpha_n{}^2+\beta_n{}^2$을 n에 대한 식으로 나타내기	20%
㉰	$f(n)$ 구하기	20%
㉱	$\lim\limits_{n\to\infty}\dfrac{\alpha_n{}^2+\beta_n{}^2}{f(n)}$의 값 구하기	30%

0052 $a_n=S_n-S_{n-1}$

$\qquad\quad=(2n^2-3n)-\{2(n-1)^2-3(n-1)\}$

$\qquad\quad=4n-5\ (n\geq2)$

$\therefore\ \lim\limits_{n\to\infty}\dfrac{a_n{}^2}{S_n}=\lim\limits_{n\to\infty}\dfrac{(4n-5)^2}{2n^2-3n}$

$\qquad\qquad\quad=\lim\limits_{n\to\infty}\dfrac{16n^2-40n+25}{2n^2-3n}$

$\qquad\qquad\quad=\lim\limits_{n\to\infty}\dfrac{16-\dfrac{40}{n}+\dfrac{25}{n^2}}{2-\dfrac{3}{n}}$

$\qquad\qquad\quad=\dfrac{16}{2}=8$ $\qquad\qquad$ 답 ③

참고 수열의 합 S_n과 일반항 a_n 사이의 관계

수열 $\{a_n\}$의 첫째항부터 제n항까지의 합을 S_n이라 하면

$a_1=S_1,\ a_n=S_n-S_{n-1}\ (n\geq2)$

0053 $1+2+3+\cdots+n=\dfrac{n(n+1)}{2}$이므로

$\lim\limits_{n\to\infty}\dfrac{8n^2-3n}{1+2+3+\cdots+n}=\lim\limits_{n\to\infty}\dfrac{8n^2-3n}{\dfrac{n(n+1)}{2}}=\lim\limits_{n\to\infty}\dfrac{16n^2-6n}{n^2+n}$

$\qquad\qquad=\lim\limits_{n\to\infty}\dfrac{16-\dfrac{6}{n}}{1+\dfrac{1}{n}}=16$ $\qquad$ 답 16

0054 $a_n=\left(1-\dfrac{1}{2^2}\right)\left(1-\dfrac{1}{3^2}\right)\left(1-\dfrac{1}{4^2}\right)\cdots\left(1-\dfrac{1}{n^2}\right)$

$\qquad\quad=\dfrac{2^2-1}{2^2}\times\dfrac{3^2-1}{3^2}\times\dfrac{4^2-1}{4^2}\times\cdots\times\dfrac{n^2-1}{n^2}$

$\qquad\quad=\dfrac{1\times3}{2\times2}\times\dfrac{2\times4}{3\times3}\times\dfrac{3\times5}{4\times4}\times\cdots\times\dfrac{(n-1)(n+1)}{n\times n}$

$\qquad\quad=\dfrac{n+1}{2n}$

$\therefore\ \lim\limits_{n\to\infty}a_n=\lim\limits_{n\to\infty}\dfrac{n+1}{2n}=\lim\limits_{n\to\infty}\dfrac{1+\dfrac{1}{n}}{2}=\dfrac{1}{2}$ $\qquad$ 답 $\dfrac{1}{2}$

0055 $a_n=\log\dfrac{n+1}{n}$이므로

$a_1+a_2+a_3+\cdots+a_n$

$=\log\dfrac{2}{1}+\log\dfrac{3}{2}+\log\dfrac{4}{3}+\cdots+\log\dfrac{n+1}{n}$

$=\log\left(\dfrac{2}{1}\times\dfrac{3}{2}\times\dfrac{4}{3}\times\cdots\times\dfrac{n+1}{n}\right)=\log(n+1)$

$\therefore\ 10^{a_1+a_2+a_3+\cdots+a_n}=10^{\log(n+1)}=n+1$

$\therefore\ \lim\limits_{n\to\infty}\dfrac{2n+4}{10^{a_1+a_2+a_3+\cdots+a_n}}=\lim\limits_{n\to\infty}\dfrac{2n+4}{n+1}=\lim\limits_{n\to\infty}\dfrac{2+\dfrac{4}{n}}{1+\dfrac{1}{n}}=2$

$\qquad\qquad\qquad\qquad\qquad\qquad\qquad\qquad$ 답 ②

0056 $a\neq0$이면 $\lim\limits_{n\to\infty}\dfrac{an^2+bn+7}{2n-3}=\infty$ (또는 $-\infty$)이므로

$a=0$

$\lim\limits_{n\to\infty}\dfrac{an^2+bn+7}{2n-3}=\lim\limits_{n\to\infty}\dfrac{bn+7}{2n-3}=\lim\limits_{n\to\infty}\dfrac{b+\dfrac{7}{n}}{2-\dfrac{3}{n}}=\dfrac{b}{2}$

따라서 $\dfrac{b}{2}=3$이므로 $b=6$

$\therefore\ a+b=6$ $\qquad\qquad\qquad\qquad$ 답 ④

0057 $\lim\limits_{n\to\infty}\dfrac{an^2-3n-1}{4n^2+n}=\lim\limits_{n\to\infty}\dfrac{a-\dfrac{3}{n}-\dfrac{1}{n^2}}{4+\dfrac{1}{n}}=\dfrac{a}{4}$

따라서 $\dfrac{a}{4}=2$이므로 $a=8$ $\qquad\qquad$ 답 ④

0058 $b\neq0$이면 $\lim\limits_{n\to\infty}\dfrac{an^2-4n-1}{bn^3-n^2+6}=0$이므로 $b=0$

$$\lim_{n\to\infty}\frac{an^2-4n-1}{bn^3-n^2+6}=\lim_{n\to\infty}\frac{an^2-4n-1}{-n^2+6}$$
$$=\lim_{n\to\infty}\frac{a-\dfrac{4}{n}-\dfrac{1}{n^2}}{-1+\dfrac{6}{n^2}}$$
$$=-a$$

따라서 $-a=5$이므로 $a=-5$

$$\therefore \lim_{n\to\infty}\frac{(an+b)^2}{n^2-2n+7}=\lim_{n\to\infty}\frac{(-5n)^2}{n^2-2n+7}$$
$$=\lim_{n\to\infty}\frac{25n^2}{n^2-2n+7}$$
$$=\lim_{n\to\infty}\frac{25}{1-\dfrac{2}{n}+\dfrac{7}{n^2}}$$
$$=25$$

답 **25**

0059 $\lim\limits_{n\to\infty}\dfrac{n-6}{\sqrt{n^2+3n-2}+an}$

$$=\lim_{n\to\infty}\frac{1-\dfrac{6}{n}}{\sqrt{1+\dfrac{3}{n}-\dfrac{2}{n^2}}+a}=\frac{1}{1+a}$$

따라서 $\dfrac{1}{1+a}=\dfrac{1}{5}$이므로 $a=4$

답 ②

0060 $\lim\limits_{n\to\infty}(\sqrt{4n^2+3n+1}-2n)$

$$=\lim_{n\to\infty}\frac{(\sqrt{4n^2+3n+1}-2n)(\sqrt{4n^2+3n+1}+2n)}{\sqrt{4n^2+3n+1}+2n}$$
$$=\lim_{n\to\infty}\frac{3n+1}{\sqrt{4n^2+3n+1}+2n}$$
$$=\lim_{n\to\infty}\frac{3+\dfrac{1}{n}}{\sqrt{4+\dfrac{3}{n}+\dfrac{1}{n^2}}+2}$$
$$=\frac{3}{2+2}=\frac{3}{4}$$

답 ②

0061 $\lim\limits_{n\to\infty}\sqrt{n}(\sqrt{n+2}-\sqrt{n})$

$$=\lim_{n\to\infty}\frac{\sqrt{n}(\sqrt{n+2}-\sqrt{n})(\sqrt{n+2}+\sqrt{n})}{\sqrt{n+2}+\sqrt{n}}$$
$$=\lim_{n\to\infty}\frac{2\sqrt{n}}{\sqrt{n+2}+\sqrt{n}}$$
$$=\lim_{n\to\infty}\frac{2}{\sqrt{1+\dfrac{2}{n}}+1}$$
$$=\frac{2}{1+1}=1$$

답 **1**

0062 $S_n=1+2+3+\cdots+n=\dfrac{n(n+1)}{2}$이므로

$$\lim_{n\to\infty}(\sqrt{S_n}-\sqrt{S_{n-1}})=\lim_{n\to\infty}\frac{(\sqrt{S_n}-\sqrt{S_{n-1}})(\sqrt{S_n}+\sqrt{S_{n-1}})}{\sqrt{S_n}+\sqrt{S_{n-1}}}$$
$$=\lim_{n\to\infty}\frac{S_n-S_{n-1}}{\sqrt{S_n}+\sqrt{S_{n-1}}}=\lim_{n\to\infty}\frac{a_n}{\sqrt{S_n}+\sqrt{S_{n-1}}}$$
$$=\lim_{n\to\infty}\frac{n}{\sqrt{\dfrac{n(n+1)}{2}}+\sqrt{\dfrac{(n-1)n}{2}}}$$
$$=\lim_{n\to\infty}\frac{1}{\sqrt{\dfrac{1}{2}\left(1+\dfrac{1}{n}\right)}+\sqrt{\dfrac{1}{2}\left(1-\dfrac{1}{n}\right)}}$$
$$=\frac{1}{\dfrac{1}{\sqrt{2}}+\dfrac{1}{\sqrt{2}}}=\frac{\sqrt{2}}{2}$$

답 $\dfrac{\sqrt{2}}{2}$

0063 $(3n)^2<9n^2+5n+1<(3n+1)^2$이므로

$3n<\sqrt{9n^2+5n+1}<3n+1$

따라서 $\sqrt{9n^2+5n+1}$의 정수 부분이 $3n$이므로

$a_n=\sqrt{9n^2+5n+1}-3n$

⑦

$$\therefore \lim_{n\to\infty}a_n=\lim_{n\to\infty}(\sqrt{9n^2+5n+1}-3n)$$
$$=\lim_{n\to\infty}\frac{(\sqrt{9n^2+5n+1}-3n)(\sqrt{9n^2+5n+1}+3n)}{\sqrt{9n^2+5n+1}+3n}$$
$$=\lim_{n\to\infty}\frac{5n+1}{\sqrt{9n^2+5n+1}+3n}=\lim_{n\to\infty}\frac{5+\dfrac{1}{n}}{\sqrt{9+\dfrac{5}{n}+\dfrac{1}{n^2}}+3}$$
$$=\frac{5}{3+3}=\frac{5}{6}$$

④

답 $\dfrac{5}{6}$

단계	채점요소	배점
⑦	a_n 구하기	50 %
④	$\lim\limits_{n\to\infty}a_n$의 값 구하기	50 %

0064 $\lim\limits_{n\to\infty}\{\sqrt{1+2+3+\cdots+n}-\sqrt{1+2+3+\cdots+(n-1)}\}$

$$=\lim_{n\to\infty}\left\{\sqrt{\dfrac{n(n+1)}{2}}-\sqrt{\dfrac{(n-1)n}{2}}\right\}$$
$$=\frac{1}{\sqrt{2}}\lim_{n\to\infty}(\sqrt{n^2+n}-\sqrt{n^2-n})$$
$$=\frac{1}{\sqrt{2}}\lim_{n\to\infty}\frac{(\sqrt{n^2+n}-\sqrt{n^2-n})(\sqrt{n^2+n}+\sqrt{n^2-n})}{\sqrt{n^2+n}+\sqrt{n^2-n}}$$
$$=\frac{1}{\sqrt{2}}\lim_{n\to\infty}\frac{2n}{\sqrt{n^2+n}+\sqrt{n^2-n}}$$
$$=\frac{1}{\sqrt{2}}\lim_{n\to\infty}\frac{2}{\sqrt{1+\dfrac{1}{n}}+\sqrt{1-\dfrac{1}{n}}}$$
$$=\frac{1}{\sqrt{2}}\times\frac{2}{1+1}=\frac{\sqrt{2}}{2}$$

답 $\dfrac{\sqrt{2}}{2}$

0065 $\lim\limits_{n\to\infty}\dfrac{1}{\sqrt{n^2+2n}-n}$

$=\lim\limits_{n\to\infty}\dfrac{\sqrt{n^2+2n}+n}{(\sqrt{n^2+2n}-n)(\sqrt{n^2+2n}+n)}$

$=\lim\limits_{n\to\infty}\dfrac{\sqrt{n^2+2n}+n}{2n}$

$=\lim\limits_{n\to\infty}\dfrac{\sqrt{1+\dfrac{2}{n}}+1}{2}$

$=\dfrac{1+1}{2}=1$ 답 ⑤

0066 $\lim\limits_{n\to\infty}\dfrac{\sqrt{n+3}-\sqrt{n}}{\sqrt{n+2}-\sqrt{n+1}}$

$=\lim\limits_{n\to\infty}\dfrac{(\sqrt{n+3}-\sqrt{n})(\sqrt{n+3}+\sqrt{n})(\sqrt{n+2}+\sqrt{n+1})}{(\sqrt{n+2}-\sqrt{n+1})(\sqrt{n+2}+\sqrt{n+1})(\sqrt{n+3}+\sqrt{n})}$

$=\lim\limits_{n\to\infty}\dfrac{3(\sqrt{n+2}+\sqrt{n+1})}{\sqrt{n+3}+\sqrt{n}}$

$=\lim\limits_{n\to\infty}\dfrac{3\left(\sqrt{1+\dfrac{2}{n}}+\sqrt{1+\dfrac{1}{n}}\right)}{\sqrt{1+\dfrac{3}{n}}+1}$

$=\dfrac{3(1+1)}{1+1}=3$ 답 3

0067 이차방정식의 근과 계수의 관계에 의하여

$\alpha_n+\beta_n=1,\ \alpha_n\beta_n=n-\sqrt{n^2+2n}$

$\therefore \lim\limits_{n\to\infty}\left(\dfrac{1}{\alpha_n}+\dfrac{1}{\beta_n}\right)=\lim\limits_{n\to\infty}\dfrac{\alpha_n+\beta_n}{\alpha_n\beta_n}$

$=\lim\limits_{n\to\infty}\dfrac{1}{n-\sqrt{n^2+2n}}$

$=\lim\limits_{n\to\infty}\dfrac{n+\sqrt{n^2+2n}}{(n-\sqrt{n^2+2n})(n+\sqrt{n^2+2n})}$

$=\lim\limits_{n\to\infty}\dfrac{n+\sqrt{n^2+2n}}{-2n}$

$=\lim\limits_{n\to\infty}\dfrac{1+\sqrt{1+\dfrac{2}{n}}}{-2}$

$=\dfrac{1+1}{-2}=-1$ 답 −1

0068 $a\le 0$이면 $\lim\limits_{n\to\infty}\{\sqrt{n^2+4n-2}-(an+b)\}=\infty$이므로
$a>0$

$\therefore \lim\limits_{n\to\infty}\{\sqrt{n^2+4n-2}-(an+b)\}$

$=\lim\limits_{n\to\infty}\dfrac{\{\sqrt{n^2+4n-2}-(an+b)\}\{\sqrt{n^2+4n-2}+(an+b)\}}{\sqrt{n^2+4n-2}+(an+b)}$

$=\lim\limits_{n\to\infty}\dfrac{(1-a^2)n^2+2(2-ab)n-(2+b^2)}{\sqrt{n^2+4n-2}+(an+b)}$

$=\lim\limits_{n\to\infty}\dfrac{(1-a^2)n+2(2-ab)-\dfrac{2+b^2}{n}}{\sqrt{1+\dfrac{4}{n}-\dfrac{2}{n^2}}+a+\dfrac{b}{n}}$ ······ ㉠

이때 $1-a^2\ne 0$이면 발산하므로

$1-a^2=0$ $\therefore a=1\ (\because a>0)$

$a=1$을 ㉠에 대입하면

$\lim\limits_{n\to\infty}\dfrac{2(2-b)-\dfrac{2+b^2}{n}}{\sqrt{1+\dfrac{4}{n}-\dfrac{2}{n^2}}+1+\dfrac{b}{n}}=\dfrac{2(2-b)}{2}=2-b$

따라서 $2-b=2$이므로 $b=0$

$\therefore a^2+b^2=1+0=1$ 답 ①

0069 $\lim\limits_{n\to\infty}(\sqrt{n^2+an}-\sqrt{n^2+bn})$

$=\lim\limits_{n\to\infty}\dfrac{(\sqrt{n^2+an}-\sqrt{n^2+bn})(\sqrt{n^2+an}+\sqrt{n^2+bn})}{\sqrt{n^2+an}+\sqrt{n^2+bn}}$

$=\lim\limits_{n\to\infty}\dfrac{(a-b)n}{\sqrt{n^2+an}+\sqrt{n^2+bn}}$

$=\lim\limits_{n\to\infty}\dfrac{a-b}{\sqrt{1+\dfrac{a}{n}}+\sqrt{1+\dfrac{b}{n}}}=\dfrac{a-b}{2}$

따라서 $\dfrac{a-b}{2}=10$이므로

$a-b=20$ 답 20

0070 $\lim\limits_{n\to\infty}\dfrac{1}{\sqrt{9n^2+an}-3n+a}$

$=\lim\limits_{n\to\infty}\dfrac{\sqrt{9n^2+an}+3n-a}{\{\sqrt{9n^2+an}-(3n-a)\}\{\sqrt{9n^2+an}+(3n-a)\}}$

$=\lim\limits_{n\to\infty}\dfrac{\sqrt{9n^2+an}+3n-a}{7an-a^2}$

$=\lim\limits_{n\to\infty}\dfrac{\sqrt{9+\dfrac{a}{n}}+3-\dfrac{a}{n}}{7a-\dfrac{a^2}{n}}=\dfrac{6}{7a}$

따라서 $\dfrac{6}{7a}=\dfrac{2}{7}$이므로 $a=3$ 답 3

0071 $k\ge 0$이면 $\lim\limits_{n\to\infty}a_n=\infty$이므로 $k<0$

$\therefore \lim\limits_{n\to\infty}a_n$

$=\lim\limits_{n\to\infty}\{\sqrt{(n-1)(n-2)}+kn\}$

$=\lim\limits_{n\to\infty}\dfrac{\{\sqrt{(n-1)(n-2)}+kn\}\{\sqrt{(n-1)(n-2)}-kn\}}{\sqrt{(n-1)(n-2)}-kn}$

$=\lim\limits_{n\to\infty}\dfrac{(1-k^2)n^2-3n+2}{\sqrt{n^2-3n+2}-kn}$

$=\lim\limits_{n\to\infty}\dfrac{(1-k^2)n-3+\dfrac{2}{n}}{\sqrt{1-\dfrac{3}{n}+\dfrac{2}{n^2}}-k}$ ······ ㉠

이때 $1-k^2\ne 0$이면 수열 $\{a_n\}$이 발산하므로

$1-k^2=0$ $\therefore k=-1\ (\because k<0)$

$k=-1$을 ㉠에 대입하면

$$\lim_{n\to\infty} a_n = \lim_{n\to\infty} \frac{-3+\dfrac{2}{n}}{\sqrt{1-\dfrac{3}{n}+\dfrac{2}{n^2}}+1} = -\frac{3}{2}$$

답 $-\dfrac{3}{2}$

0072 $\dfrac{3a_n-2}{a_n+1}=b_n$으로 놓으면

$3a_n-2=a_nb_n+b_n,\ (3-b_n)a_n=b_n+2$

$\therefore a_n=\dfrac{b_n+2}{3-b_n}$

이때 $\lim_{n\to\infty}b_n=2$이므로

$$\lim_{n\to\infty}a_n=\lim_{n\to\infty}\frac{b_n+2}{3-b_n}=\frac{2+2}{3-2}=4$$

답 ⑤

0073 $(2n^2-3n)a_n=b_n$으로 놓으면

$a_n=\dfrac{b_n}{2n^2-3n}$이고 $\lim_{n\to\infty}b_n=4$

$\therefore \lim_{n\to\infty}n^2a_n=\lim_{n\to\infty}\left(n^2\times\dfrac{b_n}{2n^2-3n}\right)$

$\qquad\qquad =\lim_{n\to\infty}\dfrac{n^2}{2n^2-3n}\times\lim_{n\to\infty}b_n$

$\qquad\qquad =\dfrac{1}{2}\times4=2$

답 ④

0074 $(n^2+2n)a_n=c_n$으로 놓으면 $a_n=\dfrac{c_n}{n^2+2n}$

$(3n-2)b_n=d_n$으로 놓으면 $b_n=\dfrac{d_n}{3n-2}$

이때 $\lim_{n\to\infty}c_n=2,\ \lim_{n\to\infty}d_n=6$이므로

$$\lim_{n\to\infty}\frac{(4n+2)a_n}{b_n}=\lim_{n\to\infty}\frac{\dfrac{(4n+2)c_n}{n^2+2n}}{\dfrac{d_n}{3n-2}}$$

$\qquad\qquad =\lim_{n\to\infty}\dfrac{(4n+2)(3n-2)}{n^2+2n}\times\lim_{n\to\infty}\dfrac{c_n}{d_n}$

$\qquad\qquad =12\times\dfrac{2}{6}=4$

답 **4**

0075 $a_n-3b_n=c_n$으로 놓으면

$a_n=3b_n+c_n$이고 $\lim_{n\to\infty}c_n=2$

또, $\lim_{n\to\infty}b_n=\infty$이므로 $\lim_{n\to\infty}\dfrac{1}{b_n}=0$

$\therefore \lim_{n\to\infty}\dfrac{b_n-5}{a_n+5}=\lim_{n\to\infty}\dfrac{b_n-5}{3b_n+c_n+5}$

$\qquad\qquad =\lim_{n\to\infty}\dfrac{1-\dfrac{5}{b_n}}{3+\dfrac{c_n}{b_n}+\dfrac{5}{b_n}}$

$\lim_{n\to\infty}c_n=2,\ \lim_{n\to\infty}b_n=\infty$이므로 $\lim_{n\to\infty}\dfrac{c_n}{b_n}=0$

$\qquad\qquad =\dfrac{1}{3}$

답 $\dfrac{1}{3}$

0076 $n^2+n<(10n^2+3)a_n<n^2+2n$에서

$\dfrac{n^2+n}{10n^2+3}<a_n<\dfrac{n^2+2n}{10n^2+3}$

이때 $\lim_{n\to\infty}\dfrac{n^2+n}{10n^2+3}=\dfrac{1}{10}$, $\lim_{n\to\infty}\dfrac{n^2+2n}{10n^2+3}=\dfrac{1}{10}$이므로 수열의 극한의 대소 관계에 의하여

$\lim_{n\to\infty}a_n=\dfrac{1}{10}$

답 $\dfrac{1}{10}$

0077 $\lim_{n\to\infty}\dfrac{3n^2-n}{n^2+1}=3$, $\lim_{n\to\infty}\dfrac{3n^2+n}{n^2+1}=3$이므로 수열의 극한의 대소 관계에 의하여

$\lim_{n\to\infty}a_n=3$

답 ⑤

0078 $3n-3<na_n<\sqrt{9n^2+5n}$에서

$\dfrac{3n-3}{n}<a_n<\dfrac{\sqrt{9n^2+5n}}{n}$

이때 $\lim_{n\to\infty}\dfrac{3n-3}{n}=3$, $\lim_{n\to\infty}\dfrac{\sqrt{9n^2+5n}}{n}=3$이므로 수열의 극한의 대소 관계에 의하여

$\lim_{n\to\infty}a_n=3$

$\therefore \lim_{n\to\infty}\dfrac{(n^2+3n)a_n}{4n^2-2}=\lim_{n\to\infty}\dfrac{n^2+3n}{4n^2-2}\times\lim_{n\to\infty}a_n$

$\qquad\qquad =\dfrac{1}{4}\times3=\dfrac{3}{4}$

답 ③

0079 $2n<a_n<2n+1$에서

$\displaystyle\sum_{k=1}^{n}2k<\sum_{k=1}^{n}a_k<\sum_{k=1}^{n}(2k+1)$

$n(n+1)<\displaystyle\sum_{k=1}^{n}a_k<n(n+1)+n$

$n^2+n<\displaystyle\sum_{k=1}^{n}a_k<n^2+2n$

$\therefore \dfrac{n^2+n}{7n^2+10}<\dfrac{a_1+a_2+a_3+\cdots+a_n}{7n^2+10}<\dfrac{n^2+2n}{7n^2+10}$

·················· ㉮

이때 $\lim_{n\to\infty}\dfrac{n^2+n}{7n^2+10}=\dfrac{1}{7}$, $\lim_{n\to\infty}\dfrac{n^2+2n}{7n^2+10}=\dfrac{1}{7}$이므로 수열의 극한의 대소 관계에 의하여

$\lim_{n\to\infty}\dfrac{a_1+a_2+a_3+\cdots+a_n}{7n^2+10}=\dfrac{1}{7}$

·················· ㉯

답 $\dfrac{1}{7}$

단계	채점요소	배점
㉮	$\dfrac{a_1+a_2+a_3+\cdots+a_n}{7n^2+10}$의 값의 범위 구하기	50%
㉯	$\lim_{n\to\infty}\dfrac{a_1+a_2+a_3+\cdots+a_n}{7n^2+10}$의 값 구하기	50%

0080 $-1 \le \sin n\theta \le 1$이므로

$$-\frac{1}{2n+1} \le \frac{\sin n\theta}{2n+1} \le \frac{1}{2n+1}$$

이때 $\lim\limits_{n\to\infty}\left(-\dfrac{1}{2n+1}\right)=0$, $\lim\limits_{n\to\infty}\dfrac{1}{2n+1}=0$이므로 수열의 극한의 대소 관계에 의하여

$$\lim_{n\to\infty}\frac{\sin n\theta}{2n+1}=0$$

$$\therefore \lim_{n\to\infty}\frac{3n-\sin n\theta}{2n+1}=\lim_{n\to\infty}\left(\frac{3n}{2n+1}-\frac{\sin n\theta}{2n+1}\right)$$

$$=\frac{3}{2}-0=\frac{3}{2}$$

답 ④

0081 ㄱ. [반례] $a_n=n$, $b_n=n^2$이면

$\lim\limits_{n\to\infty}a_n=\infty$, $\lim\limits_{n\to\infty}b_n=\infty$이지만

$$\lim_{n\to\infty}\frac{a_n}{b_n}=\lim_{n\to\infty}\frac{n}{n^2}=\lim_{n\to\infty}\frac{1}{n}=0$$

ㄴ. $\lim\limits_{n\to\infty}a_n=\infty$, $\lim\limits_{n\to\infty}(a_n-b_n)=\alpha$이므로

$$\lim_{n\to\infty}\frac{a_n-b_n}{a_n}=\lim_{n\to\infty}\left(1-\frac{b_n}{a_n}\right)=0 \qquad \therefore \lim_{n\to\infty}\frac{b_n}{a_n}=1$$

ㄷ. [반례] $a_n=\dfrac{1}{n}$, $b_n=\dfrac{2}{n}$이면

모든 자연수 n에 대하여 $a_n < b_n$이지만

$$\lim_{n\to\infty}a_n=\lim_{n\to\infty}b_n=0$$

이상에서 옳은 것은 ㄴ뿐이다.

답 ②

0082 ㄱ. $-|a_n| \le a_n \le |a_n|$에서

$\lim\limits_{n\to\infty}(-|a_n|)=\lim\limits_{n\to\infty}|a_n|=0$이므로 수열의 극한의 대소 관계에 의하여 $\lim\limits_{n\to\infty}a_n=0$

ㄴ. $\lim\limits_{n\to\infty}b_n=\lim\limits_{n\to\infty}\{(3a_n+b_n)-3a_n\}$

$$=\lim_{n\to\infty}(3a_n+b_n)-3\lim_{n\to\infty}a_n=0-3\times1=-3$$

ㄷ. [반례] $a_n=\dfrac{1}{n}$, $b_n=n$이면

$\lim\limits_{n\to\infty}a_n=0$, $\lim\limits_{n\to\infty}a_nb_n=\lim\limits_{n\to\infty}\dfrac{n}{n}=1$이지만

$$\lim_{n\to\infty}b_n=\lim_{n\to\infty}n=\infty$$

ㄹ. [반례] $a_n=n-\dfrac{1}{n}$, $b_n=n+\dfrac{1}{n}$, $c_n=n$이면

모든 자연수 n에 대하여 $a_n < c_n < b_n$이고

$$\lim_{n\to\infty}(b_n-a_n)=\lim_{n\to\infty}\frac{2}{n}=0$$이지만 $\lim\limits_{n\to\infty}c_n=\lim\limits_{n\to\infty}n=\infty$

이상에서 옳은 것은 ㄱ, ㄴ이다.

답 ①

0083 ① [반례] $a_n=n$, $b_n=\dfrac{1}{n}$이면

$\lim\limits_{n\to\infty}a_n=\infty$, $\lim\limits_{n\to\infty}b_n=0$이지만

$$\lim_{n\to\infty}a_nb_n=\lim_{n\to\infty}\left(n\times\frac{1}{n}\right)=\lim_{n\to\infty}1=1$$

② [반례] $\{a_n\}$: $0, 1, 0, 1, \cdots$

$\{b_n\}$: $1, 0, 1, 0, \cdots$

이면 $\lim\limits_{n\to\infty}a_nb_n=0$이지만 $\lim\limits_{n\to\infty}a_n\ne0$, $\lim\limits_{n\to\infty}b_n\ne0$

③ $\lim\limits_{n\to\infty}b_n\ne\infty$라 가정하자.

(i) $\lim\limits_{n\to\infty}b_n=\alpha$ (α는 실수)이면 $\lim\limits_{n\to\infty}(a_n-b_n)=\infty$가 되어 모순이다.

(ii) $\lim\limits_{n\to\infty}b_n=-\infty$이면 $\lim\limits_{n\to\infty}(a_n-b_n)=\infty$가 되어 모순이다.

(iii) 수열 $\{b_n\}$이 진동하면 수열 $\{a_n-b_n\}$은 양의 무한대로 발산하거나 진동하므로 모순이다.

(i), (ii), (iii)에 의하여 $\lim\limits_{n\to\infty}b_n=\infty$이다.

④ [반례] $a_n=(-1)^n$, $b_n=(-1)^{n+1}$이면 두 수열 $\{a_n\}$, $\{b_n\}$은 모두 발산(진동)하지만

$$a_nb_n=(-1)^n\times(-1)^{n+1}=(-1)^{2n+1}=-1$$

이므로 수열 $\{a_nb_n\}$은 -1에 수렴한다.

⑤ [반례] $a_n=(-1)^n$이면

$a_{2n}=(-1)^{2n}=1$, $a_{2n-1}=(-1)^{2n-1}=-1$이므로

$\lim\limits_{n\to\infty}a_{2n}=1$, $\lim\limits_{n\to\infty}a_{2n-1}=-1$

즉, 두 수열 $\{a_{2n}\}$, $\{a_{2n-1}\}$이 모두 수렴하지만 수열 $\{a_n\}$은 발산(진동)한다.

따라서 옳은 것은 ③이다.

답 ③

0084 $\lim\limits_{n\to\infty}\dfrac{3^n-2^{2n-1}}{3^{n-1}+2^{2n}}=\lim\limits_{n\to\infty}\dfrac{3^n-\dfrac{1}{2}\times4^n}{\dfrac{1}{3}\times3^n+4^n}$

$$=\lim_{n\to\infty}\frac{\left(\dfrac{3}{4}\right)^n-\dfrac{1}{2}}{\dfrac{1}{3}\times\left(\dfrac{3}{4}\right)^n+1}=-\frac{1}{2}$$

답 ②

0085 $\lim\limits_{n\to\infty}(\sqrt{9^n-3^n}-3^n)$

$$=\lim_{n\to\infty}\frac{(\sqrt{9^n-3^n}-3^n)(\sqrt{9^n-3^n}+3^n)}{\sqrt{9^n-3^n}+3^n}$$

$$=\lim_{n\to\infty}\frac{-3^n}{\sqrt{9^n-3^n}+3^n}$$

$$=\lim_{n\to\infty}\frac{-1}{\sqrt{1-\left(\dfrac{1}{3}\right)^n}+1}=-\frac{1}{2}$$

답 $-\dfrac{1}{2}$

0086 수열 $\{a_n\}$이 수렴하므로 $\lim\limits_{n\to\infty}a_n=\alpha$ (α는 실수)라 하면

$$\lim_{n\to\infty}\frac{5^{n+1}+3^na_n}{3^{n+1}-5^na_n}=\lim_{n\to\infty}\frac{5+\left(\dfrac{3}{5}\right)^n\times a_n}{3\times\left(\dfrac{3}{5}\right)^n-a_n}=-\frac{5}{\alpha}$$

따라서 $-\dfrac{5}{\alpha}=6$이므로 $\alpha=-\dfrac{5}{6}$

$$\therefore \lim_{n\to\infty}a_n=-\frac{5}{6}$$

답 $-\dfrac{5}{6}$

0087 $x^2-2x-1=0$에서 $x=1\pm\sqrt{2}$

$\therefore \alpha=1+\sqrt{2},\ \beta=1-\sqrt{2}\ (\because \alpha>\beta)$

이때 $-1<\dfrac{\beta}{\alpha}<0$이므로 $\lim\limits_{n\to\infty}\left(\dfrac{\beta}{\alpha}\right)^n=0$

$\therefore \lim\limits_{n\to\infty}\dfrac{\alpha^{n+2}+\beta^{n+3}}{\alpha^n+\beta^{n+1}}=\lim\limits_{n\to\infty}\dfrac{\alpha^2+\beta^3\times\left(\dfrac{\beta}{\alpha}\right)^n}{1+\beta\times\left(\dfrac{\beta}{\alpha}\right)^n}$

$\qquad\qquad\qquad\qquad\quad =\alpha^2$ 답 ①

0088 $a_n=S_n-S_{n-1}$

$\qquad =n\times3^n-(n-1)\times3^{n-1}$

$\qquad =3^{n-1}\{3n-(n-1)\}$

$\qquad =(2n+1)3^{n-1}\ (n\geq2)$

$\therefore \lim\limits_{n\to\infty}\dfrac{S_n}{a_n}=\lim\limits_{n\to\infty}\dfrac{n\times3^n}{(2n+1)3^{n-1}}$

$\qquad\qquad\ =\lim\limits_{n\to\infty}\dfrac{3n}{2n+1}=\dfrac{3}{2}$ 답 ④

0089 $a_1=\sqrt{3}=3^{\frac{1}{2}}$

$a_2=\sqrt{3\sqrt{3}}=3^{\frac{1}{2}}\times3^{\frac{1}{4}}=3^{\frac{1}{2}+\frac{1}{4}}$

$a_3=\sqrt{3\sqrt{3\sqrt{3}}}=3^{\frac{1}{2}}\times3^{\frac{1}{4}}\times3^{\frac{1}{8}}=3^{\frac{1}{2}+\frac{1}{4}+\frac{1}{8}}$

$\qquad\vdots$

$a_n=3^{\frac{1}{2}+\frac{1}{4}+\frac{1}{8}+\cdots+\left(\frac{1}{2}\right)^n}$

$\dfrac{1}{2}+\dfrac{1}{4}+\dfrac{1}{8}+\cdots+\left(\dfrac{1}{2}\right)^n=\dfrac{\dfrac{1}{2}\left\{1-\left(\dfrac{1}{2}\right)^n\right\}}{1-\dfrac{1}{2}}=1-\left(\dfrac{1}{2}\right)^n$이므로

$\lim\limits_{n\to\infty}a_n=\lim\limits_{n\to\infty}3^{1-\left(\frac{1}{2}\right)^n}=3^1=3$ 답 **3**

 등비수열의 합

첫째항이 a, 공비가 r인 등비수열의 첫째항부터 제n항까지의 합을 S_n이라 하면

① $r\neq1$일 때 $S_n=\dfrac{a(1-r^n)}{1-r}=\dfrac{a(r^n-1)}{r-1}$

② $r=1$일 때 $S_n=na$

0090 공비가 $\dfrac{x-x^2}{2}$이므로 주어진 등비수열이 수렴하려면

$-1<\dfrac{x-x^2}{2}\leq1\qquad\therefore -2<x-x^2\leq2$

(i) $-2<x-x^2$, 즉 $x^2-x-2<0$에서

$\quad (x+1)(x-2)<0\qquad\therefore -1<x<2$

(ii) $x-x^2\leq2$, 즉 $x^2-x+2\geq0$에서

$\quad x^2-x+2=\left(x-\dfrac{1}{2}\right)^2+\dfrac{7}{4}>0$

$\quad$ 이므로 항상 성립한다.

(i), (ii)에서 $-1<x<2$

따라서 정수 x는 0, 1의 2개이다. 답 **2**

0091 첫째항은 $x+2$, 공비는 $\dfrac{x}{2}$이므로 주어진 등비수열이 수렴하려면

$x+2=0$ 또는 $-1<\dfrac{x}{2}\leq1$

즉, $x=-2$ 또는 $-2<x\leq2$이므로

$-2\leq x\leq2$ 답 $-2\leq x\leq2$

0092 공비가 $\sqrt{2}\cos x$이므로 주어진 등비수열이 수렴하려면

$-1<\sqrt{2}\cos x\leq1\qquad\therefore -\dfrac{1}{\sqrt{2}}<\cos x\leq\dfrac{1}{\sqrt{2}}$

$0\leq x<\pi$에서 $y=\cos x$의 그래프는 오른쪽 그림과 같으므로 구하는 x의 값의 범위는

$\dfrac{\pi}{4}\leq x<\dfrac{3}{4}\pi$

답 $\dfrac{\pi}{4}\leq x<\dfrac{3}{4}\pi$

0093 공비가 $\log_3 x-2$이므로 주어진 등비수열이 수렴하려면

$-1<\log_3 x-2\leq1,\ 1<\log_3 x\leq3,\ \log_3 3<\log_3 x\leq\log_3 3^3$

밑이 1보다 크므로 $3<x\leq27$

따라서 모든 자연수 x의 값의 합은

$4+5+6+\cdots+27=\dfrac{24(4+27)}{2}=372$ 답 ②

 등차수열의 합

등차수열의 첫째항부터 제n항까지의 합을 S_n이라 하면

① 첫째항이 a, 제n항이 c일 때 $S_n=\dfrac{n(a+c)}{2}$

② 첫째항이 a, 공차가 d일 때 $S_n=\dfrac{n\{2a+(n-1)d\}}{2}$

0094 (i) 등비수열 $\left\{\left(\dfrac{3x+1}{2}\right)^n\right\}$의 공비가 $\dfrac{3x+1}{2}$이므로 수렴하려면

$\quad -1<\dfrac{3x+1}{2}\leq1,\ -2<3x+1\leq2$

$\quad -3<3x\leq1\qquad\therefore -1<x\leq\dfrac{1}{3}$

㉮

(ii) 등비수열 $\{(x-3)(2x+1)^n\}$의 첫째항은 $(x-3)(2x+1)$,

$\quad$ 공비는 $2x+1$이므로 수렴하려면

$\quad (x-3)(2x+1)=0$ 또는 $-1<2x+1\leq1$

$\quad (x-3)(2x+1)=0$에서

$\quad x=-\dfrac{1}{2}$ 또는 $x=3$ ……㉠

$\quad -1<2x+1\leq1$에서 $-1<x\leq0$ ……㉡

㉠, ㉡에서 $x=3$ 또는 $-1<x\le0$

❹

(ⅰ), (ⅱ)에서 $-1<x\le0$

❺

답 $-1<x\le0$

단계	채점요소	배점
㉮	등비수열 $\left\{\left(\dfrac{3x+1}{2}\right)^n\right\}$이 수렴하도록 하는 x의 값의 범위 구하기	40%
㉯	등비수열 $\{(x-3)(2x+1)^n\}$이 수렴하도록 하는 x의 값의 범위 구하기	40%
㉰	두 등비수열이 모두 수렴하도록 하는 x의 값의 범위 구하기	20%

0095 등비수열 $\{r^n\}$이 수렴하므로 $-1<r\le1$ $\qquad$ …… ㉠

ㄱ. 공비가 $-r$이고 ㉠에서 $-1\le -r<1$

$\quad$ 이때 $-r=-1$, 즉 $r=1$이면 수렴하지 않는다.

ㄴ. 공비가 $\dfrac{1-r}{2}$이고 ㉠에서 $0\le\dfrac{1-r}{2}<1$이므로 수렴한다.

ㄷ. 공비가 r^2이고 ㉠에서 $0\le r^2\le1$이므로 수렴한다.

이상에서 항상 수렴하는 수열은 ㄴ, ㄷ이다. $\qquad$ 답 ㄴ, ㄷ

0096 (ⅰ) $|r|>1$일 때, $\lim\limits_{n\to\infty}r^{2n}=\infty$이므로

$$a=\lim_{n\to\infty}\frac{r^{2n}}{1+r^{2n}}=\lim_{n\to\infty}\frac{1}{\dfrac{1}{r^{2n}}+1}=1$$

(ⅱ) $|r|=1$일 때, $\lim\limits_{n\to\infty}r^{2n}=1$이므로

$$b=\lim_{n\to\infty}\frac{r^{2n}}{1+r^{2n}}=\frac{1}{1+1}=\frac{1}{2}$$

(ⅲ) $|r|<1$일 때, $\lim\limits_{n\to\infty}r^{2n}=0$이므로

$$c=\lim_{n\to\infty}\frac{r^{2n}}{1+r^{2n}}=\frac{0}{1+0}=0$$

$$\therefore a+b-c=1+\frac{1}{2}-0=\frac{3}{2}$$

답 $\dfrac{3}{2}$

0097 ㄱ. $r>1$일 때, $\lim\limits_{n\to\infty}r^n=\infty$이므로

$$\lim_{n\to\infty}\frac{2-r^n}{2+r^n}=\lim_{n\to\infty}\frac{\dfrac{2}{r^n}-1}{\dfrac{2}{r^n}+1}=-1$$

ㄴ. $r=1$일 때, $\lim\limits_{n\to\infty}r^n=1$이므로

$$\lim_{n\to\infty}\frac{2-r^n}{2+r^n}=\frac{2-1}{2+1}=\frac{1}{3}$$

ㄷ. $-1<r<1$일 때, $\lim\limits_{n\to\infty}r^n=0$이므로

$$\lim_{n\to\infty}\frac{2-r^n}{2+r^n}=\frac{2-0}{2+0}=1$$

이상에서 옳은 것은 ㄷ뿐이다. $\qquad$ 답 ㄷ

0098 (ⅰ) $0<r<1$일 때, $\lim\limits_{n\to\infty}r^n=\lim\limits_{n\to\infty}r^{n+1}=0$이므로

$$\lim_{n\to\infty}\frac{r^{n+1}+r+2}{r^n+1}=r+2$$

따라서 $r+2=\dfrac{8}{3}$이므로 $r=\dfrac{2}{3}$

(ⅱ) $r=1$일 때, $\lim\limits_{n\to\infty}r^n=\lim\limits_{n\to\infty}r^{n+1}=1$이므로

$$\lim_{n\to\infty}\frac{r^{n+1}+r+2}{r^n+1}=\frac{1+1+2}{1+1}=2$$

따라서 주어진 조건을 만족시키지 않는다.

(ⅲ) $r>1$일 때, $\lim\limits_{n\to\infty}r^n=\lim\limits_{n\to\infty}r^{n+1}=\infty$이므로

$$\lim_{n\to\infty}\frac{r^{n+1}+r+2}{r^n+1}=\lim_{n\to\infty}\frac{r+\dfrac{1}{r^{n-1}}+\dfrac{2}{r^n}}{1+\dfrac{1}{r^n}}=r$$

$$\therefore r=\frac{8}{3}$$

(ⅰ), (ⅱ), (ⅲ)에서 구하는 합은

$$\frac{2}{3}+\frac{8}{3}=\frac{10}{3}$$

답 $\dfrac{10}{3}$

0099 (ⅰ) $0<|r|<1$일 때, $\lim\limits_{n\to\infty}r^{2n}=\lim\limits_{n\to\infty}r^{2n+1}=0$이므로

$$\lim_{n\to\infty}\frac{r^{2n+1}-1}{r^{2n}+r^2}=-\frac{1}{r^2}$$

(ⅱ) $r=1$일 때, $\lim\limits_{n\to\infty}\dfrac{r^{2n+1}-1}{r^{2n}+r^2}=\dfrac{1-1}{1+1}=0$

(ⅲ) $|r|>1$일 때, $\lim\limits_{n\to\infty}r^{2n}=\infty$이므로

$$\lim_{n\to\infty}\frac{r^{2n+1}-1}{r^{2n}+r^2}=\lim_{n\to\infty}\frac{r-\dfrac{1}{r^{2n}}}{1+\dfrac{1}{r^{2n-2}}}=r$$

(ⅳ) $r=-1$일 때, $\lim\limits_{n\to\infty}\dfrac{r^{2n+1}-1}{r^{2n}+r^2}=\dfrac{-1-1}{1+1}=-1$

$$\therefore \lim_{n\to\infty}\frac{r^{2n+1}-1}{r^{2n}+r^2}=\begin{cases}-\dfrac{1}{r^2} & (0<|r|<1)\\[2mm] 0 & (r=1)\\[1mm] r & (|r|>1)\\[1mm] -1 & (r=-1)\end{cases}$$

그런데 $0<|r|<1$이면 $0<r^2<1$

$$\frac{1}{r^2}>1 \qquad \therefore -\frac{1}{r^2}<-1$$

즉, $\lim\limits_{n\to\infty}\dfrac{r^{2n+1}-1}{r^{2n}+r^2}=\alpha$ (α는 실수)라 하면

$|\alpha|>1$ 또는 $\alpha=0$ 또는 $\alpha=-1$

따라서 극한값이 될 수 없는 것은 ②이다. $\qquad$ 답 ②

0100 $f\left(\dfrac{1}{3}\right)=\lim\limits_{n\to\infty}\dfrac{\left(\dfrac{1}{3}\right)^{2n}-2\times\dfrac{1}{3}}{\left(\dfrac{1}{3}\right)^{2n+2}+2}=\dfrac{-\dfrac{2}{3}}{2}=-\dfrac{1}{3}$

$f(1)=\lim\limits_{n\to\infty}\dfrac{1^{2n}-2\times1}{1^{2n+2}+2}=\dfrac{1-2}{1+2}=-\dfrac{1}{3}$

$$f(2)=\lim_{n\to\infty}\frac{2^{2n}-2\times 2}{2^{2n+2}+2}=\lim_{n\to\infty}\frac{1-\dfrac{4}{4^n}}{4+\dfrac{2}{4^n}}=\frac{1}{4}$$

$$\therefore f\!\left(\frac{1}{3}\right)+f(1)+f(2)=-\frac{1}{3}+\left(-\frac{1}{3}\right)+\frac{1}{4}$$

$$=-\frac{5}{12}$$

답 $-\dfrac{5}{12}$

0101 (ⅰ) $-1<x<1$일 때, $\lim\limits_{n\to\infty}x^n=0$이므로

$$f(x)=\lim_{n\to\infty}\frac{1-x^n}{1+x^n}=1$$

(ⅱ) $x=1$일 때, $\lim\limits_{n\to\infty}x^n=1$이므로

$$f(x)=\lim_{n\to\infty}\frac{1-x^n}{1+x^n}=\frac{1-1}{1+1}=0$$

(ⅲ) $x>1$일 때, $\lim\limits_{n\to\infty}x^n=\infty$이므로

$$f(x)=\lim_{n\to\infty}\frac{1-x^n}{1+x^n}=\lim_{n\to\infty}\frac{\dfrac{1}{x^n}-1}{\dfrac{1}{x^n}+1}=-1$$

(ⅰ), (ⅱ), (ⅲ)에서 함수 $y=f(x)$의 그래프는 ①이다. 답 ①

0102 (ⅰ) $|x|<1$일 때, $\lim\limits_{n\to\infty}x^{2n}=\lim\limits_{n\to\infty}x^{2n+4}=0$이므로

$$f(x)=\lim_{n\to\infty}\frac{x^{2n+4}+ax^2+b}{x^{2n}+1}=ax^2+b$$

············ ㉮

(ⅱ) $x=1$일 때, $\lim\limits_{n\to\infty}x^{2n}=\lim\limits_{n\to\infty}x^{2n+4}=1$이므로

$$f(x)=\lim_{n\to\infty}\frac{x^{2n+4}+ax^2+b}{x^{2n}+1}=\frac{1+a+b}{2}$$

············ ㉯

(ⅲ) $|x|>1$일 때, $\lim\limits_{n\to\infty}x^{2n}=\lim\limits_{n\to\infty}x^{2n+4}=\infty$이므로

$$f(x)=\lim_{n\to\infty}\frac{x^{2n+4}+ax^2+b}{x^{2n}+1}$$

$$=\lim_{n\to\infty}\frac{x^4+\dfrac{a}{x^{2n-2}}+\dfrac{b}{x^{2n}}}{1+\dfrac{1}{x^{2n}}}=x^4$$

············ ㉰

(ⅳ) $x=-1$일 때, $\lim\limits_{n\to\infty}x^{2n}=\lim\limits_{n\to\infty}x^{2n+4}=1$이므로

$$f(x)=\lim_{n\to\infty}\frac{x^{2n+4}+ax^2+b}{x^{2n}+1}=\frac{1+a+b}{2}$$

············ ㉱

답 풀이 참조

단계	채점요소	배점
㉮	$|x|<1$일 때, $f(x)$를 다항함수로 나타내기	25 %
㉯	$x=1$일 때, $f(x)$를 다항함수로 나타내기	25 %
㉰	$|x|>1$일 때, $f(x)$를 다항함수로 나타내기	25 %
㉱	$x=-1$일 때, $f(x)$를 다항함수로 나타내기	25 %

0103 $\mathrm{P}_n(2n,\ \sqrt{2n})$, $\mathrm{Q}_n(2n,\ 0)$이므로

$$\overline{\mathrm{OP}_n}=\sqrt{(2n)^2+(\sqrt{2n})^2}=\sqrt{4n^2+2n}$$

$$\overline{\mathrm{OQ}_n}=2n$$

$$\therefore \lim_{n\to\infty}(\overline{\mathrm{OP}_n}-\overline{\mathrm{OQ}_n})$$

$$=\lim_{n\to\infty}(\sqrt{4n^2+2n}-2n)$$

$$=\lim_{n\to\infty}\frac{(\sqrt{4n^2+2n}-2n)(\sqrt{4n^2+2n}+2n)}{\sqrt{4n^2+2n}+2n}$$

$$=\lim_{n\to\infty}\frac{2n}{\sqrt{4n^2+2n}+2n}$$

$$=\lim_{n\to\infty}\frac{2}{\sqrt{4+\dfrac{2}{n}}+2}=\frac{2}{2+2}=\frac{1}{2}$$

답 $\dfrac{1}{2}$

0104 $f(x)=3x^2$이므로 $\mathrm{P}(n,\ 3n^2)$, $\mathrm{Q}(n+1,\ 3(n+1)^2)$

$$\therefore a_n=\overline{\mathrm{PQ}}=\sqrt{1^2+\{3(n+1)^2-3n^2\}^2}$$

$$=\sqrt{1+(6n+3)^2}$$

$$=\sqrt{36n^2+36n+10}$$

$$\therefore \lim_{n\to\infty}\frac{a_n}{n}=\lim_{n\to\infty}\frac{\sqrt{36n^2+36n+10}}{n}$$

$$=\lim_{n\to\infty}\sqrt{36+\frac{36}{n}+\frac{10}{n^2}}$$

$$=\sqrt{36}=6$$

답 6

0105 $y=\dfrac{n}{3n+1}x$에서 $x=\dfrac{3n+1}{n}y$ ······ ㉠

점 P_n의 y좌표를 구하기 위해 ㉠을 $2x+3y=8$에 대입하면

$$2\times\frac{3n+1}{n}y+3y=8,\ \frac{9n+2}{n}y=8$$

$$\therefore y=\frac{8n}{9n+2}$$

············ ㉮

$\mathrm{A}(4,\ 0)$이므로

$$S_n=\frac{1}{2}\times\overline{\mathrm{OA}}\times|(\text{점 }\mathrm{P}_n\text{의 }y\text{좌표})|$$

$$=\frac{1}{2}\times 4\times\frac{8n}{9n+2}=\frac{16n}{9n+2}$$

············ ㉯

$$\therefore \lim_{n\to\infty}S_n=\lim_{n\to\infty}\frac{16n}{9n+2}=\frac{16}{9}$$

············ ㉰

답 $\dfrac{16}{9}$

단계	채점요소	배점
㉮	점 P_n의 y좌표 구하기	40 %
㉯	S_n 구하기	40 %
㉰	$\lim\limits_{n\to\infty}S_n$의 값 구하기	20 %

0106 $\left(\dfrac{1}{2}\right)^{n-1}(x-1)=3x(x-1)$에서

$(x-1)\left\{3x-\left(\dfrac{1}{2}\right)^{n-1}\right\}=0$

$\therefore x=1$ 또는 $x=\dfrac{1}{3}\times\left(\dfrac{1}{2}\right)^{n-1}$

따라서 점 P_n의 좌표는

$\left(\dfrac{1}{3}\times\left(\dfrac{1}{2}\right)^{n-1},\ \left(\dfrac{1}{2}\right)^{n-1}\left\{\dfrac{1}{3}\times\left(\dfrac{1}{2}\right)^{n-1}-1\right\}\right)$

즉, $\mathrm{H}_n\left(\dfrac{1}{3}\times\left(\dfrac{1}{2}\right)^{n-1},\ 0\right)$이므로

$\overline{\mathrm{P}_n\mathrm{H}_n}=-\left(\dfrac{1}{2}\right)^{n-1}\left\{\dfrac{1}{3}\times\left(\dfrac{1}{2}\right)^{n-1}-1\right\}$

$\overline{\mathrm{OH}_n}=\dfrac{1}{3}\times\left(\dfrac{1}{2}\right)^{n-1}$

$\therefore \lim\limits_{n\to\infty}\dfrac{\overline{\mathrm{P}_n\mathrm{H}_n}}{\overline{\mathrm{OH}_n}}=\lim\limits_{n\to\infty}\dfrac{-\left(\dfrac{1}{2}\right)^{n-1}\left\{\dfrac{1}{3}\times\left(\dfrac{1}{2}\right)^{n-1}-1\right\}}{\dfrac{1}{3}\times\left(\dfrac{1}{2}\right)^{n-1}}$

$\qquad=\lim\limits_{n\to\infty}\dfrac{-\left\{\dfrac{1}{3}\times\left(\dfrac{1}{2}\right)^{n-1}-1\right\}}{\dfrac{1}{3}}=3$ 답 **3**

0107 $n=1,\ 2,\ 3,\ \cdots$일 때, 한 변의 길이가 1인 정사각형의 개수는 $1,\ 4,\ 9,\ \cdots$이므로

$a_n=n^2$

또, 한 변의 길이가 1인 모든 정사각형의 꼭짓점의 개수는 전체 꼭짓점의 개수와 같으므로

$b_n=(n+1)^2=n^2+2n+1$

$\therefore \lim\limits_{n\to\infty}\dfrac{b_n-a_n}{n}=\lim\limits_{n\to\infty}\dfrac{2n+1}{n}=2$ 답 **2**

0108 $\overline{\mathrm{OC}_n}=\overline{\mathrm{AB}_n}=n$, $\overline{\mathrm{B}_n\mathrm{C}_n}=\overline{\mathrm{OA}}=30$이므로

$\overline{\mathrm{AC}_n}=\sqrt{\overline{\mathrm{OA}}^2+\overline{\mathrm{OC}_n}^2}=\sqrt{30^2+n^2}=\sqrt{900+n^2}$

또, $\triangle\mathrm{AB}_1\mathrm{D}_n{\backsim}\triangle\mathrm{AB}_n\mathrm{C}_n$이므로

$\overline{\mathrm{AB}_1}:\overline{\mathrm{AB}_n}=\overline{\mathrm{B}_1\mathrm{D}_n}:\overline{\mathrm{B}_n\mathrm{C}_n}$에서

$1:n=\overline{\mathrm{B}_1\mathrm{D}_n}:30\qquad\therefore \overline{\mathrm{B}_1\mathrm{D}_n}=\dfrac{30}{n}$

$\therefore \lim\limits_{n\to\infty}\dfrac{\overline{\mathrm{AC}_n}-\overline{\mathrm{OC}_n}}{\overline{\mathrm{B}_1\mathrm{D}_n}}=\lim\limits_{n\to\infty}\dfrac{\sqrt{900+n^2}-n}{\dfrac{30}{n}}$

$\qquad=\lim\limits_{n\to\infty}\dfrac{n(\sqrt{900+n^2}-n)(\sqrt{900+n^2}+n)}{30(\sqrt{900+n^2}+n)}$

$\qquad=\lim\limits_{n\to\infty}\dfrac{30n}{\sqrt{900+n^2}+n}$

$\qquad=\lim\limits_{n\to\infty}\dfrac{30}{\sqrt{\dfrac{900}{n^2}+1}+1}=15$ 답 **15**

참고 $\overline{\mathrm{AB}_n}=n$이므로

$\overline{\mathrm{AB}_1}=1,\ \overline{\mathrm{AB}_2}=2,\ \overline{\mathrm{AB}_3}=3,\ \cdots$

0109 ㄱ. n의 값이 한없이 커지면 $\dfrac{1}{7^n}$의 값은 0에 한없이 가까워지므로 주어진 수열은 0에 수렴한다.

ㄴ. n의 값이 한없이 커지면 $\dfrac{2n-1}{n+3}$의 값은 2에 한없이 가까워지므로 주어진 수열은 2에 수렴한다.

ㄷ. 홀수 번째 항은 1, 짝수 번째 항은 0이므로 주어진 수열은 진동한다. 즉, 발산한다.

ㄹ. n의 값이 한없이 커지면 $\dfrac{n^2+3}{2n+1}$의 값은 한없이 커지므로 주어진 수열은 양의 무한대로 발산한다.

이상에서 수렴하는 수열은 ㄱ, ㄴ이다.   답 ①

0110 $\lim\limits_{n\to\infty}(a_n-3)=1$에서 $\lim\limits_{n\to\infty}a_n=4$

$\therefore \lim\limits_{n\to\infty}(a_n{}^2-2a_n+2)=\lim\limits_{n\to\infty}a_n\times\lim\limits_{n\to\infty}a_n-2\lim\limits_{n\to\infty}a_n+\lim\limits_{n\to\infty}2$

$\qquad=4^2-2\times4+2=10$ 답 **10**

0111 $\dfrac{5^na_n}{3^n+1}=b_n$이라 하면 $5^na_n=(3^n+1)b_n$

$\therefore a_n=\dfrac{3^n+1}{5^n}b_n,\ a_{n+1}=\dfrac{3^{n+1}+1}{5^{n+1}}b_{n+1}$

이때 $\lim\limits_{n\to\infty}b_n=\alpha\ (\alpha\neq0$인 상수$)$라 하면 $\lim\limits_{n\to\infty}b_{n+1}=\alpha$

$\therefore \lim\limits_{n\to\infty}\dfrac{a_n}{a_{n+1}}=\lim\limits_{n\to\infty}\dfrac{\dfrac{3^n+1}{5^n}b_n}{\dfrac{3^{n+1}+1}{5^{n+1}}b_{n+1}}$

$\qquad=\lim\limits_{n\to\infty}\dfrac{5(3^n+1)b_n}{(3^{n+1}+1)b_{n+1}}$

$\qquad=\lim\limits_{n\to\infty}\dfrac{5\left\{1+\left(\dfrac{1}{3}\right)^n\right\}b_n}{\left\{3+\left(\dfrac{1}{3}\right)^n\right\}b_{n+1}}$

$\qquad=\dfrac{5\alpha}{3\alpha}=\dfrac{5}{3}$ 답 ③

0112 ① $\lim\limits_{n\to\infty}\dfrac{n+1}{2n-3}=\lim\limits_{n\to\infty}\dfrac{1+\dfrac{1}{n}}{2-\dfrac{3}{n}}=\dfrac{1}{2}$

② $\lim\limits_{n\to\infty}\dfrac{1}{n^3-1}=0$

③ $\lim\limits_{n\to\infty}\dfrac{n^2(n-4)}{n^3+1}=\lim\limits_{n\to\infty}\dfrac{n^3-4n^2}{n^3+1}=\lim\limits_{n\to\infty}\dfrac{1-\dfrac{4}{n}}{1+\dfrac{1}{n^3}}=1$

④ $\lim\limits_{n\to\infty}\dfrac{n(n+1)}{3n^2-5n}=\lim\limits_{n\to\infty}\dfrac{n^2+n}{3n^2-5n}=\lim\limits_{n\to\infty}\dfrac{1+\dfrac{1}{n}}{3-\dfrac{5}{n}}=\dfrac{1}{3}$

⑤ $\lim\limits_{n\to\infty}\dfrac{(n-1)(3n-1)}{4n^2-5n}=\lim\limits_{n\to\infty}\dfrac{3n^2-4n+1}{4n^2-5n}$

$\qquad=\lim\limits_{n\to\infty}\dfrac{3-\dfrac{4}{n}+\dfrac{1}{n^2}}{4-\dfrac{5}{n}}=\dfrac{3}{4}$

따라서 극한값이 가장 큰 것은 ③이다. 답 ③

0113 $\lim\limits_{n\to\infty}\{\log_2(2n-1)+\log_2(8n+1)-2\log_2(n+1)\}$

$=\lim\limits_{n\to\infty}\{\log_2(2n-1)(8n+1)-\log_2(n+1)^2\}$

$=\lim\limits_{n\to\infty}\log_2\dfrac{(2n-1)(8n+1)}{(n+1)^2}$

$=\lim\limits_{n\to\infty}\log_2\dfrac{16n^2-6n-1}{n^2+2n+1}$

$=\lim\limits_{n\to\infty}\log_2\dfrac{16-\dfrac{6}{n}-\dfrac{1}{n^2}}{1+\dfrac{2}{n}+\dfrac{1}{n^2}}$

$=\log_2 16$

$=\log_2 2^4=4$ 답 ③

0114 $\lim\limits_{n\to\infty}\dfrac{an^2+bn+2}{cn^3+3n-2}$에서 $c\neq0$이면 0에 수렴하므로 $c=0$

또, $\lim\limits_{n\to\infty}\dfrac{an^2+bn+2}{3n-2}$에서 $a\neq0$이면 발산하므로 $a=0$

즉, $\lim\limits_{n\to\infty}\dfrac{bn+2}{3n-2}=\dfrac{b}{3}=3$이므로

$b=9$

$\therefore a+b+c=9$ 답 ⑤

0115 $(2n)^2<4n^2+3n+1<(2n+1)^2$이므로

$2n<\sqrt{4n^2+3n+1}<2n+1$

$\therefore a_n=2n,\ b_n=\sqrt{4n^2+3n+1}-2n$

$\therefore \lim\limits_{n\to\infty}\dfrac{a_n b_n}{n}$

$=\lim\limits_{n\to\infty}\dfrac{2n(\sqrt{4n^2+3n+1}-2n)}{n}$

$=\lim\limits_{n\to\infty}\dfrac{2(\sqrt{4n^2+3n+1}-2n)(\sqrt{4n^2+3n+1}+2n)}{\sqrt{4n^2+3n+1}+2n}$

$=\lim\limits_{n\to\infty}\dfrac{2(3n+1)}{\sqrt{4n^2+3n+1}+2n}$

$=\lim\limits_{n\to\infty}\dfrac{2\left(3+\dfrac{1}{n}\right)}{\sqrt{4+\dfrac{3}{n}+\dfrac{1}{n^2}}+2}=\dfrac{2\times3}{2+2}=\dfrac{3}{2}$ 답 $\dfrac{3}{2}$

0116 이차방정식 $x^2+2nx-6n=0$에서

$x=-n\pm\sqrt{n^2+6n}$

이때 a_n이 양의 실근이므로 $a_n=\sqrt{n^2+6n}-n$

$\therefore \lim\limits_{n\to\infty}a_n=\lim\limits_{n\to\infty}(\sqrt{n^2+6n}-n)$

$\qquad=\lim\limits_{n\to\infty}\dfrac{(\sqrt{n^2+6n}-n)(\sqrt{n^2+6n}+n)}{\sqrt{n^2+6n}+n}$

$\qquad=\lim\limits_{n\to\infty}\dfrac{6n}{\sqrt{n^2+6n}+n}$

$\qquad=\lim\limits_{n\to\infty}\dfrac{6}{\sqrt{1+\dfrac{6}{n}}+1}$

$\qquad=\dfrac{6}{1+1}=3$ 답 3

0117 $\lim\limits_{n\to\infty}\dfrac{2n-\sqrt{4n^2+1}}{n-\sqrt{n^2+2}}$

$=\lim\limits_{n\to\infty}\dfrac{(2n-\sqrt{4n^2+1})(2n+\sqrt{4n^2+1})(n+\sqrt{n^2+2})}{(n-\sqrt{n^2+2})(n+\sqrt{n^2+2})(2n+\sqrt{4n^2+1})}$

$=\lim\limits_{n\to\infty}\dfrac{n+\sqrt{n^2+2}}{2(2n+\sqrt{4n^2+1})}$

$=\lim\limits_{n\to\infty}\dfrac{1+\sqrt{1+\dfrac{2}{n^2}}}{2\left(2+\sqrt{4+\dfrac{1}{n^2}}\right)}$

$=\dfrac{1+1}{2(2+2)}=\dfrac{1}{4}$ 답 ①

0118 $\lim\limits_{n\to\infty}(\sqrt{n^2+an+1}-\sqrt{bn^2-3n+2})$

$=\lim\limits_{n\to\infty}\dfrac{(\sqrt{n^2+an+1}-\sqrt{bn^2-3n+2})(\sqrt{n^2+an+1}+\sqrt{bn^2-3n+2})}{\sqrt{n^2+an+1}+\sqrt{bn^2-3n+2}}$

$=\lim\limits_{n\to\infty}\dfrac{(1-b)n^2+(a+3)n-1}{\sqrt{n^2+an+1}+\sqrt{bn^2-3n+2}}$

$=\lim\limits_{n\to\infty}\dfrac{(1-b)n+(a+3)-\dfrac{1}{n}}{\sqrt{1+\dfrac{a}{n}+\dfrac{1}{n^2}}+\sqrt{b-\dfrac{3}{n}+\dfrac{2}{n^2}}}$

극한값이 10이므로

$1-b=0,\ \dfrac{a+3}{1+\sqrt{b}}=10 \qquad \therefore a=17,\ b=1$

$\therefore a+b=18$ 답 ⑤

0119 $\dfrac{-2a_n+1}{5a_n-3}=b_n$으로 놓으면

$a_n=\dfrac{3b_n+1}{2+5b_n}$이고 $\lim\limits_{n\to\infty}b_n=-1$

$\therefore \lim\limits_{n\to\infty}a_n=\lim\limits_{n\to\infty}\dfrac{3b_n+1}{2+5b_n}=\dfrac{3\times(-1)+1}{2+5\times(-1)}=\dfrac{2}{3}$

$\therefore \lim\limits_{n\to\infty}\dfrac{a_n+1}{a_n-1}=\dfrac{\dfrac{2}{3}+1}{\dfrac{2}{3}-1}=-5$ 답 ②

0120 곡선 $y=x^2-(n+1)x+a_n$은 x축과 만나므로

이차방정식 $x^2-(n+1)x+a_n=0$의 판별식을 D_1이라 하면

$D_1=(n+1)^2-4a_n\geq0$에서 $a_n\leq\dfrac{(n+1)^2}{4}$ $\cdots\cdots$ ㉠

또, 곡선 $y=x^2-nx+a_n$은 x축과 만나지 않으므로

이차방정식 $x^2-nx+a_n=0$의 판별식을 D_2라 하면

$D_2=n^2-4a_n<0$에서 $a_n>\dfrac{n^2}{4}$ $\cdots\cdots$ ㉡

㉠, ㉡에서 $\dfrac{n^2}{4}<a_n\leq\dfrac{(n+1)^2}{4}$

양변을 n^2으로 나누면

$\dfrac{1}{4}<\dfrac{a_n}{n^2}\leq\dfrac{(n+1)^2}{4n^2}$

이때 $\lim\limits_{n\to\infty}\dfrac{1}{4}=\dfrac{1}{4}$, $\lim\limits_{n\to\infty}\dfrac{(n+1)^2}{4n^2}=\dfrac{1}{4}$이므로 수열의 극한의 대소

관계에 의하여 $\lim\limits_{n\to\infty}\dfrac{a_n}{n^2}=\dfrac{1}{4}$ **답 ⑤**

0121 조건 ㈎, ㈏에서 $a_n+b_n=c_n$, $a_n-b_n=d_n$이라 하면

$\lim\limits_{n\to\infty}\left(16-\dfrac{1}{n}\right)=\lim\limits_{n\to\infty}\left(16+\dfrac{1}{n}\right)=16,$

$\lim\limits_{n\to\infty}\left(10-\dfrac{1}{n}\right)=\lim\limits_{n\to\infty}\left(10+\dfrac{1}{n}\right)=10$

이므로 수열의 극한의 대소 관계에 의하여

$\lim\limits_{n\to\infty}c_n=16$, $\lim\limits_{n\to\infty}d_n=10$

$c_n=a_n+b_n$, $d_n=a_n-b_n$에서 $a_n=\dfrac{c_n+d_n}{2}$이므로

$\lim\limits_{n\to\infty}a_n=\lim\limits_{n\to\infty}\dfrac{c_n+d_n}{2}=\dfrac{\lim\limits_{n\to\infty}c_n+\lim\limits_{n\to\infty}d_n}{2}=\dfrac{16+10}{2}=13$

답 13

0122 ㄱ. $a_n-b_n=c_n$이라 하면 $b_n=a_n-c_n$이고 $\lim\limits_{n\to\infty}c_n=0$

$\therefore \lim\limits_{n\to\infty}b_n=\lim\limits_{n\to\infty}(a_n-c_n)=\lim\limits_{n\to\infty}a_n-\lim\limits_{n\to\infty}c_n=\alpha-0=\alpha$

ㄴ. [반례] $a_n=(-1)^n$이면 $\lim\limits_{n\to\infty}a_n^2=1$이지만 $\lim\limits_{n\to\infty}a_n$은 발산(진동)한다.

ㄷ. [반례] $a_n=(-1)^n$이면 $a_{2n}=(-1)^{2n}=1$이므로 $\lim\limits_{n\to\infty}a_{2n}=1$

이지만 $\lim\limits_{n\to\infty}a_n$은 발산(진동)한다.

이상에서 옳은 것은 ㄱ뿐이다. **답 ①**

0123 $4\Diamond2=\lim\limits_{n\to\infty}\dfrac{3\times4^n+3\times2^n}{4^n+2^n}=\lim\limits_{n\to\infty}\dfrac{3+\dfrac{3}{2^n}}{1+\dfrac{1}{2^n}}=3$

$\therefore (4\Diamond2)\Diamond6=3\Diamond6=\lim\limits_{n\to\infty}\dfrac{7\times3^n+2\times6^n}{3^n+6^n}$

$=\lim\limits_{n\to\infty}\dfrac{\dfrac{7}{2^n}+2}{\dfrac{1}{2^n}+1}=2$ **답 ②**

0124 $\dfrac{2^n+(-3)^n\times a_n}{2^n\times a_n-(-3)^n}=b_n$으로 놓으면

$a_n=\dfrac{(-3)^n\times b_n+2^n}{2^n\times b_n-(-3)^n}$이고 $\lim\limits_{n\to\infty}b_n=-6$

$\therefore \lim\limits_{n\to\infty}a_n=\lim\limits_{n\to\infty}\dfrac{(-3)^n\times b_n+2^n}{2^n\times b_n-(-3)^n}$

$=\lim\limits_{n\to\infty}\dfrac{b_n+\left(-\dfrac{2}{3}\right)^n}{\left(-\dfrac{2}{3}\right)^n\times b_n-1}$

$=\dfrac{-6}{-1}=6$ **답 6**

0125 첫째항이 1, 공비가 r인 등비수열 $\{a_n\}$의 일반항 a_n은

$a_n=r^{n-1}$이므로

$S_n=\sum\limits_{k=1}^{n}a_k=\sum\limits_{k=1}^{n}r^{k-1}=\dfrac{r^n-1}{r-1}$

$\therefore \lim\limits_{n\to\infty}\dfrac{a_n}{S_n}=\lim\limits_{n\to\infty}\dfrac{r^{n-1}}{\dfrac{r^n-1}{r-1}}=\lim\limits_{n\to\infty}\dfrac{r^n-r^{n-1}}{r^n-1}$

$=\lim\limits_{n\to\infty}\dfrac{1-\dfrac{1}{r}}{1-\dfrac{1}{r^n}}=1-\dfrac{1}{r}\;(\because r>1)$

따라서 $1-\dfrac{1}{r}=\dfrac{6}{7}$이므로 $\dfrac{1}{r}=\dfrac{1}{7}$

$\therefore r=7$ **답 ⑤**

0126 공비가 $\dfrac{x^2+2x}{3}$이므로 주어진 등비수열이 수렴하려면

$-1<\dfrac{x^2+2x}{3}\leq1$ $\therefore -3<x^2+2x\leq3$

(i) $-3<x^2+2x$, 즉 $x^2+2x+3>0$에서

$x^2+2x+3=(x+1)^2+2\geq2$

이므로 모든 실수 x에 대하여 항상 성립한다.

(ii) $x^2+2x\leq3$, 즉 $x^2+2x-3\leq0$에서

$(x+3)(x-1)\leq0$ $\therefore -3\leq x\leq1$

(i), (ii)에서 $-3\leq x\leq1$이므로 $\alpha=-3$, $\beta=1$

$\therefore \alpha+\beta=-2$ **답 ②**

0127 $f\left(-\dfrac{1}{2}\right)=\lim\limits_{n\to\infty}\dfrac{\left(-\dfrac{1}{2}\right)^{n+2}-6\times\left(-\dfrac{1}{2}\right)+2}{\left(-\dfrac{1}{2}\right)^n+1}$

$=\dfrac{0+3+2}{0+1}=5$

$f(4)=\lim\limits_{n\to\infty}\dfrac{4^{n+2}-6\times4+2}{4^n+1}=\lim\limits_{n\to\infty}\dfrac{4^{n+2}-22}{4^n+1}$

$=\lim\limits_{n\to\infty}\dfrac{4^2-22\times\left(\dfrac{1}{4}\right)^n}{1+\left(\dfrac{1}{4}\right)^n}=16$

$\therefore f\left(-\dfrac{1}{2}\right)+f(4)=5+16=21$ **답 21**

0128 직선 $y=g(x)$는 원점과 점 $(3, 3)$을 지나므로

$g(x)=x$

$f(2)=4$, $g(2)=2$이므로

$h(2)=\lim\limits_{n\to\infty}\dfrac{\{f(2)\}^{n+1}+5\{g(2)\}^n}{\{f(2)\}^n+\{g(2)\}^n}=\lim\limits_{n\to\infty}\dfrac{4^{n+1}+5\times2^n}{4^n+2^n}$

$=\lim\limits_{n\to\infty}\dfrac{4+5\times\left(\dfrac{1}{2}\right)^n}{1+\left(\dfrac{1}{2}\right)^n}=4$

$f(3)=3$, $g(3)=3$이므로

$h(3)=\lim\limits_{n\to\infty}\dfrac{\{f(3)\}^{n+1}+5\{g(3)\}^n}{\{f(3)\}^n+\{g(3)\}^n}=\lim\limits_{n\to\infty}\dfrac{3^{n+1}+5\times3^n}{3^n+3^n}$

$=\dfrac{3+5}{1+1}=4$

$\therefore h(2)+h(3)=4+4=8$ $\qquad$ 답 ③

0129 점의 개수는 2씩 늘어나므로 a_n은 첫째항이 4, 공차가 2인 등차수열이다.

$\therefore a_n=4+2(n-1)=2n+2$

길이가 1인 선분의 개수는 3씩 늘어나므로 b_n은 첫째항이 4, 공차가 3인 등차수열이다.

$\therefore b_n=4+3(n-1)=3n+1$

$\therefore \lim\limits_{n\to\infty}\dfrac{6(a_n+b_n)^2}{a_nb_n}=\lim\limits_{n\to\infty}\dfrac{6(2n+2+3n+1)^2}{(2n+2)(3n+1)}$

$\phantom{\therefore \lim\limits_{n\to\infty}\dfrac{6(a_n+b_n)^2}{a_nb_n}}=\lim\limits_{n\to\infty}\dfrac{6(5n+3)^2}{6n^2+8n+2}$

$\phantom{\therefore \lim\limits_{n\to\infty}\dfrac{6(a_n+b_n)^2}{a_nb_n}}=\dfrac{6\times25}{6}=25$ $\qquad$ 답 ⑤

0130 두 수열 $\{a_n\}$, $\{b_n\}$이 각각 수렴하므로

$\lim\limits_{n\to\infty}a_n=\alpha$, $\lim\limits_{n\to\infty}b_n=\beta$ (α, β는 실수)라 하면

$\lim\limits_{n\to\infty}(2a_n+b_n)=6$에서 $2\alpha+\beta=6$ $\qquad$ …… ㉠

$\lim\limits_{n\to\infty}(3a_n-2b_n)=2$에서 $3\alpha-2\beta=2$ $\qquad$ …… ㉡

㉠, ㉡을 연립하여 풀면 $\alpha=2$, $\beta=2$

$\therefore \lim\limits_{n\to\infty}a_n=2$, $\lim\limits_{n\to\infty}b_n=2$

$\qquad\qquad\qquad\qquad\qquad\qquad\qquad\qquad\qquad$ ㉮

$\therefore \lim\limits_{n\to\infty}\dfrac{3b_n-a_n}{2a_n+3b_n}=\dfrac{3\lim\limits_{n\to\infty}b_n-\lim\limits_{n\to\infty}a_n}{2\lim\limits_{n\to\infty}a_n+3\lim\limits_{n\to\infty}b_n}$

$\phantom{\therefore \lim\limits_{n\to\infty}\dfrac{3b_n-a_n}{2a_n+3b_n}}=\dfrac{3\times2-2}{2\times2+3\times2}=\dfrac{2}{5}$

$\qquad\qquad\qquad\qquad\qquad\qquad\qquad\qquad\qquad$ ㉯

$\qquad\qquad\qquad\qquad\qquad\qquad\qquad\qquad\qquad$ 답 $\dfrac{2}{5}$

단계	채점요소	배점
㉮	$\lim\limits_{n\to\infty}a_n$, $\lim\limits_{n\to\infty}b_n$의 값 구하기	70%
㉯	주어진 극한값 구하기	30%

0131 $a_n=\left(1-\dfrac{2}{3}\right)\left(1-\dfrac{2}{4}\right)\left(1-\dfrac{2}{5}\right)\cdots\left(1-\dfrac{2}{n+2}\right)$

$=\dfrac{1}{3}\times\dfrac{2}{4}\times\dfrac{3}{5}\times\cdots\times\dfrac{n-1}{n+1}\times\dfrac{n}{n+2}$

$=\dfrac{2}{(n+1)(n+2)}$

$\qquad\qquad\qquad\qquad\qquad\qquad\qquad\qquad\qquad$ ㉮

$b_n=1+2+3+\cdots+n=\dfrac{n(n+1)}{2}$

$\qquad\qquad\qquad\qquad\qquad\qquad\qquad\qquad\qquad$ ㉯

$\therefore \lim\limits_{n\to\infty}a_nb_n=\lim\limits_{n\to\infty}\left\{\dfrac{2}{(n+1)(n+2)}\times\dfrac{n(n+1)}{2}\right\}$

$\phantom{\therefore \lim\limits_{n\to\infty}a_nb_n}=\lim\limits_{n\to\infty}\dfrac{n}{n+2}=\lim\limits_{n\to\infty}\dfrac{1}{1+\dfrac{2}{n}}=1$

$\qquad\qquad\qquad\qquad\qquad\qquad\qquad\qquad\qquad$ ㉰

$\qquad\qquad\qquad\qquad\qquad\qquad\qquad\qquad\qquad$ 답 1

단계	채점요소	배점
㉮	a_n 간단히 하기	30%
㉯	b_n 간단히 하기	20%
㉰	$\lim\limits_{n\to\infty}a_nb_n$의 값 구하기	50%

0132 첫째항이 3이고 공차가 2인 등차수열 $\{a_n\}$에 대하여

$a_n=3+(n-1)\times2=2n+1$

$\qquad\qquad\qquad\qquad\qquad\qquad\qquad\qquad\qquad$ ㉮

$S_n=\dfrac{n\{2\times3+(n-1)\times2\}}{2}=n(n+2)$

$\qquad\qquad\qquad\qquad\qquad\qquad\qquad\qquad\qquad$ ㉯

$\therefore \lim\limits_{n\to\infty}(\sqrt{S_{n+1}}-\sqrt{S_n})$

$=\lim\limits_{n\to\infty}\dfrac{(\sqrt{S_{n+1}}-\sqrt{S_n})(\sqrt{S_{n+1}}+\sqrt{S_n})}{\sqrt{S_{n+1}}+\sqrt{S_n}}$

$=\lim\limits_{n\to\infty}\dfrac{a_{n+1}}{\sqrt{S_{n+1}}+\sqrt{S_n}}$ $\leftarrow S_{n+1}-S_n=a_{n+1}$

$=\lim\limits_{n\to\infty}\dfrac{2(n+1)+1}{\sqrt{(n+1)(n+3)}+\sqrt{n(n+2)}}$

$=\lim\limits_{n\to\infty}\dfrac{2n+3}{\sqrt{n^2+4n+3}+\sqrt{n^2+2n}}$

$=\lim\limits_{n\to\infty}\dfrac{2+\dfrac{3}{n}}{\sqrt{1+\dfrac{4}{n}+\dfrac{3}{n^2}}+\sqrt{1+\dfrac{2}{n}}}$

$=\dfrac{2}{1+1}=1$

$\qquad\qquad\qquad\qquad\qquad\qquad\qquad\qquad\qquad$ ㉰

$\qquad\qquad\qquad\qquad\qquad\qquad\qquad\qquad\qquad$ 답 1

단계	채점요소	배점
㉮	a_n 구하기	30%
㉯	S_n 구하기	30%
㉰	$\lim\limits_{n\to\infty}(\sqrt{S_{n+1}}-\sqrt{S_n})$의 값 구하기	40%

0133 (i) $|r|>5$일 때, $\lim\limits_{n\to\infty}\left(\dfrac{5}{r}\right)^n=0$이므로

$$\lim_{n\to\infty}\frac{r^n+5^n}{r^n-5^n}=\lim_{n\to\infty}\frac{1+\left(\dfrac{5}{r}\right)^n}{1-\left(\dfrac{5}{r}\right)^n}=1$$

㉮

(ii) $|r|<5$일 때, $\lim\limits_{n\to\infty}\left(\dfrac{r}{5}\right)^n=0$이므로

$$\lim_{n\to\infty}\frac{r^n+5^n}{r^n-5^n}=\lim_{n\to\infty}\frac{\left(\dfrac{r}{5}\right)^n+1}{\left(\dfrac{r}{5}\right)^n-1}=-1$$

㉯

따라서 극한값이 -1이 되도록 하는 r의 값의 범위는 $|r|<5$이 므로 정수 r는 -4, -3, -2, -1, 0, 1, 2, 3, 4의 9개이다.

㉰

답 **9**

단계	채점요소	배점
㉮	$|r|>5$일 때, $\lim\limits_{n\to\infty}\dfrac{r^n+5^n}{r^n-5^n}$의 값 구하기	40%
㉯	$|r|<5$일 때, $\lim\limits_{n\to\infty}\dfrac{r^n+5^n}{r^n-5^n}$의 값 구하기	40%
㉰	조건을 만족시키는 정수 r의 개수 구하기	20%

0134 주어진 수열의 일반항을 a_n이라 하면

$$a_{n+1}=1+\frac{1}{1+a_n}\ (n=1,\,2,\,3,\,\cdots)$$

$$\therefore \lim_{n\to\infty}a_{n+1}=\lim_{n\to\infty}\left(1+\frac{1}{1+a_n}\right)$$

$\lim\limits_{n\to\infty}a_n=\alpha$ (α는 실수)라 하면 $\lim\limits_{n\to\infty}a_{n+1}=\alpha$이므로

$$\alpha=1+\frac{1}{1+\alpha},\ \alpha(1+\alpha)=1+\alpha+1$$

$$\alpha^2=2 \quad \therefore \alpha=\pm\sqrt{2}$$

그런데 $\alpha>0$이므로 $\alpha=\sqrt{2}$

따라서 주어진 수열의 극한값은 $\sqrt{2}$이다.

답 ②

0135 $g(t)$는 $\log t$의 소수 부분이므로 $0\le g(t)<1$

$$-\frac{3}{5}\le g(t)-\frac{3}{5}<\frac{2}{5}$$

$$0\le\left\{g(t)-\frac{3}{5}\right\}^2\le\frac{9}{25}$$

$$0\le 25n\left\{g(t)-\frac{3}{5}\right\}^2\le 9n$$

$$-n\le 25n\left\{g(t)-\frac{3}{5}\right\}^2-n\le 8n$$

$$\therefore -n\le f(t)\le 8n$$

이때 $f(t)$는 정수이므로 $f(t)$가 될 수 있는 값은

$$-n,\ -n+1,\ \cdots,\ 0,\ 1,\ 2,\ \cdots,\ n-1,\ n,\ n+1,\ n+2,\ \cdots,\ 8n$$

$$\therefore a_n=-n+(-n+1)+\cdots+0+1+2+\cdots+(n-1)+n$$
$$+(n+1)+(n+2)+\cdots+8n$$
$$=(n+1)+(n+2)+\cdots+8n$$
$$=\frac{7n\{(n+1)+8n\}}{2}$$
$$=\frac{7n(9n+1)}{2}$$

$$\therefore \lim_{n\to\infty}\frac{a_n}{n^2}=\lim_{n\to\infty}\frac{7n(9n+1)}{2n^2}=\frac{7\times 9}{2}=\frac{63}{2}$$

답 $\dfrac{63}{2}$

0136 두 점 P_n, Q_n은 곡선 $y=x^2-\left(4+\dfrac{1}{n}\right)x+\dfrac{4}{n}$와 직선

$y=\dfrac{1}{n}x+1$의 교점이므로 두 실수 α, β에 대하여

$P_n\left(\alpha,\ \dfrac{\alpha}{n}+1\right)$, $Q_n\left(\beta,\ \dfrac{\beta}{n}+1\right)$로 놓을 수 있다.

이때 α, β는 이차방정식

$x^2-\left(4+\dfrac{1}{n}\right)x+\dfrac{4}{n}=\dfrac{1}{n}x+1$, 즉 $x^2-\left(4+\dfrac{2}{n}\right)x+\dfrac{4}{n}-1=0$

의 두 근이므로 이차방정식의 근과 계수의 관계에 의하여

$$\alpha+\beta=4+\frac{2}{n} \qquad \cdots\cdots\ ㉠$$

한편, a_n은 삼각형 OP_nQ_n의 무게중심의 y좌표이므로

$$a_n=\frac{1}{3}\left\{0+\left(\frac{\alpha}{n}+1\right)+\left(\frac{\beta}{n}+1\right)\right\}$$
$$=\frac{1}{3}\left(\frac{\alpha+\beta}{n}+2\right)$$
$$=\frac{1}{3}\left(\frac{4+\dfrac{2}{n}}{n}+2\right)\ (\because ㉠)$$
$$=\frac{1}{3}\left(\frac{4}{n}+\frac{2}{n^2}+2\right)$$

$$\therefore 30\lim_{n\to\infty}a_n=30\lim_{n\to\infty}\frac{1}{3}\left(\frac{4}{n}+\frac{2}{n^2}+2\right)$$
$$=30\times\frac{1}{3}\times 2=20$$

답 **20**

02 급수

0137 $\displaystyle\sum_{n=1}^{\infty} a_n = \lim_{n\to\infty} S_n = \lim_{n\to\infty} \dfrac{n}{2n+1} = \dfrac{1}{2}$ 답 $\dfrac{1}{2}$

0138 $\displaystyle\sum_{n=1}^{\infty} a_n = \lim_{n\to\infty} S_n = \lim_{n\to\infty}\left\{2-\left(\dfrac{1}{3}\right)^n\right\} = 2$ 답 **2**

0139 제 n 항까지의 부분합을 S_n이라 하면
$$S_n = \sum_{k=1}^{n} k = \dfrac{n(n+1)}{2}$$
$$\therefore \lim_{n\to\infty} S_n = \lim_{n\to\infty} \dfrac{n(n+1)}{2} = \infty$$
따라서 주어진 급수는 발산한다.   답 **발산**

0140 제 n 항까지의 부분합을 S_n이라 하면
$$S_n = \sum_{k=1}^{n} \dfrac{1}{2k(2k+2)} = \sum_{k=1}^{n} \dfrac{1}{2}\left(\dfrac{1}{2k} - \dfrac{1}{2k+2}\right)$$
$$= \dfrac{1}{2}\left\{\left(\dfrac{1}{2}-\dfrac{1}{4}\right)+\left(\dfrac{1}{4}-\dfrac{1}{6}\right)+\left(\dfrac{1}{6}-\dfrac{1}{8}\right)\right.$$
$$\left. + \cdots + \left(\dfrac{1}{2n}-\dfrac{1}{2n+2}\right)\right\}$$
$$= \dfrac{1}{2}\left(\dfrac{1}{2}-\dfrac{1}{2n+2}\right)$$
$$\therefore \lim_{n\to\infty} S_n = \lim_{n\to\infty} \dfrac{1}{2}\left(\dfrac{1}{2}-\dfrac{1}{2n+2}\right) = \dfrac{1}{4}$$
따라서 주어진 급수는 수렴하고, 그 합은 $\dfrac{1}{4}$이다.   답 **수렴, $\dfrac{1}{4}$**

0141 제 n 항까지의 부분합을 S_n이라 하면
$$S_n = \sum_{k=1}^{n} (\sqrt{k+1}-\sqrt{k})$$
$$= (\sqrt{2}-\sqrt{1}) + (\sqrt{3}-\sqrt{2}) + (\sqrt{4}-\sqrt{3})$$
$$+ \cdots + (\sqrt{n+1}-\sqrt{n})$$
$$= \sqrt{n+1}-1$$
$$\therefore \lim_{n\to\infty} S_n = \lim_{n\to\infty} (\sqrt{n+1}-1) = \infty$$
따라서 주어진 급수는 발산한다.   답 **발산**

0142 제 n 항까지의 부분합을 S_n이라 하면
$$S_n = \sum_{k=1}^{n} \dfrac{1}{k(k+1)} = \sum_{k=1}^{n}\left(\dfrac{1}{k}-\dfrac{1}{k+1}\right)$$
$$= \left(1-\dfrac{1}{2}\right)+\left(\dfrac{1}{2}-\dfrac{1}{3}\right)+\left(\dfrac{1}{3}-\dfrac{1}{4}\right)+\cdots+\left(\dfrac{1}{n}-\dfrac{1}{n+1}\right)$$
$$= 1-\dfrac{1}{n+1}$$

$$\therefore \lim_{n\to\infty} S_n = \lim_{n\to\infty}\left(1-\dfrac{1}{n+1}\right) = 1$$
따라서 주어진 급수는 수렴하고, 그 합은 1이다.   답 **수렴, 1**

0143 주어진 급수는 첫째항이 -2, 공차가 3인 등차수열의 합이므로 제 n 항을 a_n이라 하면
$$a_n = -2 + (n-1)\times 3 = 3n-5$$
$$\therefore \lim_{n\to\infty} a_n = \lim_{n\to\infty} (3n-5) = \infty \neq 0$$
따라서 주어진 급수는 발산한다.   답 **풀이 참조**

0144 주어진 급수는 첫째항이 3, 공비가 3인 등비수열의 합이므로 제 n 항을 a_n이라 하면
$$a_n = 3 \times 3^{n-1} = 3^n$$
$$\therefore \lim_{n\to\infty} a_n = \lim_{n\to\infty} 3^n = \infty \neq 0$$
따라서 주어진 급수는 발산한다.   답 **풀이 참조**

0145 주어진 급수의 제 n 항을 a_n이라 하면 $a_n = 5$
$$\therefore \lim_{n\to\infty} a_n = 5 \neq 0$$
따라서 주어진 급수는 발산한다.   답 **풀이 참조**

0146 $a_n = \dfrac{n+1}{4n-1}$로 놓으면
$$\lim_{n\to\infty} a_n = \lim_{n\to\infty} \dfrac{n+1}{4n-1} = \dfrac{1}{4} \neq 0$$
따라서 주어진 급수는 발산한다.   답 **풀이 참조**

0147 $a_n = 1-\left(\dfrac{1}{4}\right)^n$으로 놓으면
$$\lim_{n\to\infty} a_n = \lim_{n\to\infty}\left\{1-\left(\dfrac{1}{4}\right)^n\right\} = 1 \neq 0$$
따라서 주어진 급수는 발산한다.   답 **풀이 참조**

0148 $\displaystyle\sum_{n=1}^{\infty} (a_n + 2b_n) = \sum_{n=1}^{\infty} a_n + 2\sum_{n=1}^{\infty} b_n$
$$= 3 + 2\times(-2)$$
$$= -1$$
답 -1

0149 $\displaystyle\sum_{n=1}^{\infty}\left(\dfrac{a_n}{3} - \dfrac{b_n}{2}\right) = \dfrac{1}{3}\sum_{n=1}^{\infty} a_n - \dfrac{1}{2}\sum_{n=1}^{\infty} b_n$
$$= \dfrac{1}{3}\times 3 - \dfrac{1}{2}\times(-2)$$
$$= 1+1$$
$$= 2$$
답 **2**

0150 첫째항이 1, 공비가 $\dfrac{1}{3}$이고, $-1<\dfrac{1}{3}<1$이므로 주어진 등비급수는 수렴한다. 따라서 그 합은

$$\dfrac{1}{1-\dfrac{1}{3}}=\dfrac{3}{2}$$

답 수렴, $\dfrac{3}{2}$

0151 첫째항이 0.1, 공비가 0.1이고, $-1<0.1<1$이므로 주어진 등비급수는 수렴한다. 따라서 그 합은

$$\dfrac{0.1}{1-0.1}=\dfrac{1}{9}$$

답 수렴, $\dfrac{1}{9}$

0152 공비가 $-\dfrac{\sqrt{5}}{2}$이고, $-\dfrac{\sqrt{5}}{2}<-1$이므로 주어진 등비급수는 발산한다.

답 발산

0153 $\displaystyle\sum_{n=1}^{\infty}\left(-\dfrac{1}{2}\right)^{n-1}$에서 첫째항이 1, 공비가 $-\dfrac{1}{2}$이고, $-1<-\dfrac{1}{2}<1$이므로 주어진 등비급수는 수렴한다. 따라서 그 합은

$$\dfrac{1}{1-\left(-\dfrac{1}{2}\right)}=\dfrac{2}{3}$$

답 수렴, $\dfrac{2}{3}$

0154 $\displaystyle\sum_{n=1}^{\infty}2\times\left(\dfrac{5}{3}\right)^{n-1}$에서 공비가 $\dfrac{5}{3}$이고, $\dfrac{5}{3}>1$이므로 주어진 등비급수는 발산한다.

답 발산

0155 $\displaystyle\sum_{n=1}^{\infty}\left(\dfrac{3}{4}\right)^{n}=\dfrac{\dfrac{3}{4}}{1-\dfrac{3}{4}}=3$

답 3

0156 $\displaystyle\sum_{n=1}^{\infty}\left(\dfrac{1}{1+\sqrt{3}}\right)^{n-1}=\dfrac{1}{1-\dfrac{1}{1+\sqrt{3}}}=\dfrac{1}{\dfrac{\sqrt{3}}{1+\sqrt{3}}}$

$$=\dfrac{1+\sqrt{3}}{\sqrt{3}}=\dfrac{3+\sqrt{3}}{3}$$

답 $\dfrac{3+\sqrt{3}}{3}$

0157 주어진 등비급수의 공비가 x이므로 수렴하려면

$$-1<x<1$$

답 $-1<x<1$

0158 주어진 등비급수의 공비가 $-2x$이므로 수렴하려면

$$-1<-2x<1 \qquad \therefore\ -\dfrac{1}{2}<x<\dfrac{1}{2}$$

답 $-\dfrac{1}{2}<x<\dfrac{1}{2}$

0159 $0.\dot{8}=0.8+0.08+0.008+\cdots$

$$=\dfrac{0.8}{1-0.1}=\dfrac{0.8}{0.9}=\dfrac{8}{9}$$

답 $\dfrac{8}{9}$

0160 $1.\dot{3}\dot{6}=1+0.36+0.0036+0.000036+\cdots$

$$=1+\dfrac{0.36}{1-0.01}=1+\dfrac{0.36}{0.99}$$

$$=\dfrac{135}{99}=\dfrac{15}{11}$$

답 $\dfrac{15}{11}$

유형 익/히/기

본문 26~34쪽

0161 주어진 급수의 제 n항을 a_n이라 하면

$$a_n=\dfrac{1}{1+2+3+\cdots+n}=\dfrac{1}{\dfrac{n(n+1)}{2}}$$

$$=\dfrac{2}{n(n+1)}=2\left(\dfrac{1}{n}-\dfrac{1}{n+1}\right)$$

이때 제 n항까지의 부분합을 S_n이라 하면

$$S_n=\sum_{k=1}^{n}a_k=2\sum_{k=1}^{n}\left(\dfrac{1}{k}-\dfrac{1}{k+1}\right)$$

$$=2\left\{\left(1-\dfrac{1}{2}\right)+\left(\dfrac{1}{2}-\dfrac{1}{3}\right)+\cdots+\left(\dfrac{1}{n}-\dfrac{1}{n+1}\right)\right\}$$

$$=2\left(1-\dfrac{1}{n+1}\right)$$

따라서 주어진 급수의 합은

$$\lim_{n\to\infty}S_n=\lim_{n\to\infty}2\left(1-\dfrac{1}{n+1}\right)=2$$

답 2

0162 주어진 급수의 제 n항을 a_n이라 하면

$$a_n=\dfrac{1}{2(n+1)(n+2)}=\dfrac{1}{2}\left(\dfrac{1}{n+1}-\dfrac{1}{n+2}\right)$$

이때 제 n항까지의 부분합을 S_n이라 하면

$$S_n=\sum_{k=1}^{n}\dfrac{1}{2}\left(\dfrac{1}{k+1}-\dfrac{1}{k+2}\right)$$

$$=\dfrac{1}{2}\left\{\left(\dfrac{1}{2}-\dfrac{1}{3}\right)+\left(\dfrac{1}{3}-\dfrac{1}{4}\right)+\cdots+\left(\dfrac{1}{n+1}-\dfrac{1}{n+2}\right)\right\}$$

$$=\dfrac{1}{2}\left(\dfrac{1}{2}-\dfrac{1}{n+2}\right)$$

$$\therefore \sum_{n=1}^{\infty}\dfrac{1}{2(n+1)(n+2)}=\lim_{n\to\infty}S_n=\lim_{n\to\infty}\dfrac{1}{2}\left(\dfrac{1}{2}-\dfrac{1}{n+2}\right)=\dfrac{1}{4}$$

따라서 $a=4$, $b=1$이므로 $a+b=5$

답 ③

0163 주어진 급수의 제 n항을 a_n이라 하면

$$a_n=\dfrac{2}{4n^2-1}=\dfrac{2}{(2n-1)(2n+1)}=\dfrac{1}{2n-1}-\dfrac{1}{2n+1}$$

이때 제 n항까지의 부분합을 S_n이라 하면

$$S_n = \sum_{k=1}^{n} \left(\frac{1}{2k-1} - \frac{1}{2k+1} \right)$$

$$= \left(1 - \frac{1}{3}\right) + \left(\frac{1}{3} - \frac{1}{5}\right) + \cdots + \left(\frac{1}{2n-1} - \frac{1}{2n+1}\right)$$

$$= 1 - \frac{1}{2n+1}$$

따라서 주어진 급수의 합은

$$\lim_{n \to \infty} S_n = \lim_{n \to \infty} \left(1 - \frac{1}{2n+1}\right) = 1$$

답 **1**

0164 이차방정식의 근과 계수의 관계에 의하여
$$\alpha_n + \beta_n = 2, \quad \alpha_n \beta_n = -(n^2+n)$$

⑦

$$\therefore \frac{1}{\alpha_n} + \frac{1}{\beta_n} = \frac{\alpha_n + \beta_n}{\alpha_n \beta_n} = -\frac{2}{n^2+n}$$

$$= -\frac{2}{n(n+1)} = -2\left(\frac{1}{n} - \frac{1}{n+1}\right)$$

④

이때 급수의 제 n 항까지의 부분합을 S_n이라 하면

$$S_n = -2 \sum_{k=1}^{n} \left(\frac{1}{k} - \frac{1}{k+1}\right)$$

$$= -2 \left\{ \left(1 - \frac{1}{2}\right) + \left(\frac{1}{2} - \frac{1}{3}\right) + \cdots + \left(\frac{1}{n} - \frac{1}{n+1}\right) \right\}$$

$$= -2 \left(1 - \frac{1}{n+1}\right)$$

④

$$\therefore \sum_{n=1}^{\infty} \left(\frac{1}{\alpha_n} + \frac{1}{\beta_n}\right) = \lim_{n \to \infty} S_n = \lim_{n \to \infty} \left\{ -2\left(1 - \frac{1}{n+1}\right) \right\} = -2$$

④

답 **−2**

단계	채점요소	배점
⑦	$\alpha_n + \beta_n$, $\alpha_n \beta_n$ 구하기	20 %
④	$\frac{1}{\alpha_n} + \frac{1}{\beta_n}$ 구하기	20 %
④	부분합 S_n 구하기	40 %
④	$\sum_{n=1}^{\infty} \left(\frac{1}{\alpha_n} + \frac{1}{\beta_n}\right)$의 합 구하기	20 %

0165 $\sum_{n=1}^{\infty} \log \left(1 + \frac{1}{n^2+2n}\right)$

$$= \sum_{n=1}^{\infty} \log \frac{n^2+2n+1}{n^2+2n}$$

$$= \sum_{n=1}^{\infty} \log \frac{(n+1)^2}{n(n+2)}$$

$$= \lim_{n \to \infty} \sum_{k=1}^{n} \log \frac{(k+1)^2}{k(k+2)}$$

$$= \lim_{n \to \infty} \left\{ \log \frac{2^2}{1 \times 3} + \log \frac{3^2}{2 \times 4} + \cdots + \log \frac{(n+1)^2}{n(n+2)} \right\}$$

$$= \lim_{n \to \infty} \log \left\{ \frac{2^2}{1 \times 3} \times \frac{3^2}{2 \times 4} \times \frac{4^2}{3 \times 5} \times \cdots \times \frac{(n+1)^2}{n(n+2)} \right\}$$

$$= \lim_{n \to \infty} \log \frac{2(n+1)}{n+2} = \log 2$$

답 ④

0166 급수의 제 n 항까지의 부분합을 S_n이라 하면
$$S_n = \sum_{k=1}^{n} \log_3 a_k$$

$$= \log_3 a_1 + \log_3 a_2 + \log_3 a_3 + \cdots + \log_3 a_n$$

$$= \log_3 (a_1 a_2 a_3 \cdots a_n) = \log_3 \frac{n+5}{9n-2}$$

$$\therefore \sum_{n=1}^{\infty} \log_3 a_n = \lim_{n \to \infty} S_n = \lim_{n \to \infty} \log_3 \frac{n+5}{9n-2}$$

$$= \log_3 \frac{1}{9} = -2$$

답 ②

0167 $\sum_{n=2}^{\infty} (\log_n 10 - \log_{n+1} 10)$

$$= \sum_{n=2}^{\infty} \left\{ \frac{1}{\log n} - \frac{1}{\log (n+1)} \right\} \leftarrow \log_a b = \frac{1}{\log_b a}$$

$$= \lim_{n \to \infty} \sum_{k=2}^{n} \left\{ \frac{1}{\log k} - \frac{1}{\log (k+1)} \right\}$$

$$= \lim_{n \to \infty} \left\{ \left(\frac{1}{\log 2} - \frac{1}{\log 3}\right) + \left(\frac{1}{\log 3} - \frac{1}{\log 4}\right) \right.$$

$$\left. + \cdots + \left(\frac{1}{\log n} - \frac{1}{\log (n+1)}\right) \right\}$$

$$= \lim_{n \to \infty} \left\{ \frac{1}{\log 2} - \frac{1}{\log (n+1)} \right\} = \frac{1}{\log 2}$$

답 ⑤

0168 급수의 제 n 항까지의 부분합을 S_n이라 하면

ㄱ. $S_{2n-1} = 2 + (-2+2) + \cdots + (-2+2) = 2$이므로
$$\lim_{n \to \infty} S_{2n-1} = 2$$
$$S_{2n} = (2-2) + (2-2) + \cdots + (2-2) = 0$$이므로
$$\lim_{n \to \infty} S_{2n} = 0$$
따라서 $\lim_{n \to \infty} S_{2n-1} \neq \lim_{n \to \infty} S_{2n}$이므로 주어진 급수는 발산한다.

ㄴ. $S_n = 0 + 0 + \cdots + 0 = 0$이므로 $\lim_{n \to \infty} S_n = 0$
따라서 주어진 급수는 0에 수렴한다.

ㄷ. $S_n = \left(\frac{1}{3} - \frac{1}{4}\right) + \left(\frac{1}{4} - \frac{1}{5}\right) + \left(\frac{1}{5} - \frac{1}{6}\right)$

$$+ \cdots + \left(\frac{1}{n+2} - \frac{1}{n+3}\right)$$

$$= \frac{1}{3} - \frac{1}{n+3}$$

$$\therefore \lim_{n \to \infty} S_n = \lim_{n \to \infty} \left(\frac{1}{3} - \frac{1}{n+3}\right) = \frac{1}{3}$$

따라서 주어진 급수는 $\frac{1}{3}$에 수렴한다.

이상에서 수렴하는 것은 ㄴ, ㄷ이다.

답 ⑤

0169 급수의 제 n 항까지의 부분합을 S_n이라 하면
$$S_n = \left(\frac{1}{2} - \frac{2}{3}\right) + \left(\frac{2}{3} - \frac{3}{4}\right) + \cdots + \left(\frac{n}{n+1} - \frac{n+1}{n+2}\right)$$

$$= \frac{1}{2} - \frac{n+1}{n+2}$$

따라서 주어진 급수의 합은

$$\lim_{n \to \infty} S_n = \lim_{n \to \infty} \left(\frac{1}{2} - \frac{n+1}{n+2}\right) = \frac{1}{2} - 1 = -\frac{1}{2}$$

답 $-\dfrac{1}{2}$

0170 급수의 제 n 항까지의 부분합을 S_n이라 하면

ㄱ. $S_1=1$, $S_2=-2$, $S_3=3$, $S_4=-4$, $S_5=5$, $S_6=-6$, $\cdots$

  이므로 $S_{2n-1}=2n-1$, $S_{2n}=-2n$

  $\therefore \lim\limits_{n\to\infty} S_{2n-1}=\infty$, $\lim\limits_{n\to\infty} S_{2n}=-\infty$

  따라서 주어진 급수는 발산한다.

ㄴ. $S_n=\left(2-\dfrac{3}{2}\right)+\left(\dfrac{3}{2}-\dfrac{4}{3}\right)+\cdots+\left(\dfrac{n+1}{n}-\dfrac{n+2}{n+1}\right)$

  $=2-\dfrac{n+2}{n+1}$

  $\therefore \lim\limits_{n\to\infty} S_n=\lim\limits_{n\to\infty}\left(2-\dfrac{n+2}{n+1}\right)$

  $=2-1=1$

  따라서 주어진 급수는 1에 수렴한다.

ㄷ. $S_{2n-1}=1+\left(-\dfrac{1}{2}+\dfrac{1}{2}\right)+\left(-\dfrac{1}{3}+\dfrac{1}{3}\right)+\cdots+\left(-\dfrac{1}{n}+\dfrac{1}{n}\right)$

  $=1$

  이므로 $\lim\limits_{n\to\infty} S_{2n-1}=1$

  $S_{2n}=\left(1-\dfrac{1}{2}\right)+\left(\dfrac{1}{2}-\dfrac{1}{3}\right)+\cdots+\left(\dfrac{1}{n}-\dfrac{1}{n+1}\right)$

  $=1-\dfrac{1}{n+1}$

  이므로 $\lim\limits_{n\to\infty} S_{2n}=\lim\limits_{n\to\infty}\left(1-\dfrac{1}{n+1}\right)=1$

  따라서 주어진 급수는 1에 수렴한다.

이상에서 수렴하는 급수의 합을 모두 더한 값은

$1+1=2$ 답 ②

0171 $\sum\limits_{n=1}^{\infty} a_n=3$이므로

$\lim\limits_{n\to\infty} a_n=0$, $\sum\limits_{n=1}^{\infty} a_n=\lim\limits_{n\to\infty}\sum\limits_{k=1}^{n} a_k=\lim\limits_{n\to\infty} S_n=3$

$\therefore \lim\limits_{n\to\infty}\dfrac{2S_n+3a_n}{S_n-1}=\dfrac{2\times 3+3\times 0}{3-1}=3$ 답 3

0172 $\sum\limits_{n=1}^{\infty} a_n$이 수렴하므로 $\lim\limits_{n\to\infty} a_n=0$

$\therefore \lim\limits_{n\to\infty}\dfrac{3a_n-6n-5}{4a_n+3n+1}=\lim\limits_{n\to\infty}\dfrac{\dfrac{3a_n}{n}-6-\dfrac{5}{n}}{\dfrac{4a_n}{n}+3+\dfrac{1}{n}}=\dfrac{0-6-0}{0+3+0}$

$=-2$ 답 -2

0173 $\sum\limits_{n=1}^{\infty}(a_n-2)$가 수렴하므로

$\lim\limits_{n\to\infty}(a_n-2)=0$ $\therefore \lim\limits_{n\to\infty} a_n=2$

$\therefore \lim\limits_{n\to\infty}(3a_n-3)=3\lim\limits_{n\to\infty} a_n-3=3\times 2-3=3$ 답 3

0174 $\sum\limits_{n=1}^{\infty}\dfrac{5a_n-6}{2a_n+5}$이 수렴하므로 $\lim\limits_{n\to\infty}\dfrac{5a_n-6}{2a_n+5}=0$

$\dfrac{5a_n-6}{2a_n+5}=b_n$으로 놓으면

$5a_n-6=(2a_n+5)b_n$, $(5-2b_n)a_n=5b_n+6$

$\therefore a_n=\dfrac{5b_n+6}{5-2b_n}$

이때 $\lim\limits_{n\to\infty} b_n=0$이므로

$\lim\limits_{n\to\infty} a_n=\lim\limits_{n\to\infty}\dfrac{5b_n+6}{5-2b_n}=\dfrac{5\times 0+6}{5-2\times 0}=\dfrac{6}{5}$ 답 $\dfrac{6}{5}$

0175 ㄱ. $\lim\limits_{n\to\infty}\dfrac{3n}{2n+1}=\dfrac{3}{2}\neq 0$이므로 $\sum\limits_{n=1}^{\infty}\dfrac{3n}{2n+1}$은 발산한다.

ㄴ. $\sum\limits_{n=1}^{\infty}\dfrac{1}{(2n-1)(2n+1)}$

  $=\lim\limits_{n\to\infty}\sum\limits_{k=1}^{n}\dfrac{1}{(2k-1)(2k+1)}$

  $=\lim\limits_{n\to\infty}\left\{\dfrac{1}{2}\sum\limits_{k=1}^{n}\left(\dfrac{1}{2k-1}-\dfrac{1}{2k+1}\right)\right\}$

  $=\lim\limits_{n\to\infty}\dfrac{1}{2}\left\{\left(1-\dfrac{1}{3}\right)+\left(\dfrac{1}{3}-\dfrac{1}{5}\right)\right.$

  $\left.+\cdots+\left(\dfrac{1}{2n-1}-\dfrac{1}{2n+1}\right)\right\}$

  $=\lim\limits_{n\to\infty}\dfrac{1}{2}\left(1-\dfrac{1}{2n+1}\right)=\dfrac{1}{2}$

ㄷ. $\sum\limits_{n=1}^{\infty}(\sqrt{n+1}-\sqrt{n})$

  $=\lim\limits_{n\to\infty}\sum\limits_{k=1}^{n}(\sqrt{k+1}-\sqrt{k})$

  $=\lim\limits_{n\to\infty}\{(\sqrt{2}-\sqrt{1})+(\sqrt{3}-\sqrt{2})+\cdots+(\sqrt{n+1}-\sqrt{n})\}$

  $=\lim\limits_{n\to\infty}(\sqrt{n+1}-1)=\infty$

이상에서 수렴하는 것은 ㄴ뿐이다. 답 ②

0176 ① $1+\dfrac{1}{2}+\dfrac{1}{3}+\dfrac{1}{4}+\dfrac{1}{5}+\dfrac{1}{6}+\dfrac{1}{7}+\dfrac{1}{8}+\cdots$

  $>1+\dfrac{1}{2}+\left(\dfrac{1}{4}+\dfrac{1}{4}\right)+\left(\dfrac{1}{8}+\dfrac{1}{8}+\dfrac{1}{8}+\dfrac{1}{8}\right)+\cdots$

  $=1+\dfrac{1}{2}+\dfrac{1}{2}+\dfrac{1}{2}+\cdots=\infty$

② $\dfrac{1}{1\times 2}+\dfrac{1}{2\times 3}+\dfrac{1}{3\times 4}+\dfrac{1}{4\times 5}+\cdots$

  $=\sum\limits_{n=1}^{\infty}\dfrac{1}{n(n+1)}=\sum\limits_{n=1}^{\infty}\left(\dfrac{1}{n}-\dfrac{1}{n+1}\right)$

  $=\lim\limits_{n\to\infty}\sum\limits_{k=1}^{n}\left(\dfrac{1}{k}-\dfrac{1}{k+1}\right)$

  $=\lim\limits_{n\to\infty}\left\{\left(1-\dfrac{1}{2}\right)+\left(\dfrac{1}{2}-\dfrac{1}{3}\right)+\cdots+\left(\dfrac{1}{n}-\dfrac{1}{n+1}\right)\right\}$

  $=\lim\limits_{n\to\infty}\left(1-\dfrac{1}{n+1}\right)=1$

③ $\lim\limits_{n\to\infty}\dfrac{n}{n-1}=1\neq 0$이므로 $\sum\limits_{n=2}^{\infty}\dfrac{n}{n-1}$은 발산한다.

④ 급수의 제 n 항까지의 부분합을 S_n이라 하면

  $S_{2n-1}=-1+(1-1)+\cdots+(1-1)=-1$,

  $S_{2n}=(-1+1)+(-1+1)+\cdots+(-1+1)=0$

  따라서 $\lim\limits_{n\to\infty} S_{2n-1}\neq\lim\limits_{n\to\infty} S_{2n}$이므로 주어진 급수는 발산한다.

⑤ $\lim\limits_{n\to\infty}(2n+1)=\infty\neq 0$이므로 $\sum\limits_{n=1}^{\infty}(2n+1)$은 발산한다.

답 ②

0177 ㄱ. $\lim\limits_{n\to\infty} 2^n=\infty\neq 0$이므로 $\sum\limits_{n=1}^{\infty} 2^n$은 발산한다.

ㄴ. $\sum\limits_{n=1}^{\infty}\dfrac{2}{n(n+2)}$

$\quad=\sum\limits_{n=1}^{\infty}\left(\dfrac{1}{n}-\dfrac{1}{n+2}\right)$

$\quad=\lim\limits_{n\to\infty}\sum\limits_{k=1}^{n}\left(\dfrac{1}{k}-\dfrac{1}{k+2}\right)$

$\quad=\lim\limits_{n\to\infty}\left\{\left(1-\dfrac{1}{3}\right)+\left(\dfrac{1}{2}-\dfrac{1}{4}\right)+\left(\dfrac{1}{3}-\dfrac{1}{5}\right)\right.$

$\qquad\qquad\left.+\cdots+\left(\dfrac{1}{n-1}-\dfrac{1}{n+1}\right)+\left(\dfrac{1}{n}-\dfrac{1}{n+2}\right)\right\}$

$\quad=\lim\limits_{n\to\infty}\left(1+\dfrac{1}{2}-\dfrac{1}{n+1}-\dfrac{1}{n+2}\right)=\dfrac{3}{2}$

ㄷ. $\sum\limits_{n=1}^{\infty}\dfrac{1}{\sqrt{n+1}+\sqrt{n}}$

$\quad=\sum\limits_{n=1}^{\infty}(\sqrt{n+1}-\sqrt{n})$

$\quad=\lim\limits_{n\to\infty}\sum\limits_{k=1}^{n}(\sqrt{k+1}-\sqrt{k})$

$\quad=\lim\limits_{n\to\infty}\{(\sqrt{2}-1)+(\sqrt{3}-\sqrt{2})+\cdots+(\sqrt{n+1}-\sqrt{n})\}$

$\quad=\lim\limits_{n\to\infty}(\sqrt{n+1}-1)=\infty$

이상에서 발산하는 것은 ㄱ, ㄷ이다.　　　　　　**답 ㄱ, ㄷ**

0178 두 급수 $\sum\limits_{n=1}^{\infty} a_n$, $\sum\limits_{n=1}^{\infty} b_n$이 수렴하므로

$\sum\limits_{n=1}^{\infty} a_n=\alpha$, $\sum\limits_{n=1}^{\infty} b_n=\beta$ (α, β는 실수)라 하면

$\sum\limits_{n=1}^{\infty}(5a_n+3b_n)=5\sum\limits_{n=1}^{\infty} a_n+3\sum\limits_{n=1}^{\infty} b_n=18$에서

$5\alpha+3\beta=18$ 　　　　　　　　　　 …… ㉠

$\sum\limits_{n=1}^{\infty}(3a_n-2b_n)=3\sum\limits_{n=1}^{\infty} a_n-2\sum\limits_{n=1}^{\infty} b_n=7$에서

$3\alpha-2\beta=7$ 　　　　　　　　　　 …… ㉡

㉠, ㉡을 연립하여 풀면 $\alpha=3$, $\beta=1$

$\therefore \sum\limits_{n=1}^{\infty} a_n+\sum\limits_{n=1}^{\infty} b_n=3+1=4$　　　　　　**답 4**

0179 $\sum\limits_{n=1}^{\infty} a_n$이 수렴하므로 $\sum\limits_{n=1}^{\infty} a_n=\alpha$ (α는 실수)라 하면

$\sum\limits_{n=1}^{\infty}(2a_n+3b_n)=2\sum\limits_{n=1}^{\infty} a_n+3\sum\limits_{n=1}^{\infty} b_n=12$에서

$2\alpha+3\times 2=12$ 　　　 $\therefore \alpha=3$

$\therefore \sum\limits_{n=1}^{\infty} a_n=3$　　　　　　　　　　**답 3**

0180 ㄱ. $\sum\limits_{n=1}^{\infty} a_n=\alpha$, $\sum\limits_{n=1}^{\infty}(a_n+b_n)=\beta$ (α, β는 실수)라 하면

$\sum\limits_{n=1}^{\infty} b_n=\sum\limits_{n=1}^{\infty}\{(a_n+b_n)-a_n\}$

$\qquad=\sum\limits_{n=1}^{\infty}(a_n+b_n)-\sum\limits_{n=1}^{\infty} a_n$

$\qquad=\beta-\alpha$

즉, $\sum\limits_{n=1}^{\infty} b_n$도 수렴한다.

ㄴ. $\sum\limits_{n=1}^{\infty} a_n$이 수렴하므로 $\lim\limits_{n\to\infty} a_n=0$

$\quad \sum\limits_{n=1}^{\infty} b_n$이 수렴하므로 $\lim\limits_{n\to\infty} b_n=0$

$\quad \therefore \lim\limits_{n\to\infty} a_n b_n=0$

ㄷ. $\sum\limits_{n=1}^{\infty} a_n$이 수렴하므로 $\lim\limits_{n\to\infty} a_n=0$

$\quad \therefore \lim\limits_{n\to\infty}(1-a_n)=1\neq 0$

따라서 $\sum\limits_{n=1}^{\infty}(1-a_n)$은 발산한다.

이상에서 옳은 것은 ㄱ, ㄴ이다.　　　　　　**답 ㄱ, ㄴ**

0181 ㄱ. $\sum\limits_{n=1}^{\infty} a_n$, $\sum\limits_{n=1}^{\infty} b_n$이 모두 수렴하므로

$\quad \lim\limits_{n\to\infty} a_n=\lim\limits_{n\to\infty} b_n=0$

ㄴ. [반례] $a_n=2-\dfrac{1}{n}$, $b_n=1+\dfrac{1}{n}$이면

$\quad \lim\limits_{n\to\infty} a_n b_n=\lim\limits_{n\to\infty}\left(2-\dfrac{1}{n}\right)\left(1+\dfrac{1}{n}\right)=2\neq 0$

이므로 $\sum\limits_{n=1}^{\infty} a_n b_n$은 발산하지만

$\quad \lim\limits_{n\to\infty} a_n=2$, $\lim\limits_{n\to\infty} b_n=1$

로 수열 $\{a_n\}$, $\{b_n\}$은 모두 수렴한다.

ㄷ. [반례] $a_n=0$, $b_n=n$이면

$\quad \sum\limits_{n=1}^{\infty} a_n=0$, $\sum\limits_{n=1}^{\infty} a_n b_n=0$

즉, $\sum\limits_{n=1}^{\infty} a_n$, $\sum\limits_{n=1}^{\infty} a_n b_n$은 수렴하지만 $\sum\limits_{n=1}^{\infty} b_n$은 발산한다.

이상에서 옳은 것은 ㄱ뿐이다.　　　　　　**답 ㄱ**

0182 $\sum\limits_{n=1}^{\infty}\dfrac{5^{n+2}-4^{n+2}}{6^n}$

$=\sum\limits_{n=1}^{\infty}\left\{25\times\left(\dfrac{5}{6}\right)^n-16\times\left(\dfrac{4}{6}\right)^n\right\}$

$=25\sum\limits_{n=1}^{\infty}\left(\dfrac{5}{6}\right)^n-16\sum\limits_{n=1}^{\infty}\left(\dfrac{2}{3}\right)^n$

$=25\times\dfrac{\dfrac{5}{6}}{1-\dfrac{5}{6}}-16\times\dfrac{\dfrac{2}{3}}{1-\dfrac{2}{3}}$

$=25\times 5-16\times 2$

$=93$　　　　　　　　　　　　**답 ②**

0183 $\sum\limits_{n=1}^{\infty}\left(\dfrac{1}{2}\right)^n\cos\left(n\pi+\dfrac{\pi}{3}\right)$

$=-\left(\dfrac{1}{2}\right)^2+\left(\dfrac{1}{2}\right)^3-\left(\dfrac{1}{2}\right)^4+\cdots$

$=\dfrac{-\dfrac{1}{4}}{1-\left(-\dfrac{1}{2}\right)}$

$=-\dfrac{1}{6}$　　　　　　　　　　　**답 ②**

0184
$$1+2+2^2+\cdots+2^{n-1}=\frac{1\times(2^n-1)}{2-1}$$
$$=2^n-1$$
$$\therefore \sum_{n=1}^{\infty}\frac{1+2+2^2+\cdots+2^{n-1}}{4^n}=\sum_{n=1}^{\infty}\frac{2^n-1}{4^n}$$
$$=\sum_{n=1}^{\infty}\left\{\left(\frac{1}{2}\right)^n-\left(\frac{1}{4}\right)^n\right\}$$
$$=\sum_{n=1}^{\infty}\left(\frac{1}{2}\right)^n-\sum_{n=1}^{\infty}\left(\frac{1}{4}\right)^n$$
$$=\frac{\frac{1}{2}}{1-\frac{1}{2}}-\frac{\frac{1}{4}}{1-\frac{1}{4}}$$
$$=1-\frac{1}{3}=\frac{2}{3}$$

답 $\dfrac{2}{3}$

0185 n을 2로 나누었을 때의 나머지는

$n=1$일 때, $a_1=1$

$n=2$일 때, $a_2=0$

$n=3$일 때, $a_3=1$

$n=4$일 때, $a_4=0$

$$\vdots$$

$$\therefore \sum_{n=1}^{\infty}\frac{a_n}{3^n}=\frac{1}{3}+\frac{1}{3^3}+\frac{1}{3^5}+\cdots$$
$$=\frac{\frac{1}{3}}{1-\frac{1}{9}}$$
$$=\frac{3}{8}$$

답 ③

0186 $x^2-x-20=0$에서 $(x-5)(x+4)=0$

$\therefore x=5$ 또는 $x=-4$

즉, $\alpha=5$, $\beta=-4$이므로

─────────────────────── ㉮

$$\sum_{n=1}^{\infty}\left(\frac{4}{\alpha^n}+\frac{3}{\beta^n}\right)=\sum_{n=1}^{\infty}\left\{\frac{4}{5^n}+\frac{3}{(-4)^n}\right\}$$
$$=4\sum_{n=1}^{\infty}\left(\frac{1}{5}\right)^n+3\sum_{n=1}^{\infty}\left(-\frac{1}{4}\right)^n$$
$$=4\times\frac{\frac{1}{5}}{1-\frac{1}{5}}+3\times\frac{-\frac{1}{4}}{1-\left(-\frac{1}{4}\right)}$$
$$=1-\frac{3}{5}=\frac{2}{5}$$

─────────────────────── ㉯

답 $\dfrac{2}{5}$

단계	채점요소	배점
㉮	α, β의 값 구하기	30%
㉯	급수의 합 구하기	70%

0187
$$f(x)-g(x)$$
$$=(\sin x-\sin^2 x+\sin^3 x-\sin^4 x+\cdots)$$
$$+(\cos x+\cos^2 x+\cos^3 x+\cos^4 x+\cdots)$$

이때 $\sin\dfrac{\pi}{6}=\dfrac{1}{2}$, $\cos\dfrac{\pi}{6}=\dfrac{\sqrt{3}}{2}$이므로

$$f\left(\frac{\pi}{6}\right)-g\left(\frac{\pi}{6}\right)=\left\{\frac{1}{2}-\left(\frac{1}{2}\right)^2+\left(\frac{1}{2}\right)^3-\left(\frac{1}{2}\right)^4+\cdots\right\}$$
$$+\left\{\frac{\sqrt{3}}{2}+\left(\frac{\sqrt{3}}{2}\right)^2+\left(\frac{\sqrt{3}}{2}\right)^3+\cdots\right\}$$
$$=\frac{\frac{1}{2}}{1-\left(-\frac{1}{2}\right)}+\frac{\frac{\sqrt{3}}{2}}{1-\frac{\sqrt{3}}{2}}$$
$$=\frac{1}{3}+\frac{\sqrt{3}}{2-\sqrt{3}}$$
$$=\frac{1}{3}+\sqrt{3}(2+\sqrt{3})=\frac{1}{3}+2\sqrt{3}+3$$
$$=\frac{10}{3}+2\sqrt{3}$$

답 $\dfrac{10}{3}+2\sqrt{3}$

0188 등비수열 $\{a_n\}$의 첫째항을 a, 공비를 $r\,(-1<r<1)$라 하면 $\displaystyle\sum_{n=1}^{\infty}a_n=2$에서

$$\frac{a}{1-r}=2 \qquad \therefore a=2(1-r) \qquad\qquad \cdots\cdots ㉠$$

등비수열 $\{a_n^2\}$의 첫째항은 a^2, 공비는 r^2이므로 $\displaystyle\sum_{n=1}^{\infty}a_n^2=\frac{4}{3}$에서

$$\frac{a^2}{1-r^2}=\frac{4}{3} \qquad \therefore \frac{a^2}{(1+r)(1-r)}=\frac{4}{3} \qquad\qquad \cdots\cdots ㉡$$

㉠을 ㉡에 대입하면

$$\frac{4(1-r)^2}{(1+r)(1-r)}=\frac{4}{3}$$
$$\frac{1-r}{1+r}=\frac{1}{3}, \ 3(1-r)=1+r$$
$$4r=2 \qquad \therefore r=\frac{1}{2}$$

$r=\dfrac{1}{2}$을 ㉠에 대입하면 $a=1$

따라서 수열 $\{a_n^3\}$은 첫째항이 $a^3=1$, 공비가 $r^3=\dfrac{1}{8}$인 등비수열이므로

$$\sum_{n=1}^{\infty}a_n^3=\frac{1}{1-\frac{1}{8}}=\frac{8}{7}$$

답 ⑤

0189 등비수열 $\{a_n\}$의 공비를 $r\,(-1<r<1)$라 하면

$$\sum_{n=1}^{\infty}a_n=2$$에서 $\dfrac{1}{1-r}=2 \qquad \therefore r=\dfrac{1}{2}$

따라서 수열 $\{a_n^2\}$은 첫째항이 $a_1^2=1$, 공비가 $r^2=\dfrac{1}{4}$인 등비수열이므로

$$\sum_{n=1}^{\infty}a_n^2=\frac{1}{1-\frac{1}{4}}=\frac{4}{3}$$

답 $\dfrac{4}{3}$

0190 등비수열 $\{a_n\}$의 첫째항이 a, 공비가 r이므로

$\sum\limits_{n=1}^{\infty} a_n = 2$에서

$\dfrac{a}{1-r} = 2$ $\therefore a = 2(1-r)$ $\qquad\cdots\cdots$ ㉠

수열 $\{a_n{}^3\}$은 첫째항이 a^3, 공비가 r^3인 등비수열이므로

$\sum\limits_{n=1}^{\infty} a_n{}^3 = 24$에서

$\dfrac{a^3}{1-r^3} = 24$ $\therefore \dfrac{a^3}{(1-r)(1+r+r^2)} = 24$ $\qquad\cdots\cdots$ ㉡

㉠을 ㉡에 대입하면

$\dfrac{8(1-r)^3}{(1-r)(1+r+r^2)} = 24,\ \dfrac{r^2-2r+1}{r^2+r+1} = 3$

$2r^2+5r+2=0,\ (2r+1)(r+2)=0$

$\therefore r = -\dfrac{1}{2}\ (\because -1 < r < 1)$

$r = -\dfrac{1}{2}$을 ㉠에 대입하면 $a = 3$

$\therefore a+r = 3 + \left(-\dfrac{1}{2}\right) = \dfrac{5}{2}$ $\qquad$ 답 ⑤

0191 등비수열 $\{a_n\}$, $\{b_n\}$의 공비를 각각 r_1, r_2라 하면

$\sum\limits_{n=1}^{\infty} a_n = \dfrac{1}{1-r_1} = 2$ $\therefore r_1 = \dfrac{1}{2}$

$\sum\limits_{n=1}^{\infty} b_n = \dfrac{2}{1-r_2} = 3$ $\therefore r_2 = \dfrac{1}{3}$

$\therefore \sum\limits_{n=1}^{\infty} (a_n - b_n)^2 = \sum\limits_{n=1}^{\infty} a_n{}^2 - 2\sum\limits_{n=1}^{\infty} a_n b_n + \sum\limits_{n=1}^{\infty} b_n{}^2$

$\qquad = \dfrac{1^2}{1-\left(\dfrac{1}{2}\right)^2} - 2\times\dfrac{1\times 2}{1-\dfrac{1}{2}\times\dfrac{1}{3}} + \dfrac{2^2}{1-\left(\dfrac{1}{3}\right)^2}$

$\qquad = \dfrac{4}{3} - \dfrac{24}{5} + \dfrac{9}{2}$

$\qquad = \dfrac{31}{30}$ $\qquad$ 답 $\dfrac{31}{30}$

0192 $\dfrac{(3x+1)^n}{2^{2n}} = \left(\dfrac{3x+1}{4}\right)^n$

즉, 주어진 등비급수의 공비가 $\dfrac{3x+1}{4}$이므로 급수가 수렴하려면

$-1 < \dfrac{3x+1}{4} < 1,\ -4 < 3x+1 < 4,\ -5 < 3x < 3$

$\therefore -\dfrac{5}{3} < x < 1$

따라서 정수 x는 -1, 0의 2개이다. $\qquad$ 답 **2**

0193 주어진 등비급수의 첫째항이 1, 공비가 $\log_2 x - 2$이므로 급수가 수렴하려면

$-1 < \log_2 x - 2 < 1,\ 1 < \log_2 x < 3$

$\log_2 2 < \log_2 x < \log_2 2^3$

$\therefore 2 < x < 8$ $\qquad$ 답 ④

0194 (i) $x+2=0$, 즉 $x=-2$일 때 주어진 급수는 0에 수렴한다.

(ii) $x+2 \neq 0$, 즉 $x \neq -2$일 때 공비가 $\dfrac{1-x}{3}$이므로 주어진 등비급수가 수렴하려면

$-1 < \dfrac{1-x}{3} < 1,\ -3 < 1-x < 3$

$-4 < -x < 2$ $\therefore -2 < x < 4$

(i), (ii)에서 $-2 \le x < 4$

따라서 정수 x의 최솟값은 -2이다. $\qquad$ 답 -2

0195 (i) 등비수열 $\left\{\left(\dfrac{x+1}{2}\right)^n\right\}$의 공비가 $\dfrac{x+1}{2}$이므로 수렴하려면

$-1 < \dfrac{x+1}{2} \le 1,\ -2 < x+1 \le 2$

$\therefore -3 < x \le 1$

$\qquad\cdots\cdots$ ㉮

(ii) 등비급수 $\sum\limits_{n=1}^{\infty}(-2x+1)^n$의 공비가 $-2x+1$이므로 수렴하려면

$-1 < -2x+1 < 1,\ -2 < -2x < 0$

$\therefore 0 < x < 1$

$\qquad\cdots\cdots$ ㉯

(i), (ii)에서 $0 < x < 1$

$\qquad\cdots\cdots$ ㉰

답 $0 < x < 1$

단계	채점요소	배점
㉮	등비수열 $\left\{\left(\dfrac{x+1}{2}\right)^n\right\}$이 수렴하도록 하는 x의 값의 범위 구하기	40%
㉯	등비급수 $\sum\limits_{n=1}^{\infty}(-2x+1)^n$이 수렴하도록 하는 x의 값의 범위 구하기	40%
㉰	x의 값의 범위 구하기	20%

0196 $\sum\limits_{n=1}^{\infty} r^n$이 수렴하므로 $-1 < r < 1$ $\qquad\cdots\cdots$ ㉠

ㄱ. $\sum\limits_{n=1}^{\infty} r^{n+2}$은 공비가 r인 등비급수이므로 수렴한다.

ㄴ. $\sum\limits_{n=1}^{\infty} r^{2n-1}$은 공비가 r^2인 등비급수이고 ㉠에서 $0 \le r^2 < 1$이므로 수렴한다.

ㄷ. $\sum\limits_{n=1}^{\infty} \left(\dfrac{1-4r}{4}\right)^n$은 공비가 $\dfrac{1-4r}{4}$인 등비급수이고 ㉠에서

$-4 < -4r < 4,\ -3 < 1-4r < 5$

$\therefore -\dfrac{3}{4} < \dfrac{1-4r}{4} < \dfrac{5}{4}$

따라서 주어진 급수는 항상 수렴한다고 할 수 없다.

ㄹ. $\sum\limits_{n=1}^{\infty} \left(\dfrac{1}{r}\right)^n\ (r \neq 0)$은 공비가 $\dfrac{1}{r}$인 등비급수이고 ㉠에서

$\dfrac{1}{r}<-1$ 또는 $\dfrac{1}{r}>1$이므로 발산한다.

이상에서 항상 수렴하는 급수인 것은 ㄱ, ㄴ이다.

답 ㄱ, ㄴ

0197 $\displaystyle\sum_{n=1}^{\infty} r^n$이 수렴하므로 $-1<r<1$ $\quad\cdots\cdots$ ㉠

① $\displaystyle\sum_{n=1}^{\infty}\left(\dfrac{r}{2}\right)^n$은 공비가 $\dfrac{r}{2}$인 등비급수이고 ㉠에서

$-\dfrac{1}{2}<\dfrac{r}{2}<\dfrac{1}{2}$이므로 수렴한다.

② $\displaystyle\sum_{n=1}^{\infty}(-r)^n$은 공비가 $-r$인 등비급수이고 ㉠에서

$-1<-r<1$이므로 수렴한다.

따라서 $\displaystyle\sum_{n=1}^{\infty}\dfrac{r^n+(-r)^n}{2}=\dfrac{1}{2}\sum_{n=1}^{\infty}r^n+\dfrac{1}{2}\sum_{n=1}^{\infty}(-r)^n$은 수렴한다.

③ $\displaystyle\sum_{n=1}^{\infty}\left(\dfrac{r-1}{2}\right)^n$은 공비가 $\dfrac{r-1}{2}$인 등비급수이고 ㉠에서

$-1<\dfrac{r-1}{2}<0$이므로 수렴한다.

④ $\displaystyle\sum_{n=1}^{\infty}\left(\dfrac{r+1}{2}\right)^n$은 공비가 $\dfrac{r+1}{2}$인 등비급수이고 ㉠에서

$0<\dfrac{r+1}{2}<1$이므로 수렴한다.

⑤ $\displaystyle\sum_{n=1}^{\infty}\left(\dfrac{r}{2}+1\right)^n$은 공비가 $\dfrac{r}{2}+1$인 등비급수이고 ㉠에서

$\dfrac{1}{2}<\dfrac{r}{2}+1<\dfrac{3}{2}$이므로 항상 수렴한다고 할 수 없다.

따라서 항상 수렴하는 급수가 아닌 것은 ⑤이다. 답 ⑤

0198 $\displaystyle\sum_{n=1}^{\infty} r^n=a$라 하면 $-1<r<1$이고

$a=\dfrac{r}{1-r}=\dfrac{-(1-r)+1}{1-r}=-1+\dfrac{1}{1-r}$

$-1<r<1$에서 $a=-1+\dfrac{1}{1-r}$의

그래프는 오른쪽 그림과 같으므로

$a>-\dfrac{1}{2}$

따라서 a의 값이 될 수 없는 것은 ①이다.

답 ①

0199 (i) $n=1$일 때, $a_1=S_1=1^2=1$

(ii) $n\geq2$일 때

$\quad a_n=S_n-S_{n-1}=n^2-(n-1)^2$

$\qquad =2n-1$ $\quad\cdots\cdots$ ㉠

이때 $a_1=1$은 ㉠에 $n=1$을 대입한 것과 같으므로

$a_n=2n-1$

$\therefore \displaystyle\sum_{n=1}^{\infty}\dfrac{1}{a_n a_{n+1}}=\lim_{n\to\infty}\sum_{k=1}^{n}\dfrac{1}{(2k-1)(2k+1)}$

$\qquad =\displaystyle\lim_{n\to\infty}\sum_{k=1}^{n}\dfrac{1}{2}\left(\dfrac{1}{2k-1}-\dfrac{1}{2k+1}\right)$

$\qquad =\displaystyle\lim_{n\to\infty}\dfrac{1}{2}\left\{\left(1-\dfrac{1}{3}\right)+\left(\dfrac{1}{3}-\dfrac{1}{5}\right)\right.$

$\qquad\qquad \left.+\cdots+\left(\dfrac{1}{2n-1}-\dfrac{1}{2n+1}\right)\right\}$

$\qquad =\displaystyle\lim_{n\to\infty}\dfrac{1}{2}\left(1-\dfrac{1}{2n+1}\right)=\dfrac{1}{2}$

답 ⑤

0200 $a_n=S_n-S_{n-1}$

$\qquad =27\left\{1-\left(\dfrac{2}{3}\right)^n\right\}-27\left\{1-\left(\dfrac{2}{3}\right)^{n-1}\right\}$

$\qquad =27\times\left(\dfrac{2}{3}\right)^{n-1}\times\left(1-\dfrac{2}{3}\right)$

$\qquad =9\times\left(\dfrac{2}{3}\right)^{n-1} (n\geq2)$

$\therefore a_2+a_4+a_6+\cdots$

$\qquad =9\times\dfrac{2}{3}+9\times\left(\dfrac{2}{3}\right)^3+9\times\left(\dfrac{2}{3}\right)^5+\cdots$

$\qquad =\dfrac{6}{1-\dfrac{4}{9}}=\dfrac{54}{5}$ 답 $\dfrac{54}{5}$

0201 $a_1=S_1$이므로 $S_1=1-\dfrac{1}{2}a_1$에서

$a_1=1-\dfrac{1}{2}a_1 \qquad \therefore a_1=\dfrac{2}{3}$

$a_n=S_n-S_{n-1}$

$\qquad =\left(1-\dfrac{1}{2}a_n\right)-\left(1-\dfrac{1}{2}a_{n-1}\right)$

$\qquad =-\dfrac{1}{2}a_n+\dfrac{1}{2}a_{n-1}$

$\therefore a_n=\dfrac{1}{3}a_{n-1} (n\geq2)$

따라서 수열 $\{a_n\}$은 첫째항이 $\dfrac{2}{3}$, 공비가 $\dfrac{1}{3}$인 등비수열이므로

$\displaystyle\sum_{n=1}^{\infty} a_n=\dfrac{\dfrac{2}{3}}{1-\dfrac{1}{3}}=1$ 답 **1**

0202 $0.\dot2=\dfrac{2}{9}$, $0.0\dot2\dot7=\dfrac{25}{900}$이므로 공비를 r라 하면

$\dfrac{25}{900}=\dfrac{2}{9}r^3$, $r^3=\dfrac{1}{8} \qquad \therefore r=\dfrac{1}{2}$

따라서 구하는 등비급수의 합은

$\dfrac{\dfrac{2}{9}}{1-\dfrac{1}{2}}=\dfrac{4}{9}$ 답 ④

0203 $0.\dot{5}=\dfrac{5}{9}$, $0.\dot{3}\dot{6}=\dfrac{36}{99}=\dfrac{4}{11}$이므로

$\displaystyle\sum_{n=1}^{\infty}a_n=\dfrac{4}{11}$에서 $\dfrac{a_1}{1-\dfrac{5}{9}}=\dfrac{4}{11}$

$\therefore a_1=\dfrac{4}{11}\times\dfrac{4}{9}=\dfrac{16}{99}$ 답 ③

0204 등비수열 $\{a_n\}$의 첫째항이 $0.\dot{\alpha}=\dfrac{\alpha}{9}$,

공비가 $0.1\times\alpha=\dfrac{\alpha}{10}$이므로

$\displaystyle\sum_{n=1}^{\infty}a_n=\dfrac{\dfrac{\alpha}{9}}{1-\dfrac{\alpha}{10}}=\dfrac{10\alpha}{9(10-\alpha)}$

㉮

따라서 $\dfrac{10\alpha}{9(10-\alpha)}=\dfrac{20}{27}$이므로

$27\alpha=180-18\alpha$

$\therefore \alpha=4$

㉯

답 4

단계	채점요소	배점
㉮	$\displaystyle\sum_{n=1}^{\infty}a_n$의 합을 α로 나타내기	50 %
㉯	α의 값 구하기	50 %

0205 $\dfrac{139}{999}=0.139139139\cdots$이므로 수열 $\{a_n\}$은

$1,\ 3,\ 9,\ 1,\ 3,\ 9,\ \cdots$

$\therefore \displaystyle\sum_{n=1}^{\infty}\dfrac{a_n}{3^n}=\left(\dfrac{1}{3}+\dfrac{3}{3^2}+\dfrac{9}{3^3}\right)+\left(\dfrac{1}{3^4}+\dfrac{3}{3^5}+\dfrac{9}{3^6}\right)+\cdots$

$\qquad=3\times\dfrac{1}{3}+3\times\dfrac{1}{3^4}+3\times\dfrac{1}{3^7}+\cdots$

$\qquad=1+\dfrac{1}{3^3}+\dfrac{1}{3^6}+\cdots$

$\qquad=\dfrac{1}{1-\dfrac{1}{27}}=\dfrac{27}{26}$ 답 $\dfrac{27}{26}$

0206 점 P_n이 점 $(x,\ y)$에 한없이 가까워진다고 하면

$x=\overline{OP_1}-\overline{P_2P_3}+\overline{P_4P_5}-\overline{P_6P_7}+\cdots$

$\quad=1-\left(\dfrac{3}{4}\right)^2+\left(\dfrac{3}{4}\right)^4-\left(\dfrac{3}{4}\right)^6+\cdots$

$\quad=\dfrac{1}{1-\left(-\dfrac{9}{16}\right)}=\dfrac{16}{25}$ 답 $\dfrac{16}{25}$

0207 점 A_n이 점 $(x,\ y)$에 한없이 가까워지므로

$x=\overline{OA_1}+\overline{A_2A_3}+\overline{A_4A_5}+\cdots$

$\quad=1+\dfrac{1}{4}+\dfrac{1}{16}+\cdots=\dfrac{1}{1-\dfrac{1}{4}}=\dfrac{4}{3}$

$y=\overline{A_1A_2}+\overline{A_3A_4}+\overline{A_5A_6}+\cdots$

$\quad=\dfrac{1}{2}+\dfrac{1}{8}+\dfrac{1}{32}+\cdots=\dfrac{\dfrac{1}{2}}{1-\dfrac{1}{4}}=\dfrac{2}{3}$

$\therefore xy=\dfrac{8}{9}$ 답 $\dfrac{8}{9}$

0208 점 P_n이 점 $(a,\ b)$에 한없이 가까워지므로

$a=\overline{OP_1}\cos45°-\overline{P_1P_2}\cos45°+\overline{P_2P_3}\cos45°-\cdots$

$\quad=1\times\dfrac{\sqrt{2}}{2}-\dfrac{1}{2}\times\dfrac{\sqrt{2}}{2}+\left(\dfrac{1}{2}\right)^2\times\dfrac{\sqrt{2}}{2}-\cdots$

$\quad=\dfrac{1\times\dfrac{\sqrt{2}}{2}}{1-\left(-\dfrac{1}{2}\right)}=\dfrac{\sqrt{2}}{3}$

$b=\overline{OP_1}\sin45°+\overline{P_1P_2}\sin45°+\overline{P_2P_3}\sin45°+\cdots$

$\quad=1\times\dfrac{\sqrt{2}}{2}+\dfrac{1}{2}\times\dfrac{\sqrt{2}}{2}+\left(\dfrac{1}{2}\right)^2\times\dfrac{\sqrt{2}}{2}+\cdots$

$\quad=\dfrac{1\times\dfrac{\sqrt{2}}{2}}{1-\dfrac{1}{2}}=\sqrt{2}$

$\therefore \dfrac{b}{a}=\dfrac{\sqrt{2}}{\dfrac{\sqrt{2}}{3}}=3$ 답 3

0209 $\triangle OPQ$에서 $\overline{PQ}=\overline{OQ}=x$라 하면

$x^2+x^2=(\sqrt{2})^2$, $x^2=1$ $\therefore x=1\ (\because x>0)$

즉, $\overline{PQ}=1$이고 P_1, Q_1이 각각 $\overline{OP}$, $\overline{OQ}$의 중점이므로

$\overline{P_1Q_1}=\dfrac{1}{2}$

같은 방법으로

$\overline{P_2Q_2}=\dfrac{1}{2}\overline{P_1Q_1}=\left(\dfrac{1}{2}\right)^2$, $\overline{P_3Q_3}=\dfrac{1}{2}\overline{P_2Q_2}=\left(\dfrac{1}{2}\right)^3$, $\cdots$

$\therefore \overline{PQ}+\overline{P_1Q_1}+\overline{P_2Q_2}+\cdots$

$\quad=1+\dfrac{1}{2}+\left(\dfrac{1}{2}\right)^2+\cdots$

$\quad=\dfrac{1}{1-\dfrac{1}{2}}=2$ 답 ①

참고 삼각형의 두 변의 중점을 연결한 선분의 성질
$\triangle ABC$에서 $\overline{AB}$, $\overline{AC}$의 중점을 각각 M, N이라 하면

$\overline{BC}\ /\!/\ \overline{MN}$, $\overline{MN}=\dfrac{1}{2}\overline{BC}$

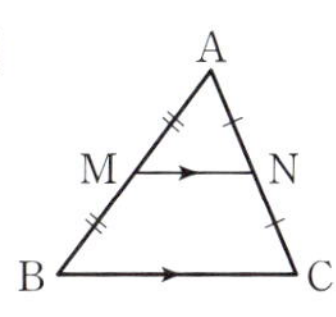

0210 $\angle XOY=30°$이므로

$l_1=\overline{P_1P_2}=\overline{OP_1}\sin30°=4\times\dfrac{1}{2}=2$

$\angle OP_1P_2=60°$이므로

$l_2=\overline{P_2P_3}=\overline{P_1P_2}\sin60°=2\times\dfrac{\sqrt{3}}{2}=\sqrt{3}$

$\angle P_3P_2P_4 = 60°$이므로

$$l_3 = \overline{P_3P_4} = \overline{P_2P_3}\sin 60° = \sqrt{3}\times\frac{\sqrt{3}}{2} = \frac{3}{2}$$

$$\vdots$$

$$\therefore \sum_{n=1}^{\infty} l_n = 2+\sqrt{3}+\frac{3}{2}+\cdots = \frac{2}{1-\dfrac{\sqrt{3}}{2}} = \frac{4}{2-\sqrt{3}}$$

$$= 4(2+\sqrt{3}) \qquad\qquad \text{답 } ④$$

0211 오른쪽 그림에서

$\overline{A_1A_2}=\dfrac{1}{2}\overline{A_1B_1}=\dfrac{a}{2}$이고 $\triangle A_1A_2D_2$

는 직각이등변삼각형이므로

$$\overline{A_2D_2}=\sqrt{2}\,\overline{A_1A_2}=\frac{\sqrt{2}a}{2}$$

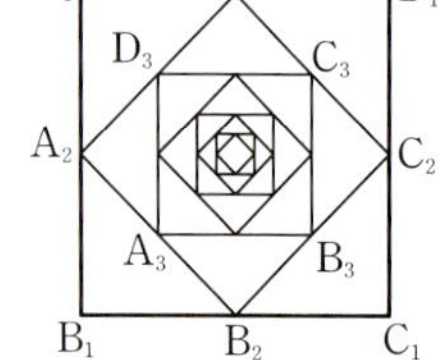

따라서 정사각형 $A_nB_nC_nD_n$과 정사각형

$A_{n+1}B_{n+1}C_{n+1}D_{n+1}$은 닮음비가 $a:\dfrac{\sqrt{2}}{2}a$, 즉 $1:\dfrac{\sqrt{2}}{2}$이므로 모

든 정사각형의 둘레의 길이의 합은 첫째항이 $4a$, 공비가 $\dfrac{\sqrt{2}}{2}$인

등비급수의 합이 된다.

따라서 모든 정사각형의 둘레의 길이의 합은

$$\frac{4a}{1-\dfrac{\sqrt{2}}{2}} = 4(2+\sqrt{2})a \qquad\qquad \text{답 } ④$$

0212 n번째 정사각형의 한 변의 길이

를 a_n이라 하면 오른쪽 그림에서

$$a_1 : (1-a_1) = 1 : 1$$

$$1-a_1 = a_1 \qquad \therefore a_1 = \frac{1}{2}$$

같은 방법으로 하면

$$a_{n+1} : (a_n - a_{n+1}) = 1 : 1$$

$$a_n - a_{n+1} = a_{n+1} \qquad \therefore a_{n+1} = \frac{1}{2}a_n$$

따라서 수열 $\{a_n\}$은 $a_1=\dfrac{1}{2}$이고 공비가 $\dfrac{1}{2}$인 등비수열이므로

모든 정사각형의 둘레의 길이의 합은

$$4a_1 + 4a_2 + 4a_3 + \cdots = 4(a_1 + a_2 + a_3 + \cdots)$$

$$= 4\left(\frac{1}{2}+\frac{1}{2^2}+\frac{1}{2^3}+\cdots\right)$$

$$= 4\times\frac{\dfrac{1}{2}}{1-\dfrac{1}{2}} = 4 \qquad\qquad \text{답 } 4$$

0213 원 C_n의 반지름의 길이를 r_n이라 하면

$\pi r_1^2 = 2\pi$이므로 $r_1^2 = 2 \qquad \therefore r_1 = \sqrt{2} \; (\because r_1 > 0)$

$$\therefore l_1 = 2\pi \times \sqrt{2} = 2\sqrt{2}\pi$$

원 C_1에 내접하는 정사각형의 한 변의 길이를 a_1이라 하면

$$\sqrt{2}a_1 = 2\sqrt{2} \qquad \therefore a_1 = 2$$

원 C_2의 지름의 길이는 원 C_1에 내접하는 정사각형의 한 변의 길

이와 같으므로 2

$$\therefore l_2 = 2\pi \times \frac{2}{2} = 2\pi$$

원 C_2에 내접하는 정사각형의 한 변의 길이를 a_2라 하면

$$\sqrt{2}a_2 = 2 \qquad \therefore a_2 = \sqrt{2}$$

원 C_3의 지름의 길이는 원 C_2에 내접하는 정사각형의 한 변의 길

이와 같으므로 $\sqrt{2}$

$$\therefore l_3 = 2\pi \times \frac{\sqrt{2}}{2} = \sqrt{2}\pi$$

$$\vdots$$

$$\therefore \sum_{n=1}^{\infty} l_n = 2\sqrt{2}\pi + 2\pi + \sqrt{2}\pi + \cdots$$

$$= \frac{2\sqrt{2}\pi}{1-\dfrac{1}{\sqrt{2}}} = 4(\sqrt{2}+1)\pi \qquad \text{답 } 4(\sqrt{2}+1)\pi$$

0214 두 원 C_n과 C_{n+1}의 지름의 길이의 비가 $8:4$, 즉 $2:1$

이므로 그 넓이의 비는 $2^2 : 1^2 = 4 : 1$

원 C_n의 넓이를 S_n이라 하면 $S_n : S_{n+1} = 4 : 1$이므로

$$S_1 = \pi \times 4^2 = 16\pi, \; S_2 = \frac{1}{4}S_1 = 4\pi, \; S_3 = \frac{1}{4}S_2 = \pi, \; \cdots$$

따라서 모든 원의 넓이의 합은 첫째항이 16π이고 공비가 $\dfrac{1}{4}$인 등

비급수의 합이므로

$$\frac{16\pi}{1-\dfrac{1}{4}} = \frac{64}{3}\pi \qquad\qquad \text{답 } ⑤$$

0215 두 삼각형 $A_nB_nC_n$과 $A_{n+1}B_{n+1}C_{n+1}$의 닮음비가 $2:1$

이므로 그 넓이의 비는 $2^2 : 1^2 = 4 : 1$

삼각형 $A_nB_nC_n$의 넓이를 S_n이라 하면

$$S_n : S_{n+1} = 4 : 1$$

㉮

$$S_1 = \frac{\sqrt{3}}{4}\times 4^2 = 4\sqrt{3}, \; S_2 = \frac{1}{4}S_1 = \sqrt{3}, \; S_3 = \frac{1}{4}S_2 = \frac{\sqrt{3}}{4}, \; \cdots$$

즉, 수열 $\{S_n\}$은 첫째항이 $4\sqrt{3}$이고 공비가 $\dfrac{1}{4}$인 등비수열이다.

㉯

따라서 구하는 모든 삼각형의 넓이의 합은

$$\frac{4\sqrt{3}}{1-\dfrac{1}{4}} = \frac{16\sqrt{3}}{3}$$

㉰

답 $\dfrac{16\sqrt{3}}{3}$

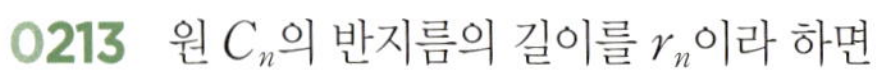

단계	채점요소	배점
㉮	두 삼각형 $A_nB_nC_n$과 $A_{n+1}B_{n+1}C_{n+1}$의 넓이의 비 구하기	30%
㉯	삼각형 $A_nB_nC_n$의 넓이를 S_n이라 할 때, 수열 $\{S_n\}$의 첫째 항과 공비 구하기	40%
㉰	모든 삼각형의 넓이의 합 구하기	30%

0216 정사각형 R_n과 정사각형 R_{n+1}의 닮음비가 $\sqrt{2}:1$이므로 그 넓이의 비는 $(\sqrt{2})^2:1^2=2:1$

즉, $S_n:S_{n+1}=2:1$이므로

$S_1=2,\ S_2=\dfrac{1}{2}S_1=1,\ S_3=\dfrac{1}{2}S_2=\dfrac{1}{2},\ \cdots$

따라서 수열 $\{S_n\}$은 첫째항이 2이고 공비가 $\dfrac{1}{2}$인 등비수열이므로

$$\lim_{n\to\infty}\sum_{k=1}^{n}S_k=\dfrac{2}{1-\dfrac{1}{2}}=4$$

답 **4**

0217 정사각형 A_n의 한 변의 길이를 a_n, 넓이를 S_n이라 하면 $a_n:a_{n+1}=\sqrt{2}:1$이므로 $S_n:S_{n+1}=2:1$

이때 $S_1=a_1{}^2=2^2=4$이므로 수열 $\{S_n\}$은 첫째항이 4이고 공비가 $\dfrac{1}{2}$인 등비수열이다.

직각이등변삼각형 B_n의 빗변이 아닌 변의 길이는 정사각형 A_{n+1}의 한 변의 길이와 같으므로 삼각형 B_n의 빗변이 아닌 변의 길이를 b_n, 넓이를 $S_n{}'$이라 하면

$b_n:b_{n+1}=a_{n+1}:a_{n+2}=\sqrt{2}:1$이므로 $S_n{}':S_{n+1}{}'=2:1$

이때 $S_1{}'=\dfrac{1}{2}\times\sqrt{2}\times\sqrt{2}=1$이므로 수열 $\{S_n{}'\}$은 첫째항이 1이고 공비가 $\dfrac{1}{2}$인 등비수열이다.

따라서 구하는 모든 정사각형과 직각이등변삼각형의 넓이의 합은

$$\sum_{n=1}^{\infty}(S_n+S_n{}')=\sum_{n=1}^{\infty}S_n+\sum_{n=1}^{\infty}S_n{}'$$
$$=\dfrac{4}{1-\dfrac{1}{2}}+\dfrac{1}{1-\dfrac{1}{2}}=8+2=10$$

답 ④

0218 $\overline{A_1C_1}=\dfrac{1}{\sqrt{2}}\times4=2\sqrt{2}$

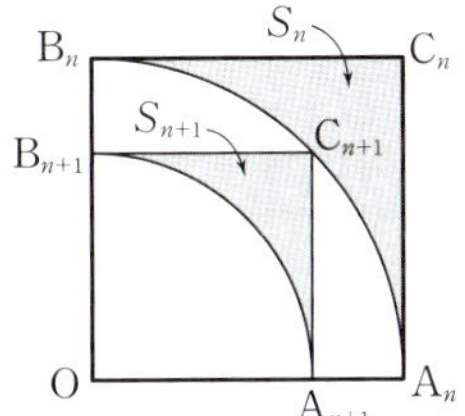

오른쪽 그림과 같이 □$OA_nC_nB_n$에서 내접하는 사분원을 제외하고 남은 부분의 넓이를 S_n이라 하면

$S_1=(2\sqrt{2})^2-\dfrac{1}{4}\pi\times(2\sqrt{2})^2$
$\quad=8-2\pi$

이때 $\overline{OA_{n+1}}=\dfrac{1}{\sqrt{2}}\overline{OC_{n+1}}=\dfrac{1}{\sqrt{2}}\overline{OA_n}$이므로

$S_{n+1}=\overline{OA_{n+1}}^2-\dfrac{1}{4}\pi\times\overline{OA_{n+1}}^2$

$\quad=\left(\dfrac{1}{\sqrt{2}}\overline{OA_n}\right)^2-\dfrac{1}{4}\pi\times\left(\dfrac{1}{\sqrt{2}}\overline{OA_n}\right)^2$

$\quad=\dfrac{1}{2}\left(\overline{OA_n}^2-\dfrac{1}{4}\pi\times\overline{OA_n}^2\right)=\dfrac{1}{2}S_n$

즉, 수열 $\{S_n\}$은 첫째항이 $8-2\pi$, 공비가 $\dfrac{1}{2}$인 등비수열이므로 구하는 색칠한 부분의 넓이의 합은

$$\sum_{n=1}^{\infty}S_n=\dfrac{8-2\pi}{1-\dfrac{1}{2}}=16-4\pi$$

답 $16-4\pi$

0219 오른쪽 그림과 같이 네 직선으로 둘러싸인 사각형의 꼭짓점을 각각 A, B_n, C_n, D라 하면

$A(1,1)$, $B_n(n+1,\ n+1)$,
$C_n(n+1,\ 3(n+1))$, $D(1,3)$이므로
$\overline{AD}=2$, $\overline{B_nC_n}=2n+2$, $\overline{AH}=n$

$\therefore S_n=\dfrac{1}{2}\times\{2+(2n+2)\}\times n$
$\quad=n(n+2)$

$\therefore \displaystyle\sum_{n=1}^{\infty}\dfrac{1}{S_n}=\sum_{n=1}^{\infty}\dfrac{1}{n(n+2)}$

$\quad=\displaystyle\sum_{n=1}^{\infty}\dfrac{1}{2}\left(\dfrac{1}{n}-\dfrac{1}{n+2}\right)$

$\quad=\displaystyle\lim_{n\to\infty}\sum_{k=1}^{n}\dfrac{1}{2}\left(\dfrac{1}{k}-\dfrac{1}{k+2}\right)$

$\quad=\displaystyle\lim_{n\to\infty}\dfrac{1}{2}\left\{\left(1-\dfrac{1}{3}\right)+\left(\dfrac{1}{2}-\dfrac{1}{4}\right)+\left(\dfrac{1}{3}-\dfrac{1}{5}\right)\right.$

$\qquad\left.+\cdots+\left(\dfrac{1}{n-1}-\dfrac{1}{n+1}\right)+\left(\dfrac{1}{n}-\dfrac{1}{n+2}\right)\right\}$

$\quad=\displaystyle\lim_{n\to\infty}\dfrac{1}{2}\left(1+\dfrac{1}{2}-\dfrac{1}{n+1}-\dfrac{1}{n+2}\right)$

$\quad=\dfrac{1}{2}\times\dfrac{3}{2}=\dfrac{3}{4}$

답 $\dfrac{3}{4}$

0220 이차함수 $y=27^n x^2-(9^n+2\times3^n)x+2$의 그래프가 x축과 만나는 두 점의 x좌표를 구하면

$27^n x^2-(9^n+2\times3^n)x+2=0$에서

$(3^n x-1)(9^n x-2)=0$

$\therefore x=\dfrac{1}{3^n}$ 또는 $x=\dfrac{2}{9^n}$

따라서 x축과 만나는 두 점 사이의 거리 l_n은

$l_n=\dfrac{1}{3^n}-\dfrac{2}{9^n}$

$\therefore \displaystyle\sum_{n=1}^{\infty}l_n=\sum_{n=1}^{\infty}\left(\dfrac{1}{3^n}-\dfrac{2}{9^n}\right)$

$\quad=\displaystyle\sum_{n=1}^{\infty}\left(\dfrac{1}{3}\right)^n-2\sum_{n=1}^{\infty}\left(\dfrac{1}{9}\right)^n$

$\quad=\dfrac{\dfrac{1}{3}}{1-\dfrac{1}{3}}-2\times\dfrac{\dfrac{1}{9}}{1-\dfrac{1}{9}}$

$\quad=\dfrac{1}{2}-\dfrac{1}{4}=\dfrac{1}{4}$

답 $\dfrac{1}{4}$

0221 직선 AP_1은 직선 $x+y=4$, 즉 $y=-x+4$와 수직이므로 기울기가 1이다. 또, 점 $A(0,2)$를 지나므로 직선 AP_1의 방정식은

$y=x+2$

이때 점 P_1은 두 직선 $y=-x+4$, $y=x+2$의 교점이므로

$P_1(1,3)$ $\therefore \overline{P_1Q_1}=3$

또, 직선 Q_1P_2는 점 $Q_1(1,\ 0)$을 지나고 직선의 기울기가 1이므로 직선의 방정식은 $y=x-1$

이때 점 P_2는 두 직선 $y=-x+4$, $y=x-1$의 교점이므로

$$P_2\left(\frac{5}{2},\ \frac{3}{2}\right) \qquad \therefore \overline{P_2Q_2}=\frac{3}{2}$$

같은 방법으로 $P_3\left(\frac{13}{4},\ \frac{3}{4}\right)$이므로 $\overline{P_3Q_3}=\frac{3}{4}$

따라서 $\overline{P_nQ_n}=3\times\left(\frac{1}{2}\right)^{n-1}$이므로

$$\sum_{n=1}^{\infty}\overline{P_nQ_n}=\frac{3}{1-\frac{1}{2}}=6 \hfill \text{답 } 6$$

0222 진자를 각 θ만큼 당겼다가 놓았을 때 진자의 추가 멈출 때까지 움직인 거리의 합은

$$24\theta+2\times24\theta\times\frac{4}{5}+2\times24\theta\times\left(\frac{4}{5}\right)^2+2\times24\theta\times\left(\frac{4}{5}\right)^3+\cdots$$

$$=24\theta+48\theta\left\{\frac{4}{5}+\left(\frac{4}{5}\right)^2+\left(\frac{4}{5}\right)^3+\cdots\right\}$$

$$=24\theta+48\theta\times\frac{\frac{4}{5}}{1-\frac{4}{5}}$$

$$=24\theta+192\theta=216\theta$$

따라서 처음에 $\theta=75°$, 즉 $\theta=\frac{5}{12}\pi$인 지점에서 진자를 놓았을 때 진자의 추가 멈출 때까지 움직인 거리의 합은

$$216\times\frac{5}{12}\pi=90\pi\,(\text{cm}) \hfill \text{답 } 90\pi \text{ cm}$$

0223 한 번 튀어 오를 때마다 공이 움직인 거리는

$$15,\ \left(15\times\frac{1}{3}\right)\times2,\ \left(15\times\frac{1}{3}\times\frac{1}{3}\right)\times2,\ \cdots$$

이므로 공이 정지할 때까지 움직인 거리는

$$15+30\times\frac{1}{3}+30\times\left(\frac{1}{3}\right)^2+\cdots$$

$$=15+\frac{30\times\frac{1}{3}}{1-\frac{1}{3}}=30\,(\text{m}) \hfill \text{답 } 30 \text{ m}$$

0224 n번째 재생산되는 종이의 무게를 $a_n\,\text{kg}$이라 하면 처음 생산된 종이 $2000\,\text{kg}$의 $80\,\%$를 수거하고 그중 $75\,\%$가 재생산되므로

$$a_1=2000\times\frac{80}{100}\times\frac{75}{100}=1200$$

재생산된 종이의 $80\,\%$를 수거하고 그중 $75\,\%$가 재생산되므로

$$a_{n+1}=a_n\times\frac{80}{100}\times\frac{75}{100}=\frac{3}{5}a_n$$

즉, 수열 $\{a_n\}$은 첫째항이 1200이고 공비가 $\frac{3}{5}$인 등비수열이므로 재생산되는 종이의 총 무게의 합은

$$\sum_{n=1}^{\infty}a_n=\frac{1200}{1-\frac{3}{5}}=3000\,(\text{kg}) \hfill \text{답 } 3000 \text{ kg}$$

0225 $S_n=\dfrac{n\{2\times3+(n-1)\times2\}}{2}=n(n+2)$이므로

$$\sum_{k=1}^{n}\frac{1}{S_k}=\sum_{k=1}^{n}\frac{1}{k(k+2)}=\frac{1}{2}\sum_{k=1}^{n}\left(\frac{1}{k}-\frac{1}{k+2}\right)$$

$$=\frac{1}{2}\left\{\left(1-\frac{1}{3}\right)+\left(\frac{1}{2}-\frac{1}{4}\right)+\left(\frac{1}{3}-\frac{1}{5}\right)\right.$$

$$\left.+\cdots+\left(\frac{1}{n-1}-\frac{1}{n+1}\right)+\left(\frac{1}{n}-\frac{1}{n+2}\right)\right\}$$

$$=\frac{1}{2}\left(1+\frac{1}{2}-\frac{1}{n+1}-\frac{1}{n+2}\right)$$

$$\therefore \lim_{n\to\infty}\sum_{k=1}^{n}\frac{1}{S_k}=\lim_{n\to\infty}\frac{1}{2}\left(1+\frac{1}{2}-\frac{1}{n+1}-\frac{1}{n+2}\right)$$

$$=\frac{1}{2}\times\frac{3}{2}=\frac{3}{4} \hfill \text{답 } ③$$

0226 $\displaystyle\sum_{n=2}^{\infty}\log\frac{n^2}{n^2-1}$

$$=\sum_{n=2}^{\infty}\log\frac{n\times n}{(n-1)(n+1)}$$

$$=\lim_{n\to\infty}\sum_{k=2}^{n}\log\frac{k\times k}{(k-1)(k+1)}$$

$$=\lim_{n\to\infty}\left\{\log\frac{2\times2}{1\times3}+\log\frac{3\times3}{2\times4}+\log\frac{4\times4}{3\times5}\right.$$

$$\left.+\cdots+\log\frac{n\times n}{(n-1)(n+1)}\right\}$$

$$=\lim_{n\to\infty}\log\left\{\frac{2\times2}{1\times3}\times\frac{3\times3}{2\times4}\times\frac{4\times4}{3\times5}\times\cdots\times\frac{n\times n}{(n-1)(n+1)}\right\}$$

$$=\lim_{n\to\infty}\log\frac{2n}{n+1}=\log2 \hfill \text{답 } ③$$

0227 급수의 제n항까지의 부분합을 S_n이라 하면

ㄱ. $S_{2n}=0$, $S_{2n-1}=\dfrac{1}{n+1}$이므로

$$\lim_{n\to\infty}S_{2n}=\lim_{n\to\infty}S_{2n-1}=0 \qquad \therefore \lim_{n\to\infty}S_n=0$$

ㄴ. $S_{2n}=0$, $S_{2n-1}=\dfrac{n}{2n-1}$이므로

$$\lim_{n\to\infty}S_{2n}=0,\ \lim_{n\to\infty}S_{2n-1}=\frac{1}{2}$$

따라서 $\displaystyle\lim_{n\to\infty}S_{2n}\neq\lim_{n\to\infty}S_{2n-1}$이므로 주어진 급수는 발산한다.

ㄷ. $S_n=\displaystyle\sum_{k=1}^{n}\left(\sqrt{\frac{k}{k+1}}-\sqrt{\frac{k+1}{k+2}}\right)$

$$=\left(\sqrt{\frac{1}{2}}-\sqrt{\frac{2}{3}}\right)+\left(\sqrt{\frac{2}{3}}-\sqrt{\frac{3}{4}}\right)$$

$$+\cdots+\left(\sqrt{\frac{n}{n+1}}-\sqrt{\frac{n+1}{n+2}}\right)$$

$$=\frac{\sqrt{2}}{2}-\sqrt{\frac{n+1}{n+2}}$$

$$\therefore \lim_{n\to\infty}S_n=\lim_{n\to\infty}\left(\frac{\sqrt{2}}{2}-\sqrt{\frac{n+1}{n+2}}\right)=\frac{\sqrt{2}}{2}-1=\frac{\sqrt{2}-2}{2}$$

이상에서 옳은 것은 ㄱ, ㄷ이다. \hfill 답 ㄱ, ㄷ

0228 $\sum\limits_{n=1}^{\infty}\left(a_n-\dfrac{5n}{n+1}\right)$이 수렴하므로

$\displaystyle\lim_{n\to\infty}\left(a_n-\dfrac{5n}{n+1}\right)=0$

$a_n-\dfrac{5n}{n+1}=b_n$으로 놓으면 $a_n=b_n+\dfrac{5n}{n+1}$

이때 $\displaystyle\lim_{n\to\infty}b_n=0$이므로

$\displaystyle\lim_{n\to\infty}a_n=\lim_{n\to\infty}\left(b_n+\dfrac{5n}{n+1}\right)=\lim_{n\to\infty}b_n+\lim_{n\to\infty}\dfrac{5n}{n+1}$

$=0+5=5$ 답 **5**

0229 ㄱ. $\displaystyle\sum_{n=2}^{\infty}\log\dfrac{n^2-1}{n^2}$

$=\displaystyle\lim_{n\to\infty}\sum_{k=2}^{n}\log\left(\dfrac{k-1}{k}\times\dfrac{k+1}{k}\right)$

$=\displaystyle\lim_{n\to\infty}\left\{\log\left(\dfrac{1}{2}\times\dfrac{3}{2}\right)+\log\left(\dfrac{2}{3}\times\dfrac{4}{3}\right)\right.$

$\left.+\cdots+\log\left(\dfrac{n-1}{n}\times\dfrac{n+1}{n}\right)\right\}$

$=\displaystyle\lim_{n\to\infty}\log\left\{\left(\dfrac{1}{2}\times\dfrac{3}{2}\right)\left(\dfrac{2}{3}\times\dfrac{4}{3}\right)\cdots\left(\dfrac{n-1}{n}\times\dfrac{n+1}{n}\right)\right\}$

$=\displaystyle\lim_{n\to\infty}\log\dfrac{n+1}{2n}=\log\dfrac{1}{2}=-\log 2$

ㄴ. [반례] $a_n=\dfrac{1}{n}$이면 $\displaystyle\lim_{n\to\infty}a_n=0$이지만 $\displaystyle\sum_{n=1}^{\infty}\dfrac{1}{n}=\infty$로 발산한다.

ㄷ. $\displaystyle\lim_{n\to\infty}\dfrac{n}{3n-2}=\dfrac{1}{3}\neq0$이므로 주어진 급수는 발산한다.

이상에서 옳은 것은 ㄷ뿐이다. 답 ②

0230 ① $1+2+3+4+5+6+\cdots=\infty$ (발산)

② $2-4+6-8+10-12+\cdots$은 진동(발산)한다.

③ 제 n항까지의 부분합을 S_n이라 하면

$S_{2n-1}=1+(-1+1)+(-1+1)+\cdots+(-1+1)=1$

$\therefore\displaystyle\lim_{n\to\infty}S_{2n-1}=\lim_{n\to\infty}1=1$

$S_{2n}=(1-1)+(1-1)+\cdots+(1-1)=0$

$\therefore\displaystyle\lim_{n\to\infty}S_{2n}=\lim_{n\to\infty}0=0$

따라서 $\displaystyle\lim_{n\to\infty}S_{2n-1}\neq\lim_{n\to\infty}S_{2n}$이므로 주어진 급수는 발산한다.

④ 공비가 $\dfrac{1}{2}$이므로 주어진 급수는 수렴한다.

⑤ $\displaystyle\lim_{n\to\infty}\dfrac{n}{2n-1}=\dfrac{1}{2}\neq0$이므로 주어진 급수는 발산한다.

답 ④

0231 $\displaystyle\sum_{n=1}^{\infty}a_n=\alpha$, $\displaystyle\sum_{n=1}^{\infty}b_n=\beta$ (α, β는 실수)라 하면

$\displaystyle\sum_{n=1}^{\infty}(2a_n+b_n)=2\sum_{n=1}^{\infty}a_n+\sum_{n=1}^{\infty}b_n=19$에서

$2\alpha+\beta=19$ ······ ㉠

$\displaystyle\sum_{n=1}^{\infty}(3a_n-2b_n)=3\sum_{n=1}^{\infty}a_n-2\sum_{n=1}^{\infty}b_n=18$에서

$3\alpha-2\beta=18$ ······ ㉡

㉠, ㉡을 연립하여 풀면 $\alpha=8$, $\beta=3$

$\therefore\displaystyle\sum_{n=1}^{\infty}(a_n+b_n)=\sum_{n=1}^{\infty}a_n+\sum_{n=1}^{\infty}b_n$

$=\alpha+\beta=11$ 답 ④

0232 ㄱ. [반례] $\{a_n\}:1,0,1,0,\cdots$

$\{b_n\}:0,1,0,1,\cdots$

이면 $\displaystyle\sum_{n=1}^{\infty}a_nb_n$이 0으로 수렴하지만 $\displaystyle\lim_{n\to\infty}a_n\neq0$,

$\displaystyle\lim_{n\to\infty}b_n\neq0$이다.

ㄴ. $\displaystyle\sum_{n=1}^{\infty}a_n$이 수렴하므로 $\displaystyle\lim_{n\to\infty}a_n=0$

$\displaystyle\sum_{n=1}^{\infty}b_n$이 수렴하므로 $\displaystyle\lim_{n\to\infty}b_n=0$

$\therefore\displaystyle\lim_{n\to\infty}(a_n+b_n)=\lim_{n\to\infty}a_n+\lim_{n\to\infty}b_n=0$

ㄷ. [반례] $a_n=\left(\dfrac{1}{2}\right)^n$, $b_n=\left(\dfrac{1}{3}\right)^n$이면

$\displaystyle\sum_{n=1}^{\infty}a_n=\dfrac{\frac{1}{2}}{1-\frac{1}{2}}=1$, $\displaystyle\sum_{n=1}^{\infty}b_n=\dfrac{\frac{1}{3}}{1-\frac{1}{3}}=\dfrac{1}{2}$

$\displaystyle\sum_{n=1}^{\infty}a_nb_n=\sum_{n=1}^{\infty}\left(\dfrac{1}{6}\right)^n=\dfrac{\frac{1}{6}}{1-\frac{1}{6}}=\dfrac{1}{5}$

즉, $\displaystyle\sum_{n=1}^{\infty}a_nb_n=\dfrac{1}{5}\neq1\times\dfrac{1}{2}$

이상에서 옳은 것은 ㄴ뿐이다. 답 ②

0233 $\displaystyle\sum_{n=1}^{\infty}\dfrac{2^n+3^n}{5^n}=\sum_{n=1}^{\infty}\left(\dfrac{2}{5}\right)^n+\sum_{n=1}^{\infty}\left(\dfrac{3}{5}\right)^n$

$=\dfrac{\frac{2}{5}}{1-\frac{2}{5}}+\dfrac{\frac{3}{5}}{1-\frac{3}{5}}$

$=\dfrac{2}{3}+\dfrac{3}{2}=\dfrac{13}{6}$ 답 ②

0234 등비수열 $\{a_n\}$의 첫째항을 a, 공비를 r $(0<r<1)$라 하면 $a_1+a_2=20$에서 $a+ar=20$

$a(1+r)=20$ $\quad\therefore a=\dfrac{20}{1+r}$ ······ ㉠

$\displaystyle\sum_{n=3}^{\infty}a_n=\dfrac{4}{3}$에서 $\dfrac{a_3}{1-r}=\dfrac{4}{3}$, $\dfrac{ar^2}{1-r}=\dfrac{4}{3}$ ······ ㉡

㉠을 ㉡에 대입하면 $\dfrac{20r^2}{1-r^2}=\dfrac{4}{3}$

$64r^2=4$, $r^2=\dfrac{1}{16}$

$\therefore r=\dfrac{1}{4}$ $(\because 0<r<1)$

㉠에 $r=\dfrac{1}{4}$을 대입하면 $a=16$

$\therefore a_1=16$ 답 **16**

0235 (i) $x+1=0$, 즉 $x=-1$일 때 주어진 급수는 0으로 수렴한다.

(ii) $x+1\neq0$, 즉 $x\neq-1$일 때 공비가 $1-\dfrac{x}{2}$이므로 주어진 등비급수가 수렴하려면

$$-1<1-\frac{x}{2}<1, \quad -2<-\frac{x}{2}<0$$

$$\therefore 0<x<4$$

(i), (ii)에서 정수 x는 -1, 1, 2, 3이므로 구하는 합은

$$-1+1+2+3=5$$

답 **5**

0236 $a+ar+ar^2+\cdots=2$에서

$$\frac{a}{1-r}=2 \qquad\cdots\cdots\ \text{㉠}$$

$a^2+a^2r^2+a^2r^4+\cdots=6$에서

$$\frac{a^2}{1-r^2}=6 \quad\therefore\ \frac{a^2}{(1+r)(1-r)}=6 \qquad\cdots\cdots\ \text{㉡}$$

㉠을 ㉡에 대입하면

$$2\times\frac{a}{1+r}=6 \quad\therefore\ \frac{a}{1+r}=3 \qquad\cdots\cdots\ \text{㉢}$$

㉠에서 $a=2-2r$, ㉢에서 $a=3+3r$이므로

$$2-2r=3+3r \quad\therefore\ r=-\frac{1}{5}$$

답 **①**

0237 $\log_3(S_n+1)=n$에서 $S_n+1=3^n$

$$\therefore S_n=3^n-1$$

(i) $n=1$일 때, $a_1=S_1=3-1=2$

(ii) $n\geq2$일 때

$$a_n=S_n-S_{n-1}=3^n-1-(3^{n-1}-1)$$
$$=3^n-3^{n-1}=2\times3^{n-1} \qquad\cdots\cdots\ \text{㉠}$$

이때 $a_1=2$는 ㉠에 $n=1$을 대입한 것과 같으므로 $a_n=2\times3^{n-1}$

$$\therefore \sum_{n=1}^{\infty}\frac{1}{a_n}=\sum_{n=1}^{\infty}\frac{1}{2\times3^{n-1}}=\frac{\frac{1}{2}}{1-\frac{1}{3}}=\frac{3}{4}$$

답 **⑤**

0238 $0.\dot{2}\dot{9}=\dfrac{29}{99}$, $0.\dot{x}=\dfrac{x}{9}$, $2.\dot{6}\dot{3}=\dfrac{263-2}{99}=\dfrac{261}{99}=\dfrac{29}{11}$이므로

$$\lim_{n\to\infty}\sum_{k=1}^{n}a_k=\frac{\frac{29}{99}}{1-\frac{x}{9}}=\frac{29}{11(9-x)}=\frac{29}{11}$$

따라서 $9-x=1$이므로 $x=8$

답 **8**

0239 $x=\overline{\mathrm{OP_1}}-\overline{\mathrm{P_2P_3}}+\overline{\mathrm{P_4P_5}}-\cdots$

$$=1-\left(\frac{1}{3}\right)^2+\left(\frac{1}{3}\right)^4-\cdots$$

$$=\frac{1}{1-\left(-\frac{1}{9}\right)}=\frac{9}{10}$$

$y=\overline{\mathrm{P_1P_2}}-\overline{\mathrm{P_3P_4}}+\overline{\mathrm{P_5P_6}}-\cdots$

$$=\frac{1}{3}-\left(\frac{1}{3}\right)^3+\left(\frac{1}{3}\right)^5-\cdots$$

$$=\frac{\frac{1}{3}}{1-\left(-\frac{1}{9}\right)}=\frac{3}{10}$$

$$\therefore x-y=\frac{6}{10}=\frac{3}{5}$$

답 **③**

0240 $\overline{\mathrm{A_1A_2}}=6$이므로 $l_1=3\pi$

선분 $\mathrm{A_nA_{n+1}}$을 $1:3$으로 내분하는 점이 $\mathrm{A_{n+2}}$이므로

$$\overline{\mathrm{A_{n+1}A_{n+2}}}=\frac{3}{4}\overline{\mathrm{A_nA_{n+1}}}$$

반원의 호의 길이는 지름의 길이에 정비례하므로

$$l_{n+1}=\frac{3}{4}l_n$$

따라서 수열 $\{l_n\}$은 첫째항이 3π, 공비가 $\dfrac{3}{4}$인 등비수열이므로

$$\sum_{n=1}^{\infty}l_n=\frac{3\pi}{1-\frac{3}{4}}=12\pi$$

답 **③**

0241 오른쪽 그림과 같이 점 A에서 $\overline{\mathrm{B_1C_1}}$에 내린 수선의 발을 M이라 하고 $\overline{\mathrm{AM}}$과 $\overline{\mathrm{B_2C_2}}$의 교점을 O라 하면 점 O는 $\overline{\mathrm{B_2C_2}}$의 중점이므로 $\overline{\mathrm{B_2C_2}}$를 지름으로 하는 원의 중심이다.

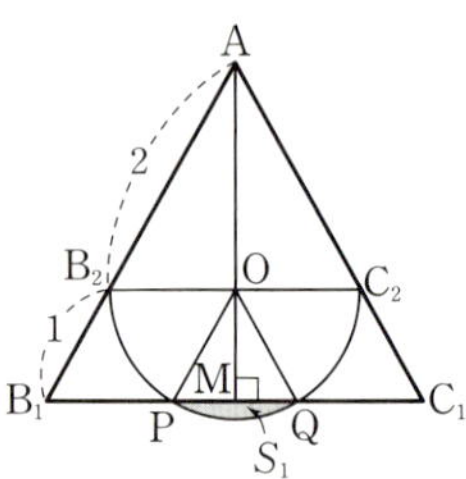

$\overline{\mathrm{AB_2}}:\overline{\mathrm{B_2B_1}}=\overline{\mathrm{AC_2}}:\overline{\mathrm{C_2C_1}}=2:1$이므로

$$\overline{\mathrm{AB_2}}=\overline{\mathrm{AC_2}}=\frac{2}{3}\overline{\mathrm{AB_1}}=\frac{2}{3}\times3=2$$

또, $\angle \mathrm{B_2AC_2}=60°$이므로 $\triangle\mathrm{AB_2C_2}$는 한 변의 길이가 2인 정삼각형이다.

$\overline{\mathrm{OB_2}}=\dfrac{1}{2}\overline{\mathrm{B_2C_2}}=\dfrac{1}{2}\times2=1$이므로 $\overline{\mathrm{OP}}=\overline{\mathrm{OQ}}=1$

이때 $\overline{\mathrm{AM}}=\dfrac{\sqrt{3}}{2}\times3=\dfrac{3\sqrt{3}}{2}$, $\overline{\mathrm{AO}}=\dfrac{\sqrt{3}}{2}\times2=\sqrt{3}$이므로

$$\overline{\mathrm{OM}}=\overline{\mathrm{AM}}-\overline{\mathrm{AO}}=\frac{3\sqrt{3}}{2}-\sqrt{3}=\frac{\sqrt{3}}{2}$$

$\triangle\mathrm{OPM}$에서 $\overline{\mathrm{PM}}^2=\overline{\mathrm{OP}}^2-\overline{\mathrm{OM}}^2=1^2-\left(\dfrac{\sqrt{3}}{2}\right)^2=\dfrac{1}{4}$

$$\therefore \overline{\mathrm{PM}}=\frac{1}{2}\ (\because\ \overline{\mathrm{PM}}>0)$$

따라서 $\overline{\mathrm{PQ}}=2\overline{\mathrm{PM}}=2\times\dfrac{1}{2}=1$이므로 $\triangle\mathrm{OPQ}$는 한 변의 길이가 1인 정삼각형이다.

이때 $\triangle\mathrm{OPQ}$의 넓이는 $\dfrac{\sqrt{3}}{4}\times1^2=\dfrac{\sqrt{3}}{4}$, 부채꼴 OPQ의 넓이는 $\pi\times1^2\times\dfrac{60}{360}=\dfrac{\pi}{6}$이므로

$$S_1=\frac{\pi}{6}-\frac{\sqrt{3}}{4}$$

한편, $\overline{B_1C_1} : \overline{B_2C_2} = 3 : 2$이므로 $S_1 : S_2 = 3^2 : 2^2 = 9 : 4$

따라서 수열 $\{S_n\}$은 첫째항이 $\dfrac{\pi}{6} - \dfrac{\sqrt{3}}{4}$, 공비가 $\dfrac{S_2}{S_1} = \dfrac{4}{9}$인 등비수열이므로

$$\sum_{n=1}^{\infty} S_n = \dfrac{\dfrac{\pi}{6} - \dfrac{\sqrt{3}}{4}}{1 - \dfrac{4}{9}} = \dfrac{6\pi - 9\sqrt{3}}{20}$$

답 ②

0242 처음으로 충전한 후 배터리의 사용 가능 시간은

$$100 \times \dfrac{99}{100} = 99(시간)$$

n번째 충전한 후 배터리의 사용 가능 시간을 a_n시간이라 하면

$$a_n = 99 \times \left(\dfrac{99}{100}\right)^{n-1}$$

따라서 처음으로 충전한 후 사용 가능한 시간의 합은

$$\sum_{n=1}^{\infty} a_n = \sum_{n=1}^{\infty} 99 \times \left(\dfrac{99}{100}\right)^{n-1} = \dfrac{99}{1 - \dfrac{99}{100}} = 9900(시간)$$

답 ⑤

0243 주어진 급수의 제n항을 a_n이라 하면

$$a_n = \dfrac{4}{(n+1)^2 - 1} = \dfrac{4}{(n+1-1)(n+1+1)} = \dfrac{4}{n(n+2)} = 2\left(\dfrac{1}{n} - \dfrac{1}{n+2}\right)$$

⑦

이때 제n항까지의 부분합을 S_n이라 하면

$$S_n = \sum_{k=1}^{n} 2\left(\dfrac{1}{k} - \dfrac{1}{k+2}\right)$$

$$= 2\left\{\left(1 - \dfrac{1}{3}\right) + \left(\dfrac{1}{2} - \dfrac{1}{4}\right) + \left(\dfrac{1}{3} - \dfrac{1}{5}\right) + \cdots + \left(\dfrac{1}{n-1} - \dfrac{1}{n+1}\right) + \left(\dfrac{1}{n} - \dfrac{1}{n+2}\right)\right\}$$

$$= 2\left(1 + \dfrac{1}{2} - \dfrac{1}{n+1} - \dfrac{1}{n+2}\right)$$

⑭

따라서 주어진 급수의 합은

$$\lim_{n \to \infty} S_n = \lim_{n \to \infty} 2\left(1 + \dfrac{1}{2} - \dfrac{1}{n+1} - \dfrac{1}{n+2}\right) = 2 \times \dfrac{3}{2} = 3$$

⑭

답 **3**

단계	채점요소	배점
⑦	주어진 급수의 제n항 구하기	40%
⑭	부분합 S_n 구하기	40%
⑭	급수의 합 구하기	20%

0244 공비가 $x^2 + x + 1$이므로 주어진 등비급수가 수렴하려면

$$-1 < x^2 + x + 1 < 1$$

⑦

(i) $x^2 + x + 1 > -1$, 즉 $x^2 + x + 2 > 0$에서

$$\left(x + \dfrac{1}{2}\right)^2 + \dfrac{7}{4} > 0$$

이므로 모든 실수 x에 대하여 성립한다.

⑭

(ii) $x^2 + x + 1 < 1$, 즉 $x^2 + x < 0$에서

$$x(x+1) < 0$$

$$\therefore -1 < x < 0$$

⑭

(i), (ii)에서 $-1 < x < 0$

⑭

답 $-1 < x < 0$

단계	채점요소	배점
⑦	등비급수가 수렴할 조건 구하기	20%
⑭	$x^2 + x + 1 > -1$을 만족시키는 x의 값의 범위 구하기	30%
⑭	$x^2 + x + 1 < 1$을 만족시키는 x의 값의 범위 구하기	30%
⑭	x의 값의 범위 구하기	20%

0245 원 $x^2 + (y-n)^2 = 9$의 중심을 $D_n(0, n)$이라 하면

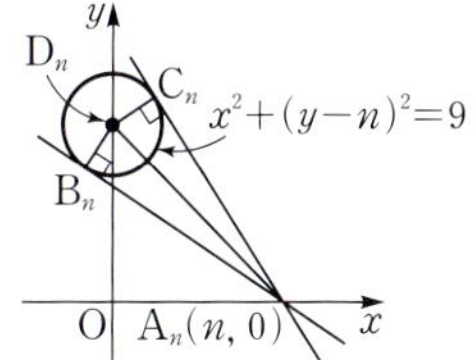

$$\overline{A_nD_n} = \sqrt{n^2 + (-n)^2} = \sqrt{2n^2} = \sqrt{2}\,n$$

원의 반지름의 길이가 3이므로

$$\overline{B_nD_n} = \overline{C_nD_n} = 3$$

$$\overline{A_nB_n} = \sqrt{\overline{A_nD_n}^2 - \overline{B_nD_n}^2} = \sqrt{2n^2 - 9}$$

한편, 원 밖의 한 점에서 원에 그은 두 접선의 길이는 서로 같으므로

$$\overline{A_nC_n} = \overline{A_nB_n} = \sqrt{2n^2 - 9}$$

따라서 $a_n = \overline{A_nB_n} + \overline{A_nC_n} = 2\sqrt{2n^2 - 9}$이므로

$$\dfrac{16}{a_n^2 + 16n + 36} = \dfrac{16}{4(2n^2 - 9) + 16n + 36} = \dfrac{16}{8n^2 + 16n} = \dfrac{2}{n(n+2)}$$

$$\therefore \sum_{n=4}^{\infty} \dfrac{16}{a_n^2 + 16n + 36}$$

$$= \sum_{n=4}^{\infty} \dfrac{2}{n(n+2)} = \sum_{n=4}^{\infty} \left(\dfrac{1}{n} - \dfrac{1}{n+2}\right)$$

$$= \lim_{n \to \infty} \sum_{k=4}^{n} \left(\dfrac{1}{k} - \dfrac{1}{k+2}\right)$$

$$= \lim_{n \to \infty} \left\{\left(\dfrac{1}{4} - \dfrac{1}{6}\right) + \left(\dfrac{1}{5} - \dfrac{1}{7}\right) + \left(\dfrac{1}{6} - \dfrac{1}{8}\right) + \cdots + \left(\dfrac{1}{n-1} - \dfrac{1}{n+1}\right) + \left(\dfrac{1}{n} - \dfrac{1}{n+2}\right)\right\}$$

$$= \lim_{n \to \infty} \left(\dfrac{1}{4} + \dfrac{1}{5} - \dfrac{1}{n+1} - \dfrac{1}{n+2}\right)$$

$$= \dfrac{1}{4} + \dfrac{1}{5} = \dfrac{9}{20}$$

답 $\dfrac{9}{20}$

0246 $3^1=3$, $3^2=9$, $3^3=27$, $3^4=81$, $3^5=243$, $\cdots$이므로

$a_1=3$, $a_2=4$, $a_3=2$, $a_4=1$, $a_5=3$, $\cdots$

즉, 자연수 k에 대하여

$$a_n=\begin{cases} 3 & (n=4k-3) \\ 4 & (n=4k-2) \\ 2 & (n=4k-1) \\ 1 & (n=4k) \end{cases}$$

$$\therefore \sum_{n=1}^{\infty} \frac{40a_{2n-1}}{\{4+(-1)^{n+1}\}^n}$$

$$=40\left(\frac{a_1}{5^1}+\frac{a_3}{3^2}+\frac{a_5}{5^3}+\frac{a_7}{3^4}+\cdots\right)$$

$$=40\left(\frac{3}{5^1}+\frac{2}{3^2}+\frac{3}{5^3}+\frac{2}{3^4}+\cdots\right)$$

$$=40\left\{\left(\frac{3}{5}+\frac{3}{5^3}+\frac{3}{5^5}+\cdots\right)+\left(\frac{2}{3^2}+\frac{2}{3^4}+\frac{2}{3^6}+\cdots\right)\right\}$$

$$=40\left(\frac{\dfrac{3}{5}}{1-\dfrac{1}{25}}+\frac{\dfrac{2}{9}}{1-\dfrac{1}{9}}\right)$$

$$=40\left(\frac{5}{8}+\frac{1}{4}\right)=40\times\frac{7}{8}=35$$

답 **35**

0247 그림 R_1에서 두 부채꼴의 호 MA, DM과 선분 AD에 모두 접하는 원의 중심을 O, 이 원의 반지름의 길이를 r라 하자.

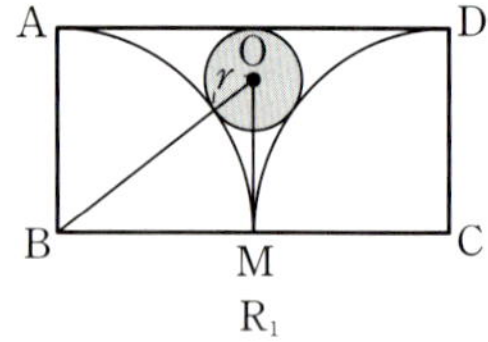

$\overline{BO}^2=\overline{BM}^2+\overline{OM}^2$이므로

$(1+r)^2=1^2+(1-r)^2$, $4r=1$ $\quad \therefore r=\dfrac{1}{4}$

$$\therefore S_1=\pi\times\left(\frac{1}{4}\right)^2=\frac{\pi}{16}$$

다음은 그림 R_{n+1}의 일부이다. (단, $n\geq 1$)

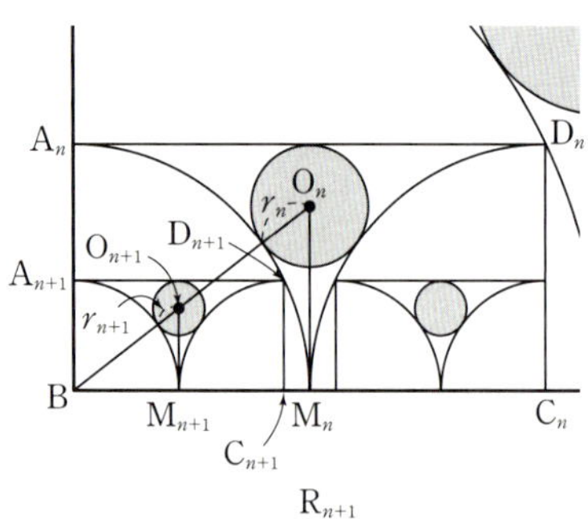

그림 R_n에서 새로 그려진 각 부채꼴에 내접하는 직사각형 중 한 꼭짓점을 B로 하는 직사각형을 $A_nBC_nD_n$이라 하고, 직사각형 $A_nBC_nD_n$ 내부의 두 부채꼴의 호와 선분 A_nD_n에 모두 접하는 원의 중심을 O_n, 원 O_n의 반지름의 길이를 r_n, 선분 BC_n의 중점을 M_n이라 하자.

$\overline{A_{n+1}B}=l$이라 하면 $\overline{A_{n+1}B}:\overline{BC_{n+1}}=1:2$이므로

$\overline{BC_{n+1}}=2l$, $\overline{BD_{n+1}}=\sqrt{5}l$

또한 $\overline{BD_{n+1}}=\overline{BM_n}=\sqrt{5}l$이고 삼각형 $O_{n+1}BM_{n+1}$과 삼각형 O_nBM_n은 닮음이므로

$\overline{BM_{n+1}}:\overline{BM_n}=\overline{BO_{n+1}}:\overline{BO_n}$

$l:\sqrt{5}l=(l+r_{n+1}):(\sqrt{5}l+r_n)$

$$\therefore r_{n+1}=\frac{1}{\sqrt{5}}r_n$$

그림 R_n에서 새로 그려진 원 한 개의 넓이를 a_n이라 하면

$$a_{n+1}=\frac{1}{5}a_n$$

그림 R_{n+1}에서 새로 그려진 원의 개수는 그림 R_n에서 새로 그려진 원의 개수의 2배이므로 S_n은 첫째항이 $\dfrac{\pi}{16}$이고 공비가 $\dfrac{2}{5}$인 등비수열의 첫째항부터 제n항까지의 합이다.

$$\therefore \lim_{n\to\infty} S_n=\frac{\dfrac{\pi}{16}}{1-\dfrac{2}{5}}=\frac{5}{48}\pi$$

답 ②

03 지수함수와 로그함수의 미분

📖 교과서 문제 정/복/하/기

본문 43쪽

0248 $\lim\limits_{x\to-\infty}\dfrac{3^x}{2^{2x}}=\lim\limits_{x\to-\infty}\left(\dfrac{3}{4}\right)^x=0$ 답 **0**

0249 $\lim\limits_{x\to\infty}\dfrac{2^x}{1+2^x}=\lim\limits_{x\to\infty}\dfrac{1}{\left(\frac{1}{2}\right)^x+1}=\dfrac{1}{0+1}=1$ 답 **1**

0250 $\lim\limits_{x\to\infty}(3^x-5^x)=\lim\limits_{x\to\infty}5^x\left\{\left(\dfrac{3}{5}\right)^x-1\right\}$

이때 $\lim\limits_{x\to\infty}\left\{\left(\dfrac{3}{5}\right)^x-1\right\}=-1$이므로

$\lim\limits_{x\to\infty}(3^x-5^x)=\lim\limits_{x\to\infty}5^x\left\{\left(\dfrac{3}{5}\right)^x-1\right\}=-\infty$ 답 $-\infty$

0251 $\lim\limits_{x\to-\infty}\dfrac{5^x+5^{-x}}{5^x-5^{-x}}=\lim\limits_{x\to-\infty}\dfrac{5^{2x}+1}{5^{2x}-1}=\lim\limits_{x\to-\infty}\dfrac{25^x+1}{25^x-1}$

이때 $\lim\limits_{x\to-\infty}25^x=0$이므로

$\lim\limits_{x\to-\infty}\dfrac{5^x+5^{-x}}{5^x-5^{-x}}=\lim\limits_{x\to-\infty}\dfrac{25^x+1}{25^x-1}=-1$ 답 -1

0252 $\lim\limits_{x\to0+}\log_{\frac{1}{3}}x=\infty$ 답 ∞

0253 $\lim\limits_{x\to\infty}\log_4(x^2+1)=\infty$ 답 ∞

0254 $\lim\limits_{x\to\infty}\log_3\dfrac{1}{x}=\lim\limits_{x\to\infty}(-\log_3 x)=-\infty$ 답 $-\infty$

0255 $x-4=t$로 놓으면 $x\to4+$일 때 $t\to0+$이므로

$\lim\limits_{x\to4+}\log_{\frac{1}{2}}(x-4)=\lim\limits_{t\to0+}\log_{\frac{1}{2}}t=\infty$ 답 ∞

0256 $\lim\limits_{x\to0}(1+2x)^{\frac{1}{x}}=\lim\limits_{x\to0}\left\{(1+2x)^{\frac{1}{2x}}\right\}^2=e^2$ 답 e^2

0257 $\lim\limits_{x\to0}\left(1+\dfrac{x}{2}\right)^{\frac{3}{x}}=\lim\limits_{x\to0}\left\{\left(1+\dfrac{x}{2}\right)^{\frac{2}{x}}\right\}^{\frac{3}{2}}=e^{\frac{3}{2}}$ 답 $e^{\frac{3}{2}}$

0258 $\lim\limits_{x\to\infty}\left(1+\dfrac{2}{x}\right)^x=\lim\limits_{x\to\infty}\left\{\left(1+\dfrac{2}{x}\right)^{\frac{x}{2}}\right\}^2=e^2$ 답 e^2

0259 $-x=t$로 놓으면 $x\to-\infty$일 때 $t\to\infty$이므로

$\lim\limits_{x\to-\infty}\left(1-\dfrac{1}{x}\right)^{2x}=\lim\limits_{t\to\infty}\left(1+\dfrac{1}{t}\right)^{-2t}$

$=\lim\limits_{t\to\infty}\left\{\left(1+\dfrac{1}{t}\right)^t\right\}^{-2}$

$=e^{-2}=\dfrac{1}{e^2}$ 답 $\dfrac{1}{e^2}$

0260 $\lim\limits_{x\to0}\dfrac{\ln(1+2x)}{x}=\lim\limits_{x\to0}\dfrac{\ln(1+2x)}{2x}\times2$

$=1\times2=2$ 답 **2**

0261 $\lim\limits_{x\to0}\dfrac{e^{2x}-1}{3x}=\lim\limits_{x\to0}\dfrac{e^{2x}-1}{2x}\times\dfrac{2}{3}$

$=1\times\dfrac{2}{3}=\dfrac{2}{3}$ 답 $\dfrac{2}{3}$

0262 $\lim\limits_{x\to0}\dfrac{\log_3(1-2x)}{x}=\lim\limits_{x\to0}\dfrac{\log_3(1-2x)}{-2x}\times(-2)$

$=\dfrac{1}{\ln3}\times(-2)=-\dfrac{2}{\ln3}$

답 $-\dfrac{2}{\ln 3}$

0263 $\lim\limits_{x\to0}\dfrac{3^x-1}{3x}=\lim\limits_{x\to0}\dfrac{3^x-1}{x}\times\dfrac{1}{3}$

$=\ln3\times\dfrac{1}{3}=\dfrac{1}{3}\ln3$ 답 $\dfrac{1}{3}\ln 3$

0264 $\lim\limits_{x\to0}\dfrac{2^x-3^x}{x}=\lim\limits_{x\to0}\dfrac{2^x-1-(3^x-1)}{x}$

$=\lim\limits_{x\to0}\dfrac{2^x-1}{x}-\lim\limits_{x\to0}\dfrac{3^x-1}{x}$

$=\ln2-\ln3=\ln\dfrac{2}{3}$ 답 $\ln\dfrac{2}{3}$

0265   답 $y'=2e^x$

0266 $y'=1\times e^x+(x+1)e^x=(x+2)e^x$ 답 $y'=(x+2)e^x$

0267 $y=e^2\times e^x$이므로 $y'=e^2\times e^x=e^{x+2}$ 답 $y'=e^{x+2}$

0268 $y'=3\times2^x\ln2=3\ln2\times2^x$ 답 $y'=3\ln2\times2^x$

0269 $y=\ln3+\ln x$이므로 $y'=\dfrac{1}{x}$ 답 $y'=\dfrac{1}{x}$

0270 $y=\log_2 4+\log_2 x=2+\log_2 x$이므로

$y'=\dfrac{1}{x\ln2}$ 답 $y'=\dfrac{1}{x\ln 2}$

0271 $y'=1\times\ln x+x\times\dfrac{1}{x}=\ln x+1$ 답 $y'=\ln x+1$

0272 $y=x(\log_3 2+\log_3 x)$이므로

$$y'=1\times(\log_3 2+\log_3 x)+x\times\dfrac{1}{x\ln 3}$$

$$=\log_3 2x+\dfrac{1}{\ln 3}$$

답 $y'=\log_3 2x+\dfrac{1}{\ln 3}$

0273 주어진 식을 4^x으로 묶으면

$$\lim_{x\to\infty}(3^x+4^x)^{\frac{1}{x}}=\lim_{x\to\infty}\left[4^x\left\{\left(\dfrac{3}{4}\right)^x+1\right\}\right]^{\frac{1}{x}}$$

$$=\lim_{x\to\infty}4\left\{\left(\dfrac{3}{4}\right)^x+1\right\}^{\frac{1}{x}}$$

$$=4\lim_{x\to\infty}\left\{\left(\dfrac{3}{4}\right)^x+1\right\}^{\frac{1}{x}}$$

$$=4\times 1=4$$

답 ②

0274 $\dfrac{1}{x}=t$로 놓으면 $x\to 0-$일 때 $t\to-\infty$이므로

$$\lim_{x\to 0-}\dfrac{1}{1+5^{\frac{1}{x}}}=\lim_{t\to-\infty}\dfrac{1}{1+5^t}=\dfrac{1}{1+0}=1$$

답 ④

0275 주어진 식의 분모, 분자에 각각 2^x을 곱하면

$$\lim_{x\to-\infty}\dfrac{3^x-2^{-x}}{3^x+2^{-x}}=\lim_{x\to-\infty}\dfrac{2^x\times 3^x-1}{2^x\times 3^x+1}$$

$$=\lim_{x\to-\infty}\dfrac{6^x-1}{6^x+1}$$

$$=\dfrac{0-1}{0+1}=-1$$

답 ②

0276 주어진 식의 좌변의 분모, 분자를 각각 3^x으로 나누면

$$\lim_{x\to\infty}\dfrac{a\times 3^x}{3^{x+1}-2^x}=\lim_{x\to\infty}\dfrac{a}{3-\left(\dfrac{2}{3}\right)^x}=\dfrac{a}{3}$$

·· ㉮

따라서 $\dfrac{a}{3}=4$이므로 $a=12$

·· ㉯

답 **12**

단계	채점요소	배점
㉮	주어진 식의 좌변을 간단히 하기	70 %
㉯	a의 값 구하기	30 %

0277 ㄱ. $-x=t$로 놓으면 $x\to-\infty$일 때 $t\to\infty$이므로

$$\lim_{x\to-\infty}\dfrac{2^x}{2^x-2^{-x}}=\lim_{t\to\infty}\dfrac{2^{-t}}{2^{-t}-2^t}=\lim_{t\to\infty}\dfrac{2^{-2t}}{2^{-2t}-1}$$

$$=\lim_{t\to\infty}\dfrac{\left(\dfrac{1}{4}\right)^t}{\left(\dfrac{1}{4}\right)^t-1}=\dfrac{0}{0-1}=0$$

ㄴ. $\displaystyle\lim_{x\to-\infty}\dfrac{3^x}{\sqrt{5}^x}=\lim_{x\to-\infty}\left(\dfrac{3}{\sqrt{5}}\right)^x=0$

ㄷ. $\dfrac{1}{x}=t$로 놓으면 $x\to-\infty$일 때 $t\to 0-$이므로

$$\lim_{x\to-\infty}\dfrac{1}{3^{\frac{1}{x}}-1}=\lim_{t\to 0-}\dfrac{1}{3^t-1}=-\infty$$

이상에서 극한값이 존재하는 것은 ㄱ, ㄴ이다.

답 ③

0278 $\displaystyle\lim_{x\to\infty}\{\log_3(7+3x)-\log_3 x\}$

$$=\lim_{x\to\infty}\log_3\dfrac{7+3x}{x}$$

$$=\lim_{x\to\infty}\log_3\left(\dfrac{7}{x}+3\right)$$

$$=\log_3\lim_{x\to\infty}\left(\dfrac{7}{x}+3\right)$$

$$=\log_3 3=1$$

답 ②

0279 $\displaystyle\lim_{x\to\infty}(\log_2\sqrt{2x^2+x}-\log_2 x)$

$$=\lim_{x\to\infty}\log_2\dfrac{\sqrt{2x^2+x}}{x}$$

$$=\lim_{x\to\infty}\log_2\sqrt{\dfrac{2x^2+x}{x^2}}$$

$$=\log_2\lim_{x\to\infty}\sqrt{\dfrac{2x^2+x}{x^2}}$$

$$=\log_2\lim_{x\to\infty}\sqrt{2+\dfrac{1}{x}}$$

$$=\log_2\sqrt{2}=\dfrac{1}{2}$$

답 $\dfrac{1}{2}$

0280 $\displaystyle\lim_{x\to 1}(\log_2|x^3-1|-\log_2|x^2-1|)$

$$=\lim_{x\to 1}\log_2\dfrac{|x^3-1|}{|x^2-1|}$$

$$=\lim_{x\to 1}\log_2\left|\dfrac{x^3-1}{x^2-1}\right|$$

$$=\lim_{x\to 1}\log_2\left|\dfrac{(x-1)(x^2+x+1)}{(x-1)(x+1)}\right|$$

$$=\lim_{x\to 1}\log_2\left|\dfrac{x^2+x+1}{x+1}\right|$$

$$=\log_2\lim_{x\to 1}\left|\dfrac{x^2+x+1}{x+1}\right|$$

$$=\log_2\dfrac{3}{2}=\log_2 3-1$$

답 ②

0281 $\lim\limits_{x\to\infty}\{\log_3(ax+1)-\log_3(x-1)\}$

$=\lim\limits_{x\to\infty}\log_3\dfrac{ax+1}{x-1}$

$=\lim\limits_{x\to\infty}\log_3\dfrac{a+\dfrac{1}{x}}{1-\dfrac{1}{x}}$

$=\log_3\lim\limits_{x\to\infty}\dfrac{a+\dfrac{1}{x}}{1-\dfrac{1}{x}}$

$=\log_3 a$

따라서 $\log_3 a=3$이므로

$a=3^3=27$ 답 ④

0282 $6^x+9^x=9^x\left\{\left(\dfrac{2}{3}\right)^x+1\right\}$이므로

$\lim\limits_{x\to\infty}\dfrac{1}{x}\log_3(6^x+9^x)$

$=\lim\limits_{x\to\infty}\log_3\left[9^x\left\{\left(\dfrac{2}{3}\right)^x+1\right\}\right]^{\frac{1}{x}}$

$=\lim\limits_{x\to\infty}\log_3 9\left\{\left(\dfrac{2}{3}\right)^x+1\right\}^{\frac{1}{x}}$

$=\log_3\lim\limits_{x\to\infty}9\left\{\left(\dfrac{2}{3}\right)^x+1\right\}^{\frac{1}{x}}$

$=\log_3(9\times1)=2$ 답 **2**

0283 $\lim\limits_{x\to0}(1+4x)^{\frac{3}{x}}+\lim\limits_{x\to0}(1-5x)^{\frac{1}{x}}$

$=\lim\limits_{x\to0}\{(1+4x)^{\frac{1}{4x}}\}^{12}+\lim\limits_{x\to0}\{(1-5x)^{-\frac{1}{5x}}\}^{-5}$

$=e^{12}+e^{-5}=e^{12}+\dfrac{1}{e^5}$ 답 ⑤

0284 $x-2=t$로 놓으면 $x\to2$일 때 $t\to0$이므로

$\lim\limits_{x\to2}(x-1)^{\frac{1}{x-2}}=\lim\limits_{t\to0}(1+t)^{\frac{1}{t}}=e$ 답 e

0285 $\lim\limits_{x\to0}(1+ax)^{\frac{2}{x}}=\lim\limits_{x\to0}\{(1+ax)^{\frac{1}{ax}}\}^{2a}=e^{2a}$

따라서 $e^{2a}=e^6$이므로

$2a=6$ $\therefore a=3$ 답 ②

0286 $\lim\limits_{x\to\infty}\left\{\left(1+\dfrac{1}{x}\right)\left(1+\dfrac{1}{2x}\right)\right\}^x$

$=\lim\limits_{x\to\infty}\left(1+\dfrac{1}{x}\right)^x\left(1+\dfrac{1}{2x}\right)^x$

$=\lim\limits_{x\to\infty}\left(1+\dfrac{1}{x}\right)^x\times\lim\limits_{x\to\infty}\left\{\left(1+\dfrac{1}{2x}\right)^{2x}\right\}^{\frac{1}{2}}$

$=e\times e^{\frac{1}{2}}=e^{\frac{3}{2}}$ 답 $e^{\frac{3}{2}}$

0287 $\lim\limits_{x\to\infty}\left\{\dfrac{1}{2}\left(1+\dfrac{1}{x}\right)\left(1+\dfrac{1}{x+1}\right)\left(1+\dfrac{1}{x+2}\right)\cdots\left(1+\dfrac{1}{2x}\right)\right\}^x$

$=\lim\limits_{x\to\infty}\left(\dfrac{1}{2}\times\dfrac{x+1}{x}\times\dfrac{x+2}{x+1}\times\dfrac{x+3}{x+2}\times\cdots\times\dfrac{2x+1}{2x}\right)^x$

$=\lim\limits_{x\to\infty}\left(\dfrac{2x+1}{2x}\right)^x=\lim\limits_{x\to\infty}\left(1+\dfrac{1}{2x}\right)^x$

$=\lim\limits_{x\to\infty}\left\{\left(1+\dfrac{1}{2x}\right)^{2x}\right\}^{\frac{1}{2}}=e^{\frac{1}{2}}=\sqrt{e}$ 답 ③

0288 $\lim\limits_{x\to\infty}\left(\dfrac{x+a}{x-a}\right)^x=\lim\limits_{x\to\infty}\left(\dfrac{1+\dfrac{a}{x}}{1-\dfrac{a}{x}}\right)^x$

$=\lim\limits_{x\to\infty}\dfrac{\left(1+\dfrac{a}{x}\right)^x}{\left(1-\dfrac{a}{x}\right)^x}$

$=\dfrac{\lim\limits_{x\to\infty}\left\{\left(1+\dfrac{a}{x}\right)^{\frac{x}{a}}\right\}^a}{\lim\limits_{x\to\infty}\left\{\left(1-\dfrac{a}{x}\right)^{-\frac{x}{a}}\right\}^{-a}}$

$=\dfrac{e^a}{e^{-a}}=e^{2a}$

따라서 $e^{2a}=e^{50}$이므로

$2a=50$ $\therefore a=25$ 답 **25**

0289 ㄱ. $\lim\limits_{x\to\infty}\left(1-\dfrac{1}{x}\right)^x=\lim\limits_{x\to\infty}\left\{\left(1-\dfrac{1}{x}\right)^{-x}\right\}^{-1}=e^{-1}=\dfrac{1}{e}$

ㄴ. $-x=t$로 놓으면 $x\to-\infty$일 때 $t\to\infty$이므로

$\quad\lim\limits_{x\to-\infty}\left(1-\dfrac{1}{x}\right)^{-x}=\lim\limits_{t\to\infty}\left(1+\dfrac{1}{t}\right)^t=e$

ㄷ. $\lim\limits_{x\to0}(1-x)^{\frac{1}{x}}=\lim\limits_{x\to0}\{(1-x)^{-\frac{1}{x}}\}^{-1}=e^{-1}=\dfrac{1}{e}$

ㄹ. $x-1=t$로 놓으면 $x\to1$일 때 $t\to0$이므로

$\quad\lim\limits_{x\to1}x^{\frac{1}{x-1}}=\lim\limits_{t\to0}(1+t)^{\frac{1}{t}}=e$

이상에서 극한값이 e인 것은 ㄴ, ㄹ의 2개이다.   답 **2**

0290 $\lim\limits_{x\to0}\dfrac{\ln(2x+1)}{3x^2+x}$

$=\lim\limits_{x\to0}\left\{\dfrac{\ln(1+2x)}{2x}\times\dfrac{2x}{3x^2+x}\right\}$

$=\lim\limits_{x\to0}\dfrac{\ln(1+2x)}{2x}\times\lim\limits_{x\to0}\dfrac{2}{3x+1}$

$=1\times2=2$ 답 ⑤

0291 $\lim\limits_{x\to0}\dfrac{\ln(1+2x)}{\ln(1+6x)}$

$=\lim\limits_{x\to0}\left\{\dfrac{\ln(1+2x)}{2x}\times\dfrac{6x}{\ln(1+6x)}\times\dfrac{2}{6}\right\}$

$=1\times1\times\dfrac{1}{3}=\dfrac{1}{3}$ 답 $\dfrac{1}{3}$

0292 $\displaystyle\lim_{x\to0}\frac{\ln(1+ax)}{x}=\lim_{x\to0}\left\{\frac{\ln(1+ax)}{ax}\times a\right\}$

$\qquad\qquad\qquad\quad=1\times a=a$

$\therefore a=3$ 답 ⑤

0293 $y=e^{4x}-1$이라 하면 $e^{4x}=y+1$

$4x=\ln(y+1)\qquad\therefore x=\dfrac{1}{4}\ln(y+1)$

㉮

x와 y를 서로 바꾸면

$y=\dfrac{1}{4}\ln(x+1)$

$\therefore g(x)=\dfrac{1}{4}\ln(x+1)$

㉯

$\therefore \displaystyle\lim_{x\to0}\frac{g(x)}{x}=\frac{1}{4}\lim_{x\to0}\frac{\ln(x+1)}{x}$

$\qquad\qquad\quad=\dfrac{1}{4}\times1=\dfrac{1}{4}$

㉰

답 $\dfrac{1}{4}$

단계	채점요소	배점
㉮	x를 y에 대한 식으로 나타내기	30%
㉯	함수 $g(x)$ 구하기	30%
㉰	극한값 구하기	40%

0294 $\displaystyle\lim_{x\to0}\frac{\log_2(3+x)-\log_2 3}{x}$

$=\displaystyle\lim_{x\to0}\frac{\log_2\dfrac{3+x}{3}}{x}$

$=\displaystyle\lim_{x\to0}\frac{\log_2\left(1+\dfrac{x}{3}\right)}{x}$

$=\displaystyle\lim_{x\to0}\left\{\frac{\log_2\left(1+\dfrac{x}{3}\right)}{\dfrac{x}{3}}\times\frac{1}{3}\right\}$

$=\dfrac{1}{\ln 2}\times\dfrac{1}{3}=\dfrac{1}{3\ln 2}$ 답 ④

0295 $\displaystyle\lim_{x\to0}\frac{\log_5(1-5x)}{x}$

$=\displaystyle\lim_{x\to0}\left\{\frac{\log_5(1-5x)}{-5x}\times(-5)\right\}$

$=\dfrac{1}{\ln 5}\times(-5)$

$=-\dfrac{5}{\ln 5}$ 답 $-\dfrac{5}{\ln 5}$

0296 $\displaystyle\lim_{x\to0}\frac{\log_5(1+7x)}{\log_3(1-x)}$

$=\displaystyle\lim_{x\to0}\left\{\frac{\log_5(1+7x)}{7x}\times\frac{-x}{\log_3(1-x)}\times(-7)\right\}$

$=\dfrac{1}{\ln 5}\times\ln 3\times(-7)$

$=-\dfrac{7\ln 3}{\ln 5}=-7\log_5 3$ 답 ②

0297 $x-2=t$로 놓으면 $x\to2$일 때 $t\to0$이므로

$\displaystyle\lim_{x\to2}\frac{\log_2(x-1)}{x-2}=\lim_{t\to0}\frac{\log_2(1+t)}{t}=\frac{1}{\ln 2}$ 답 $\dfrac{1}{\ln 2}$

0298 $\displaystyle\lim_{x\to0}\frac{e^x-1}{\ln(1+2x)}$

$=\displaystyle\lim_{x\to0}\left\{\frac{e^x-1}{x}\times\frac{2x}{\ln(1+2x)}\times\frac{1}{2}\right\}$

$=1\times1\times\dfrac{1}{2}=\dfrac{1}{2}$ 답 ①

0299 $\displaystyle\lim_{x\to0}\frac{e^{2x}-e^{-3x}}{x}$

$=\displaystyle\lim_{x\to0}\frac{(e^{2x}-1)-(e^{-3x}-1)}{x}$

$=\displaystyle\lim_{x\to0}\left(\frac{e^{2x}-1}{x}-\frac{e^{-3x}-1}{x}\right)$

$=\displaystyle\lim_{x\to0}\left\{\frac{e^{2x}-1}{2x}\times2-\frac{e^{-3x}-1}{-3x}\times(-3)\right\}$

$=1\times2-1\times(-3)=5$ 답 ⑤

0300 $\displaystyle\lim_{x\to0}\frac{e^{3x}-1}{x^2-x}=\lim_{x\to0}\frac{e^{3x}-1}{x(x-1)}$

$\qquad\qquad=\displaystyle\lim_{x\to0}\left\{\frac{e^{3x}-1}{3x}\times\frac{3x}{x(x-1)}\right\}$

$\qquad\qquad=\displaystyle\lim_{x\to0}\left(\frac{e^{3x}-1}{3x}\times\frac{3}{x-1}\right)$

$\qquad\qquad=1\times\dfrac{3}{-1}=-3$ 답 -3

0301 $\displaystyle\lim_{x\to0}\frac{e^{5x}+e^{3x}+e^x-3}{x}$

$=\displaystyle\lim_{x\to0}\left(\frac{e^{5x}-1}{x}+\frac{e^{3x}-1}{x}+\frac{e^x-1}{x}\right)$

$=\displaystyle\lim_{x\to0}\left(\frac{e^{5x}-1}{5x}\times5+\frac{e^{3x}-1}{3x}\times3+\frac{e^x-1}{x}\right)$

$=1\times5+1\times3+1=9$ 답 9

0302 $\displaystyle\lim_{x\to0}\frac{e^{2x}+10x-1}{x}$

$=\displaystyle\lim_{x\to0}\left(\frac{e^{2x}-1}{2x}\times2+\frac{10x}{x}\right)$

$=1\times2+10=12$ 답 ④

0303 $\displaystyle\lim_{x\to 0}\frac{e^{-ax}-1}{\ln(1+a^2x)}$

$\displaystyle=\lim_{x\to 0}\left\{\frac{e^{-ax}-1}{-ax}\times\frac{a^2x}{\ln(1+a^2x)}\times\left(-\frac{1}{a}\right)\right\}$

$\displaystyle=1\times 1\times\left(-\frac{1}{a}\right)=-\frac{1}{a}$

따라서 $-\dfrac{1}{a}=\dfrac{1}{9}$이므로 $a=-9$ 답 ①

0304 $\displaystyle\lim_{x\to 0}\frac{6^x-2^x}{x}=\lim_{x\to 0}\frac{(6^x-1)-(2^x-1)}{x}$

$\displaystyle\qquad=\lim_{x\to 0}\frac{6^x-1}{x}-\lim_{x\to 0}\frac{2^x-1}{x}$

$\displaystyle\qquad=\ln 6-\ln 2=\ln\frac{6}{2}=\ln 3$ 답 ③

0305 $\displaystyle\lim_{x\to 0}\frac{3^x-1}{\log_3(1+x)}$

$\displaystyle=\lim_{x\to 0}\left\{\frac{3^x-1}{x}\times\frac{x}{\log_3(1+x)}\right\}$

$\displaystyle=\ln 3\times\ln 3=(\ln 3)^2$ 답 $(\ln 3)^2$

0306 $x-1=t$로 놓으면 $x\to 1$일 때 $t\to 0$이므로

$\displaystyle\lim_{x\to 1}\frac{5^{x-1}-1}{x^2-1}=\lim_{x\to 1}\frac{5^{x-1}-1}{(x-1)(x+1)}$

$\displaystyle\qquad=\lim_{t\to 0}\frac{5^t-1}{t(t+2)}=\lim_{t\to 0}\left(\frac{5^t-1}{t}\times\frac{1}{t+2}\right)$

$\displaystyle\qquad=\ln 5\times\frac{1}{2}=\frac{1}{2}\ln 5$ 답 $\dfrac{1}{2}\ln 5$

0307 $\displaystyle\lim_{x\to 0+}\{\ln(4^x-2^x)-\ln x\}$

$\displaystyle=\lim_{x\to 0+}\ln\frac{4^x-2^x}{x}=\lim_{x\to 0+}\ln\frac{(4^x-1)-(2^x-1)}{x}$

$\displaystyle=\ln\left(\lim_{x\to 0+}\frac{4^x-1}{x}-\lim_{x\to 0+}\frac{2^x-1}{x}\right)$

$\displaystyle=\ln(\ln 4-\ln 2)=\ln(\ln 2)$

따라서 $A=\ln(\ln 2)$이므로

$e^A=e^{\ln(\ln 2)}=\ln 2$ 답 ⑤

0308 $\displaystyle\lim_{x\to 0}\frac{(a+12)^x-a^x}{x}$

$\displaystyle=\lim_{x\to 0}\frac{(a+12)^x-1-(a^x-1)}{x}$

$\displaystyle=\lim_{x\to 0}\frac{(a+12)^x-1}{x}-\lim_{x\to 0}\frac{a^x-1}{x}$

$\displaystyle=\ln(a+12)-\ln a=\ln\frac{a+12}{a}$

따라서 $\ln\dfrac{a+12}{a}=\ln 3$이므로

$\dfrac{a+12}{a}=3,\ a+12=3a$ $\therefore a=6$ 답 ⑤

0309 $x\to 1$일 때 (분모)$\to 0$이고 극한값이 존재하므로 (분자)$\to 0$이다.

즉, $\displaystyle\lim_{x\to 1}(ax+b)=0$이므로

$a+b=0$ $\therefore b=-a$

$b=-a$를 주어진 식의 좌변에 대입하면

$\displaystyle\lim_{x\to 1}\frac{ax+b}{e^{x-1}-1}=\lim_{x\to 1}\frac{ax-a}{e^{x-1}-1}=\lim_{x\to 1}\frac{a(x-1)}{e^{x-1}-1}$

이때 $x-1=t$로 놓으면 $x\to 1$일 때 $t\to 0$이므로

$\displaystyle\lim_{x\to 1}\frac{a(x-1)}{e^{x-1}-1}=\lim_{t\to 0}\frac{at}{e^t-1}=\lim_{t\to 0}\left(\frac{t}{e^t-1}\times a\right)$

$\displaystyle\qquad=1\times a=a$

따라서 $a=3$이므로 $b=-3$

$\therefore a-b=3-(-3)=6$ 답 ③

0310 $x\to 0$일 때 (분모)$\to 0$이고 극한값이 존재하므로 (분자)$\to 0$이다.

즉, $\displaystyle\lim_{x\to 0}(\sqrt{ax+b}-2)=0$이므로

$\sqrt{b}-2=0$ $\therefore b=4$

$b=4$를 주어진 식의 좌변에 대입하면

$\displaystyle\lim_{x\to 0}\frac{\sqrt{ax+b}-2}{e^x-1}=\lim_{x\to 0}\frac{\sqrt{ax+4}-2}{e^x-1}$

$\displaystyle\qquad=\lim_{x\to 0}\frac{(\sqrt{ax+4}-2)(\sqrt{ax+4}+2)}{(e^x-1)(\sqrt{ax+4}+2)}$

$\displaystyle\qquad=\lim_{x\to 0}\frac{ax}{(e^x-1)(\sqrt{ax+4}+2)}$

$\displaystyle\qquad=\lim_{x\to 0}\left(\frac{x}{e^x-1}\times\frac{a}{\sqrt{ax+4}+2}\right)$

$\displaystyle\qquad=1\times\frac{a}{4}=\frac{a}{4}$

따라서 $\dfrac{a}{4}=\dfrac{1}{2}$이므로 $a=2$

$\therefore a+b=6$ 답 ④

0311 $x\to 1$일 때 (분모)$\to 0$이고 극한값이 존재하므로 (분자)$\to 0$이다.

즉, $\displaystyle\lim_{x\to 1}(e^{x-1}-a)=0$이므로

$e^0-a=0,\ 1-a=0$ $\therefore a=1$

$a=1$을 주어진 식의 좌변에 대입하면

$\displaystyle\lim_{x\to 1}\frac{e^{x-1}-a}{x^2-1}=\lim_{x\to 1}\frac{e^{x-1}-1}{(x-1)(x+1)}$

이때 $x-1=t$로 놓으면 $x\to 1$일 때 $t\to 0$이므로

$\displaystyle\lim_{x\to 1}\frac{e^{x-1}-1}{(x-1)(x+1)}=\lim_{t\to 0}\frac{e^t-1}{t(t+2)}$

$\displaystyle\qquad=\lim_{t\to 0}\left(\frac{e^t-1}{t}\times\frac{1}{t+2}\right)$

$\displaystyle\qquad=1\times\frac{1}{2}=\frac{1}{2}$

$\therefore b=\dfrac{1}{2}$ 답 $a=1,\ b=\dfrac{1}{2}$

0312 $x \longrightarrow 0$일 때 (분자)$\longrightarrow 0$이고 0이 아닌 극한값이 존재하므로 (분모)$\longrightarrow 0$이다.

즉, $\lim\limits_{x \to 0}(e^{bx+c}-1)=0$이므로

$$e^c-1=0 \qquad \therefore c=0 \hfill ⑦$$

$c=0$을 주어진 식의 좌변에 대입하면

$$\lim_{x \to 0}\frac{\ln(1+ax)}{e^{bx+c}-1}=\lim_{x \to 0}\frac{\ln(1+ax)}{e^{bx}-1}$$
$$=\lim_{x \to 0}\left\{\frac{\ln(1+ax)}{ax}\times\frac{bx}{e^{bx}-1}\times\frac{a}{b}\right\}$$
$$=1\times1\times\frac{a}{b}=\frac{a}{b} \hfill ⑭$$

따라서 $\dfrac{a}{b}=7$이므로 $a=7b$

$$\hfill ⑮$$

$$\therefore \frac{a+c}{b}=\frac{7b+0}{b}=7 \hfill ⑯$$

답 **7**

단계	채점요소	배점
⑦	c의 값 구하기	30%
⑭	주어진 식의 좌변을 간단히 하기	40%
⑮	$a=7b$임을 알기	20%
⑯	$\dfrac{a+c}{b}$의 값 구하기	10%

0313 함수 $f(x)$가 $x=0$에서 연속이려면 $\lim\limits_{x \to 0}f(x)=f(0)$이어야 한다.

즉, $\lim\limits_{x \to 0}\dfrac{\ln(5x+a)}{x}=b$ $\qquad\cdots\cdots \㉠$

이때 ㉠에서 $x \longrightarrow 0$일 때 (분모)$\longrightarrow 0$이고 극한값이 존재하므로 (분자)$\longrightarrow 0$이다.

즉, $\lim\limits_{x \to 0}\ln(5x+a)=0$이므로

$$\ln a=0 \qquad \therefore a=1$$

$a=1$을 ㉠의 좌변에 대입하면

$$\lim_{x \to 0}\frac{\ln(5x+a)}{x}=\lim_{x \to 0}\frac{\ln(5x+1)}{x}=\lim_{x \to 0}\left\{\frac{\ln(5x+1)}{5x}\times5\right\}$$
$$=1\times5=5$$

$\therefore b=5$

$\therefore a+b=6$

답 **6**

0314 함수 $f(x)$가 $x=0$에서 연속이려면 $\lim\limits_{x \to 0}f(x)=f(0)$이어야 한다.

즉, $\lim\limits_{x \to 0}\dfrac{xe^x}{e^x-1}=a$

이때 $\lim\limits_{x \to 0}\dfrac{xe^x}{e^x-1}=\lim\limits_{x \to 0}\left(\dfrac{x}{e^x-1}\times e^x\right)=1\times1=1$이므로

$a=1$

답 **1**

0315 함수 $f(x)$가 열린구간 $\left(-\dfrac{1}{2}, \infty\right)$에서 연속이므로 $f(x)$는 $x=0$에서 연속이다.

즉, $\lim\limits_{x \to 0}f(x)=f(0)$이므로 $\lim\limits_{x \to 0}\dfrac{kx}{\ln(1+2x)}=2$

이때

$$\lim_{x \to 0}\frac{kx}{\ln(1+2x)}=\lim_{x \to 0}\left\{\frac{2x}{\ln(1+2x)}\times\frac{k}{2}\right\}$$
$$=1\times\frac{k}{2}=\frac{k}{2}$$

이므로 $\dfrac{k}{2}=2 \qquad \therefore k=4$

답 ④

0316 $(x-1)f(x)=e^{2x-2}-1$에서

$x \neq 1$일 때, $f(x)=\dfrac{e^{2x-2}-1}{x-1}$

$$\hfill ⑦$$

함수 $f(x)$가 모든 실수 x에서 연속이므로 $f(x)$는 $x=1$에서 연속이다.

즉, $\lim\limits_{x \to 1}f(x)=f(1)$이므로 $\lim\limits_{x \to 1}\dfrac{e^{2x-2}-1}{x-1}=f(1)$

$$\hfill ⑭$$

이때 $x-1=t$로 놓으면 $x \longrightarrow 1$일 때 $t \longrightarrow 0$이므로

$$\lim_{x \to 1}\frac{e^{2x-2}-1}{x-1}=\lim_{t \to 0}\frac{e^{2t}-1}{t}$$
$$=\lim_{t \to 0}\left(\frac{e^{2t}-1}{2t}\times2\right)$$
$$=1\times2=2$$

$\therefore f(1)=2$

$$\hfill ⑮$$

답 **2**

단계	채점요소	배점
⑦	$x \neq 1$일 때 함수 $f(x)$ 구하기	20%
⑭	$\lim\limits_{x \to 1}f(x)=f(1)$임을 알기	30%
⑮	$f(1)$의 값 구하기	50%

0317 $f'(x)=12x\times e^x+(6x^2+2)e^x$
$$=(6x^2+12x+2)e^x$$

$\therefore f'(0)=2$

답 ②

0318 $f(x)=e^{x+\ln 3}=e^x\times e^{\ln 3}=3e^x$이므로

$f'(x)=3e^x$

$\therefore f(\ln 2)-f'(0)=3e^{\ln 2}-3e^0$
$$=6-3=3$$

답 **3**

0319 곡선 $y=f(x)$ 위의 점 $(0, f(0))$에서의 접선의 기울기는 $f'(0)$이다.

이때 $f'(x)=3^x \ln 3+4^x \ln 4$이므로
$f'(0)=\ln 3+\ln 4=\ln 12$
$\therefore a=12$ 답 **12**

0320 $f'(x)=e^x(ax^2-1)+e^x\times 2ax$
$\qquad =(ax^2+2ax-1)e^x$
이므로 $f'(1)=(3a-1)e$
즉, $(3a-1)e=8e$이므로
$3a-1=8 \quad \therefore a=3$ 답 **3**

0321 $f(x)=e^x \ln 3x=e^x(\ln 3+\ln x)$이므로
$f'(x)=e^x(\ln 3+\ln x)+e^x\times\dfrac{1}{x}$
$\qquad =e^x \ln 3x+e^x\times\dfrac{1}{x}$
$\qquad =e^x\left(\ln 3x+\dfrac{1}{x}\right)$
$\therefore f'\left(\dfrac{1}{3}\right)=e^{\frac{1}{3}}(0+3)=3e^{\frac{1}{3}}$ 답 $3e^{\frac{1}{3}}$

0322 $f'(x)=\dfrac{1}{x \ln 3}+\dfrac{1}{x \ln 9}$이므로
$f'(2)=\dfrac{1}{2 \ln 3}+\dfrac{1}{2 \ln 9}=\dfrac{1}{2 \ln 3}+\dfrac{1}{4 \ln 3}=\dfrac{3}{4 \ln 3}$
즉, $\dfrac{3}{4 \ln 3}=\dfrac{a}{4 \ln 3}$이므로 $a=3$ 답 ③

0323 $f(x)=x^2 \ln x$라 하면
$f'(x)=2x \ln x+x^2\times\dfrac{1}{x}=2x \ln x+x$
따라서 곡선 $y=x^2 \ln x$ 위의 점 $(1,0)$에서의 접선의 기울기는
$f'(1)=1$ 답 **1**

0324 함수 $f(x)=\ln x$가 닫힌구간 $[2, 4]$에서 연속이고 열린구간 $(2, 4)$에서 미분가능하므로 평균값 정리에 의하여
$\dfrac{f(4)-f(2)}{4-2}=f'(c)$인 c가 2와 4 사이에 적어도 하나 존재한다.
이때 $\dfrac{f(4)-f(2)}{4-2}=\dfrac{\ln 4-\ln 2}{2}=\dfrac{\ln 2}{2}$이고
$f'(x)=\dfrac{1}{x}$이므로 $f'(c)=\dfrac{1}{c}$
즉, $\dfrac{\ln 2}{2}=\dfrac{1}{c}$이므로 $c=\dfrac{2}{\ln 2}$ 답 ③

참고 **평균값 정리**
함수 $f(x)$가 닫힌구간 $[a, b]$에서 연속이고 열린구간 (a, b)에서 미분가능할 때, $\dfrac{f(b)-f(a)}{b-a}=f'(c)$인 c가 a와 b 사이에 적어도 하나 존재한다.

0325 $\displaystyle\lim_{h\to 0}\dfrac{f(1+h)-f(1-2h)}{h}$
$=\displaystyle\lim_{h\to 0}\dfrac{f(1+h)-f(1)-\{f(1-2h)-f(1)\}}{h}$
$=\displaystyle\lim_{h\to 0}\dfrac{f(1+h)-f(1)}{h}-\lim_{h\to 0}\dfrac{f(1-2h)-f(1)}{h}$
$=\displaystyle\lim_{h\to 0}\dfrac{f(1+h)-f(1)}{h}-\lim_{h\to 0}\left\{\dfrac{f(1-2h)-f(1)}{-2h}\times(-2)\right\}$
$=f'(1)+2f'(1)=3f'(1)$
이때 $f'(x)=1\times \ln x+x\times\dfrac{1}{x}+3x^2=\ln x+3x^2+1$이므로
$f'(1)=4$
$\therefore \displaystyle\lim_{h\to 0}\dfrac{f(1+h)-f(1-2h)}{h}=3f'(1)$
$\qquad\qquad\qquad =3\times 4=12$ 답 ⑤

0326 $\displaystyle\lim_{x\to 1}\dfrac{f(x)-f(1)}{x^2-1}=\lim_{x\to 1}\left\{\dfrac{f(x)-f(1)}{x-1}\times\dfrac{1}{x+1}\right\}$
$\qquad\qquad\qquad =f'(1)\times\dfrac{1}{2}$
이때 $f(x)=5^{2x-1}=(5^2)^x\times 5^{-1}$에서
$f'(x)=5^{-1}\times 5^{2x}\ln 5^2=2 \ln 5\times 5^{2x-1}$이므로
$f'(1)=2 \ln 5\times 5=10 \ln 5$
$\therefore \displaystyle\lim_{x\to 1}\dfrac{f(x)-f(1)}{x^2-1}=f'(1)\times\dfrac{1}{2}$
$\qquad\qquad\qquad =10 \ln 5\times\dfrac{1}{2}=5 \ln 5$ 답 ④

0327 $\displaystyle\lim_{x\to 1}\dfrac{x^3-1}{f(x)-f(1)}$
$=\displaystyle\lim_{x\to 1}\left\{\dfrac{x-1}{f(x)-f(1)}\times(x^2+x+1)\right\}$
$=\displaystyle\lim_{x\to 1}\left\{\dfrac{1}{\dfrac{f(x)-f(1)}{x-1}}\times(x^2+x+1)\right\}=\dfrac{3}{f'(1)}$
이때 $f'(x)=e^x \ln x+e^x\times\dfrac{1}{x}=e^x\left(\ln x+\dfrac{1}{x}\right)$이므로
$f'(1)=e$
$\therefore \displaystyle\lim_{x\to 1}\dfrac{x^3-1}{f(x)-f(1)}=\dfrac{3}{f'(1)}=\dfrac{3}{e}$ 답 $\dfrac{3}{e}$

0328 $f(x)$가 $x=1$에서 미분가능하면 $x=1$에서 연속이므로
$\displaystyle\lim_{x\to 1-}(ax+b)=\lim_{x\to 1+}5^x=f(1)$
$\therefore a+b=5$ ······ ㉠
또, $f'(x)=\begin{cases} a & (x<1) \\ 5^x \ln 5 & (x>1) \end{cases}$에서 $f'(1)$이 존재하므로
$\displaystyle\lim_{x\to 1-}a=\lim_{x\to 1+}5^x \ln 5$
$\therefore a=5 \ln 5$
$a=5 \ln 5$를 ㉠에 대입하면 $5 \ln 5+b=5$
$\therefore b=5-5 \ln 5$ 답 $a=5\ln 5,\ b=5-5\ln 5$

0329 $f(x)$가 모든 양수 x에서 미분가능하므로 $x=1$에서 연속이다.

즉, $\lim\limits_{x\to1-}\ln ax=\lim\limits_{x\to1+}be^{x-1}=f(1)$

$\therefore \ln a=b$ $\cdots\cdots$ ㉠

또, $f'(x)=\begin{cases}\dfrac{1}{x} & (0<x<1) \\ be^{x-1} & (x>1)\end{cases}$ 에서 $f'(1)$이 존재하므로

$\lim\limits_{x\to1-}\dfrac{1}{x}=\lim\limits_{x\to1+}be^{x-1}$

$\therefore b=1$

$b=1$을 ㉠에 대입하면 $\ln a=1$ $\therefore a=e$

$\therefore ab=e$ 답 ①

0330 $f(x)$가 $x=1$에서 미분가능하려면 $x=1$에서 연속이어야 하므로

$\lim\limits_{x\to1-}(ax^2+1)=\lim\limits_{x\to1+}\ln bx=f(1)$

$\therefore a+1=\ln b$ $\cdots\cdots$ ㉠

㉮

또, $f'(x)=\begin{cases}2ax & (x<1) \\ \dfrac{1}{x} & (x>1)\end{cases}$ 에서 $f'(1)$이 존재하므로

$\lim\limits_{x\to1-}2ax=\lim\limits_{x\to1+}\dfrac{1}{x}$에서 $2a=1$ $\therefore a=\dfrac{1}{2}$

㉯

$a=\dfrac{1}{2}$을 ㉠에 대입하면

$\dfrac{3}{2}=\ln b$ $\therefore b=e^{\frac{3}{2}}$

$\therefore ab=\dfrac{1}{2}e^{\frac{3}{2}}$

㉰

답 $\dfrac{1}{2}e^{\frac{3}{2}}$

단계	채점요소	배점
㉮	$x=1$에서 연속임을 이용하기	40%
㉯	$x=1$에서 미분계수가 존재함을 이용하기	40%
㉰	ab의 값 구하기	20%

🖉 유형 Up

본문 52쪽

0331 $S(t)=\dfrac{1}{2}(e-1)\ln t$이므로

$\lim\limits_{t\to1+}\dfrac{S(t)}{t-1}=\lim\limits_{t\to1+}\dfrac{(e-1)\ln t}{2(t-1)}$

$\qquad\qquad =\dfrac{e-1}{2}\lim\limits_{t\to1+}\dfrac{\ln t}{t-1}$

이때 $t-1=x$로 놓으면 $t\to1+$일 때 $x\to0+$이므로

$\lim\limits_{t\to1+}\dfrac{S(t)}{t-1}=\dfrac{e-1}{2}\lim\limits_{t\to1+}\dfrac{\ln t}{t-1}$

$\qquad\qquad =\dfrac{e-1}{2}\lim\limits_{x\to0+}\dfrac{\ln(1+x)}{x}$

$\qquad\qquad =\dfrac{e-1}{2}\times1$

$\qquad\qquad =\dfrac{e-1}{2}$ 답 ③

0332 점 P의 좌표는 $(t,\, 2e^{2t}-2)$이므로

$\overline{PQ}=2e^{2t}-2,\ \overline{OQ}=t$

$\therefore \lim\limits_{t\to0+}\dfrac{\overline{PQ}}{\overline{OQ}}=\lim\limits_{t\to0+}\dfrac{2e^{2t}-2}{t}=\lim\limits_{t\to0+}\left\{\dfrac{2(e^{2t}-1)}{2t}\times2\right\}$

$\qquad\qquad\qquad =2\times1\times2=4$ 답 ④

0333 $\mathrm{A}(t,\, 3^t),\ \mathrm{B}\Big(t,\, \Big(\dfrac{1}{3}\Big)^t\Big)$이므로

$\overline{AH}=t,\ \overline{AB}=3^t-\Big(\dfrac{1}{3}\Big)^t=3^t-3^{-t}$

$\therefore \lim\limits_{t\to0+}\dfrac{\overline{AB}}{\overline{AH}}=\lim\limits_{t\to0+}\dfrac{3^t-3^{-t}}{t}=\lim\limits_{t\to0+}\dfrac{(3^t-1)-(3^{-t}-1)}{t}$

$\qquad\qquad =\lim\limits_{t\to0+}\dfrac{3^t-1}{t}+\lim\limits_{t\to0+}\dfrac{3^{-t}-1}{-t}$

$\qquad\qquad =\ln3+\ln3=2\ln3$ 답 ④

0334 점 P의 좌표를 $(t,\, e^t-1)$이라 하면

$S_1=\dfrac{1}{2}\times e\times t=\dfrac{1}{2}et$

$S_2=\dfrac{1}{2}\times3\times(e^t-1)=\dfrac{3}{2}(e^t-1)$

이므로

$\dfrac{S_1}{S_2}=\dfrac{1}{2}et\times\dfrac{2}{3(e^t-1)}=\dfrac{et}{3(e^t-1)}$

따라서 구하는 극한값은

$\lim\limits_{t\to0+}\dfrac{S_1}{S_2}=\lim\limits_{t\to0+}\dfrac{et}{3(e^t-1)}=\lim\limits_{t\to0+}\Big(\dfrac{e}{3}\times\dfrac{t}{e^t-1}\Big)$

$\qquad\qquad =\dfrac{e}{3}\times1=\dfrac{e}{3}$ 답 $\dfrac{e}{3}$

📖 시험에 꼭 나오는 문제

본문 53~55쪽

0335 $\lim\limits_{x\to\infty}\dfrac{2^x+3^{x+a}}{2^x-3^x}=\lim\limits_{x\to\infty}\dfrac{2^x+3^x\times3^a}{2^x-3^x}$

$\qquad\qquad =\lim\limits_{x\to\infty}\dfrac{\Big(\dfrac{2}{3}\Big)^x+3^a}{\Big(\dfrac{2}{3}\Big)^x-1}=-3^a$

따라서 $-3^a=-\dfrac{1}{3}$이므로

$3^a=3^{-1}$ $\therefore a=-1$ 답 ②

0336 $\lim\limits_{x \to \infty} \{\log_3(6x+1) + \log_{\frac{1}{3}} 2x\}$

$=\lim\limits_{x \to \infty} \{\log_3(6x+1) - \log_3 2x\} = \lim\limits_{x \to \infty} \log_3 \dfrac{6x+1}{2x}$

$=\lim\limits_{x \to \infty} \log_3 \left(3 + \dfrac{1}{2x}\right) = \log_3 \lim\limits_{x \to \infty} \left(3 + \dfrac{1}{2x}\right)$

$=\log_3 3 = 1$ 답 **1**

0337 $\lim\limits_{x \to \infty} \log_2 \left(1 + \dfrac{1}{x}\right)^{3x} = \lim\limits_{x \to \infty} \log_2 \left\{\left(1 + \dfrac{1}{x}\right)^x\right\}^3$

$=\log_2 \lim\limits_{x \to \infty} \left\{\left(1 + \dfrac{1}{x}\right)^x\right\}^3$

$=\log_2 e^3 = 3 \log_2 e$

$=\dfrac{3}{\log_e 2} = \dfrac{3}{\ln 2}$ 답 ⑤

0338 $\lim\limits_{x \to 0} \dfrac{\{\log_3(1+x)\}(5^x - 1)}{x^2}$

$=\lim\limits_{x \to 0} \left\{\dfrac{\log_3(1+x)}{x} \times \dfrac{5^x - 1}{x}\right\}$

$=\dfrac{1}{\ln 3} \times \ln 5 = \dfrac{\ln 5}{\ln 3}$ 답 ④

0339 $\lim\limits_{x \to 0} \dfrac{10x}{e^x + e^{2x} + e^{3x} + \cdots + e^{10x} - 10}$

$=\lim\limits_{x \to 0} \dfrac{10}{\dfrac{e^x + e^{2x} + e^{3x} + \cdots + e^{10x} - 10}{x}}$

$=\lim\limits_{x \to 0} \dfrac{10}{\dfrac{e^x - 1}{x} + \dfrac{e^{2x} - 1}{x} + \dfrac{e^{3x} - 1}{x} + \cdots + \dfrac{e^{10x} - 1}{x}}$

$=\lim\limits_{x \to 0} \dfrac{10}{\dfrac{e^x - 1}{x} + \dfrac{e^{2x} - 1}{2x} \times 2 + \dfrac{e^{3x} - 1}{3x} \times 3 + \cdots + \dfrac{e^{10x} - 1}{10x} \times 10}$

$=\dfrac{10}{1 + 2 + 3 + \cdots + 10}$

$=\dfrac{10}{55} = \dfrac{2}{11}$ 답 $\dfrac{2}{11}$

0340 $x + 1 = t$로 놓으면 $x \to -1$일 때 $t \to 0$이므로

$\lim\limits_{x \to -1} \dfrac{7^{x+1} - 1}{x^2 - 1} = \lim\limits_{x \to -1} \dfrac{7^{x+1} - 1}{(x+1)(x-1)}$

$=\lim\limits_{x \to -1} \left\{\dfrac{7^{x+1} - 1}{x+1} \times \dfrac{1}{x-1}\right\}$

$=\lim\limits_{t \to 0} \left(\dfrac{7^t - 1}{t} \times \dfrac{1}{t-2}\right)$

$=\ln 7 \times \left(-\dfrac{1}{2}\right)$

$=\ln 7^{-\frac{1}{2}} = \ln \dfrac{\sqrt{7}}{7}$

$\therefore a = \dfrac{\sqrt{7}}{7}$ 답 ②

0341 ③ $\lim\limits_{x \to 0} \dfrac{\log_3(1+x)}{x} = \dfrac{1}{\ln 3}$

⑤ $\lim\limits_{x \to 0} \left\{\dfrac{\log_3(1-x)}{x}\right\}^x = \lim\limits_{x \to 0} \{\log_3(1-x)^{\frac{1}{x}}\}^x$

$=\lim\limits_{x \to 0} \{-\log_3(1-x)^{-\frac{1}{x}}\}^x$

$=(-\log_3 e)^0 = 1$ 답 ③, ⑤

0342 (i) $x > 0$일 때

$\dfrac{\ln(1+x)}{x} \leq \dfrac{f(x)}{x} \leq \dfrac{e^{2x} - 1}{2x}$

이때 $\lim\limits_{x \to 0+} \dfrac{\ln(1+x)}{x} = 1$, $\lim\limits_{x \to 0+} \dfrac{e^{2x} - 1}{2x} = 1$이므로

$\lim\limits_{x \to 0+} \dfrac{f(x)}{x} = 1$

(ii) $-1 < x < 0$일 때

$\dfrac{e^{2x} - 1}{2x} \leq \dfrac{f(x)}{x} \leq \dfrac{\ln(1+x)}{x}$

이때 $\lim\limits_{x \to 0-} \dfrac{e^{2x} - 1}{2x} = 1$, $\lim\limits_{x \to 0-} \dfrac{\ln(1+x)}{x} = 1$이므로

$\lim\limits_{x \to 0-} \dfrac{f(x)}{x} = 1$

(i), (ii)에서 $\lim\limits_{x \to 0} \dfrac{f(x)}{x} = 1$

$\therefore \lim\limits_{x \to 0} \dfrac{f(3x)}{x} = \lim\limits_{x \to 0} \dfrac{f(3x)}{3x} \times 3$

$\qquad\qquad\quad = 1 \times 3 = 3$ 답 ③

0343 $x \to 0$일 때 (분모) $\to 0$이고 극한값이 존재하므로
(분자) $\to 0$이다.

즉, $\lim\limits_{x \to 0} (12^x - 4^x - 3^x + a) = 0$이므로

$1 - 1 - 1 + a = 0$ $\quad \therefore a = 1$

$a = 1$을 주어진 식의 좌변에 대입하면

$\lim\limits_{x \to 0} \dfrac{12^x - 4^x - 3^x + a}{x^2} = \lim\limits_{x \to 0} \dfrac{12^x - 4^x - 3^x + 1}{x^2}$

$=\lim\limits_{x \to 0} \dfrac{(4^x - 1)(3^x - 1)}{x^2}$

$=\lim\limits_{x \to 0} \left(\dfrac{4^x - 1}{x} \times \dfrac{3^x - 1}{x}\right)$

$=\ln 4 \times \ln 3 = 2 \ln 2 \times \ln 3$

따라서 $2 \ln 2 \times \ln 3 = b \ln 2$이므로

$b = 2 \ln 3 = \ln 9$

$\therefore e^{ab} = e^{\ln 9} = 9$ 답 ③

0344 $x \to -1$일 때 (분모) $\to 0$이고 극한값이 존재하므로
(분자) $\to 0$이다.

즉, $\lim\limits_{x \to -1} \{a \ln(x+2) + b\} = 0$이므로 $b = 0$

$b = 0$을 주어진 식의 좌변에 대입하면

$\lim\limits_{x \to -1} \dfrac{a \ln(x+2) + b}{x^2 - 1} = \lim\limits_{x \to -1} \dfrac{a \ln(x+2)}{(x+1)(x-1)}$

이때 $x+1=t$로 놓으면 $x \to -1$일 때 $t \to 0$이므로

$$\lim_{x \to -1} \frac{a \ln (x+2)}{(x+1)(x-1)} = \lim_{t \to 0} \frac{a \ln (t+1)}{t(t-2)}$$
$$= \lim_{t \to 0} \left\{ \frac{\ln (t+1)}{t} \times \frac{a}{t-2} \right\}$$
$$= 1 \times \frac{a}{-2} = -\frac{a}{2}$$

따라서 $-\dfrac{a}{2} = -3$이므로 $a=6$

$\therefore a+b=6$ 답 **6**

0345 $f(x) \ln (x+1) = 5^x - 1$에서

$x \neq 0$일 때, $f(x) = \dfrac{5^x - 1}{\ln (x+1)}$

함수 $f(x)$가 $x > -1$인 모든 실수 x에서 연속이므로 $f(x)$는 $x=0$에서 연속이다.

$$\therefore f(0) = \lim_{x \to 0} f(x) = \lim_{x \to 0} \frac{5^x - 1}{\ln (x+1)}$$
$$= \lim_{x \to 0} \left\{ \frac{5^x - 1}{x} \times \frac{x}{\ln (x+1)} \right\}$$
$$= \ln 5 \times 1 = \ln 5$$

답 **ln 5**

0346 $f(x) = x^3 e^{x+1} = x^3 \times (e^x \times e)$이므로

$$f'(x) = 3x^2 (e^x \times e) + x^3 (e^x \times e)$$
$$= 3x^2 e^{x+1} + x^3 e^{x+1}$$
$$= (3x^2 + x^3) e^{x+1}$$

$\therefore f'(-2) = (12-8)e^{-1} = \dfrac{4}{e}$ 답 ④

0347 $f'(x) = (2^x \ln 2) \times \ln x + 2^x \times \dfrac{1}{x}$
$$= 2^x \left(\ln 2 \times \ln x + \frac{1}{x} \right)$$

$f'(a) = 2$에서

$2^a \left(\ln 2 \times \ln a + \dfrac{1}{a} \right) = 2$ $\quad \therefore a=1$ 답 ①

0348 $f(x) = a + x \ln bx$
$$= a + x(\ln b + \ln x)$$

이므로

$$f'(x) = (\ln b + \ln x) + x \times \frac{1}{x}$$
$$= \ln b + \ln x + 1 = \ln bx + 1$$

$f(1) = 3$에서 $a + \ln b = 3$ $\quad$ ……㉠

$f'(1) = 2$에서 $\ln b + 1 = 2$ $\quad$ ……㉡

㉠, ㉡에서 $a=2$, $b=e$

따라서 $f(x) = 2 + x \ln ex$이므로

$f(e) = 2 + e \ln e^2 = 2e + 2$ 답 ⑤

0349 $\displaystyle \lim_{h \to 0} \frac{f(3+h) - f(3-h)}{h}$

$$= \lim_{h \to 0} \frac{f(3+h) - f(3) - f(3-h) + f(3)}{h}$$
$$= \lim_{h \to 0} \frac{f(3+h) - f(3)}{h} + \lim_{h \to 0} \frac{f(3-h) - f(3)}{-h}$$
$$= f'(3) + f'(3) = 2f'(3)$$

이때 $f(x) = \log_3 x$에서 $f'(x) = \dfrac{1}{x \ln 3}$이므로

$$\lim_{h \to 0} \frac{f(3+h) - f(3-h)}{h} = 2f'(3) = \frac{2}{3 \ln 3}$$

답 ②

0350 $y = 2 \ln (x+1) + 1$로 놓으면

$\ln (x+1) = \dfrac{y-1}{2}$, $x+1 = e^{\frac{y-1}{2}}$

$\therefore x = e^{\frac{y-1}{2}} - 1$

x와 y를 서로 바꾸면 $y = e^{\frac{x-1}{2}} - 1$

$\therefore g(x) = e^{\frac{x-1}{2}} - 1$

이때 $f(0) = 1$, $g(1) = 0$이므로

$$\lim_{x \to 1} \frac{f(x-1) - f(0)}{g(x) - g(1)} = \lim_{x \to 1} \frac{2 \ln x}{e^{\frac{x-1}{2}} - 1}$$

$x-1 = t$로 놓으면 $x \to 1$일 때 $t \to 0$이므로

$$\lim_{x \to 1} \frac{2 \ln x}{e^{\frac{x-1}{2}} - 1} = \lim_{t \to 0} \frac{2 \ln (1+t)}{e^{\frac{t}{2}} - 1}$$
$$= \lim_{t \to 0} \left\{ 2 \times \frac{\ln (1+t)}{t} \times \frac{\frac{t}{2}}{e^{\frac{t}{2}} - 1} \times 2 \right\}$$
$$= 2 \times 1 \times 1 \times 2 = 4$$

답 **4**

0351 $x = -t$로 놓으면 $x \to -\infty$일 때 $t \to \infty$이므로

$$\lim_{x \to -\infty} x \{ \ln (3-x) - \ln (-x) \}$$
$$= \lim_{t \to \infty} [(-t) \times \{ \ln (3+t) - \ln t \}]$$
$$= -\lim_{t \to \infty} \left(t \times \ln \frac{t+3}{t} \right)$$
$$= -\lim_{t \to \infty} \ln \left(1 + \frac{3}{t} \right)^t$$
$$= -\lim_{t \to \infty} \ln \left\{ \left(1 + \frac{3}{t} \right)^{\frac{t}{3}} \right\}^3$$
$$= -\ln e^3 = -3$$

$\therefore \alpha = -3$

㉮

$3x^2 = s$로 놓으면 $x \to 0$일 때 $s \to 0$이므로

$$\lim_{x \to 0} \frac{ex^2}{e^{3x^2} - 1} = \lim_{s \to 0} \frac{\frac{e}{3}s}{e^s - 1}$$
$$= \lim_{s \to 0} \left(\frac{s}{e^s - 1} \times \frac{e}{3} \right)$$
$$= 1 \times \frac{e}{3} = \frac{e}{3}$$

$$\therefore \beta=\frac{e}{3}$$

❹

$$\therefore \alpha\beta=(-3)\times\frac{e}{3}=-e$$

❸

답 $-e$

단계	채점요소	배점
㉮	α의 값 구하기	40%
㉯	β의 값 구하기	50%
㉰	$\alpha\beta$의 값 구하기	10%

0352

함수 $f(x)$가 $x=0$에서 연속이므로 $\lim\limits_{x\to 0}f(x)=f(0)$이다.

즉, $\lim\limits_{x\to 0}\dfrac{2x}{e^x+3x-1}=k$

㉮

이때

$$\lim_{x\to 0}\frac{2x}{e^x+3x-1}=\lim_{x\to 0}\frac{1}{\dfrac{e^x+3x-1}{2x}}$$

$$=\lim_{x\to 0}\frac{1}{\dfrac{e^x-1}{x}\times\dfrac{1}{2}+\dfrac{3}{2}}$$

$$=\frac{1}{1\times\dfrac{1}{2}+\dfrac{3}{2}}=\frac{1}{2}$$

㉯

$$\therefore k=\frac{1}{2}$$

㉰

답 $\dfrac{1}{2}$

단계	채점요소	배점
㉮	$\lim\limits_{x\to 0}f(x)=f(0)$임을 알기	30%
㉯	$\lim\limits_{x\to 0}f(x)$의 값 구하기	50%
㉰	k의 값 구하기	20%

0353 $f(x)$가 $x=\dfrac{1}{2}$에서 미분가능하면 $x=\dfrac{1}{2}$에서 연속이므로

$$\lim_{x\to\frac{1}{2}-}(3+a\ln 2x)=\lim_{x\to\frac{1}{2}+}(bx+1)=f\left(\frac{1}{2}\right)$$

즉, $3=\dfrac{1}{2}b+1$이므로 $b=4$

㉮

또, $f'(x)=\begin{cases}\dfrac{a}{x} & \left(0<x<\dfrac{1}{2}\right)\\[2mm]4 & \left(x>\dfrac{1}{2}\right)\end{cases}$ 에서 $f'\left(\dfrac{1}{2}\right)$이 존재하므로

$$\lim_{x\to\frac{1}{2}-}\frac{a}{x}=\lim_{x\to\frac{1}{2}+}4$$

즉, $2a=4$이므로 $a=2$

❹

$$\therefore a+b=6$$

❸

답 6

단계	채점요소	배점
㉮	$x=\dfrac{1}{2}$에서 연속임을 이용하여 b의 값 구하기	40%
㉯	$x=\dfrac{1}{2}$에서 미분계수가 존재함을 이용하여 a의 값 구하기	40%
㉰	$a+b$의 값 구하기	20%

0354 함수 $g(x)$는 실수 전체의 집합에서 연속이므로 함수 $(g\circ f)(x)$가 실수 전체의 집합에서 연속이 되려면 $x=1$에서 연속이어야 한다.

즉, $\lim\limits_{x\to 1-}g(f(x))=\lim\limits_{x\to 1+}g(f(x))=g(f(1))$에서

$$\lim_{x\to 1-}(2^{ax}+2^{-ax})=\lim_{x\to 1+}(2^{-3x+4}+2^{3x-4})$$

$$\therefore 2^a+2^{-a}=2^1+2^{-1}=\frac{5}{2}$$

이때 $2^a=s\ (s>0)$로 놓으면 $s+\dfrac{1}{s}=\dfrac{5}{2}$

양변에 $2s$를 곱하여 정리하면 $2s^2-5s+2=0$

$(2s-1)(s-2)=0$ $\quad\therefore s=\dfrac{1}{2}$ 또는 $s=2$

즉, $2^a=\dfrac{1}{2}$ 또는 $2^a=2$이므로 $a=-1$ 또는 $a=1$

따라서 모든 실수 a의 값의 곱은

$$(-1)\times 1=-1$$

답 ⑤

0355 선분 AB의 수직이등분선의 방정식은

$$y=\frac{1-t}{4\log t}\left(x-\frac{1+t}{2}\right)+2\log t$$

이므로 이 직선이 y축과 만나는 점의 y좌표 $f(t)$는

$$f(t)=\frac{1-t}{4\log t}\times\left(-\frac{1+t}{2}\right)+2\log t$$

$$=\frac{t-1}{\log t}\times\frac{1+t}{8}+2\log t$$

$$\therefore \lim_{t\to 1}f(t)=\lim_{t\to 1}\left(\frac{t-1}{\log t}\times\frac{1+t}{8}+2\log t\right)$$

이때 $t-1=s$로 놓으면 $t\to 1$일 때 $s\to 0$이므로

$$\lim_{t\to 1}f(t)=\lim_{s\to 0}\left\{\frac{s}{\log(1+s)}\times\frac{2+s}{8}+2\log(1+s)\right\}$$

$$=\ln 10\times\frac{2}{8}+0=\frac{1}{4}\ln 10$$

답 $\dfrac{1}{4}\ln 10$

참고 선분 AB의 수직이등분선
① 직선 AB에 수직이다.
② 선분 AB의 중점을 지난다.

04 | 삼각함수의 미분

📖 교과서 문제 정/복/하/기

본문 57쪽

0356 $\overline{\mathrm{OP}}=\sqrt{15^2+(-8)^2}=17$이므로

(1) $\csc\theta=\dfrac{17}{-8}=-\dfrac{17}{8}$

(2) $\sec\theta=\dfrac{17}{15}$

(3) $\cot\theta=\dfrac{15}{-8}=-\dfrac{15}{8}$

답 (1) $-\dfrac{17}{8}$ (2) $\dfrac{17}{15}$ (3) $-\dfrac{15}{8}$

0357 $1+\tan^2\theta=\sec^2\theta$이므로
$1+(-2)^2=\sec^2\theta$ ∴ $\sec^2\theta=5$
이때 θ가 제2사분면의 각이므로 $\sec\theta<0$
∴ $\sec\theta=-\sqrt{5}$

답 $-\sqrt{5}$

0358 $\sin105°=\sin(60°+45°)$
$\qquad=\sin60°\cos45°+\cos60°\sin45°$
$\qquad=\dfrac{\sqrt{3}}{2}\times\dfrac{\sqrt{2}}{2}+\dfrac{1}{2}\times\dfrac{\sqrt{2}}{2}$
$\qquad=\dfrac{\sqrt{6}+\sqrt{2}}{4}$

답 $\dfrac{\sqrt{6}+\sqrt{2}}{4}$

0359 $\cos75°=\cos(30°+45°)$
$\qquad=\cos30°\cos45°-\sin30°\sin45°$
$\qquad=\dfrac{\sqrt{3}}{2}\times\dfrac{\sqrt{2}}{2}-\dfrac{1}{2}\times\dfrac{\sqrt{2}}{2}$
$\qquad=\dfrac{\sqrt{6}-\sqrt{2}}{4}$

답 $\dfrac{\sqrt{6}-\sqrt{2}}{4}$

0360 $\tan105°=\tan(60°+45°)$
$\qquad=\dfrac{\tan60°+\tan45°}{1-\tan60°\tan45°}$
$\qquad=\dfrac{\sqrt{3}+1}{1-\sqrt{3}\times1}=\dfrac{\sqrt{3}+1}{1-\sqrt{3}}$
$\qquad=-2-\sqrt{3}$

답 $-2-\sqrt{3}$

0361 $\sin75°\cos30°-\cos75°\sin30°$
$=\sin(75°-30°)=\sin45°=\dfrac{\sqrt{2}}{2}$

답 $\dfrac{\sqrt{2}}{2}$

0362 $\cos50°\cos100°-\sin50°\sin100°$
$=\cos(50°+100°)=\cos150°=-\dfrac{\sqrt{3}}{2}$

답 $-\dfrac{\sqrt{3}}{2}$

0363 $\dfrac{\tan80°-\tan50°}{1+\tan80°\tan50°}$
$=\tan(80°-50°)=\tan30°=\dfrac{\sqrt{3}}{3}$

답 $\dfrac{\sqrt{3}}{3}$

0364 오른쪽 그림과 같이 좌표평면 위에
점 $\mathrm{P}(1,\ 1)$을 잡으면
$\overline{\mathrm{OP}}=\sqrt{1^2+1^2}=\sqrt{2}$
∴ $\sin\theta+\cos\theta$
$=\sqrt{2}\Big(\sin\theta\times\dfrac{1}{\sqrt{2}}+\cos\theta\times\dfrac{1}{\sqrt{2}}\Big)$
$=\sqrt{2}\Big(\sin\theta\cos\dfrac{\pi}{4}+\cos\theta\sin\dfrac{\pi}{4}\Big)$
$=\sqrt{2}\sin\Big(\theta+\dfrac{\pi}{4}\Big)$

답 $\sqrt{2}\sin\Big(\theta+\dfrac{\pi}{4}\Big)$

0365 오른쪽 그림과 같이 좌표평면 위에
점 $\mathrm{P}(\sqrt{3},\ 1)$을 잡으면
$\overline{\mathrm{OP}}=\sqrt{(\sqrt{3})^2+1^2}=2$
∴ $\sqrt{3}\sin\theta+\cos\theta$
$=2\Big(\sin\theta\times\dfrac{\sqrt{3}}{2}+\cos\theta\times\dfrac{1}{2}\Big)$
$=2\Big(\sin\theta\cos\dfrac{\pi}{6}+\cos\theta\sin\dfrac{\pi}{6}\Big)$
$=2\sin\Big(\theta+\dfrac{\pi}{6}\Big)$

답 $2\sin\Big(\theta+\dfrac{\pi}{6}\Big)$

0366 오른쪽 그림과 같이 좌표평면 위에
점 $\mathrm{P}(-1,\ \sqrt{3})$을 잡으면
$\overline{\mathrm{OP}}=\sqrt{(-1)^2+(\sqrt{3})^2}=2$
∴ $-\sin\theta+\sqrt{3}\cos\theta$
$=2\Big\{\sin\theta\times\Big(-\dfrac{1}{2}\Big)+\cos\theta\times\dfrac{\sqrt{3}}{2}\Big\}$
$=2\Big(\sin\theta\cos\dfrac{2}{3}\pi+\cos\theta\sin\dfrac{2}{3}\pi\Big)$
$=2\sin\Big(\theta+\dfrac{2}{3}\pi\Big)$

답 $2\sin\Big(\theta+\dfrac{2}{3}\pi\Big)$

0367 $y=\sin x+\sqrt{3}\cos x$
$\qquad=2\Big(\sin x\times\dfrac{1}{2}+\cos x\times\dfrac{\sqrt{3}}{2}\Big)$
$\qquad=2\Big(\sin x\cos\dfrac{\pi}{3}+\cos x\sin\dfrac{\pi}{3}\Big)$
$\qquad=2\sin\Big(x+\dfrac{\pi}{3}\Big)$
따라서 주어진 함수의 주기는 2π, 최댓값은 2, 최솟값은 -2이다.

답 주기: 2π, 최댓값: 2, 최솟값: -2

0368 $y=\sin x-\cos x$

$$=\sqrt{2}\left(\sin x\times\frac{1}{\sqrt{2}}-\cos x\times\frac{1}{\sqrt{2}}\right)$$
$$=\sqrt{2}\left(\sin x\cos\frac{\pi}{4}-\cos x\sin\frac{\pi}{4}\right)$$
$$=\sqrt{2}\sin\left(x-\frac{\pi}{4}\right)$$

따라서 주어진 함수의 주기는 2π, 최댓값은 $\sqrt{2}$, 최솟값은 $-\sqrt{2}$
이다.　　　　　　　　답 **주기: 2π, 최댓값: $\sqrt{2}$, 최솟값: $-\sqrt{2}$**

0369 $\displaystyle\lim_{x\to0}\frac{\sin^2 x}{\cos x-1}=\lim_{x\to0}\frac{1-\cos^2 x}{\cos x-1}$

$$=\lim_{x\to0}\frac{(1+\cos x)(1-\cos x)}{\cos x-1}$$
$$=\lim_{x\to0}(-1-\cos x)$$
$$=-1-1=-2\qquad\text{답 }-2$$

0370 $\displaystyle\lim_{x\to\frac{\pi}{4}}\frac{\sin 2x}{\sin x}=\lim_{x\to\frac{\pi}{4}}\frac{2\sin x\cos x}{\sin x}=\lim_{x\to\frac{\pi}{4}}2\cos x$

$$=2\times\frac{\sqrt{2}}{2}=\sqrt{2}\qquad\text{답 }\sqrt{2}$$

0371 $\displaystyle\lim_{x\to0}\frac{\sin 3x}{2x}=\lim_{x\to0}\frac{\sin 3x}{3x}\times\frac{3}{2}$

$$=1\times\frac{3}{2}=\frac{3}{2}\qquad\text{답 }\frac{3}{2}$$

0372 $\displaystyle\lim_{x\to0}\frac{\tan 4x}{3x}=\lim_{x\to0}\frac{\tan 4x}{4x}\times\frac{4}{3}$

$$=1\times\frac{4}{3}=\frac{4}{3}\qquad\text{답 }\frac{4}{3}$$

0373 $\displaystyle\lim_{x\to0}\frac{\sin x+\tan 2x}{x}$

$$=\lim_{x\to0}\left(\frac{\sin x}{x}+\frac{\tan 2x}{x}\right)$$
$$=\lim_{x\to0}\left(\frac{\sin x}{x}+\frac{\tan 2x}{2x}\times2\right)$$
$$=1+1\times2=3\qquad\text{답 }3$$

0374 $\displaystyle\lim_{x\to0}\frac{\sin(2x^2+x)}{x}$

$$=\lim_{x\to0}\left\{\frac{\sin(2x^2+x)}{2x^2+x}\times\frac{2x^2+x}{x}\right\}$$
$$=\lim_{x\to0}\left\{\frac{\sin(2x^2+x)}{2x^2+x}\times(2x+1)\right\}$$
$$=1\times1=1\qquad\text{답 }1$$

0375 $\dfrac{1}{x}=t$로 놓으면 $x\to\infty$일 때 $t\to0$이므로

$$\lim_{x\to\infty}x\sin\frac{1}{x}=\lim_{t\to0}\frac{1}{t}\sin t=1\qquad\text{답 }1$$

0376 $x-\pi=t$로 놓으면 $x\to\pi$일 때 $t\to0$이므로

$$\lim_{x\to\pi}\frac{\sin x}{x-\pi}=\lim_{t\to0}\frac{\sin(\pi+t)}{t}$$
$$=\lim_{t\to0}\frac{-\sin t}{t}=-1\qquad\text{답 }-1$$

0377　　답 $y'=-\sin x-\cos x$

0378 $y'=(\sin x)'\cos x+\sin x(\cos x)'$

$$=\cos x\cos x+\sin x(-\sin x)$$
$$=\cos^2 x-\sin^2 x\qquad\text{답 }y'=\cos^2 x-\sin^2 x$$

0379 $\sin^2\theta=1-\cos^2\theta=1-\left(-\dfrac{5}{13}\right)^2=\dfrac{144}{169}$

이때 θ가 제3사분면의 각이므로

$$\sin\theta=-\sqrt{\frac{144}{169}}=-\frac{12}{13}$$
$$\tan\theta=\frac{\sin\theta}{\cos\theta}=\frac{-\dfrac{12}{13}}{-\dfrac{5}{13}}=\frac{12}{5}$$
$$\therefore 5\csc\theta\tan\theta=5\times\frac{1}{\sin\theta}\times\tan\theta$$
$$=5\times\left(-\frac{13}{12}\right)\times\frac{12}{5}=-13\qquad\text{답 }-13$$

0380 $\overline{\mathrm{OP}}=\sqrt{12^2+(-5)^2}=13$이므로

$$\csc\theta=-\frac{13}{5},\ \cot\theta=-\frac{12}{5}$$
$$\therefore\sqrt{\frac{\csc\theta\cot\theta}{39}}=\sqrt{\frac{\left(-\dfrac{13}{5}\right)\times\left(-\dfrac{12}{5}\right)}{39}}$$
$$=\sqrt{\frac{4}{25}}=\frac{2}{5}\qquad\text{답 }\frac{2}{5}$$

0381 (i) $\csc\theta\sec\theta>0$에서 $\csc\theta$와 $\sec\theta$의 부호가 서로
　　같으므로 θ는 제1사분면 또는 제3사분면의 각이다.

(ii) $\cos\theta\tan\theta>0$에서 $\cos\theta$와 $\tan\theta$의 부호가 서로 같으므
　　로 θ는 제1사분면 또는 제2사분면의 각이다.

(i), (ii)에서 각 θ는 제1사분면의 각이다.　　　　답 ①

0382 $\sin\theta+\cos\theta=-\dfrac{1}{5}$의 양변을 제곱하면

$1+2\sin\theta\cos\theta=\dfrac{1}{25}$

$\therefore\ \sin\theta\cos\theta=-\dfrac{12}{25}$

이때 $\tan\theta\cot\theta=1$이고

$\tan\theta+\cot\theta=\dfrac{\sin\theta}{\cos\theta}+\dfrac{\cos\theta}{\sin\theta}$

$\qquad\qquad=\dfrac{\sin^2\theta+\cos^2\theta}{\sin\theta\cos\theta}$

$\qquad\qquad=\dfrac{1}{\sin\theta\cos\theta}=-\dfrac{25}{12}$

이므로 $\tan\theta$, $\cot\theta$를 두 근으로 하고 x^2의 계수가 12인 이차방정식은

$12\left(x^2+\dfrac{25}{12}x+1\right)=0$, 즉 $12x^2+25x+12=0$

따라서 $a=25$, $b=12$이므로

$a+b=37$ 답 **37**

0383 $\tan\theta+\cot\theta=2$에서

$\tan\theta+\dfrac{1}{\tan\theta}=2$

양변에 $\tan\theta$를 곱하여 정리하면

$\tan^2\theta-2\tan\theta+1=0$, $(\tan\theta-1)^2=0$ $\quad\therefore\ \tan\theta=1$

$\therefore\ \csc^2\theta+\sec^2\theta=(1+\cot^2\theta)+(1+\tan^2\theta)$

$\qquad\qquad\qquad=1+\dfrac{1}{\tan^2\theta}+1+\tan^2\theta$

$\qquad\qquad\qquad=1+\dfrac{1}{1^2}+1+1^2=4$ 답 **4**

0384 $1+\cot^2\theta=\csc^2\theta=\dfrac{1}{\sin^2\theta}$이므로

$\cot^2\theta=\dfrac{1}{\sin^2\theta}-1=\dfrac{1}{\left(-\dfrac{1}{3}\right)^2}-1=8$

그런데 $\pi<\theta<\dfrac{3}{2}\pi$이므로 $\cot\theta>0$

$\therefore\ \cot\theta=\sqrt{8}=2\sqrt{2}$

$\therefore\ \tan\theta+\cot\theta=\dfrac{1}{\cot\theta}+\cot\theta$

$\qquad\qquad\qquad=\dfrac{1}{2\sqrt{2}}+2\sqrt{2}=\dfrac{9\sqrt{2}}{4}$ 답 $\dfrac{9\sqrt{2}}{4}$

0385 ① $\tan^2\theta-\sin^2\theta=\dfrac{\sin^2\theta}{\cos^2\theta}-\sin^2\theta$

$\qquad\qquad\qquad=\dfrac{\sin^2\theta-\sin^2\theta\cos^2\theta}{\cos^2\theta}$

$\qquad\qquad\qquad=\dfrac{\sin^2\theta(1-\cos^2\theta)}{\cos^2\theta}$

$\qquad\qquad\qquad=\tan^2\theta\sin^2\theta$

② $\dfrac{1}{1+\sin\theta}+\dfrac{1}{1-\sin\theta}=\dfrac{(1-\sin\theta)+(1+\sin\theta)}{(1+\sin\theta)(1-\sin\theta)}$

$\qquad\qquad\qquad\qquad=\dfrac{2}{1-\sin^2\theta}=\dfrac{2}{\cos^2\theta}$

$\qquad\qquad\qquad\qquad=2\sec^2\theta$

③ $\tan\theta\sec\theta+\sec^2\theta$

$=\dfrac{\sin\theta}{\cos\theta}\times\dfrac{1}{\cos\theta}+\dfrac{1}{\cos^2\theta}=\dfrac{\sin\theta+1}{\cos^2\theta}$

$=\dfrac{\sin\theta+1}{1-\sin^2\theta}=\dfrac{1+\sin\theta}{(1-\sin\theta)(1+\sin\theta)}$

$=\dfrac{1}{1-\sin\theta}$

④ $(1-\sin^2\theta)(1-\cos^2\theta)(1+\tan^2\theta)(1+\cot^2\theta)$

$=\cos^2\theta\times\sin^2\theta\times\sec^2\theta\times\csc^2\theta$

$=\cos^2\theta\times\sin^2\theta\times\dfrac{1}{\cos^2\theta}\times\dfrac{1}{\sin^2\theta}=1$

⑤ $\dfrac{\cos\theta}{\sec\theta-\tan\theta}+\dfrac{\cos\theta}{\sec\theta+\tan\theta}$

$=\dfrac{\cos\theta(\sec\theta+\tan\theta)+\cos\theta(\sec\theta-\tan\theta)}{(\sec\theta-\tan\theta)(\sec\theta+\tan\theta)}$

$=\dfrac{1+\sin\theta+1-\sin\theta}{\sec^2\theta-\tan^2\theta}$

$=\dfrac{2}{(1+\tan^2\theta)-\tan^2\theta}=2$ 답 ⑤

0386 $\dfrac{1+\tan\theta}{1-\tan\theta}=2+\sqrt{3}$에서

$1+\tan\theta=(2+\sqrt{3})(1-\tan\theta)$

$(3+\sqrt{3})\tan\theta=1+\sqrt{3}$

$\therefore\ \tan\theta=\dfrac{1+\sqrt{3}}{3+\sqrt{3}}=\dfrac{1+\sqrt{3}}{\sqrt{3}(\sqrt{3}+1)}=\dfrac{\sqrt{3}}{3}$

이때 $1+\tan^2\theta=\sec^2\theta$이므로

$\sec^2\theta=1+\left(\dfrac{\sqrt{3}}{3}\right)^2=\dfrac{4}{3}$

또, $\cot\theta=\dfrac{1}{\tan\theta}=\sqrt{3}$이고 $1+\cot^2\theta=\csc^2\theta$이므로

$\csc^2\theta=1+(\sqrt{3})^2=4$

$\therefore\ \sec^2\theta+\csc^2\theta=\dfrac{4}{3}+4=\dfrac{16}{3}$ 답 $\dfrac{16}{3}$

0387 $\dfrac{\pi}{2}<\alpha<\pi$, $\dfrac{3}{2}\pi<\beta<2\pi$에서

$\cos\alpha<0$, $\sin\beta<0$이므로

$\cos\alpha=-\sqrt{1-\sin^2\alpha}=-\sqrt{1-\left(\dfrac{3}{5}\right)^2}=-\dfrac{4}{5}$

$\sin\beta=-\sqrt{1-\cos^2\beta}=-\sqrt{1-\left(\dfrac{\sqrt{5}}{3}\right)^2}=-\dfrac{2}{3}$

$\therefore\ \cos(\alpha-\beta)=\cos\alpha\cos\beta+\sin\alpha\sin\beta$

$\qquad\qquad=\left(-\dfrac{4}{5}\right)\times\dfrac{\sqrt{5}}{3}+\dfrac{3}{5}\times\left(-\dfrac{2}{3}\right)$

$\qquad\qquad=\dfrac{-6-4\sqrt{5}}{15}$ 답 $\dfrac{-6-4\sqrt{5}}{15}$

0388 $\sin 80° \sin 110° - \sin 10° \sin 20°$

$= \sin(90° - 10°)\sin(90° + 20°) - \sin 10° \sin 20°$

$= \cos 10° \cos 20° - \sin 10° \sin 20°$

$= \cos(10° + 20°)$

$= \cos 30° = \dfrac{\sqrt{3}}{2}$ 　　　　　　　답 $\dfrac{\sqrt{3}}{2}$

0389 $\tan 15° = \tan(45° - 30°)$

$= \dfrac{\tan 45° - \tan 30°}{1 + \tan 45° \tan 30°}$

$= \dfrac{1 - \dfrac{\sqrt{3}}{3}}{1 + 1 \times \dfrac{\sqrt{3}}{3}} = \dfrac{3 - \sqrt{3}}{3 + \sqrt{3}}$

$= 2 - \sqrt{3}$ 　　　　　　　답 ①

0390 $0 < \alpha < \dfrac{\pi}{2}$, $\dfrac{\pi}{2} < \beta < \pi$에서

$\cos \alpha > 0$, $\sin \beta > 0$이므로

$\cos \alpha = \sqrt{1 - \sin^2 \alpha} = \sqrt{1 - \left(\dfrac{1}{3}\right)^2} = \dfrac{2\sqrt{2}}{3}$

$\sin \beta = \sqrt{1 - \cos^2 \beta} = \sqrt{1 - \left(-\dfrac{2}{3}\right)^2} = \dfrac{\sqrt{5}}{3}$

$\therefore \sin(\alpha + \beta) = \sin \alpha \cos \beta + \cos \alpha \sin \beta$

$= \dfrac{1}{3} \times \left(-\dfrac{2}{3}\right) + \dfrac{2\sqrt{2}}{3} \times \dfrac{\sqrt{5}}{3}$

$= \dfrac{-2 + 2\sqrt{10}}{9}$

따라서 $a = -2$, $b = 10$이므로

$a + b = 8$ 　　　　　　　답 8

0391 $0 < \alpha < \dfrac{\pi}{2}$에서 $\cos \alpha > 0$이므로

$\cos \alpha = \sqrt{1 - \sin^2 \alpha} = \sqrt{1 - \left(\dfrac{4}{5}\right)^2} = \dfrac{3}{5}$

$\therefore \tan \alpha = \dfrac{\sin \alpha}{\cos \alpha} = \dfrac{\dfrac{4}{5}}{\dfrac{3}{5}} = \dfrac{4}{3}$

　　　　　　　　　　　　　　　　㉮

또, $\tan \beta = \dfrac{1}{\cot \beta} = \dfrac{1}{-\dfrac{3}{4}} = -\dfrac{4}{3}$

　　　　　　　　　　　　　　　　㉯

$\therefore \tan(\alpha - \beta) = \dfrac{\tan \alpha - \tan \beta}{1 + \tan \alpha \tan \beta}$

$= \dfrac{\dfrac{4}{3} - \left(-\dfrac{4}{3}\right)}{1 + \dfrac{4}{3} \times \left(-\dfrac{4}{3}\right)} = -\dfrac{24}{7}$

　　　　　　　　　　　　　　　　㉰

답 $-\dfrac{24}{7}$

단계	채점요소	배점
㉮	$\tan \alpha$의 값 구하기	30%
㉯	$\tan \beta$의 값 구하기	20%
㉰	$\tan(\alpha - \beta)$의 값 구하기	50%

0392 $\dfrac{3}{2}\pi < \theta < 2\pi$에서 $\sin \theta < 0$이므로

$\sin \theta = -\sqrt{1 - \cos^2 \theta} = -\sqrt{1 - \left(\dfrac{1}{3}\right)^2} = -\dfrac{2\sqrt{2}}{3}$

$\therefore \tan \theta = \dfrac{\sin \theta}{\cos \theta} = \dfrac{-\dfrac{2\sqrt{2}}{3}}{\dfrac{1}{3}} = -2\sqrt{2}$

$\therefore \tan\left(\dfrac{\pi}{4} + \theta\right) = \dfrac{\tan \dfrac{\pi}{4} + \tan \theta}{1 - \tan \dfrac{\pi}{4} \tan \theta} = \dfrac{1 - 2\sqrt{2}}{1 + 2\sqrt{2}} = \dfrac{4\sqrt{2} - 9}{7}$

$\therefore a = 9$ 　　　　　　　답 ①

0393 $\tan(\alpha + \beta) = \tan \dfrac{5}{4}\pi = 1$이므로

$\dfrac{\tan \alpha + \tan \beta}{1 - \tan \alpha \tan \beta} = 1$에서

$\tan \alpha + \tan \beta = 1 - \tan \alpha \tan \beta$

$\therefore (1 + \tan \alpha)(1 + \tan \beta)$

$= 1 + \tan \alpha + \tan \beta + \tan \alpha \tan \beta$

$= 1 + (1 - \tan \alpha \tan \beta) + \tan \alpha \tan \beta$

$= 2$ 　　　　　　　답 ④

0394 $\sin \alpha + \sin \beta = \dfrac{1}{2}$, $\cos \alpha + \cos \beta = \dfrac{3}{2}$의 양변을 각각

제곱하면

$\sin^2 \alpha + 2 \sin \alpha \sin \beta + \sin^2 \beta = \dfrac{1}{4}$ 　　　 …… ㉠

$\cos^2 \alpha + 2 \cos \alpha \cos \beta + \cos^2 \beta = \dfrac{9}{4}$ 　　　 …… ㉡

㉠ + ㉡을 하면

$(\sin^2 \alpha + \cos^2 \alpha) + 2(\sin \alpha \sin \beta + \cos \alpha \cos \beta)$

$\qquad\qquad\qquad + (\sin^2 \beta + \cos^2 \beta) = \dfrac{5}{2}$

$1 + 2(\cos \alpha \cos \beta + \sin \alpha \sin \beta) + 1 = \dfrac{5}{2}$

$2 \cos(\alpha - \beta) = \dfrac{1}{2}$ 　　$\therefore \cos(\alpha - \beta) = \dfrac{1}{4}$ 　　답 $\dfrac{1}{4}$

0395 이차방정식의 근과 계수의 관계에 의하여

$\tan \alpha + \tan \beta = \dfrac{k}{2}$, $\tan \alpha \tan \beta = \dfrac{1}{2}$이므로

$\tan(\alpha + \beta) = \dfrac{\tan \alpha + \tan \beta}{1 - \tan \alpha \tan \beta} = \dfrac{\dfrac{k}{2}}{1 - \dfrac{1}{2}} = k$

$\therefore k = 3$ 　　　　　　　답 ③

0396 이차방정식의 근과 계수의 관계에 의하여

$\tan\alpha+\tan\beta=4$, $\tan\alpha\tan\beta=-1$이므로

$\tan(\alpha+\beta)=\dfrac{\tan\alpha+\tan\beta}{1-\tan\alpha\tan\beta}=\dfrac{4}{1+1}=2$

이때 $\cos\alpha\cos\beta-\sin\alpha\sin\beta=\cos(\alpha+\beta)$이고 $0<\alpha<\dfrac{\pi}{2}$,

$\dfrac{\pi}{2}<\beta<\pi$에서 $\dfrac{\pi}{2}<\alpha+\beta<\dfrac{3}{2}\pi$

이므로 $\cos(\alpha+\beta)<0$

따라서 오른쪽 그림에서

$\cos(\alpha+\beta)=-\dfrac{1}{\sqrt5}=-\dfrac{\sqrt5}{5}$이므로

$\cos\alpha\cos\beta-\sin\alpha\sin\beta=\cos(\alpha+\beta)$

$\qquad\qquad\qquad\qquad\quad=-\dfrac{\sqrt5}{5}$

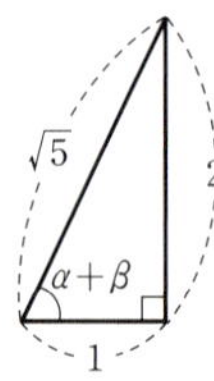

답 ①

0397 이차방정식의 근과 계수의 관계에 의하여

$\tan\alpha+\tan\beta=6$, $\tan\alpha\tan\beta=-1$이므로

──────────────────────── ㉮

$\tan(\alpha+\beta)=\dfrac{\tan\alpha+\tan\beta}{1-\tan\alpha\tan\beta}=\dfrac{6}{1-(-1)}=3$

──────────────────────── ㉯

$\therefore \sec^2(\alpha+\beta)=1+\tan^2(\alpha+\beta)=1+3^2=10$

──────────────────────── ㉰

답 10

단계	채점요소	배점
㉮	이차방정식의 근과 계수의 관계 이용하기	30 %
㉯	$\tan(\alpha+\beta)$의 값 구하기	40 %
㉰	$\sec^2(\alpha+\beta)$의 값 구하기	30 %

0398 두 직선 $y=3x$, $y=\dfrac{1}{2}x$가 x축의 양의 방향과 이루는

각의 크기를 각각 α, β라 하면

$\tan\alpha=3$, $\tan\beta=\dfrac{1}{2}$

$\therefore \tan\theta=|\tan(\alpha-\beta)|=\left|\dfrac{\tan\alpha-\tan\beta}{1+\tan\alpha\tan\beta}\right|$

$\qquad\qquad=\dfrac{3-\dfrac{1}{2}}{1+3\times\dfrac{1}{2}}=\dfrac{\dfrac{5}{2}}{\dfrac{5}{2}}=1$

$0<\theta<\dfrac{\pi}{2}$이므로 $\theta=\dfrac{\pi}{4}$

$\therefore \sin\theta=\sin\dfrac{\pi}{4}=\dfrac{\sqrt2}{2}$

답 $\dfrac{\sqrt2}{2}$

0399 $x-y+1=0$에서 $y=x+1$

$(2-\sqrt3)x+y-\sqrt3=0$에서 $y=(\sqrt3-2)x+\sqrt3$

두 직선 $y=x+1$, $y=(\sqrt3-2)x+\sqrt3$이 x축의 양의 방향과 이루는 각의 크기를 각각 α, β라 하면

$\tan\alpha=1$, $\tan\beta=\sqrt3-2$

$\therefore \tan\theta=|\tan(\alpha-\beta)|=\left|\dfrac{\tan\alpha-\tan\beta}{1+\tan\alpha\tan\beta}\right|$

$\qquad=\left|\dfrac{1-(\sqrt3-2)}{1+1\times(\sqrt3-2)}\right|$

$\qquad=\left|\dfrac{3-\sqrt3}{\sqrt3-1}\right|=\sqrt3$

답 $\sqrt3$

0400 $mx-y-1=0$에서 $y=mx-1$

$3x-y+2=0$에서 $y=3x+2$

두 직선 $y=mx-1$, $y=3x+2$가 x축의 양의 방향과 이루는 각의 크기를 각각 α, β라 하면

$\tan\alpha=m$, $\tan\beta=3$

이때 두 직선이 이루는 예각의 크기가 $45°$이므로

$|\tan(\alpha-\beta)|=\tan45°=1$이고

$|\tan(\alpha-\beta)|=\left|\dfrac{\tan\alpha-\tan\beta}{1+\tan\alpha\tan\beta}\right|=\left|\dfrac{m-3}{1+3m}\right|$

즉, $\left|\dfrac{m-3}{1+3m}\right|=1$이므로

$|1+3m|=|m-3|$, $1+3m=\pm(m-3)$

$\therefore m=\dfrac{1}{2}\ (\because m>0)$

답 $\dfrac{1}{2}$

0401 직선 $y=\dfrac{1}{2}x$가 x축의 양의 방향과 이루는 각의 크기를

θ라 하면 $\tan\theta=\dfrac{1}{2}$

이때 직선 $y=ax+b$가 x축의 양의 방향과 이루는 각의 크기는

$\theta+45°$이므로

$a=\tan(\theta+45°)=\dfrac{\tan\theta+\tan45°}{1-\tan\theta\tan45°}=\dfrac{\dfrac{1}{2}+1}{1-\dfrac{1}{2}\times1}=3$

직선 $y=3x+b$가 점 $(2,\,1)$을 지나므로

$1=6+b$ $\quad\therefore b=-5$

$\therefore ab=3\times(-5)=-15$

답 ④

0402 점 P가 $\overline{BC}$를 $2:1$로 내분하므로

$\overline{BP}=8$, $\overline{CP}=4$

$\angle APB=\alpha$, $\angle DPC=\beta$라 하면

$\tan\alpha=\dfrac{5}{8}$, $\tan\beta=\dfrac{5}{4}$이므로

$\tan\theta=\tan\{180°-(\alpha+\beta)\}$

$\qquad=-\tan(\alpha+\beta)$

$\qquad=-\dfrac{\tan\alpha+\tan\beta}{1-\tan\alpha\tan\beta}$

$\qquad=-\dfrac{\dfrac{5}{8}+\dfrac{5}{4}}{1-\dfrac{5}{8}\times\dfrac{5}{4}}=-\dfrac{\dfrac{15}{8}}{\dfrac{7}{32}}=-\dfrac{60}{7}$

답 $-\dfrac{60}{7}$

0403 $\angle \text{CAB}=\alpha$, $\angle \text{EAD}=\beta$라 하면

$\tan \alpha = \dfrac{3}{2}$, $\tan \beta = \dfrac{2}{3}$

이때 $\theta = \alpha - \beta$이므로

$$\tan \theta = \tan(\alpha - \beta) = \frac{\tan \alpha - \tan \beta}{1 + \tan \alpha \tan \beta}$$

$$= \frac{\dfrac{3}{2} - \dfrac{2}{3}}{1 + \dfrac{3}{2} \times \dfrac{2}{3}} = \frac{\dfrac{5}{6}}{2} = \frac{5}{12}$$

또, $\overline{\text{AC}} = \overline{\text{AE}} = \sqrt{3^2 + 2^2} = \sqrt{13}$이므로

$\sin \alpha = \dfrac{3}{\sqrt{13}}$, $\cos \alpha = \dfrac{2}{\sqrt{13}}$

$\sin \beta = \dfrac{2}{\sqrt{13}}$, $\cos \beta = \dfrac{3}{\sqrt{13}}$

$\therefore \cos \theta = \cos(\alpha - \beta) = \cos \alpha \cos \beta + \sin \alpha \sin \beta$

$$= \frac{2}{\sqrt{13}} \times \frac{3}{\sqrt{13}} + \frac{3}{\sqrt{13}} \times \frac{2}{\sqrt{13}} = \frac{12}{13}$$

$\therefore 12 \tan \theta + 13 \cos \theta = 5 + 12 = 17$ 　　　답 ④

0404 $\triangle \text{ABC}$에서 $\overline{\text{AC}} = \sqrt{5^2 - 3^2} = 4$이므로

$\sin \alpha = \dfrac{4}{5}$, $\cos \alpha = \dfrac{3}{5}$

$\triangle \text{DBC}$에서 $\overline{\text{BD}} = \sqrt{3^2 + 3^2} = 3\sqrt{2}$이므로

$\sin \beta = \dfrac{\sqrt{2}}{2}$, $\cos \beta = \dfrac{\sqrt{2}}{2}$

$\therefore \sin(\alpha + \beta) = \sin \alpha \cos \beta + \cos \alpha \sin \beta$

$$= \frac{4}{5} \times \frac{\sqrt{2}}{2} + \frac{3}{5} \times \frac{\sqrt{2}}{2} = \frac{7\sqrt{2}}{10}$$

답 $\dfrac{7\sqrt{2}}{10}$

0405 $\sin \theta + \cos \theta = \dfrac{1}{3}$의 양변을 제곱하면

$\sin^2 \theta + 2 \sin \theta \cos \theta + \cos^2 \theta = \dfrac{1}{9}$

$1 + 2 \sin \theta \cos \theta = \dfrac{1}{9}$ 　　$\therefore 2 \sin \theta \cos \theta = -\dfrac{8}{9}$

$\therefore \sin 2\theta = 2 \sin \theta \cos \theta = -\dfrac{8}{9}$ 　　　답 ①

0406 $\cos 2\theta = 1 - 2 \sin^2 \theta$

$$= 1 - 2 \times \left(\frac{3}{5}\right)^2 = \frac{7}{25}$$

답 $\dfrac{7}{25}$

0407 $y = \cos 2x + 4 \sin x + 1$

$\quad = (1 - 2 \sin^2 x) + 4 \sin x + 1$

$\quad = -2 \sin^2 x + 4 \sin x + 2$

$\quad = -2(\sin x - 1)^2 + 4$

이때 $-1 \le \sin x \le 1$이므로 주어진 함수는 $\sin x = 1$일 때 최댓값 4, $\sin x = -1$일 때 최솟값 -4를 갖는다.

따라서 $M = 4$, $m = -4$이므로

$M - m = 8$ 　　　답 ⑤

0408 $y = 3 \cos x - 2 \cos\left(x + \dfrac{\pi}{3}\right)$

$\quad = 3 \cos x - 2\left(\cos x \cos \dfrac{\pi}{3} - \sin x \sin \dfrac{\pi}{3}\right)$

$\quad = 3 \cos x - 2\left(\dfrac{1}{2} \cos x - \dfrac{\sqrt{3}}{2} \sin x\right)$

$\quad = \sqrt{3} \sin x + 2 \cos x$

$\quad = \sqrt{7} \sin(x + \alpha)$ $\left(단, \sin \alpha = \dfrac{2}{\sqrt{7}}, \cos \alpha = \dfrac{\sqrt{3}}{\sqrt{7}}\right)$

이때 $-1 \le \sin(x + \alpha) \le 1$이므로

$-\sqrt{7} \le \sqrt{7} \sin(x + \alpha) \le \sqrt{7}$

따라서 $M = \sqrt{7}$, $m = -\sqrt{7}$이므로

$M - m = 2\sqrt{7}$ 　　　답 $2\sqrt{7}$

0409 $f(x) = 2 + 3 \sin x + 4 \cos x$

$\quad = 2 + 5\left(\sin x \times \dfrac{3}{5} + \cos x \times \dfrac{4}{5}\right)$

$\quad = 2 + 5 \sin(x + \alpha)$ $\left(단, \sin \alpha = \dfrac{4}{5}, \cos \alpha = \dfrac{3}{5}\right)$

ㄱ. 함수 $f(x)$의 주기는 2π이다.

ㄴ, ㄷ. $-1 \le \sin(x + \alpha) \le 1$이므로

　　$-5 \le 5 \sin(x + \alpha) \le 5$ 　　$\therefore -3 \le 2 + 5 \sin(x + \alpha) \le 7$

　　즉, 최댓값은 7, 최솟값은 -3이다.

따라서 옳은 것은 ㄱ, ㄴ이다. 　　　답 ②

0410 $y = 2\sqrt{3} \sin x + 3 \cos\left(x + \dfrac{\pi}{3}\right)$

$\quad = 2\sqrt{3} \sin x + 3\left(\cos x \cos \dfrac{\pi}{3} - \sin x \sin \dfrac{\pi}{3}\right)$

$\quad = 2\sqrt{3} \sin x + 3\left(\dfrac{1}{2} \cos x - \dfrac{\sqrt{3}}{2} \sin x\right)$

$\quad = \dfrac{\sqrt{3}}{2} \sin x + \dfrac{3}{2} \cos x = \sqrt{3} \sin\left(x + \dfrac{\pi}{3}\right)$

따라서 $r = \sqrt{3}$, $\alpha = \dfrac{\pi}{3}$이므로

$r \tan \alpha = \sqrt{3} \tan \dfrac{\pi}{3} = \sqrt{3} \times \sqrt{3} = 3$ 　　　답 **3**

0411 $f(x) = \sqrt{2} \sin\left(x - \dfrac{\pi}{4}\right) + 4 \cos x$

$\quad = \sqrt{2}\left(\sin x \cos \dfrac{\pi}{4} - \cos x \sin \dfrac{\pi}{4}\right) + 4 \cos x$

$\quad = \sqrt{2}\left(\dfrac{\sqrt{2}}{2} \sin x - \dfrac{\sqrt{2}}{2} \cos x\right) + 4 \cos x$

$\quad = \sin x + 3 \cos x$

$\quad = \sqrt{10}\left(\sin x \times \dfrac{1}{\sqrt{10}} + \cos x \times \dfrac{3}{\sqrt{10}}\right)$

$\quad = \sqrt{10} \sin(x + \alpha)$

$\qquad \left(단, \sin \alpha = \dfrac{3}{\sqrt{10}}, \cos \alpha = \dfrac{1}{\sqrt{10}}\right)$

$f(x)$는 $\sin(x+\alpha)=-1$일 때, 최솟값 $-\sqrt{10}$ 을 가지므로

$x+\alpha=\dfrac{3}{2}\pi$에서 $x=\dfrac{3}{2}\pi-\alpha$

$\therefore \theta=\dfrac{3}{2}\pi-\alpha,\ m=-\sqrt{10}$ ⋯⋯ ㉯

$\therefore 3m\tan\theta=-3\sqrt{10}\tan\left(\dfrac{3}{2}\pi-\alpha\right)$

$\qquad\qquad =-3\sqrt{10}\cot\alpha \leftarrow \cot\alpha=\dfrac{\cos\alpha}{\sin\alpha}=\dfrac{\frac{1}{\sqrt{10}}}{\frac{3}{\sqrt{10}}}=\dfrac{1}{3}$

$\qquad\qquad =-3\sqrt{10}\times\dfrac{1}{3}=-\sqrt{10}$ ⋯⋯ ㉰

답 $-\sqrt{10}$

단계	채점요소	배점
㉮	삼각함수의 합성 이용하기	40%
㉯	$\theta,\ m$의 값 구하기	30%
㉰	$3m\tan\theta$의 값 구하기	30%

0412 $f(x)=-\sin x+\sqrt{a}\cos x$

$\qquad =\sqrt{a+1}\left\{\sin x\times\left(-\dfrac{1}{\sqrt{a+1}}\right)+\cos x\times\dfrac{\sqrt{a}}{\sqrt{a+1}}\right\}$

$\qquad =\sqrt{a+1}\sin(x+\alpha)$

$\qquad\left(\text{단, } \sin\alpha=\dfrac{\sqrt{a}}{\sqrt{a+1}},\ \cos\alpha=-\dfrac{1}{\sqrt{a+1}}\right)$

$f(x)$의 최댓값이 $\sqrt{a+1}$이므로

$\sqrt{a+1}=4 \qquad \therefore a=15$ **답 15**

0413 $f(x)=a\sin x+b\cos x$

$\qquad =\sqrt{a^2+b^2}\left(\sin x\times\dfrac{a}{\sqrt{a^2+b^2}}+\cos x\times\dfrac{b}{\sqrt{a^2+b^2}}\right)$

$\qquad =\sqrt{a^2+b^2}\sin(x+\alpha)$

$\qquad\left(\text{단, } \sin\alpha=\dfrac{b}{\sqrt{a^2+b^2}},\ \cos\alpha=\dfrac{a}{\sqrt{a^2+b^2}}\right)$

$f(x)$의 최댓값이 $\sqrt{a^2+b^2}$이므로

$\sqrt{a^2+b^2}=2\sqrt{5} \qquad \therefore a^2+b^2=20$ ⋯⋯㉠

$b=3a\tan\dfrac{\pi}{6}$에서

$b=3a\times\dfrac{\sqrt{3}}{3}=\sqrt{3}a$ ⋯⋯㉡

㉡을 ㉠에 대입하면

$a^2+(\sqrt{3}a)^2=20,\ 4a^2=20$

$\therefore a^2=5,\ b^2=3a^2=15$

$\therefore b^2-a^2=10$ **답 ①**

0414 $\angle APB=90°$이므로 $\angle PAB=\theta$라 하면

$\overline{AP}=\cos\theta,\ \overline{BP}=\sin\theta$

$\therefore \overline{AP}+2\overline{BP}=\cos\theta+2\sin\theta$

$\qquad\qquad =\sqrt{5}\left(\sin\theta\times\dfrac{2}{\sqrt{5}}+\cos\theta\times\dfrac{1}{\sqrt{5}}\right)$

$\qquad\qquad =\sqrt{5}\sin(\theta+\alpha)$

$\qquad\left(\text{단, } \sin\alpha=\dfrac{1}{\sqrt{5}},\ \cos\alpha=\dfrac{2}{\sqrt{5}}\right)$

따라서 $\overline{AP}+2\overline{BP}$의 최댓값은 $\sqrt{5}$이다. **답 ③**

0415 $\displaystyle\lim_{x\to\frac{\pi}{4}}\dfrac{\sin x-\cos x}{1-\tan x}=\lim_{x\to\frac{\pi}{4}}\dfrac{\sin x-\cos x}{1-\dfrac{\sin x}{\cos x}}$

$\qquad\qquad =\lim_{x\to\frac{\pi}{4}}\dfrac{\sin x-\cos x}{\dfrac{\cos x-\sin x}{\cos x}}$

$\qquad\qquad =-\lim_{x\to\frac{\pi}{4}}\cos x$

$\qquad\qquad =-\dfrac{\sqrt{2}}{2}$ **답 ②**

0416 $\displaystyle\lim_{x\to 0}\dfrac{1-\cos x}{\sin^2 x}=\lim_{x\to 0}\dfrac{1-\cos x}{1-\cos^2 x}$

$\qquad\qquad =\lim_{x\to 0}\dfrac{1-\cos x}{(1+\cos x)(1-\cos x)}$

$\qquad\qquad =\lim_{x\to 0}\dfrac{1}{1+\cos x}$

$\qquad\qquad =\dfrac{1}{1+1}=\dfrac{1}{2}$ **답** $\dfrac{1}{2}$

0417 $\displaystyle\lim_{x\to\frac{\pi}{2}}\left(\sec^2 x-\dfrac{\tan x}{\cos x}\right)$

$=\lim_{x\to\frac{\pi}{2}}\left(\dfrac{1}{\cos^2 x}-\dfrac{\sin x}{\cos^2 x}\right)=\lim_{x\to\frac{\pi}{2}}\dfrac{1-\sin x}{\cos^2 x}$

$=\lim_{x\to\frac{\pi}{2}}\dfrac{1-\sin x}{1-\sin^2 x}$

$=\lim_{x\to\frac{\pi}{2}}\dfrac{1-\sin x}{(1-\sin x)(1+\sin x)}$

$=\lim_{x\to\frac{\pi}{2}}\dfrac{1}{1+\sin x}=\dfrac{1}{1+1}=\dfrac{1}{2}$ **답 ④**

0418 $\displaystyle\lim_{x\to 0}\dfrac{\sin 2x-\sin 4x}{\sin 3x}$

$=\lim_{x\to 0}\left(\dfrac{\sin 2x}{\sin 3x}-\dfrac{\sin 4x}{\sin 3x}\right)$

$=\lim_{x\to 0}\left(\dfrac{\sin 2x}{2x}\times\dfrac{3x}{\sin 3x}\times\dfrac{2}{3}-\dfrac{\sin 4x}{4x}\times\dfrac{3x}{\sin 3x}\times\dfrac{4}{3}\right)$

$=1\times 1\times\dfrac{2}{3}-1\times 1\times\dfrac{4}{3}$

$=-\dfrac{2}{3}$ **답** $-\dfrac{2}{3}$

0419 $\displaystyle\lim_{x\to 0}\frac{\sin(\sin 5x)}{\sin 4x}$

$=\displaystyle\lim_{x\to 0}\left\{\frac{\sin(\sin 5x)}{\sin 5x}\times\frac{4x}{\sin 4x}\times\frac{\sin 5x}{5x}\times\frac{5}{4}\right\}$

$=1\times 1\times 1\times\dfrac{5}{4}=\dfrac{5}{4}$ 답 ④

0420 $f(g(x))=f(\sin x)=2\sin x$

$g(f(x))=g(2x)=\sin 2x$

$\therefore \displaystyle\lim_{x\to 0}\frac{f(g(x))}{g(f(x))}=\lim_{x\to 0}\frac{2\sin x}{\sin 2x}$

$\qquad\qquad\qquad =\displaystyle\lim_{x\to 0}\left(\frac{\sin x}{x}\times\frac{2x}{\sin 2x}\right)$

$\qquad\qquad\qquad =1\times 1=1$ 답 ④

0421 $\displaystyle\lim_{x\to 0}\frac{\sin x+\sin 2x+\sin 3x+\cdots+\sin 100x}{x}$

$=\displaystyle\lim_{x\to 0}\left(\frac{\sin x}{x}+\frac{\sin 2x}{x}+\frac{\sin 3x}{x}+\cdots+\frac{\sin 100x}{x}\right)$

$=\displaystyle\lim_{x\to 0}\frac{\sin x}{x}+\lim_{x\to 0}\left(\frac{\sin 2x}{2x}\times 2\right)+\lim_{x\to 0}\left(\frac{\sin 3x}{3x}\times 3\right)$

$\qquad\qquad\qquad +\cdots+\displaystyle\lim_{x\to 0}\left(\frac{\sin 100x}{100x}\times 100\right)$

$=1+2+3+\cdots+100$

$=\dfrac{100\times 101}{2}=5050$ 답 **5050**

0422 $\displaystyle\lim_{x\to 0}\frac{\tan(\tan 2x)}{\tan 3x}$

$=\displaystyle\lim_{x\to 0}\left\{\frac{\tan(\tan 2x)}{\tan 2x}\times\frac{3x}{\tan 3x}\times\frac{\tan 2x}{2x}\times\frac{2}{3}\right\}$

$=1\times 1\times 1\times\dfrac{2}{3}=\dfrac{2}{3}$ 답 ③

0423 $\displaystyle\lim_{x\to 0}\frac{\tan 2x+\tan 5x}{3x}$

$=\displaystyle\lim_{x\to 0}\left(\frac{\tan 2x}{3x}+\frac{\tan 5x}{3x}\right)$

$=\displaystyle\lim_{x\to 0}\left(\frac{\tan 2x}{2x}\times\frac{2}{3}+\frac{\tan 5x}{5x}\times\frac{5}{3}\right)$

$=1\times\dfrac{2}{3}+1\times\dfrac{5}{3}=\dfrac{7}{3}$ 답 $\dfrac{7}{3}$

0424 $\displaystyle\lim_{x\to 0}\frac{\tan(3x^2+x)}{\sin(x^2+2x)}$

$=\displaystyle\lim_{x\to 0}\left\{\frac{\tan(3x^2+x)}{3x^2+x}\times\frac{x^2+2x}{\sin(x^2+2x)}\times\frac{3x^2+x}{x^2+2x}\right\}$

$=\displaystyle\lim_{x\to 0}\left\{\frac{\tan(3x^2+x)}{3x^2+x}\times\frac{x^2+2x}{\sin(x^2+2x)}\times\frac{3x+1}{x+2}\right\}$

$=1\times 1\times\dfrac{1}{2}=\dfrac{1}{2}$ 답 $\dfrac{1}{2}$

0425 $f(x)=x^2-2x$이므로

$\displaystyle\lim_{x\to 0}\frac{f(\tan x)}{\tan f(x)}$

$=\displaystyle\lim_{x\to 0}\frac{\tan^2 x-2\tan x}{\tan(x^2-2x)}$

$=\displaystyle\lim_{x\to 0}\frac{\tan x(\tan x-2)}{\tan(x^2-2x)}$

$=\displaystyle\lim_{x\to 0}\left\{\frac{\tan x}{x}\times\frac{x^2-2x}{\tan(x^2-2x)}\times(\tan x-2)\times\frac{1}{x-2}\right\}$

$=1\times 1\times(-2)\times\left(-\dfrac{1}{2}\right)$

$=1$ 답 ③

0426 $\displaystyle\lim_{x\to 0}\frac{\cos x-1}{x\sin x}$

$=\displaystyle\lim_{x\to 0}\frac{(\cos x-1)(\cos x+1)}{x\sin x(\cos x+1)}$

$=\displaystyle\lim_{x\to 0}\frac{\cos^2 x-1}{x\sin x(\cos x+1)}$

$=\displaystyle\lim_{x\to 0}\frac{-\sin^2 x}{x\sin x(\cos x+1)}$

$=\displaystyle\lim_{x\to 0}\left\{(-1)\times\frac{\sin x}{x}\times\frac{1}{\cos x+1}\right\}$

$=(-1)\times 1\times\dfrac{1}{2}$

$=-\dfrac{1}{2}$ 답 ②

0427 $\displaystyle\lim_{x\to 0}\frac{1-\cos x}{x\tan 3x}$

$=\displaystyle\lim_{x\to 0}\frac{(1-\cos x)(1+\cos x)}{x\tan 3x(1+\cos x)}$

$=\displaystyle\lim_{x\to 0}\frac{\sin^2 x}{x\tan 3x(1+\cos x)}$

$=\displaystyle\lim_{x\to 0}\left\{\left(\frac{\sin x}{x}\right)^2\times\frac{3x}{\tan 3x}\times\frac{1}{3(1+\cos x)}\right\}$

$=1^2\times 1\times\dfrac{1}{6}$

$=\dfrac{1}{6}$ 답 $\dfrac{1}{6}$

0428 $\displaystyle\lim_{x\to 0}\frac{1-\cos x}{1-\cos 2x}$

$=\displaystyle\lim_{x\to 0}\left(\frac{1-\cos x}{1-\cos 2x}\times\frac{1+\cos x}{1+\cos x}\times\frac{1+\cos 2x}{1+\cos 2x}\right)$

$=\displaystyle\lim_{x\to 0}\left(\frac{1-\cos^2 x}{1-\cos^2 2x}\times\frac{1+\cos 2x}{1+\cos x}\right)$

$=\displaystyle\lim_{x\to 0}\left(\frac{\sin^2 x}{\sin^2 2x}\times\frac{1+\cos 2x}{1+\cos x}\right)$

$=\displaystyle\lim_{x\to 0}\left\{\left(\frac{\sin x}{x}\right)^2\times\left(\frac{2x}{\sin 2x}\right)^2\times\frac{1}{4}\times\frac{1+\cos 2x}{1+\cos x}\right\}$

$=1^2\times 1^2\times\dfrac{1}{4}\times\dfrac{2}{2}$

$=\dfrac{1}{4}$ 답 ③

0429 $\displaystyle\lim_{x\to 0}\dfrac{x^3}{\tan x-\sin x}$

$=\displaystyle\lim_{x\to 0}\dfrac{x^3}{\dfrac{\sin x}{\cos x}-\sin x}=\lim_{x\to 0}\dfrac{x^3\cos x}{\sin x(1-\cos x)}$

$=\displaystyle\lim_{x\to 0}\dfrac{x^3\cos x(1+\cos x)}{\sin x(1-\cos x)(1+\cos x)}$

$=\displaystyle\lim_{x\to 0}\dfrac{x^3\cos x(1+\cos x)}{\sin x\times\sin^2 x}$

$=\displaystyle\lim_{x\to 0}\left\{\left(\dfrac{x}{\sin x}\right)^3\times\cos x(1+\cos x)\right\}$

$=1^3\times 2=2$ 답 **2**

0430 $\displaystyle\lim_{x\to 0}\dfrac{1-\cos kx}{4x^2}$

$=\displaystyle\lim_{x\to 0}\dfrac{(1-\cos kx)(1+\cos kx)}{4x^2(1+\cos kx)}$

$=\displaystyle\lim_{x\to 0}\dfrac{1-\cos^2 kx}{4x^2(1+\cos kx)}$

$=\displaystyle\lim_{x\to 0}\dfrac{\sin^2 kx}{4x^2(1+\cos kx)}$

$=\displaystyle\lim_{x\to 0}\left\{\left(\dfrac{\sin kx}{kx}\right)^2\times\dfrac{k^2}{4}\times\dfrac{1}{1+\cos kx}\right\}$

$=1^2\times\dfrac{k^2}{4}\times\dfrac{1}{2}=\dfrac{k^2}{8}$

즉, $\dfrac{k^2}{8}=\dfrac{7}{2}$이므로

$k^2=28 \qquad \therefore k=2\sqrt{7}\ (\because k>0)$ 답 ②

0431 $x-\pi=t$로 놓으면 $x\to\pi$일 때 $t\to 0$이므로

$\displaystyle\lim_{x\to\pi}\dfrac{1+\cos x}{(x-\pi)\sin x}=\lim_{t\to 0}\dfrac{1+\cos(\pi+t)}{t\sin(\pi+t)}$

$=\displaystyle\lim_{t\to 0}\dfrac{1-\cos t}{-t\sin t}$

$=\displaystyle\lim_{t\to 0}\dfrac{1-\cos^2 t}{-t\sin t(1+\cos t)}$

$=\displaystyle\lim_{t\to 0}\dfrac{\sin^2 t}{-t\sin t(1+\cos t)}$

$=\displaystyle\lim_{t\to 0}\left(\dfrac{\sin t}{t}\times\dfrac{-1}{1+\cos t}\right)$

$=1\times\left(-\dfrac{1}{2}\right)=-\dfrac{1}{2}$ 답 ①

0432 $x-\dfrac{\pi}{2}=t$로 놓으면 $x\to\dfrac{\pi}{2}$일 때 $t\to 0$이므로

$\displaystyle\lim_{x\to\frac{\pi}{2}}\left(x-\dfrac{\pi}{2}\right)\tan x=\lim_{t\to 0}t\tan\left(\dfrac{\pi}{2}+t\right)$

$=\displaystyle\lim_{t\to 0}t(-\cot t)$

$=\displaystyle\lim_{t\to 0}\left(-\dfrac{t}{\tan t}\right)$

$=-1$ 답 ①

0433 $x-2\pi=t$로 놓으면 $x\to 2\pi$일 때 $t\to 0$이므로

$\displaystyle\lim_{x\to 2\pi}\dfrac{\sin x}{x^2-4\pi^2}=\lim_{x\to 2\pi}\dfrac{\sin x}{(x+2\pi)(x-2\pi)}$

$=\displaystyle\lim_{t\to 0}\dfrac{\sin(2\pi+t)}{(4\pi+t)t}$

$=\displaystyle\lim_{t\to 0}\dfrac{\sin t}{(4\pi+t)t}$

$=\displaystyle\lim_{t\to 0}\left(\dfrac{\sin t}{t}\times\dfrac{1}{4\pi+t}\right)$

$=1\times\dfrac{1}{4\pi}=\dfrac{1}{4\pi}$ 답 ①

0434 $x-3=t$로 놓으면 $x\to 3$일 때 $t\to 0$이므로

$\displaystyle\lim_{x\to 3}\dfrac{\sin\left(\cos\dfrac{\pi}{2}x\right)}{x-3}=\lim_{t\to 0}\dfrac{\sin\left\{\cos\dfrac{\pi}{2}(t+3)\right\}}{t}$

$=\displaystyle\lim_{t\to 0}\dfrac{\sin\left\{\cos\left(\dfrac{3}{2}\pi+\dfrac{\pi}{2}t\right)\right\}}{t}$

$=\displaystyle\lim_{t\to 0}\dfrac{\sin\left(\sin\dfrac{\pi}{2}t\right)}{t}$

$=\displaystyle\lim_{t\to 0}\left\{\dfrac{\sin\left(\sin\dfrac{\pi}{2}t\right)}{\sin\dfrac{\pi}{2}t}\times\dfrac{\sin\dfrac{\pi}{2}t}{\dfrac{\pi}{2}t}\times\dfrac{\pi}{2}\right\}$

$=1\times 1\times\dfrac{\pi}{2}=\dfrac{\pi}{2}$ 답 ③

0435 $x-1=t$로 놓으면 $x\to 1$일 때 $t\to 0$이므로

$\displaystyle\lim_{x\to 1}\dfrac{e^{2-x}-e}{\sin(x-1)}=\lim_{t\to 0}\dfrac{e^{2-(t+1)}-e}{\sin t}=\lim_{t\to 0}\dfrac{e^{1-t}-e}{\sin t}$

$=\displaystyle\lim_{t\to 0}\dfrac{e(e^{-t}-1)}{\sin t}$

$=\displaystyle\lim_{t\to 0}\left\{e\times\dfrac{e^{-t}-1}{-t}\times\dfrac{t}{\sin t}\times(-1)\right\}$

$=e\times 1\times 1\times(-1)=-e$ 답 ②

0436 $\sin x-\cos x=\sqrt{2}\sin\left(x-\dfrac{\pi}{4}\right)$이므로

$\displaystyle\lim_{x\to\frac{\pi}{4}}\dfrac{\sin x-\cos x}{x-\dfrac{\pi}{4}}=\lim_{x\to\frac{\pi}{4}}\dfrac{\sqrt{2}\sin\left(x-\dfrac{\pi}{4}\right)}{x-\dfrac{\pi}{4}}$ ...... ㉠

                                      ㉮

$x-\dfrac{\pi}{4}=t$로 놓으면 $x\to\dfrac{\pi}{4}$일 때 $t\to 0$이므로 ㉠은

$\sqrt{2}\displaystyle\lim_{t\to 0}\dfrac{\sin t}{t}=\sqrt{2}\times 1=\sqrt{2}$

                                      ㉯

답 $\sqrt{2}$

단계	채점요소	배점
㉮	삼각함수의 합성 이용하기	40%
㉯	극한값 구하기	60%

0437 $\dfrac{1}{x}=t$로 놓으면 $x \to \infty$일 때 $t \to 0$이므로

$$\lim_{x \to \infty} x \sin \frac{5}{x} = \lim_{t \to 0} \frac{\sin 5t}{t} = \lim_{t \to 0} \left(\frac{\sin 5t}{5t} \times 5 \right)$$
$$= 1 \times 5 = 5$$

답 ⑤

0438 $\dfrac{1}{x}=t$로 놓으면 $x \to \infty$일 때 $t \to 0$이므로

$$\lim_{x \to \infty} \sin \frac{4}{x} \cot \frac{5}{x} = \lim_{t \to 0} \sin 4t \cot 5t$$
$$= \lim_{t \to 0} \left(\frac{\sin 4t}{4t} \times \frac{5t}{\tan 5t} \times \frac{4}{5} \right)$$
$$= 1 \times 1 \times \frac{4}{5} = \frac{4}{5}$$

답 $\dfrac{4}{5}$

0439 $\dfrac{1}{x}=t$로 놓으면 $x \to \infty$일 때 $t \to 0$이므로

$$\lim_{x \to \infty} x^{\circ} \tan \frac{1}{2x} = \lim_{x \to \infty} \frac{\pi}{180} x \tan \frac{1}{2x}$$
$$= \lim_{t \to 0} \left(\frac{\pi}{180} \times \frac{\tan \frac{1}{2}t}{\frac{1}{2}t} \times \frac{1}{2} \right)$$
$$= \frac{\pi}{180} \times 1 \times \frac{1}{2} = \frac{\pi}{360}$$

답 ④

0440 $\dfrac{4}{x-2}=t$로 놓으면 $x \to \infty$일 때 $t \to 0$이므로

$$\lim_{x \to \infty} \frac{2x+1}{4} \tan \frac{4}{x-2} = \lim_{t \to 0} \left(\frac{5t+8}{4t} \times \tan t \right)$$
$$= \lim_{t \to 0} \left(\frac{5t+8}{4} \times \frac{\tan t}{t} \right)$$
$$= 2 \times 1 = 2$$

답 2

0441 $x \to 0$일 때 (분모) $\to 0$이고 극한값이 존재하므로 (분자) $\to 0$이다.

즉, $\lim\limits_{x \to 0} \ln(a+3x) = 0$이므로

$\ln a = 0$ $\quad \therefore a = 1$

$a=1$을 주어진 식의 좌변에 대입하면

$$\lim_{x \to 0} \frac{\ln(1+3x)}{\tan x} = \lim_{x \to 0} \left\{ \frac{\ln(1+3x)}{3x} \times \frac{x}{\tan x} \times 3 \right\}$$
$$= 1 \times 1 \times 3 = 3$$

이므로 $b=3$

$\therefore a+b = 4$

답 ④

0442 $x \to 0$일 때 (분자) $\to 0$이고 0이 아닌 극한값이 존재하므로 (분모) $\to 0$이다.

즉, $\lim\limits_{x \to 0} (\sqrt{ax+b}-1) = 0$이므로

$\sqrt{b}-1 = 0$ $\quad \therefore b = 1$

──────────────── ㉮

$$\therefore \lim_{x \to 0} \frac{\sin 2x}{\sqrt{ax+b}-1} = \lim_{x \to 0} \frac{\sin 2x}{\sqrt{ax+1}-1}$$
$$= \lim_{x \to 0} \left\{ \frac{\sin 2x}{ax} \times (\sqrt{ax+1}+1) \right\}$$
$$= \lim_{x \to 0} \left\{ \frac{\sin 2x}{2x} \times \frac{2}{a} (\sqrt{ax+1}+1) \right\}$$
$$= 1 \times \frac{4}{a} = \frac{4}{a}$$

즉, $\dfrac{4}{a} = 3$이므로 $a = \dfrac{4}{3}$

──────────────── ㉯

$\therefore a+b = \dfrac{7}{3}$

──────────────── ㉰

답 $\dfrac{7}{3}$

단계	채점요소	배점
㉮	b의 값 구하기	30%
㉯	a의 값 구하기	50%
㉰	$a+b$의 값 구하기	20%

0443 $x \to a$일 때 (분모) $\to 0$이고 극한값이 존재하므로 (분자) $\to 0$이다.

즉, $\lim\limits_{x \to a} (3^x - 1) = 0$이므로

$3^a - 1 = 0$ $\quad \therefore a = 0$

$a=0$을 주어진 식의 좌변에 대입하면

$$\lim_{x \to a} \frac{3^x - 1}{2 \sin x} = \lim_{x \to 0} \left(\frac{x}{\sin x} \times \frac{3^x - 1}{x} \times \frac{1}{2} \right)$$
$$= 1 \times \ln 3 \times \frac{1}{2}$$
$$= \frac{1}{2} \ln 3$$

이므로 $b = \dfrac{1}{2}$

$\therefore a+b = \dfrac{1}{2}$

답 $\dfrac{1}{2}$

0444 $x \to 0$일 때 (분모) $\to 0$이고 극한값이 존재하므로 (분자) $\to 0$이다.

즉, $\lim\limits_{x \to 0} (a - 3\cos x) = 0$이므로

$a - 3 = 0$ $\quad \therefore a = 3$

$a=3$을 주어진 식의 좌변에 대입하면

$$\lim_{x \to 0} \frac{3 - 3\cos x}{x \tan x} = \lim_{x \to 0} \frac{3(1-\cos x)(1+\cos x)}{x \tan x (1+\cos x)}$$
$$= \lim_{x \to 0} \frac{3 \sin^2 x}{x \tan x (1+\cos x)}$$
$$= \lim_{x \to 0} \left\{ \left(\frac{\sin x}{x} \right)^2 \times \frac{x}{\tan x} \times \frac{3}{1+\cos x} \right\}$$
$$= 1^2 \times 1 \times \frac{3}{2} = \frac{3}{2}$$

이므로 $b = \dfrac{3}{2}$

$\therefore a+b = \dfrac{9}{2}$

답 $\dfrac{9}{2}$

0445 함수 $f(x)$가 $x=1$에서 연속이려면

$f(1)=\lim\limits_{x\to 1}f(x)$이어야 하므로

$a=\lim\limits_{x\to 1}\dfrac{\sin 3(x-1)}{x-1}$

이때 $x-1=t$로 놓으면 $x\to 1$일 때 $t\to 0$이므로

$a=\lim\limits_{t\to 0}\dfrac{\sin 3t}{t}=\lim\limits_{t\to 0}\left(\dfrac{\sin 3t}{3t}\times 3\right)$

$\quad=1\times 3=3$ **답 ③**

0446 함수 $f(x)$가 $x=0$에서 연속이려면

$f(0)=\lim\limits_{x\to 0}f(x)$이어야 하므로

$a=\lim\limits_{x\to 0}\dfrac{e^{2x}-1}{\sin x}=\lim\limits_{x\to 0}\left(\dfrac{e^{2x}-1}{2x}\times\dfrac{x}{\sin x}\times 2\right)$

$\quad=1\times 1\times 2=2$ **답 2**

0447 $x\neq 1$일 때, $f(x)=\dfrac{\tan(x-1)\pi}{x-1}$

함수 $f(x)$가 $x=1$에서 연속이므로

$f(1)=\lim\limits_{x\to 1}f(x)=\lim\limits_{x\to 1}\dfrac{\tan(x-1)\pi}{x-1}$

이때 $x-1=t$로 놓으면 $x\to 1$일 때 $t\to 0$이므로

$f(1)=\lim\limits_{t\to 0}\dfrac{\tan \pi t}{t}=\lim\limits_{t\to 0}\left(\dfrac{\tan \pi t}{\pi t}\times\pi\right)$

$\quad=1\times\pi=\pi$ **답 π**

0448 함수 $f(x)$가 $x=\dfrac{\pi}{2}$에서 연속이려면

$f\left(\dfrac{\pi}{2}\right)=\lim\limits_{x\to\frac{\pi}{2}}f(x)$이어야 하므로

$b=\lim\limits_{x\to\frac{\pi}{2}}\dfrac{\sin x-a}{x-\dfrac{\pi}{2}}$ $\quad\cdots\cdots$ ㉠

$x\to\dfrac{\pi}{2}$일 때 (분모)$\to 0$이고 극한값이 존재하므로 (분자)$\to 0$이다.

즉, $\lim\limits_{x\to\frac{\pi}{2}}(\sin x-a)=0$이므로

$\sin\dfrac{\pi}{2}-a=0$ $\quad\therefore a=1$

$a=1$을 ㉠에 대입하면 $b=\lim\limits_{x\to\frac{\pi}{2}}\dfrac{\sin x-1}{x-\dfrac{\pi}{2}}$

이때 $x-\dfrac{\pi}{2}=t$로 놓으면 $x\to\dfrac{\pi}{2}$일 때 $t\to 0$이므로

$b=\lim\limits_{t\to 0}\dfrac{\sin\left(\dfrac{\pi}{2}+t\right)-1}{t}$

$\quad=\lim\limits_{t\to 0}\dfrac{\cos t-1}{t}=\lim\limits_{t\to 0}\dfrac{(\cos t-1)(\cos t+1)}{t(\cos t+1)}$

$\quad=\lim\limits_{t\to 0}\dfrac{-\sin^2 t}{t(\cos t+1)}=\lim\limits_{t\to 0}\left(\dfrac{\sin t}{t}\times\dfrac{-\sin t}{\cos t+1}\right)$

$\quad=1\times\dfrac{0}{1+1}=0$

$\therefore a+b=1$ **답 1**

0449 $f'(x)=(e^x)'(3\cos x-2)+e^x(3\cos x-2)'$

$\qquad=e^x(3\cos x-2)+e^x(-3\sin x)$

$\qquad=e^x(3\cos x-2-3\sin x)$

$\therefore f'(0)=1\times(3-2-0)=1$ **답 ①**

0450 $f'(x)=(x^3)'\cos x+x^3(\cos x)'$

$\qquad=3x^2\cos x+x^3(-\sin x)$

$\qquad=3x^2\cos x-x^3\sin x$

$\therefore f'\left(\dfrac{\pi}{2}\right)=0-\left(\dfrac{\pi}{2}\right)^3=-\dfrac{\pi^3}{8}$ **답 ①**

0451 $f(x)=\sin^2 x=\sin x\sin x$이므로

$f'(x)=(\sin x)'\sin x+\sin x(\sin x)'$

$\qquad=\cos x\sin x+\sin x\cos x$

$\qquad=2\sin x\cos x$

$\therefore \lim\limits_{x\to\pi}\dfrac{f'(x)}{x-\pi}=\lim\limits_{x\to\pi}\dfrac{2\sin x\cos x}{x-\pi}$

이때 $x-\pi=t$로 놓으면 $x\to\pi$일 때 $t\to 0$이므로

$\lim\limits_{x\to\pi}\dfrac{f'(x)}{x-\pi}=\lim\limits_{t\to 0}\dfrac{2\sin(\pi+t)\cos(\pi+t)}{t}$

$\qquad=\lim\limits_{t\to 0}\dfrac{2(-\sin t)(-\cos t)}{t}$

$\qquad=\lim\limits_{t\to 0}\dfrac{2\sin t\cos t}{t}$

$\qquad=\lim\limits_{t\to 0}\left(\dfrac{\sin t}{t}\times 2\cos t\right)$

$\qquad=1\times 2=2$ **답 ④**

0452 $\lim\limits_{h\to 0}\dfrac{f(\pi+2h)-f(\pi)}{h}$

$=\lim\limits_{h\to 0}\left\{\dfrac{f(\pi+2h)-f(\pi)}{2h}\times 2\right\}$

$=2f'(\pi)$

이때 $f'(x)=\cos x-x\sin x$이므로 구하는 값은

$2f'(\pi)=2(-1-0)=-2$ **답 ①**

0453 $\lim\limits_{h\to 0}\dfrac{f(\pi+h)-f(\pi-h)}{h}$

$=\lim\limits_{h\to 0}\dfrac{f(\pi+h)-f(\pi)-f(\pi-h)+f(\pi)}{h}$

$=\lim\limits_{h\to 0}\left\{\dfrac{f(\pi+h)-f(\pi)}{h}+\dfrac{f(\pi-h)-f(\pi)}{-h}\right\}$

$=f'(\pi)+f'(\pi)=2f'(\pi)$

이때

$f'(x)=e^x\cos x+e^x(-\sin x)=e^x(\cos x-\sin x)$

이므로 구하는 값은

$2f'(\pi)=2\times e^\pi(-1-0)=-2e^\pi$ **답 $-2e^\pi$**

0454 $f(x)=e^x(\sin x-\cos x+1)$에서 $f(0)=0$이므로

$$\lim_{x\to 0}\frac{f(x)}{x}=\lim_{x\to 0}\frac{f(x)-f(0)}{x-0}=f'(0)$$

이때

$$f'(x)=e^x(\sin x-\cos x+1)+e^x(\cos x+\sin x)$$
$$=e^x(2\sin x+1)$$

이므로 구하는 값은

$$f'(0)=1 \qquad\qquad\text{답 } \mathbf{1}$$

0455 $f(x)$가 $x=0$에서 미분가능하면 $x=0$에서 연속이므로

$$\lim_{x\to 0-}(ax+b)=\lim_{x\to 0+}\sin x=f(0)\qquad\therefore b=0$$

또, $f'(x)=\begin{cases} a & (-1<x<0) \\ \cos x & (0<x<1) \end{cases}$에서

$$\lim_{x\to 0-}a=\lim_{x\to 0+}\cos x\qquad\therefore a=1$$

$$\therefore a+b=1 \qquad\qquad\text{답 } \mathbf{1}$$

0456 $f(x)$가 $x=0$에서 미분가능하려면 $x=0$에서 연속이어야 하므로

$$\lim_{x\to 0-}\cos x=\lim_{x\to 0+}(5x^2+ax+b)=f(0)$$

$$\therefore b=1$$

㉮

또, $f'(x)=\begin{cases} -\sin x & (x<0) \\ 10x+a & (x>0) \end{cases}$에서

$$\lim_{x\to 0-}(-\sin x)=\lim_{x\to 0+}(10x+a)$$

$$\therefore a=0$$

㉯

답 $a=0,\ b=1$

단계	채점요소	배점
㉮	b의 값 구하기	40%
㉯	a의 값 구하기	60%

0457 $f(x)$가 $x=0$에서 미분가능하려면 $x=0$에서 연속이어야 하므로

$$\lim_{x\to 0-}ae^x=\lim_{x\to 0+}(b\sin x+2x-1)=f(0)$$

$$\therefore a=-1$$

또, $f'(x)=\begin{cases} -e^x & (x<0) \\ b\cos x+2 & (x>0) \end{cases}$에서

$$\lim_{x\to 0-}(-e^x)=\lim_{x\to 0+}(b\cos x+2)$$

$$-1=b+2\qquad\therefore b=-3$$

$$\therefore ab=3 \qquad\qquad\text{답 } ⑤$$

유형 Up

0458 삼각형 ABP는 $\angle APB=\dfrac{\pi}{2}$인 직각삼각형이므로 원의 반지름의 길이를 r라 하면

$$\overline{AP}=\overline{AB}\cos\theta=2r\cos\theta$$
$$\overline{BP}=\overline{AB}\sin\theta=2r\sin\theta$$

$$\therefore S_1=\frac{1}{2}\times\overline{AP}\times\overline{BP}$$
$$=\frac{1}{2}\times 2r\cos\theta\times 2r\sin\theta$$
$$=2r^2\sin\theta\cos\theta$$

또, $\angle POB=2\theta$이므로

$$S_2=\frac{1}{2}r^2\times 2\theta=r^2\theta$$

$$\therefore \lim_{\theta\to 0+}\frac{S_1}{S_2}=\lim_{\theta\to 0+}\frac{2r^2\sin\theta\cos\theta}{r^2\theta}$$
$$=\lim_{\theta\to 0+}\left(\frac{\sin\theta}{\theta}\times 2\cos\theta\right)$$
$$=1\times 2=2 \qquad\qquad\text{답 } ①$$

0459 $\triangle ABC$에서

$$\overline{CA}=\overline{BA}\tan 2\theta=\tan 2\theta$$

$\triangle CAH \backsim \triangle CBA$이므로 $\angle CAH=2\theta$

따라서 $\triangle CAH$에서

$$\overline{CH}=\overline{CA}\sin 2\theta=\tan 2\theta\sin 2\theta$$

$$\therefore \lim_{\theta\to 0+}\frac{\overline{CH}}{\theta^2}=\lim_{\theta\to 0+}\frac{\tan 2\theta\sin 2\theta}{\theta^2}$$
$$=\lim_{\theta\to 0+}\left(\frac{\tan 2\theta}{2\theta}\times\frac{\sin 2\theta}{2\theta}\times 4\right)$$
$$=1\times 1\times 4=4 \qquad\qquad\text{답 } \mathbf{4}$$

0460 $\overline{OH}=\overline{OA}\cos\theta=6\cos\theta$이므로

$$\overline{BH}=6-6\cos\theta$$

$$\therefore \lim_{\theta\to 0+}\frac{\overline{BH}}{\theta^2}=\lim_{\theta\to 0+}\frac{6(1-\cos\theta)}{\theta^2}$$
$$=\lim_{\theta\to 0+}\frac{6(1-\cos\theta)(1+\cos\theta)}{\theta^2(1+\cos\theta)}$$
$$=\lim_{\theta\to 0+}\frac{6\sin^2\theta}{\theta^2(1+\cos\theta)}$$
$$=\lim_{\theta\to 0+}\left\{\left(\frac{\sin\theta}{\theta}\right)^2\times\frac{6}{1+\cos\theta}\right\}$$
$$=1^2\times\frac{6}{2}=3 \qquad\qquad\text{답 } \mathbf{3}$$

0461 $\angle AOB=\dfrac{2\pi}{n}$이므로

$$f(n)=\frac{1}{2}\times r\times r\times\sin\frac{2\pi}{n}=\frac{1}{2}r^2\sin\frac{2\pi}{n}$$

$$\therefore \lim_{n\to\infty}nf(n)=\lim_{n\to\infty}\left(\frac{1}{2}r^2\times n\sin\frac{2\pi}{n}\right) \qquad\cdots\cdots ㉠$$

이때 $\dfrac{1}{n}=t$로 놓으면 $n\to\infty$일 때 $t\to 0$이므로 ㉠은

$$\lim_{t\to 0}\left(\dfrac{1}{2}r^2\times\dfrac{\sin 2\pi t}{t}\right)=\lim_{t\to 0}\left(r^2\times\dfrac{\sin 2\pi t}{2\pi t}\times\pi\right)$$
$$=r^2\times 1\times\pi=\pi r^2 \qquad\qquad\text{답 ④}$$

0462 $S_1=\dfrac{1}{2}\times 1^2\times\theta=\dfrac{1}{2}\theta$

또, $\overline{BC}=\overline{OB}\times\sin\theta=\sin\theta$, $\overline{OC}=\overline{OB}\times\cos\theta=\cos\theta$이므로

$S_2=\dfrac{1}{2}\times\overline{BC}\times\overline{OC}=\dfrac{1}{2}\sin\theta\cos\theta$

$$\therefore\lim_{\theta\to 0+}\dfrac{S_1}{S_2}=\lim_{\theta\to 0+}\dfrac{\dfrac{1}{2}\theta}{\dfrac{1}{2}\sin\theta\cos\theta}=\lim_{\theta\to 0+}\dfrac{\theta}{\sin\theta\cos\theta}$$
$$=\lim_{\theta\to 0+}\left(\dfrac{\theta}{\sin\theta}\times\dfrac{1}{\cos\theta}\right)$$
$$=1\times 1=1 \qquad\qquad\text{답 1}$$

0463 사각형 ADOE에서

$\angle DAE=\pi-2\theta$,

$\angle ADO=\angle AEO=\dfrac{\pi}{2}$이므로

$\angle DOE=2\pi-\left(\pi-2\theta+\dfrac{\pi}{2}+\dfrac{\pi}{2}\right)$

$\qquad\quad=2\theta$

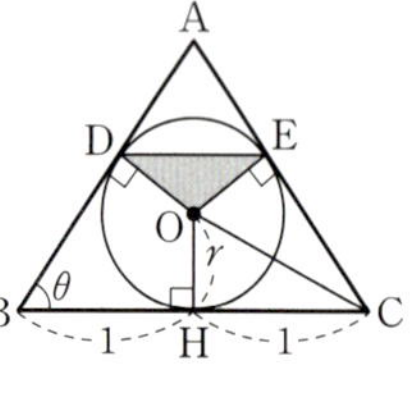

한편, 점 O에서 $\overline{BC}$에 내린 수선의 발을 H라 하고, 내접원의 반지름의 길이를 r라 하면 삼각형 OCH에서

$\tan\dfrac{\theta}{2}=\dfrac{\overline{OH}}{\overline{CH}}=\dfrac{r}{1}=r$이므로

$S(\theta)=\dfrac{1}{2}r^2\sin 2\theta=\dfrac{1}{2}\tan^2\dfrac{\theta}{2}\sin 2\theta$

$\qquad\quad=\sin\theta\cos\theta\tan^2\dfrac{\theta}{2}$ ← $\sin 2\theta=2\sin\theta\cos\theta$

$$\therefore\lim_{\theta\to 0+}\dfrac{S(\theta)}{\theta^3}=\lim_{\theta\to 0+}\dfrac{\sin\theta\cos\theta\tan^2\dfrac{\theta}{2}}{\theta^3}$$
$$=\lim_{\theta\to 0+}\left\{\cos\theta\times\dfrac{\sin\theta}{\theta}\times\left(\dfrac{\tan\dfrac{\theta}{2}}{\dfrac{\theta}{2}}\right)^2\times\dfrac{1}{4}\right\}$$
$$=1\times 1\times 1^2\times\dfrac{1}{4}=\dfrac{1}{4} \qquad\qquad\text{답 ②}$$

0464 $\csc\theta\sec\theta<0$에서

$\csc\theta>0$, $\sec\theta<0$ 또는 $\csc\theta<0$, $\sec\theta>0$

이므로 θ는 제2사분면 또는 제4사분면의 각이다.

따라서 항상 옳은 것은 ② $\cot\theta<0$이다. 　　답 ②

0465 $\sin\alpha+\cos\beta=\dfrac{1}{3}$, $\cos\alpha+\sin\beta=\dfrac{\sqrt{3}}{3}$의 양변을 각각 제곱하면

$\sin^2\alpha+2\sin\alpha\cos\beta+\cos^2\beta=\dfrac{1}{9}$ 　　…… ㉠

$\cos^2\alpha+2\cos\alpha\sin\beta+\sin^2\beta=\dfrac{1}{3}$ 　　…… ㉡

㉠+㉡을 하면

$(\sin^2\alpha+\cos^2\alpha)+2(\sin\alpha\cos\beta+\cos\alpha\sin\beta)$
$$+(\sin^2\beta+\cos^2\beta)=\dfrac{4}{9}$$

$2+2\sin(\alpha+\beta)=\dfrac{4}{9}$

$\therefore\sin(\alpha+\beta)=-\dfrac{7}{9}$ 　　답 $-\dfrac{7}{9}$

0466 함수 $g(x)$는 함수 $f(x)$의 역함수이므로

$g\left(\dfrac{8}{17}\right)=\alpha$에서 $f(\alpha)=\dfrac{8}{17}$, 즉 $\cos\alpha=\dfrac{8}{17}$

$g\left(\dfrac{15}{17}\right)=\beta$에서 $f(\beta)=\dfrac{15}{17}$, 즉 $\cos\beta=\dfrac{15}{17}$

$0<x<\pi$이므로

$\sin\alpha=\sqrt{1-\cos^2\alpha}=\sqrt{1-\left(\dfrac{8}{17}\right)^2}=\dfrac{15}{17}$

$\sin\beta=\sqrt{1-\cos^2\beta}=\sqrt{1-\left(\dfrac{15}{17}\right)^2}=\dfrac{8}{17}$

$\therefore f(\alpha+\beta)=\cos(\alpha+\beta)$

$\qquad\qquad=\cos\alpha\cos\beta-\sin\alpha\sin\beta$

$\qquad\qquad=\dfrac{8}{17}\times\dfrac{15}{17}-\dfrac{15}{17}\times\dfrac{8}{17}=0$ 　　답 0

0467 두 점 P, Q 사이의 거리가 $\sqrt{2}$이므로

$\sqrt{(\cos\alpha-\cos\beta)^2+(\sin\alpha-\sin\beta)^2}=\sqrt{2}$

양변을 제곱하여 정리하면

$2-2(\cos\alpha\cos\beta+\sin\alpha\sin\beta)=2$

$2-2\cos(\alpha-\beta)=2$

$\therefore\cos(\alpha-\beta)=0$

이때 $0<\alpha<\pi$, $0<\beta<\pi$에서 $-\pi<\alpha-\beta<\pi$이므로

$\alpha-\beta=-\dfrac{\pi}{2}$ 또는 $\alpha-\beta=\dfrac{\pi}{2}$

$\therefore|\alpha-\beta|=\dfrac{\pi}{2}$ 　　답 ③

0468 이차방정식의 근과 계수의 관계에 의하여

$\tan\alpha+\tan\beta=4a$, $\tan\alpha\tan\beta=a^2+5$

이때 $\tan(\alpha+\beta)=\tan\dfrac{\pi}{4}=1$에서

$\dfrac{\tan\alpha+\tan\beta}{1-\tan\alpha\tan\beta}=1$, $\dfrac{4a}{1-(a^2+5)}=1$

$4a=-a^2-4$, $a^2+4a+4=0$, $(a+2)^2=0$

$\therefore a=-2$ 　　답 ②

0469 직선 $y=2x$가 x축의 양의 방향

과 이루는 각의 크기를 2θ라 하면

$\tan 2\theta=2$

직선 $y=mx$가 x축의 양의 방향과 이루

는 각의 크기는 θ이므로

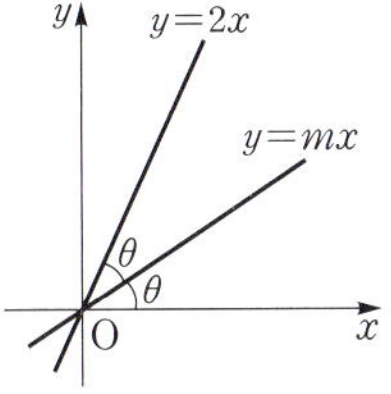

$m=\tan\theta$

$\tan 2\theta=\dfrac{2\tan\theta}{1-\tan^2\theta}$에서

$2=\dfrac{2m}{1-m^2}$, $2(1-m^2)=2m$, $m^2+m-1=0$

$\therefore m=\dfrac{-1+\sqrt{5}}{2}$ ($\because \theta$는 예각이므로 $m>0$)

답 $\dfrac{-1+\sqrt{5}}{2}$

0470 $\overline{AC}=\sqrt{2^2+1^2}=\sqrt{5}$, $\overline{BC}=\sqrt{3^2+1^2}=\sqrt{10}$이므로

$\sin\alpha=\dfrac{1}{\sqrt{5}}=\dfrac{\sqrt{5}}{5}$, $\cos\alpha=\dfrac{2}{\sqrt{5}}=\dfrac{2\sqrt{5}}{5}$

$\sin\beta=\dfrac{1}{\sqrt{10}}=\dfrac{\sqrt{10}}{10}$, $\cos\beta=\dfrac{3}{\sqrt{10}}=\dfrac{3\sqrt{10}}{10}$

$\therefore \cos(\alpha+\beta)=\cos\alpha\cos\beta-\sin\alpha\sin\beta$

$\qquad =\dfrac{2\sqrt{5}}{5}\times\dfrac{3\sqrt{10}}{10}-\dfrac{\sqrt{5}}{5}\times\dfrac{\sqrt{10}}{10}$

$\qquad =\dfrac{\sqrt{2}}{2}$

답 ④

0471 $\sin\theta-\cos\theta=\dfrac{1}{2}$의 양변을 제곱하면

$\sin^2\theta-2\sin\theta\cos\theta+\cos^2\theta=\dfrac{1}{4}$

$1-\sin 2\theta=\dfrac{1}{4}$ $\quad\therefore \sin 2\theta=\dfrac{3}{4}$

한편, $0<\theta<\dfrac{\pi}{2}$에서 $\sin\theta-\cos\theta>0$이려면

$\dfrac{\pi}{4}<\theta<\dfrac{\pi}{2}$ $\quad\therefore \dfrac{\pi}{2}<2\theta<\pi$

따라서 $\dfrac{\pi}{2}<2\theta<\pi$에서 $\cos 2\theta<0$이므로

$\cos 2\theta=-\sqrt{1-\sin^2 2\theta}$

$\qquad =-\sqrt{1-\left(\dfrac{3}{4}\right)^2}=-\dfrac{\sqrt{7}}{4}$

답 $-\dfrac{\sqrt{7}}{4}$

0472 $f(x)=3\sin x-2\cos\left(x-\dfrac{5}{6}\pi\right)$

$\qquad =3\sin x-2\left(\cos x\cos\dfrac{5}{6}\pi+\sin x\sin\dfrac{5}{6}\pi\right)$

$\qquad =3\sin x-2\left(-\dfrac{\sqrt{3}}{2}\cos x+\dfrac{1}{2}\sin x\right)$

$\qquad =2\sin x+\sqrt{3}\cos x$

$\qquad =\sqrt{7}\sin(x+\alpha)$ $\left(\text{단, }\sin\alpha=\dfrac{\sqrt{3}}{\sqrt{7}}, \cos\alpha=\dfrac{2}{\sqrt{7}}\right)$

이때 $-1\leq\sin(x+\alpha)\leq 1$이므로

$-\sqrt{7}\leq\sqrt{7}\sin(x+\alpha)\leq\sqrt{7}$

따라서 $f(x)$의 주기는 2π, 최댓값은 $\sqrt{7}$이므로

$a=2$, $b=\sqrt{7}$

$\therefore ab^2=2\times(\sqrt{7})^2=14$

답 **14**

0473 $f(x)=\sqrt{5}\sin x+2\cos x+a$

$\qquad =3\sin(x+\alpha)+a$

$\left(\text{단, }\sin\alpha=\dfrac{2}{3}, \cos\alpha=\dfrac{\sqrt{5}}{3}\right)$

이때 $-1\leq\sin(x+\alpha)\leq 1$이므로

$-3\leq 3\sin(x+\alpha)\leq 3$

$\therefore -3+a\leq 3\sin(x+\alpha)+a\leq 3+a$

따라서 $f(x)$의 최댓값이 $3+a$이므로

$3+a=7$ $\quad\therefore a=4$

답 ④

0474 $\displaystyle\lim_{x\to 0}\dfrac{\sin(3x^2+5x)}{5x^2+4x}$

$=\displaystyle\lim_{x\to 0}\left\{\dfrac{\sin(3x^2+5x)}{3x^2+5x}\times\dfrac{3x^2+5x}{5x^2+4x}\right\}$

$=\displaystyle\lim_{x\to 0}\left\{\dfrac{\sin(3x^2+5x)}{3x^2+5x}\times\dfrac{3x+5}{5x+4}\right\}$

$=1\times\dfrac{5}{4}=\dfrac{5}{4}$

답 ②

0475 $\displaystyle\lim_{x\to 0}\dfrac{x}{\tan x+\tan 2x+\tan 3x}$

$=\displaystyle\lim_{x\to 0}\dfrac{1}{\dfrac{\tan x}{x}+\dfrac{\tan 2x}{x}+\dfrac{\tan 3x}{x}}$

$=\displaystyle\lim_{x\to 0}\dfrac{1}{\dfrac{\tan x}{x}+\dfrac{\tan 2x}{2x}\times 2+\dfrac{\tan 3x}{3x}\times 3}$

$=\dfrac{1}{1+1\times 2+1\times 3}=\dfrac{1}{6}$

답 ①

0476 $\displaystyle\lim_{x\to 0}\dfrac{1-\cos kx}{2x^2}=\lim_{x\to 0}\dfrac{(1-\cos kx)(1+\cos kx)}{2x^2(1+\cos kx)}$

$\qquad =\displaystyle\lim_{x\to 0}\dfrac{1-\cos^2 kx}{2x^2(1+\cos kx)}$

$\qquad =\displaystyle\lim_{x\to 0}\dfrac{\sin^2 kx}{2x^2(1+\cos kx)}$

$\qquad =\displaystyle\lim_{x\to 0}\left\{\left(\dfrac{\sin kx}{kx}\right)^2\times\dfrac{k^2}{2}\times\dfrac{1}{1+\cos kx}\right\}$

$\qquad =1^2\times\dfrac{k^2}{2}\times\dfrac{1}{2}=\dfrac{k^2}{4}$

즉, $\dfrac{k^2}{4}=\dfrac{1}{9}$이므로 $k^2=\dfrac{4}{9}$

$\therefore k=\dfrac{2}{3}$ ($\because k>0$)

답 ②

0477 $x-\dfrac{\pi}{2}=t$로 놓으면 $x\to\dfrac{\pi}{2}$일 때 $t\to0$이므로

$$\lim_{x\to\frac{\pi}{2}}\frac{1-\sin x}{\cos^2 x}=\lim_{t\to0}\frac{1-\sin\left(\frac{\pi}{2}+t\right)}{\cos^2\left(\frac{\pi}{2}+t\right)}=\lim_{t\to0}\frac{1-\cos t}{\sin^2 t}$$

$$=\lim_{t\to0}\frac{1-\cos t}{1-\cos^2 t}$$

$$=\lim_{t\to0}\frac{1-\cos t}{(1-\cos t)(1+\cos t)}$$

$$=\lim_{t\to0}\frac{1}{1+\cos t}=\frac{1}{2}$$

답 ④

0478 $\dfrac{1}{x}=t$로 놓으면 $x\to\infty$일 때 $t\to0$이므로

$$\lim_{x\to\infty}\sin\left(\tan\frac{1}{x}\right)\cot\frac{1}{x}=\lim_{t\to0}\sin(\tan t)\cot t$$

$$=\lim_{t\to0}\frac{\sin(\tan t)}{\tan t}$$

$$=1$$

답 ②

0479 $x\to0$일 때 (분모)$\to0$이고 극한값이 존재하므로
(분자)$\to0$이다.

즉, $\lim\limits_{x\to0}(\sqrt{ax+b}-2)=0$이므로

$\sqrt{b}-2=0$ $\quad\therefore b=4$

$b=4$를 주어진 식의 좌변에 대입하면

$$\lim_{x\to0}\frac{\sqrt{ax+4}-2}{\sin 3x}=\lim_{x\to0}\frac{(\sqrt{ax+4}-2)(\sqrt{ax+4}+2)}{\sin 3x(\sqrt{ax+4}+2)}$$

$$=\lim_{x\to0}\frac{ax}{\sin 3x(\sqrt{ax+4}+2)}$$

$$=\lim_{x\to0}\left(\frac{3x}{\sin 3x}\times\frac{a}{3}\times\frac{1}{\sqrt{ax+4}+2}\right)$$

$$=1\times\frac{a}{3}\times\frac{1}{4}$$

$$=\frac{a}{12}$$

즉, $\dfrac{a}{12}=2$이므로 $a=24$

$\therefore a+b=28$

답 ④

0480 함수 $f(x)$가 $x=1$에서 연속이려면
$f(1)=\lim\limits_{x\to1}f(x)$이어야 하므로

$$a=\lim_{x\to1}\frac{\sin \pi x}{1-x}$$

이때 $x-1=t$로 놓으면 $x\to1$일 때 $t\to0$이므로

$$a=\lim_{t\to0}\frac{\sin \pi(t+1)}{-t}=\lim_{t\to0}\frac{\sin(\pi+\pi t)}{-t}$$

$$=\lim_{t\to0}\frac{-\sin \pi t}{-t}=\lim_{t\to0}\left(\frac{\sin \pi t}{\pi t}\times \pi\right)$$

$$=1\times \pi=\pi$$

답 π

0481 $f(x)=\sin^2 x-\cos^2 x=\sin x\sin x-\cos x\cos x$
이므로

$$f'(x)=\cos x\sin x+\sin x\cos x$$
$$\qquad\qquad-\{(-\sin x)\cos x+\cos x(-\sin x)\}$$
$$=4\sin x\cos x$$

$$\therefore f'\left(\frac{\pi}{6}\right)=4\times\frac{1}{2}\times\frac{\sqrt{3}}{2}=\sqrt{3}$$

답 ④

0482 $\lim\limits_{h\to0}\dfrac{f\left(\dfrac{\pi}{2}+3h\right)-f\left(\dfrac{\pi}{2}\right)}{h}$

$$=\lim_{h\to0}\left\{\frac{f\left(\frac{\pi}{2}+3h\right)-f\left(\frac{\pi}{2}\right)}{3h}\times 3\right\}$$

$$=3f'\left(\frac{\pi}{2}\right)$$

이때 $f'(x)=\cos x-x\sin x$이므로 구하는 값은

$$3f'\left(\frac{\pi}{2}\right)=3\times\left(0-\frac{\pi}{2}\right)=-\frac{3}{2}\pi$$

답 $-\dfrac{3}{2}\pi$

0483 $\lim\limits_{x\to0}\dfrac{f(2-\cos x)-f(1)}{x^2}$

$$=\lim_{x\to0}\left\{\frac{f(2-\cos x)-f(1)}{(2-\cos x)-1}\times\frac{(2-\cos x)-1}{x^2}\right\}\quad\cdots\cdots\ \bigcirc$$

이때 $2-\cos x=t$로 놓으면 $x\to0$일 때 $t\to1$이므로 $\bigcirc$은

$$\lim_{t\to1}\frac{f(t)-f(1)}{t-1}\times\lim_{x\to0}\frac{1-\cos x}{x^2}$$

$$=f'(1)\times\lim_{x\to0}\frac{1-\cos^2 x}{x^2(1+\cos x)}$$

$$=f'(1)\times\lim_{x\to0}\left\{\left(\frac{\sin x}{x}\right)^2\times\frac{1}{1+\cos x}\right\}$$

$$=10\times1^2\times\frac{1}{2}=5$$

답 5

0484 오른쪽 그림과 같이 점 D에서
선분 AB에 내린 수선의 발을 H라 하자.
직각삼각형 AHD에서 $\overline{AD}=1$이고
$\angle DAH=\angle DAB=\theta$이므로

$\overline{DH}=\overline{AD}\sin\theta=\sin\theta$

$\overline{CE}=\overline{DH}=\sin\theta$

한편, 마름모 ABCD에서 $\overline{AC}$와 $\overline{BD}$의 교점을 O라 하면

$\overline{AC}\perp\overline{BD}$이고, $\angle CEF=\angle BAO=\angle GCF=\dfrac{\theta}{2}$이므로

직각삼각형 CEF에서

$\overline{CF}=\overline{CE}\sin\dfrac{\theta}{2}=\sin\theta\sin\dfrac{\theta}{2}$

직각삼각형 CFG에서

$\overline{FG}=\overline{CF}\tan\dfrac{\theta}{2}=\sin\theta\sin\dfrac{\theta}{2}\tan\dfrac{\theta}{2}$

직각삼각형 CFG의 넓이 $S(\theta)$는

$$S(\theta)=\frac{1}{2}\times\overline{\text{CF}}\times\overline{\text{FG}}$$

$$=\frac{1}{2}\times\left(\sin\theta\sin\frac{\theta}{2}\right)\times\left(\sin\theta\sin\frac{\theta}{2}\tan\frac{\theta}{2}\right)$$

$$=\frac{1}{2}\sin^2\theta\sin^2\frac{\theta}{2}\tan\frac{\theta}{2}$$

$$\therefore\lim_{\theta\to0+}\frac{S(\theta)}{\theta^5}$$

$$=\lim_{\theta\to0+}\frac{\sin^2\theta\sin^2\dfrac{\theta}{2}\tan\dfrac{\theta}{2}}{2\theta^5}$$

$$=\frac{1}{16}\lim_{\theta\to0+}\left\{\left(\frac{\sin\theta}{\theta}\right)^2\times\left(\frac{\sin\dfrac{\theta}{2}}{\dfrac{\theta}{2}}\right)^2\times\frac{\tan\dfrac{\theta}{2}}{\dfrac{\theta}{2}}\right\}$$

$$=\frac{1}{16}\times1^2\times1^2\times1$$

$$=\frac{1}{16}$$

답 ③

0485 $0<\alpha<\dfrac{\pi}{2}$에서 $\cos\alpha>0$이므로

$$\cos\alpha=\sqrt{1-\sin^2\alpha}=\sqrt{1-\left(\frac{3}{5}\right)^2}=\frac{4}{5}$$

⑦

$\dfrac{\pi}{2}<\beta<\pi$에서 $\sin\beta>0$이므로

$$\sin\beta=\sqrt{1-\cos^2\beta}=\sqrt{1-\left(-\frac{12}{13}\right)^2}=\frac{5}{13}$$

㉯

따라서

$$\sin(\alpha+\beta)=\sin\alpha\cos\beta+\cos\alpha\sin\beta$$

$$=\frac{3}{5}\times\left(-\frac{12}{13}\right)+\frac{4}{5}\times\frac{5}{13}$$

$$=-\frac{16}{65}$$

$$\cos(\alpha+\beta)=\cos\alpha\cos\beta-\sin\alpha\sin\beta$$

$$=\frac{4}{5}\times\left(-\frac{12}{13}\right)-\frac{3}{5}\times\frac{5}{13}$$

$$=-\frac{63}{65}$$

이므로

$$\sin(\alpha+\beta)-\cos(\alpha+\beta)=-\frac{16}{65}-\left(-\frac{63}{65}\right)$$

$$=\frac{47}{65}$$

㉰

답 $\dfrac{47}{65}$

단계	채점요소	배점
㉮	$\cos\alpha$의 값 구하기	25%
㉯	$\sin\beta$의 값 구하기	25%
㉰	$\sin(\alpha+\beta)-\cos(\alpha+\beta)$의 값 구하기	50%

0486 두 직선 $y=-2x+1$, $y=x+1$이 x축의 양의 방향과 이루는 각의 크기를 각각 α, β라 하면

$$\tan\alpha=-2,\ \tan\beta=1$$

㉮

$$\therefore\tan\theta=|\tan(\alpha-\beta)|$$

$$=\left|\frac{\tan\alpha-\tan\beta}{1+\tan\alpha\tan\beta}\right|$$

$$=\left|\frac{-2-1}{1+(-2)\times1}\right|=3$$

㉯

답 3

단계	채점요소	배점
㉮	두 직선이 x축의 양의 방향과 이루는 각의 크기를 각각 α, β라 할 때, $\tan\alpha$, $\tan\beta$의 값 구하기	40%
㉯	$\tan\theta$의 값 구하기	60%

0487 $y=\sqrt{3}\sin x-3\cos x+\sqrt{3}$

$$=2\sqrt{3}\left(\sin x\times\frac{1}{2}-\cos x\times\frac{\sqrt{3}}{2}\right)+\sqrt{3}$$

$$=2\sqrt{3}\sin\left(x-\frac{\pi}{3}\right)+\sqrt{3}$$

㉮

이 함수의 그래프는 $y=2\sqrt{3}\sin x$의 그래프를 x축의 방향으로 $\dfrac{\pi}{3}$만큼, y축의 방향으로 $\sqrt{3}$만큼 평행이동한 것이므로

$$a=2\sqrt{3},\ m=\frac{\pi}{3},\ n=\sqrt{3}$$

㉯

$$\therefore amn=2\sqrt{3}\times\frac{\pi}{3}\times\sqrt{3}=2\pi$$

㉰

답 2π

단계	채점요소	배점
㉮	삼각함수의 합성 이용하기	40%
㉯	a, m, n의 값 구하기	40%
㉰	amn의 값 구하기	20%

0488 $x\to\dfrac{\pi}{2}$일 때 (분자)$\to0$이고 0이 아닌 극한값이 존재하므로 (분모)$\to0$이다.

즉, $\lim\limits_{x\to\frac{\pi}{2}}(ax+b)=0$이므로

$$\frac{\pi}{2}a+b=0\qquad\therefore b=-\frac{\pi}{2}a\qquad\cdots\cdots\ ㉠$$

㉮

$b=-\dfrac{\pi}{2}a$를 주어진 식의 좌변에 대입하면

$$\lim_{x\to\frac{\pi}{2}}\frac{\cos x}{ax-\dfrac{\pi}{2}a}=\lim_{x\to\frac{\pi}{2}}\frac{\cos x}{a\left(x-\dfrac{\pi}{2}\right)}\qquad\cdots\cdots\ ㉡$$

이때 $x-\dfrac{\pi}{2}=t$로 놓으면 $x \to \dfrac{\pi}{2}$일 때 $t \to 0$이므로 ⓛ은

$$\lim_{t \to 0}\dfrac{\cos\left(\dfrac{\pi}{2}+t\right)}{at}=\lim_{t \to 0}\dfrac{-\sin t}{at}$$
$$=\lim_{t \to 0}\left(\dfrac{\sin t}{t}\times\dfrac{-1}{a}\right)$$
$$=-\dfrac{1}{a}$$

따라서 $-\dfrac{1}{a}=\dfrac{1}{2}$이므로 $a=-2$

이것을 ㉠에 대입하면 $b=\pi$ ………………………………… ❹

$\therefore ab=-2\pi$ ………………………………… ❺

답 -2π

단계	채점요소	배점
❷	b를 a에 대한 식으로 나타내기	30%
❹	a, b의 값 구하기	50%
❺	ab의 값 구하기	20%

0489 $x-\dfrac{\pi}{4}=t$로 놓으면 $x \to \dfrac{\pi}{4}$일 때 $t \to 0$이므로

$$\lim_{x \to \frac{\pi}{4}}\dfrac{g(f(x))-\sqrt{e}}{x-\dfrac{\pi}{4}}=\lim_{x \to \frac{\pi}{4}}\dfrac{e^{\sin^2 x}-\sqrt{e}}{x-\dfrac{\pi}{4}}$$
$$=\lim_{t \to 0}\dfrac{e^{\sin^2\left(t+\frac{\pi}{4}\right)}-\sqrt{e}}{t} \quad \cdots\cdots ㉠$$

이때

$$\sin^2\left(t+\dfrac{\pi}{4}\right)=\left(\sin t\cos\dfrac{\pi}{4}+\cos t\sin\dfrac{\pi}{4}\right)^2$$
$$=\left(\dfrac{\sqrt{2}}{2}\sin t+\dfrac{\sqrt{2}}{2}\cos t\right)^2$$
$$=\dfrac{(\sin t+\cos t)^2}{2}$$
$$=\dfrac{1+2\sin t\cos t}{2}$$

이므로 ㉠은

$$\lim_{t \to 0}\dfrac{e^{\frac{1+2\sin t\cos t}{2}}-\sqrt{e}}{t}$$
$$=\lim_{t \to 0}\dfrac{e^{\frac{1}{2}}e^{\sin t\cos t}-e^{\frac{1}{2}}}{t}$$
$$=\lim_{t \to 0}\left\{\dfrac{e^{\frac{1}{2}}(e^{\sin t\cos t}-1)}{\sin t\cos t}\times\dfrac{\sin t\cos t}{t}\right\}$$
$$=\lim_{t \to 0}\left\{\dfrac{e^{\frac{1}{2}}(e^{\sin t\cos t}-1)}{\sin t\cos t}\times\dfrac{\sin t}{t}\times\cos t\right\}$$
$$=e^{\frac{1}{2}}\times1\times1=\sqrt{e}$$

답 ④

0490 열린구간 $\left(-\dfrac{\pi}{2}, \dfrac{\pi}{2}\right)$에서 $x\neq0$일 때 $\tan^2 x>0$이므로

$$0<\dfrac{1}{1+\tan^2 x}<1$$

따라서 $x\neq0$일 때

$$f(x)=x^2+\dfrac{x^2}{1+\tan^2 x}+\dfrac{x^2}{(1+\tan^2 x)^2}+\cdots$$
$$=\dfrac{x^2}{1-\dfrac{1}{1+\tan^2 x}}=\dfrac{x^2(1+\tan^2 x)}{\tan^2 x}$$

함수 $f(x)$가 $x=0$에서 연속이려면 $f(0)=\lim\limits_{x \to 0}f(x)$이어야 하므로

$$a=\lim_{x \to 0}\dfrac{x^2(1+\tan^2 x)}{\tan^2 x}$$
$$=\lim_{x \to 0}\left\{\left(\dfrac{x}{\tan x}\right)^2\times(1+\tan^2 x)\right\}$$
$$=1^2\times(1+0)=1$$

답 1

0491 오른쪽 그림과 같이 반지름의 길이가 4인 원의 중심을 O, 반지름의 길이가 r이고 서로 외접하는 두 원의 중심을 각각 O_1, O_2라 하면

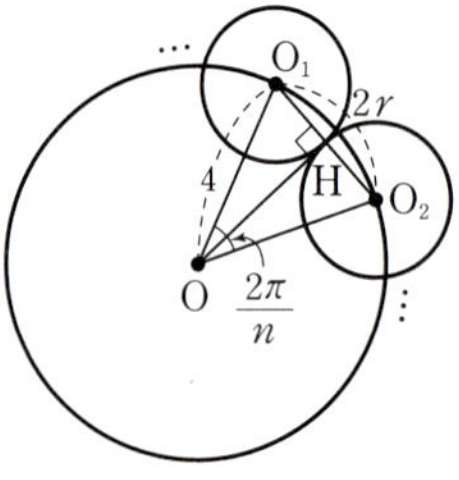

$$\overline{OO_1}=4, \ \overline{O_1O_2}=2r,$$
$$\angle O_1OO_2=\dfrac{2\pi}{n}$$

이때 점 O에서 $\overline{O_1O_2}$에 내린 수선의 발을 H라 하면

$$\angle O_1OH=\dfrac{\pi}{n}$$이므로

$$r=\overline{HO_1}=4\sin\dfrac{\pi}{n}$$
$$\therefore \lim_{n \to \infty}f(n)=\lim_{n \to \infty}(2\pi r\times n)$$
$$=\lim_{n \to \infty}\left\{2\pi\times\left(4\sin\dfrac{\pi}{n}\right)\times n\right\} \quad \cdots\cdots ㉠$$

$\dfrac{1}{n}=t$로 놓으면 $n \to \infty$일 때 $t \to 0$이므로 ㉠은

$$\lim_{t \to 0}\left\{2\pi\times(4\sin\pi t)\times\dfrac{1}{t}\right\}=\lim_{t \to 0}\left(8\pi\times\dfrac{\sin\pi t}{\pi t}\times\pi\right)$$
$$=8\pi\times1\times\pi$$
$$=8\pi^2$$

답 ⑤

05 여러 가지 미분법

0492 $y'=-\dfrac{(x-3)'}{(x-3)^2}=-\dfrac{1}{(x-3)^2}$　　답 $y'=-\dfrac{1}{(x-3)^2}$

0493 $y'=\dfrac{(x^2+x)'}{(x^2+x)^2}=\dfrac{2x+1}{(x^2+x)^2}$　　답 $y'=\dfrac{2x+1}{(x^2+x)^2}$

0494 $y'=-\dfrac{(e^x+4)'}{(e^x+4)^2}=-\dfrac{e^x}{(e^x+4)^2}$　　답 $y'=-\dfrac{e^x}{(e^x+4)^2}$

0495 $y'=\dfrac{(x+1)'(3x-2)-(x+1)(3x-2)'}{(3x-2)^2}$

$=\dfrac{1\times(3x-2)-(x+1)\times3}{(3x-2)^2}$

$=-\dfrac{5}{(3x-2)^2}$　　답 $y'=-\dfrac{5}{(3x-2)^2}$

0496 $y'=\dfrac{(\ln x)'x-\ln x\times(x)'}{x^2}=\dfrac{\dfrac{1}{x}\times x-\ln x\times1}{x^2}$

$=\dfrac{1-\ln x}{x^2}$　　답 $y'=\dfrac{1-\ln x}{x^2}$

0497 $y'=\dfrac{(1-\cos x)'(1+\cos x)-(1-\cos x)(1+\cos x)'}{(1+\cos x)^2}$

$=\dfrac{\sin x(1+\cos x)-(1-\cos x)(-\sin x)}{(1+\cos x)^2}$

$=\dfrac{2\sin x}{(1+\cos x)^2}$　　답 $y'=\dfrac{2\sin x}{(1+\cos x)^2}$

0498 $y'=2\times(-5)x^{-5-1}=-10x^{-6}=-\dfrac{10}{x^6}$

답 $y'=-\dfrac{10}{x^6}$

0499 $y'=2\times2x^{2-1}+(-7)x^{-7-1}$

$=4x-7x^{-8}=4x-\dfrac{7}{x^8}$　　답 $y'=4x-\dfrac{7}{x^8}$

0500 $y=-\dfrac{4}{x^3}=-4x^{-3}$이므로

$y'=-4\times(-3)x^{-3-1}=12x^{-4}=\dfrac{12}{x^4}$　　답 $y'=\dfrac{12}{x^4}$

0501 $y=\dfrac{x^6-2}{x^4}=\dfrac{x^6}{x^4}-\dfrac{2}{x^4}=x^2-2x^{-4}$이므로

$y'=2x^{2-1}-2\times(-4)x^{-4-1}$

$=2x+8x^{-5}=2x+\dfrac{8}{x^5}$　　답 $y'=2x+\dfrac{8}{x^5}$

0502 답 $y'=\sec^2 x-2\csc^2 x$

0503 답 $y'=\sec x\tan x-\csc x\cot x$

0504 $y'=(\sec x)'\tan x+\sec x(\tan x)'$

$=\sec x\tan x\times\tan x+\sec x\times\sec^2 x$

$=\sec x(\tan^2 x+\sec^2 x)$

$=\sec x(2\tan^2 x+1)$　$\leftarrow 1+\tan^2 x=\sec^2 x$

답 $y'=\sec x(2\tan^2 x+1)$

0505 $y'=\dfrac{(x)'\tan x-x(\tan x)'}{\tan^2 x}=\dfrac{\tan x-x\sec^2 x}{\tan^2 x}$

$=\dfrac{\dfrac{\sin x}{\cos x}-x\times\dfrac{1}{\cos^2 x}}{\dfrac{\sin^2 x}{\cos^2 x}}=\dfrac{\sin x\cos x-x}{\sin^2 x}$

답 $y'=\dfrac{\sin x\cos x-x}{\sin^2 x}$

0506 $y'=3(x+3)^2(x+3)'=3(x+3)^2\times1$

$=3(x+3)^2$　　답 $y'=3(x+3)^2$

0507 $y'=\{(x+1)^2\}'(x^2-2)+(x+1)^2(x^2-2)'$

$=2(x+1)(x^2-2)+(x+1)^2\times2x$

$=2(x+1)\{(x^2-2)+x(x+1)\}$

$=2(x+1)(2x^2+x-2)$

답 $y'=2(x+1)(2x^2+x-2)$

0508 $y=\dfrac{1}{(3-2x)^3}=(3-2x)^{-3}$이므로

$y'=-3(3-2x)^{-4}(3-2x)'=-3(3-2x)^{-4}\times(-2)$

$=\dfrac{6}{(3-2x)^4}$　　답 $y'=\dfrac{6}{(3-2x)^4}$

0509 $y'=e^{3x+1}(3x+1)'=3e^{3x+1}$　　답 $y'=3e^{3x+1}$

0510 $y'=2^{x^2-x}\times\ln 2\times(x^2-x)'$

$=(2x-1)2^{x^2-x}\ln 2$　　답 $y'=(2x-1)2^{x^2-x}\ln 2$

0511 $y'=-\sin(x^2+x)\times(x^2+x)'$

$=-(2x+1)\sin(x^2+x)$

답 $y'=-(2x+1)\sin(x^2+x)$

0512 $y'=3\sin^2 x\times(\sin x)'=3\sin^2 x\cos x$

답 $y'=3\sin^2 x\cos x$

0513 $y'=\sec^2(\sin x)\times(\sin x)'=\sec^2(\sin x)\cos x$

답 $y'=\sec^2(\sin x)\cos x$

0514 $y'=\dfrac{(x^2-3)'}{x^2-3}=\dfrac{2x}{x^2-3}$

답 $y'=\dfrac{2x}{x^2-3}$

0515 $y'=\dfrac{(\cos x)'}{\cos x}=\dfrac{-\sin x}{\cos x}=-\tan x$

답 $y'=-\tan x$

0516 $y'=\dfrac{(5x+2)'}{(5x+2)\ln 3}=\dfrac{5}{(5x+2)\ln 3}$

답 $y'=\dfrac{5}{(5x+2)\ln 3}$

0517 $y'=\dfrac{(e^x-1)'}{(e^x-1)\ln 2}=\dfrac{e^x}{(e^x-1)\ln 2}$

답 $y'=\dfrac{e^x}{(e^x-1)\ln 2}$

0518 답 $y'=3\sqrt{3}\,x^{\sqrt{3}-1}$

0519 답 $y'=ex^{e-1}$

0520 $y=\dfrac{1}{x\sqrt{x}}=x^{-\frac{3}{2}}$이므로

$y'=-\dfrac{3}{2}x^{-\frac{3}{2}-1}=-\dfrac{3}{2}x^{-\frac{5}{2}}=-\dfrac{3}{2x^2\sqrt{x}}$

답 $y'=-\dfrac{3}{2x^2\sqrt{x}}$

0521 $y=\sqrt{2x^2+1}=(2x^2+1)^{\frac{1}{2}}$이므로

$y'=\dfrac{1}{2}(2x^2+1)^{\frac{1}{2}-1}(2x^2+1)'$

$=\dfrac{1}{2}(2x^2+1)^{-\frac{1}{2}}\times 4x$

$=\dfrac{2x}{\sqrt{2x^2+1}}$

답 $y'=\dfrac{2x}{\sqrt{2x^2+1}}$

0522 $\dfrac{dx}{dt}=2,\ \dfrac{dy}{dt}=6t$이므로

$\dfrac{dy}{dx}=\dfrac{\frac{dy}{dt}}{\frac{dx}{dt}}=\dfrac{6t}{2}=3t$

답 $\dfrac{dy}{dx}=3t$

0523 $\dfrac{dx}{dt}=2t,\ \dfrac{dy}{dt}=4t^3-3t^2$이므로

$\dfrac{dy}{dx}=\dfrac{\frac{dy}{dt}}{\frac{dx}{dt}}=\dfrac{4t^3-3t^2}{2t}=2t^2-\dfrac{3}{2}t$

답 $\dfrac{dy}{dx}=2t^2-\dfrac{3}{2}t$

0524 $\dfrac{dx}{dt}=-\dfrac{1}{(t+2)^2},\ \dfrac{dy}{dt}=-9(t+2)^2$이므로

$\dfrac{dy}{dx}=\dfrac{\frac{dy}{dt}}{\frac{dx}{dt}}=\dfrac{-9(t+2)^2}{-\dfrac{1}{(t+2)^2}}=9(t+2)^4$

답 $\dfrac{dy}{dx}=9(t+2)^4$

0525 $\dfrac{dx}{dt}=2e^{t+1},\ \dfrac{dy}{dt}=4e^{4t-3}$이므로

$\dfrac{dy}{dx}=\dfrac{\frac{dy}{dt}}{\frac{dx}{dt}}=\dfrac{4e^{4t-3}}{2e^{t+1}}=2e^{3t-4}$

답 $\dfrac{dy}{dx}=2e^{3t-4}$

0526 $\dfrac{dx}{dt}=4-3\sin t,\ \dfrac{dy}{dt}=5-2\cos t$이므로

$\dfrac{dy}{dx}=\dfrac{\frac{dy}{dt}}{\frac{dx}{dt}}=\dfrac{5-2\cos t}{4-3\sin t}$

답 $\dfrac{dy}{dx}=\dfrac{5-2\cos t}{4-3\sin t}$

0527 $y^2+4x=0$의 양변을 x에 대하여 미분하면

$2y\dfrac{dy}{dx}+4=0$ $\therefore\ \dfrac{dy}{dx}=-\dfrac{2}{y}\ (y\neq 0)$

답 $\dfrac{dy}{dx}=-\dfrac{2}{y}\ (y\neq 0)$

0528 $2x^2+3y^2=5$의 양변을 x에 대하여 미분하면

$4x+6y\dfrac{dy}{dx}=0$ $\therefore\ \dfrac{dy}{dx}=-\dfrac{2x}{3y}\ (y\neq 0)$

답 $\dfrac{dy}{dx}=-\dfrac{2x}{3y}\ (y\neq 0)$

0529 $x^2+xy+y^2=1$의 양변을 x에 대하여 미분하면

$2x+y+x\dfrac{dy}{dx}+2y\dfrac{dy}{dx}=0$

$(x+2y)\dfrac{dy}{dx}=-2x-y$

$\therefore\ \dfrac{dy}{dx}=-\dfrac{2x+y}{x+2y}\ (x+2y\neq 0)$

답 $\dfrac{dy}{dx}=-\dfrac{2x+y}{x+2y}\ (x+2y\neq 0)$

0530 $xy=x^3+2y^2$의 양변을 x에 대하여 미분하면

$$y+x\frac{dy}{dx}=3x^2+4y\frac{dy}{dx}$$

$$(x-4y)\frac{dy}{dx}=3x^2-y$$

$$\therefore \frac{dy}{dx}=\frac{3x^2-y}{x-4y}\ (x-4y\neq0)$$

답 $\dfrac{dy}{dx}=\dfrac{3x^2-y}{x-4y}\ (x-4y\neq0)$

0531 $x^2-\dfrac{x}{y}+2=0$의 양변을 x에 대하여 미분하면

$$2x-\frac{1}{y}+\frac{x}{y^2}\times\frac{dy}{dx}=0$$

$$\frac{x}{y^2}\times\frac{dy}{dx}=-2x+\frac{1}{y}$$

$$\therefore \frac{dy}{dx}=-2y^2+\frac{y}{x}\ (x\neq0)$$

답 $\dfrac{dy}{dx}=-2y^2+\dfrac{y}{x}\ (x\neq0)$

0532 $\sin x+\cos y=1$의 양변을 x에 대하여 미분하면

$$\cos x-\sin y\times\frac{dy}{dx}=0 \quad \therefore \frac{dy}{dx}=\frac{\cos x}{\sin y}\ (\sin y\neq0)$$

답 $\dfrac{dy}{dx}=\dfrac{\cos x}{\sin y}\ (\sin y\neq0)$

0533 $x=y^3$의 양변을 y에 대하여 미분하면 $\dfrac{dx}{dy}=3y^2$

$$\therefore \frac{dy}{dx}=\frac{1}{\frac{dx}{dy}}=\frac{1}{3y^2}=\frac{1}{3(\sqrt[3]{x})^2}=\frac{1}{3\sqrt[3]{x^2}}$$

답 $\dfrac{dy}{dx}=\dfrac{1}{3\sqrt[3]{x^2}}$

0534 $y=\sqrt[4]{x-2}$에서 $x=y^4+2$이므로 양변을 y에 대하여 미분하면 $\dfrac{dx}{dy}=4y^3$

$$\therefore \frac{dy}{dx}=\frac{1}{\frac{dx}{dy}}=\frac{1}{4y^3}=\frac{1}{4(\sqrt[4]{x-2})^3}=\frac{1}{4\sqrt[4]{(x-2)^3}}$$

답 $\dfrac{dy}{dx}=\dfrac{1}{4\sqrt[4]{(x-2)^3}}$

0535 $y=\sqrt[3]{2x+6}$에서 $x=\dfrac{1}{2}y^3-3$이므로 양변을 y에 대하여

미분하면 $\dfrac{dx}{dy}=\dfrac{3}{2}y^2$

$$\therefore \frac{dy}{dx}=\frac{1}{\frac{dx}{dy}}=\frac{1}{\frac{3}{2}y^2}=\frac{2}{3(\sqrt[3]{2x+6})^2}=\frac{2}{3\sqrt[3]{(2x+6)^2}}$$

답 $\dfrac{dy}{dx}=\dfrac{2}{3\sqrt[3]{(2x+6)^2}}$

0536 (1) $f^{-1}(2)=a$라 하면 $f(a)=2$이므로

$$a^3+a=2,\ a^3+a-2=0$$

$$(a-1)(a^2+a+2)=0$$

그런데 $a^2+a+2>0$이므로 $a=1$

따라서 $f^{-1}(2)=1$이고, $f'(x)=3x^2+1$에서 $f'(1)=4$이므로

$$(f^{-1})'(2)=\frac{1}{f'(1)}=\frac{1}{4}$$

(2) $f^{-1}(-10)=a$라 하면 $f(a)=-10$이므로

$$a^3+a=-10,\ a^3+a+10=0$$

$$(a+2)(a^2-2a+5)=0$$

그런데 $a^2-2a+5>0$이므로 $a=-2$

따라서 $f^{-1}(-10)=-2$이고, $f'(x)=3x^2+1$에서

$f'(-2)=13$이므로

$$(f^{-1})'(-10)=\frac{1}{f'(-2)}=\frac{1}{13}$$

답 (1) $\dfrac{1}{4}$ (2) $\dfrac{1}{13}$

0537 $y'=3x^2-4x$이므로 $y''=6x-4$ 　　답 $y''=6x-4$

0538 $y'=3(2x+1)^2(2x+1)'$

$$=3(2x+1)^2\times2=6(2x+1)^2$$

이므로

$$y''=6\times2(2x+1)(2x+1)'$$

$$=12(2x+1)\times2=24(2x+1)$$

답 $y''=24(2x+1)$

0539 $y'=-\dfrac{(x^2+1)'}{(x^2+1)^2}=\dfrac{-2x}{(x^2+1)^2}$이므로

$$y''=\frac{(-2x)'(x^2+1)^2-(-2x)\times2(x^2+1)(x^2+1)'}{(x^2+1)^4}$$

$$=\frac{-2(x^2+1)^2+4x(x^2+1)\times2x}{(x^2+1)^4}$$

$$=\frac{2(3x^2-1)}{(x^2+1)^3}$$

답 $y''=\dfrac{2(3x^2-1)}{(x^2+1)^3}$

0540 $y'=\dfrac{1}{x}$이므로 $y''=-\dfrac{1}{x^2}$ 　　답 $y''=-\dfrac{1}{x^2}$

0541 $y'=e^{4x-1}(4x-1)'=4e^{4x-1}$이므로

$$y''=4e^{4x-1}(4x-1)'=16e^{4x-1}$$

답 $y''=16e^{4x-1}$

0542 $y'=-\sin 2x\times(2x)'=-2\sin 2x$이므로

$$y''=-2\cos 2x\times(2x)'=-4\cos 2x$$

답 $y''=-4\cos 2x$

0543 $y'=1\times\sin x+x\cos x=\sin x+x\cos x$이므로

$$y''=\cos x+\{1\times\cos x+x\times(-\sin x)\}$$

$$=2\cos x-x\sin x$$

답 $y''=2\cos x-x\sin x$

0544 $y'=3x^2e^{-x}+x^3e^{-x}\times(-x)'=(3x^2-x^3)e^{-x}$이므로
$y''=(3x^2-x^3)'e^{-x}+(3x^2-x^3)e^{-x}\times(-x)'$
$\quad=\{(6x-3x^2)-(3x^2-x^3)\}e^{-x}$
$\quad=(x^3-6x^2+6x)e^{-x}$ 답 $y''=(x^3-6x^2+6x)e^{-x}$

0545 $\displaystyle\lim_{h\to0}\frac{f(1+h)-f(1)}{h}=f'(1)$

이때 $f(x)=\dfrac{1}{x^3+2}$에서

$f'(x)=-\dfrac{(x^3+2)'}{(x^3+2)^2}=-\dfrac{3x^2}{(x^3+2)^2}$

$\therefore f'(1)=-\dfrac{3}{3^2}=-\dfrac{1}{3}$ 답 $-\dfrac{1}{3}$

0546 $f'(x)=-\dfrac{(e^x-2)'}{(e^x-2)^2}=-\dfrac{e^x}{(e^x-2)^2}$이므로

$f'(\ln3)=-\dfrac{e^{\ln3}}{(e^{\ln3}-2)^2}=-\dfrac{3}{(3-2)^2}=-3$ 답 -3

0547 $f'(x)=-\dfrac{(x^2+kx)'}{(x^2+kx)^2}=-\dfrac{2x+k}{(x^2+kx)^2}$

$f'(1)=\dfrac{2}{9}$이므로 $-\dfrac{2+k}{(1+k)^2}=\dfrac{2}{9}$

$-9(2+k)=2(1+k)^2$
$2k^2+13k+20=0,\ (2k+5)(k+4)=0$
$\therefore k=-4\ (\because k$는 정수$)$ 답 -4

0548 $f(1)=1$이므로 $\dfrac{a}{1+b}=1$ $\therefore a=b+1$ ······ ㉠

$f'(x)=\dfrac{a(x^2+b)-ax\times2x}{(x^2+b)^2}=\dfrac{-ax^2+ab}{(x^2+b)^2}$

$f'(0)=2$이므로 $\dfrac{ab}{b^2}=2$

$\dfrac{a}{b}=2$ $\therefore a=2b$ ······ ㉡

㉠, ㉡을 연립하여 풀면 $a=2,\ b=1$
$\therefore ab=2$ 답 2

0549 $f'(x)=\dfrac{3(x^2+5)-(3x+2)\times2x}{(x^2+5)^2}$

$\qquad=\dfrac{-3x^2-4x+15}{(x^2+5)^2}$

$(x^2+5)^2>0$이므로 $f'(x)>0$에서
$-3x^2-4x+15>0,\ 3x^2+4x-15<0$

$(3x-5)(x+3)<0$ $\therefore -3<x<\dfrac{5}{3}$

따라서 $f'(x)>0$을 만족시키는 정수 x는 $-2,\ -1,\ 0,\ 1$의 4개이다. 답 ④

0550 $\displaystyle\lim_{h\to0}\dfrac{f\left(\dfrac{\pi}{2}+h\right)-f\left(\dfrac{\pi}{2}-h\right)}{h}$

$=\displaystyle\lim_{h\to0}\dfrac{f\left(\dfrac{\pi}{2}+h\right)-f\left(\dfrac{\pi}{2}\right)+f\left(\dfrac{\pi}{2}\right)-f\left(\dfrac{\pi}{2}-h\right)}{h}$

$=\displaystyle\lim_{h\to0}\dfrac{f\left(\dfrac{\pi}{2}+h\right)-f\left(\dfrac{\pi}{2}\right)}{h}+\lim_{h\to0}\dfrac{f\left(\dfrac{\pi}{2}-h\right)-f\left(\dfrac{\pi}{2}\right)}{-h}$

$=f'\left(\dfrac{\pi}{2}\right)+f'\left(\dfrac{\pi}{2}\right)=2f'\left(\dfrac{\pi}{2}\right)$

이때

$f'(x)=\dfrac{-\sin x(\sin x+\cos x)-\cos x(\cos x-\sin x)}{(\sin x+\cos x)^2}$

$\qquad=\dfrac{-(\sin^2 x+\cos^2 x)}{(\sin x+\cos x)^2}=-\dfrac{1}{(\sin x+\cos x)^2}$

이므로

$2f'\left(\dfrac{\pi}{2}\right)=2\times\left\{-\dfrac{1}{\left(\sin\dfrac{\pi}{2}+\cos\dfrac{\pi}{2}\right)^2}\right\}=-2$

답 -2

0551 $f(1)=1$이므로

$\displaystyle\lim_{x\to1}\dfrac{f(x)-1}{x^2-1}=\lim_{x\to1}\left(\dfrac{f(x)-f(1)}{x-1}\times\dfrac{1}{x+1}\right)=\dfrac{1}{2}f'(1)$

$f(x)=\dfrac{2x+1}{x+2}$에서

$f'(x)=\dfrac{2(x+2)-(2x+1)\times1}{(x+2)^2}=\dfrac{3}{(x+2)^2}$

$\therefore \dfrac{1}{2}f'(1)=\dfrac{1}{2}\times\dfrac{3}{9}=\dfrac{1}{6}$ 답 $\dfrac{1}{6}$

0552 $g'(x)=\dfrac{(2x+3)\{f(x)-1\}-(x^2+3x)f'(x)}{\{f(x)-1\}^2}$

$\therefore g'(0)=\dfrac{3\{f(0)-1\}}{\{f(0)-1\}^2}=\dfrac{3\times(-3)}{(-3)^2}=-1$ 답 ②

0553 $f(x)=\dfrac{x^2-3x+5}{x}=x-3+5x^{-1}$이므로

$f'(x)=1-5x^{-2}=1-\dfrac{5}{x^2}$

$\therefore f'(5)=1-\dfrac{5}{25}=\dfrac{4}{5}$ 답 ③

0554 $f(x)=\dfrac{(x-1)(x+1)(x^2+1)}{x^3}=\dfrac{(x^2-1)(x^2+1)}{x^3}$

$\qquad=\dfrac{x^4-1}{x^3}=x-x^{-3}$

이므로 $f'(x)=1+3x^{-4}=1+\dfrac{3}{x^4}$

$\therefore f'(-1)=1+3=4$ 답 ②

0555 $\displaystyle\lim_{x\to 0}\frac{f(1+x)-f(1-x)}{x}$

$=\displaystyle\lim_{x\to 0}\frac{\{f(1+x)-f(1)\}-\{f(1-x)-f(1)\}}{x}$

$=\displaystyle\lim_{x\to 0}\frac{f(1+x)-f(1)}{x}+\lim_{x\to 0}\frac{f(1-x)-f(1)}{-x}$

$=f'(1)+f'(1)$

$=2f'(1)$

$f(x)=1+\dfrac{1}{x}+\dfrac{1}{x^2}+\dfrac{1}{x^3}+\cdots+\dfrac{1}{x^{10}}$

$\qquad=1+x^{-1}+x^{-2}+x^{-3}+\cdots+x^{-10}$

에서

$f'(x)=-(x^{-2}+2x^{-3}+3x^{-4}+\cdots+10x^{-11})$이므로

$f'(1)=-(1+2+3+\cdots+10)=-55$

$\therefore 2f'(1)=2\times(-55)=-110$

답 -110

0556 $f'(x)=\dfrac{(\tan x)'(1+\sec x)-\tan x(1+\sec x)'}{(1+\sec x)^2}$

$\qquad=\dfrac{\sec^2 x(1+\sec x)-\tan x\sec x\tan x}{(1+\sec x)^2}$

$\qquad=\dfrac{\sec x(\sec x+\sec^2 x-\tan^2 x)}{(1+\sec x)^2}$

$\qquad=\dfrac{\sec x(\sec x+1)}{(1+\sec x)^2}\;{\scriptstyle\leftarrow\,1+\tan^2 x=\sec^2 x}$

$\qquad=\dfrac{\sec x}{1+\sec x}$

$\therefore f'\left(\dfrac{\pi}{3}\right)=\dfrac{\sec\dfrac{\pi}{3}}{1+\sec\dfrac{\pi}{3}}=\dfrac{2}{1+2}=\dfrac{2}{3}$

답 ③

0557 $f'(x)=5(-\csc x\cot x)\cot x+5\csc x(-\csc^2 x)$

$\qquad=-5\csc x(\cot^2 x+\csc^2 x)$

$\qquad=-5\csc x(\csc^2 x-1+\csc^2 x)$

$\qquad=5\csc x(1-2\csc^2 x)$

$\therefore f'\left(\dfrac{\pi}{6}\right)=5\csc\dfrac{\pi}{6}\left(1-2\csc^2\dfrac{\pi}{6}\right)$

$\qquad=5\times 2(1-2\times 2^2)=-70$

답 -70

0558 $f'(x)=2\sec^2 x+a\sec x\tan x$

$f'\left(\dfrac{\pi}{4}\right)=8$이므로 $2\sec^2\dfrac{\pi}{4}+a\sec\dfrac{\pi}{4}\tan\dfrac{\pi}{4}=8$

$2\times(\sqrt 2)^2+a\times\sqrt 2\times 1=8,\ 4+\sqrt 2 a=8$

$\therefore a=\dfrac{4}{\sqrt 2}=2\sqrt 2$

답 ③

0559 함수 $f(x)$가 $x=0$에서 미분가능하면 $x=0$에서 연속이므로

$\displaystyle\lim_{x\to 0-}f(x)=\lim_{x\to 0+}f(x)=f(0)$

즉, $\displaystyle\lim_{x\to 0-}(ae^x+b)=\lim_{x\to 0+}3\tan x$이므로 $a+b=0$

㉮

또, $f'(0)$이 존재하므로 $f'(x)=\begin{cases}ae^x & (x<0)\\ 3\sec^2 x & (x>0)\end{cases}$에서

$\displaystyle\lim_{x\to 0-}ae^x=\lim_{x\to 0+}3\sec^2 x\qquad\therefore a=3$

㉯

따라서 $a=3,\ b=-3$이므로

$ab=-9$

㉰

답 -9

단계	채점요소	배점
㉮	$x=0$에서 연속임을 이용하기	40%
㉯	$x=0$에서 미분계수가 존재함을 이용하기	40%
㉰	ab의 값 구하기	20%

0560 $h(x)=g(f(x))$에서 $h'(x)=g'(f(x))f'(x)$

$\therefore h'(0)=g'(f(0))f'(0)$

$\qquad=g'(0)f'(0)\ (\because f(0)=0)$ ······ ㉠

이때 $f'(x)=\dfrac{3(e^x+1)-3x\times e^x}{(e^x+1)^2}=\dfrac{3(-xe^x+e^x+1)}{(e^x+1)^2}$이므로

$f'(0)=\dfrac{3\times 2}{2^2}=\dfrac{3}{2}$

따라서 $h'(0)=12,\ f'(0)=\dfrac{3}{2}$을 ㉠에 대입하면

$12=g'(0)\times\dfrac{3}{2}$이므로 $g'(0)=8$

답 ④

0561 $f'(x)=\dfrac{-(1+x)-(1-x)}{(1+x)^2}=-\dfrac{2}{(1+x)^2}$

$g'(x)=\sec x\tan x$

$h(x)=(f\circ g)(x)=f(g(x))$에서

$h'(x)=f'(g(x))g'(x)$

$\therefore h'\left(\dfrac{\pi}{3}\right)=f'\left(g\left(\dfrac{\pi}{3}\right)\right)g'\left(\dfrac{\pi}{3}\right)$

$\qquad=f'(2)g'\left(\dfrac{\pi}{3}\right)\ \left(\because g\left(\dfrac{\pi}{3}\right)=2\right)$

$\qquad=-\dfrac{2}{9}\times 2\sqrt 3\ \left(\because f'(2)=-\dfrac{2}{9},\ g'\left(\dfrac{\pi}{3}\right)=2\sqrt 3\right)$

$\qquad=-\dfrac{4\sqrt 3}{9}$

답 ④

0562 $f(g(x))=h(x)$로 놓으면

$h(1)=f(g(1))=f(1)=-2$

$\therefore \displaystyle\lim_{x\to 1}\frac{f(g(x))+2}{x-1}=\lim_{x\to 1}\frac{h(x)-h(1)}{x-1}=h'(1)$

$h'(x)=f'(g(x))g'(x)$이므로

$h'(1)=f'(g(1))g'(1)=f'(1)g'(1)$

$\qquad=5\times 3=15$

답 ③

0563 $\lim\limits_{x\to 2}\dfrac{f(x)+1}{x-2}=5$에서 $x\to2$일 때 (분모)$\to0$이므로

(분자)$\to0$이어야 한다.

즉, $\lim\limits_{x\to2}\{f(x)+1\}=0$이므로

$f(2)=-1$

$\therefore \lim\limits_{x\to2}\dfrac{f(x)+1}{x-2}=\lim\limits_{x\to2}\dfrac{f(x)-f(2)}{x-2}=f'(2)=5$

                                              ㉮

또, $\lim\limits_{x\to-1}\dfrac{g(x)-2}{x+1}=3$에서 $x\to-1$일 때 (분모)$\to0$이므로

(분자)$\to0$이어야 한다.

즉, $\lim\limits_{x\to-1}\{g(x)-2\}=0$이므로

$g(-1)=2$

$\therefore \lim\limits_{x\to-1}\dfrac{g(x)-2}{x+1}=\lim\limits_{x\to-1}\dfrac{g(x)-g(-1)}{x-(-1)}=g'(-1)=3$

                                              ㉯

$y=(g\circ f)(x)=g(f(x))$에서

$y'=g'(f(x))f'(x)$

이므로 $x=2$에서의 미분계수는

$g'(f(2))f'(2)=g'(-1)f'(2)$

                 $=3\times5=15$

                                              ㉰

답 $\mathbf{15}$

단계	채점요소	배점
㉮	$f(2)$와 $f'(2)$의 값 구하기	40%
㉯	$g(-1)$과 $g'(-1)$의 값 구하기	40%
㉰	$x=2$에서의 미분계수 구하기	20%

0564 $f(2x-3)=x^3-x^2+x-1$의 양변을 x에 대하여 미분하면

$2f'(2x-3)=3x^2-2x+1$ $\cdots\cdots$ ㉠

㉠의 양변에 $x=\dfrac{3}{2}$을 대입하면

$2f'(0)=3\times\left(\dfrac{3}{2}\right)^2-2\times\dfrac{3}{2}+1=\dfrac{19}{4}$

$\therefore f'(0)=\dfrac{19}{8}$

답 ⑤

0565 $f(x)=f(2x+3)$의 양변을 x에 대하여 미분하면

$f'(x)=2f'(2x+3)$ $\cdots\cdots$ ㉠

㉠의 양변에 $x=1$을 대입하면

$f'(1)=2f'(5)$, $12=2f'(5)$

$\therefore f'(5)=6$

㉠의 양변에 $x=5$를 대입하면

$f'(5)=2f'(13)$, $6=2f'(13)$

$\therefore f'(13)=3$

답 ③

0566 $f'(x)=3\left(\dfrac{3x+a}{x-1}\right)^2\left(\dfrac{3x+a}{x-1}\right)'$

      $=3\left(\dfrac{3x+a}{x-1}\right)^2\times\dfrac{3(x-1)-(3x+a)\times1}{(x-1)^2}$

      $=\dfrac{3(3x+a)^2(-3-a)}{(x-1)^4}$

이때 $f'(0)=-6$이므로

$3a^2(-3-a)=-6$

$a^3+3a^2-2=0$, $(a+1)(a^2+2a-2)=0$

$\therefore a=-1$ ($\because a$는 정수)

답 ②

0567 $f'(x)=4(\cos x-1)^3(\cos x-1)'$

      $=4(\cos x-1)^3(-\sin x)$

      $=-4\sin x(\cos x-1)^3$

$\therefore f'\left(\dfrac{\pi}{2}\right)=-4\sin\dfrac{\pi}{2}\left(\cos\dfrac{\pi}{2}-1\right)^3$

          $=-4\times1\times(-1)^3=4$

답 ④

0568 $\lim\limits_{x\to0}\dfrac{f(x)-f(0)}{x}=f'(0)$

$f(x)=(x^2+2x+2)^3$에서

$f'(x)=3(x^2+2x+2)^2(2x+2)$

$\therefore f'(0)=3\times2^2\times2=24$

답 $\mathbf{24}$

0569 $y'=2x\{f(x)\}^3+x^2\times3\{f(x)\}^2f'(x)$

이므로 $x=2$에서의 미분계수는

$4\{f(2)\}^3+12\{f(2)\}^2f'(2)=4\times1^3+12\times1^2\times3$

                              $=40$

답 ④

0570 $h(x)=(f\circ g)(x)=f(g(x))$에서

$h'(x)=f'(g(x))g'(x)$

$\therefore h'(\pi)=f'(g(\pi))g'(\pi)$

         $=f'(0)g'(\pi)$ $(\because g(\pi)=0)$

이때 $f'(x)=3e^{3x}$이므로 $f'(0)=3$

또, $g'(x)=2\cos2x$이므로 $g'(\pi)=2$

$\therefore h'(\pi)=3\times2=6$

답 ⑤

0571 $f'(x)=-\sin(3x-\pi)\times(3x-\pi)'$

        $=-3\sin(3x-\pi)$

이므로

$f'\left(\dfrac{\pi}{6}\right)=-3\sin\left(-\dfrac{\pi}{2}\right)=3\sin\dfrac{\pi}{2}=3$

답 $\mathbf{3}$

다른풀이 $f(x)=\cos(3x-\pi)=-\cos3x$이므로

$f'(x)=-(-\sin3x)\times3=3\sin3x$

$\therefore f'\left(\dfrac{\pi}{6}\right)=3\sin\dfrac{\pi}{2}=3$

0572 $\displaystyle\lim_{h\to 0}\frac{f(3+h)-f(3-h)}{h}$

$=\displaystyle\lim_{h\to 0}\frac{f(3+h)-f(3)+f(3)-f(3-h)}{h}$

$=\displaystyle\lim_{h\to 0}\frac{f(3+h)-f(3)}{h}+\lim_{h\to 0}\frac{f(3-h)-f(3)}{-h}$

$=f'(3)+f'(3)=2f'(3)$

$f'(x)=2^{x^2-7}\ln 2\times(x^2-7)'=2^{x^2-7}\times 2x\ln 2$

이므로

$2f'(3)=2\times 2^2\times 6\ln 2=48\ln 2$ 답 **48 ln 2**

0573 $f'(x)=\dfrac{\frac{1}{2}\sec^2\frac{x}{2}\times(e^{2x}-3)-\tan\frac{x}{2}\times 2e^{2x}}{(e^{2x}-3)^2}$

이므로

$f'(0)=\dfrac{\frac{1}{2}\times 1\times(1-3)-0\times 2}{(1-3)^2}=-\dfrac{1}{4}$ 답 ①

0574 $y=\ln\sqrt{\dfrac{1-\cos x}{1+\cos x}}=\dfrac{1}{2}\ln\dfrac{1-\cos x}{1+\cos x}$

$=\dfrac{1}{2}\{\ln(1-\cos x)-\ln(1+\cos x)\}$

$\therefore y'=\dfrac{1}{2}\left(\dfrac{\sin x}{1-\cos x}-\dfrac{-\sin x}{1+\cos x}\right)$

$=\dfrac{\sin x(1+\cos x)+\sin x(1-\cos x)}{2(1-\cos^2 x)}$

$=\dfrac{2\sin x}{2\sin^2 x}=\dfrac{1}{\sin x}$

따라서 $x=\dfrac{\pi}{6}$에서의 미분계수는

$\dfrac{1}{\sin\frac{\pi}{6}}=2$ 답 **2**

0575 $f'(x)=\dfrac{(\log_2 x)'}{\log_2 x}=\dfrac{1}{x\ln 2\times\log_2 x}$ 이므로

$f'(4)=\dfrac{1}{4\ln 2\times\log_2 4}=\dfrac{1}{8\ln 2}$ 답 ⑤

0576 $f(x)=\log_3(3x-1)^4=4\log_3(3x-1)$ 이므로

$f'(x)=\dfrac{4(3x-1)'}{(3x-1)\ln 3}=\dfrac{12}{(3x-1)\ln 3}$

$f'(a)=\dfrac{6}{\ln 3}$에서 $\dfrac{12}{(3a-1)\ln 3}=\dfrac{6}{\ln 3}$

$3a-1=2$ $\therefore a=1$ 답 **1**

0577 $f'(x)=\dfrac{(x^2-1)'}{x^2-1}=\dfrac{2x}{x^2-1}$ 이므로

$f'(n)=\dfrac{2n}{n^2-1}$

$\therefore \displaystyle\sum_{n=2}^{\infty}\dfrac{2f'(n)}{n}=\sum_{n=2}^{\infty}\dfrac{4}{n^2-1}=\sum_{n=2}^{\infty}\dfrac{4}{(n-1)(n+1)}$

$=2\displaystyle\sum_{n=2}^{\infty}\left(\dfrac{1}{n-1}-\dfrac{1}{n+1}\right)$

$=2\displaystyle\lim_{n\to\infty}\sum_{k=2}^{n}\left(\dfrac{1}{k-1}-\dfrac{1}{k+1}\right)$

$=2\displaystyle\lim_{n\to\infty}\left\{\left(1-\dfrac{1}{3}\right)+\left(\dfrac{1}{2}-\dfrac{1}{4}\right)\right.$

$\left.+\cdots+\left(\dfrac{1}{n-2}-\dfrac{1}{n}\right)+\left(\dfrac{1}{n-1}-\dfrac{1}{n+1}\right)\right\}$

$=2\displaystyle\lim_{n\to\infty}\left(1+\dfrac{1}{2}-\dfrac{1}{n}-\dfrac{1}{n+1}\right)$

$=2\times\dfrac{3}{2}=3$ 답 **3**

0578 $f'(x)=10(x+\sqrt{1+x^2})^9(x+\sqrt{1+x^2})'$

$=10(x+\sqrt{1+x^2})^9\left(1+\dfrac{2x}{2\sqrt{1+x^2}}\right)$

$=10(x+\sqrt{1+x^2})^9\left(1+\dfrac{x}{\sqrt{1+x^2}}\right)$

이므로

$a=f'(1)=10(1+\sqrt 2)^9\left(1+\dfrac{1}{\sqrt 2}\right)$

$b=f'(-1)=10(-1+\sqrt 2)^9\left(1-\dfrac{1}{\sqrt 2}\right)$

$\therefore ab=10^2\times 1\times\dfrac{1}{2}=50$ 답 **50**

0579 $\displaystyle\lim_{x\to 1}\dfrac{f(x)-f(1)}{x-1}=f'(1)$

$f(x)=\sqrt[3]{(2x-1)^5}=(2x-1)^{\frac{5}{3}}$이므로

$f'(x)=\dfrac{5}{3}(2x-1)^{\frac{2}{3}}\times 2=\dfrac{10}{3}\sqrt[3]{(2x-1)^2}$

따라서 구하는 값은

$f'(1)=\dfrac{10}{3}\sqrt[3]{(2-1)^2}=\dfrac{10}{3}$ 답 ⑤

0580 $f'(x)=\dfrac{-\dfrac{2x}{2\sqrt{x^2+1}}\times x-(1-\sqrt{x^2+1})\times 1}{x^2}$

$=\dfrac{-\dfrac{x^2}{\sqrt{x^2+1}}-1+\sqrt{x^2+1}}{x^2}=\dfrac{1-\sqrt{x^2+1}}{x^2\sqrt{x^2+1}}$

$\therefore \displaystyle\lim_{x\to 0}f'(x)=\lim_{x\to 0}\dfrac{1-\sqrt{x^2+1}}{x^2\sqrt{x^2+1}}$

$=\displaystyle\lim_{x\to 0}\dfrac{(1-\sqrt{x^2+1})(1+\sqrt{x^2+1})}{x^2\sqrt{x^2+1}(1+\sqrt{x^2+1})}$

$=\displaystyle\lim_{x\to 0}\dfrac{-1}{\sqrt{x^2+1}(1+\sqrt{x^2+1})}$

$=-\dfrac{1}{2}$ 답 $-\dfrac{1}{2}$

0581 $f(x)=\dfrac{1}{\sqrt{2\tan x+3}}=(2\tan x+3)^{-\frac{1}{2}}$이므로

$$f'(x)=-\frac{1}{2}(2\tan x+3)^{-\frac{3}{2}}(2\tan x+3)'$$
$$=-\frac{\sec^2 x}{(2\tan x+3)\sqrt{2\tan x+3}}$$

이때 $f'(x)=f(x)g(x)$이므로

$$-\frac{\sec^2 x}{(2\tan x+3)\sqrt{2\tan x+3}}=\frac{1}{\sqrt{2\tan x+3}}\times g(x)$$

$$\therefore g(x)=-\frac{\sec^2 x}{2\tan x+3}$$

$$\therefore g\left(\frac{\pi}{4}\right)=-\frac{\sec^2 \frac{\pi}{4}}{2\tan \frac{\pi}{4}+3}=-\frac{2}{2+3}=-\frac{2}{5}$$

답 ②

다른풀이 $f'(x)=f(x)g(x)$에서

$$g(x)=\frac{f'(x)}{f(x)}\ (단,\ f(x)\neq 0)$$

$f(x)=\dfrac{1}{\sqrt{2\tan x+3}}$의 양변의 절댓값에 자연로그를 취하면

$$\ln|f(x)|=-\frac{1}{2}\ln|2\tan x+3|$$

양변을 x에 대하여 미분하면

$$\frac{f'(x)}{f(x)}=-\frac{1}{2}\times\frac{2\sec^2 x}{2\tan x+3}$$

즉, $g(x)=-\dfrac{\sec^2 x}{2\tan x+3}$이므로

$$g\left(\frac{\pi}{4}\right)=-\frac{2}{2+3}=-\frac{2}{5}$$

0582 $\dfrac{dx}{dt}=2t,\ \dfrac{dy}{dt}=4t^3+6t^2+2t$이므로

$$\frac{dy}{dx}=\frac{\dfrac{dy}{dt}}{\dfrac{dx}{dt}}=\frac{4t^3+6t^2+2t}{2t}=2t^2+3t+1\ (t\neq 0)$$

따라서 $t=1$일 때 $\dfrac{dy}{dx}=2+3+1=6$

답 ③

0583 $\dfrac{dx}{dt}=2t^2-8,\ \dfrac{dy}{dt}=t^2-5t$이므로

$$\frac{dy}{dx}=\frac{\dfrac{dy}{dt}}{\dfrac{dx}{dt}}=\frac{t^2-5t}{2t^2-8}\ (2t^2-8\neq 0)$$

$$\therefore \lim_{t\to 3}\frac{dy}{dx}=\lim_{t\to 3}\frac{t^2-5t}{2t^2-8}=\frac{-6}{10}=-\frac{3}{5}$$

답 $-\dfrac{3}{5}$

0584 $\dfrac{dx}{dt}=a\times 3\cos^2 t\times(-\sin t)=-3a\cos^2 t\sin t$,

$\dfrac{dy}{dt}=a\times 3\sin^2 t\times\cos t=3a\sin^2 t\cos t$이므로

$$\frac{dy}{dx}=\frac{\dfrac{dy}{dt}}{\dfrac{dx}{dt}}=\frac{3a\sin^2 t\cos t}{-3a\cos^2 t\sin t}$$
$$=-\frac{\sin t}{\cos t}=-\tan t\ (\sin t\cos t\neq 0)$$

따라서 $t=\dfrac{\pi}{3}$일 때 $\dfrac{dy}{dx}=-\tan\dfrac{\pi}{3}=-\sqrt{3}$

답 ①

0585 $\dfrac{dx}{d\theta}=\cos\theta,\ \dfrac{dy}{d\theta}=1+\sec^2\theta$이므로

$$\frac{dy}{dx}=\frac{\dfrac{dy}{d\theta}}{\dfrac{dx}{d\theta}}=\frac{1+\sec^2\theta}{\cos\theta}\ (\cos\theta\neq 0)$$

따라서 $\theta=\dfrac{\pi}{4}$인 점에서의 접선의 기울기는

$$\frac{1+\sec^2\frac{\pi}{4}}{\cos\frac{\pi}{4}}=\frac{1+2}{\frac{\sqrt{2}}{2}}=\frac{6}{\sqrt{2}}=3\sqrt{2}$$

답 $3\sqrt{2}$

0586 $\dfrac{dx}{dt}=3t^2,\ \dfrac{dy}{dt}=2t-a$이므로

$$\frac{dy}{dx}=\frac{\dfrac{dy}{dt}}{\dfrac{dx}{dt}}=\frac{2t-a}{3t^2}\ (t\neq 0)$$

⑦

$t=1$인 점에서의 접선의 기울기가 -2이므로

$$\frac{2-a}{3}=-2$$

⑭

$2-a=-6 \qquad \therefore a=8$

⑭

답 8

단계	채점요소	배점
⑦	$\dfrac{dy}{dx}$ 구하기	50%
⑭	접선의 기울기를 이용하여 식 세우기	40%
⑭	a의 값 구하기	10%

0587 $\dfrac{dx}{d\theta}=2\cos\theta,\ \dfrac{dy}{d\theta}=\sin\theta$이므로

$$\frac{dy}{dx}=\frac{\dfrac{dy}{d\theta}}{\dfrac{dx}{d\theta}}=\frac{\sin\theta}{2\cos\theta}=\frac{1}{2}\tan\theta\ (\cos\theta\neq 0)$$

$\theta=\alpha$인 점에서의 접선이 직선 $y=-4x+3$과 수직이므로

$$\frac{1}{2}\tan\alpha\times(-4)=-1 \qquad \therefore \tan\alpha=\frac{1}{2}$$

$$\therefore \sec^2\alpha=1+\tan^2\alpha=1+\frac{1}{4}=\frac{5}{4}$$

답 $\dfrac{5}{4}$

0588 $\displaystyle\lim_{h\to 0}\dfrac{f(7+2h)-f(7-h)}{h}$

$=\displaystyle\lim_{h\to 0}\dfrac{f(7+2h)-f(7)+f(7)-f(7-h)}{h}$

$=2\displaystyle\lim_{h\to 0}\dfrac{f(7+2h)-f(7)}{2h}+\lim_{h\to 0}\dfrac{f(7-h)-f(7)}{-h}$

$=2f'(7)+f'(7)=3f'(7)$

이때 $\dfrac{dx}{dt}=3t^2$, $\dfrac{dy}{dt}=6t-2$이므로

$f'(x)=\dfrac{dy}{dx}=\dfrac{\dfrac{dy}{dt}}{\dfrac{dx}{dt}}=\dfrac{6t-2}{3t^2}\ (t\neq 0)$

$x=t^3-1=7$에서 $t^3-8=0$

$(t-2)(t^2+2t+4)=0\qquad \therefore t=2\ (\because t^2+2t+4>0)$

따라서 구하는 값은

$3f'(7)=3\times\dfrac{6\times 2-2}{3\times 2^2}=\dfrac{5}{2}$ 답 $\dfrac{5}{2}$

0589 $x^3+2y^3-axy+b=0$의 양변을 x에 대하여 미분하면

$3x^2+6y^2\dfrac{dy}{dx}-ay-ax\dfrac{dy}{dx}=0$

$(6y^2-ax)\dfrac{dy}{dx}=-(3x^2-ay)$

$\therefore \dfrac{dy}{dx}=\dfrac{3x^2-ay}{ax-6y^2}\ (ax-6y^2\neq 0)$

$x=0$, $y=-1$에서의 접선의 기울기가 2이므로

$\dfrac{a}{-6}=2\qquad \therefore a=-12$

또, 주어진 곡선이 점 $(0,\ -1)$을 지나므로

$-2+b=0\qquad \therefore b=2$

$\therefore ab=-24$ 답 ①

0590 $2x-\sqrt{y}-3=0$의 양변을 x에 대하여 미분하면

$2-\dfrac{1}{2\sqrt{y}}\times\dfrac{dy}{dx}=0\qquad \therefore \dfrac{dy}{dx}=4\sqrt{y}$

따라서 $x=2$, $y=1$에서의 접선의 기울기는

$4\sqrt{1}=4$ 답 **4**

다른풀이 $2x-\sqrt{y}-3=0$에서 $y=(2x-3)^2$

$\therefore y'=2(2x-3)\times 2=4(2x-3)$

따라서 점 $(2,\ 1)$에서의 접선의 기울기는

$4(2\times 2-3)=4$

0591 $\pi y=x+\sin xy$의 양변을 x에 대하여 미분하면

$\pi\dfrac{dy}{dx}=1+\cos xy\times\left(y+x\dfrac{dy}{dx}\right)$

$(\pi-x\cos xy)\dfrac{dy}{dx}=1+y\cos xy$

$\therefore \dfrac{dy}{dx}=\dfrac{1+y\cos xy}{\pi-x\cos xy}\ (\pi-x\cos xy\neq 0)$

$x=\pi$, $y=1$을 위의 식에 대입하면

$\dfrac{dy}{dx}=\dfrac{1+\cos \pi}{\pi-\pi\cos \pi}=\dfrac{1-1}{\pi+\pi}=0$ 답 ③

0592 $\ln xy=ax^2+b$의 양변을 x에 대하여 미분하면

$\dfrac{1}{xy}\times\left(y+x\dfrac{dy}{dx}\right)=2ax$

$\dfrac{1}{x}+\dfrac{1}{y}\times\dfrac{dy}{dx}=2ax$, $\dfrac{1}{y}\times\dfrac{dy}{dx}=2ax-\dfrac{1}{x}$

$\therefore \dfrac{dy}{dx}=2axy-\dfrac{y}{x}$

$x=\dfrac{1}{\sqrt{2}}$, $y=\sqrt{2}$에서의 접선의 기울기가 2이므로

$2a\times\dfrac{1}{\sqrt{2}}\times\sqrt{2}-\dfrac{\sqrt{2}}{\dfrac{1}{\sqrt{2}}}=2$

$2a-2=2\qquad \therefore a=2$

또, 주어진 곡선이 점 $\left(\dfrac{1}{\sqrt{2}},\ \sqrt{2}\right)$를 지나므로

$\ln\left(\dfrac{1}{\sqrt{2}}\times\sqrt{2}\right)=a\left(\dfrac{1}{\sqrt{2}}\right)^2+b$

$0=\dfrac{a}{2}+b\qquad \therefore b=-1\ (\because a=2)$

$\therefore a-b=2-(-1)=3$ 답 **3**

0593 $f(g(x))=x$에서 양변을 x에 대하여 미분하면

$f'(g(x))g'(x)=1$이므로

$g'(x)=\dfrac{1}{f'(g(x))}$

한편, $f(1)=5$에서 $g(5)=1$이고 $f'(1)=\dfrac{1}{3}$이므로

$g'(5)=\dfrac{1}{f'(g(5))}$

$\qquad =\dfrac{1}{f'(1)}=\dfrac{1}{\dfrac{1}{3}}=3$ 답 ④

0594 $x=\sqrt[3]{y^2+y}=(y^2+y)^{\frac{1}{3}}$의 양변을 y에 대하여 미분하면

$\dfrac{dx}{dy}=\dfrac{1}{3}(y^2+y)^{-\frac{2}{3}}(y^2+y)'$

$\qquad =\dfrac{2y+1}{3\sqrt[3]{(y^2+y)^2}}$

$\therefore \dfrac{dy}{dx}=\dfrac{1}{\dfrac{dx}{dy}}=\dfrac{3\sqrt[3]{(y^2+y)^2}}{2y+1}$ 답 ④

0595 $g(1)=k$라 하면 $f(k)=1$이므로

$\tan k=1\qquad \therefore k=\dfrac{\pi}{4}\left(\because 0\leq k<\dfrac{\pi}{2}\right)$

따라서 $g(1)=\dfrac{\pi}{4}$이고 $f'(x)=\sec^2 x$이므로

$$g'(1)=\frac{1}{f'(g(1))}=\frac{1}{f'\left(\frac{\pi}{4}\right)}=\frac{1}{\sec^2\frac{\pi}{4}}=\frac{1}{2}$$

답 $\dfrac{1}{2}$

0596 $\lim\limits_{x\to1}\dfrac{g(x)-2}{x-1}=5$에서 $x\to1$일 때 (분모)$\to0$이므로
(분자)$\to0$이어야 한다. 즉, $\lim\limits_{x\to1}\{g(x)-2\}=0$이므로
$$g(1)=2 \qquad\cdots\cdots\ \text{㉠}$$
$$\therefore \lim_{x\to1}\frac{g(x)-2}{x-1}=\lim_{x\to1}\frac{g(x)-g(1)}{x-1}=g'(1)=5$$
한편, $g(x)$는 $f(x)$의 역함수이므로 ㉠에서 $f(2)=1$
$$\therefore f'(2)=\frac{1}{g'(f(2))}=\frac{1}{g'(1)}=\frac{1}{5}$$

답 ⑤

0597 $F(x)=f(x)g(x)$라 하면 $f(1)=1$에서 $g(1)=1$
이므로 $F(1)=f(1)g(1)=1$
$$\therefore \lim_{x\to1}\frac{f(x)g(x)-1}{x-1}=\lim_{x\to1}\frac{F(x)-F(1)}{x-1}=F'(1)$$
이때 $F'(x)=f'(x)g(x)+f(x)g'(x)$이므로
$$F'(1)=f'(1)g(1)+f(1)g'(1)$$
$f'(x)=6x^2$에서
$$f'(1)=6,\ g'(1)=\frac{1}{f'(g(1))}=\frac{1}{f'(1)}=\frac{1}{6}$$
$$\therefore F'(1)=6\times1+1\times\frac{1}{6}=\frac{37}{6}$$

답 $\dfrac{37}{6}$

0598 $f'(x)=e^{ax+b}+axe^{ax+b}=e^{ax+b}(1+ax)$
$f''(x)=ae^{ax+b}(1+ax)+ae^{ax+b}=ae^{ax+b}(2+ax)$
$f'(0)=7$에서 $e^b=7$ $\quad\therefore b=\ln7$
$f''(0)=14$에서 $2ae^b=14$, $14a=14$ $(\because e^b=7)$
$\therefore a=1$
$\therefore ab=\ln7$

답 ⑤

0599 $f'(x)=\dfrac{(\ln x)'}{\ln x}=\dfrac{1}{x\ln x}$

$$f''(x)=-\frac{(x\ln x)'}{(x\ln x)^2}=-\frac{\ln x+x\times\frac{1}{x}}{(x\ln x)^2}=-\frac{\ln x+1}{(x\ln x)^2}$$
$$\therefore f''(e)=-\frac{2}{e^2}$$

답 ②

0600 $f'(x)=e^x\sin x+e^x\cos x=e^x(\sin x+\cos x)$
$f''(x)=e^x(\sin x+\cos x)+e^x(\cos x-\sin x)$
$\qquad\ =2e^x\cos x$
$$\therefore \frac{f(x)}{f''(x)}=\frac{e^x\sin x}{2e^x\cos x}=\frac{1}{2}\tan x$$

답 ①

0601 $h(x)=(g\circ f)(x)=g(f(x))=(\ln x)^2$이므로

$$h'(x)=2\ln x\times\frac{1}{x}=\frac{2\ln x}{x}$$

따라서 $h'(1)=0$이므로
$$\lim_{x\to1}\frac{h'(x)}{x-1}=\lim_{x\to1}\frac{h'(x)-h'(1)}{x-1}=h''(1)$$
이때 $h''(x)=\dfrac{\frac{2}{x}\times x-2\ln x}{x^2}=\dfrac{2-2\ln x}{x^2}$
$$\therefore h''(1)=2$$

답 ④

0602 $y'=e^x\cos2x+2e^x(-\sin2x)$
$\qquad\ =e^x(\cos2x-2\sin2x)$

───────────── ㉮

$y''=e^x(\cos2x-2\sin2x)+e^x(-2\sin2x-4\cos2x)$
$\quad\ =-e^x(3\cos2x+4\sin2x)$

───────────── ㉯

$y''+ay'+5y=0$에서
$-e^x(3\cos2x+4\sin2x)+ae^x(\cos2x-2\sin2x)$
$\qquad\qquad\qquad\qquad\qquad\ +5e^x\cos2x=0$
$e^x\{(a+2)\cos2x-(2a+4)\sin2x\}=0$
$e^x(a+2)(\cos2x-2\sin2x)=0$

───────────── ㉰

위의 등식이 x의 값에 관계없이 항상 성립하므로
$$a=-2$$

───────────── ㉱

답 -2

단계	채점요소	배점
㉮	y' 구하기	20 %
㉯	y'' 구하기	30 %
㉰	$y''+ay'+5y=0$ 정리하기	40 %
㉱	a의 값 구하기	10 %

0603 조건 ㈏에서 $x\to3$일 때 (분모)$\to0$이므로 (분자)$\to0$이
어야 한다.
즉, $\lim\limits_{x\to3}\{f'(f(x))-1\}=0$이므로 $f'(f(3))=1$
$$\therefore \lim_{x\to3}\frac{f'(f(x))-1}{x-3}$$
$$=\lim_{x\to3}\frac{f'(f(x))-f'(f(3))}{x-3}$$
$$=\lim_{x\to3}\left\{\frac{f'(f(x))-f'(f(3))}{f(x)-f(3)}\times\frac{f(x)-f(3)}{x-3}\right\}$$
$$=\lim_{x\to3}\left\{\frac{f'(f(x))-f'(f(3))}{f(x)-f(3)}\times f'(3)\right\}$$
$$=\lim_{x\to3}\frac{f'(f(x))-f'(2)}{f(x)-2}\ (\because\text{㉮}) \qquad\cdots\cdots\ \text{㉠}$$
$f(x)=t$로 놓으면 $f(3)=2$에서 $x\to3$일 때 $t\to2$이므로 ㉠은
$$\lim_{t\to2}\frac{f'(t)-f'(2)}{t-2}=f''(2)$$
$\therefore f''(2)=3\ (\because\text{㉯})$

답 3

0604 $f'(x)=\dfrac{\left(\cos^3\dfrac{x}{2}\right)'}{\cos^3\dfrac{x}{2}}=\dfrac{3\cos^2\dfrac{x}{2}\times\left(\cos\dfrac{x}{2}\right)'}{\cos^3\dfrac{x}{2}}$

$\qquad\quad=\dfrac{3\times\left(-\dfrac{1}{2}\sin\dfrac{x}{2}\right)}{\cos\dfrac{x}{2}}$

$\qquad\quad=-\dfrac{3}{2}\tan\dfrac{x}{2}$

$\therefore\ f'\left(\dfrac{\pi}{3}\right)=-\dfrac{3}{2}\tan\dfrac{\pi}{6}$

$\qquad\qquad=-\dfrac{3}{2}\times\dfrac{1}{\sqrt{3}}$

$\qquad\qquad=-\dfrac{\sqrt{3}}{2}$　　　　　　답 $-\dfrac{\sqrt{3}}{2}$

0605 $f(0)=1$이므로

$\displaystyle\lim_{x\to0}\dfrac{f(x)-1}{x}=\lim_{x\to0}\dfrac{f(x)-f(0)}{x-0}=f'(0)$

이때

$f'(x)=2e^{2x}3^{\tan 2x}+e^{2x}3^{\tan 2x}\ln 3\times(\tan 2x)'$

$\qquad=2e^{2x}3^{\tan 2x}+e^{2x}3^{\tan 2x}\ln 3\times 2\sec^2 2x$

$\qquad=2e^{2x}3^{\tan 2x}(1+\ln 3\sec^2 2x)$

이므로 구하는 값은

$f'(0)=2(1+\ln 3)=2+2\ln 3$　　　답 $2+2\ln 3$

0606 $f(x)=\dfrac{x(x-2)^2}{x^2+1}$의 양변의 절댓값에 자연로그를 취하면

$\ln|f(x)|=\ln|x|+2\ln|x-2|-\ln|x^2+1|$

위의 식의 양변을 x에 대하여 미분하면

$\dfrac{f'(x)}{f(x)}=\dfrac{1}{x}+\dfrac{2}{x-2}-\dfrac{2x}{x^2+1}$

$\therefore\ f'(x)=f(x)\left(\dfrac{1}{x}+\dfrac{2}{x-2}-\dfrac{2x}{x^2+1}\right)$

$f(1)=\dfrac{1\times(-1)^2}{1^2+1}=\dfrac{1}{2}$이므로

$f'(1)=\dfrac{1}{2}(1-2-1)=-1$　　　　답 ③

다른풀이 함수의 몫의 미분법을 이용하면

$f'(x)=\dfrac{\{(x-2)^2+x\times 2(x-2)\}(x^2+1)-x(x-2)^2\times 2x}{(x^2+1)^2}$

$\qquad=\dfrac{(x-2)\{(3x-2)(x^2+1)-2x^2(x-2)\}}{(x^2+1)^2}$

$\qquad=\dfrac{(x-2)(x^3+2x^2+3x-2)}{(x^2+1)^2}$

$\therefore\ f'(1)=\dfrac{-1\times 4}{2^2}=-1$

0607 $y=x^{\ln x}$의 양변에 자연로그를 취하면

$\ln y=\ln x^{\ln x}=(\ln x)^2$

위의 식의 양변을 x에 대하여 미분하면

$\dfrac{y'}{y}=2\ln x\times\dfrac{1}{x}=\dfrac{2\ln x}{x}$

$\therefore\ y'=y\times\dfrac{2\ln x}{x}=x^{\ln x}\times\dfrac{2\ln x}{x}$

따라서 $x=e$에서의 미분계수는

$e\times\dfrac{2}{e}=2$　　　　　　　　　답 ③

0608 $f(x)=\dfrac{(x-3)^2(x+2)}{(x-2)^3}$의 양변의 절댓값에 자연로그를 취하면

$\ln|f(x)|=2\ln|x-3|+\ln|x+2|-3\ln|x-2|$

위의 식의 양변을 x에 대하여 미분하면

$\dfrac{f'(x)}{f(x)}=\dfrac{2}{x-3}+\dfrac{1}{x+2}-\dfrac{3}{x-2}$

$\therefore\ f'(x)=f(x)\left(\dfrac{2}{x-3}+\dfrac{1}{x+2}-\dfrac{3}{x-2}\right)$

따라서 $g(x)=\dfrac{2}{x-3}+\dfrac{1}{x+2}-\dfrac{3}{x-2}$이므로

$g(0)=-\dfrac{2}{3}+\dfrac{1}{2}+\dfrac{3}{2}=\dfrac{4}{3}$　　　　답 ④

0609 $f(x)=\sqrt{\dfrac{(x+2)(x-3)}{x-1}}$의 양변의 절댓값에 자연로그를 취하면

$\ln|f(x)|=\dfrac{1}{2}(\ln|x+2|+\ln|x-3|-\ln|x-1|)$

위의 식의 양변을 x에 대하여 미분하면

$\dfrac{f'(x)}{f(x)}=\dfrac{1}{2}\left(\dfrac{1}{x+2}+\dfrac{1}{x-3}-\dfrac{1}{x-1}\right)$

$\therefore\ \dfrac{f'(4)}{f(4)}=\dfrac{1}{2}\left(\dfrac{1}{6}+1-\dfrac{1}{3}\right)=\dfrac{5}{12}$　　답 $\dfrac{5}{12}$

0610 $f(2)=2^2=4$이므로

$\displaystyle\lim_{x\to2}\dfrac{f(x)-4}{x-2}=\lim_{x\to2}\dfrac{f(x)-f(2)}{x-2}=f'(2)$

$f(x)=x^x$의 양변에 자연로그를 취하면

$\ln f(x)=\ln x^x=x\ln x$

위의 식의 양변을 x에 대하여 미분하면

$\dfrac{f'(x)}{f(x)}=\ln x+x\times\dfrac{1}{x}=\ln x+1$

$\therefore\ f'(x)=f(x)(\ln x+1)=x^x(1+\ln x)$

따라서 구하는 값은

$f'(2)=4(1+\ln 2)=4+4\ln 2$　　　답 $4+4\ln 2$

0611　$f'(x)=\dfrac{\cos x\cos x-(1+\sin x)\times(-\sin x)}{\cos^2 x}$

$\qquad\quad=\dfrac{\cos^2 x+\sin x+\sin^2 x}{\cos^2 x}$

$\qquad\quad=\dfrac{1+\sin x}{1-\sin^2 x}\quad\leftarrow\sin^2 x+\cos^2 x=1$

$\qquad\quad=\dfrac{1}{1-\sin x}$

$\therefore\displaystyle\lim_{x\to-\frac{\pi}{2}}f'(x)=\dfrac{1}{1-\sin\left(-\dfrac{\pi}{2}\right)}=\dfrac{1}{2}$　　　답 ③

0612　$f(x)=\dfrac{3x^5-2x^3-5}{x^3}=3x^2-2-5x^{-3}$이므로

$f'(x)=6x+15x^{-4}=6x+\dfrac{15}{x^4}$

$\therefore f'(-1)=-6+15=9$　　　답 **9**

0613　$h(x)=(g\circ f)(x)=g(f(x))$에서

$h'(x)=g'(f(x))f'(x)$

$\therefore h'(0)=g'(f(0))f'(0)$　　　$\cdots\cdots$ ㉠

한편, $f(x)=2\sin x+\cos x$에서 $f(0)=1$

또, $f'(x)=2\cos x-\sin x$이므로 $f'(0)=2$

따라서 ㉠에서 $4=g'(1)\times 2$　　$\therefore g'(1)=2$　　　답 ②

0614　$f(2x+1)=(x^2+1)^2$의 양변을 x에 대하여 미분하면

$2f'(2x+1)=2(x^2+1)\times 2x$

$\therefore f'(2x+1)=2x(x^2+1)$　　　$\cdots\cdots$ ㉠

㉠의 양변에 $x=1$을 대입하면

$f'(3)=2\times 1\times 2=4$　　　답 ④

0615　$f'(x)=-e^{-x}\sin ax\cos x+ae^{-x}\cos ax\cos x$

$\qquad\qquad\qquad\qquad\qquad\quad-e^{-x}\sin ax\sin x$

$\qquad\quad=e^{-x}(-\sin ax\cos x+a\cos ax\cos x$

$\qquad\qquad\qquad\qquad\qquad\quad-\sin ax\sin x)$

즉, $f'(0)=a$이므로 $a=\pi$　　　답 ⑤

0616　$f(x)=\ln(e^x+e^{2x}+e^{3x}+\cdots+e^{100x})$이라 하면

$f(0)=\ln 100$이므로

$\displaystyle\lim_{x\to 0}\dfrac{1}{x}\ln\dfrac{e^x+e^{2x}+e^{3x}+\cdots+e^{100x}}{100}$

$=\displaystyle\lim_{x\to 0}\dfrac{1}{x}\{\ln(e^x+e^{2x}+e^{3x}+\cdots+e^{100x})-\ln 100\}$

$=\displaystyle\lim_{x\to 0}\dfrac{f(x)-f(0)}{x}=f'(0)$

$f'(x)=\dfrac{e^x+2e^{2x}+3e^{3x}+\cdots+100e^{100x}}{e^x+e^{2x}+e^{3x}+\cdots+e^{100x}}$이므로

$f'(0)=\dfrac{1+2+\cdots+100}{100}=\dfrac{5050}{100}$

따라서 $A=\dfrac{5050}{100}$이므로 $100A=5050$　　　답 **5050**

0617　$f(x)=\sqrt{1+\cos^2 x}=(1+\cos^2 x)^{\frac{1}{2}}$이므로

$f'(x)=\dfrac{1}{2}(1+\cos^2 x)^{-\frac{1}{2}}(1+\cos^2 x)'$

$\qquad\quad=\dfrac{1}{2}(1+\cos^2 x)^{-\frac{1}{2}}\times 2\cos x\times(-\sin x)$

$\qquad\quad=\dfrac{-\cos x\sin x}{\sqrt{1+\cos^2 x}}$

$\therefore f'\left(\dfrac{\pi}{4}\right)=\dfrac{-\dfrac{1}{\sqrt{2}}\times\dfrac{1}{\sqrt{2}}}{\sqrt{1+\left(\dfrac{1}{\sqrt{2}}\right)^2}}=-\dfrac{\sqrt{6}}{6}$　　　답 ②

0618　$\displaystyle\lim_{h\to 0}\dfrac{f(-1+h)-f(-1)}{h}=f'(-1)$

$f(x)=\ln(\sqrt{x^2+1}-x)$에서

$f'(x)=\dfrac{\dfrac{2x}{2\sqrt{x^2+1}}-1}{\sqrt{x^2+1}-x}=\dfrac{-\dfrac{\sqrt{x^2+1}-x}{\sqrt{x^2+1}}}{\sqrt{x^2+1}-x}=-\dfrac{1}{\sqrt{x^2+1}}$

따라서 구하는 값은

$f'(-1)=-\dfrac{1}{\sqrt{1+1}}=-\dfrac{1}{\sqrt{2}}$

$\qquad\quad=-\dfrac{\sqrt{2}}{2}$　　　답 $-\dfrac{\sqrt{2}}{2}$

0619　$\dfrac{dx}{dt}=\dfrac{2}{2\sqrt{t}}+a=\dfrac{1}{\sqrt{t}}+a,\ \dfrac{dy}{dt}=2at+\dfrac{1}{t^2}$이므로

$\dfrac{dy}{dx}=\dfrac{\dfrac{dy}{dt}}{\dfrac{dx}{dt}}=\dfrac{2at+\dfrac{1}{t^2}}{\dfrac{1}{\sqrt{t}}+a}=\dfrac{\dfrac{2at^3+1}{t^2}}{\dfrac{1+a\sqrt{t}}{\sqrt{t}}}$

$\qquad\quad=\dfrac{\sqrt{t}(2at^3+1)}{t^2(1+a\sqrt{t})}\ (t^2(1+a\sqrt{t})\neq 0)$

$t=1$인 점에서의 접선의 기울기가 3이므로

$\dfrac{2a+1}{1+a}=3,\ 2a+1=3+3a$

$\therefore a=-2$　　　답 ②

0620　$2x+x^2y-y^3=2$의 양변을 x에 대하여 미분하면

$2+2xy+x^2\dfrac{dy}{dx}-3y^2\dfrac{dy}{dx}=0$

$(x^2-3y^2)\dfrac{dy}{dx}=-(2xy+2)$

$\therefore \dfrac{dy}{dx}=-\dfrac{2xy+2}{x^2-3y^2}\ (x^2-3y^2\neq 0)$

따라서 $x=1,\ y=1$에서의 접선의 기울기는

$-\dfrac{2+2}{1-3}=2$　　　답 **2**

0621 $x^2+y^2=5^2$, 즉 $x^2+y^2=25$의 양변을 x에 대하여 미분하면

$$2x+2y\frac{dy}{dx}=0 \qquad \therefore \frac{dy}{dx}=-\frac{x}{y}\ (y\neq 0)$$

$x=4$일 때

$16+y^2=25,\ y^2=9 \qquad \therefore y=3\ (\because y>0)$

따라서 구하는 값은

$$\frac{dy}{dx}=-\frac{4}{3} \qquad\qquad\qquad 답\ -\frac{4}{3}$$

0622 $g(2)=k$라 하면 $f(k)=2$이므로

$k^3+2k^2+3k-4=2$

$k^3+2k^2+3k-6=0$

$(k-1)(k^2+3k+6)=0$

이때 $k^2+3k+6=\left(k+\frac{3}{2}\right)^2+\frac{15}{4}>0$이므로 $k=1$

따라서 $g(2)=1$이고 $f'(x)=3x^2+4x+3$이므로

$f'(1)=3+4+3=10$

$$\therefore g'(2)=\frac{1}{f'(g(2))}=\frac{1}{f'(1)}=\frac{1}{10} \qquad 답\ ③$$

0623 $\displaystyle\lim_{x\to 3}\frac{x-3}{g(x)-g(3)}=\lim_{x\to 3}\frac{1}{\dfrac{g(x)-g(3)}{x-3}}=\frac{1}{g'(3)}$

이때 $g(3)=0$이므로 $f(0)=3$

또, $f'(x)=15e^{5x}+1+\cos x$이므로 구하는 값은

$$\frac{1}{g'(3)}=\frac{1}{g'(f(0))}=f'(0)=15+1+1=17 \qquad 답\ 17$$

0624 $f'(x)=3e^{3x}\sin x+e^{3x}\cos x$

$\qquad\qquad =e^{3x}(3\sin x+\cos x)$

$f''(x)=3e^{3x}(3\sin x+\cos x)+e^{3x}(3\cos x-\sin x)$

$\qquad\qquad =2e^{3x}(4\sin x+3\cos x)$

이때 $f''(x)=0$의 해가 $x=\theta$이므로

$2e^{3\theta}(4\sin\theta+3\cos\theta)=0$

그런데 $e^{3\theta}>0$이므로

$4\sin\theta+3\cos\theta=0$

$\frac{\pi}{2}<\theta<\pi$에서 $\cos\theta\neq 0$이므로 위의 식의 양변을 $\cos\theta$로 나누면

$$\frac{4\sin\theta}{\cos\theta}+3=0,\ 4\tan\theta=-3$$

$$\therefore \tan\theta=-\frac{3}{4} \qquad\qquad\qquad 답\ ③$$

0625 $f'(x)=3\cos^2 2x(\cos 2x)'$

$\qquad\qquad =-6\cos^2 2x\sin 2x$

이때 $f'\left(\dfrac{\pi}{2}\right)=0$이므로

$$\lim_{x\to\frac{\pi}{2}}\frac{f'(x)}{x-\frac{\pi}{2}}=\lim_{x\to\frac{\pi}{2}}\frac{f'(x)-f'\left(\frac{\pi}{2}\right)}{x-\frac{\pi}{2}}=f''\left(\frac{\pi}{2}\right)$$

$f''(x)=-6\{2\cos 2x(\cos 2x)'\sin 2x$

$\qquad\qquad\qquad\qquad +\cos^2 2x\cos 2x\times(2x)'\}$

$\qquad\quad =-6(-4\cos 2x\sin^2 2x+2\cos^2 2x\cos 2x)$

$\qquad\quad =12\cos 2x(2\sin^2 2x-\cos^2 2x)$

이므로 구하는 값은

$$f''\left(\frac{\pi}{2}\right)=12\times(-1)\times(-1)=12 \qquad 답\ ③$$

0626 주어진 식의 양변에 자연로그를 취하면

$\ln y=\ln x^{\sin x}=\sin x\ln x$

위의 식의 양변을 x에 대하여 미분하면

$$\frac{y'}{y}=\cos x\ln x+\sin x\times\frac{1}{x}=\cos x\ln x+\frac{1}{x}\sin x$$

$$\therefore y'=y\left(\cos x\ln x+\frac{1}{x}\sin x\right)$$

$$\qquad =x^{\sin x}\left(\cos x\ln x+\frac{1}{x}\sin x\right)$$

따라서 $x=\dfrac{\pi}{2}$에서의 미분계수는

$$\left(\frac{\pi}{2}\right)^{\sin\frac{\pi}{2}}\left(\cos\frac{\pi}{2}\ln\frac{\pi}{2}+\frac{2}{\pi}\sin\frac{\pi}{2}\right)=\frac{\pi}{2}\times\frac{2}{\pi}=1 \qquad 답\ ①$$

0627 $f(x)=\dfrac{kx}{2x-1}$에서

$$f'(x)=\frac{k(2x-1)-2kx}{(2x-1)^2}=-\frac{k}{(2x-1)^2}$$

$$\cdots\cdots ㉮$$

이때 $f'(1)=10$이므로

$$-\frac{k}{(2-1)^2}=10 \qquad \therefore k=-10$$

$$\cdots\cdots ㉯$$

따라서 $f(x)=-\dfrac{10x}{2x-1},\ f'(x)=\dfrac{10}{(2x-1)^2}$이고,

$f(0)=0$이므로

$$\lim_{h\to 0}\frac{f(h)}{h}=\lim_{h\to 0}\frac{f(h)-f(0)}{h}=f'(0)$$

$$\qquad\qquad =\frac{10}{(-1)^2}=10$$

$$\cdots\cdots ㉰$$

$$답\ 10$$

단계	채점요소	배점
㉮	$f'(x)$ 구하기	30%
㉯	k의 값 구하기	30%
㉰	$\displaystyle\lim_{h\to 0}\frac{f(h)}{h}$의 값 구하기	40%

0628 $\lim\limits_{x\to 2}\dfrac{f(x)+2}{x-2}=5$에서 $x\to 2$일 때 (분모)$\to 0$이므로

(분자)$\to 0$이어야 한다.

즉, $\lim\limits_{x\to 2}\{f(x)+2\}=0$이므로

$f(2)=-2$

$\therefore \lim\limits_{x\to 2}\dfrac{f(x)+2}{x-2}=\lim\limits_{x\to 2}\dfrac{f(x)-f(2)}{x-2}=f'(2)=5$

㉮

한편, $h(x)=f(g(x))$라 하면

$h(1)=f(g(1))=f(2)=-2 \ (\because g(1)=2)$

$\therefore \lim\limits_{x\to 1}\dfrac{f(g(x))+2}{x-1}=\lim\limits_{x\to 1}\dfrac{h(x)-h(1)}{x-1}=h'(1)$

㉯

이때 $h'(x)=f'(g(x))g'(x)$이고 $g'(x)=8x$이므로 구하는 값은

$\begin{aligned}h'(1)&=f'(g(1))g'(1)\\&=f'(2)g'(1)\\&=5\times 8=40\end{aligned}$

㉰

답 40

단계	채점요소	배점
㉮	$f(2)$와 $f'(2)$의 값 구하기	30%
㉯	$h(x)=f(g(x))$로 놓고 $\lim\limits_{x\to 1}\dfrac{f(g(x))+2}{x-1}=h'(1)$임을 이해하기	40%
㉰	$h'(1)$의 값 구하기	30%

0629 함수 $f(x)$가 모든 양수 x에 대하여 미분가능하면

$x=1$에서 연속이므로

$\lim\limits_{x\to 1-}f(x)=\lim\limits_{x\to 1+}f(x)=f(1)$

즉, $\lim\limits_{x\to 1-}\ln ax=\lim\limits_{x\to 1+}be^{x-1}$이므로 $\ln a=b$

㉮

또, $f'(1)$이 존재하므로 $f'(x)=\begin{cases}\dfrac{1}{x} & (0<x<1)\\ be^{x-1} & (x>1)\end{cases}$에서

$\lim\limits_{x\to 1-}\dfrac{1}{x}=\lim\limits_{x\to 1+}be^{x-1} \quad \therefore b=1$

㉯

따라서 $a=e$, $b=1$이므로

$ab=e$

㉰

답 e

단계	채점요소	배점
㉮	$x=1$에서 연속임을 이용하기	40%
㉯	$x=1$에서 미분계수가 존재함을 이용하기	40%
㉰	ab의 값 구하기	20%

0630 $f'(x)=ae^{ax}\sin x+e^{ax}\cos x$

$\qquad =e^{ax}(a\sin x+\cos x)$

㉮

$\begin{aligned}f''(x)&=ae^{ax}(a\sin x+\cos x)+e^{ax}(a\cos x-\sin x)\\&=e^{ax}(a^2\sin x+2a\cos x-\sin x)\end{aligned}$

㉯

$f''(x)-2f'(x)+2f(x)=0$에서

$e^{ax}(a^2\sin x+2a\cos x-\sin x)$

$\qquad\qquad -2e^{ax}(a\sin x+\cos x)+2e^{ax}\sin x=0$

$e^{ax}\{(a-1)^2\sin x+2(a-1)\cos x\}=0$

$e^{ax}(a-1)\{(a-1)\sin x+2\cos x\}=0$

㉰

그런데 위 식은 x에 대한 항등식이므로

$a=1$

㉱

답 1

단계	채점요소	배점
㉮	$f'(x)$ 구하기	20%
㉯	$f''(x)$ 구하기	20%
㉰	$f''(x)-2f'(x)+2f(x)=0$ 정리하기	40%
㉱	a의 값 구하기	20%

0631 $(f\circ g)(3)=3$에서

$f(g(3))=f(1)=3 \ (\because g(3)=1)$

또, $(f\circ g)'(x)=f'(g(x))g'(x)$이고

$g'(x)=e^{-x^2+3x}(-2x+3)$이므로

$(f\circ g)'(3)=6$에서

$f'(g(3))g'(3)=f'(1)\times(-3)=6 \ (\because g'(3)=-3)$

$\therefore f'(1)=-2$

$f(x)$를 이차식 $(x-1)^2$으로 나누었을 때의 몫을 $Q(x)$, 나머지를 $R(x)=ax+b \ (a, b$는 상수$)$라 하면

$f(x)=(x-1)^2Q(x)+ax+b \qquad \cdots\cdots ㉠$

로 놓을 수 있다.

㉠의 양변에 $x=1$을 대입하면

$f(1)=a+b$

$\therefore a+b=3 \qquad \cdots\cdots ㉡$

㉠의 양변을 x에 대하여 미분하면

$f'(x)=2(x-1)Q(x)+(x-1)^2Q'(x)+a$

위 식의 양변에 $x=1$을 대입하면

$f'(1)=a$

$\therefore a=-2$

$a=-2$를 ㉡에 대입하면 $b=5$

따라서 $R(x)=-2x+5$이므로

$R(-2)=9$

답 9

0632 오른쪽 그림과 같이 원점 O 에서 직선 PQ에 내린 수선의 발을 H라 하면
$\angle AOH = \theta$, $\overline{OA} = 1$이므로
$\overline{OH} = \cos\theta$

이때 직각삼각형 OPH에서
$$\overline{PH} = \sqrt{\overline{OP}^2 - \overline{OH}^2} = \sqrt{(2\sqrt{2})^2 - \cos^2\theta} = \sqrt{8 - \cos^2\theta}$$
$$\therefore l(\theta) = \overline{PQ} = 2\overline{PH} = 2\sqrt{8 - \cos^2\theta}$$

따라서
$$l'(\theta) = \frac{2 \times (-2\cos\theta) \times (-\sin\theta)}{2\sqrt{8 - \cos^2\theta}} = \frac{2\cos\theta\sin\theta}{\sqrt{8 - \cos^2\theta}}$$

$$\therefore l'\left(\frac{\pi}{4}\right) = \frac{2\cos\dfrac{\pi}{4}\sin\dfrac{\pi}{4}}{\sqrt{8 - \cos^2\dfrac{\pi}{4}}} = \frac{2 \times \dfrac{\sqrt{2}}{2} \times \dfrac{\sqrt{2}}{2}}{\sqrt{8 - \dfrac{1}{2}}}$$

$$= \frac{1}{\sqrt{\dfrac{15}{2}}} = \frac{\sqrt{30}}{15}$$

답 $\dfrac{\sqrt{30}}{15}$

0633 ㄱ. $f'(x) = \dfrac{1}{x + \sqrt{x^2+1}}\left(1 + \dfrac{2x}{2\sqrt{x^2+1}}\right)$

$$= \frac{1}{x + \sqrt{x^2+1}} \times \frac{\sqrt{x^2+1} + x}{\sqrt{x^2+1}} = \frac{1}{\sqrt{x^2+1}}$$

$$\therefore f'(\sqrt{3}) = \frac{1}{\sqrt{(\sqrt{3})^2 + 1}} = \frac{1}{2}$$

ㄴ. $f'(x) = \dfrac{1}{\sqrt{x^2+1}} = (x^2+1)^{-\frac{1}{2}}$이므로

$$f''(x) = -\frac{1}{2}(x^2+1)^{-\frac{3}{2}} \times 2x = -x(x^2+1)^{-\frac{3}{2}}$$

$$\therefore (x^2+1)f''(x) + xf'(x)$$
$$= (x^2+1)\{-x(x^2+1)^{-\frac{3}{2}}\} + x(x^2+1)^{-\frac{1}{2}}$$
$$= -x(x^2+1)^{-\frac{1}{2}} + x(x^2+1)^{-\frac{1}{2}} = 0$$

ㄷ. ㄴ에서 $\dfrac{f''(x)}{f'(x)} = -\dfrac{x}{x^2+1}$이므로

$$\lim_{x \to \infty} \frac{f''(x)}{f'(x)} = \lim_{x \to \infty}\left(-\frac{x}{x^2+1}\right)$$

$$= \lim_{x \to \infty}\left(-\frac{\dfrac{1}{x}}{1 + \dfrac{1}{x^2}}\right) = 0$$

따라서 옳은 것은 ㄴ, ㄷ이다. 답 ④

06 | 도함수의 활용 (1)

0634 $f(x)=\dfrac{1}{x-2}$ 이라 하면 $f'(x)=-\dfrac{1}{(x-2)^2}$

점 $(3, 1)$에서의 접선의 기울기는 $f'(3)=-\dfrac{1}{(3-2)^2}=-1$

따라서 구하는 접선의 방정식은

$y-1=-(x-3)$ $\therefore y=-x+4$ 답 $\boldsymbol{y=-x+4}$

0635 $f(x)=\sqrt{x}$ 라 하면 $f'(x)=\dfrac{1}{2\sqrt{x}}$

점 $(1, 1)$에서의 접선의 기울기는 $f'(1)=\dfrac{1}{2}$

따라서 구하는 접선의 방정식은

$y-1=\dfrac{1}{2}(x-1)$ $\therefore y=\dfrac{1}{2}x+\dfrac{1}{2}$ 답 $\boldsymbol{y=\dfrac{1}{2}x+\dfrac{1}{2}}$

0636 $f(x)=\sin x$ 라 하면 $f'(x)=\cos x$

점 $(\pi, 0)$에서의 접선의 기울기는 $f'(\pi)=-1$

따라서 구하는 접선의 방정식은

$y-0=-(x-\pi)$ $\therefore y=-x+\pi$ 답 $\boldsymbol{y=-x+\pi}$

0637 $f(x)=\dfrac{1}{2}e^{2x}$ 이라 하면 $f'(x)=\dfrac{1}{2}e^{2x}\times2=e^{2x}$

점 $\left(0, \dfrac{1}{2}\right)$에서의 접선의 기울기는 $f'(0)=1$

따라서 구하는 접선의 방정식은

$y-\dfrac{1}{2}=x-0$ $\therefore y=x+\dfrac{1}{2}$ 답 $\boldsymbol{y=x+\dfrac{1}{2}}$

0638 $f(x)=\ln x^2$ 이라 하면 $f'(x)=\dfrac{2x}{x^2}=\dfrac{2}{x}$

점 $(e, 2)$에서의 접선의 기울기는 $f'(e)=\dfrac{2}{e}$

따라서 구하는 접선의 방정식은

$y-2=\dfrac{2}{e}(x-e)$ $\therefore y=\dfrac{2}{e}x$ 답 $\boldsymbol{y=\dfrac{2}{e}x}$

0639 $f(x)=3+\ln x$ 라 하면 $f'(x)=\dfrac{1}{x}$

점 $(1, 3)$에서의 접선의 기울기는 $f'(1)=1$이므로 이 접선에 수직인 직선의 기울기는 -1이다.

따라서 구하는 직선의 방정식은

$y-3=-(x-1)$ $\therefore y=-x+4$ 답 $\boldsymbol{y=-x+4}$

0640 $f(x)=-\dfrac{1}{x}$ 이라 하면 $f'(x)=\dfrac{1}{x^2}$

접점의 좌표를 $\left(a, -\dfrac{1}{a}\right)$ 이라 하면 $f'(a)=1$이므로

$\dfrac{1}{a^2}=1$, $a^2=1$ $\therefore a=1\ (\because a>0)$

따라서 접점의 좌표가 $(1, -1)$이므로 구하는 접선의 방정식은

$y+1=x-1$ $\therefore y=x-2$ 답 $\boldsymbol{y=x-2}$

0641 $f(x)=\sqrt{x+1}$ 이라 하면 $f'(x)=\dfrac{1}{2\sqrt{x+1}}$

접점의 좌표를 $(a, \sqrt{a+1})$ 이라 하면 $f'(a)=1$이므로

$\dfrac{1}{2\sqrt{a+1}}=1$, $\sqrt{a+1}=\dfrac{1}{2}$

$a+1=\dfrac{1}{4}$ $\therefore a=-\dfrac{3}{4}$

따라서 접점의 좌표가 $\left(-\dfrac{3}{4}, \dfrac{1}{2}\right)$이므로 구하는 접선의 방정식은

$y-\dfrac{1}{2}=x+\dfrac{3}{4}$ $\therefore y=x+\dfrac{5}{4}$ 답 $\boldsymbol{y=x+\dfrac{5}{4}}$

0642 $f(x)=\ln(x-1)$ 이라 하면 $f'(x)=\dfrac{1}{x-1}$

접점의 좌표를 $(a, \ln(a-1))$ 이라 하면 $f'(a)=2$이므로

$\dfrac{1}{a-1}=2$, $a-1=\dfrac{1}{2}$ $\therefore a=\dfrac{3}{2}$

따라서 접점의 좌표가 $\left(\dfrac{3}{2}, \ln\dfrac{1}{2}\right)$이므로 구하는 접선의 방정식은

$y-\ln\dfrac{1}{2}=2\left(x-\dfrac{3}{2}\right)$ $\therefore y=2x-3-\ln 2$

답 $\boldsymbol{y=2x-3-\ln 2}$

0643 $f(x)=x\ln x$ 라 하면

$f'(x)=1\times\ln x+x\times\dfrac{1}{x}=\ln x+1$

접점의 좌표를 $(a, a\ln a)$ 라 하면 $f'(a)=2$이므로

$\ln a+1=2$, $\ln a=1$ $\therefore a=e$

따라서 접점의 좌표가 (e, e)이므로 구하는 접선의 방정식은

$y-e=2(x-e)$ $\therefore y=2x-e$ 답 $\boldsymbol{y=2x-e}$

0644 $f(x)=2\cos x$ 라 하면 $f'(x)=-2\sin x$

접점의 좌표를 $(a, 2\cos a)$ 라 하면 $f'(a)=2$이므로

$-2\sin a=2$, $\sin a=-1$

$\therefore a=\dfrac{3}{2}\pi\ (\because 0\le a\le 2\pi)$

따라서 접점의 좌표가 $\left(\dfrac{3}{2}\pi, 0\right)$이므로 구하는 접선의 방정식은

$y-0=2\left(x-\dfrac{3}{2}\pi\right)$ $\therefore y=2x-3\pi$

답 $\boldsymbol{y=2x-3\pi}$

0645 $f(x)=\tan x$라 하면 $f'(x)=\sec^2 x$

접점의 좌표를 $(a,\ \tan a)$라 하면 $f'(a)=2$이므로

$\sec^2 a=2,\ \sec a=\pm\sqrt{2}$ $\quad\therefore a=\dfrac{\pi}{4}\left(\because 0<a<\dfrac{\pi}{2}\right)$

따라서 접점의 좌표가 $\left(\dfrac{\pi}{4},\ 1\right)$이므로 구하는 접선의 방정식은

$y-1=2\left(x-\dfrac{\pi}{4}\right)$ $\quad\therefore y=2x-\dfrac{\pi}{2}+1$

답 $y=2x-\dfrac{\pi}{2}+1$

0646 $f(x)=\dfrac{1}{x}$이라 하면 $f'(x)=-\dfrac{1}{x^2}$

접점의 좌표를 $\left(a,\ \dfrac{1}{a}\right)$이라 하면 이 점에서의 접선의 기울기는

$f'(a)=-\dfrac{1}{a^2}$이므로 접선의 방정식은

$y-\dfrac{1}{a}=-\dfrac{1}{a^2}(x-a)$ $\quad\cdots\cdots\ \boxdot$

이 직선이 점 $(4,\ 0)$을 지나므로

$0-\dfrac{1}{a}=-\dfrac{1}{a^2}(4-a),\ a=4-a$ $\quad\therefore a=2$

$a=2$를 $\boxdot$에 대입하면 $y-\dfrac{1}{2}=-\dfrac{1}{4}(x-2)$

$\therefore y=-\dfrac{1}{4}x+1$

답 $y=-\dfrac{1}{4}x+1$

0647 $f(x)=\sqrt{x-3}$이라 하면 $f'(x)=\dfrac{1}{2\sqrt{x-3}}$

접점의 좌표를 $(a,\ \sqrt{a-3})$이라 하면 이 점에서의 접선의 기울기는 $f'(a)=\dfrac{1}{2\sqrt{a-3}}$이므로 접선의 방정식은

$y-\sqrt{a-3}=\dfrac{1}{2\sqrt{a-3}}(x-a)$ $\quad\cdots\cdots\ \boxdot$

이 직선이 점 $(2,\ 0)$을 지나므로

$0-\sqrt{a-3}=\dfrac{1}{2\sqrt{a-3}}(2-a)$

$-2a+6=2-a$ $\quad\therefore a=4$

$a=4$를 $\boxdot$에 대입하면 $y-1=\dfrac{1}{2}(x-4)$

$\therefore y=\dfrac{1}{2}x-1$

답 $y=\dfrac{1}{2}x-1$

0648 $f(x)=e^{-x}$이라 하면 $f'(x)=-e^{-x}$

접점의 좌표를 $(a,\ e^{-a})$이라 하면 이 점에서의 접선의 기울기는 $f'(a)=-e^{-a}$이므로 접선의 방정식은

$y-e^{-a}=-e^{-a}(x-a)$ $\quad\cdots\cdots\ \boxdot$

이 직선이 점 $(1,\ 0)$을 지나므로

$0-e^{-a}=-e^{-a}(1-a),\ 1=1-a\ (\because e^{-a}>0)$

$\therefore a=0$

$a=0$을 $\boxdot$에 대입하면 $y-1=-(x-0)$

$\therefore y=-x+1$

답 $y=-x+1$

0649 $f(x)=\ln x$라 하면 $f'(x)=\dfrac{1}{x}$

접점의 좌표를 $(a,\ \ln a)$라 하면 이 점에서의 접선의 기울기는

$f'(a)=\dfrac{1}{a}$이므로 접선의 방정식은

$y-\ln a=\dfrac{1}{a}(x-a)$ $\quad\cdots\cdots\ \boxdot$

이 직선이 점 $(0,\ 0)$을 지나므로

$0-\ln a=\dfrac{1}{a}(0-a),\ \ln a=1$ $\quad\therefore a=e$

$a=e$를 $\boxdot$에 대입하면 $y-1=\dfrac{1}{e}(x-e)$

$\therefore y=\dfrac{1}{e}x$

답 $y=\dfrac{1}{e}x$

0650 (1) $\dfrac{dx}{dt}=2t,\ \dfrac{dy}{dt}=1-\dfrac{1}{t^2}$이므로

$\dfrac{dy}{dx}=\dfrac{\dfrac{dy}{dt}}{\dfrac{dx}{dt}}=\dfrac{1-\dfrac{1}{t^2}}{2t}=\dfrac{t^2-1}{2t^3}$

(2) $x=2^2-1=3,\ y=2+\dfrac{1}{2}=\dfrac{5}{2}$

(3) $t=2$이면 $\dfrac{dy}{dx}=\dfrac{2^2-1}{2\times 2^3}=\dfrac{3}{16}$이므로

$y-\dfrac{5}{2}=\dfrac{3}{16}(x-3)$ $\quad\therefore y=\dfrac{3}{16}x+\dfrac{31}{16}$

답 (1) $\dfrac{dy}{dx}=\dfrac{t^2-1}{2t^3}$ (2) $x=3,\ y=\dfrac{5}{2}$ (3) $y=\dfrac{3}{16}x+\dfrac{31}{16}$

0651 (1) $x^2-2xy-y^2+7=0$의 양변을 x에 대하여 미분하면

$2x-2y-2x\dfrac{dy}{dx}-2y\dfrac{dy}{dx}=0$

$2(x+y)\dfrac{dy}{dx}=2(x-y)$

$\therefore \dfrac{dy}{dx}=\dfrac{x-y}{x+y}\ (x+y\neq 0)$

(2) 점 $(1,\ 2)$에서의 접선의 기울기는 $x=1,\ y=2$일 때의 $\dfrac{dy}{dx}$의

값이므로 $\dfrac{1-2}{1+2}=-\dfrac{1}{3}$

(3) $y-2=-\dfrac{1}{3}(x-1)$ $\quad\therefore y=-\dfrac{1}{3}x+\dfrac{7}{3}$

답 (1) $\dfrac{dy}{dx}=\dfrac{x-y}{x+y}\ (x+y\neq 0)$ (2) $-\dfrac{1}{3}$ (3) $y=-\dfrac{1}{3}x+\dfrac{7}{3}$

0652 $f(x)=\dfrac{1}{x^2+3}$에서 $f'(x)=-\dfrac{2x}{(x^2+3)^2}$

$f'(x)=0$에서 $x=0$

따라서 함수 $f(x)$는 구간 $(-\infty,\ 0]$에서 증가하고, 구간 $[0,\ \infty)$에서 감소한다.

x	$\cdots$	0	$\cdots$
$f'(x)$	$+$	0	$-$
$f(x)$	↗		↘

답 풀이 참조

0653 $f(x)=\dfrac{1}{2}x^2+\dfrac{1}{x}$에서 $x\neq 0$이고

$f'(x)=x-\dfrac{1}{x^2}=\dfrac{x^3-1}{x^2}$

$f'(x)=0$에서 $x^3-1=0$, $(x-1)(x^2+x+1)=0$

$\therefore x=1$

x	$\cdots$	0	$\cdots$	1	$\cdots$
$f'(x)$	$-$		$-$	0	$+$
$f(x)$	$\searrow$		$\searrow$		$\nearrow$

따라서 함수 $f(x)$는 구간 $(-\infty,\,0)$, $(0,\,1]$에서 감소하고, 구간 $[1,\,\infty)$에서 증가한다.   **답 풀이 참조**

0654 $f(x)=\sqrt{x^2+x+1}$에서 $f'(x)=\dfrac{2x+1}{2\sqrt{x^2+x+1}}$

$f'(x)=0$에서 $2x+1=0$ $\therefore x=-\dfrac{1}{2}$

따라서 함수 $f(x)$는 구간 $\left(-\infty,\,-\dfrac{1}{2}\right]$에서 감소하고, 구간 $\left[-\dfrac{1}{2},\,\infty\right)$에서 증가한다.

x	$\cdots$	$-\dfrac{1}{2}$	$\cdots$
$f'(x)$	$-$	0	$+$
$f(x)$	$\searrow$		$\nearrow$

답 풀이 참조

0655 $f(x)=x\sqrt{x+1}$에서

$f'(x)=\sqrt{x+1}+\dfrac{x}{2\sqrt{x+1}}=\dfrac{3x+2}{2\sqrt{x+1}}$

$f'(x)=0$에서 $3x+2=0$ $\therefore x=-\dfrac{2}{3}$

x	-1	$\cdots$	$-\dfrac{2}{3}$	$\cdots$
$f'(x)$		$-$	0	$+$
$f(x)$		$\searrow$		$\nearrow$

따라서 함수 $f(x)$는 구간 $\left(-1,\,-\dfrac{2}{3}\right]$에서 감소하고, 구간 $\left[-\dfrac{2}{3},\,\infty\right)$에서 증가한다.   **답 풀이 참조**

0656 $f(x)=e^x-x$에서 $f'(x)=e^x-1$

$f'(x)=0$에서 $e^x-1=0$ $\therefore x=0$

따라서 함수 $f(x)$는 구간 $(-\infty,\,0]$에서 감소하고, 구간 $[0,\,\infty)$에서 증가한다.

x	$\cdots$	0	$\cdots$
$f'(x)$	$-$	0	$+$
$f(x)$	$\searrow$		$\nearrow$

답 풀이 참조

0657 $f(x)=x-\ln x$에서 $x>0$이고 $f'(x)=1-\dfrac{1}{x}$

$f'(x)=0$에서 $1-\dfrac{1}{x}=0$ $\therefore x=1$

x	0	$\cdots$	1	$\cdots$
$f'(x)$		$-$	0	$+$
$f(x)$		$\searrow$		$\nearrow$

따라서 함수 $f(x)$는 구간 $(0,\,1]$에서 감소하고, 구간 $[1,\,\infty)$에서 증가한다.   **답 풀이 참조**

0658 $f(x)=\dfrac{e^{-x}}{x}$에서 $x\neq0$이고

$f'(x)=\dfrac{-e^{-x}\times x-e^{-x}\times 1}{x^2}=-\dfrac{(x+1)e^{-x}}{x^2}$

$f'(x)=0$에서 $x+1=0$ $\therefore x=-1$

x	$\cdots$	-1	$\cdots$	0	$\cdots$
$f'(x)$	$+$	0	$-$		$-$
$f(x)$	$\nearrow$		$\searrow$		$\searrow$

따라서 함수 $f(x)$는 구간 $(-\infty,\,-1]$에서 증가하고, 구간 $[-1,\,0)$, $(0,\,\infty)$에서 감소한다.   **답 풀이 참조**

0659 $f(x)=x\ln x$에서 $x>0$이고 $f'(x)=\ln x+1$

$f'(x)=0$에서 $\ln x+1=0$ $\therefore x=\dfrac{1}{e}$

x	0	$\cdots$	$\dfrac{1}{e}$	$\cdots$
$f'(x)$		$-$	0	$+$
$f(x)$		$\searrow$		$\nearrow$

따라서 함수 $f(x)$는 구간 $\left(0,\,\dfrac{1}{e}\right]$에서 감소하고, 구간 $\left[\dfrac{1}{e},\,\infty\right)$에서 증가한다.   **답 풀이 참조**

0660 $f(x)=\dfrac{x}{2}+\cos x$에서 $f'(x)=\dfrac{1}{2}-\sin x$

$f'(x)=0$에서 $\sin x=\dfrac{1}{2}$

$\therefore x=\dfrac{\pi}{6}$ 또는 $x=\dfrac{5}{6}\pi\ (\because 0<x<2\pi)$

x	0	$\cdots$	$\dfrac{\pi}{6}$	$\cdots$	$\dfrac{5}{6}\pi$	$\cdots$	2π
$f'(x)$		$+$	0	$-$	0	$+$	
$f(x)$		$\nearrow$		$\searrow$		$\nearrow$	

따라서 함수 $f(x)$는 구간 $\left(0,\,\dfrac{\pi}{6}\right]$, $\left[\dfrac{5}{6}\pi,\,2\pi\right)$에서 증가하고, 구간 $\left[\dfrac{\pi}{6},\,\dfrac{5}{6}\pi\right]$에서 감소한다.   **답 풀이 참조**

0661 $f(x)=\sin x-\cos x$에서 $f'(x)=\cos x+\sin x$

$f'(x)=0$에서 $\cos x=-\sin x$

$\therefore x=\dfrac{3}{4}\pi\ (\because 0<x<\pi)$

x	0	$\cdots$	$\dfrac{3}{4}\pi$	$\cdots$	π
$f'(x)$		$+$	0	$-$	
$f(x)$		$\nearrow$		$\searrow$	

따라서 함수 $f(x)$는 구간 $\left(0,\,\dfrac{3}{4}\pi\right]$에서 증가하고, 구간 $\left[\dfrac{3}{4}\pi,\,\pi\right)$에서 감소한다.   **답 풀이 참조**

0662 $f(x)=\tan x-2x$에서 $f'(x)=\sec^2 x-2$

$f'(x)=0$에서 $\sec^2 x=2$, $\sec x=\pm\sqrt{2}$

$\therefore x=-\dfrac{\pi}{4}$ 또는 $x=\dfrac{\pi}{4}$ $\left(\because -\dfrac{\pi}{2}<x<\dfrac{\pi}{2}\right)$

x	$-\dfrac{\pi}{2}$	$\cdots$	$-\dfrac{\pi}{4}$	$\cdots$	$\dfrac{\pi}{4}$	$\cdots$	$\dfrac{\pi}{2}$
$f'(x)$		$+$	0	$-$	0	$+$	
$f(x)$		$\nearrow$		$\searrow$		$\nearrow$	

따라서 함수 $f(x)$는 구간 $\left(-\dfrac{\pi}{2},\ -\dfrac{\pi}{4}\right]$, $\left[\dfrac{\pi}{4},\ \dfrac{\pi}{2}\right)$에서 증가

하고, 구간 $\left[-\dfrac{\pi}{4},\ \dfrac{\pi}{4}\right]$에서 감소한다. **답 풀이 참조**

0663 $f(x)=\dfrac{x}{x^2+1}$에서

$f'(x)=\dfrac{1\times(x^2+1)-x\times 2x}{(x^2+1)^2}=\dfrac{-x^2+1}{(x^2+1)^2}$

$f'(x)=0$에서 $x^2=1$ $\therefore x=-1$ 또는 $x=1$

x	$\cdots$	-1	$\cdots$	1	$\cdots$
$f'(x)$	$-$	0	$+$	0	$-$
$f(x)$	$\searrow$	$-\dfrac{1}{2}$	$\nearrow$	$\dfrac{1}{2}$	$\searrow$

따라서 함수 $f(x)$의 극댓값은 $f(1)=\dfrac{1}{2}$, 극솟값은

$f(-1)=-\dfrac{1}{2}$이다. **답 극댓값: $\dfrac{1}{2}$, 극솟값: $-\dfrac{1}{2}$**

0664 $f(x)=\sqrt{x^2+3}$에서 $f'(x)=\dfrac{x}{\sqrt{x^2+3}}$

$f'(x)=0$에서 $x=0$

따라서 함수 $f(x)$의 극솟값은 $f(0)=\sqrt{3}$이다.

x	$\cdots$	0	$\cdots$
$f'(x)$	$-$	0	$+$
$f(x)$	$\searrow$	$\sqrt{3}$	$\nearrow$

답 극솟값: $\sqrt{3}$

0665 $f(x)=xe^{2x}$에서

$f'(x)=e^{2x}+x\times 2e^{2x}=(2x+1)e^{2x}$

$f'(x)=0$에서 $2x+1=0$ $\therefore x=-\dfrac{1}{2}$

따라서 함수 $f(x)$의 극솟값은 $f\left(-\dfrac{1}{2}\right)=-\dfrac{1}{2e}$이다.

x	$\cdots$	$-\dfrac{1}{2}$	$\cdots$
$f'(x)$	$-$	0	$+$
$f(x)$	$\searrow$	$-\dfrac{1}{2e}$	$\nearrow$

답 극솟값: $-\dfrac{1}{2e}$

0666 $f(x)=x+2\sin x$에서 $f'(x)=1+2\cos x$

$f'(x)=0$에서 $\cos x=-\dfrac{1}{2}$ $\therefore x=\dfrac{2}{3}\pi$ $(\because 0<x<\pi)$

x	0	$\cdots$	$\dfrac{2}{3}\pi$	$\cdots$	π
$f'(x)$		$+$	0	$-$	
$f(x)$		$\nearrow$	$\dfrac{2}{3}\pi+\sqrt{3}$	$\searrow$	

따라서 함수 $f(x)$의 극댓값은 $f\left(\dfrac{2}{3}\pi\right)=\dfrac{2}{3}\pi+\sqrt{3}$이다.

답 극댓값: $\dfrac{2}{3}\pi+\sqrt{3}$

0667 $f'(x)=3x^2-6x$, $f''(x)=6x-6$

$f'(x)=0$에서 $x=0$ 또는 $x=2$

이때 $f''(0)=-6\boxed{<}0$, $f''(2)=6\boxed{>}0$이므로 $f(x)$의 극댓값

은 $f(0)=\boxed{-5}$, 극솟값은 $f(2)=\boxed{-9}$이다.

답 ㈎ $<$ ㈏ $>$ ㈐ -5 ㈑ -9

0668 $f(x)=x+\dfrac{1}{x}$에서

$f'(x)=1-\dfrac{1}{x^2}$, $f''(x)=\dfrac{2}{x^3}$

$f'(x)=0$에서 $x^2=1$ $\therefore x=-1$ 또는 $x=1$

이때 $f''(-1)=-2<0$, $f''(1)=2>0$이므로 함수 $f(x)$의 극

댓값은 $f(-1)=-2$, 극솟값은 $f(1)=2$이다.

답 극댓값: -2, 극솟값: 2

0669 $f(x)=e^x+e^{-x}$에서

$f'(x)=e^x-e^{-x}$, $f''(x)=e^x+e^{-x}$

$f'(x)=0$에서 $e^x=e^{-x}$ $\therefore x=0$

이때 $f''(0)=2>0$이므로 함수 $f(x)$의 극솟값은 $f(0)=2$이다.

답 극솟값: 2

0670 $f(x)=x^2\ln x$에서 $x>0$이고

$f'(x)=2x\ln x+x^2\times\dfrac{1}{x}=x(2\ln x+1)$

$f''(x)=2\ln x+1+x\times\dfrac{2}{x}=2\ln x+3$

$f'(x)=0$에서 $2\ln x+1=0$ $(\because x>0)$

$\ln x=-\dfrac{1}{2}$ $\therefore x=\dfrac{1}{\sqrt{e}}$

이때 $f''\left(\dfrac{1}{\sqrt{e}}\right)=2>0$이므로 함수 $f(x)$의 극솟값은

$f\left(\dfrac{1}{\sqrt{e}}\right)=-\dfrac{1}{2e}$이다. **답 극솟값: $-\dfrac{1}{2e}$**

0671 $f(x)=x+\cos 2x$에서

$f'(x)=1-2\sin 2x$, $f''(x)=-4\cos 2x$

$f'(x)=0$에서 $\sin 2x=\dfrac{1}{2}$

$2x=\dfrac{\pi}{6}$ 또는 $2x=\dfrac{5}{6}\pi$ $(\because 0<2x<2\pi)$

$\therefore x=\dfrac{\pi}{12}$ 또는 $x=\dfrac{5}{12}\pi$

이때 $f''\left(\dfrac{\pi}{12}\right)=-2\sqrt{3}<0$, $f''\left(\dfrac{5}{12}\pi\right)=2\sqrt{3}>0$이므로 함수 $f(x)$의 극댓값은 $f\left(\dfrac{\pi}{12}\right)=\dfrac{\pi}{12}+\dfrac{\sqrt{3}}{2}$, 극솟값은 $f\left(\dfrac{5}{12}\pi\right)=\dfrac{5}{12}\pi-\dfrac{\sqrt{3}}{2}$이다.

답 극댓값: $\dfrac{\pi}{12}+\dfrac{\sqrt{3}}{2}$, 극솟값: $\dfrac{5}{12}\pi-\dfrac{\sqrt{3}}{2}$

🖉 유형 익/히/기

본문 94~102쪽

0672 $f(x)=e^{-x^2+x}-3$이라 하면
$f'(x)=(-2x+1)e^{-x^2+x}$
점 $(1, -2)$에서의 접선의 기울기가 $f'(1)=-1$이므로 접선의 방정식은
$y+2=-(x-1)$ $\quad\therefore y=-x-1$
따라서 $a=-1$, $b=-1$이므로
$a^2+b^2=2$ 답 ①

0673 $f(x)=xe^x$이라 하면
$f'(x)=e^x+xe^x=(1+x)e^x$
점 $(1, e)$에서의 접선의 기울기는 $f'(1)=2e$이므로 구하는 접선의 방정식은
$y-e=2e(x-1)$ $\quad\therefore y=2ex-e$ 답 $y=2ex-e$

0674 $f(x)=\sqrt{1+\sin\pi x}$라 하면
$f'(x)=\dfrac{(1+\sin\pi x)'}{2\sqrt{1+\sin\pi x}}=\dfrac{\pi\cos\pi x}{2\sqrt{1+\sin\pi x}}$
점 $(1, 1)$에서의 접선의 기울기는 $f'(1)=-\dfrac{\pi}{2}$이므로 접선의 방정식은
$y-1=-\dfrac{\pi}{2}(x-1)$ $\quad\therefore y=-\dfrac{\pi}{2}x+\dfrac{\pi}{2}+1$
따라서 구하는 y절편은 $\dfrac{\pi}{2}+1$이다. 답 ④

0675 $f(x)=3-\ln x^2$이라 하면 $f'(x)=-\dfrac{2x}{x^2}=-\dfrac{2}{x}$
$f(e)=3-\ln e^2=1$, $f'(e)=-\dfrac{2}{e}$이므로 x좌표가 e인 점에서의 접선의 방정식은
$y-1=-\dfrac{2}{e}(x-e)$ $\quad\therefore y=-\dfrac{2}{e}x+3$
이 직선이 점 $(k, -5)$를 지나므로
$-5=-\dfrac{2}{e}k+3$ $\quad\therefore k=4e$ 답 ④

0676 $f(x)=\sqrt{3x^2+a}$라 하면
$f'(x)=\dfrac{6x}{2\sqrt{3x^2+a}}=\dfrac{3x}{\sqrt{3x^2+a}}$
점 $(-1, \sqrt{a+3})$에서의 접선의 기울기는 $f'(-1)=-\dfrac{3}{\sqrt{a+3}}$
이므로 접선의 방정식은
$y-\sqrt{a+3}=-\dfrac{3}{\sqrt{a+3}}(x+1)$
이 직선이 점 $(1, 0)$을 지나므로 $-\sqrt{a+3}=-\dfrac{6}{\sqrt{a+3}}$
$a+3=6$ $\quad\therefore a=3$ 답 ③

0677 $f(x)=\ln\left(x+\dfrac{1}{e^2}\right)$이라 하면
$f'(x)=\dfrac{1}{x+\dfrac{1}{e^2}}=\dfrac{e^2}{e^2x+1}$
점 $(0, -2)$에서의 접선의 기울기는 $f'(0)=e^2$이므로 접선의 방정식은
$y+2=e^2x$ $\quad\therefore y=e^2x-2$
접선의 x절편과 y절편이 각각 $\dfrac{2}{e^2}$, -2이므로 오른쪽 그림에서 구하는 도형의 넓이는
$\dfrac{1}{2}\times\dfrac{2}{e^2}\times2=\dfrac{2}{e^2}$

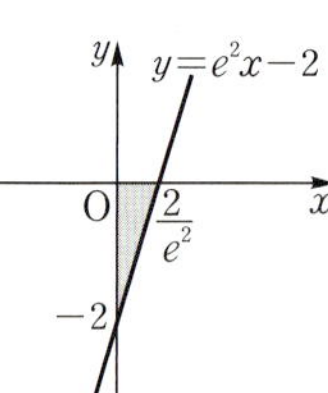

답 $\dfrac{2}{e^2}$

0678 $f(x)=\dfrac{3x}{x+4}$라 하면
$f'(x)=\dfrac{3(x+4)-3x}{(x+4)^2}=\dfrac{12}{(x+4)^2}$
점 $(2, 1)$에서의 접선의 기울기는 $f'(2)=\dfrac{1}{3}$이므로 이 점에서의 접선과 수직인 직선의 기울기는 -3이고 직선의 방정식은
$y-1=-3(x-2)$ $\quad\therefore y=-3x+7$
따라서 $a=-3$, $b=7$이므로
$a+b=4$ 답 ③

0679 $f(x)=x\ln(2x-5)$라 하면
$f'(x)=\ln(2x-5)+\dfrac{2x}{2x-5}$
점 $(3, 0)$에서의 접선의 기울기는 $f'(3)=6$
따라서 이 점에서의 접선과 수직인 직선의 기울기는 $-\dfrac{1}{6}$이므로 직선의 방정식은
$y-0=-\dfrac{1}{6}(x-3)$ $\quad\therefore y=-\dfrac{1}{6}x+\dfrac{1}{2}$
답 $y=-\dfrac{1}{6}x+\dfrac{1}{2}$

0680 $f(x)=x^2e^{x-2}$이라 하면 $f(2)=a$에서
$a=2^2\times e^{2-2}=4$

$$\qquad\qquad\qquad\qquad\qquad\qquad\qquad\qquad ㉮$$

$f'(x)=2xe^{x-2}+x^2e^{x-2}=(2x+x^2)e^{x-2}$
점 $(2,\ 4)$에서의 접선의 기울기는 $f'(2)=8$

따라서 이 점에서의 접선과 수직인 직선의 기울기는 $-\dfrac{1}{8}$이므로

직선의 방정식은

$$y-4=-\frac{1}{8}(x-2)\qquad\therefore y=-\frac{1}{8}x+\frac{17}{4}$$

$$\qquad\qquad\qquad\qquad\qquad\qquad\qquad\qquad ㉯$$

이 직선이 점 $(b,\ 5)$를 지나므로

$$5=-\frac{b}{8}+\frac{17}{4}\qquad\therefore b=-6$$

$$\qquad\qquad\qquad\qquad\qquad\qquad\qquad\qquad ㉰$$

$$\therefore a-b=4-(-6)=10$$

$$\qquad\qquad\qquad\qquad\qquad\qquad\qquad\qquad ㉱$$

답 10

단계	채점요소	배점
㉮	a의 값 구하기	20%
㉯	접선과 수직인 직선의 방정식 구하기	40%
㉰	b의 값 구하기	20%
㉱	$a-b$의 값 구하기	20%

0681 $f(x)=\cos 2x$라 하면 $f'(x)=-2\sin 2x$
점 $(t,\ \cos 2t)$에서의 접선의 기울기는 $f'(t)=-2\sin 2t$

따라서 이 점에서의 접선과 수직인 직선의 기울기는 $\dfrac{1}{2\sin 2t}$이
므로 직선의 방정식은

$$y-\cos 2t=\frac{1}{2\sin 2t}(x-t)$$

$$\therefore y=\frac{1}{2\sin 2t}x-\frac{t}{2\sin 2t}+\cos 2t$$

$$g(t)=-\frac{t}{2\sin 2t}+\cos 2t \text{이므로}$$

$$\lim_{t\to 0}g(t)=\lim_{t\to 0}\left(-\frac{t}{2\sin 2t}+\cos 2t\right)$$

$$=\lim_{t\to 0}\left(-\frac{1}{4\times\dfrac{\sin 2t}{2t}}+\cos 2t\right)$$

$$=-\frac{1}{4}+1=\frac{3}{4}$$

답 $\dfrac{3}{4}$

0682 $x-y+2=0$에서 $y=x+2$이므로 이 직선에 평행한 직
선의 기울기는 1이다.
$f(x)=\ln(x^2+1)$이라 하면 $f'(x)=\dfrac{2x}{x^2+1}$
접점의 좌표를 $(a,\ \ln(a^2+1))$이라 하면 접선의 기울기가 1이
므로 $f'(a)=\dfrac{2a}{a^2+1}=1$

$a^2-2a+1=0,\ (a-1)^2=0\qquad\therefore a=1$
즉, 접점의 좌표는 $(1,\ \ln 2)$이므로 접선의 방정식은
$y-\ln 2=x-1\qquad\therefore y=x-1+\ln 2$
따라서 구하는 x절편은 $1-\ln 2$이다.

답 ②

0683 직선 $y=-2x+3$과 수직인 직선의 기울기는 $\dfrac{1}{2}$이다.
$f(x)=\dfrac{x-1}{x+1}$이라 하면
$$f'(x)=\frac{(x+1)-(x-1)}{(x+1)^2}=\frac{2}{(x+1)^2}$$
접점의 좌표를 $\left(a,\ \dfrac{a-1}{a+1}\right)$이라 하면 접선의 기울기가 $\dfrac{1}{2}$이므로

$$f'(a)=\frac{2}{(a+1)^2}=\frac{1}{2}$$

$(a+1)^2=4,\ a+1=\pm 2\qquad\therefore a=1$ 또는 $a=-3$
즉, 접점의 좌표는 $(1,\ 0),\ (-3,\ 2)$이므로 접선의 방정식은
$y-0=\dfrac{1}{2}(x-1)$ 또는 $y-2=\dfrac{1}{2}(x+3)$

$$\therefore y=\frac{1}{2}x-\frac{1}{2} \text{ 또는 } y=\frac{1}{2}x+\frac{7}{2}$$

답 $y=\dfrac{1}{2}x-\dfrac{1}{2}$ 또는 $y=\dfrac{1}{2}x+\dfrac{7}{2}$

0684 $f(x)=e^{4x}+2ax$라 하면 $f'(x)=4e^{4x}+2a$
곡선 $y=f(x)$가 x축에 접할 때 접점의 좌표를 $(t,\ 0)$이라 하면
$$f(t)=e^{4t}+2at=0\qquad\qquad\cdots\cdots ㉠$$
또, 접점에서의 접선의 기울기가 0이므로
$f'(t)=4e^{4t}+2a=0\qquad\therefore a=-2e^{4t}$
$a=-2e^{4t}$을 ㉠에 대입하면
$e^{4t}-4te^{4t}=0,\ e^{4t}(1-4t)=0$
이때 $e^{4t}>0$이므로 $t=\dfrac{1}{4}$

$$\therefore a=-2e^{4\times\frac{1}{4}}=-2e$$

답 $-2e$

0685 $f(x)=\sin 2x$라 하면 $f'(x)=2\cos 2x$
접점의 좌표를 $(t,\ \sin 2t)$라 하면 접선의 기울기가 $\tan 45°=1$
이므로
$$f'(t)=2\cos 2t=1,\ \cos 2t=\frac{1}{2}$$
$0\leq t\leq\dfrac{\pi}{2}$에서 $0\leq 2t\leq\pi$이므로

$$2t=\frac{\pi}{3}\qquad\therefore t=\frac{\pi}{6}$$

즉, 접점의 좌표가 $\left(\dfrac{\pi}{6},\ \dfrac{\sqrt{3}}{2}\right)$이므로 직선 l의 방정식은

$$y-\frac{\sqrt{3}}{2}=x-\frac{\pi}{6}\qquad\therefore y=x+\frac{\sqrt{3}}{2}-\frac{\pi}{6}$$

따라서 $a=1,\ b=\dfrac{\sqrt{3}}{2}-\dfrac{\pi}{6}$이므로

$$ab=\frac{\sqrt{3}}{2}-\frac{\pi}{6}$$

답 ②

0686 $f(x)=\dfrac{e^x}{x}$이라 하면

$$f'(x)=\frac{e^x(x-1)}{x^2}$$

접점의 좌표를 $\left(a,\ \dfrac{e^a}{a}\right)$이라 하면 이 점에서의 접선의 기울기는

$f'(a)=\dfrac{e^a(a-1)}{a^2}$이므로 접선의 방정식은

$$y-\frac{e^a}{a}=\frac{e^a(a-1)}{a^2}(x-a) \qquad\cdots\cdots\ \boxdot$$

이 직선이 원점을 지나므로

$$-\frac{e^a}{a}=\frac{e^a(a-1)}{a^2}\times(-a)\qquad \therefore a=2\ (\because e^a>0)$$

$a=2$를 $\boxdot$에 대입하면

$$y-\frac{e^2}{2}=\frac{e^2}{4}(x-2)\qquad \therefore y=\frac{e^2}{4}x$$

이 직선이 점 $(1,\ k)$를 지나므로

$$k=\frac{e^2}{4}$$

답 ⑤

0687 $f(x)=\sqrt{2x^2+1}$이라 하면

$$f'(x)=\frac{2x}{\sqrt{2x^2+1}}$$

접점의 좌표를 $(a,\ \sqrt{2a^2+1})$이라 하면 이 점에서의 접선의 기울기는 $f'(a)=\dfrac{2a}{\sqrt{2a^2+1}}$이므로 접선의 방정식은

$$y-\sqrt{2a^2+1}=\frac{2a}{\sqrt{2a^2+1}}(x-a)$$

이 직선이 점 $\left(\dfrac{1}{2},\ 0\right)$을 지나므로

$$-\sqrt{2a^2+1}=\frac{2a}{\sqrt{2a^2+1}}\left(\frac{1}{2}-a\right)$$

$$-(2a^2+1)=a-2a^2\qquad \therefore a=-1$$

따라서 접선의 기울기는

$$f'(-1)=\frac{-2}{\sqrt{3}}=-\frac{2\sqrt{3}}{3}$$

답 ①

0688 $f(x)=(x-1)e^x$이라 하면

$$f'(x)=e^x+(x-1)e^x=xe^x$$

접점의 좌표를 $(a,\ (a-1)e^a)$이라 하면 이 점에서의 접선의 기울기는 $f'(a)=ae^a$이므로 접선의 방정식은

$$y-(a-1)e^a=ae^a(x-a)$$

이 직선이 점 $(2,\ 0)$을 지나므로

$$-(a-1)e^a=ae^a(2-a),\ e^a(a^2-3a+1)=0$$

$$\therefore a^2-3a+1=0\ (\because e^a>0)$$

이 이차방정식의 두 근을 $\alpha,\ \beta$라 하면 근과 계수의 관계에 의하여

$\alpha+\beta=3,\ \alpha\beta=1$

접선의 기울기는 각각 $\alpha e^\alpha,\ \beta e^\beta$이므로 두 접선의 기울기의 곱은

$$\alpha e^\alpha\times\beta e^\beta=\alpha\beta e^{\alpha+\beta}=e^3$$

답 e^3

0689 $f(x)=\ln\dfrac{x}{5}+1=\ln x-\ln 5+1$이라 하면

$$f'(x)=\frac{1}{x}$$

접점의 좌표를 $\left(a,\ \ln\dfrac{a}{5}+1\right)$이라 하면 이 점에서의 접선의 기울기는 $f'(a)=\dfrac{1}{a}$이므로 접선의 방정식은

$$y-\left(\ln\frac{a}{5}+1\right)=\frac{1}{a}(x-a)$$

이 직선이 원점을 지나므로

$$-\left(\ln\frac{a}{5}+1\right)=\frac{1}{a}\times(-a)$$

$$\ln\frac{a}{5}=0\qquad \therefore a=5$$

따라서 접점의 좌표는 $A(5,\ 1)$이므로

$$\overline{OA}=\sqrt{5^2+1^2}=\sqrt{26}$$

답 $\sqrt{26}$

0690 $f(x)=\dfrac{\ln x}{x}$라 하면

$$f'(x)=\frac{\dfrac{1}{x}\times x-\ln x\times 1}{x^2}=\frac{1-\ln x}{x^2}$$

접점의 좌표를 $\left(a,\ \dfrac{\ln a}{a}\right)$라 하면 이 점에서의 접선의 기울기는

$f'(a)=\dfrac{1-\ln a}{a^2}$이므로 접선의 방정식은

$$y-\frac{\ln a}{a}=\frac{1-\ln a}{a^2}(x-a)$$

이 직선이 원점을 지나므로

$$-\frac{\ln a}{a}=\frac{1-\ln a}{a^2}\times(-a)$$

$$\ln a=1-\ln a,\ \ln a=\frac{1}{2}\qquad \therefore a=e^{\frac{1}{2}}=\sqrt{e}$$

즉, 접점 A의 좌표는 $\left(\sqrt{e},\ \dfrac{1}{2\sqrt{e}}\right)$이고 접선의 기울기는

$f'(\sqrt{e})=\dfrac{1}{2e}$이므로 점 A를 지나고 접선에 수직인 직선의 방정식은

$$y-\frac{1}{2\sqrt{e}}=-2e(x-\sqrt{e})$$

$$\therefore y=-2ex+2e\sqrt{e}+\frac{1}{2\sqrt{e}}$$

따라서 점 B의 좌표는

$\left(0,\ 2e\sqrt{e}+\dfrac{1}{2\sqrt{e}}\right)$이므로 $\triangle OAB$의

넓이는

$$\frac{1}{2}\times\left(2e\sqrt{e}+\frac{1}{2\sqrt{e}}\right)\times\sqrt{e}=e^2+\frac{1}{4}$$

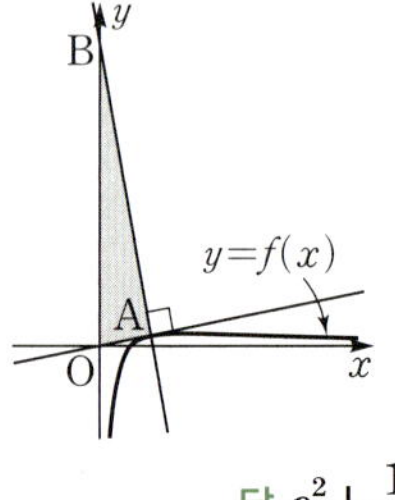

답 $e^2+\dfrac{1}{4}$

0691 $f(x)=\dfrac{x-1}{x}$이라 하면

$$f'(x)=\frac{x-(x-1)}{x^2}=\frac{1}{x^2}$$

접점의 좌표를 $\left(t,\ \dfrac{t-1}{t}\right)$이라 하면 이 점에서의 접선의 기울기는

$f'(t)=\dfrac{1}{t^2}$이므로 접선의 방정식은

$$y-\dfrac{t-1}{t}=\dfrac{1}{t^2}(x-t)$$

$$\therefore y=\dfrac{1}{t^2}x+\dfrac{t-2}{t}$$

이 직선이 점 $(3,\ 2)$를 지나므로

$$2=\dfrac{3}{t^2}+\dfrac{t-2}{t}$$

$$2t^2=3+t(t-2),\ t^2+2t-3=0$$

$$(t+3)(t-1)=0 \qquad \therefore t=-3 \ \text{또는}\ t=1$$

따라서 접점의 좌표가 $\left(-3,\ \dfrac{4}{3}\right)$, $(1,\ 0)$의 2개이므로 점 $(3,\ 2)$에서 그을 수 있는 접선의 개수는 2이다. 답 **2**

0692 $f(x)=xe^x$이라 하면

$f'(x)=e^x+xe^x=e^x(x+1)$

접점의 좌표를 $(t,\ te^t)$이라 하면 이 점에서의 접선의 기울기는

$f'(t)=e^t(t+1)$이므로 접선의 방정식은

$$y-te^t=e^t(t+1)(x-t)$$

이 직선이 점 $(k,\ 0)$을 지나므로

$$-te^t=e^t(t+1)(k-t)$$

$$e^t(t^2-kt-k)=0$$

$$\therefore t^2-kt-k=0 \ (\because e^t>0) \qquad\cdots\cdots \ \text{㉠}$$

점 $(k,\ 0)$에서 곡선 $y=xe^x$에 그을 수 있는 접선이 2개이려면 접점이 2개이어야 하므로 방정식 ㉠은 서로 다른 두 실근을 가져야 한다.

즉, 이차방정식 ㉠의 판별식을 D라 하면

$$D=(-k)^2+4k>0,\ k(k+4)>0$$

$$\therefore k<-4 \ \text{또는}\ k>0$$

따라서 k의 값이 될 수 없는 것은 ③이다. 답 ③

0693 $f(x)=\ln x,\ g(x)=ax+\dfrac{b}{x}$라 하면

$$f'(x)=\dfrac{1}{x},\ g'(x)=a-\dfrac{b}{x^2}$$

두 곡선이 $x=e^2$인 점에서 공통인 접선을 가지므로

$f(e^2)=g(e^2)$에서

$$ae^2+\dfrac{b}{e^2}=2 \qquad\cdots\cdots \ \text{㉠}$$

$f'(e^2)=g'(e^2)$에서

$$\dfrac{1}{e^2}=a-\dfrac{b}{e^4} \qquad \therefore a=\dfrac{1}{e^2}+\dfrac{b}{e^4} \qquad\cdots\cdots \ \text{㉡}$$

㉡을 ㉠에 대입하면

$$\left(\dfrac{1}{e^2}+\dfrac{b}{e^4}\right)e^2+\dfrac{b}{e^2}=2$$

$$\dfrac{2b}{e^2}=1 \qquad \therefore b=\dfrac{e^2}{2}$$

$b=\dfrac{e^2}{2}$을 ㉡에 대입하면

$$a=\dfrac{1}{e^2}+\dfrac{e^2}{2e^4}=\dfrac{3}{2e^2}$$

$$\therefore ab=\dfrac{3}{2e^2}\times\dfrac{e^2}{2}=\dfrac{3}{4}$$
답 $\dfrac{3}{4}$

0694 $f(x)=\dfrac{k}{x},\ g(x)=e^x$이라 하면

$$f'(x)=-\dfrac{k}{x^2},\ g'(x)=e^x$$

두 곡선의 접점의 x좌표를 t라 하면

$f(t)=g(t)$에서 $\dfrac{k}{t}=e^t$ $\qquad\cdots\cdots \ \text{㉠}$

$f'(t)=g'(t)$에서 $-\dfrac{k}{t^2}=e^t$ $\qquad\cdots\cdots \ \text{㉡}$

㉠, ㉡에서 $\dfrac{k}{t}=-\dfrac{k}{t^2}$

$$\therefore t=-1 \ (\because k\neq 0,\ t\neq 0)$$

$$\therefore k=-e^{-1}=-\dfrac{1}{e}$$
답 ①

0695 $f(x)=ax^2,\ g(x)=\ln x$라 하면

$$f'(x)=2ax,\ g'(x)=\dfrac{1}{x}$$

㉠

두 곡선 $y=f(x),\ y=g(x)$가 점 $(p,\ q)$를 지나므로

$f(p)=g(p)=q$에서

$$ap^2=\ln p=q \qquad\cdots\cdots \ \text{㉠}$$

㉡

점 $(p,\ q)$에서 두 곡선에 그은 접선의 기울기가 같으므로

$f'(p)=g'(p)$에서

$$2ap=\dfrac{1}{p} \qquad \therefore ap^2=\dfrac{1}{2} \qquad\cdots\cdots \ \text{㉡}$$

㉢

㉠, ㉡을 연립하여 풀면

$$a=\dfrac{1}{2e},\ p=\sqrt{e},\ q=\dfrac{1}{2}$$

$$\therefore apq=\dfrac{\sqrt{e}}{4e}$$

㉣

답 $\dfrac{\sqrt{e}}{4e}$

단계	채점요소	배점
㉠	$f(x)=ax^2,\ g(x)=\ln x$라 할 때, $f'(x),\ g'(x)$ 구하기	20 %
㉡	$f(p)=g(p)=q$임을 알고 식 세우기	25 %
㉢	$f'(p)=g'(p)$임을 알고 식 세우기	25 %
㉣	apq의 값 구하기	30 %

0696 $f(x)=a-2\sin^2 x$, $g(x)=2\cos x$라 하면

$f'(x)=-4\sin x\cos x$, $g'(x)=-2\sin x$

두 곡선이 $x=t$인 점에서 공통인 접선을 가지므로

$f(t)=g(t)$에서

$a-2\sin^2 t=2\cos t$ …… ㉠

$f'(t)=g'(t)$에서

$-4\sin t\cos t=-2\sin t$ …… ㉡

㉡에서 $\cos t=\dfrac{1}{2}$ $(\because \sin t>0)$

$\therefore t=\dfrac{\pi}{3}$ $(\because 0<t<\pi)$

$t=\dfrac{\pi}{3}$를 ㉠에 대입하면 $a-2\sin^2\dfrac{\pi}{3}=2\cos\dfrac{\pi}{3}$

$a-2\times\left(\dfrac{\sqrt{3}}{2}\right)^2=2\times\dfrac{1}{2}$ $\therefore a=\dfrac{5}{2}$ 답 $\dfrac{5}{2}$

0697 $g(e)=k$라 하면 $f(k)=e$이므로

$e^{2k+3}=e$, $2k+3=1$ $\therefore k=-1$

$\therefore g'(e)=\dfrac{1}{f'(-1)}$

이때 $f'(x)=2e^{2x+3}$이므로 $f'(-1)=2e$

$\therefore g'(e)=\dfrac{1}{2e}$

따라서 곡선 $y=g(x)$ 위의 점 $(e,\,-1)$에서의 접선의 방정식은

$y+1=\dfrac{1}{2e}(x-e)$ $\therefore y=\dfrac{1}{2e}x-\dfrac{3}{2}$

즉, 구하는 y절편은 $-\dfrac{3}{2}$이다.   답 $-\dfrac{3}{2}$

0698 $g(2)=k$라 하면 $f(k)=2$이므로

$\dfrac{k-2}{k+1}=2$, $k-2=2k+2$ $\therefore k=-4$

$\therefore g'(2)=\dfrac{1}{f'(-4)}$

이때 $f'(x)=\dfrac{x+1-(x-2)}{(x+1)^2}=\dfrac{3}{(x+1)^2}$이므로

$f'(-4)=\dfrac{3}{(-4+1)^2}=\dfrac{1}{3}$

$\therefore g'(2)=3$

따라서 곡선 $y=g(x)$ 위의 점 $(2,\,-4)$에서의 접선의 방정식은

$y+4=3(x-2)$ $\therefore y=3x-10$ 답 $y=3x-10$

다른풀이 $y=\dfrac{x-2}{x+1}$라 하면 $yx+y=x-2$

$x(y-1)=-(y+2)$ $\therefore x=-\dfrac{y+2}{y-1}$

x와 y를 서로 바꾸면 $y=-\dfrac{x+2}{x-1}$

즉, $g(x)=-\dfrac{x+2}{x-1}$이므로 $g'(x)=\dfrac{3}{(x-1)^2}$

따라서 곡선 $y=g(x)$ 위의 점 $(2,\,-4)$를 지나고 기울기가

$g'(2)=3$인 접선의 방정식은

$y+4=3(x-2)$ $\therefore y=3x-10$

0699 $\dfrac{dx}{d\theta}=1-\cos\theta$, $\dfrac{dy}{d\theta}=\sin\theta$이므로

$\dfrac{dy}{dx}=\dfrac{\dfrac{dy}{d\theta}}{\dfrac{dx}{d\theta}}=\dfrac{\sin\theta}{1-\cos\theta}$ $(\cos\theta\neq 1)$

$\theta=\dfrac{\pi}{2}$일 때

$x=\dfrac{\pi}{2}-1$, $y=1$, $\dfrac{dy}{dx}=\dfrac{1}{1-0}=1$

이므로 접선의 방정식은

$y-1=x-\left(\dfrac{\pi}{2}-1\right)$ $\therefore y=x-\dfrac{\pi}{2}+2$

따라서 접선의 y절편은 $-\dfrac{\pi}{2}+2$이다.   답 $-\dfrac{\pi}{2}+2$

0700 $\dfrac{dx}{dt}=1-\dfrac{2}{t^3}$, $\dfrac{dy}{dt}=2t+\dfrac{2}{t^3}$이므로

$\dfrac{dy}{dx}=\dfrac{\dfrac{dy}{dt}}{\dfrac{dx}{dt}}=\dfrac{2t+\dfrac{2}{t^3}}{1-\dfrac{2}{t^3}}=\dfrac{2t^4+2}{t^3-2}$ $(t^3\neq 2)$

$t=1$일 때, $x=2$, $y=0$, $\dfrac{dy}{dx}=\dfrac{2+2}{1-2}=-4$이므로 접선의 방

정식은

$y-0=-4(x-2)$ $\therefore y=-4x+8$

이 직선이 점 $(a,\,-4)$를 지나므로

$-4=-4a+8$ $\therefore a=3$ 답 3

0701 $\dfrac{dx}{dt}=3\sec t\tan t$, $\dfrac{dy}{dt}=2\sec^2 t$이므로

$\dfrac{dy}{dx}=\dfrac{\dfrac{dy}{dt}}{\dfrac{dx}{dt}}=\dfrac{2\sec^2 t}{3\sec t\tan t}$

$\quad\quad =\dfrac{2\sec t}{3\tan t}=\dfrac{2}{3\sin t}$ $(\sin t\neq 0)$

$t=\dfrac{\pi}{3}$일 때

$x=3\times 2=6$, $y=2\sqrt{3}$, $\dfrac{dy}{dx}=\dfrac{2}{3\times\dfrac{\sqrt{3}}{2}}=\dfrac{4\sqrt{3}}{9}$

이므로 접선의 방정식은

$y-2\sqrt{3}=\dfrac{4\sqrt{3}}{9}(x-6)$ $\therefore y=\dfrac{4\sqrt{3}}{9}x-\dfrac{2\sqrt{3}}{3}$

따라서 $a=\dfrac{4\sqrt{3}}{9}$, $b=-\dfrac{2\sqrt{3}}{3}$이므로

$ab=-\dfrac{8}{9}$ 답 ①

0702 $\dfrac{dx}{dt}=-\dfrac{a}{t^2}$, $\dfrac{dy}{dt}=2t$이므로

$$\dfrac{dy}{dx}=\dfrac{\dfrac{dy}{dt}}{\dfrac{dx}{dt}}=\dfrac{2t}{-\dfrac{a}{t^2}}=-\dfrac{2}{a}t^3$$

$t=2$일 때 $\dfrac{dy}{dx}=-8$이므로

$$-\dfrac{16}{a}=-8 \qquad \therefore a=2$$

$t=2$일 때, $x=\dfrac{2}{2}=1$, $y=2^2-1=3$이므로 접선의 방정식은

$$y-3=-8(x-1) \qquad \therefore y=-8x+11$$

답 $y=-8x+11$

0703 $\dfrac{dx}{dt}=-3\cos^2 t\sin t$, $\dfrac{dy}{dt}=3\sin^2 t\cos t$이므로

$$\dfrac{dy}{dx}=\dfrac{\dfrac{dy}{dt}}{\dfrac{dx}{dt}}=\dfrac{3\sin^2 t\cos t}{-3\cos^2 t\sin t}=-\dfrac{\sin t}{\cos t}\ (\cos t\sin t\neq 0)$$

곡선 위의 임의의 점 $(\cos^3\alpha,\ \sin^3\alpha)$에서의 접선의 방정식은

$$y-\sin^3\alpha=-\dfrac{\sin\alpha}{\cos\alpha}(x-\cos^3\alpha)$$

$$y=-\dfrac{\sin\alpha}{\cos\alpha}x+\sin\alpha(\cos^2\alpha+\sin^2\alpha)$$

$$\therefore y=-\dfrac{\sin\alpha}{\cos\alpha}x+\sin\alpha$$

따라서 접선의 x절편은 $\cos\alpha$, y절편은 $\sin\alpha$이므로 접선이 x축, y축에 의하여 잘려지는 부분의 길이는 두 점 $(\cos\alpha,\ 0)$, $(0,\ \sin\alpha)$ 사이의 거리와 같으므로

$$\sqrt{\cos^2\alpha+\sin^2\alpha}=1$$

답 1

0704 $2\sqrt{x}+\sqrt{y}=7$의 각 항을 x에 대하여 미분하면

$$\dfrac{2}{2\sqrt{x}}+\dfrac{1}{2\sqrt{y}}\times\dfrac{dy}{dx}=0$$

$$\therefore \dfrac{dy}{dx}=-\dfrac{2\sqrt{y}}{\sqrt{x}}\ (xy\neq 0)$$

점 $(4,\ 9)$에서의 접선의 기울기는

$$\dfrac{dy}{dx}=-\dfrac{2\times\sqrt{9}}{\sqrt{4}}=-3$$

이므로 접선의 방정식은

$$y-9=-3(x-4) \qquad \therefore y=-3x+21$$

이 직선이 점 $(a,\ 0)$을 지나므로

$$0=-3a+21 \qquad \therefore a=7$$

답 ④

0705 $x^2+3xy^2-y^2=-15$의 각 항을 x에 대하여 미분하면

$$2x+3y^2+6xy\dfrac{dy}{dx}-2y\dfrac{dy}{dx}=0$$

$$2y(3x-1)\dfrac{dy}{dx}=-(2x+3y^2)$$

$$\therefore \dfrac{dy}{dx}=-\dfrac{2x+3y^2}{2y(3x-1)}\ (y(3x-1)\neq 0)$$

점 $(-1,\ 2)$에서의 접선의 기울기는

$$\dfrac{dy}{dx}=-\dfrac{-2+3\times 4}{2\times 2\times(-4)}=\dfrac{5}{8}$$

이므로 접선의 방정식은

$$y-2=\dfrac{5}{8}(x+1) \qquad \therefore y=\dfrac{5}{8}x+\dfrac{21}{8}$$

따라서 $a=\dfrac{5}{8}$, $b=\dfrac{21}{8}$이므로

$$\dfrac{b}{a}=\dfrac{21}{5}$$

답 $\dfrac{21}{5}$

0706 $y^2+y\ln(x^2-3)-2x=0$의 각 항을 x에 대하여 미분하면

$$2y\dfrac{dy}{dx}+\ln(x^2-3)\dfrac{dy}{dx}+\dfrac{2xy}{x^2-3}-2=0$$

$$\{2y+\ln(x^2-3)\}\dfrac{dy}{dx}=2-\dfrac{2xy}{x^2-3}$$

$$\therefore \dfrac{dy}{dx}=\dfrac{2}{2y+\ln(x^2-3)}\left(1-\dfrac{xy}{x^2-3}\right)$$

$(2y+\ln(x^2-3)\neq 0)$

점 $(2,\ -2)$에서의 접선의 기울기는

$$\dfrac{dy}{dx}=\dfrac{2}{-4}\{1-(-4)\}=-\dfrac{5}{2}$$

이므로 접선의 방정식은

$$y+2=-\dfrac{5}{2}(x-2) \qquad \therefore y=-\dfrac{5}{2}x+3$$

따라서 x절편은 $\dfrac{6}{5}$, y절편은 3이므로 접선과 x축, y축으로 둘러싸인 도형의 넓이는

$$\dfrac{1}{2}\times\dfrac{6}{5}\times 3=\dfrac{9}{5}$$

답 $\dfrac{9}{5}$

0707 점 $(0,\ 1)$이 곡선 $x^2+aye^x+y^3=b$ 위에 있으므로

$$b=a+1 \qquad\qquad \cdots\cdots\ \text{㉠}$$

$x^2+aye^x+y^3=b$의 각 항을 x에 대하여 미분하면

$$2x+ae^x\dfrac{dy}{dx}+aye^x+3y^2\dfrac{dy}{dx}=0$$

$$(ae^x+3y^2)\dfrac{dy}{dx}=-(2x+aye^x)$$

$$\therefore \dfrac{dy}{dx}=-\dfrac{2x+aye^x}{ae^x+3y^2}$$

점 $(0,\ 1)$에서의 접선의 기울기가 $-\dfrac{2}{5}$이므로

$$-\dfrac{a}{a+3}=-\dfrac{2}{5} \qquad \therefore a=2$$

㉠에 $a=2$를 대입하면 $b=3$

$$\therefore ab=6$$

답 6

0708 $f(x)=\dfrac{2x}{x^2+1}$에서

$f'(x)=\dfrac{2(x^2+1)-2x\times 2x}{(x^2+1)^2}=-\dfrac{2(x^2-1)}{(x^2+1)^2}$

$(x^2+1)^2>0$이므로 $f'(x)\geq 0$에서

$-2(x^2-1)\geq 0$, $(x^2-1)\leq 0$

$(x+1)(x-1)\leq 0$ $\therefore -1\leq x\leq 1$

따라서 함수 $f(x)$는 닫힌구간 $[-1,\ 1]$에서 증가하므로

$\alpha=-1,\ \beta=1$ $\therefore \beta-\alpha=2$ 답 ②

0709 $f(x)=e^{\sin x}+\sin x$에서

$f'(x)=\cos x\, e^{\sin x}+\cos x=\cos x(e^{\sin x}+1)$

$e^{\sin x}>0$이므로 $f'(x)$의 값의 부호는 $\cos x$의 값의 부호와 같다.

① $f'(0)>0$ ② $f'\left(\dfrac{\pi}{4}\right)>0$ ③ $f'(\pi)<0$

④ $f'\left(\dfrac{7}{4}\pi\right)>0$ ⑤ $f'(2\pi)>0$

따라서 증가하는 구간에 속하는 x의 값이 아닌 것은 ③이다.

답 ③

0710 $f(x)=\ln x-x^2$에서 $x>0$이고

$f'(x)=\dfrac{1}{x}-2x=\dfrac{1-2x^2}{x}$

$f'(x)=0$에서 $1-2x^2=0$ $\therefore x=\dfrac{\sqrt{2}}{2}\ (\because x>0)$

x	0	$\cdots$	$\dfrac{\sqrt{2}}{2}$	$\cdots$
$f'(x)$		$+$	0	$-$
$f(x)$		$\nearrow$		$\searrow$

즉, 함수 $f(x)$는 구간 $\left[\dfrac{\sqrt{2}}{2},\ \infty\right)$에서 감소하므로

$a\geq \dfrac{\sqrt{2}}{2}$

따라서 실수 a의 최솟값은 $\dfrac{\sqrt{2}}{2}$이다. 답 $\dfrac{\sqrt{2}}{2}$

0711 $f(x)=2x+\sqrt{15-x^2}$에서

$15-x^2\geq 0$, 즉 $0<x\leq\sqrt{15}\ (\because x>0)$

$f'(x)=2-\dfrac{x}{\sqrt{15-x^2}}=\dfrac{2\sqrt{15-x^2}-x}{\sqrt{15-x^2}}$

$f'(x)=0$에서 $2\sqrt{15-x^2}=x$

양변을 제곱하여 정리하면 $x^2=12$

$\therefore x=2\sqrt{3}\ (\because 0<x\leq\sqrt{15}\,)$

x	0	$\cdots$	$2\sqrt{3}$	$\cdots$	$\sqrt{15}$
$f'(x)$		$+$	0	$-$	
$f(x)$		$\nearrow$		$\searrow$	

즉, 함수 $f(x)$가 증가하는 구간은 $(0,\ 2\sqrt{3})$이므로 이 구간에 속하는 모든 정수 x의 값의 합은

$1+2+3=6$ 답 **6**

0712 $f(x)=kx+\ln(x^2+4)$에서

$f'(x)=k+\dfrac{2x}{x^2+4}=\dfrac{kx^2+2x+4k}{x^2+4}$

함수 $f(x)$가 실수 전체의 구간에서 증가하려면 모든 실수 x에 대하여 $f'(x)\geq 0$이어야 한다.

이때 $x^2+4>0$이므로 $kx^2+2x+4k\geq 0$이어야 한다.

즉, $k>0$이고, 이차방정식 $kx^2+2x+4k=0$의 판별식을 D라 하면

$\dfrac{D}{4}=1-4k^2\leq 0$, $(2k-1)(2k+1)\geq 0$

$\therefore k\geq\dfrac{1}{2}\ (\because k>0)$

따라서 k의 최솟값은 $\dfrac{1}{2}$이다. 답 ④

참고 이차부등식이 항상 성립할 조건

모든 실수 x에 대하여 이차부등식이 항상 성립할 조건은 다음과 같다.

(단, $D=b^2-4ac$)

① $ax^2+bx+c>0 \Rightarrow a>0,\ D<0$
② $ax^2+bx+c\geq 0 \Rightarrow a>0,\ D\leq 0$
③ $ax^2+bx+c<0 \Rightarrow a<0,\ D<0$
④ $ax^2+bx+c\leq 0 \Rightarrow a<0,\ D\leq 0$

0713 $f(x)=kx-\cos 3x$에서 $f'(x)=k+3\sin 3x$

함수 $f(x)$가 열린구간 $(-\infty,\ \infty)$에서 감소하려면 모든 실수 x에 대하여 $f'(x)\leq 0$이어야 한다.

이때 $-1\leq\sin 3x\leq 1$이므로 $-3\leq 3\sin 3x\leq 3$

$\therefore k-3\leq k+3\sin 3x\leq k+3$

따라서 $k+3\leq 0$이어야 하므로

$k\leq -3$ 답 $k\leq -3$

0714 $f(x)=(x^2+kx+1)e^{-x}$에서

$f'(x)=(2x+k)e^{-x}-(x^2+kx+1)e^{-x}$

$=\{-x^2-(k-2)x+k-1\}e^{-x}$

———————————————————— ㉮

함수 $f(x)$가 열린구간 $(-\infty,\ \infty)$에서 감소하려면 모든 실수 x에 대하여 $f'(x)\leq 0$이어야 한다.

이때 $e^{-x}>0$이므로 $-x^2-(k-2)x+k-1\leq 0$

즉, $x^2+(k-2)x-k+1\geq 0$이어야 한다.

———————————————————— ㉯

이차방정식 $x^2+(k-2)x-k+1=0$의 판별식을 D라 하면

$D=(k-2)^2+4k-4\leq 0$

$k^2\leq 0$ $\therefore k=0$

———————————————————— ㉰

답 **0**

단계	채점요소	배점
㉮	$f'(x)$ 구하기	30%
㉯	$f'(x)\leq 0$임을 이용하여 식 세우기	40%
㉰	k의 값 구하기	30%

0715 $f(x)=2x+\ln(3x^2+a)$에서

$$f'(x)=2+\frac{6x}{3x^2+a}=\frac{6x^2+6x+2a}{3x^2+a}$$

$f(x)$의 역함수가 존재하려면 $f(x)$는 일대일대응이어야 하므로 실수 전체의 구간에서 증가하거나 감소한다. 즉, 모든 실수 x에 대하여 $f'(x)\geq0$ 또는 $f'(x)\leq0$이다.

(i) $f'(x)\geq0$일 때

　$3x^2+a>0$이므로 $6x^2+6x+2a\geq0$이어야 한다.

　즉, 이차방정식 $6x^2+6x+2a=0$의 판별식을 D라 하면

　$$\frac{D}{4}=9-6\times2a\leq0,\ 9-12a\leq0$$

　$$\therefore a\geq\frac{3}{4}$$

(ii) $f'(x)\leq0$일 때

　$3x^2+a>0$이므로 $6x^2+6x+2a\leq0$이어야 한다.

　이때 모든 실수 x에 대하여 이를 만족시키는 a의 값은 존재하지 않는다.

(i), (ii)에서 $a\geq\dfrac{3}{4}$이므로 a의 최솟값은 $\dfrac{3}{4}$이다.　답 $\dfrac{3}{4}$

0716 $f(x)=4x-a\ln x$에서 $f'(x)=4-\dfrac{a}{x}$

함수 $f(x)$가 열린구간 $(3,\ \infty)$에서 증가하려면 $x>3$일 때 $f'(x)\geq0$이어야 한다.

오른쪽 그림에서 $f'(3)=4-\dfrac{a}{3}\geq0$

$\therefore a\leq12$

따라서 실수 a의 최댓값은 12이다.

답 ⑤

0717 $f(x)=ax-\sin x$에서 $f'(x)=a-\cos x$

──────────────────────────── ㉮

함수 $f(x)$가 열린구간 $\left(0,\ \dfrac{\pi}{4}\right)$에서 증가하려면 $0<x<\dfrac{\pi}{4}$에서 $f'(x)\geq0$이어야 한다.

$0<x<\dfrac{\pi}{4}$에서 $\dfrac{\sqrt{2}}{2}<\cos x<1$이므로

$a-1<a-\cos x<a-\dfrac{\sqrt{2}}{2}$

$\therefore a-1<f'(x)<a-\dfrac{\sqrt{2}}{2}$

──────────────────────────── ㉯

따라서 $a-1\geq0$이어야 하므로 $a\geq1$

──────────────────────────── ㉰

답 $a\geq1$

단계	채점요소	배점
㉮	$f'(x)$ 구하기	20 %
㉯	$f'(x)$의 값의 범위 구하기	50 %
㉰	a의 값의 범위 구하기	30 %

0718 $f(x)=(x^2+ax)e^x$에서

$f'(x)=(2x+a)e^x+(x^2+ax)e^x=\{x^2+(a+2)x+a\}e^x$

함수 $f(x)$가 열린구간 $(1,\ 2)$에서 감소하려면 $1<x<2$에서 $f'(x)\leq0$이어야 하고 $e^x>0$이므로

$x^2+(a+2)x+a\leq0$

이때 $g(x)=x^2+(a+2)x+a$라 하면 오른쪽 그림에서

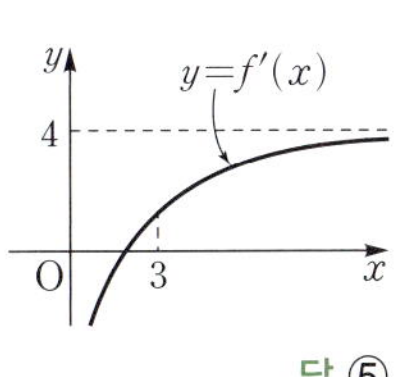

$g(1)=2a+3\leq0$

$\therefore a\leq-\dfrac{3}{2}$　　……㉠

$g(2)=3a+8\leq0$

$\therefore a\leq-\dfrac{8}{3}$　　……㉡

㉠, ㉡에서 $a\leq-\dfrac{8}{3}$이므로 정수 a의 최댓값은 -3이다.

답 ②

0719 $f(x)=\dfrac{x-1}{x^2+3}$에서

$$f'(x)=\frac{x^2+3-(x-1)\times2x}{(x^2+3)^2}=\frac{-x^2+2x+3}{(x^2+3)^2}$$

$$=\frac{-(x+1)(x-3)}{(x^2+3)^2}$$

$f'(x)=0$에서 $x=-1$ 또는 $x=3$

x	$\cdots$	-1	$\cdots$	3	$\cdots$
$f'(x)$	$-$	0	$+$	0	$-$
$f(x)$	$\searrow$	극소	$\nearrow$	극대	$\searrow$

따라서 함수 $f(x)$는 $x=3$에서 극대이고, $x=-1$에서 극소이므로 $\alpha=3$, $\beta=-1$　　$\therefore \alpha-\beta=4$　　답 ④

0720 $f(x)=\dfrac{x^2+2x+1}{x^2+2}$에서

$$f'(x)=\frac{(2x+2)(x^2+2)-(x^2+2x+1)\times2x}{(x^2+2)^2}$$

$$=\frac{-2x^2+2x+4}{(x^2+2)^2}=\frac{-2(x+1)(x-2)}{(x^2+2)^2}$$

$f'(x)=0$에서 $x=-1$ 또는 $x=2$

x	$\cdots$	-1	$\cdots$	2	$\cdots$
$f'(x)$	$-$	0	$+$	0	$-$
$f(x)$	$\searrow$	0	$\nearrow$	$\dfrac{3}{2}$	$\searrow$

따라서 함수 $f(x)$의 극댓값은 $M=f(2)=\dfrac{3}{2}$, 극솟값은 $m=f(-1)=0$이므로

$M+m=\dfrac{3}{2}$　　답 $\dfrac{3}{2}$

0721 $f(x)=\dfrac{ax-b}{x^2+1}$에서

$$f'(x)=\frac{a(x^2+1)-(ax-b)\times2x}{(x^2+1)^2}=\frac{-ax^2+2bx+a}{(x^2+1)^2}$$

함수 $f(x)$가 $x=-2$에서 극값 -1을 가지므로

$f(-2)=-1$에서

$\dfrac{-2a-b}{5}=-1$ $\therefore 2a+b=5$ $\cdots\cdots$ ㉠

또, $f'(-2)=0$에서

$\dfrac{-3a-4b}{25}=0$ $\therefore 3a+4b=0$ $\cdots\cdots$ ㉡

㉠, ㉡을 연립하여 풀면 $a=4$, $b=-3$

$\therefore a-b=7$ 답 ⑤

0722 $f(x)=\dfrac{x+3}{\sqrt{x+1}}$에서 $x>-1$이고

$f'(x)=\dfrac{\sqrt{x+1}-(x+3)\times\dfrac{1}{2\sqrt{x+1}}}{x+1}$

$\quad=\dfrac{2(x+1)-(x+3)}{2(x+1)\sqrt{x+1}}=\dfrac{x-1}{2(x+1)\sqrt{x+1}}$

$f'(x)=0$에서 $x=1$

x	-1	$\cdots$	1	$\cdots$
$f'(x)$		$-$	0	$+$
$f(x)$		$\searrow$	$2\sqrt{2}$	$\nearrow$

따라서 함수 $f(x)$의 극솟값은 $f(1)=2\sqrt{2}$ 답 ⑤

0723 $f(x)=\sqrt{x}+\sqrt{6-x}$에서 $0\leq x\leq 6$이고

$f'(x)=\dfrac{1}{2\sqrt{x}}-\dfrac{1}{2\sqrt{6-x}}$

$f'(x)=0$에서 $\dfrac{1}{2\sqrt{x}}-\dfrac{1}{2\sqrt{6-x}}=0$

$\sqrt{x}=\sqrt{6-x}$, $x=6-x$ $\therefore x=3$

x	0	$\cdots$	3	$\cdots$	6
$f'(x)$		$+$	0	$-$	
$f(x)$		$\nearrow$	$2\sqrt{3}$	$\searrow$	

따라서 함수 $f(x)$의 극댓값은 $f(3)=2\sqrt{3}$이므로

$a=3$, $b=2\sqrt{3}$

$\therefore ab=6\sqrt{3}$ 답 $6\sqrt{3}$

0724 ㄱ. $f(x)=x\sqrt{8-x^2}$에서 $8-x^2\geq 0$이므로

$x^2-8\leq 0$ $\therefore -2\sqrt{2}\leq x\leq 2\sqrt{2}$

즉, 함수 $f(x)$의 정의역은 $\{x\,|-2\sqrt{2}\leq x\leq 2\sqrt{2}\}$이다.

ㄴ. $f'(x)=\sqrt{8-x^2}-\dfrac{2x^2}{2\sqrt{8-x^2}}=\dfrac{8-2x^2}{\sqrt{8-x^2}}$

$f'(x)=0$에서 $8-2x^2=0$, $x^2=4$ $\therefore x=\pm 2$

x	$-2\sqrt{2}$	$\cdots$	-2	$\cdots$	2	$\cdots$	$2\sqrt{2}$
$f'(x)$		$-$	0	$+$	0	$-$	
$f(x)$		$\searrow$	-4	$\nearrow$	4	$\searrow$	

따라서 함수 $f(x)$의 극솟값은 $f(-2)=-4$이다.

ㄷ. ㄴ의 증감표에 의하여 닫힌구간 $[-2,\,2]$에서 $f(x)$는 증가한다.

이상에서 옳은 것은 ㄴ, ㄷ이다.   답 ④

0725 $f(x)=(x^2-2x)e^x$에서

$f'(x)=(2x-2)e^x+(x^2-2x)e^x=(x^2-2)e^x$

$f'(x)=0$에서 $x^2=2$

$\therefore x=-\sqrt{2}$ 또는 $x=\sqrt{2}$

x	$\cdots$	$-\sqrt{2}$	$\cdots$	$\sqrt{2}$	$\cdots$
$f'(x)$	$+$	0	$-$	0	$+$
$f(x)$	$\nearrow$	극대	$\searrow$	극소	$\nearrow$

따라서 함수 $f(x)$는

$x=-\sqrt{2}$에서 극댓값 $f(-\sqrt{2})=(2+2\sqrt{2})e^{-\sqrt{2}}$,

$x=\sqrt{2}$에서 극솟값 $f(\sqrt{2})=(2-2\sqrt{2})e^{\sqrt{2}}$

을 가지므로 구하는 곱은

$(2+2\sqrt{2})e^{-\sqrt{2}}\times(2-2\sqrt{2})e^{\sqrt{2}}=4-8=-4$ 답 ②

0726 $f(x)=\dfrac{2x+1}{e^{x^2}}$에서

$f'(x)=\dfrac{2e^{x^2}-(2x+1)\times 2xe^{x^2}}{(e^{x^2})^2}=\dfrac{-4x^2-2x+2}{e^{x^2}}$

$\quad=\dfrac{-2(x+1)(2x-1)}{e^{x^2}}$

$f'(x)=0$에서 $x=-1$ 또는 $x=\dfrac{1}{2}$

x	$\cdots$	-1	$\cdots$	$\dfrac{1}{2}$	$\cdots$
$f'(x)$	$-$	0	$+$	0	$-$
$f(x)$	$\searrow$	극소	$\nearrow$	극대	$\searrow$

따라서 함수 $f(x)$가 $x=-1$에서 극소, $x=\dfrac{1}{2}$에서 극대이므로

극값을 갖는 x의 값의 개수는 2이다.   답 2

0727 $f(x)=e^x+4e^{-x}$에서

$f'(x)=e^x-4e^{-x}=\dfrac{e^{2x}-4}{e^x}$

$\quad=\dfrac{(e^x+2)(e^x-2)}{e^x}$

$f'(x)=0$에서 $e^x=2$ ($\because e^x>0$)

$\therefore x=\ln 2$

따라서 함수 $f(x)$는 $x=\ln 2$

에서 극솟값 4를 가지므로

$a=\ln 2$, $b=4$

$\therefore e^{ab}=e^{4\ln 2}=2^4=16$

x	$\cdots$	$\ln 2$	$\cdots$
$f'(x)$	$-$	0	$+$
$f(x)$	$\searrow$	4	$\nearrow$

답 16

0728 $f(x)=e^{2x}-ae^x$에서

$f'(x)=2e^{2x}-ae^x=e^x(2e^x-a)$

$f'(x)=0$에서 $2e^x=a$ $(\because e^x>0)$

$e^x=\dfrac{a}{2}$ $\therefore x=\ln\dfrac{a}{2}$

따라서 함수 $f(x)$는 $x=\ln\dfrac{a}{2}$

에서 극솟값 -1을 가지므로

$f\left(\ln\dfrac{a}{2}\right)=-1$

$\left(\dfrac{a}{2}\right)^2-a\times\dfrac{a}{2}=-1$

$-\dfrac{a^2}{4}=-1,\ a^2=4$ $\therefore a=2\ (\because a>0)$ 답 **2**

x	$\cdots$	$\ln\dfrac{a}{2}$	$\cdots$
$f'(x)$	$-$	0	$+$
$f(x)$	$\searrow$	극소	$\nearrow$

 $f(x)=e^{2x}-ae^x$에서

$f'(x)=2e^{2x}-ae^x=e^x(2e^x-a)$

$f''(x)=e^x(2e^x-a)+e^x\times2e^x=e^x(4e^x-a)$

$f'(x)=0$에서 $2e^x=a\ (\because e^x>0)$

$e^x=\dfrac{a}{2}$ $\therefore x=\ln\dfrac{a}{2}$

이때 $f''\left(\ln\dfrac{a}{2}\right)=\dfrac{a^2}{2}>0$이므로 $f(x)$의 극솟값은 $f\left(\ln\dfrac{a}{2}\right)$이다.

$f\left(\ln\dfrac{a}{2}\right)=-1$에서 $\left(\dfrac{a}{2}\right)^2-a\times\dfrac{a}{2}=-1$

$-\dfrac{a^2}{4}=-1,\ a^2=4$ $\therefore a=2\ (\because a>0)$

0729 $f(x)=x\ln x-2x$에서 $x>0$이고

$f'(x)=\ln x+x\times\dfrac{1}{x}-2=\ln x-1$

$f'(x)=0$에서 $\ln x=1$ $\therefore x=e$

x	0	$\cdots$	e	$\cdots$
$f'(x)$		$-$	0	$+$
$f(x)$		$\searrow$	$-e$	$\nearrow$

따라서 함수 $f(x)$의 극솟값은 $f(e)=-e$이다.   답 ②

0730 $f(x)=\dfrac{1}{2}x^2-\ln x^2$에서

$f'(x)=x-\dfrac{2x}{x^2}=x-\dfrac{2}{x}$

$f'(x)=0$에서 $x-\dfrac{2}{x}=0,\ \dfrac{x^2-2}{x}=0$

$x^2-2=0$ $\therefore x=-\sqrt{2}\ (\because x<0)$

x	$\cdots$	$-\sqrt{2}$	$\cdots$	0
$f'(x)$	$-$	0	$+$	
$f(x)$	$\searrow$	극소	$\nearrow$	

따라서 함수 $f(x)$는 $x=-\sqrt{2}$에서 극솟값을 가지므로

$a=-\sqrt{2}$ 답 $-\sqrt{2}$

 $f'(x)=x-\dfrac{2}{x}$에서 $f''(x)=1+\dfrac{2}{x^2}$

$f'(x)=0$에서 $x-\dfrac{2}{x}=0,\ \dfrac{x^2-2}{x}=0$

$x^2-2=0$ $\therefore x=-\sqrt{2}\ (\because x<0)$

이때 $f''(-\sqrt{2})=2>0$이므로 함수 $f(x)$는 $x=-\sqrt{2}$에서 극솟값을 갖는다.

$\therefore a=-\sqrt{2}$

0731 $f(x)=x^2(\ln x)^3$에서 $x>0$이고

$f'(x)=2x(\ln x)^3+x^2\times3(\ln x)^2\times\dfrac{1}{x}$

$\qquad=x(\ln x)^2(2\ln x+3)$

$f'(x)=0$에서 $\ln x=0$ 또는 $\ln x=-\dfrac{3}{2}\ (\because x>0)$

$\therefore x=1$ 또는 $x=e^{-\frac{3}{2}}=\dfrac{1}{e\sqrt{e}}$

x	0	$\cdots$	$\dfrac{1}{e\sqrt{e}}$	$\cdots$	1	$\cdots$
$f'(x)$		$-$	0	$+$	0	$+$
$f(x)$		$\searrow$	$-\dfrac{27}{8e^3}$	$\nearrow$		$\nearrow$

따라서 함수 $f(x)$는 $x=\dfrac{1}{e\sqrt{e}}$에서 극솟값 $-\dfrac{27}{8e^3}$을 가지므로

$a=\dfrac{1}{e\sqrt{e}},\ b=-\dfrac{27}{8e^3}$

$\therefore \dfrac{a^2}{b}=-\dfrac{8}{27}$ 답 $-\dfrac{8}{27}$

0732 $f(x)=x+\ln(x^2+ax+b)$에서

$f'(x)=1+\dfrac{2x+a}{x^2+ax+b}=\dfrac{x^2+(a+2)x+a+b}{x^2+ax+b}$

함수 $f(x)$가 $x=-1$에서 극솟값 -1을 가지므로

$f(-1)=-1$에서 $-1+\ln(1-a+b)=-1$

$\ln(1-a+b)=0,\ 1-a+b=1$ $\therefore a=b$ $\cdots\cdots$ ㉠

또, $f'(-1)=0$에서 $\dfrac{1-(a+2)+a+b}{1-a+b}=0$ $\therefore b=1$

$b=1$을 ㉠에 대입하면 $a=1$

즉, $f(x)=x+\ln(x^2+x+1)$이므로

$f'(x)=\dfrac{x^2+3x+2}{x^2+x+1}=\dfrac{(x+2)(x+1)}{x^2+x+1}$

$f'(x)=0$에서 $x=-2$ 또는 $x=-1$

x	$\cdots$	-2	$\cdots$	-1	$\cdots$
$f'(x)$	$+$	0	$-$	0	$+$
$f(x)$	$\nearrow$	$-2+\ln 3$	$\searrow$	-1	$\nearrow$

따라서 함수 $f(x)$는 $x=-2$에서 극댓값 $-2+\ln 3$을 갖는다.

답 $-2+\ln 3$

0733 $f(x)=2+4\sin x-4\sin^2 x$에서

$f'(x)=4\cos x-8\sin x\cos x=4(1-2\sin x)\cos x$

$f'(x)=0$에서 $\sin x=\dfrac{1}{2}$ 또는 $\cos x=0$

$0<x<\pi$이므로 $x=\dfrac{\pi}{6}$ 또는 $x=\dfrac{5}{6}\pi$ 또는 $x=\dfrac{\pi}{2}$

x	0	$\cdots$	$\dfrac{\pi}{6}$	$\cdots$	$\dfrac{\pi}{2}$	$\cdots$	$\dfrac{5}{6}\pi$	$\cdots$	π
$f'(x)$		$+$	0	$-$	0	$+$	0	$-$	
$f(x)$		$\nearrow$	3	$\searrow$	2	$\nearrow$	3	$\searrow$	

따라서 함수 $f(x)$는 $x=\dfrac{\pi}{2}$에서 극솟값 2를 가지므로

$a=\dfrac{\pi}{2}$, $b=2$

$\therefore ab=\pi$ **답** π

0734 $f(x)=(1+\sin x)\cos x$에서

$$f'(x)=\cos^2 x-(1+\sin x)\sin x$$
$$=(1-\sin^2 x)-\sin x-\sin^2 x$$
$$=-2\sin^2 x-\sin x+1$$
$$=-(\sin x+1)(2\sin x-1)$$

$f'(x)=0$에서 $\sin x+1>0$이므로 $\sin x=\dfrac{1}{2}$

$\therefore x=\dfrac{\pi}{6}$ 또는 $x=\dfrac{5}{6}\pi$ $(\because 0<x<\pi)$

x	0	$\cdots$	$\dfrac{\pi}{6}$	$\cdots$	$\dfrac{5}{6}\pi$	$\cdots$	π
$f'(x)$		$+$	0	$-$	0	$+$	
$f(x)$		$\nearrow$	$\dfrac{3\sqrt{3}}{4}$	$\searrow$	$-\dfrac{3\sqrt{3}}{4}$	$\nearrow$	

따라서 함수 $f(x)$의 극댓값은 $M=f\left(\dfrac{\pi}{6}\right)=\dfrac{3\sqrt{3}}{4}$, 극솟값은

$m=f\left(\dfrac{5}{6}\pi\right)=-\dfrac{3\sqrt{3}}{4}$이므로

$M-m=\dfrac{3\sqrt{3}}{2}$ **답** $\dfrac{3\sqrt{3}}{2}$

0735 $\dfrac{dx}{d\theta}=1-\cos\theta$, $\dfrac{dy}{d\theta}=-\sin\theta$이므로

$$\dfrac{dy}{dx}=\dfrac{\dfrac{dy}{d\theta}}{\dfrac{dx}{d\theta}}=-\dfrac{\sin\theta}{1-\cos\theta}$$

$\dfrac{dy}{dx}=0$에서 $\sin\theta=0$ $\therefore \theta=\pi$ $(\because 0<\theta<2\pi)$

또, $0<\theta<\pi$일 때 $\dfrac{dy}{dx}<0$, $\pi<\theta<2\pi$일 때 $\dfrac{dy}{dx}>0$이므로 주

어진 함수는 $\theta=\pi$에서 극솟값을 갖는다.

따라서 구하는 극솟값은 $\cos\pi=-1$ **답** ①

0736 $f(x)=a\sin 2x+b\cos x$에서

$f'(x)=2a\cos 2x-b\sin x$

함수 $f(x)$가 $x=\dfrac{7}{6}\pi$에서 극댓값 $\dfrac{3\sqrt{3}}{2}$을 가지므로

$f\left(\dfrac{7}{6}\pi\right)=\dfrac{3\sqrt{3}}{2}$에서 $\dfrac{\sqrt{3}}{2}a-\dfrac{\sqrt{3}}{2}b=\dfrac{3\sqrt{3}}{2}$

$\therefore a-b=3$ ······ ㉠

또, $f'\left(\dfrac{7}{6}\pi\right)=0$에서 $a+\dfrac{1}{2}b=0$ ······ ㉡

㉠, ㉡을 연립하여 풀면 $a=1$, $b=-2$

$\therefore ab=-2$ **답** -2

본문 103쪽

유형 up

0737 $f(x)=x-2a\ln x-\dfrac{3a}{x}$에서 $x>0$이고

$$f'(x)=1-\dfrac{2a}{x}+\dfrac{3a}{x^2}=\dfrac{x^2-2ax+3a}{x^2}$$

함수 $f(x)$가 극값을 갖지 않으려면 이차방정식

$x^2-2ax+3a=0$이 중근 또는 허근을 가져야 하므로 이차방정

식 $x^2-2ax+3a=0$의 판별식을 D라 하면

$\dfrac{D}{4}=a^2-3a\le 0$, $a(a-3)\le 0$

$\therefore 0\le a\le 3$ **답** $0\le a\le 3$

0738 $f(x)=e^{-x}(x^2+6x+a)$에서

$$f'(x)=-e^{-x}(x^2+6x+a)+e^{-x}(2x+6)$$
$$=-e^{-x}(x^2+4x+a-6)$$

$e^{-x}>0$이므로 함수 $f(x)$가 극값을 가지려면 이차방정식

$x^2+4x+a-6=0$이 서로 다른 두 실근을 가져야 한다.

이차방정식 $x^2+4x+a-6=0$의 판별식을 D라 하면

$\dfrac{D}{4}=4-(a-6)>0$ $\therefore a<10$

따라서 자연수 a의 최댓값은 9이다. **답** ③

0739 $f(x)=\ln 3x+\dfrac{a}{x}-2x$에서 $x>0$이고

$$f'(x)=\dfrac{3}{3x}-\dfrac{a}{x^2}-2=\dfrac{-2x^2+x-a}{x^2}$$

함수 $f(x)$가 극댓값과 극솟값을 모두 가지려면 이차방정식

$-2x^2+x-a=0$이 $x>0$에서 서로 다른 두 실근을 가져야 한다.

(i) 이차방정식 $-2x^2+x-a=0$의 판별식을 D라 하면

$\qquad D=1-8a>0$ $\therefore a<\dfrac{1}{8}$

(ii) (두 근의 합)$=\dfrac{1}{2}>0$

(iii) (두 근의 곱)$=\dfrac{a}{2}>0$ $\therefore a>0$

(i), (ii), (iii)에서 a의 값의 범위는 $0<a<\dfrac{1}{8}$이므로

$\alpha=0$, $\beta=\dfrac{1}{8}$

$\therefore 8(\beta-\alpha)=8\times\dfrac{1}{8}=1$ 답 **1**

0740 $f(x)=kx+3\sin x$에서 $f'(x)=k+3\cos x$

함수 $f(x)$가 극값을 갖지 않으려면 모든 실수 x에 대하여

$f'(x)\leq0$ 또는 $f'(x)\geq0$

즉, $k+3\cos x\leq0$ 또는 $k+3\cos x\geq0$

$\therefore \cos x\leq-\dfrac{k}{3}$ 또는 $\cos x\geq-\dfrac{k}{3}$

이때 $-1\leq\cos x\leq1$이므로

$-\dfrac{k}{3}\geq1$ 또는 $-\dfrac{k}{3}\leq-1$ $\therefore k\leq-3$ 또는 $k\geq3$

따라서 주어진 조건을 만족시키는 자연수 k의 최솟값은 3이다.

답 ③

0741 $f(x)=x^3+2ax^2-4a^2x$에서

$f'(x)=3x^2+4ax-4a^2$

방정식 $f'(x)=0$의 두 실근을

α, β $(\alpha<\beta)$라 하면

$-1<\alpha<1$, $\beta>1$

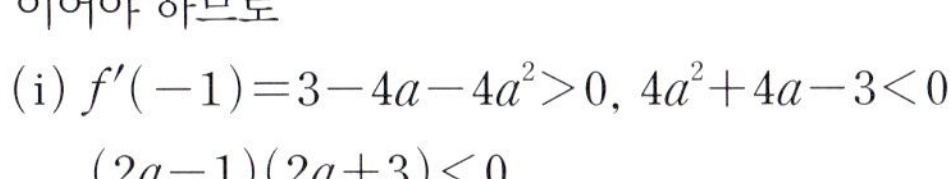

이어야 하므로

(i) $f'(-1)=3-4a-4a^2>0$, $4a^2+4a-3<0$

   $(2a-1)(2a+3)<0$

   $\therefore -\dfrac{3}{2}<a<\dfrac{1}{2}$

(ii) $f'(1)=3+4a-4a^2<0$, $4a^2-4a-3>0$

   $(2a+1)(2a-3)>0$

   $\therefore a<-\dfrac{1}{2}$ 또는 $a>\dfrac{3}{2}$

(i), (ii)에서 실수 a의 값의 범위는 $-\dfrac{3}{2}<a<-\dfrac{1}{2}$

답 $-\dfrac{3}{2}<a<-\dfrac{1}{2}$

0742 $f(x)=e^x(x^3-9x+a)$에서

$f'(x)=e^x(x^3-9x+a)+e^x(3x^2-9)$

$\quad\quad =e^x(x^3+3x^2-9x-9+a)$

$f(x)$가 극댓값과 극솟값을 모두 가지려면 x에 대한 삼차방정식

$x^3+3x^2-9x-9+a=0$이 서로 다른 세 실근을 가져야 한다. ㉮

$g(x)=x^3+3x^2-9x-9+a$라 하면

$g'(x)=3x^2+6x-9=3(x+3)(x-1)$

$g'(x)=0$에서 $x=-3$ 또는 $x=1$

$g(x)$는 $x=-3$, $x=1$에서 극값을 가지므로

$g(-3)g(1)<0$, $(a+18)(a-14)<0$

$\therefore -18<a<14$ ㉯

따라서 정수 a의 최솟값은 -17이다. ㉰

답 -17

단계	채점요소	배점
㉮	$f(x)$가 극댓값과 극솟값을 가질 조건 알기	40%
㉯	a의 값의 범위 구하기	50%
㉰	정수 a의 최솟값 구하기	10%

시험에 꼭 나오는 문제 본문 104~107쪽

0743 $f(x)=\sqrt{2x^2+3}$이라 하면

$f'(x)=\dfrac{4x}{2\sqrt{2x^2+3}}=\dfrac{2x}{\sqrt{2x^2+3}}$

$f(\sqrt{3})=3$, $f'(\sqrt{3})=\dfrac{2\sqrt{3}}{3}$이므로 x좌표가 $\sqrt{3}$인 점에서의 접선의 방정식은

$y-3=\dfrac{2\sqrt{3}}{3}(x-\sqrt{3})$ $\therefore y=\dfrac{2\sqrt{3}}{3}x+1$

따라서 $a=\dfrac{2\sqrt{3}}{3}$, $b=1$이므로

$a^2+b=\dfrac{4}{3}+1=\dfrac{7}{3}$ 답 ⑤

0744 $f(x)=\sin 2x$라 하면 $f'(x)=2\cos 2x$

점 $\left(\dfrac{\pi}{2},\,0\right)$에서의 접선의 기울기는 $f'\left(\dfrac{\pi}{2}\right)=2\cos\pi=-2$이고 이 점에서의 접선과 수직인 직선의 기울기는 $\dfrac{1}{2}$이므로 직선의 방정식은

$y-0=\dfrac{1}{2}\left(x-\dfrac{\pi}{2}\right)$ $\therefore y=\dfrac{1}{2}x-\dfrac{\pi}{4}$

따라서 구하는 y절편은 $-\dfrac{\pi}{4}$이다. 답 $-\dfrac{\pi}{4}$

0745 $f(x)=\ln(x-7)$이라 하면

$f'(x)=\dfrac{1}{x-7}$

접점의 좌표를 $(a,\,\ln(a-7))$이라 하면 접선의 기울기가 1이므로

$f'(a)=\dfrac{1}{a-7}=1$

$a-7=1$ $\therefore a=8$

즉, 접점의 좌표는 $(8,\,0)$이므로 접선의 방정식은

$y=x-8$

따라서 A$(8,\,0)$, B$(0,\,-8)$이므로 삼각형 AOB의 넓이는

$\dfrac{1}{2}\times8\times8=32$ 답 **32**

0746 곡선 $y=e^{x-1}-1$이 x축과 만나는 점의 좌표는

$P(1, 0)$이고 y축과 만나는 점의 좌표는 $Q\left(0, \dfrac{1}{e}-1\right)$이므로

직선 PQ의 기울기는

$$\frac{0-\left(\dfrac{1}{e}-1\right)}{1-0}=1-\frac{1}{e}$$

직선 PQ에 평행한 접선의 접점의 x좌표를 t라 하면

$y'=e^{x-1}$이므로

$$e^{t-1}=1-\frac{1}{e}, \ e^t=e-1$$

$$\therefore t=\ln(e-1)$$

답 $\ln(e-1)$

0747 $f(x)=e^{x-k}$이라 하면 $f'(x)=e^{x-k}$

접점의 좌표를 (a, e^{a-k})이라 하면 이 점에서의 접선의 기울기는

$f'(a)=e^{a-k}$이므로 접선의 방정식은

$$y-e^{a-k}=e^{a-k}(x-a) \qquad \cdots\cdots \ \boxdot$$

이 직선이 점 $(2, 0)$을 지나므로

$$-e^{a-k}=e^{a-k}(2-a) \qquad \therefore a=3 \ (\because e^{a-k}>0)$$

$a=3$을 $\boxdot$에 대입하면

$$y-e^{3-k}=e^{3-k}(x-3)$$

이 직선이 점 $(5, 6)$을 지나므로

$$6-e^{3-k}=2e^{3-k}$$

$$e^{3-k}=2, \ 3-k=\ln 2$$

$$\therefore k=3-\ln 2$$

답 ①

0748 $f(x)=e^{2x}$, $g(x)=\ln\sqrt{x}$라 하면

$$f'(x)=2e^{2x}, \ g'(x)=\frac{1}{2x}$$

곡선 $y=f(x)$ 위의 접점의 좌표를 (a, e^{2a})이라 하면 이 점에서의 접선의 기울기는 $f'(a)=2e^{2a}$이므로 접선의 방정식은

$$y-e^{2a}=2e^{2a}(x-a)$$

이 직선이 원점을 지나므로

$$-e^{2a}=2e^{2a}(0-a) \qquad \therefore a=\frac{1}{2} \ (\because e^{2a}>0)$$

$$\therefore f'(a)=2e$$

곡선 $y=g(x)$ 위의 접점의 좌표를 $(b, \ln\sqrt{b})$라 하면 이 점에서의 접선의 기울기는 $g'(b)=\dfrac{1}{2b}$이므로 접선의 방정식은

$$y-\ln\sqrt{b}=\frac{1}{2b}(x-b)$$

이 직선이 원점을 지나므로

$$-\ln\sqrt{b}=-\frac{1}{2} \qquad \therefore b=e$$

$$\therefore g'(b)=\frac{1}{2e}$$

두 접선이 x축의 양의 방향과 이루는 각의 크기를 각각

$\alpha, \ \beta \ (\alpha>\beta)$라 하면

$$\tan\alpha=f'(a)=2e, \ \tan\beta=g'(b)=\frac{1}{2e}$$

$$\theta=\alpha-\beta$$이므로

$$\tan\theta=\tan(\alpha-\beta)=\frac{\tan\alpha-\tan\beta}{1+\tan\alpha\tan\beta}$$

$$=\frac{2e-\dfrac{1}{2e}}{1+2e\times\dfrac{1}{2e}}=e-\frac{1}{4e}$$

답 $e-\dfrac{1}{4e}$

0749 $\displaystyle\lim_{x\to 1}\frac{f(x)-\dfrac{\pi}{6}}{x-1}=k$에서 $x\to 1$일 때, (분모)$\to 0$이고

극한값이 존재하므로 (분자)$\to 0$이다.

$\displaystyle\lim_{x\to 1}\left\{f(x)-\dfrac{\pi}{6}\right\}=0$이므로 $f(1)=\dfrac{\pi}{6}$

$$\therefore \lim_{x\to 1}\frac{f(x)-\dfrac{\pi}{6}}{x-1}=\lim_{x\to 1}\frac{f(x)-f(1)}{x-1}=f'(1)=k$$

$g(x)=\sin x$, $g'(x)=\cos x$이므로

$$(g\circ f)(1)=g(f(1))=g\left(\frac{\pi}{6}\right)=\sin\frac{\pi}{6}=\frac{1}{2}$$

$$(g\circ f)'(1)=g'(f(1))f'(1)=g'\left(\frac{\pi}{6}\right)\times k=k\cos\frac{\pi}{6}$$

$$=\frac{\sqrt{3}}{2}k$$

따라서 합성함수 $y=(g\circ f)(x)$의 그래프 위의 점

$(1, (g\circ f)(1))$에서의 접선의 방정식은

$$y-(g\circ f)(1)=(g\circ f)'(1)(x-1)$$

$$\therefore y-\frac{1}{2}=\frac{\sqrt{3}}{2}k(x-1)$$

이 직선이 원점을 지나므로

$$-\frac{1}{2}=-\frac{\sqrt{3}}{2}k \qquad \therefore k=\frac{1}{\sqrt{3}}$$

$$\therefore 30k^2=30\times\frac{1}{3}=10$$

답 10

0750 $f(x)=(x-a)e^{-x}$이라 하면

$$f'(x)=e^{-x}-(x-a)e^{-x}$$

$$=e^{-x}(1+a-x)$$

접점의 좌표를 $(t, (t-a)e^{-t})$이라 하면 이 점에서의 접선의 기울기는 $f'(t)=e^{-t}(1+a-t)$이므로 접선의 방정식은

$$y-(t-a)e^{-t}=e^{-t}(1+a-t)(x-t)$$

이 직선이 원점을 지나므로

$$-(t-a)e^{-t}=-t(1+a-t)e^{-t}$$

$$\therefore t^2-at-a=0 \ (\because e^{-t}>0) \qquad \cdots\cdots \ \boxdot$$

원점에서 곡선에 서로 다른 두 개의 접선을 그을 수 있으려면 방정식 $\boxdot$이 서로 다른 두 실근을 가져야 하므로 판별식을 D라 할 때

$$D=a^2+4a>0, \ a(a+4)>0$$

$$\therefore a<-4 \text{ 또는 } a>0$$

따라서 자연수 a의 최솟값은 1이다.

답 1

0751 $f(x)=\ln(2x+3)$, $g(x)=a-\ln x$라 하면

$f'(x)=\dfrac{2}{2x+3}$, $g'(x)=-\dfrac{1}{x}$

점 P의 x좌표를 t라 하면

$f(t)=g(t)$에서 $\ln(2t+3)=a-\ln t$

$a=\ln(2t+3)+\ln t=\ln\{t(2t+3)\}$ $\qquad$ …… ㉠

점 P에서의 두 곡선의 접선이 서로 수직이므로

$f'(t)g'(t)=-1$에서 $\dfrac{2}{2t+3}\times\left(-\dfrac{1}{t}\right)=-1$

$\therefore t(2t+3)=2$ $\qquad$ …… ㉡

㉡을 ㉠에 대입하면

$a=\ln\{t(2t+3)\}=\ln 2$ $\qquad$ 답 ③

0752 $f(x)=\ln x$, $g(x)=a\sqrt{x}$ 라 하면

$f'(x)=\dfrac{1}{x}$, $g'(x)=\dfrac{a}{2\sqrt{x}}$

두 곡선의 접점의 x좌표를 t라 하면

$f(t)=g(t)$에서 $\ln t=a\sqrt{t}$ $\qquad$ …… ㉠

$f'(t)=g'(t)$에서 $\dfrac{1}{t}=\dfrac{a}{2\sqrt{t}}$ $\qquad$ …… ㉡

㉡에서 $a=\dfrac{2}{\sqrt{t}}$ $\qquad$ …… ㉢

$a=\dfrac{2}{\sqrt{t}}$ 를 ㉠에 대입하면

$\ln t=2$ $\quad\therefore t=e^2$

$t=e^2$을 ㉢에 대입하면

$a=\dfrac{2}{e}$ $\qquad$ 답 ②

0753 $g'(3\pi)=\dfrac{1}{f'\left(\dfrac{3}{2}\pi\right)}$

이때 $f'(x)=2-\sin x$이므로 $f'\left(\dfrac{3}{2}\pi\right)=2-\sin\dfrac{3}{2}\pi=3$

따라서 곡선 $y=g(x)$ 위의 점 $\left(3\pi,\ \dfrac{3}{2}\pi\right)$에서의 접선의 방정식은

$y-\dfrac{3}{2}\pi=\dfrac{1}{3}(x-3\pi)$ $\quad\therefore y=\dfrac{1}{3}x+\dfrac{\pi}{2}$

즉, 구하는 x절편은 $-\dfrac{3}{2}\pi$이다. $\qquad$ 답 $-\dfrac{3}{2}\pi$

0754 $\dfrac{dx}{dt}=\dfrac{2}{2t+1}$, $\dfrac{dy}{dt}=2t-1$이므로

$\dfrac{dy}{dx}=\dfrac{\dfrac{dy}{dt}}{\dfrac{dx}{dt}}=\dfrac{2t-1}{\dfrac{2}{2t+1}}=\dfrac{4t^2-1}{2}$

$x=\ln(2t+1)+4=4$에서

$\ln(2t+1)=0$, $2t+1=1$ $\quad\therefore t=0$

$t=0$일 때 $\dfrac{dy}{dx}=-\dfrac{1}{2}$이므로 접선의 방정식은

$y-3=-\dfrac{1}{2}(x-4)$ $\quad\therefore y=-\dfrac{1}{2}x+5$

따라서 A$(10,\ 0)$, B$(0,\ 5)$이므로

$\overline{\text{OA}}+\overline{\text{OB}}=10+5=15$ $\qquad$ 답 **15**

0755 $\dfrac{dx}{d\theta}=a\sec^2\theta$, $\dfrac{dy}{d\theta}=b\sec\theta\tan\theta$이므로

$\dfrac{dy}{dx}=\dfrac{\dfrac{dy}{d\theta}}{\dfrac{dx}{d\theta}}=\dfrac{b\sec\theta\tan\theta}{a\sec^2\theta}=\dfrac{b\times\dfrac{\sin\theta}{\cos\theta}}{a\times\dfrac{1}{\cos\theta}}=\dfrac{b}{a}\sin\theta$

$\theta=\dfrac{\pi}{6}$일 때 $x=a\tan\dfrac{\pi}{6}=\dfrac{a}{\sqrt{3}}$, $y=b\sec\dfrac{\pi}{6}=\dfrac{2}{\sqrt{3}}b$,

$\dfrac{dy}{dx}=\dfrac{b}{a}\sin\dfrac{\pi}{6}=\dfrac{b}{2a}$이므로 접선의 방정식은

$y-\dfrac{2}{\sqrt{3}}b=\dfrac{b}{2a}\left(x-\dfrac{a}{\sqrt{3}}\right)$

$\therefore y=\dfrac{b}{2a}x+\dfrac{\sqrt{3}}{2}b$

이 직선이 직선 $y=2x+2$와 일치하므로

$\dfrac{b}{2a}=2$, $\dfrac{\sqrt{3}}{2}b=2$ $\quad\therefore a=\dfrac{\sqrt{3}}{3}$, $b=\dfrac{4\sqrt{3}}{3}$

$\therefore ab=\dfrac{4}{3}$ $\qquad$ 답 $\dfrac{4}{3}$

0756 $e^y\ln x=2y+1$의 양변을 x에 대하여 미분하면

$e^y\ln x\dfrac{dy}{dx}+\dfrac{e^y}{x}=2\dfrac{dy}{dx}$

$(e^y\ln x-2)\dfrac{dy}{dx}=-\dfrac{e^y}{x}$

$\therefore \dfrac{dy}{dx}=-\dfrac{e^y}{x(e^y\ln x-2)}$ $(e^y\ln x-2\neq 0)$

점 $(e,\ 0)$에서의 접선의 기울기는 $\dfrac{dy}{dx}=\dfrac{1}{e}$이므로 접선의 방정식은

$y-0=\dfrac{1}{e}(x-e)$ $\quad\therefore y=\dfrac{1}{e}x-1$

따라서 $a=\dfrac{1}{e}$, $b=-1$이므로 $ab=-\dfrac{1}{e}$ $\qquad$ 답 ⑤

0757 $f(x)=\dfrac{e^{\frac{x}{2}}}{x^2+3}$에서

$f'(x)=\dfrac{\dfrac{1}{2}e^{\frac{x}{2}}(x^2+3)-e^{\frac{x}{2}}\times 2x}{(x^2+3)^2}=\dfrac{e^{\frac{x}{2}}(x^2-4x+3)}{2(x^2+3)^2}$

$f'(x)=0$에서 $x^2-4x+3=0$ $(\because e^{\frac{x}{2}}>0)$

$(x-1)(x-3)=0$ $\quad\therefore x=1$ 또는 $x=3$

x	$\cdots$	1	$\cdots$	3	$\cdots$
$f'(x)$	+	0	−	0	+
$f(x)$	↗		↘		↗

따라서 함수 $f(x)$는 닫힌구간 $[1,\ 3]$에서 감소하므로

$\alpha=1$, $\beta=3$

$\therefore \beta-\alpha=2$ $\qquad$ 답 **2**

0758 $f'(x)=e^x(k+\cos x)+e^x(-\sin x)$
$$=e^x(k+\cos x-\sin x)$$

함수 $f(x)$가 열린구간 $(-\infty,\ \infty)$에서 증가하려면 모든 실수 x
에 대하여 $f'(x)\geq0$이어야 하므로

$k+\cos x-\sin x\geq0\ (\because e^x>0)$

$\therefore\ \sin x-\cos x\leq k$

$\sin x-\cos x=\sqrt{2}\sin\left(x-\dfrac{\pi}{4}\right)$이고

$-1\leq\sin\left(x-\dfrac{\pi}{4}\right)\leq1$이므로

$-\sqrt{2}\leq\sin x-\cos x\leq\sqrt{2}$

$\therefore\ k\geq\sqrt{2}$

답 $k\geq\sqrt{2}$

0759 $f(x)=\dfrac{e^x}{ax^2+3}$에서

$f'(x)=\dfrac{e^x(ax^2+3)-e^x\times2ax}{(ax^2+3)^2}=\dfrac{e^x(ax^2-2ax+3)}{(ax^2+3)^2}$

함수 $f(x)$가 열린구간 $\left(\dfrac{1}{2},\ 1\right)$에서 감소하려면 $\dfrac{1}{2}<x<1$에서

$f'(x)\leq0$이어야 하고 $e^x>0$이므로

$ax^2-2ax+3\leq0$

이때 $g(x)=ax^2-2ax+3$이라 하면

$g\left(\dfrac{1}{2}\right)=-\dfrac{3}{4}a+3\leq0\qquad\therefore\ a\geq4$

$g(1)=-a+3\leq0\qquad\therefore\ a\geq3$

따라서 $a\geq4$이므로 실수 a의 최솟값은 4이다.

답 ④

0760 $f(x)=\dfrac{4x}{x^2+1}$에서

$f'(x)=\dfrac{4(x^2+1)-4x\times2x}{(x^2+1)^2}=\dfrac{-4x^2+4}{(x^2+1)^2}$

$\qquad=\dfrac{-4(x+1)(x-1)}{(x^2+1)^2}$

ㄱ. $f(0)=0,\ f'(0)=4$이므로 $f(0)+f'(0)=4$

ㄴ. $f'(x)=0$에서 $x=-1$ 또는 $x=1$

x	$\cdots$	-1	$\cdots$	1	$\cdots$
$f'(x)$	$-$	0	$+$	0	$-$
$f(x)$	$\searrow$	-2	$\nearrow$	2	$\searrow$

따라서 함수 $f(x)$의 극댓값은 2, 극솟값은 -2이므로 극댓
값과 극솟값의 곱은 -4이다.

ㄷ. 함수 $f(x)$는 닫힌구간 $[-1,\ 1]$에서 증가하므로

$\qquad-1<x_1<x_2<1$이면 $f(x_1)<f(x_2)$

이상에서 옳은 것은 ㄱ, ㄴ, ㄷ이다.

답 ⑤

0761 $f'(x)=e^{ax+b}+axe^{ax+b}=e^{ax+b}(1+ax)$

함수 $f(x)$가 $x=-1$에서 극솟값 $-\dfrac{1}{e}$을 가지므로

$f'(-1)=0$에서 $e^{-a+b}(1-a)=0$

$e^{-a+b}>0$이므로 $1-a=0$

$\therefore\ a=1$

$f(-1)=-\dfrac{1}{e}$에서 $-e^{-1+b}=-\dfrac{1}{e}=-e^{-1}$

$-1+b=-1\qquad\therefore\ b=0$

$\therefore\ a+b=1$

답 1

0762 $f'(x)=(2x-a)e^{-x}-(x^2-ax+a)e^{-x}$
$$=-e^{-x}\{x^2-(a+2)x+2a\}$$
$$=-e^{-x}(x-a)(x-2)$$

$f'(x)=0$에서 $x=a$ 또는 $x=2$ (단, $a<2$)

x	$\cdots$	a	$\cdots$	2	$\cdots$
$f'(x)$	$-$	0	$+$	0	$-$
$f(x)$	$\searrow$	ae^{-a}	$\nearrow$	$(4-a)e^{-2}$	$\searrow$

함수 $f(x)$는 $x=a$에서 극솟값 ae^{-a}을 가지므로

$g(a)=ae^{-a}$

$g'(a)=e^{-a}-ae^{-a}=e^{-a}(1-a)$

$g'(a)=0$에서 $a=1$

a	$\cdots$	1	$\cdots$	2
$g'(a)$	$+$	0	$-$	
$g(a)$	$\nearrow$	$\dfrac{1}{e}$	$\searrow$	

따라서 함수 $g(a)$는 $a=1$에서 극대이면서 최대이므로 구하는

최댓값은 $\dfrac{1}{e}$이다.

답 ②

0763 $f(x)=\dfrac{x-\ln x}{x}$에서 $x>0$이고

$f'(x)=\dfrac{\left(1-\dfrac{1}{x}\right)x-(x-\ln x)}{x^2}=\dfrac{x-1-(x-\ln x)}{x^2}$

$\qquad=\dfrac{\ln x-1}{x^2}$

$f'(x)=0$에서 $\ln x-1=0\qquad\therefore\ x=e$

x	0	$\cdots$	e	$\cdots$
$f'(x)$		$-$	0	$+$
$f(x)$		$\searrow$	$\dfrac{e-1}{e}$	$\nearrow$

따라서 함수 $f(x)$의 극솟값은 $f(e)=\dfrac{e-1}{e}$이므로

$a=e,\ b=\dfrac{e-1}{e}\qquad\therefore\ ab=e-1$

답 $e-1$

0764 $f'(x)=1-2\cos x$이므로

$f'(x)=0$에서 $\cos x=\dfrac{1}{2}$

$\therefore\ x=\dfrac{\pi}{3}$ 또는 $x=\dfrac{5}{3}\pi\ (\because 0\leq x\leq2\pi)$

x	0	$\cdots$	$\dfrac{\pi}{3}$	$\cdots$	$\dfrac{5}{3}\pi$	$\cdots$	2π
$f'(x)$		$-$	0	$+$	0	$-$	
$f(x)$	0	$\searrow$	$\dfrac{\pi}{3}-\sqrt{3}$	$\nearrow$	$\dfrac{5}{3}\pi+\sqrt{3}$	$\searrow$	2π

따라서 함수 $f(x)$는 $x=\dfrac{5}{3}\pi$일 때 극댓값 $\dfrac{5}{3}\pi+\sqrt{3}$, $x=\dfrac{\pi}{3}$일 때

극솟값 $\dfrac{\pi}{3}-\sqrt{3}$을 가지므로

$$M=\dfrac{5}{3}\pi+\sqrt{3},\ m=\dfrac{\pi}{3}-\sqrt{3}$$

$$\therefore M+m=2\pi$$

답 ②

0765 $f'(x)=1+|k|\sin x$

함수 $f(x)$가 극값을 갖지 않으려면 모든 실수 x에 대하여

$f'(x)\leq0$ 또는 $f'(x)\geq0$

즉, $1+|k|\sin x\leq0$ 또는 $1+|k|\sin x\geq0$이어야 하므로

$\sin x\leq-\dfrac{1}{|k|}$ 또는 $\sin x\geq-\dfrac{1}{|k|}$

이때 $-1\leq\sin x\leq1$이므로

$$-\dfrac{1}{|k|}\geq1 \text{ 또는 } -\dfrac{1}{|k|}\leq-1$$

$0<|k|\leq1$ $\therefore -1\leq k<0$ 또는 $0<k\leq1$

그런데 $k=0$일 때 $f'(x)=1>0$이므로 함수 $f(x)$는 극값을 갖지 않는다.

$$\therefore -1\leq k\leq1$$

따라서 $\alpha=-1$, $\beta=1$이므로

$$\alpha+\beta=0$$

답 ②

0766 $f(x)=\tan x$라 하면 $f'(x)=\sec^2 x$

점 $(0,\,0)$에서의 접선의 기울기는 $f'(0)=\sec^2 0=1$이므로 접선의 방정식은

$y=x$ $\therefore k=1$

㉮

$g(x)=\sin x$라 하면 $g'(x)=\cos x$

점 $\left(\dfrac{\pi}{2},\,\sin\dfrac{\pi}{2}\right)$, 즉 $\left(\dfrac{\pi}{2},\,1\right)$에서의 접선의 기울기는

$g'\left(\dfrac{\pi}{2}\right)=0$이므로 접선의 방정식은

$y-1=0$ $\therefore y=1$

따라서 $a=0$, $b=1$이므로

㉯

$a^2+b^2=1$

㉰

답 1

단계	채점요소	배점
㉮	k의 값 구하기	30%
㉯	$a,\,b$의 값 구하기	50%
㉰	a^2+b^2의 값 구하기	20%

0767 $f(x)=e^x$이라 하면 $f'(x)=e^x$

점 $(1,\,e)$에서의 접선의 기울기는 $f'(1)=e$이므로 접선의 방정식은

$y-e=e(x-1)$

$\therefore y=ex$

㉮

이때 직선 $y=ex$가 곡선 $y=2\sqrt{x-k}$에 접하므로 방정식

$2\sqrt{x-k}=ex$에서 양변을 제곱하면

$4(x-k)=e^2 x^2$

$\therefore e^2 x^2-4x+4k=0$

㉯

이 이차방정식의 판별식을 D라 하면

$$\dfrac{D}{4}=4-4ke^2=0$$

$$\therefore k=\dfrac{1}{e^2}$$

㉰

답 $\dfrac{1}{e^2}$

단계	채점요소	배점
㉮	점 $(1,\,e)$에서의 접선의 방정식 구하기	40%
㉯	곡선 $y=2\sqrt{x-k}$에 접함을 이용하여 식 세우기	40%
㉰	k의 값 구하기	20%

0768 $f'(x)=(4x-a)e^x+(2x^2-ax)e^x$
$\qquad\quad =e^x\{2x^2+(4-a)x-a\}$

함수 $f(x)$가 $x=1$에서 극솟값을 가지므로

$f'(1)=0$에서 $e(6-2a)=0$ $\therefore a=3$

㉮

즉, $f'(x)=e^x(2x^2+x-3)=e^x(2x+3)(x-1)$이므로

$f'(x)=0$에서 $x=-\dfrac{3}{2}$ 또는 $x=1$

$x=-\dfrac{3}{2}$의 좌우에서 $f'(x)$의 부호가 양에서 음으로 바뀌므로

함수 $f(x)$는 $x=-\dfrac{3}{2}$에서 극댓값을 갖는다.

㉯

따라서 함수 $f(x)$의 극댓값은

$$f\left(-\dfrac{3}{2}\right)=\left\{2\times\left(-\dfrac{3}{2}\right)^2-3\times\left(-\dfrac{3}{2}\right)\right\}e^{-\frac{3}{2}}$$
$$=9e^{-\frac{3}{2}}$$

㉰

답 $9e^{-\frac{3}{2}}$

단계	채점요소	배점
㉮	a의 값 구하기	40%
㉯	극댓값을 가지는 x의 값 구하기	40%
㉰	극댓값 구하기	20%

0769 $f(x)=\ln(x^2+x+2)+ax$에서

$$f'(x)=\frac{2x+1}{x^2+x+2}+a=\frac{ax^2+(a+2)x+2a+1}{x^2+x+2}$$

——————————————————————— ㉮

$f(x)$가 극댓값과 극솟값을 모두 가지려면 x에 대한 이차방정식 $ax^2+(a+2)x+2a+1=0\ (a\neq0)$이 서로 다른 두 실근을 가져야 한다.

——————————————————————— ㉯

이 이차방정식의 판별식을 D라 하면
$$D=(a+2)^2-4a(2a+1)>0$$
$$4-7a^2>0,\ a^2<\frac{4}{7}$$
$$\therefore -\frac{2\sqrt{7}}{7}<a<0 \text{ 또는 } 0<a<\frac{2\sqrt{7}}{7}\ (\because a\neq0)$$

——————————————————————— ㉰

$$\text{답 } -\frac{2\sqrt{7}}{7}<a<0 \text{ 또는 } 0<a<\frac{2\sqrt{7}}{7}$$

단계	채점요소	배점
㉮	$f'(x)$ 구하기	30%
㉯	$f(x)$가 극댓값과 극솟값을 가질 조건 이용하기	30%
㉰	a의 값의 범위 구하기	40%

0770 $\dfrac{dx}{d\theta}=2\cos\theta,\ \dfrac{dy}{d\theta}=-2\sin2\theta=-4\sin\theta\cos\theta$

이므로

$$\frac{dy}{dx}=\frac{\frac{dy}{d\theta}}{\frac{dx}{d\theta}}=\frac{-4\sin\theta\cos\theta}{2\cos\theta}=-2\sin\theta\ (\cos\theta\neq0)$$

따라서 점 $\mathrm{P}(2\sin\theta,\ \cos2\theta)$에서의 접선의 방정식은
$$y-\cos2\theta=-2\sin\theta(x-2\sin\theta)$$
$$y=-2x\sin\theta+4\sin^2\theta+(1-2\sin^2\theta)$$
$$\therefore y=-2x\sin\theta+2\sin^2\theta+1$$
즉, $a=-2\sin\theta,\ b=2\sin^2\theta+1$이므로
$$a+b=2\sin^2\theta-2\sin\theta+1$$
이때 $\sin\theta=t$로 치환하면
$$a+b=2t^2-2t+1=2\left(t-\frac{1}{2}\right)^2+\frac{1}{2}\ (-1\leq t\leq1)$$

따라서 $a+b$는 $t=\dfrac{1}{2}$에서 최솟값 $\dfrac{1}{2}$, $t=-1$에서 최댓값 5를 가지므로 최댓값과 최솟값의 곱은 $\dfrac{5}{2}$이다. $\qquad$ 답 $\dfrac{5}{2}$

0771 $y=\ln x$를 x에 대하여 미분하면 $y'=\dfrac{1}{x}$

점 $\mathrm{P}(t,\ \ln t)$에서의 접선의 방정식은
$$y-\ln t=\frac{1}{t}(x-t)\qquad \therefore y=\frac{1}{t}x-1+\ln t$$
$$\therefore r(t)=t(1-\ln t)$$

점 $\mathrm{Q}(2t,\ \ln 2t)$에서의 접선의 방정식은
$$y-\ln 2t=\frac{1}{2t}(x-2t)\qquad \therefore y=\frac{1}{2t}x-1+\ln 2t$$
$$\therefore s(t)=2t(1-\ln 2t)$$
$$f(t)=r(t)-s(t)=t(-1-\ln t+2\ln 2t)$$
$$=t(-1+\ln 4t)$$
에서 $t>0$이고
$$f'(t)=(-1+\ln 4t)+t\times\frac{4}{4t}=\ln 4t$$
$$f'(t)=0 \text{에서 } t=\frac{1}{4}$$

t	0	$\cdots$	$\dfrac{1}{4}$	$\cdots$
$f'(t)$		$-$	0	$+$
$f(t)$		$\searrow$	$-\dfrac{1}{4}$	$\nearrow$

따라서 함수 $f(t)$의 극솟값은 $-\dfrac{1}{4}$이다. $\qquad$ 답 ③

0772 $f(x)=\cos2x-2\cos x$에서
$$f'(x)=-2\sin2x+2\sin x=-4\sin x\cos x+2\sin x$$
$$=2\sin x(-2\cos x+1)$$
$$f'(x)=0 \text{에서 } \sin x=0 \text{ 또는 } \cos x=\frac{1}{2}$$
$$\therefore x=\frac{\pi}{3},\ \pi,\ \frac{5}{3}\pi,\ 2\pi,\ \frac{7}{3}\pi,\ 3\pi,\ \cdots\ (\because x>0)$$

x	0	$\cdots$	$\dfrac{\pi}{3}$	$\cdots$	π	$\cdots$	$\dfrac{5}{3}\pi$	$\cdots$	2π	$\cdots$
$f'(x)$		$-$	0	$+$	0	$-$	0	$+$	0	$-$
$f(x)$		$\searrow$	극소	$\nearrow$	극대	$\searrow$	극소	$\nearrow$	극대	$\searrow$

따라서 함수 $f(x)$는 $x=\pi,\ 2\pi,\ 3\pi,\ \cdots$에서 극댓값을 갖고, $x=\dfrac{\pi}{3},\ \dfrac{5}{3}\pi,\ \dfrac{7}{3}\pi,\ \cdots$에서 극솟값을 갖는다.

$$\therefore a_1=\frac{\pi}{3},\ a_2=\frac{5}{3}\pi,\ a_3=\frac{7}{3}\pi,\ a_4=\frac{11}{3}\pi,\ \cdots$$

즉, $a_{2n-1}=\dfrac{6n-5}{3}\pi,\ a_{2n}=\dfrac{6n-1}{3}\pi$ (n은 자연수)이므로

$$a_3=\frac{7}{3}\pi,\ a_{12}=\frac{35}{3}\pi$$
$$\therefore \frac{a_{12}}{a_3}=5 \qquad\qquad \text{답 } 5$$

07 도함수의 활용 (2)

교과서 문제 정/복/하/기

본문 109쪽, 111쪽

0773 $f(x)=\dfrac{1}{3}x^3-4x$라 하면

$f'(x)=x^2-4$, $f''(x)=2x$

$f''(x)=0$에서 $x=0$

이때 $x<0$에서 $f''(x)<0$, $x>0$에서 $f''(x)>0$이다.

따라서 곡선 $y=f(x)$는 열린구간 $(-\infty,\ 0)$에서 위로 볼록하고, 열린구간 $(0,\ \infty)$에서 아래로 볼록하다. **답** 풀이 참조

0774 $f(x)=x^4-2x^3+4x-5$라 하면

$f'(x)=4x^3-6x^2+4$, $f''(x)=12x^2-12x=12x(x-1)$

$f''(x)=0$에서 $x=0$ 또는 $x=1$

이때 $x<0$ 또는 $x>1$에서 $f''(x)>0$,

$0<x<1$에서 $f''(x)<0$이다.

따라서 곡선 $y=f(x)$는 열린구간 $(-\infty,\ 0)$ 또는 $(1,\ \infty)$에서 아래로 볼록하고, 열린구간 $(0,\ 1)$에서 위로 볼록하다.

답 풀이 참조

0775 $f(x)=x^2+\dfrac{1}{x}$이라 하면

$f'(x)=2x-\dfrac{1}{x^2}$,

$f''(x)=2+\dfrac{2}{x^3}=\dfrac{2x^3+2}{x^3}=\dfrac{2(x+1)(x^2-x+1)}{x^3}$

$f''(x)=0$에서 $x+1=0$ $\therefore x=-1$

이때 $-1<x<0$에서 $f''(x)<0$,

$x<-1$ 또는 $x>0$에서 $f''(x)>0$이다.

따라서 곡선 $y=f(x)$는 열린구간 $(-1,\ 0)$에서 위로 볼록하고, 열린구간 $(-\infty,\ -1)$ 또는 $(0,\ \infty)$에서 아래로 볼록하다.

답 풀이 참조

0776 $f(x)=(x^2-x)e^x$이라 하면

$f'(x)=(2x-1)e^x+(x^2-x)e^x=(x^2+x-1)e^x$,

$f''(x)=(2x+1)e^x+(x^2+x-1)e^x$

$\qquad =(x^2+3x)e^x=x(x+3)e^x$

$f''(x)=0$에서 $x=-3$ 또는 $x=0$

이때 $-3<x<0$에서 $f''(x)<0$,

$x<-3$ 또는 $x>0$에서 $f''(x)>0$이다.

따라서 곡선 $y=f(x)$는 열린구간 $(-3,\ 0)$에서 위로 볼록하고, 열린구간 $(-\infty,\ -3)$ 또는 $(0,\ \infty)$에서 아래로 볼록하다.

답 풀이 참조

0777 $f(x)=\ln(x^2+1)$이라 하면

$f'(x)=\dfrac{2x}{x^2+1}$,

$f''(x)=\dfrac{2(x^2+1)-2x\times2x}{(x^2+1)^2}=\dfrac{-2(x^2-1)}{(x^2+1)^2}$

$\qquad =\dfrac{-2(x+1)(x-1)}{(x^2+1)^2}$

$f''(x)=0$에서 $x=-1$ 또는 $x=1$

이때 $x<-1$ 또는 $x>1$에서 $f''(x)<0$,

$-1<x<1$에서 $f''(x)>0$이다.

따라서 곡선 $y=f(x)$는 열린구간 $(-\infty,\ -1)$ 또는 $(1,\ \infty)$에서 위로 볼록하고, 열린구간 $(-1,\ 1)$에서 아래로 볼록하다.

답 풀이 참조

0778 $f(x)=x+2\sin x$라 하면

$f'(x)=1+2\cos x$, $f''(x)=-2\sin x$

$f''(x)=0$에서 $x=\pi$ $(\because 0<x<2\pi)$

이때 $0<x<\pi$에서 $f''(x)<0$, $\pi<x<2\pi$에서 $f''(x)>0$이다.

따라서 곡선 $y=f(x)$는 열린구간 $(0,\ \pi)$에서 위로 볼록하고, 열린구간 $(\pi,\ 2\pi)$에서 아래로 볼록하다. **답** 풀이 참조

0779 $f(x)=x^3-3x^2+x-1$이라 하면

$f'(x)=3x^2-6x+1$, $f''(x)=6x-6=6(x-1)$

$f''(x)=0$에서 $x=1$

이때 $x<1$에서 $f''(x)<0$, $x>1$에서 $f''(x)>0$이다.

따라서 $x=1$의 좌우에서 $f''(x)$의 부호가 바뀌므로 변곡점의 좌표는 $(1,\ -2)$이다. **답** $(1,\ -2)$

0780 $f(x)=x^4-6x^2+6$이라 하면

$f'(x)=4x^3-12x$,

$f''(x)=12x^2-12=12(x^2-1)=12(x+1)(x-1)$

$f''(x)=0$에서 $x=-1$ 또는 $x=1$

이때 $x<-1$ 또는 $x>1$에서 $f''(x)>0$,

$-1<x<1$에서 $f''(x)<0$이다.

따라서 $x=-1$, $x=1$의 좌우에서 $f''(x)$의 부호가 바뀌므로 변곡점의 좌표는 $(-1,\ 1)$, $(1,\ 1)$이다.

답 $(-1,\ 1),\ (1,\ 1)$

0781 $f(x)=\dfrac{x}{x^2+1}$라 하면

$f'(x)=\dfrac{(x^2+1)-x\times2x}{(x^2+1)^2}=\dfrac{-x^2+1}{(x^2+1)^2}$,

$f''(x)=\dfrac{-2x(x^2+1)^2-(-x^2+1)\times2(x^2+1)\times2x}{(x^2+1)^4}$

$\qquad =\dfrac{2x(x^2-3)}{(x^2+1)^3}=\dfrac{2x(x+\sqrt{3})(x-\sqrt{3})}{(x^2+1)^3}$

$f''(x)=0$에서 $x=-\sqrt{3}$ 또는 $x=0$ 또는 $x=\sqrt{3}$

이때 $x<-\sqrt{3}$ 또는 $0<x<\sqrt{3}$에서 $f''(x)<0$,

$-\sqrt{3}<x<0$ 또는 $x>\sqrt{3}$에서 $f''(x)>0$이다.

따라서 $x=-\sqrt{3}$, $x=0$, $x=\sqrt{3}$의 좌우에서 $f''(x)$의 부호가

바뀌므로 변곡점의 좌표는

$\left(-\sqrt{3},\ -\dfrac{\sqrt{3}}{4}\right)$, $(0,\ 0)$, $\left(\sqrt{3},\ \dfrac{\sqrt{3}}{4}\right)$이다.

$$\text{답}\ \left(-\sqrt{3},\ -\dfrac{\sqrt{3}}{4}\right),\ (0,\ 0),\ \left(\sqrt{3},\ \dfrac{\sqrt{3}}{4}\right)$$

0782 $f(x)=xe^x$이라 하면

$f'(x)=e^x+xe^x=(1+x)e^x$,

$f''(x)=e^x+(1+x)e^x=(x+2)e^x$

$f''(x)=0$에서 $x=-2$

이때 $x<-2$에서 $f''(x)<0$, $x>-2$에서 $f''(x)>0$이다.

따라서 $x=-2$의 좌우에서 $f''(x)$의 부호가 바뀌므로 변곡점의

좌표는 $\left(-2,\ -\dfrac{2}{e^2}\right)$이다. $\qquad$ 답 $\left(-2,\ -\dfrac{2}{e^2}\right)$

0783 $f(x)=e^x-e^{-x}+2$라 하면

$f'(x)=e^x+e^{-x}$, $f''(x)=e^x-e^{-x}$

$f''(x)=0$에서 $x=0$

이때 $x<0$에서 $f''(x)<0$, $x>0$에서 $f''(x)>0$이다.

따라서 $x=0$의 좌우에서 $f''(x)$의 부호가 바뀌므로 변곡점의 좌

표는 $(0,\ 2)$이다. $\qquad$ 답 $(0,\ 2)$

0784 $f(x)=x^2-2x\ln x$라 하면 $x>0$이고

$f'(x)=2x-2\ln x-2$, $f''(x)=2-\dfrac{2}{x}=\dfrac{2(x-1)}{x}$

$f''(x)=0$에서 $x=1$

이때 $0<x<1$에서 $f''(x)<0$, $x>1$에서 $f''(x)>0$이다.

따라서 $x=1$의 좌우에서 $f''(x)$의 부호가 바뀌므로 변곡점의 좌

표는 $(1,\ 1)$이다. $\qquad$ 답 $(1,\ 1)$

0785 $f(x)=x+\cos x$라 하면

$f'(x)=1-\sin x$, $f''(x)=-\cos x$

$f''(x)=0$에서 $x=\dfrac{\pi}{2}$ ($\because\ 0<x<\pi$)

이때 $0<x<\dfrac{\pi}{2}$에서 $f''(x)<0$, $\dfrac{\pi}{2}<x<\pi$에서 $f''(x)>0$이다.

따라서 $x=\dfrac{\pi}{2}$의 좌우에서 $f''(x)$의 부호가 바뀌므로 변곡점의

좌표는 $\left(\dfrac{\pi}{2},\ \dfrac{\pi}{2}\right)$이다. $\qquad$ 답 $\left(\dfrac{\pi}{2},\ \dfrac{\pi}{2}\right)$

0786 $f'(x)=4x^3-12x^2=4x^2(x-3)$

$f''(x)=12x^2-24x=12x(x-2)$

$f'(x)=0$에서 $x=0$ 또는 $x=3$

$f''(x)=0$에서 $x=0$ 또는 $x=2$

x	$\cdots$	0	$\cdots$	2	$\cdots$	3	$\cdots$
$f'(x)$	$-$	0	$-$	$-$	$-$	0	$+$
$f''(x)$	$+$	0	$-$	0	$+$	$+$	$+$
$f(x)$	$\searrow$	0	$\searrow$	-16	$\searrow$	-27	$\nearrow$

따라서 함수 $y=f(x)$의 그래프는 오른쪽 그림과 같다.

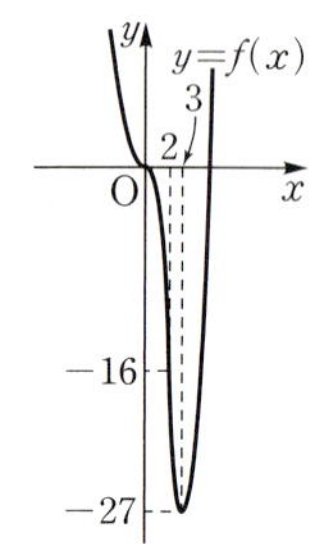

답 풀이 참조

0787 $f'(x)=\dfrac{x^2+3-x\times 2x}{(x^2+3)^2}=\dfrac{-x^2+3}{(x^2+3)^2}$

$\qquad =-\dfrac{(x+\sqrt{3})(x-\sqrt{3})}{(x^2+3)^2}$

$f''(x)=\dfrac{-2x(x^2+3)^2-(-x^2+3)\times 2(x^2+3)\times 2x}{(x^2+3)^4}$

$\qquad =\dfrac{2x(x^2-9)}{(x^2+3)^3}=\dfrac{2x(x+3)(x-3)}{(x^2+3)^3}$

$f'(x)=0$에서 $x=-\sqrt{3}$ 또는 $x=\sqrt{3}$

$f''(x)=0$에서 $x=-3$ 또는 $x=0$ 또는 $x=3$

x	$\cdots$	-3	$\cdots$	$-\sqrt{3}$	$\cdots$	0	$\cdots$	$\sqrt{3}$	$\cdots$	3	$\cdots$
$f'(x)$	$-$	$-$	$-$	0	$+$	$+$	$+$	0	$-$	$-$	$-$
$f''(x)$	$-$	0	$+$	$+$	$+$	0	$-$	$-$	$-$	0	$+$
$f(x)$	$\searrow$	$-\dfrac{1}{4}$	$\searrow$	$-\dfrac{\sqrt{3}}{6}$	$\nearrow$	0	$\nearrow$	$\dfrac{\sqrt{3}}{6}$	$\searrow$	$\dfrac{1}{4}$	$\searrow$

이때 $\displaystyle\lim_{x\to-\infty}f(x)=0$, $\displaystyle\lim_{x\to\infty}f(x)=0$이므로 점근선은 x축이다.

따라서 함수 $y=f(x)$의 그래프는 다음 그림과 같다.

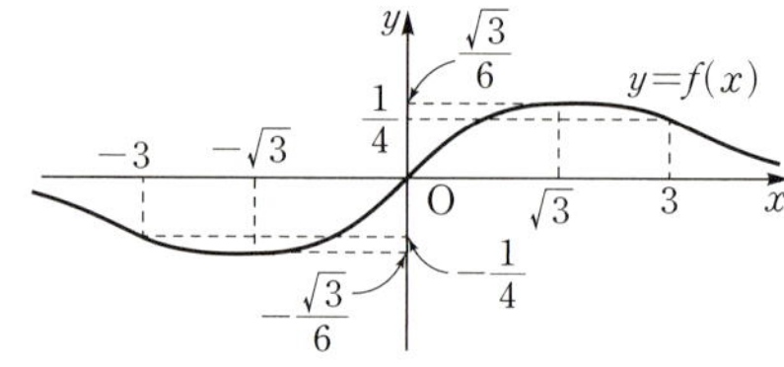

답 풀이 참조

0788 $x\geq 0$이고

$f'(x)=1-\dfrac{1}{2\sqrt{x}}$, $f''(x)=\dfrac{1}{4x\sqrt{x}}$

$f'(x)=0$에서 $x=\dfrac{1}{4}$

$f''(x)=0$을 만족시키는 x의 값이 존재하지 않으므로 변곡점은

없다.

x	0	$\cdots$	$\dfrac{1}{4}$	$\cdots$
$f'(x)$		$-$	0	$+$
$f''(x)$		$+$	$+$	$+$
$f(x)$	0	$\searrow$	$-\dfrac{1}{4}$	$\nearrow$

이때 $\lim\limits_{x\to\infty} f(x)=\infty$이므로 함수
$y=f(x)$의 그래프는 오른쪽 그림과
같다.

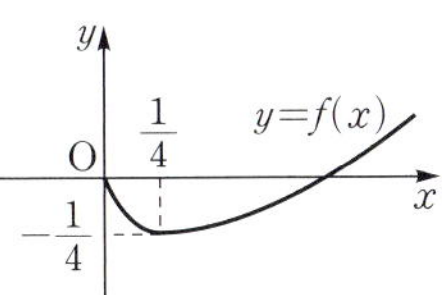

답 풀이 참조

0789 $f'(x)=-2xe^{-x^2}$

$f''(x)=-2e^{-x^2}+4x^2e^{-x^2}=2e^{-x^2}(2x^2-1)$

$f'(x)=0$에서 $x=0$

$f''(x)=0$에서 $2x^2-1=0$ $\qquad \therefore x=-\dfrac{\sqrt{2}}{2}$ 또는 $x=\dfrac{\sqrt{2}}{2}$

x	$\cdots$	$-\dfrac{\sqrt{2}}{2}$	$\cdots$	0	$\cdots$	$\dfrac{\sqrt{2}}{2}$	$\cdots$
$f'(x)$	$+$	$+$	$+$	0	$-$	$-$	$-$
$f''(x)$	$+$	0	$-$	$-$	$-$	0	$+$
$f(x)$	$\nearrow$	$e^{-\frac{1}{2}}$	$\curvearrowright$	1	$\searrow$	$e^{-\frac{1}{2}}$	$\searrow$

이때 $\lim\limits_{x\to-\infty} f(x)=0$,

$\lim\limits_{x\to\infty} f(x)=0$이므로 점근선은 x축
이다.

따라서 함수 $y=f(x)$의 그래프는
오른쪽 그림과 같다.

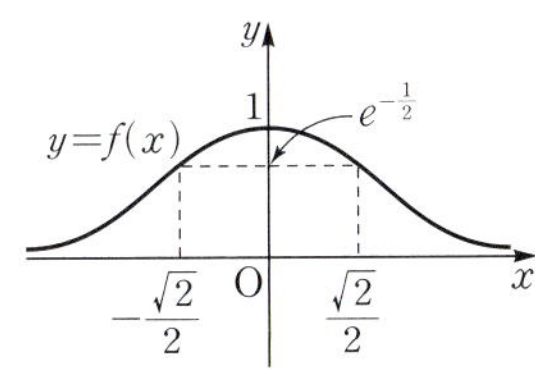

답 풀이 참조

0790 $f'(x)=-e^x+(1-x)e^x=-xe^x$

$f''(x)=-e^x-xe^x=(-1-x)e^x$

$f'(x)=0$에서 $x=0$

$f''(x)=0$에서 $-1-x=0$ $\qquad \therefore x=-1$

x	$\cdots$	-1	$\cdots$	0	$\cdots$
$f'(x)$	$+$	$+$	$+$	0	$-$
$f''(x)$	$+$	0	$-$	$-$	$-$
$f(x)$	$\nearrow$	$\dfrac{2}{e}$	$\curvearrowright$	1	$\searrow$

이때 $\lim\limits_{x\to-\infty} f(x)=0$,

$\lim\limits_{x\to\infty} f(x)=-\infty$이므로 함수
$y=f(x)$의 그래프는 오른쪽 그
림과 같다.

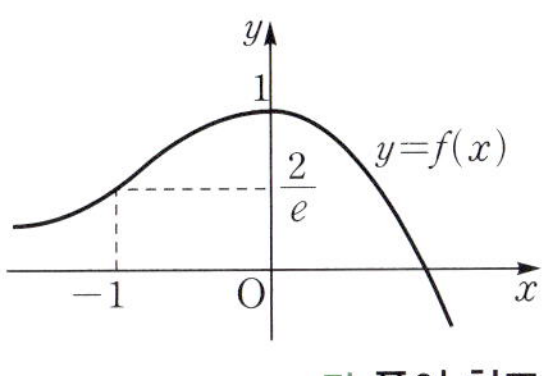

답 풀이 참조

0791 $x>0$이고

$f'(x)=\ln x+x\times\dfrac{1}{x}=\ln x+1$

$f''(x)=\dfrac{1}{x}$

$f'(x)=0$에서 $\ln x=-1$ $\qquad \therefore x=\dfrac{1}{e}$

$f''(x)=0$을 만족시키는 x의 값이 존재하지 않으므로 변곡점은
없다.

x	0	$\cdots$	$\dfrac{1}{e}$	$\cdots$
$f'(x)$		$-$	0	$+$
$f''(x)$		$+$	$+$	$+$
$f(x)$		$\searrow$	$-\dfrac{1}{e}$	$\nearrow$

이때 $\lim\limits_{x\to0+} f(x)=0$, $\lim\limits_{x\to\infty} f(x)=\infty$이
므로 함수 $y=f(x)$의 그래프는 오른쪽
그림과 같다.

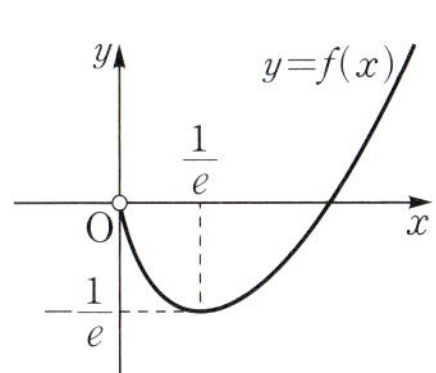

답 풀이 참조

0792 $f'(x)=1-\cos x$

$f''(x)=\sin x$

$f'(x)=0$에서 $\cos x=1$ $\qquad \therefore x=0\,(\because -\pi\leq x\leq\pi)$

$f''(x)=0$에서 $\sin x=0$

$\therefore x=-\pi$ 또는 $x=0$ 또는 $x=\pi\,(\because -\pi\leq x\leq\pi)$

x	$-\pi$	$\cdots$	0	$\cdots$	π
$f'(x)$		$+$	0	$+$	
$f''(x)$	0	$-$	0	$+$	0
$f(x)$	$-\pi$	$\curvearrowright$	0	$\nearrow$	π

따라서 함수 $y=f(x)$의 그래프는 오른쪽
그림과 같다.

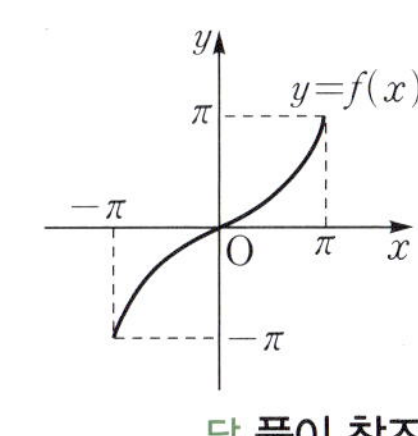

답 풀이 참조

0793 $f'(x)=\dfrac{(2x+3)(x-3)-(x^2+3x+7)}{(x-3)^2}$

$\qquad\quad=\dfrac{x^2-6x-16}{(x-3)^2}=\dfrac{(x+2)(x-8)}{(x-3)^2}$

$f'(x)=0$에서 $x=8\,(\because 4\leq x\leq9)$

x	4	$\cdots$	8	$\cdots$	9
$f'(x)$		$-$	0	$+$	
$f(x)$	35	$\searrow$	19	$\nearrow$	$\dfrac{115}{6}$

따라서 함수 $f(x)$는 $x=4$에서 최댓값 35, $x=8$에서 최솟값 19
를 갖는다.　　　　　　　　　　　답 **최댓값: 35, 최솟값: 19**

0794 $f'(x)=\sqrt{1-x^2}+x\times\dfrac{-2x}{2\sqrt{1-x^2}}$

$\qquad\quad=\sqrt{1-x^2}-\dfrac{x^2}{\sqrt{1-x^2}}=\dfrac{1-2x^2}{\sqrt{1-x^2}}$

$f'(x)=0$에서 $1-2x^2=0$

$\therefore x=-\dfrac{\sqrt{2}}{2}$ 또는 $x=\dfrac{\sqrt{2}}{2}$

x	-1	$\cdots$	$-\dfrac{\sqrt{2}}{2}$	$\cdots$	$\dfrac{\sqrt{2}}{2}$	$\cdots$	1
$f'(x)$		$-$	0	$+$	0	$-$	
$f(x)$	0	$\searrow$	$-\dfrac{1}{2}$	$\nearrow$	$\dfrac{1}{2}$	$\searrow$	0

따라서 함수 $f(x)$는 $x=\dfrac{\sqrt{2}}{2}$에서 최댓값 $\dfrac{1}{2}$, $x=-\dfrac{\sqrt{2}}{2}$에서

최솟값 $-\dfrac{1}{2}$을 갖는다.　　답 **최댓값: $\dfrac{1}{2}$, 최솟값: $-\dfrac{1}{2}$**

0795 $f'(x)=e^{-x}-xe^{-x}=e^{-x}(1-x)$

$f'(x)=0$에서 $x=1$

x	-1	$\cdots$	1	$\cdots$	3
$f'(x)$		$+$	0	$-$	
$f(x)$	$-e$	$\nearrow$	$\dfrac{1}{e}$	$\searrow$	$\dfrac{3}{e^3}$

따라서 함수 $f(x)$는 $x=1$에서 최댓값 $\dfrac{1}{e}$, $x=-1$에서 최솟값
$-e$를 갖는다.　　　　　　答 **최댓값: $\dfrac{1}{e}$, 최솟값: $-e$**

0796 $f'(x)=\dfrac{\dfrac{1}{x}\times x-\ln x}{x^2}=\dfrac{1-\ln x}{x^2}$

$f'(x)=0$에서 $\ln x=1$　　$\therefore x=e$

x	1	$\cdots$	e	$\cdots$	$3e$
$f'(x)$		$+$	0	$-$	
$f(x)$	0	$\nearrow$	$\dfrac{1}{e}$	$\searrow$	$\dfrac{1+\ln 3}{3e}$

따라서 함수 $f(x)$는 $x=e$에서 최댓값 $\dfrac{1}{e}$, $x=1$에서 최솟값 0을
갖는다.　　　　　　　　　　答 **최댓값: $\dfrac{1}{e}$, 최솟값: 0**

0797 $f'(x)=1-2\sin x$

$f'(x)=0$에서 $\sin x=\dfrac{1}{2}$

$\therefore x=\dfrac{\pi}{6}$ 또는 $x=\dfrac{5}{6}\pi\ (\because 0\le x\le\pi)$

x	0	$\cdots$	$\dfrac{\pi}{6}$	$\cdots$	$\dfrac{5}{6}\pi$	$\cdots$	π
$f'(x)$		$+$	0	$-$	0	$+$	
$f(x)$	2	$\nearrow$	$\dfrac{\pi}{6}+\sqrt{3}$	$\searrow$	$\dfrac{5}{6}\pi-\sqrt{3}$	$\nearrow$	$\pi-2$

따라서 함수 $f(x)$는 $x=\dfrac{\pi}{6}$에서 최댓값 $\dfrac{\pi}{6}+\sqrt{3}$, $x=\dfrac{5}{6}\pi$에서

최솟값 $\dfrac{5}{6}\pi-\sqrt{3}$을 갖는다.

답 **최댓값: $\dfrac{\pi}{6}+\sqrt{3}$, 최솟값: $\dfrac{5}{6}\pi-\sqrt{3}$**

0798 $f'(x)=\cos x(1+\cos x)+\sin x(-\sin x)$

$\qquad\quad=\cos x+\cos^2 x-\sin^2 x$

$\qquad\quad=\cos x+\cos^2 x-(1-\cos^2 x)$

$\qquad\quad=2\cos^2 x+\cos x-1$

$\qquad\quad=(2\cos x-1)(\cos x+1)$

$f'(x)=0$에서 $\cos x=\dfrac{1}{2}$ 또는 $\cos x=-1$

$\therefore x=\dfrac{\pi}{3}$ 또는 $x=\pi$ 또는 $x=\dfrac{5}{3}\pi\ (\because 0\le x\le 2\pi)$

x	0	$\cdots$	$\dfrac{\pi}{3}$	$\cdots$	π	$\cdots$	$\dfrac{5}{3}\pi$	$\cdots$	2π
$f'(x)$		$+$	0	$-$	0	$-$	0	$+$	
$f(x)$	0	$\nearrow$	$\dfrac{3\sqrt{3}}{4}$	$\searrow$	0	$\searrow$	$-\dfrac{3\sqrt{3}}{4}$	$\nearrow$	0

따라서 함수 $f(x)$는 $x=\dfrac{\pi}{3}$에서 최댓값 $\dfrac{3\sqrt{3}}{4}$, $x=\dfrac{5}{3}\pi$에서 최

솟값 $-\dfrac{3\sqrt{3}}{4}$을 갖는다.

답 **최댓값: $\dfrac{3\sqrt{3}}{4}$, 최솟값: $-\dfrac{3\sqrt{3}}{4}$**

0799 $f(x)=2x-\sqrt{x}-1$이라 하면 $x\ge 0$이고

$f'(x)=2-\dfrac{1}{2\sqrt{x}}=\dfrac{4\sqrt{x}-1}{2\sqrt{x}}$

$f'(x)=0$에서 $4\sqrt{x}-1=0,\ \sqrt{x}=\dfrac{1}{4}$　　$\therefore x=\dfrac{1}{16}$

x	0	$\cdots$	$\dfrac{1}{16}$	$\cdots$
$f'(x)$		$-$	0	$+$
$f(x)$	-1	$\searrow$	$-\dfrac{9}{8}$	$\nearrow$

이때 $\displaystyle\lim_{x\to\infty}f(x)=\infty$이므로 함수 $y=f(x)$
의 그래프는 오른쪽 그림과 같다.
따라서 주어진 방정식의 서로 다른 실근의
개수는 1이다.

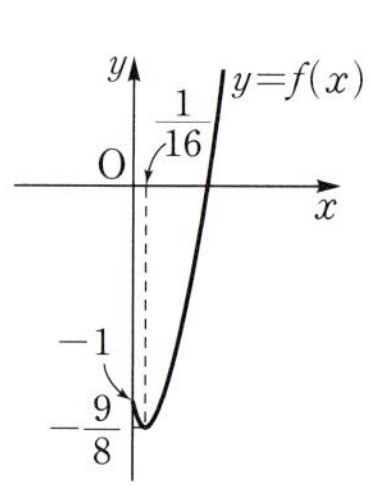

답 **1**

0800 $f(x)=e^x-x$라 하면

$f'(x)=e^x-1$

$f'(x)=0$에서 $x=0$

이때 $\lim\limits_{x\to\infty} f(x)=\infty$,

$\lim\limits_{x\to-\infty} f(x)=\infty$이므로 함수 $y=f(x)$의

그래프는 오른쪽 그림과 같다.

따라서 주어진 방정식의 서로 다른 실근

의 개수는 0이다.

x	$\cdots$	0	$\cdots$
$f'(x)$	$-$	0	$+$
$f(x)$	$\searrow$	1	$\nearrow$

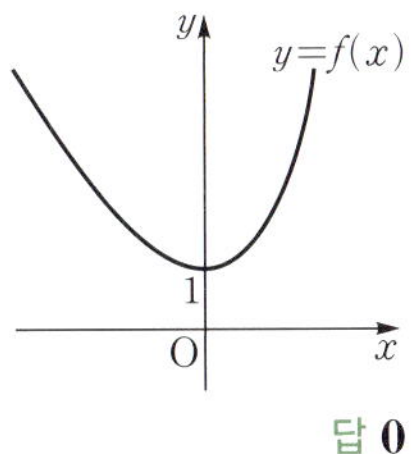

답 **0**

0801 $f(x)=\ln x-x$라 하면 $x>0$이고

$f'(x)=\dfrac{1}{x}-1$

$f'(x)=0$에서 $x=1$

이때 $\lim\limits_{x\to0+} f(x)=-\infty$,

$\lim\limits_{x\to\infty} f(x)=-\infty$이므로 함수 $y=f(x)$

의 그래프는 오른쪽 그림과 같다.

따라서 주어진 방정식의 서로 다른 실

근의 개수는 0이다.

x	0	$\cdots$	1	$\cdots$
$f'(x)$		$+$	0	$-$
$f(x)$		$\nearrow$	-1	$\searrow$

답 **0**

0802 방정식 $x+\sin x=\dfrac{1}{2}$의 서로 다른 실근의 개수는 곡선

$y=x+\sin x$와 직선 $y=\dfrac{1}{2}$의 교점의 개수와 같다.

$f(x)=x+\sin x$라 하면

$f'(x)=1+\cos x$

$f'(x)\geq0$이므로 함수 $f(x)$는 실수 전체의 집합에서 증가한다.

이때 $\lim\limits_{x\to\infty} f(x)=\infty$,

$\lim\limits_{x\to-\infty} f(x)=-\infty$이므로 함수 $y=f(x)$

의 그래프는 오른쪽 그림과 같다.

따라서 주어진 방정식의 서로 다른 실근

의 개수는 1이다.

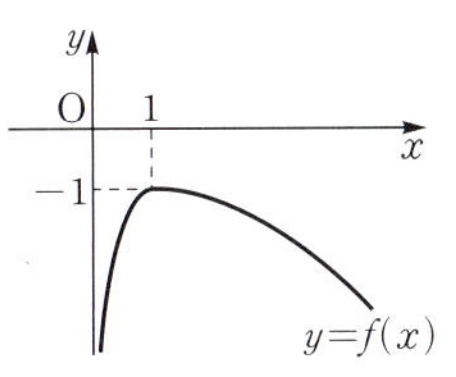

답 **1**

0803 $f(x)=x-\ln(x-1)$이라 하면

$f'(x)=1-\dfrac{1}{x-1}=\dfrac{\boxed{x-2}}{x-1}$

$f'(x)=0$에서 $x=\boxed{2}$

$f(x)$의 최솟값은 $\boxed{2}$

이므로 $f(x)>0$, 즉

$x-\ln(x-1)>0$

따라서 $x>1$일 때 부등식 $x>\ln(x-1)$이 성립한다.

x	1	$\cdots$	$\boxed{2}$	$\cdots$
$f'(x)$		$-$	0	$+$
$f(x)$		$\searrow$	$\boxed{2}$	$\nearrow$

답 (가) $x-2$ (나) 2 (다) 2

0804 $f(x)=e^x-x-1$이라 하면

$f'(x)=e^x-1$

$f'(x)=0$에서 $x=0$

또, $\lim\limits_{x\to-\infty} f(x)=\infty$,

$\lim\limits_{x\to\infty} f(x)=\infty$이다.

즉, 함수 $f(x)$의 최솟값은 0이므로

$f(x)\geq0$, 즉 $e^x-x-1\geq0$

따라서 모든 실수 x에 대하여 부등식 $e^x\geq x+1$이 성립한다.

x	$\cdots$	0	$\cdots$
$f'(x)$	$-$	0	$+$
$f(x)$	$\searrow$	0	$\nearrow$

답 **풀이 참조**

0805 점 P의 시각 t에서의 속도를 v, 가속도를 a라 하면

$v=f'(t)=e^t-2$, $a=f''(t)=e^t$

이므로 $t=3$에서의 점 P의 속도와 가속도는

$v=e^3-2$, $a=e^3$

답 **속도: e^3-2, 가속도: e^3**

0806 점 P의 시각 t에서의 속도를 v, 가속도를 a라 하면

$v=f'(t)=3-2\cos 2t$, $a=f''(t)=4\sin 2t$

이므로 $t=\dfrac{\pi}{6}$에서의 점 P의 속도와 가속도는

$v=3-2\cos\dfrac{\pi}{3}=2$, $a=4\sin\dfrac{\pi}{3}=2\sqrt{3}$

답 **속도: 2, 가속도: $2\sqrt{3}$**

0807 $\dfrac{dx}{dt}=3$, $\dfrac{dy}{dt}=2t^2$이므로 점 P의 시각 t에서의 속도는

$(3,\,2t^2)$

따라서 $t=2$에서의 점 P의 속도는 $(3,\,8)$

$\dfrac{d^2x}{dt^2}=0$, $\dfrac{d^2y}{dt^2}=4t$이므로 점 P의 시각 t에서의 가속도는

$(0,\,4t)$

따라서 $t=2$에서의 점 P의 가속도는 $(0,\,8)$

답 **속도: $(3,\,8)$, 가속도: $(0,\,8)$**

0808 $\dfrac{dx}{dt}=2$, $\dfrac{dy}{dt}=e^t-e^{-t}$이므로 점 P의 시각 t에서의 속

도는 $(2,\,e^t-e^{-t})$

따라서 $t=2$에서의 점 P의 속도는 $(2,\,e^2-e^{-2})$

$\dfrac{d^2x}{dt^2}=0$, $\dfrac{d^2y}{dt^2}=e^t+e^{-t}$이므로 점 P의 시각 t에서의 가속도는

$(0,\,e^t+e^{-t})$

따라서 $t=2$에서의 점 P의 가속도는 $(0,\,e^2+e^{-2})$

답 **속도: $(2,\,e^2-e^{-2})$, 가속도: $(0,\,e^2+e^{-2})$**

유형 익/히/기

0809 $f(x)=e^x \sin x$라 하면

$f'(x)=e^x \sin x+e^x \cos x=e^x(\sin x+\cos x)$

$f''(x)=e^x(\sin x+\cos x)+e^x(\cos x-\sin x)$

$\qquad =2e^x \cos x$

곡선 $y=f(x)$가 위로 볼록하려면 $f''(x)<0$이어야 하므로

$2e^x \cos x<0$, $\cos x<0$ ($\because e^x>0$)

$\therefore \dfrac{\pi}{2}<x<\dfrac{3}{2}\pi$ ($\because 0<x<2\pi$)

따라서 곡선 $y=f(x)$가 위로 볼록한 구간은 $\left(\dfrac{\pi}{2},\ \dfrac{3}{2}\pi\right)$이다.

답 ④

0810 $f(x)=x^2(\ln x-2)$라 하면 $x>0$이고

$f'(x)=2x(\ln x-2)+x^2\times\dfrac{1}{x}=x(2\ln x-3)$

$f''(x)=2\ln x-3+x\times\dfrac{2}{x}=2\ln x-1$

곡선 $y=f(x)$가 아래로 볼록하려면 $f''(x)>0$이어야 하므로

$2\ln x-1>0$, $\ln x>\dfrac{1}{2}$ $\quad \therefore x>e^{\frac{1}{2}}$, 즉 $x>\sqrt{e}$

답 $x>\sqrt{e}$

0811 $f\left(\dfrac{a+b}{2}\right)>\dfrac{f(a)+f(b)}{2}$를 만족시키려면 열린구간

$(0,\ 1)$에서 $y=f(x)$의 그래프가 위로 볼록해야 하므로

$f''(x)<0$이어야 한다.

ㄱ. $f'(x)=\cos x$, $f''(x)=-\sin x$이므로 열린구간 $(0,\ 1)$

에서 $f''(x)<0$이다.

ㄴ. $f'(x)=\ln x+1$, $f''(x)=\dfrac{1}{x}$이므로 열린구간 $(0,\ 1)$에서

$f''(x)>0$이다.

ㄷ. $f'(x)=e^{-x}-xe^{-x}=e^{-x}(1-x)$

$f''(x)=-e^{-x}(1-x)+e^{-x}\times(-1)=e^{-x}(x-2)$

이므로 열린구간 $(0,\ 1)$에서 $f''(x)<0$이다.

따라서 열린구간 $(0,\ 1)$에서 주어진 조건을 만족시키는 것은 ㄱ, ㄷ이다.

답 ③

0812 $f'(x)=\dfrac{2(x^2+4)\times 2x}{(x^2+4)^2}=\dfrac{4x}{x^2+4}$

$f''(x)=\dfrac{4(x^2+4)-4x\times 2x}{(x^2+4)^2}=\dfrac{-4(x+2)(x-2)}{(x^2+4)^2}$

$f''(x)=0$에서 $x=-2$ 또는 $x=2$

이때 $x<-2$ 또는 $x>2$에서 $f''(x)<0$,

$-2<x<2$에서 $f''(x)>0$

즉, $x=-2$, $x=2$의 좌우에서 $f''(x)$의 부호가 바뀌므로 변곡점의 좌표는 $(-2,\ \ln 64)$, $(2,\ \ln 64)$이다.

따라서 두 변곡점 사이의 거리는

$2-(-2)=4$

답 4

0813 $f(x)=x+3\cos x$ $(0\le x\le 2\pi)$라 하면

$f'(x)=1-3\sin x$

$f''(x)=-3\cos x$

$f''(x)=0$에서 $\cos x=0$

$\therefore x=\dfrac{\pi}{2}$ 또는 $x=\dfrac{3}{2}\pi$ ($\because 0\le x\le 2\pi$)

───────────────────────────── ㉮

이때 $0\le x<\dfrac{\pi}{2}$ 또는 $\dfrac{3}{2}\pi<x\le 2\pi$에서 $f''(x)<0$,

$\dfrac{\pi}{2}<x<\dfrac{3}{2}\pi$에서 $f''(x)>0$

즉, $x=\dfrac{\pi}{2}$, $x=\dfrac{3}{2}\pi$의 좌우에서 $f''(x)$의 부호가 바뀌므로 변곡점의 x좌표는 $\dfrac{\pi}{2}$, $\dfrac{3}{2}\pi$

───────────────────────────── ㉯

따라서 모든 변곡점의 x좌표의 합은

$\dfrac{\pi}{2}+\dfrac{3}{2}\pi=2\pi$

───────────────────────────── ㉰

답 2π

단계	채점요소	배점
㉮	$f''(x)=0$을 만족시키는 x의 값 구하기	40%
㉯	변곡점의 x좌표 구하기	40%
㉰	모든 변곡점의 x좌표의 합 구하기	20%

0814 $f(x)=\ln(x^2+1)$이라 하면

$f'(x)=\dfrac{2x}{x^2+1}$

$f''(x)=\dfrac{2(x^2+1)-2x\times 2x}{(x^2+1)^2}=\dfrac{-2(x+1)(x-1)}{(x^2+1)^2}$

$f''(x)=0$에서 $x=-1$ 또는 $x=1$

이때 $x<-1$ 또는 $x>1$에서 $f''(x)<0$,

$-1<x<1$에서 $f''(x)>0$

즉, $x=-1$, $x=1$의 좌우에서 $f''(x)$의 부호가 바뀌므로 변곡점의 좌표는 $(-1,\ \ln 2)$, $(1,\ \ln 2)$이다.

따라서 삼각형 OAB의 넓이는

$\dfrac{1}{2}\times 2\times \ln 2=\ln 2$

답 ①

0815 $f(x)=xe^{-x}$이라 하면

$f'(x)=e^{-x}-xe^{-x}=(1-x)e^{-x}$

$f''(x)=-e^{-x}-(1-x)e^{-x}=e^{-x}(x-2)$

$f''(x)=0$에서 $x=2$

이때 $x<2$에서 $f''(x)<0$, $x>2$에서 $f''(x)>0$이다.

즉, $x=2$의 좌우에서 $f''(x)$의 부호가 바뀌므로 변곡점의 좌표는 $\left(2,\ \dfrac{2}{e^2}\right)$이다.

또, $f'(2)=(1-2)e^{-2}=-\dfrac{1}{e^2}$이므로 변곡점에서의 접선의 방정식은

$y=-\dfrac{1}{e^2}(x-2)+\dfrac{2}{e^2}$, 즉 $y=-\dfrac{1}{e^2}x+\dfrac{4}{e^2}$

따라서 $a=-1$, $b=4$이므로

$ab=-4$ 답 -4

0816 $f(x)=ax^2+x+b\ln x$에서 $x>0$이고

$f'(x)=2ax+1+\dfrac{b}{x}$

$f''(x)=2a-\dfrac{b}{x^2}$

함수 $f(x)$가 $x=2$에서 극대이므로

$f'(2)=0$에서 $4a+1+\dfrac{b}{2}=0$

$\therefore 8a+b=-2$ ...... ㉠

곡선 $y=f(x)$의 변곡점의 x좌표가 1이므로

$f''(1)=0$에서 $2a-b=0$ ...... ㉡

㉠, ㉡을 연립하여 풀면 $a=-\dfrac{1}{5}$, $b=-\dfrac{2}{5}$

$\therefore f'(x)=-\dfrac{2}{5}x+1-\dfrac{2}{5x}$

$=\dfrac{-2x^2+5x-2}{5x}$

$=\dfrac{-(2x-1)(x-2)}{5x}$

$f'(x)=0$에서 $x=\dfrac{1}{2}$ 또는 $x=2$

x	0	$\cdots$	$\dfrac{1}{2}$	$\cdots$	2	$\cdots$
$f'(x)$		$-$	0	$+$	0	$-$
$f(x)$		$\searrow$	극소	$\nearrow$	극대	$\searrow$

따라서 함수 $f(x)$는 $x=\dfrac{1}{2}$에서 극소이므로 $c=\dfrac{1}{2}$

$\therefore a+b+c=\left(-\dfrac{1}{5}\right)+\left(-\dfrac{2}{5}\right)+\dfrac{1}{2}=-\dfrac{1}{10}$ 답 $-\dfrac{1}{10}$

0817 $f'(x)=6x^2+2ax+b$

$f''(x)=12x+2a$

함수 $f(x)$가 $x=1$에서 극소이므로

$f'(1)=0$에서 $6+2a+b=0$ ...... ㉠

점 $(-1,\ 6)$이 곡선 $y=f(x)$의 변곡점이므로

$f''(-1)=0$에서 $-12+2a=0$ $\therefore a=6$

$f(-1)=6$에서 $-2+a-b+c=6$ ...... ㉡

$a=6$을 ㉠에 대입하면 $6+12+b=0$ $\therefore b=-18$

$a=6$, $b=-18$을 ㉡에 대입하면

$-2+6+18+c=6$ $\therefore c=-16$

$\therefore a+b+c=6+(-18)+(-16)=-28$ 답 -28

0818 $f(x)=\left(\ln\dfrac{1}{ax}\right)^2=(-\ln ax)^2=(\ln ax)^2$이라 하면 $x>0$이고

$f'(x)=2\ln ax\times\dfrac{a}{ax}=\dfrac{2\ln ax}{x}$

$f''(x)=\dfrac{\dfrac{2a}{ax}\times x-2\ln ax}{x^2}=\dfrac{2(1-\ln ax)}{x^2}$

$f''(x)=0$에서 $\ln ax=1$, $ax=e$ $\therefore x=\dfrac{e}{a}$

$0<x<\dfrac{e}{a}$에서 $f''(x)>0$, $x>\dfrac{e}{a}$에서 $f''(x)<0$

즉, $x=\dfrac{e}{a}$의 좌우에서 $f''(x)$의 부호가 바뀌므로 변곡점의 좌표는 $\left(\dfrac{e}{a},\ 1\right)$

이때 변곡점이 직선 $y=5x$ 위에 있으므로

$1=\dfrac{5e}{a}$ $\therefore a=5e$ 답 $5e$

0819 $f'(x)=2ax+3+\sin x$

$f''(x)=2a+\cos x$

함수 $y=f(x)$의 그래프가 변곡점을 가지려면 방정식 $f''(x)=0$이 실근을 갖고, 그 근의 좌우에서 $f''(x)$의 부호가 바뀌어야 한다.

$f''(x)=0$에서 $\cos x=-2a$

이때 이 방정식이 실근을 가지려면 $-1\le-2a\le1$

$\therefore -\dfrac{1}{2}\le a\le\dfrac{1}{2}$

$a=-\dfrac{1}{2}$일 때 $f''(x)=-1+\cos x\le0$

$a=\dfrac{1}{2}$일 때 $f''(x)=1+\cos x\ge0$

즉, $a=-\dfrac{1}{2}$ 또는 $a=\dfrac{1}{2}$이면 $f''(x)=0$을 만족시키는 x의 값의 좌우에서 $f''(x)$의 부호가 바뀌지 않으므로 변곡점이 될 수 없다.

따라서 a의 값의 범위는 $-\dfrac{1}{2}<a<\dfrac{1}{2}$ 답 $-\dfrac{1}{2}<a<\dfrac{1}{2}$

0820 닫힌구간 $[a,\ h]$에서 $f''(x)$의 부호를 조사하면 다음과 같다.

x	a	$\cdots$	b	$\cdots$	c	$\cdots$	d	$\cdots$
$f''(x)$	$-$	$-$	0	$+$	$+$	$+$	0	$-$

x	e	$\cdots$	f	$\cdots$	g	$\cdots$	h
$f''(x)$	0	$+$	0	$-$	$-$	$-$	$-$

함수 $y=f(x)$의 그래프의 모양이 아래로 볼록하려면 $f''(x)>0$
이어야 하므로 구하는 구간은 ② (b, d), ④ (e, f)이다.

답 ②, ④

0821 $f'(x)<0$이므로 함수 $f(x)$는 감소상태이고
$f''(x)>0$이므로 그래프가 아래로 볼록한 구간의 점이다.
따라서 두 조건을 모두 만족시키는 점은 점 C이다. 답 점 C

0822 $f''(x)$의 부호를 조사하면 다음과 같다.

x	$\cdots$	a	$\cdots$	b	$\cdots$	c	$\cdots$	d
$f''(x)$	$+$	$+$	$+$		$+$	$+$	$+$	0

x	$\cdots$	e	$\cdots$	f	$\cdots$	g	$\cdots$
$f''(x)$	$-$	0	$+$	0	$-$	$-$	$-$

$f''(d)=0$, $f''(e)=0$, $f''(f)=0$이고 $x=d$, $x=e$, $x=f$의
좌우에서 $f''(x)$의 부호가 바뀌므로 변곡점의 개수는 3이다.

답 3

0823 $f'(x)=\dfrac{2(x^2+3)-2x\times 2x}{(x^2+3)^2}$

$\qquad\quad =\dfrac{-2(x^2-3)}{(x^2+3)^2}$

$\qquad\quad =-\dfrac{2(x+\sqrt{3})(x-\sqrt{3})}{(x^2+3)^2}$

$f''(x)=\dfrac{-4x(x^2+3)^2+2(x^2-3)\times 2(x^2+3)\times 2x}{(x^2+3)^4}$

$\qquad\quad =\dfrac{4x(x^2-9)}{(x^2+3)^3}$

$\qquad\quad =\dfrac{4x(x+3)(x-3)}{(x^2+3)^3}$

$f'(x)=0$에서 $x=-\sqrt{3}$ 또는 $x=\sqrt{3}$
$f''(x)=0$에서 $x=-3$ 또는 $x=0$ 또는 $x=3$

x	$\cdots$	-3	$\cdots$	$-\sqrt{3}$	$\cdots$	0	$\cdots$	$\sqrt{3}$	$\cdots$	3	$\cdots$
$f'(x)$	$-$	$-$	$-$	0	$+$	$+$	$+$	0	$-$	$-$	$-$
$f''(x)$	$-$	0	$+$	$+$	$+$	0	$-$	$-$	$-$	0	$+$
$f(x)$	$\searrow$	$-\dfrac{1}{2}$	$\searrow$	$-\dfrac{\sqrt{3}}{3}$	$\nearrow$	0	$\nearrow$	$\dfrac{\sqrt{3}}{3}$	$\searrow$	$\dfrac{1}{2}$	$\searrow$

이때 $\lim\limits_{x\to -\infty}f(x)=0$, $\lim\limits_{x\to\infty}f(x)=0$이므로 점근선은 x축이다.
따라서 함수 $y=f(x)$의 그래프는 다음 그림과 같다.

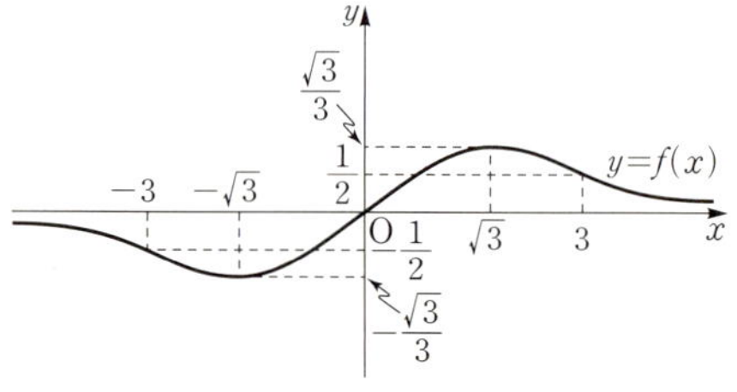

ㄱ. $y=f(x)$의 그래프는 열린구간 $(0, 3)$에서 위로 볼록하고 열
린구간 $(3, \infty)$에서 아래로 볼록하다.

ㄴ. $y=f(x)$의 그래프의 점근선의 방정식은 $y=0$이다.

ㄷ. $y=f(x)$의 그래프의 변곡점은 점 $\left(-3, -\dfrac{1}{2}\right)$, 점 $(0, 0)$,

점 $\left(3, \dfrac{1}{2}\right)$의 3개이다.

이상에서 옳은 것은 ㄷ뿐이다. 답 ②

0824 $f'(x)=-e^{-x}\sin x+e^{-x}\cos x$

$\qquad\quad =e^{-x}(\cos x-\sin x)$

$f''(x)=-e^{-x}(\cos x-\sin x)+e^{-x}(-\sin x-\cos x)$

$\qquad\quad =-2e^{-x}\cos x$

$f'(x)=0$에서 $\cos x=\sin x$

$\therefore x=\dfrac{\pi}{4}\ (\because 0\leq x\leq\pi)$

$f''(x)=0$에서 $\cos x=0$

$\therefore x=\dfrac{\pi}{2}\ (\because 0\leq x\leq\pi)$

x	0	$\cdots$	$\dfrac{\pi}{4}$	$\cdots$	$\dfrac{\pi}{2}$	$\cdots$	π
$f'(x)$		$+$	0	$-$	$-$	$-$	
$f''(x)$		$-$	$-$	$-$	0	$+$	
$f(x)$	0	$\nearrow$	$\dfrac{\sqrt{2}}{2}e^{-\frac{\pi}{4}}$	$\searrow$	$e^{-\frac{\pi}{2}}$	$\searrow$	0

따라서 함수 $y=f(x)$의 그래프
는 오른쪽 그림과 같다.

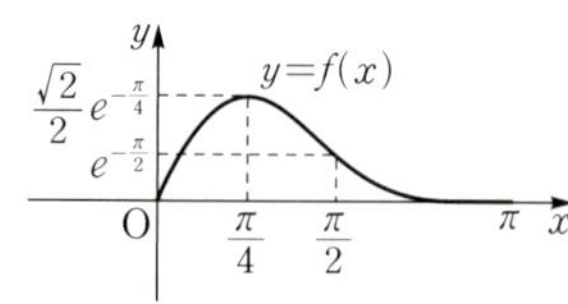

ㄱ. 극댓값 $\dfrac{\sqrt{2}}{2}e^{-\frac{\pi}{4}}$ 을 갖는다.

ㄴ. $y=f(x)$의 그래프는 열린구간 $\left(\dfrac{\pi}{2}, \pi\right)$에서 아래로 볼록
하다.

ㄷ. $y=f(x)$의 그래프의 변곡점은 점 $\left(\dfrac{\pi}{2}, e^{-\frac{\pi}{2}}\right)$의 1개이다.

이상에서 옳은 것은 ㄴ, ㄷ이다. 답 ㄴ, ㄷ

0825 $f'(x)=\dfrac{(2x-3)(x-3)-(x^2-3x+1)}{(x-3)^2}$

$\qquad\quad =\dfrac{x^2-6x+8}{(x-3)^2}$

$\qquad\quad =\dfrac{(x-2)(x-4)}{(x-3)^2}$

$f'(x)=0$에서 $x=2\ (\because -2\leq x<3)$

x	-2	$\cdots$	2	$\cdots$	3
$f'(x)$		$+$	0	$-$	
$f(x)$	$-\dfrac{11}{5}$	$\nearrow$	1	$\searrow$	

따라서 함수 $f(x)$는 $x=2$에서 최댓값 1을 갖는다. 답 ⑤

0826 $f'(x) = \dfrac{5(x^2+x+1)-(5x-3)(2x+1)}{(x^2+x+1)^2}$

$\qquad = \dfrac{-5x^2+6x+8}{(x^2+x+1)^2}$

$\qquad = \dfrac{-(5x+4)(x-2)}{(x^2+x+1)^2}$

………………………………………………… ㉮

$f'(x)=0$에서 $x=-\dfrac{4}{5}$ 또는 $x=2$

………………………………………………… ㉯

x	-1	$\cdots$	$-\dfrac{4}{5}$	$\cdots$	2	$\cdots$
$f'(x)$		$-$	0	$+$	0	$-$
$f(x)$	-8	$\searrow$	$-\dfrac{25}{3}$	$\nearrow$	1	$\searrow$

따라서 함수 $f(x)$는 $x=2$에서 최댓값 1을 가지므로

$a=2,\ b=1$

$\therefore a^2+b^2=2^2+1^2=5$

………………………………………………… ㉰

답 **5**

단계	채점요소	배점
㉮	$f'(x)$ 구하기	30%
㉯	$f'(x)=0$을 만족시키는 x의 값 구하기	20%
㉰	a^2+b^2의 값 구하기	50%

0827 $f'(x) = \dfrac{a(x^2-x+2)-(ax+b)(2x-1)}{(x^2-x+2)^2}$

$\qquad = \dfrac{-ax^2-2bx+2a+b}{(x^2-x+2)^2}$

이때 $\lim\limits_{x\to-\infty} f(x)=0$, $\lim\limits_{x\to\infty} f(x)=0$이므로 미분가능한 함수

$f(x)$는 $x=-1$에서 극대이면서 최대이다.

즉, $f'(-1)=0$에서 $\dfrac{-a+2b+2a+b}{16}=0$

$\therefore a+3b=0$　　　　　…… ㉠

또, $f(-1)=1$에서 $\dfrac{-a+b}{4}=1$

$\therefore -a+b=4$　　　　　…… ㉡

㉠, ㉡을 연립하여 풀면 $a=-3,\ b=1$

$\therefore ab=-3$

답 -3

0828 $f(x)=\sqrt{x}+\sqrt{6-x}$에서 $x\geq0$, $6-x\geq0$이므로

$0\leq x\leq6$이고

$f'(x)=\dfrac{1}{2\sqrt{x}}-\dfrac{1}{2\sqrt{6-x}}=\dfrac{\sqrt{6-x}-\sqrt{x}}{2\sqrt{x}\sqrt{6-x}}$

$f'(x)=0$에서 $\sqrt{6-x}=\sqrt{x}$

양변을 제곱하면

$6-x=x$　　$\therefore x=3$

x	0	$\cdots$	3	$\cdots$	6
$f'(x)$		$+$	0	$-$	
$f(x)$	$\sqrt{6}$	$\nearrow$	$2\sqrt{3}$	$\searrow$	$\sqrt{6}$

따라서 함수 $f(x)$는 $x=3$에서 최댓값 $2\sqrt{3}$을 가지므로

$a=3,\ b=2\sqrt{3}$

$\therefore ab=6\sqrt{3}$

답 ③

0829 $f(x)=x\sqrt{1-x^2}$에서 $1-x^2\geq0$이므로 $-1\leq x\leq1$이고

$f'(x)=\sqrt{1-x^2}+\dfrac{-2x^2}{2\sqrt{1-x^2}}=\dfrac{1-2x^2}{\sqrt{1-x^2}}$

$f'(x)=0$에서 $1-2x^2=0$

$\therefore x=-\dfrac{\sqrt{2}}{2}$ 또는 $x=\dfrac{\sqrt{2}}{2}$

x	-1	$\cdots$	$-\dfrac{\sqrt{2}}{2}$	$\cdots$	$\dfrac{\sqrt{2}}{2}$	$\cdots$	1
$f'(x)$		$-$	0	$+$	0	$-$	
$f(x)$	0	$\searrow$	$-\dfrac{1}{2}$	$\nearrow$	$\dfrac{1}{2}$	$\searrow$	0

따라서 함수 $f(x)$는 $x=\dfrac{\sqrt{2}}{2}$에서 최댓값 $\dfrac{1}{2}$, $x=-\dfrac{\sqrt{2}}{2}$에서

최솟값 $-\dfrac{1}{2}$을 가지므로 $M=\dfrac{1}{2},\ m=-\dfrac{1}{2}$

$\therefore M-m=1$

답 **1**

0830 $f'(x)=\sqrt{a^2-x^2}+(x+a)\times\dfrac{-2x}{2\sqrt{a^2-x^2}}$

$\qquad = \dfrac{-2x^2-ax+a^2}{\sqrt{a^2-x^2}}=-\dfrac{(x+a)(2x-a)}{\sqrt{a^2-x^2}}$

$f'(x)=0$에서 $x=\dfrac{a}{2}\ (\because 0\leq x\leq a)$

x	0	$\cdots$	$\dfrac{a}{2}$	$\cdots$	a
$f'(x)$		$+$	0	$-$	
$f(x)$	a^2	$\nearrow$	$\dfrac{3\sqrt{3}}{4}a^2$	$\searrow$	0

따라서 함수 $f(x)$는 $x=\dfrac{a}{2}$에서 최댓값 $\dfrac{3\sqrt{3}}{4}a^2$을 가지므로

$\dfrac{3\sqrt{3}}{4}a^2=\dfrac{\sqrt{3}}{3}$, $a^2=\dfrac{4}{9}$　　$\therefore a=\dfrac{2}{3}\ (\because a>0)$

답 $\dfrac{2}{3}$

0831 $f'(x)=(2x-3)e^x+(x^2-3x+1)e^x$

$\qquad\qquad -(x^2-x-2)e^x=(x+1)(x-2)e^x$

$f'(x)=0$에서 $x=-1$ 또는 $x=2$

x	-2	$\cdots$	-1	$\cdots$	2	$\cdots$	3
$f'(x)$		$+$	0	$-$	0	$+$	
$f(x)$	$\dfrac{11}{e^2}$	$\nearrow$	$\dfrac{5}{e}$	$\searrow$	$-e^2$	$\nearrow$	e^3

따라서 함수 $f(x)$는 $x=3$에서 최댓값 e^3, $x=2$에서 최솟값 $-e^2$
을 가지므로 $M=e^3$, $m=-e^2$

$$\therefore \frac{M}{m}=-e$$

답 $-e$

0832 $f'(x)=2xe^{3x}+3x^2e^{3x}=x(2+3x)e^{3x}$

$f'(x)=0$에서 $x=-\dfrac{2}{3}$ 또는 $x=0$

x	-1	$\cdots$	$-\dfrac{2}{3}$	$\cdots$	0
$f'(x)$		$+$	0	$-$	0
$f(x)$	$\dfrac{1}{e^3}$	$\nearrow$	$\dfrac{4}{9e^2}$	$\searrow$	0

따라서 함수 $f(x)$는 $x=-\dfrac{2}{3}$에서 최댓값 $\dfrac{4}{9e^2}$, $x=0$에서 최
솟값 0을 가지므로 최댓값과 최솟값의 합은

$$\frac{4}{9e^2}+0=\frac{4}{9e^2}$$

답 $\dfrac{4}{9e^2}$

0833 $f(x)=kx^2e^{-x}$이므로

$f'(x)=2kxe^{-x}-kx^2e^{-x}=kx(2-x)e^{-x}$

$f'(x)=0$에서 $x=0$ 또는 $x=2$

x	0	$\cdots$	2	$\cdots$	4
$f'(x)$	0	$+$	0	$-$	
$f(x)$	0	$\nearrow$	$\dfrac{4k}{e^2}$	$\searrow$	$\dfrac{16k}{e^4}$

따라서 함수 $f(x)$는 $x=2$에서 최댓값 $\dfrac{4k}{e^2}$를 가지므로

$$\frac{4k}{e^2}=8 \qquad \therefore k=2e^2$$

답 $2e^2$

0834 $f(x)=a\sqrt{2-x^2}\,e^x$에서 $2-x^2\geq0$이므로
$-\sqrt{2}\leq x\leq\sqrt{2}$이고

$$f'(x)=\frac{-2ax}{2\sqrt{2-x^2}}e^x+a\sqrt{2-x^2}\,e^x$$
$$=\frac{-ax+a(2-x^2)}{\sqrt{2-x^2}}e^x$$
$$=-\frac{a(x+2)(x-1)}{\sqrt{2-x^2}}e^x$$

$f'(x)=0$에서 $x=1$ ($\because -\sqrt{2}\leq x\leq\sqrt{2}$)

x	$-\sqrt{2}$	$\cdots$	1	$\cdots$	$\sqrt{2}$
$f'(x)$		$+$	0	$-$	
$f(x)$	0	$\nearrow$	ae	$\searrow$	0

따라서 함수 $f(x)$는 $x=1$에서 최댓값 ae를 가지므로

$ae=e \qquad \therefore a=1$

답 1

0835 $f'(x)=\dfrac{2x-1}{x^2-x+4}$

$f'(x)=0$에서 $x=\dfrac{1}{2}$

x	0	$\cdots$	$\dfrac{1}{2}$	$\cdots$	2
$f'(x)$		$-$	0	$+$	
$f(x)$	$\ln 4$	$\searrow$	$\ln\dfrac{15}{4}$	$\nearrow$	$\ln 6$

따라서 함수 $f(x)$는 $x=2$에서 최댓값 $\ln 6$, $x=\dfrac{1}{2}$에서 최솟값

$\ln\dfrac{15}{4}$를 가지므로 $a=2$, $b=\dfrac{1}{2}$

$$\therefore a-b=\frac{3}{2}$$

답 $\dfrac{3}{2}$

0836 $f(x)=x\ln\dfrac{1}{x}=-x\ln x$에서 $x>0$이고

$f'(x)=-\ln x-1$

$f'(x)=0$에서 $\ln x=-1 \qquad \therefore x=\dfrac{1}{e}$

x	0	$\cdots$	$\dfrac{1}{e}$	$\cdots$
$f'(x)$		$+$	0	$-$
$f(x)$		$\nearrow$	$\dfrac{1}{e}$	$\searrow$

따라서 함수 $f(x)$는 $x=\dfrac{1}{e}$에서 최댓값 $\dfrac{1}{e}$을 갖는다.

답 $\dfrac{1}{e}$

0837 $f(x)=\log_3(3-x)+2\log_3(x+3)$에서
$3-x>0$, $x+3>0$이므로 $-3<x<3$이고

$$f'(x)=\frac{-1}{(3-x)\ln 3}+\frac{2}{(x+3)\ln 3}$$
$$=\frac{(x+3)+2(x-3)}{(x-3)(x+3)\ln 3}$$
$$=\frac{3(x-1)}{(x-3)(x+3)\ln 3}$$

$f'(x)=0$에서 $x=1$

x	-3	$\cdots$	1	$\cdots$	3
$f'(x)$		$+$	0	$-$	
$f(x)$		$\nearrow$	$5\log_3 2$	$\searrow$	

따라서 함수 $f(x)$는 $x=1$에서 최댓값 $5\log_3 2$를 갖는다.

답 ④

0838 $f(x)=x\ln x-2x+k$에서 $x>0$이고

$f'(x)=\ln x+x\times\dfrac{1}{x}-2=\ln x-1$

$f'(x)=0$에서 $\ln x=1 \qquad \therefore x=e$

x	0	$\cdots$	e	$\cdots$
$f'(x)$		$-$	0	$+$
$f(x)$		$\searrow$	$-e+k$	$\nearrow$

따라서 함수 $f(x)$는 $x=e$에서 최솟값 $-e+k$를 가지므로

$-e+k=0 \qquad \therefore k=e$ $\qquad$ 답 ⑤

0839 $f'(x)=\sin x+x\cos x-\sin x=x\cos x$

$f'(x)=0$에서 $x=0$ 또는 $\cos x=0$

$\therefore x=0$ 또는 $x=\dfrac{\pi}{2}$ 또는 $x=\dfrac{3}{2}\pi \ (\because 0\le x\le 2\pi)$

x	0	$\cdots$	$\dfrac{\pi}{2}$	$\cdots$	$\dfrac{3}{2}\pi$	$\cdots$	2π
$f'(x)$	0	$+$	0	$-$	0	$+$	
$f(x)$	1	$\nearrow$	$\dfrac{\pi}{2}$	$\searrow$	$-\dfrac{3}{2}\pi$	$\nearrow$	1

따라서 함수 $f(x)$는 $x=\dfrac{\pi}{2}$에서 최댓값 $\dfrac{\pi}{2}$, $x=\dfrac{3}{2}\pi$에서 최솟

값 $-\dfrac{3}{2}\pi$를 가지므로 최댓값과 최솟값의 합은

$\dfrac{\pi}{2}+\left(-\dfrac{3}{2}\pi\right)=-\pi$ $\qquad$ 답 ①

0840 $f'(x)=\dfrac{\sin x\sin x-(2-\cos x)\cos x}{\sin^2 x}$

$\qquad\quad =\dfrac{1-2\cos x}{\sin^2 x}$

$f'(x)=0$에서 $1-2\cos x=0$, $\cos x=\dfrac{1}{2}$

$\therefore x=\dfrac{\pi}{3} \ (\because 0<x<\pi)$

x	0	$\cdots$	$\dfrac{\pi}{3}$	$\cdots$	π
$f'(x)$		$-$	0	$+$	
$f(x)$		$\searrow$	$\sqrt{3}$	$\nearrow$	

따라서 함수 $f(x)$는 $x=\dfrac{\pi}{3}$에서 최솟값 $\sqrt{3}$을 갖는다. $\quad$ 답 ③

0841 $f'(x)=\sin x\cos x+(2-\cos x)(-\sin x)$

$\qquad\quad =2\sin x(\cos x-1)$

$f'(x)=0$에서 $\sin x=0$ 또는 $\cos x=1$

$\therefore x=0$ 또는 $x=\pi$ 또는 $x=2\pi \ (\because 0\le x\le 2\pi)$

x	0	$\cdots$	π	$\cdots$	2π
$f'(x)$	0	$-$	0	$+$	0
$f(x)$	1	$\searrow$	-3	$\nearrow$	1

따라서 함수 $f(x)$는 $x=0$ 또는 $x=2\pi$에서 최댓값 1, $x=\pi$에서 최솟값 -3을 가지므로 $M=1$, $m=-3$

$\therefore M-m=4$ $\qquad$ 답 **4**

0842 $f'(x)=a(1-2\cos 2x)$ $\qquad\qquad\qquad$ ㉮

$f'(x)=0$에서 $\cos 2x=\dfrac{1}{2}$ $\quad \therefore x=\dfrac{\pi}{6}\left(\because 0\le x\le\dfrac{\pi}{2}\right)$ $\quad$ ㉯

x	0	$\cdots$	$\dfrac{\pi}{6}$	$\cdots$	$\dfrac{\pi}{2}$
$f'(x)$		$-$	0	$+$	
$f(x)$	0	$\searrow$	$\left(\dfrac{\pi}{6}-\dfrac{\sqrt{3}}{2}\right)a$	$\nearrow$	$\dfrac{\pi}{2}a$

이때 a는 양수이므로 $\dfrac{\pi}{2}a>0$

따라서 함수 $f(x)$는 $x=\dfrac{\pi}{2}$에서 최댓값 $\dfrac{\pi}{2}a$를 가지므로

$\dfrac{\pi}{2}a=\pi \qquad \therefore a=2$

$\qquad\qquad\qquad\qquad\qquad\qquad\qquad\qquad\qquad$ ㉰

$\qquad\qquad\qquad\qquad\qquad\qquad\qquad\qquad$ 답 **2**

단계	채점요소	배점
㉮	$f'(x)$ 구하기	20 %
㉯	$f'(x)=0$을 만족시키는 x의 값 구하기	20 %
㉰	a의 값 구하기	60 %

0843 $f(x)=\cos x\sin^2 x+3$

$\qquad\quad =\cos x(1-\cos^2 x)+3$

$\qquad\quad =\cos x-\cos^3 x+3$

$\cos x=t$로 놓으면 $-1\le t\le 1$이고, 주어진 함수 $f(x)$를 t에 대한 함수 $g(t)$로 나타내면

$g(t)=-t^3+t+3$

$\therefore g'(t)=-3t^2+1=(1+\sqrt{3}t)(1-\sqrt{3}t)$

$g'(t)=0$에서 $t=-\dfrac{\sqrt{3}}{3}$ 또는 $t=\dfrac{\sqrt{3}}{3}$

t	-1	$\cdots$	$-\dfrac{\sqrt{3}}{3}$	$\cdots$	$\dfrac{\sqrt{3}}{3}$	$\cdots$	1
$g'(t)$		$-$	0	$+$	0	$-$	
$g(t)$	3	$\searrow$	$3-\dfrac{2\sqrt{3}}{9}$	$\nearrow$	$3+\dfrac{2\sqrt{3}}{9}$	$\searrow$	3

따라서 함수 $g(t)$는 $t=\dfrac{\sqrt{3}}{3}$에서 최댓값 $3+\dfrac{2\sqrt{3}}{9}$, $t=-\dfrac{\sqrt{3}}{3}$

에서 최솟값 $3-\dfrac{2\sqrt{3}}{9}$을 가지므로 최댓값과 최솟값의 합은

$\left(3+\dfrac{2\sqrt{3}}{9}\right)+\left(3-\dfrac{2\sqrt{3}}{9}\right)=6$ $\qquad$ 답 ④

0844 $f(x)=27^x-2\times 3^{x+1}+4$

$\qquad\quad =(3^x)^3-6\times 3^x+4$

$3^x=t$로 놓으면 $t>0$이고, 주어진 함수 $f(x)$를 t에 대한 함수 $g(t)$로 나타내면

$g(t)=t^3-6t+4$

$\therefore g'(t)=3t^2-6=3(t+\sqrt{2})(t-\sqrt{2})$

$g'(t)=0$에서 $t=\sqrt{2}$ $(\because t>0)$

t	0	$\cdots$	$\sqrt{2}$	$\cdots$
$g'(t)$		$-$	0	$+$
$g(t)$		$\searrow$	$4(1-\sqrt{2})$	$\nearrow$

따라서 함수 $g(t)$는 $t=\sqrt{2}$에서 최솟값 $4(1-\sqrt{2})$를 갖는다.

답 ④

0845 $f(x)=(\log_2 x)^3-6\log_4 x-5$
$$=(\log_2 x)^3-3\log_2 x-5$$

$\log_2 x=t$로 놓으면 $\dfrac{1}{4}\leq x\leq 2$에서 $-2\leq t\leq 1$이고, 주어진 함수

$f(x)$를 t에 대한 함수 $g(t)$로 나타내면

$g(t)=t^3-3t-5$

$\therefore g'(t)=3t^2-3=3(t+1)(t-1)$

$g'(t)=0$에서 $t=-1$ 또는 $t=1$

t	-2	$\cdots$	-1	$\cdots$	1
$g'(t)$		$+$	0	$-$	0
$g(t)$	-7	$\nearrow$	-3	$\searrow$	-7

따라서 함수 $g(t)$는 $t=-1$에서 최댓값 -3, $t=-2$ 또는 $t=1$에서 최솟값 -7을 가지므로

$M=-3,\ m=-7$

$\therefore M-m=4$

답 **4**

0846 $\ln x-x-a=0$에서

$\ln x-x=a$

위의 방정식이 서로 다른 두 실근을 가지려면 곡선 $y=\ln x-x$와 직선 $y=a$가 서로 다른 두 점에서 만나야 한다.

$f(x)=\ln x-x$라 하면 $x>0$이고

$f'(x)=\dfrac{1}{x}-1=\dfrac{1-x}{x}$

$f'(x)=0$에서 $x=1$

x	0	$\cdots$	1	$\cdots$
$f'(x)$		$+$	0	$-$
$f(x)$		$\nearrow$	-1	$\searrow$

이때 $\lim\limits_{x\to\infty}f(x)=-\infty$, $\lim\limits_{x\to 0+}f(x)=-\infty$이므로 함수 $y=f(x)$의 그래프는 오른쪽 그림과 같다.

따라서 곡선 $y=f(x)$와 직선 $y=a$가 서로 다른 두 점에서 만나도록 하는 a의 값의 범위는

$a<-1$

답 ③

0847 $ae^{2x}-e^x+1=0$에서

$a=\dfrac{e^x-1}{e^{2x}}$

$f(x)=\dfrac{e^x-1}{e^{2x}}$이라 하면

$f'(x)=\dfrac{e^x\times e^{2x}-(e^x-1)\times 2e^{2x}}{e^{4x}}=-\dfrac{e^x-2}{e^{2x}}$

$f'(x)=0$에서 $e^x=2$ $\therefore x=\ln 2$

x	$\cdots$	$\ln 2$	$\cdots$
$f'(x)$	$+$	0	$-$
$f(x)$	$\nearrow$	$\dfrac{1}{4}$	$\searrow$

이때 $\lim\limits_{x\to\infty}f(x)=0$, $\lim\limits_{x\to-\infty}f(x)=-\infty$이므로 함수 $y=f(x)$의 그래프는 오른쪽 그림과 같다.

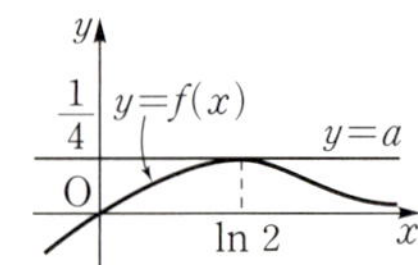

따라서 주어진 방정식이 한 개의 실근을 가지려면 곡선 $y=f(x)$와 직선 $y=a$가 한 점에서 만나야 하므로 구하는 양수 a의 값은 $\dfrac{1}{4}$이다.

답 $\dfrac{1}{4}$

0848 $e^x=3x+k$에서 $e^x-3x=k$

위의 방정식이 실근을 가지려면 곡선 $y=e^x-3x$와 직선 $y=k$가 만나야 한다.

$f(x)=e^x-3x$라 하면 $f'(x)=e^x-3$

$f'(x)=0$에서 $e^x=3$ $\therefore x=\ln 3$

x	$\cdots$	$\ln 3$	$\cdots$
$f'(x)$	$-$	0	$+$
$f(x)$	$\searrow$	$3-3\ln 3$	$\nearrow$

이때 $\lim\limits_{x\to\infty}f(x)=\infty$, $\lim\limits_{x\to-\infty}f(x)=\infty$이므로 함수 $y=f(x)$의 그래프는 오른쪽 그림과 같다.

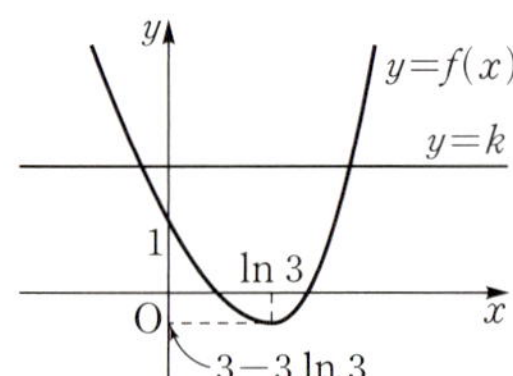

따라서 곡선 $y=f(x)$와 직선 $y=k$가 만나도록 하는 k의 값의 범위는

$k\geq 3-3\ln 3$

답 $\boldsymbol{k\geq 3-3\ln 3}$

0849 $\dfrac{3}{x}=-x^3+k$에서 $x^3+\dfrac{3}{x}=k$

$f(x)=x^3+\dfrac{3}{x}$이라 하면 $x\neq 0$이고

$f'(x)=3x^2-\dfrac{3}{x^2}=\dfrac{3x^4-3}{x^2}=\dfrac{3(x^2+1)(x+1)(x-1)}{x^2}$

$f'(x)=0$에서 $x=-1$ 또는 $x=1$

한편 $f(-x)=-f(x)$이므로 함수 $y=f(x)$의 그래프는 원점에 대하여 대칭이다.

x	0	$\cdots$	1	$\cdots$
$f'(x)$		$-$	0	$+$
$f(x)$		$\searrow$	4	$\nearrow$

이때 $\displaystyle\lim_{x \to 0+} f(x)=\infty$, $\displaystyle\lim_{x \to \infty} f(x)=\infty$이
므로 함수 $y=f(x)$의 그래프는 오른쪽 그림과 같다.

따라서 주어진 방정식이 서로 다른 두 실근을 가지려면 곡선 $y=f(x)$와 직선 $y=k$가 서로 다른 두 점에서 만나야 하므로

$k<-4$ 또는 $k>4$

즉, $\alpha=-4$, $\beta=4$이므로 $\beta-\alpha=8$ 답 8

0850 방정식 $2x^2=a \ln x$의 실근의 개수는 두 곡선 $y=2x^2$, $y=a \ln x$의 교점의 개수와 같다.

$f(x)=2x^2$, $g(x)=a \ln x$라 하면

$f'(x)=4x$, $g'(x)=\dfrac{a}{x}$

두 곡선 $y=f(x)$, $y=g(x)$가 접할 때의 접점의 x좌표를 t $(t>0)$라 하면

$f(t)=g(t)$에서 $2t^2=a \ln t$ $\qquad \cdots\cdots$ ㉠

$f'(t)=g'(t)$에서 $4t=\dfrac{a}{t}$ $\qquad \therefore a=4t^2$

$a=4t^2$을 ㉠에 대입하면

$2t^2=4t^2 \ln t$, $\ln t=\dfrac{1}{2}$ $\qquad \therefore t=\sqrt{e}$

$\therefore a=4e$

따라서 $a>0$에서 방정식 $2x^2=a \ln x$의 실근은

$0<a<4e$일 때 0개,

$a=4e$일 때 1개,

$a>4e$일 때 2개이다.

이상에서 옳은 것은 ㄱ, ㄴ, ㄷ이다. 답 ⑤

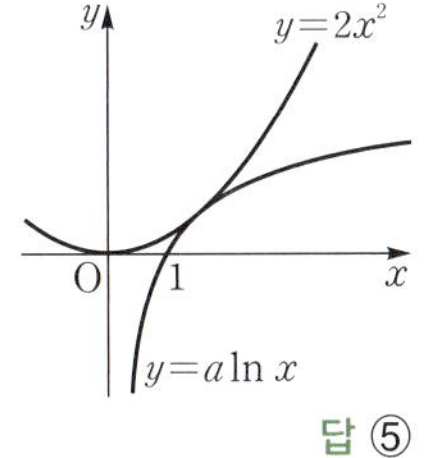

0851 방정식 $e^x=ax$가 서로 다른 두 실근을 가지려면 곡선 $y=e^x$과 직선 $y=ax$가 서로 다른 두 점에서 만나야 한다.

$f(x)=e^x$, $g(x)=ax$라 하면

$f'(x)=e^x$, $g'(x)=a$

곡선 $y=f(x)$와 직선 $y=g(x)$가 접할 때의 접점의 x좌표를 t라 하면

$f(t)=g(t)$에서

$e^t=at$ $\qquad \cdots\cdots$ ㉠

$f'(t)=g'(t)$에서

$e^t=a$ $\qquad \cdots\cdots$ ㉡

㉠, ㉡에서 $t=1$, $a=e$

따라서 곡선 $y=e^x$과 직선 $y=ax$가 서로 다른 두 점에서 만나도록 하는 a의 값의 범위는 $a>e$ 답 $a>e$

0852 방정식 $\sin 2x=kx$가 닫힌구간 $\left[-\dfrac{\pi}{2}, \dfrac{\pi}{2}\right]$에서 서로 다른 세 실근을 가지려면 오른쪽 그림과 같이 $-\dfrac{\pi}{2} \le x \le \dfrac{\pi}{2}$에서 곡선 $y=\sin 2x$와

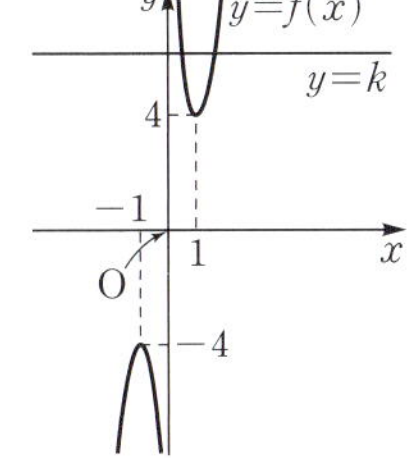

직선 $y=kx$가 서로 다른 세 점에서 만나야 한다.

$y=\sin 2x$에서 $y'=2 \cos 2x$이므로 곡선 위의 점 $(0, 0)$에서의 접선의 방정식은

$y-0=2 \cos 0 \times (x-0)$ $\qquad \therefore y=2x$

따라서 곡선 $y=\sin 2x$와 직선 $y=kx$가 서로 다른 세 점에서 만나려면

$0 \le k<2$

이어야 하므로 k의 값이 될 수 없는 것은 ⑤ 2이다. 답 ⑤

0853 $e^{2x}-2x \ge k$에서 $e^{2x}-2x-k \ge 0$

$f(x)=e^{2x}-2x-k$라 하면

$f'(x)=2e^{2x}-2=2(e^{2x}-1)$

$f'(x)=0$에서 $e^{2x}=1$ $\qquad \therefore x=0$

x	$\cdots$	0	$\cdots$
$f'(x)$	$-$	0	$+$
$f(x)$	$\searrow$	$1-k$	$\nearrow$

즉, 함수 $f(x)$의 최솟값은 $1-k$이므로 모든 실수 x에 대하여 $f(x) \ge 0$이 성립하려면

$1-k \ge 0$ $\qquad \therefore k \le 1$

따라서 k의 최댓값은 1이다. 답 ③

0854 $3x+k \ge \ln(x+1)$에서 $3x+k-\ln(x+1) \ge 0$

$f(x)=3x+k-\ln(x+1)$이라 하면

$f'(x)=3-\dfrac{1}{x+1}=\dfrac{3x+2}{x+1}$

$f'(x)=0$에서 $x=-\dfrac{2}{3}$

x	-1	$\cdots$	$-\dfrac{2}{3}$	$\cdots$
$f'(x)$		$-$	0	$+$
$f(x)$		$\searrow$	$-2+k+\ln 3$	$\nearrow$

즉, 함수 $f(x)$의 최솟값은 $-2+k+\ln 3$이므로 $x>-1$인 모든 실수 x에 대하여 $f(x) \ge 0$이 성립하려면

$-2+k+\ln 3 \ge 0$ $\qquad \therefore k \ge 2-\ln 3$

따라서 k의 최솟값은 $2-\ln 3$이다. 답 $2-\ln 3$

0855 $\sin 2x<2x+k$에서 $\sin 2x-2x-k<0$

$f(x)=\sin 2x-2x-k$라 하면

$f'(x)=2 \cos 2x-2=2(\cos 2x-1)$

이때 $-1 \le \cos 2x \le 1$이므로 $-2 \le \cos 2x - 1 \le 0$

$\therefore f'(x) \le 0$

즉, $f(x)$는 구간 $[0, \infty)$에서 감소하므로 $x \ge 0$인 모든 실수 x에 대하여 $f(x) < 0$이 성립하려면

$f(0) = -k < 0$ $\therefore k > 0$

따라서 정수 k의 최솟값은 1이다. 답 **1**

0856 $(\ln x)^2 - 2\ln x \ge k$에서 $(\ln x)^2 - 2\ln x - k \ge 0$

$f(x) = (\ln x)^2 - 2\ln x - k$라 하면

$f'(x) = 2\ln x \times \dfrac{1}{x} - \dfrac{2}{x} = \dfrac{2(\ln x - 1)}{x}$

·· ㉮

$f'(x) = 0$에서 $\ln x = 1$ $\therefore x = e$

x	0	$\cdots$	e	$\cdots$
$f'(x)$		$-$	0	$+$
$f(x)$		$\searrow$	$-1-k$	$\nearrow$

즉, 함수 $f(x)$의 최솟값은 $-1-k$이다.

·· ㉯

$x > 0$인 모든 실수 x에 대하여 $f(x) \ge 0$이 성립하려면

$-1-k \ge 0$ $\therefore k \le -1$

따라서 정수 k의 최댓값은 -1이다.

·· ㉰

답 **-1**

단계	채점요소	배점
㉮	$f(x) = (\ln x)^2 - 2\ln x - k$라 할 때, $f'(x)$ 구하기	30%
㉯	$f(x)$의 최솟값 구하기	50%
㉰	정수 k의 최댓값 구하기	20%

0857 모든 실수 x에 대하여 부등식 $e^{2x} \ge kx$가 성립하려면 오른쪽 그림과 같이 곡선 $y = e^{2x}$이 직선 $y = kx$보다 위쪽에 있거나 곡선과 직선이 접해야 한다.

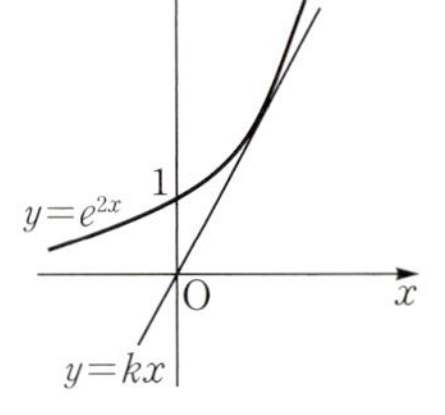

$f(x) = e^{2x}$, $g(x) = kx$라 하면

$f'(x) = 2e^{2x}$, $g'(x) = k$

곡선 $y = f(x)$와 직선 $y = g(x)$가 접할 때의 접점의 x좌표를 t라 하면

$f(t) = g(t)$에서 $e^{2t} = kt$ ······ ㉠

$f'(t) = g'(t)$에서 $2e^{2t} = k$

$k = 2e^{2t}$을 ㉠에 대입하면

$e^{2t} = 2e^{2t}t$ $\therefore t = \dfrac{1}{2}$, $k = 2e$

즉, 주어진 부등식을 만족시키는 k의 값의 범위는

$k \le 2e$

따라서 k의 최댓값은 $2e$이다. 답 **⑤**

0858 $f(x) \le g(x)$에서 $\dfrac{\ln x}{x} \le kx$

$x > 0$이므로 $\dfrac{\ln x}{x^2} \le k$

$h(x) = \dfrac{\ln x}{x^2}$라 하면

$h'(x) = \dfrac{\dfrac{1}{x} \times x^2 - \ln x \times 2x}{x^4} = \dfrac{1 - 2\ln x}{x^3}$

$h'(x) = 0$에서 $\ln x = \dfrac{1}{2}$ $\therefore x = \sqrt{e}$

x	0	$\cdots$	$\sqrt{e}$	$\cdots$
$h'(x)$		$+$	0	$-$
$h(x)$		$\nearrow$	$\dfrac{1}{2e}$	$\searrow$

즉, 함수 $h(x)$의 최댓값은 $\dfrac{1}{2e}$이므로

$\dfrac{\ln x}{x^2} \le \dfrac{1}{2e}$

따라서 $\dfrac{1}{2e} \le k$이어야 하므로 k의 최솟값은 $\dfrac{1}{2e}$이다. 답 **$\dfrac{1}{2e}$**

0859 $3x \ge a \sin 2x$에서 $a > 0$이므로

$\dfrac{3}{a}x \ge \sin 2x$

$x \ge 0$에서 $\dfrac{3}{a}x \ge \sin 2x$가 성립하려면 오른쪽 그림과 같이 직선 $y = \dfrac{3}{a}x$가 곡선 $y = \sin 2x$보다 위쪽에 있거나 직선과 곡선이 접해야 한다.

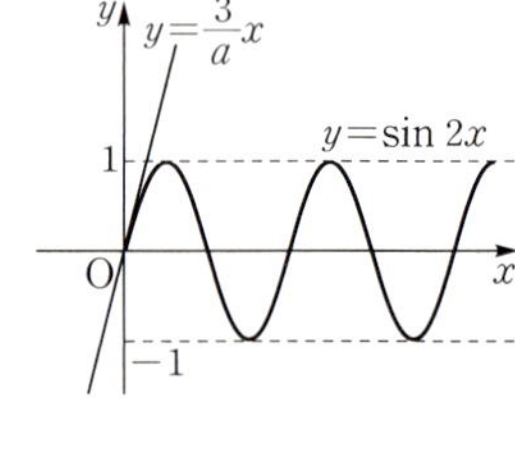

$f(x) = \sin 2x$라 하면

$f'(x) = 2\cos 2x$

$y = \dfrac{3}{a}x$가 원점을 지나는 직선이고 $f'(0) = 2$이므로 $x \ge 0$에서

주어진 부등식이 성립하려면 $\dfrac{3}{a} \ge 2$

$\therefore 0 < a \le \dfrac{3}{2}$

따라서 a의 최댓값은 $\dfrac{3}{2}$이다. 답 **③**

0860 점 P의 시각 t에서의 속도를 v라 하면

$v = f'(t) = 6 - 2a\cos 2t$

$t = \dfrac{\pi}{6}$에서의 속도가 2이므로 $2 = 6 - 2a\cos \dfrac{\pi}{3}$

$2 = 6 - a$ $\therefore a = 4$

따라서 $f(t) = 6t - 4\sin 2t$이므로 $t = \dfrac{\pi}{6}$에서의 점 P의 위치는

$f\left(\dfrac{\pi}{6}\right) = \pi - 2\sqrt{3}$ 답 **$\pi - 2\sqrt{3}$**

0861 점 P의 시각 t에서의 속도를 v, 가속도를 a라 하면
$$v=f'(t)=a\pi\cos\pi t-b\pi\sin\pi t$$
$$a=f''(t)=-a\pi^2\sin\pi t-b\pi^2\cos\pi t$$
$t=3$에서의 속도가 -4π이므로
$$-4\pi=-a\pi \qquad \therefore a=4$$
$t=3$에서의 가속도가 $-2\pi^2$이므로
$$-2\pi^2=b\pi^2 \qquad \therefore b=-2$$
$$\therefore a-b=6 \qquad\qquad\qquad\text{답 } \mathbf{6}$$

0862 시각 t에서의 물체의 속도를 v라 하면
$$v=\frac{dh}{dt}=-2te^t-t^2e^t+8e^t=-e^t(t^2+2t-8)$$
$$=-e^t(t-2)(t+4)$$
$v=0$에서 $t=2$ $(\because t>0)$

t	0	$\cdots$	2	$\cdots$
v		$+$	0	$-$
h	44	$\nearrow$	$4e^2+36$	$\searrow$

따라서 $t=2$에서 물체가 최고 높이에 도달하므로 최고 높이에 도달할 때까지 움직인 거리는
$$(4e^2+36)-44=4e^2-8\,(\text{m}) \qquad\text{답 } \mathbf{(4e^2-8)\ m}$$

0863 $\dfrac{dx}{dt}=3$, $\dfrac{dy}{dt}=t-2$이므로
점 P의 시각 t에서의 속도는 $(3,\ t-2)$
점 P의 시각 t에서의 속력은
$$\sqrt{3^2+(t-2)^2}=\sqrt{(t-2)^2+9}$$
따라서 점 P의 속력은 $t=2$에서 최솟값 3을 갖는다. 　　답 ②

0864 $\dfrac{dx}{dt}=2$, $\dfrac{dy}{dt}=1-t^2$이므로
점 P의 시각 t에서의 속도는 $(2,\ 1-t^2)$
점 P의 시각 t에서의 속력은
$$\sqrt{2^2+(1-t^2)^2}=\sqrt{(t^2-1)^2+4}$$
이때 속력이 $\sqrt{13}$이므로 $\sqrt{(t^2-1)^2+4}=\sqrt{13}$
양변을 제곱하여 정리하면
$$(t^2-1)^2=9,\ t^2-1=\pm 3$$
t는 실수이므로
$$t^2=4 \qquad \therefore t=2\ (\because t>0) \qquad\text{답 } \mathbf{2}$$

0865 $\dfrac{dx}{dt}=-2\sin 2t$, $\dfrac{dy}{dt}=1+2\cos 2t$이므로
점 P의 시각 t에서의 속도는 $(-2\sin 2t,\ 1+2\cos 2t)$
점 P의 시각 t에서의 속력은
$$\sqrt{(-2\sin 2t)^2+(1+2\cos 2t)^2}=\sqrt{4\cos 2t+5}$$
이때 $-1\le\cos 2t\le 1$이므로 점 P의 속력의 최댓값은
$$\sqrt{4\times 1+5}=3 \qquad\qquad\qquad\text{답 } \mathbf{3}$$

0866 $\dfrac{dx}{dt}=-2t+\dfrac{a}{t}$, $\dfrac{dy}{dt}=3$이므로
점 P의 시각 t에서의 속도는 $\left(-2t+\dfrac{a}{t},\ 3\right)$

------- ㉮

점 P의 시각 t에서의 속력은
$$\sqrt{\left(-2t+\frac{a}{t}\right)^2+3^2}=\sqrt{4t^2+\frac{a^2}{t^2}-4a+9}$$

------- ㉯

$t=1$에서의 속력이 5이므로
$$\sqrt{4+a^2-4a+9}=5$$
양변을 제곱하여 정리하면
$$a^2-4a-12=0,\ (a+2)(a-6)=0$$
$$\therefore a=6\ (\because a>0)$$

------- ㉰

답 **6**

단계	채점요소	배점
㉮	점 P의 시각 t에서의 속도 구하기	30 %
㉯	점 P의 시각 t에서의 속력 구하기	30 %
㉰	a의 값 구하기	40 %

0867 $\dfrac{dx}{dt}=\sqrt{15}$, $\dfrac{dy}{dt}=3t^2-2$이므로
점 P의 시각 t에서의 속도는 $(\sqrt{15},\ 3t^2-2)$
또, $\dfrac{d^2x}{dt^2}=0$, $\dfrac{d^2y}{dt^2}=6t$이므로
점 P의 시각 t에서의 가속도는 $(0,\ 6t)$
이때 속력이 8이므로
$$\sqrt{(\sqrt{15})^2+(3t^2-2)^2}=8$$
양변을 제곱하여 정리하면
$$(3t^2-2)^2=49,\ 3t^2-2=\pm 7$$
t는 실수이므로 $t^2=3 \qquad \therefore t=\sqrt{3}\ (\because t>0)$
따라서 $t=\sqrt{3}$에서의 가속도는 $(0,\ 6\sqrt{3})$이므로 가속도의 크기는
$$\sqrt{0^2+(6\sqrt{3})^2}=6\sqrt{3} \qquad\text{답 } ④$$

0868 $\dfrac{dx}{dt}=-\dfrac{3}{4}\pi\sin\dfrac{\pi}{4}t$, $\dfrac{dy}{dt}=\dfrac{3}{4}\pi\cos\dfrac{\pi}{4}t$
$$\frac{d^2x}{dt^2}=-\frac{3}{16}\pi^2\cos\frac{\pi}{4}t,\ \frac{d^2y}{dt^2}=-\frac{3}{16}\pi^2\sin\frac{\pi}{4}t$$
이므로 점 P의 시각 t에서의 가속도는
$$\left(-\frac{3}{16}\pi^2\cos\frac{\pi}{4}t,\ -\frac{3}{16}\pi^2\sin\frac{\pi}{4}t\right)$$
따라서 점 P의 시각 t에서의 가속도의 크기는
$$\sqrt{\left(-\frac{3}{16}\pi^2\cos\frac{\pi}{4}t\right)^2+\left(-\frac{3}{16}\pi^2\sin\frac{\pi}{4}t\right)^2}$$
$$=\sqrt{\left(\frac{3}{16}\pi^2\right)^2\left(\sin^2\frac{\pi}{4}t+\cos^2\frac{\pi}{4}t\right)}$$
$$=\frac{3}{16}\pi^2 \qquad\qquad\qquad\text{답 } \dfrac{3}{16}\pi^2$$

0869 $\dfrac{dx}{dt}=2t+8$, $\dfrac{dy}{dt}=3at^2-3$

또, $\dfrac{d^2x}{dt^2}=2$, $\dfrac{d^2y}{dt^2}=6at$

따라서 $t=1$에서의 가속도는 $(2,\ 6a)$이고, 가속도의 크기가 $2\sqrt{10}$이므로

$\sqrt{2^2+(6a)^2}=2\sqrt{10}$

양변을 제곱하여 정리하면

$36a^2=36$, $a^2=1$ $\therefore a=1\ (\because a>0)$ 답 ①

0870 점 P의 좌표를 $P(t,\ e^{-t})\ (t>0)$, □OQPR의 넓이를 $S(t)$라 하면

$S(t)=te^{-t}$, $S'(t)=e^{-t}-te^{-t}=e^{-t}(1-t)$

$S'(t)=0$에서 $t=1$

t	0	$\cdots$	1	$\cdots$
$S'(t)$		$+$	0	$-$
$S(t)$		↗	$\dfrac{1}{e}$	↘

따라서 $S(t)$는 $t=1$에서 최댓값 $\dfrac{1}{e}$을 가지므로 □OQPR의 넓이의 최댓값은 $\dfrac{1}{e}$이다.   답 ①

0871 직육면체의 밑면의 한 변의 길이를 x cm, 높이를 h cm라 하면 부피가 64 cm³이므로

$x^2h=64$ $\therefore h=\dfrac{64}{x^2}$

직육면체의 겉넓이는

$2x^2+4x\times\dfrac{64}{x^2}=2x^2+\dfrac{256}{x}$

$f(x)=2x^2+\dfrac{256}{x}$이라 하면

$f'(x)=4x-\dfrac{256}{x^2}=\dfrac{4(x^3-64)}{x^2}$

$f'(x)=0$에서 $x^3=64$ $\therefore x=4$

x	0	$\cdots$	4	$\cdots$
$f'(x)$		$-$	0	$+$
$f(x)$		↘	극소	↗

따라서 $f(x)$는 $x=4$에서 극소이면서 최소이므로 사용되는 종이의 넓이가 최소가 되도록 하는 밑면의 한 변의 길이는 4 cm이고 높이는 $\dfrac{64}{4^2}=4$(cm)이다.

답 **밑면의 한 변의 길이: 4 cm, 높이: 4 cm**

0872 오른쪽 그림과 같이 점 A, D에서 $\overline{BC}$에 내린 수선의 발을 각각 H, H′이라 하면

$\overline{AH}=\overline{DH'}=2\sin\theta$

$\overline{BH}=\overline{CH'}=2\cos\theta$

이므로

$\overline{BC}=2\times2\cos\theta+2$

$\quad\ =4\cos\theta+2$

사다리꼴 ABCD의 넓이를 $S(\theta)$라 하면

$S(\theta)=\dfrac{1}{2}\times(2+4\cos\theta+2)\times2\sin\theta$

$\qquad\ =4(1+\cos\theta)\sin\theta$

$S'(\theta)=4(-\sin\theta)\sin\theta+4(1+\cos\theta)\cos\theta$

$\qquad\ =-4\sin^2\theta+4\cos^2\theta+4\cos\theta$

$\qquad\ =-4(1-\cos^2\theta)+4\cos^2\theta+4\cos\theta$

$\qquad\ =8\cos^2\theta+4\cos\theta-4$

$\qquad\ =4(\cos\theta+1)(2\cos\theta-1)$

$S'(\theta)=0$에서

$\cos\theta=-1$ 또는 $\cos\theta=\dfrac{1}{2}$

$\therefore \theta=\dfrac{\pi}{3}\left(\because 0<\theta<\dfrac{\pi}{2}\right)$

θ	0	$\cdots$	$\dfrac{\pi}{3}$	$\cdots$	$\dfrac{\pi}{2}$
$S'(\theta)$		$+$	0	$-$	
$S(\theta)$		↗	$3\sqrt{3}$	↘	

따라서 $S(\theta)$는 $\theta=\dfrac{\pi}{3}$에서 최댓값 $3\sqrt{3}$을 가지므로 사다리꼴 ABCD의 넓이의 최댓값은 $3\sqrt{3}$이다.   답 $3\sqrt{3}$

0873 두 곡선 $y=2e^x$, $y=2e^{-x}$은 y축에 대하여 대칭이므로 점 D의 좌표를 $D(t,\ 2e^{-t})\ (t>0)$이라 하면

$\overline{BC}=2t$, $\overline{DC}=2e^{-t}$

직사각형 ABCD의 넓이를 $S(t)$라 하면

$S(t)=2t\times2e^{-t}=4te^{-t}$

$S'(t)=4e^{-t}-4te^{-t}$

$\qquad\ =4(1-t)e^{-t}$

$S'(t)=0$에서 $t=1$

t	0	$\cdots$	1	$\cdots$
$S'(t)$		$+$	0	$-$
$S(t)$		↗	$\dfrac{4}{e}$	↘

따라서 $S(t)$는 $t=1$에서 최댓값 $\dfrac{4}{e}$를 가지므로 직사각형 ABCD의 넓이의 최댓값은 $\dfrac{4}{e}$이다.   답 ⑤

0874 $\angle \text{BOD}=\theta\left(0<\theta<\dfrac{\pi}{2}\right)$, 도형 OBDC의 넓이를 $S(\theta)$라 하면

$S(\theta)=($부채꼴 BOD의 넓이$)+(\triangle \text{COD}$의 넓이$)$

$\quad=\dfrac{1}{2}\times 6^2\times\theta+\dfrac{1}{2}\times 6^2\times\sin(\pi-2\theta)$

$\quad=18(\theta+\sin 2\theta)$

$S'(\theta)=18(1+2\cos 2\theta)$

$S'(\theta)=0$에서 $\cos 2\theta=-\dfrac{1}{2}$

$\therefore \theta=\dfrac{\pi}{3}\left(\because 0<\theta<\dfrac{\pi}{2}\right)$

θ	0	$\cdots$	$\dfrac{\pi}{3}$	$\cdots$	$\dfrac{\pi}{2}$
$S'(\theta)$		$+$	0	$-$	
$S(\theta)$		$\nearrow$	$6\pi+9\sqrt{3}$	$\searrow$	

따라서 $S(\theta)$는 $\theta=\dfrac{\pi}{3}$에서 최댓값 $6\pi+9\sqrt{3}$을 가지므로 도형 OBDC의 넓이의 최댓값은 $6\pi+9\sqrt{3}$이다. **답 $6\pi+9\sqrt{3}$**

0875 $f(x)=e^{-x}$이라 하면 $f'(x)=-e^{-x}$

점 P의 좌표를 $\text{P}(t,\ e^{-t})\ (t\geq 0)$이라 하면 점 P에서의 접선의 기울기는

$f'(t)=-e^{-t}$

이므로 접선의 방정식은

$y-e^{-t}=-e^{-t}(x-t)$

$\therefore y=-e^{-t}x+(t+1)e^{-t}$

이때 x축과의 교점의 x좌표는

$0=-e^{-t}x+(t+1)e^{-t}$에서 $x=t+1$

y축과의 교점의 y좌표는 $y=(t+1)e^{-t}$

이므로 점 P에서의 접선과 x축, y축으로 둘러싸인 삼각형의 넓이를 $S(t)$라 하면

$S(t)=\dfrac{1}{2}\times(t+1)\times(t+1)e^{-t}$

$\quad=\dfrac{1}{2}(t+1)^2 e^{-t}$

$S'(t)=(t+1)e^{-t}-\dfrac{1}{2}(t+1)^2 e^{-t}$

$\quad=-\dfrac{1}{2}(t+1)(t-1)e^{-t}$

$S'(t)=0$에서 $t=1\ (\because t\geq 0)$

t	0	$\cdots$	1	$\cdots$
$S'(t)$		$+$	0	$-$
$S(t)$	$\dfrac{1}{2}$	$\nearrow$	$\dfrac{2}{e}$	$\searrow$

따라서 $S(t)$는 $t=1$에서 최댓값 $\dfrac{2}{e}$를 가지므로 구하는 삼각형의 넓이의 최댓값은 $\dfrac{2}{e}$이다. **답 ③**

0876 $f(x)=(x^2+a)e^{-x}$이라 하면

$f'(x)=2xe^{-x}-(x^2+a)e^{-x}=-(x^2-2x+a)e^{-x}$

$f''(x)=-(2x-2)e^{-x}+(x^2-2x+a)e^{-x}$

$\qquad\ =(x^2-4x+a+2)e^{-x}$

곡선 $y=f(x)$가 실수 전체의 구간에서 아래로 볼록하려면 모든 실수 x에 대하여 $f''(x)\geq 0$이어야 하므로 부등식

$x^2-4x+a+2\geq 0\ (\because e^{-x}>0)$이 항상 성립해야 한다.

이차방정식 $x^2-4x+a+2=0$의 판별식을 D라 하면

$\dfrac{D}{4}=4-(a+2)\leq 0$

$-a+2\leq 0 \qquad \therefore a\geq 2$ **답 $a\geq 2$**

0877 $f(x)=x+3\sin x$라 하면

$f'(x)=1+3\cos x,\ f''(x)=-3\sin x$

$f''(x)=0$에서 $x=\pi\ (\because 0<x<2\pi)$

이때 $0<x<\pi$에서 $f''(x)<0$, $\pi<x<2\pi$에서 $f''(x)>0$이다.

즉, $x=\pi$의 좌우에서 $f''(x)$의 부호가 바뀌므로 변곡점의 좌표는 $(\pi,\ \pi)$이다.

또, $f'(\pi)=-2$이므로 변곡점에서의 접선의 방정식은

$y-\pi=-2(x-\pi)$

$\therefore y=-2x+3\pi$

따라서 구하는 y절편은 3π이다. **답 ⑤**

0878 $f'(x)=2x+a-\dfrac{b}{x}$

$f''(x)=2+\dfrac{b}{x^2}$

함수 $f(x)$가 $x=1$에서 극값을 가지므로

$f'(1)=0$에서 $2+a-b=0$ $\qquad\qquad \cdots\cdots\ \textcircled{\scriptsize ㉠}$

곡선 $y=f(x)$의 변곡점의 x좌표가 $\dfrac{1}{2}$이므로

$f''\left(\dfrac{1}{2}\right)=0$에서 $2+4b=0 \qquad \therefore b=-\dfrac{1}{2}$

$b=-\dfrac{1}{2}$을 ㉠에 대입하면

$2+a+\dfrac{1}{2}=0 \qquad \therefore a=-\dfrac{5}{2}$

$\therefore a+b=-3$ **답 -3**

0879 닫힌구간 $[0,\ 5]$에서 $f''(x)$의 부호를 조사하면 다음과 같다.

x	0	$\cdots$	1	$\cdots$	2	$\cdots$	3	$\cdots$	4	$\cdots$	5
$f''(x)$	$+$	$+$	0	$-$	$-$	$-$	0	$+$	$+$	$+$	$+$

함수 $y=f(x)$의 그래프의 모양이 위로 볼록하려면 $f''(x)<0$이어야 하므로 구하는 구간은 ③ $(1,\ 3)$이다. **답 ③**

0880 $f(x)=ex-\ln x$에서 $x>0$이고

$f'(x)=e-\dfrac{1}{x}$, $f''(x)=\dfrac{1}{x^2}$

$f'(x)=0$에서 $\dfrac{1}{x}=e$ $\therefore x=\dfrac{1}{e}$

$f''(x)=0$을 만족시키는 x의 값이 존재하지 않으므로 변곡점은 없다.

x	0	$\cdots$	$\dfrac{1}{e}$	$\cdots$
$f'(x)$		$-$	0	$+$
$f''(x)$		$+$	$+$	$+$
$f(x)$		$\searrow$	2	$\nearrow$

이때 $\lim\limits_{x\to 0+}f(x)=\infty$,

$\lim\limits_{x\to\infty}f(x)=\infty$이므로 함수 $y=f(x)$의 그래프는 오른쪽 그림과 같다.

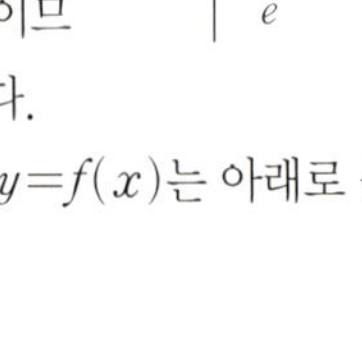

ㄱ. 치역은 $\{y\,|\,y\geq 2\}$이다.

ㄴ. 곡선 $y=f(x)$의 점근선은 y축이므로 점근선의 방정식은 $x=0$이다.

ㄷ. $x>0$인 실수 x에 대하여 곡선 $y=f(x)$는 아래로 볼록하다.

이상에서 옳은 것은 ㄱ, ㄷ이다. **답 ③**

0881 $f'(x)=\dfrac{3(x^2+1)-(3x-4)\times 2x}{(x^2+1)^2}$

$\qquad =-\dfrac{(3x+1)(x-3)}{(x^2+1)^2}$

$f'(x)=0$에서 $x=3$ $(\because 1\leq x\leq 4)$

x	1	$\cdots$	3	$\cdots$	4
$f'(x)$		$+$	0	$-$	
$f(x)$	$-\dfrac{1}{2}$	$\nearrow$	$\dfrac{1}{2}$	$\searrow$	$\dfrac{8}{17}$

따라서 함수 $f(x)$는 $x=3$에서 최댓값 $\dfrac{1}{2}$, $x=1$에서 최솟값 $-\dfrac{1}{2}$을 가지므로 $M=\dfrac{1}{2}$, $m=-\dfrac{1}{2}$

$\therefore M-m=1$ **답 ④**

0882 $f(x)=2x+\sqrt{5-x^2}$에서 $5-x^2\geq 0$이므로 $-\sqrt{5}\leq x\leq\sqrt{5}$이고

$f'(x)=2+\dfrac{-2x}{2\sqrt{5-x^2}}=\dfrac{2\sqrt{5-x^2}-x}{\sqrt{5-x^2}}$

$f'(x)=0$에서 $2\sqrt{5-x^2}-x=0$, $2\sqrt{5-x^2}=x$

양변을 제곱하면

$20-4x^2=x^2$, $5x^2=20$, $x^2=4$

$\therefore x=2$ $(\because x\geq 0)$

x	$-\sqrt{5}$	$\cdots$	2	$\cdots$	$\sqrt{5}$
$f'(x)$		$+$	0	$-$	
$f(x)$	$-2\sqrt{5}$	$\nearrow$	5	$\searrow$	$2\sqrt{5}$

따라서 함수 $f(x)$는 $x=2$에서 최댓값 5, $x=-\sqrt{5}$에서 최솟값 $-2\sqrt{5}$를 가지므로 $\alpha=2$, $\beta=-\sqrt{5}$

$\therefore \alpha\beta=-2\sqrt{5}$ **답 $-2\sqrt{5}$**

0883 $f(x)=(x^2-3)e^{-x}$이므로

$f'(x)=2xe^{-x}-(x^2-3)e^{-x}=-(x^2-2x-3)e^{-x}$

$\qquad =-(x+1)(x-3)e^{-x}$

$f'(x)=0$에서 $x=-1$ $(\because -2\leq x\leq 2)$

x	-2	$\cdots$	-1	$\cdots$	2
$f'(x)$		$-$	0	$+$	
$f(x)$	e^2	$\searrow$	$-2e$	$\nearrow$	$\dfrac{1}{e^2}$

따라서 함수 $f(x)$는 $x=-2$에서 최댓값 e^2, $x=-1$에서 최솟값 $-2e$를 가지므로 $M=e^2$, $m=-2e$

$\therefore Mm=-2e^3$ **답 $-2e^3$**

0884 $f(x)=x(2-\ln x)+k$에서 $x>0$이고

$f'(x)=2-\ln x+x\times\left(-\dfrac{1}{x}\right)=1-\ln x$

$f'(x)=0$에서 $\ln x=1$ $\therefore x=e$

x	0	$\cdots$	e	$\cdots$
$f'(x)$		$+$	0	$-$
$f(x)$		$\nearrow$	$e+k$	$\searrow$

이때 함수 $f(x)$의 최댓값은 $e+k$이므로

$e+k=e+2$ $\therefore k=2$

따라서 $f(x)=x(2-\ln x)+2$이므로

$f(1)=2+2=4$ **답 ③**

0885 $f(x)=4\ln x+\ln(10-x)$에서 $x>0$, $10-x>0$이므로 $0<x<10$이고

$f'(x)=\dfrac{4}{x}+\dfrac{-1}{10-x}=\dfrac{5(x-8)}{x(x-10)}$

$f'(x)=0$에서 $5(x-8)=0$ $\therefore x=8$

x	0	$\cdots$	8	$\cdots$	10
$f'(x)$		$+$	0	$-$	
$f(x)$		$\nearrow$	$13\ln 2$	$\searrow$	

이때 $\lim\limits_{x\to 0+}f(x)=-\infty$,

$\lim\limits_{x\to 10-}f(x)=-\infty$이므로 함수 $y=f(x)$의 그래프는 오른쪽 그림과 같다.

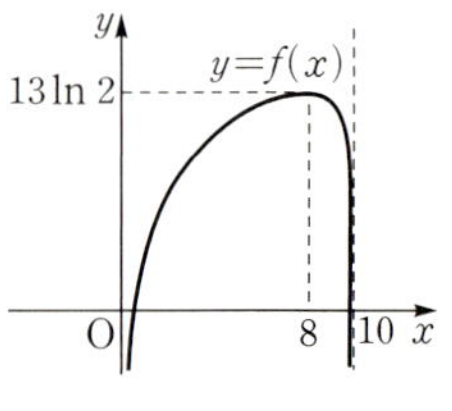

ㄱ. 함수 $f(x)$의 최댓값은 $13\ln 2$이다.

ㄴ. 함수 $y=f(x)$의 그래프는 x축과 서로 다른 두 점에서 만나므로 방정식 $f(x)=0$은 서로 다른 두 실근을 갖는다.

ㄷ. $f(x)=4\ln x+\ln(10-x)=\ln x^4+\ln(10-x)$

$\qquad =\ln x^4(10-x)$

$g(x)=e^{f(x)}$이라 하면

$g(x)=e^{\ln x^4(10-x)}=x^4(10-x)=-x^5+10x^4$

$g'(x)=-5x^4+40x^3$

$g''(x)=-20x^3+120x^2=-20x^2(x-6)$

$g''(x)=0$에서 $x=6$ $(\because 0<x<10)$

이때 $0<x<6$에서 $g''(x)>0$이므로 아래로 볼록하고

$6<x<10$에서 $g''(x)<0$이므로 위로 볼록하다.

이상에서 옳은 것은 ㄱ, ㄴ이다. 　　　　　　답 ③

0886 $f'(x)=\cos x(1+\cos x)+\sin x\times(-\sin x)$

$\qquad =\cos x+\cos^2 x-\sin^2 x$

$\qquad =\cos x+\cos^2 x-(1-\cos^2 x)$

$\qquad =2\cos^2 x+\cos x-1$

$\qquad =(2\cos x-1)(\cos x+1)$

$f'(x)=0$에서 $\cos x=\dfrac{1}{2}$ 또는 $\cos x=-1$

$\therefore x=\dfrac{\pi}{3}$ 또는 $x=\pi$ $(\because 0\leq x\leq\pi)$

x	0	$\cdots$	$\dfrac{\pi}{3}$	$\cdots$	π
$f'(x)$		$+$	0	$-$	0
$f(x)$	0	$\nearrow$	$\dfrac{3\sqrt{3}}{4}$	$\searrow$	0

따라서 함수 $f(x)$는 $x=\dfrac{\pi}{3}$에서 최댓값 $\dfrac{3\sqrt{3}}{4}$을 갖는다.

답 ④

0887 $f'(x)=a(1+2\cos 2x)$

$f'(x)=0$에서 $\cos 2x=-\dfrac{1}{2}$

$\therefore x=-\dfrac{\pi}{3}$ 또는 $x=\dfrac{\pi}{3}$ $\left(\because -\dfrac{\pi}{2}\leq x\leq\dfrac{\pi}{2}\right)$

x	$-\dfrac{\pi}{2}$	$\cdots$	$-\dfrac{\pi}{3}$	$\cdots$	$\dfrac{\pi}{3}$	$\cdots$	$\dfrac{\pi}{2}$
$f'(x)$		$-$	0	$+$	0	$-$	
$f(x)$	$-\dfrac{\pi}{2}a$	$\searrow$	$a\left(-\dfrac{\pi}{3}-\dfrac{\sqrt{3}}{2}\right)$	$\nearrow$	$a\left(\dfrac{\pi}{3}+\dfrac{\sqrt{3}}{2}\right)$	$\searrow$	$\dfrac{\pi}{2}a$

따라서 함수 $f(x)$는 $x=\dfrac{\pi}{3}$에서 최댓값 $a\left(\dfrac{\pi}{3}+\dfrac{\sqrt{3}}{2}\right)$을 가지

므로

$a\left(\dfrac{\pi}{3}+\dfrac{\sqrt{3}}{2}\right)=4\pi+6\sqrt{3}$ 　　 $\therefore a=12$

답 **12**

0888 $f(x)=\sin^3 x+2\cos^2 x+1$

$\qquad =\sin^3 x+2(1-\sin^2 x)+1$

$\qquad =\sin^3 x-2\sin^2 x+3$

이때 $\sin x=t$로 놓으면 $0\leq x\leq 2\pi$이므로 $-1\leq t\leq 1$이고, 주어진 함수 $f(x)$를 t에 대한 함수 $g(t)$로 나타내면

$g(t)=t^3-2t^2+3$

$g'(t)=3t^2-4t=t(3t-4)$

$g'(t)=0$에서 $t=0$ $(\because -1\leq t\leq 1)$

t	-1	$\cdots$	0	$\cdots$	1
$g'(t)$		$+$	0	$-$	
$g(t)$	0	$\nearrow$	3	$\searrow$	2

따라서 함수 $g(t)$는 $t=0$일 때 최댓값 3, $t=-1$일 때 최솟값 0을 가지므로 $M=3$, $m=0$

$\therefore M+m=3$ 　　　　　　　답 **3**

0889 방정식 $x^2-2\ln(1+x^2)=k$가 서로 다른 두 실근을 가지려면 곡선 $y=x^2-2\ln(1+x^2)$과 직선 $y=k$가 서로 다른 두 점에서 만나야 한다.

$f(x)=x^2-2\ln(1+x^2)$이라 하면

$f'(x)=2x-2\times\dfrac{2x}{1+x^2}=\dfrac{2x(1+x^2)-4x}{1+x^2}$

$\qquad =\dfrac{2x(x+1)(x-1)}{1+x^2}$

$f'(x)=0$에서 $x=0$ $(\because -1<x<1)$

x	-1	$\cdots$	0	$\cdots$	1
$f'(x)$		$+$	0	$-$	
$f(x)$		$\nearrow$	0	$\searrow$	

이때 $\lim\limits_{x\to -1+}f(x)=1-2\ln 2$,

$\lim\limits_{x\to 1-}f(x)=1-2\ln 2$

이므로 함수 $y=f(x)$의 그래프는 오른쪽 그림과 같다.

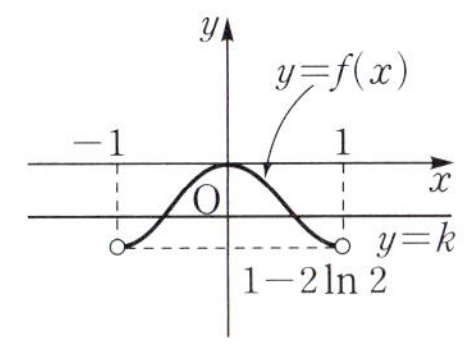

따라서 곡선 $y=f(x)$와 직선 $y=k$가 서로 다른 두 점에서 만나려면

$1-2\ln 2<k<0$ 　　　답 $1-2\ln 2<k<0$

0890 $f'(x)=ax-2\sin x+3$

$f''(x)=a-2\cos x$

곡선 $y=f(x)$가 변곡점을 가지려면 방정식 $f''(x)=0$이 실근을 갖고 그 근의 좌우에서 $f''(x)$의 부호가 바뀌어야 한다.

$f''(x)=0$에서 $a-2\cos x=0$ 　　 $\therefore 2\cos x=a$

이 방정식이 실근을 가지려면 곡선 $y=2\cos x$와 직선 $y=a$가 만나야 하므로

$-2\leq a\leq 2$

이때 $a=-2$이면

$f''(x)=-2(1+\cos x)$이므로 $f''(x)\leq 0$

$a=2$이면 $f''(x)=2(1-\cos x)$이므로 $f''(x)\geq 0$

즉, $a=-2$ 또는 $a=2$이면 $f''(x)=0$을 만족시키는 x의 값의 좌우에서 $f''(x)$의 부호가 바뀌지 않으므로 변곡점을 갖지 않는다.

따라서 $-2<a<2$이므로 정수 a는 -1, 0, 1의 3개이다.　　답 ③

0891 $f(x)=e^x-\dfrac{x^2}{2}-x+k$라 하면

$f'(x)=e^x-x-1$, $f''(x)=e^x-1$

$x>0$일 때 $f''(x)>0$이므로 $x>0$에서 $f'(x)$는 증가한다.

또, $f'(0)=0$이므로 $x>0$에서 $f'(x)>0$

즉, 함수 $f(x)$는 $x>0$에서 증가한다.

따라서 $x>0$일 때 $f(x)\geq0$이 성립하려면

$f(0)=1+k\geq0$　　$\therefore k\geq-1$

따라서 k의 최솟값은 -1이다.　　답 ②

0892 $x>0$인 모든 실수 x에 대하여 부등식 $a\ln x<\sqrt{x}$가 성립하려면 오른쪽 그림과 같이 곡선 $y=\sqrt{x}$가 곡선 $y=a\ln x$보다 위쪽에 있어야 한다.

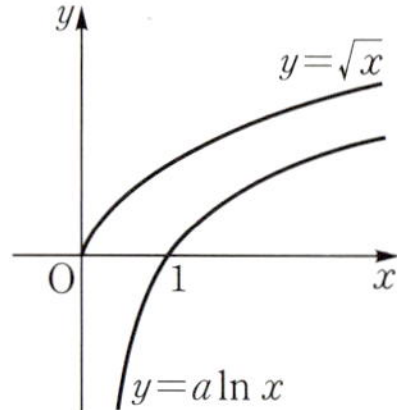

$f(x)=\sqrt{x}$, $g(x)=a\ln x$라 하면

$f'(x)=\dfrac{1}{2\sqrt{x}}$, $g'(x)=\dfrac{a}{x}$

두 곡선 $y=f(x)$, $y=g(x)$가 접할 때의 접점의 x좌표를 t $(t>0)$라 하면

$f(t)=g(t)$에서 $\sqrt{t}=a\ln t$　　$\cdots\cdots$ ㉠

$f'(t)=g'(t)$에서 $\dfrac{1}{2\sqrt{t}}=\dfrac{a}{t}$　　$\therefore a=\dfrac{\sqrt{t}}{2}$

$a=\dfrac{\sqrt{t}}{2}$를 ㉠에 대입하면

$\sqrt{t}=\dfrac{\sqrt{t}}{2}\ln t$, $\ln t=2$　　$\therefore t=e^2$, $a=\dfrac{e}{2}$

따라서 양수 a의 값의 범위는 $0<a<\dfrac{e}{2}$　　답 $0<a<\dfrac{e}{2}$

0893 점 P의 시각 t에서의 속도를 v라 하면

$v=f'(t)=1+\sin t$

$t=a$에서 점 P의 속도가 0이라 하면

$1+\sin a=0$, $\sin a=-1$

$\therefore a=\dfrac{3}{2}\pi$, $\dfrac{7}{2}\pi$, $\dfrac{11}{2}\pi$, $\cdots$

따라서 처음으로 점 P의 속도가 0이 되는 시각은 $\dfrac{3}{2}\pi$이다.

답 $\dfrac{3}{2}\pi$

0894 $\dfrac{dx}{dt}=3-\cos t$, $\dfrac{dy}{dt}=\sin t$이므로

점 P의 시각 t에서의 속도는 $(3-\cos t,\ \sin t)$

따라서 점 P의 시각 t에서의 속력은

$\sqrt{(3-\cos t)^2+(\sin t)^2}=\sqrt{10-6\cos t}$

이때 $-1\leq\cos t\leq1$이므로 점 P의 속력은 $\cos t=-1$일 때 최댓값 4, $\cos t=1$일 때 최솟값 2를 갖는다.

즉, $M=4$, $m=2$이므로 $M+m=6$　　답 ④

0895 $\dfrac{dx}{dt}=e^t\cos t-e^t\sin t=e^t(\cos t-\sin t)$

$\dfrac{dy}{dt}=e^t\sin t+e^t\cos t=e^t(\sin t+\cos t)$

이므로 점 P의 시각 t에서의 속도는

$(e^t(\cos t-\sin t),\ e^t(\sin t+\cos t))$

또, $\dfrac{d^2x}{dt^2}=e^t(\cos t-\sin t)+e^t(-\sin t-\cos t)=-2e^t\sin t$

$\dfrac{d^2y}{dt^2}=e^t(\sin t+\cos t)+e^t(\cos t-\sin t)=2e^t\cos t$

이므로 점 P의 시각 t에서의 가속도는

$(-2e^t\sin t,\ 2e^t\cos t)$

이때 속력이 $\sqrt{2}e$이므로

$\sqrt{e^{2t}(\cos t-\sin t)^2+e^{2t}(\sin t+\cos t)^2}=\sqrt{2}e$

$\sqrt{2}e^t=\sqrt{2}e$　　$\therefore t=1$

따라서 $t=1$에서의 가속도는 $(-2e\sin 1,\ 2e\cos 1)$이므로 가속도의 크기는

$\sqrt{(-2e\sin 1)^2+(2e\cos 1)^2}=2e$　　답 ②

0896 점 A의 좌표는 A$(0,\ 2e^{-t})$

또, $y=2e^{-x}$에서 $y'=-2e^{-x}$이므로 곡선 $y=2e^{-x}$ 위의 점 P$(t,\ 2e^{-t})$에서의 접선의 방정식은

$y-2e^{-t}=-2e^{-t}(x-t)$

$\therefore y=-2e^{-t}x+(2t+2)e^{-t}$

따라서 점 B의 좌표는 B$(0,\ (2t+2)e^{-t})$이므로

$\overline{AB}=(2t+2)e^{-t}-2e^{-t}=2te^{-t}$

삼각형 APB의 넓이를 $S(t)$라 하면

$S(t)=\dfrac{1}{2}\times\overline{AB}\times\overline{AP}$

$\qquad=\dfrac{1}{2}\times2te^{-t}\times t=t^2e^{-t}$

$S'(t)=2te^{-t}-t^2e^{-t}=-t(t-2)e^{-t}$

$S'(t)=0$에서 $t=2$ $(\because t>0)$

t	0	$\cdots$	2	$\cdots$
$S'(t)$		$+$	0	$-$
$S(t)$		↗	극대	↘

따라서 $S(t)$는 $t=2$에서 극대이면서 최대이므로 구하는 t의 값은 2이다.　　답 ④

0897 $f(x)=x-2\cos x$라 하면

$f'(x)=1+2\sin x$, $f''(x)=2\cos x$

$f''(x)=0$에서 $x=\dfrac{\pi}{2}$ $(\because\ 0\le x\le\pi)$

이때 $0\le x<\dfrac{\pi}{2}$에서 $f''(x)>0$, $\dfrac{\pi}{2}<x\le\pi$에서 $f''(x)<0$이다.

즉, $x=\dfrac{\pi}{2}$의 좌우에서 $f''(x)$의 부호가 바뀌므로 변곡점의 좌표는 $\left(\dfrac{\pi}{2},\ \dfrac{\pi}{2}\right)$이다.

━━━━━━━━━━━━━━━━━━━━━━━━ ㉮

또, $f'\left(\dfrac{\pi}{2}\right)=3$이므로 변곡점에서의 접선의 방정식은

$$y-\dfrac{\pi}{2}=3\left(x-\dfrac{\pi}{2}\right)\qquad\therefore\ y=3x-\pi$$

━━━━━━━━━━━━━━━━━━━━━━━━ ㉯

따라서 $a=3$, $b=-\pi$이므로

$$ab=-3\pi$$

━━━━━━━━━━━━━━━━━━━━━━━━ ㉰

답 -3π

단계	채점요소	배점
㉮	변곡점의 좌표 구하기	60%
㉯	접선의 방정식 구하기	30%
㉰	ab의 값 구하기	10%

0898 $f(x)=\dfrac{1}{4}x^2-\dfrac{1}{2}\ln kx$에서 $x>0$이고

$$f'(x)=\dfrac{1}{2}x-\dfrac{1}{2x}=\dfrac{x^2-1}{2x}=\dfrac{(x+1)(x-1)}{2x}$$

━━━━━━━━━━━━━━━━━━━━━━━━ ㉮

$f'(x)=0$에서 $x=1$ $(\because\ x>0)$

━━━━━━━━━━━━━━━━━━━━━━━━ ㉯

x	0	$\cdots$	1	$\cdots$
$f'(x)$		$-$	0	$+$
$f(x)$		$\searrow$	$\dfrac{1}{4}-\dfrac{1}{2}\ln k$	$\nearrow$

따라서 함수 $f(x)$는 $x=1$에서 최솟값 $\dfrac{1}{4}-\dfrac{1}{2}\ln k$를 가지므로

$$\dfrac{1}{4}-\dfrac{1}{2}\ln k=-\dfrac{3}{4},\ \ln k=2\qquad\therefore\ k=e^2$$

━━━━━━━━━━━━━━━━━━━━━━━━ ㉰

답 e^2

단계	채점요소	배점
㉮	$f'(x)$ 구하기	20%
㉯	$f'(x)=0$을 만족시키는 x의 값 구하기	20%
㉰	k의 값 구하기	60%

0899 두 방정식 $e^x=kx$, $\ln x=kx$가 모두 실근을 갖지 않으려면 직선 $y=kx$가 두 곡선 $y=e^x$, $y=\ln x$와 모두 만나지 않아야 한다.

━━━━━━━━━━━━━━━━━━━━━━━━ ㉮

(i) 직선 $y=kx$가 곡선 $y=e^x$에 접하는 경우

$y=e^x$에서 $y'=e^x$이므로 원점에서 곡선 $y=e^x$에 그은 접선의 접점의 좌표를 $(t,\ e^t)$이라 하면 접선의 방정식은

$$y-e^t=e^t(x-t)$$

이 직선이 원점을 지나므로

$$-e^t=e^t\times(-t)\qquad\therefore\ t=1$$

따라서 접선의 기울기는 e이다.

━━━━━━━━━━━━━━━━━━━━━━━━ ㉯

(ii) 직선 $y=kx$가 곡선 $y=\ln x$에 접하는 경우

$y=\ln x$에서 $y'=\dfrac{1}{x}$이므로 원점에서 곡선 $y=\ln x$에 그은 접선의 접점의 좌표를 $(u,\ \ln u)$라 하면 접선의 방정식은

$$y-\ln u=\dfrac{1}{u}(x-u)$$

이 직선이 원점을 지나므로

$$-\ln u=\dfrac{1}{u}\times(-u),\ \ln u=1$$

$$\therefore\ u=e$$

따라서 접선의 기울기는 $\dfrac{1}{e}$이다.

━━━━━━━━━━━━━━━━━━━━━━━━ ㉰

(i), (ii)에서 직선 $y=kx$가 두 곡선 $y=e^x$, $y=\ln x$와 모두 만나지 않도록 하는 실수 k의 값의 범위는

$$\dfrac{1}{e}<k<e$$

따라서 $\alpha=\dfrac{1}{e}$, $\beta=e$이므로 $\alpha\beta=1$

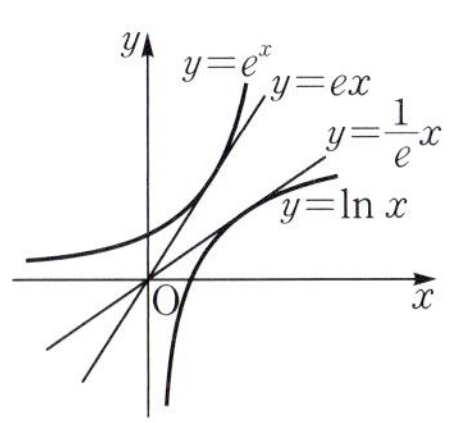

━━━━━━━━━━━━━━━━━━━━━━━━ ㉱

답 1

단계	채점요소	배점
㉮	두 방정식이 모두 실근을 갖지 않을 조건 알기	30%
㉯	직선 $y=kx$가 곡선 $y=e^x$에 접할 때 접선의 기울기 구하기	30%
㉰	직선 $y=kx$가 곡선 $y=\ln x$에 접할 때 접선의 기울기 구하기	30%
㉱	$\alpha\beta$의 값 구하기	10%

0900 $f(x)\ge g(x)$에서 $x^2-x+3\ge ke^{-x}$

이때 $e^x>0$이므로 양변에 e^x을 곱하면

$$(x^2-x+3)e^x\ge k\qquad\therefore\ (x^2-x+3)e^x-k\ge 0$$

$h(x)=(x^2-x+3)e^x-k$라 하면

━━━━━━━━━━━━━━━━━━━━━━━━ ㉮

$$h'(x)=(2x-1)e^x+(x^2-x+3)e^x$$
$$=e^x(x^2+x+2)$$
$$=e^x\left\{\left(x+\dfrac{1}{2}\right)^2+\dfrac{7}{4}\right\}$$

모든 실수 x에 대하여 $h'(x)>0$이므로 모든 실수 x에 대하여 함수 $h(x)$는 증가한다.

━━━━━━━━━━━━━━━━━━━━━━━━ ㉯

$x>0$인 모든 실수 x에 대하여 $h(x) \geq 0$이 성립하려면

$h(0)=3-k \geq 0$ $\therefore k \leq 3$

따라서 k의 최댓값은 3이다.

답 3

단계	채점요소	배점
㉮	$h(x)=(x^2-x+3)e^x-k$로 놓기	30%
㉯	함수 $h(x)$가 증가함수임을 알기	50%
㉰	k의 최댓값 구하기	20%

0901 ㄱ. 조건 ㈏에서 $f(x)=-f(-x)$이므로 함수 $f(x)$의 그래프는 원점에 대하여 대칭이다.

이때 조건 ㈎에서 $f(x) \neq 1$이므로 모든 실수 x에 대하여 $f(x) \neq -1$이다.

ㄴ. 조건 ㈐에서

$$f'(x)=\{1+f(x)\}\{1+f(-x)\}$$
$$=\{1+f(x)\}\{1-f(x)\}$$
$$=1-\{f(x)\}^2 \qquad \cdots\cdots \ \text{㉠}$$

함수 $f(x)$는 실수 전체의 집합에서 미분가능하므로 실수 전체의 집합에서 연속이고 그 그래프는 원점에 대하여 대칭이다. 이때 ㄱ에 의하여 $f(x) \neq 1$, $f(x) \neq -1$이므로 $-1<f(x)<1$이어야 한다.

$-1<f(x)<1$이면 ㉠에서 $f'(x)>0$

따라서 함수 $f(x)$는 모든 실수 x에서 증가한다.

ㄷ. ㉠에서 $f'(x)=1-\{f(x)\}^2$의 양변을 x에 대하여 미분하면

$$f''(x)=-2f(x)f'(x)$$

$f''(x)=0$에서 $f(x)=0$ $(\because f'(x)>0)$

이때 함수 $f(x)$의 그래프는 원점에 대하여 대칭이고 모든 실수 x에서 증가하므로 $f(x)=0$인 x의 값은 0뿐이다.

따라서 곡선 $y=f(x)$는 오직 1개의 변곡점을 갖는다.

이상에서 옳은 것은 ㄱ뿐이다.

답 ①

0902 $\dfrac{dx}{dt}=20\cos\theta$, $\dfrac{dy}{dt}=20\sin\theta-10t$이므로

공의 t초 후의 속도는 $(20\cos\theta,\ 20\sin\theta-10t)$

따라서 공의 t초 후의 속력은

$$\sqrt{(20\cos\theta)^2+(20\sin\theta-10t)^2}=\sqrt{400-400t\sin\theta+100t^2}$$

공이 1초 후에 최고 높이에 도달하고 이때 $\dfrac{dy}{dt}=0$이므로

$20\sin\theta-10=0$, $\sin\theta=\dfrac{1}{2}$

$\therefore \theta=\dfrac{\pi}{6} \left(\because 0<\theta<\dfrac{\pi}{2}\right)$

공이 지면에 닿는 순간 $y=0$이므로

$20t\sin\dfrac{\pi}{6}-5t^2=0$, $10t-5t^2=0$

$-5t(t-2)=0$ $\therefore t=0$ 또는 $t=2$

따라서 2초 후에 공이 수평면에 닿으므로 이때의 속력은

$$\sqrt{400-400\times2\times\dfrac{1}{2}+100\times2^2}=\sqrt{400}=20$$

답 20

0903 $\overline{QR}=l$, $\overline{BQ}=x\ (4<x<8)$, $\angle BQR=\theta$라 하면 $\overline{PQ}=x$, $\angle PQR=\theta$이므로 $\triangle RBQ$와 $\triangle PAQ$에서

$$\cos\theta=\dfrac{x}{l},\ \cos(\pi-2\theta)=\dfrac{8-x}{x}$$

이때

$$\cos(\pi-2\theta)=-\cos2\theta=1-2\cos^2\theta$$

이므로

$$\dfrac{8-x}{x}=1-\dfrac{2x^2}{l^2},\ \dfrac{2x^2}{l^2}=\dfrac{2x-8}{x}$$

$$\therefore l^2=\dfrac{x^3}{x-4}$$

이때 $f(x)=\dfrac{x^3}{x-4}$이라 하면

$$f'(x)=\dfrac{3x^2(x-4)-x^3}{(x-4)^2}=\dfrac{2x^3-12x^2}{(x-4)^2}$$
$$=\dfrac{2x^2(x-6)}{(x-4)^2}$$

$f'(x)=0$에서 $x=6\ (\because 4<x<8)$

x	4	$\cdots$	6	$\cdots$	8
$f'(x)$		$-$	0	$+$	
$f(x)$		$\searrow$	극소	$\nearrow$	

따라서 $f(x)$는 $x=6$일 때 극소이면서 최소이므로 선분 QR의 길이가 최소일 때의 선분 PQ의 길이는 6이다.

답 6

08 | 여러 가지 적분법

📖 교과서 문제 정/복/하/기

0904 $\displaystyle\int x^{-4}\,dx=\frac{1}{-4+1}x^{-4+1}+C=-\frac{1}{3}x^{-3}+C$

$\qquad\qquad =-\frac{1}{3x^3}+C$　　　　　답 $-\dfrac{1}{3x^3}+C$

0905 $\displaystyle\int \sqrt[5]{x^3}\,dx=\int x^{\frac{3}{5}}\,dx=\frac{1}{\frac{3}{5}+1}x^{\frac{3}{5}+1}+C$

$\qquad\qquad =\frac{5}{8}x^{\frac{8}{5}}+C=\frac{5}{8}x\sqrt[5]{x^3}+C$

답 $\dfrac{5}{8}x\sqrt[5]{x^3}+C$

0906 $\displaystyle\int \frac{x^3+x^2+2}{x^3}\,dx=\int\left(1+\frac{1}{x}+\frac{2}{x^3}\right)dx$

$\qquad\qquad =\int\left(1+\frac{1}{x}+2x^{-3}\right)dx$

$\qquad\qquad =x+\ln|x|-x^{-2}+C$

$\qquad\qquad =x+\ln|x|-\frac{1}{x^2}+C$

답 $x+\ln|x|-\dfrac{1}{x^2}+C$

0907 $\displaystyle\int \frac{x^2-1}{\sqrt{x}}\,dx=\int(x^{\frac{3}{2}}-x^{-\frac{1}{2}})dx=\frac{2}{5}x^{\frac{5}{2}}-2x^{\frac{1}{2}}+C$

$\qquad\qquad =\frac{2}{5}x^2\sqrt{x}-2\sqrt{x}+C$

답 $\dfrac{2}{5}x^2\sqrt{x}-2\sqrt{x}+C$

0908 $\displaystyle\int(2e^x+3^x)dx=2\int e^x\,dx+\int 3^x\,dx$

$\qquad\qquad =2e^x+\frac{3^x}{\ln 3}+C$

답 $2e^x+\dfrac{3^x}{\ln 3}+C$

0909 $\displaystyle\int e^{x+4}\,dx=\int e^x\times e^4\,dx=e^4\int e^x\,dx$

$\qquad\qquad =e^4\times e^x+C=e^{x+4}+C$　　답 $e^{x+4}+C$

0910 $\displaystyle\int(\sin x+3\cos x)dx=\int\sin x\,dx+3\int\cos x\,dx$

$\qquad\qquad =-\cos x+3\sin x+C$

답 $-\cos x+3\sin x+C$

0911 $\displaystyle\int(2-\tan x)\cos x\,dx$

$=\displaystyle\int(2\cos x-\tan x\cos x)dx$

$=2\displaystyle\int\cos x\,dx-\int\sin x\,dx$

$=2\sin x+\cos x+C$　　　　답 $2\sin x+\cos x+C$

0912 $\displaystyle\int\csc x(\csc x+\cot x)dx$

$=\displaystyle\int(\csc^2 x+\csc x\cot x)dx$

$=-\cot x-\csc x+C$　　　答 $-\cot x-\csc x+C$

0913 $\displaystyle\int\frac{1+\cos^3 x}{\cos^2 x}\,dx=\int(\sec^2 x+\cos x)dx$

$\qquad\qquad =\tan x+\sin x+C$

답 $\tan x+\sin x+C$

0914 $\displaystyle\int\frac{\sin^3 x-1}{\sin^2 x}\,dx=\int(\sin x-\csc^2 x)dx$

$\qquad\qquad =-\cos x+\cot x+C$

답 $-\cos x+\cot x+C$

0915 $1+\tan^2 x=\sec^2 x$이므로 $\tan^2 x=\sec^2 x-1$

$\therefore \displaystyle\int\tan^2 x\,dx=\int(\sec^2 x-1)dx$

$\qquad\qquad =\tan x-x+C$　　　답 $\tan x-x+C$

0916 $2x+1=t$로 놓으면 $2=\dfrac{dt}{dx}$이므로

$\displaystyle\int(2x+1)^4\,dx=\int t^4\times\frac{1}{2}\,dt=\frac{1}{2}\int t^4\,dt$

$\qquad\qquad =\frac{1}{2}\times\frac{1}{5}t^5+C=\frac{1}{10}t^5+C$

$\qquad\qquad =\frac{1}{10}(2x+1)^5+C$　　답 $\dfrac{1}{10}(2x+1)^5+C$

0917 $3x+1=t$로 놓으면 $3=\dfrac{dt}{dx}$이므로

$\displaystyle\int\frac{1}{(3x+1)^2}\,dx=\int\frac{1}{t^2}\times\frac{1}{3}\,dt=\frac{1}{3}\int t^{-2}\,dt$

$\qquad\qquad =\frac{1}{3}\times(-t^{-1})+C=-\frac{1}{3t}+C$

$\qquad\qquad =-\frac{1}{3(3x+1)}+C$

답 $-\dfrac{1}{3(3x+1)}+C$

0918 $x^3=t$로 놓으면 $3x^2=\dfrac{dt}{dx}$이므로

$\displaystyle\int 3x^2 e^{x^3}\,dx=\int e^t\,dt=e^t+C=e^{x^3}+C$　　답 $e^{x^3}+C$

0919 $\sin x=t$로 놓으면 $\cos x=\dfrac{dt}{dx}$이므로

$$\int \sin^2 x \cos x \, dx = \int t^2 \, dt = \frac{1}{3}t^3 + C$$
$$= \frac{1}{3}\sin^3 x + C \qquad \text{답 } \boldsymbol{\dfrac{1}{3}\sin^3 x + C}$$

0920 $(x^2-x+1)'=2x-1$이므로

$$\int \frac{2x-1}{x^2-x+1}dx = \int \frac{(x^2-x+1)'}{x^2-x+1}dx$$
$$= \ln(x^2-x+1)+C \ (\because x^2-x+1>0)$$
$$\text{답 } \boldsymbol{\ln(x^2-x+1)+C}$$

0921 $(x+\cos x)'=1-\sin x$이므로

$$\int \frac{1-\sin x}{x+\cos x}dx = \int \frac{(x+\cos x)'}{x+\cos x}dx = \ln|x+\cos x|+C$$
$$\text{답 } \boldsymbol{\ln|x+\cos x|+C}$$

0922 $\dfrac{2x^2+x-1}{x+2} = \dfrac{(2x-3)(x+2)+5}{x+2}$

$$= 2x-3+\frac{5}{x+2}$$
$$\therefore \int \frac{2x^2+x-1}{x+2}dx = \int \left(2x-3+\frac{5}{x+2}\right)dx$$
$$= x^2-3x+5\ln|x+2|+C$$
$$\text{답 } \boldsymbol{x^2-3x+5\ln|x+2|+C}$$

0923 $\displaystyle\int \frac{1}{x^2-3x+2}dx = \int \frac{1}{(x-1)(x-2)}dx$

$$= \int \left(\frac{1}{x-2}-\frac{1}{x-1}\right)dx$$
$$= \ln|x-2|-\ln|x-1|+C$$
$$= \ln\left|\frac{x-2}{x-1}\right|+C$$
$$\text{답 } \boldsymbol{\ln\left|\dfrac{x-2}{x-1}\right|+C}$$

0924 $f(x)=\ln x$, $g'(x)=1$로 놓으면

$$f'(x)=\frac{1}{x}, \ g(x)=x$$
$$\therefore \int \ln x \, dx = \ln x \times x - \int \frac{1}{x} \times x \, dx = x\ln x - \int 1 \, dx$$
$$= x\ln x - x + C \qquad \text{답 } \boldsymbol{x\ln x - x + C}$$

0925 $f(x)=x$, $g'(x)=e^x$으로 놓으면

$$f'(x)=1, \ g(x)=e^x$$
$$\therefore \int xe^x \, dx = xe^x - \int 1 \times e^x \, dx$$
$$= xe^x - e^x + C \qquad \text{답 } \boldsymbol{xe^x - e^x + C}$$

0926 $f(x)=x$, $g'(x)=\sin x$로 놓으면

$$f'(x)=1, \ g(x)=-\cos x$$
$$\therefore \int x\sin x \, dx = x(-\cos x) - \int 1 \times (-\cos x)dx$$
$$= -x\cos x + \int \cos x \, dx$$
$$= -x\cos x + \sin x + C$$
$$\text{답 } \boldsymbol{-x\cos x + \sin x + C}$$

0927 $f(x)=\displaystyle\int \frac{(\sqrt{x}-1)^2}{\sqrt{x}}dx = \int \frac{x-2\sqrt{x}+1}{\sqrt{x}}dx$

$$= \int \left(\sqrt{x}-2+\frac{1}{\sqrt{x}}\right)dx = \int \left(x^{\frac{1}{2}}-2+x^{-\frac{1}{2}}\right)dx$$
$$= \frac{2}{3}x^{\frac{3}{2}}-2x+2x^{\frac{1}{2}}+C$$
$$= \frac{2}{3}x\sqrt{x}-2x+2\sqrt{x}+C$$

$f(1)=\dfrac{5}{3}$이므로 $\dfrac{2}{3}-2+2+C=\dfrac{5}{3}$ $\quad \therefore C=1$

따라서 $f(x)=\dfrac{2}{3}x\sqrt{x}-2x+2\sqrt{x}+1$이므로

$f(4)=\dfrac{16}{3}-8+4+1=\dfrac{7}{3}$ $\qquad\qquad$ 답 ⑤

0928 $F(x)=\displaystyle\int (x\sqrt{x}-2)dx = \int \left(x^{\frac{3}{2}}-2\right)dx$

$$= \frac{2}{5}x^{\frac{5}{2}}-2x+C = \frac{2}{5}x^2\sqrt{x}-2x+C$$
$$\therefore F(1)-F(0)=\left(-\frac{8}{5}+C\right)-(0+C)=-\frac{8}{5} \qquad \text{답 } -\dfrac{8}{5}$$

0929 $f(x)=\displaystyle\int \frac{(x+2)^2-2}{x^2}dx = \int \frac{x^2+4x+2}{x^2}dx$

$$= \int \left(1+\frac{4}{x}+\frac{2}{x^2}\right)dx = x+4\ln|x|-\frac{2}{x}+C$$

곡선 $y=f(x)$가 점 $(1, 0)$을 지나므로 $f(1)=0$에서

$1+0-2+C=0$ $\quad \therefore C=1$

따라서 $f(x)=x+4\ln|x|-\dfrac{2}{x}+1$이므로

$f(2)=2+4\ln 2-1+1=2+4\ln 2$ $\qquad$ **답 $2+4\ln 2$**

0930 조건 ㈎에서 $f'(x)=\dfrac{1+x^4}{x^2}$이므로

$$f(x)=\int \frac{1+x^4}{x^2}dx = \int (x^{-2}+x^2)dx$$
$$= -\frac{1}{x}+\frac{1}{3}x^3+C$$

조건 ㈏에서 $f(-1)=0$이므로

$1-\dfrac{1}{3}+C=0$ $\quad \therefore C=-\dfrac{2}{3}$

$\cdots\cdots$ ㈏

따라서 $f(x)=-\dfrac{1}{x}+\dfrac{1}{3}x^3-\dfrac{2}{3}$이므로

$f(1)=-1+\dfrac{1}{3}-\dfrac{2}{3}=-\dfrac{4}{3}$

$\cdots\cdots$ ㈐

답 $-\dfrac{4}{3}$

단계	채점요소	배점
㉮	$f(x)$를 적분상수를 사용하여 나타내기	50%
㉯	적분상수 구하기	20%
㉰	$f(1)$의 값 구하기	30%

0931 $f'(x)=\dfrac{1}{\sqrt[3]{x}}$이므로

$f(x)=\displaystyle\int \dfrac{1}{\sqrt[3]{x}}dx=\int x^{-\frac{1}{3}}\,dx=\dfrac{3}{2}x^{\frac{2}{3}}+C_1$

$f(1)=0$이므로 $\dfrac{3}{2}+C_1=0$ $\quad \therefore C_1=-\dfrac{3}{2}$

따라서 $f(x)=\dfrac{3}{2}x^{\frac{2}{3}}-\dfrac{3}{2}$이므로 $f(x)$의 부정적분은

$\displaystyle\int f(x)dx=\int \left(\dfrac{3}{2}x^{\frac{2}{3}}-\dfrac{3}{2}\right)dx$

$\qquad =\dfrac{9}{10}x^{\frac{5}{3}}-\dfrac{3}{2}x+C$

답 $\dfrac{9}{10}x^{\frac{5}{3}}-\dfrac{3}{2}x+C$

0932 $f_n(x)=\displaystyle\int x^{\frac{1}{n+1}}\,dx=\dfrac{1}{\dfrac{1}{n+1}+1}x^{\frac{1}{n+1}+1}+C$

$\qquad =\dfrac{n+1}{n+2}x^{\frac{n+2}{n+1}}+C$

$f_n(0)=0$이므로 $C=0$

따라서 $f_n(x)=\dfrac{n+1}{n+2}x^{\frac{n+2}{n+1}}$이므로

$f_1(1)\times f_2(1)\times f_3(1)\times \cdots \times f_{10}(1)$

$=\dfrac{2}{3}\times\dfrac{3}{4}\times\dfrac{4}{5}\times\cdots\times\dfrac{11}{12}=\dfrac{2}{12}=\dfrac{1}{6}$

답 ④

0933 $f(x)=\displaystyle\int \dfrac{1-e^{2x}}{1+e^x}dx=\int \dfrac{(1+e^x)(1-e^x)}{1+e^x}dx$

$\qquad =\displaystyle\int (1-e^x)dx=x-e^x+C$

$f(0)=3$이므로 $-1+C=3$ $\quad \therefore C=4$

따라서 $f(x)=x-e^x+4$이므로

$f(1)=1-e+4=5-e$

답 ⑤

0934 $f'(x)=e^x-2x+1$이므로

$f(x)=\displaystyle\int (e^x-2x+1)dx=e^x-x^2+x+C$

$f(0)=1$이므로 $1+C=1$ $\quad \therefore C=0$

따라서 $f(x)=e^x-x^2+x$이므로

$F(x)=\displaystyle\int f(x)dx=\int (e^x-x^2+x)dx$

$\qquad =e^x-\dfrac{1}{3}x^3+\dfrac{1}{2}x^2+C_1$

$\therefore F(1)-F(0)=\left(e+\dfrac{1}{6}+C_1\right)-(1+C_1)$

$\qquad\qquad\qquad =e-\dfrac{5}{6}$

답 $e-\dfrac{5}{6}$

0935 $\displaystyle\lim_{h\to 0}\dfrac{f(x+h)-f(x)}{h}=f'(x)$이므로

$f'(x)=e^{x+2}+4x$

$\therefore f(x)=\displaystyle\int f'(x)dx=\int (e^{x+2}+4x)dx$

$\qquad =e^2\displaystyle\int e^x\,dx+4\int x\,dx=e^{x+2}+2x^2+C$

$f(0)=e^2-e^3$이므로 $e^2+C=e^2-e^3$ $\quad \therefore C=-e^3$

따라서 $f(x)=e^{x+2}+2x^2-e^3$이므로

$f(1)=e^3+2-e^3=2$

답 **2**

0936 $x\neq 0$일 때,

$f(x)=\displaystyle\int \dfrac{xe^x+2ex}{x}dx=\int (e^x+2e)dx=e^x+2ex+C$

함수 $f(x)$가 모든 실수 x에서 연속이므로

$\displaystyle\lim_{x\to 0}f(x)=f(0)$

$1+C=1$ $\quad \therefore C=0$

따라서 $f(x)=\begin{cases} e^x+2ex & (x\neq 0) \\ 1 & (x=0) \end{cases}$이므로

$f(2)=e^2+4e$

답 e^2+4e

0937 $f(g(x))=x$이므로 $g(x)=f^{-1}(x)$

$y=\ln x-1$이라 하면

$y+1=\ln x$ $\quad \therefore x=e^{y+1}$

x와 y를 서로 바꾸면 $y=e^{x+1}$

따라서 $g(x)=e^{x+1}$이므로

$\displaystyle\int g(x)dx=\int e^{x+1}\,dx=e\int e^x\,dx$

$\qquad =e\times e^x+C=e^{x+1}+C$

답 ②

0938 $\displaystyle\int \dfrac{9^x-1}{3^x+1}dx=\int \dfrac{(3^x)^2-1}{3^x+1}dx$

$\qquad =\displaystyle\int \dfrac{(3^x-1)(3^x+1)}{3^x+1}dx$

$\qquad =\displaystyle\int (3^x-1)dx$

$\qquad =\dfrac{3^x}{\ln 3}-x+C$

$\therefore a=\ln 3$

답 ①

0939 $f(x)=\int f'(x)dx=\int 5^{2x}\ln 25\,dx$

$$=\int 25^x\ln 25\,dx=25^x+C$$

$f(0)=1$이므로 $1+C=1$ $\quad\therefore C=0$

따라서 $f(x)=25^x$이므로

$$\sum_{n=1}^{\infty}\frac{1}{f(n)}=\sum_{n=1}^{\infty}\frac{1}{25^n}=\frac{\frac{1}{25}}{1-\frac{1}{25}}=\frac{1}{24}$$

답 $\dfrac{1}{24}$

0940 조건 (가)에서 $f'(x)+g'(x)=3^x$ $\qquad\cdots\cdots$ ㉠

조건 (나)에서 $f'(x)-g'(x)=3^{-x}$ $\qquad\cdots\cdots$ ㉡

㉠, ㉡을 연립하여 풀면

$$f'(x)=\frac{3^x+3^{-x}}{2},\ g'(x)=\frac{3^x-3^{-x}}{2}$$

이므로

$$f(x)=\int\left(\frac{3^x+3^{-x}}{2}\right)dx=\frac{1}{2}\left(\frac{3^x}{\ln 3}-\frac{3^{-x}}{\ln 3}\right)+C_1$$

$$g(x)=\int\left(\frac{3^x-3^{-x}}{2}\right)dx=\frac{1}{2}\left(\frac{3^x}{\ln 3}+\frac{3^{-x}}{\ln 3}\right)+C_2$$

조건 (다)에서 $f(0)=0$, $g(0)=\dfrac{1}{\ln 3}$이므로

$C_1=0$, $C_2=0$

따라서 $f(x)=\dfrac{3^x-3^{-x}}{2\ln 3}$, $g(x)=\dfrac{3^x+3^{-x}}{2\ln 3}$이므로

$$f(1)+g(1)=\frac{3-3^{-1}}{2\ln 3}+\frac{3+3^{-1}}{2\ln 3}$$

$$=\frac{6}{2\ln 3}=\frac{3}{\ln 3}$$

답 $\dfrac{3}{\ln 3}$

0941 $f(x)=\int\dfrac{\sin^2 x}{1-\cos x}dx=\int\dfrac{1-\cos^2 x}{1-\cos x}dx$

$$=\int\frac{(1-\cos x)(1+\cos x)}{1-\cos x}dx$$

$$=\int(1+\cos x)dx=x+\sin x+C$$

$f(0)=3$이므로 $C=3$

따라서 $f(x)=x+\sin x+3$이므로

$$f\left(\frac{3}{2}\pi\right)=\frac{3}{2}\pi-1+3=\frac{3}{2}\pi+2$$

답 ⑤

0942 $f(x)=\int\dfrac{1}{1+\cos x}dx$

$$=\int\frac{1-\cos x}{(1+\cos x)(1-\cos x)}dx$$

$$=\int\frac{1-\cos x}{\sin^2 x}dx$$

$$=\int\left(\frac{1}{\sin^2 x}-\frac{1}{\sin x}\times\frac{\cos x}{\sin x}\right)dx$$

$$=\int(\csc^2 x-\csc x\cot x)dx$$

$$=-\cot x+\csc x+C$$

$$\therefore f\left(-\frac{\pi}{6}\right)-f\left(\frac{\pi}{6}\right)=(\sqrt{3}-2+C)-(-\sqrt{3}+2+C)$$

$$=2\sqrt{3}-4$$

답 $2\sqrt{3}-4$

0943 $f(x)=\left(\sin\dfrac{x}{2}+\cos\dfrac{x}{2}\right)^2$

$$=\sin^2\frac{x}{2}+\cos^2\frac{x}{2}+2\sin\frac{x}{2}\cos\frac{x}{2}$$

$$=1+\sin x$$

$$\therefore F(x)=\int f(x)dx=\int(1+\sin x)dx$$

$$=x-\cos x+C$$

$F(0)=0$이므로 $-1+C=0$ $\quad\therefore C=1$

따라서 $F(x)=x-\cos x+1$이므로

$F(\pi)=\pi+1+1=\pi+2$

답 ⑤

참고 배각의 공식

$\sin 2\alpha=2\sin\alpha\cos\alpha$

0944 $x>0$일 때

$$f(x)=\int(2\sin x-\cos x)dx=-2\cos x-\sin x+C_1$$

$x<0$일 때

$$f(x)=\int(1-\cos x)dx=x-\sin x+C_2$$

함수 $f(x)$가 모든 실수 x에서 연속이므로

$\displaystyle\lim_{x\to 0+}f(x)=\lim_{x\to 0-}f(x)=f(0)$에서

$-2+C_1=C_2$ $\qquad\cdots\cdots$ ㉠

또, $f(\pi)=0$이므로 $2+C_1=0$ $\quad\therefore C_1=-2$

이를 ㉠에 대입하면 $C_2=-4$

따라서 $x<0$일 때 $f(x)=x-\sin x-4$이므로

$f(-\pi)=-\pi-4$

답 $-\pi-4$

0945 조건 (나)에서 $x\to\dfrac{\pi}{3}$일 때 (분모) $\to 0$이고 극한값이 존재하므로 (분자) $\to 0$이다.

즉, $f\left(\dfrac{\pi}{3}\right)=3\sqrt{3}$이므로

$$\lim_{x\to\frac{\pi}{3}}\frac{f(x)-f\left(\frac{\pi}{3}\right)}{3\left(x-\frac{\pi}{3}\right)}=\frac{1}{3}f'\left(\frac{\pi}{3}\right)=4\quad\therefore f'\left(\frac{\pi}{3}\right)=12$$

조건 (가)에서 $f'\left(\dfrac{\pi}{3}\right)=4a$이므로 $4a=12$ $\quad\therefore a=3$

즉, $f'(x)=3\sec^2 x$이므로

$$f(x)=\int 3\sec^2 x\,dx=3\tan x+C$$

$f\left(\dfrac{\pi}{3}\right)=3\sqrt{3}$이므로 $C=0$

따라서 $f(x)=3\tan x$이므로

$f\left(\dfrac{\pi}{6}\right)=\sqrt{3}$

답 ②

0946 $f(x)=\displaystyle\int \frac{\cos^3 x-2\sin^3 x+2\sin x-1}{\cos^2 x}\,dx$

$\qquad =\displaystyle\int \frac{\cos^3 x-2\sin x(\sin^2 x-1)-1}{\cos^2 x}\,dx$

$\qquad =\displaystyle\int (\cos x+2\sin x-\sec^2 x)\,dx$ $\leftarrow \sin^2 x-1$
$\qquad\qquad\qquad\qquad\qquad\qquad\qquad =-\cos^2 x$

$\qquad =\sin x-2\cos x-\tan x+C$

$f(0)=2$이므로 $-2+C=2$ $\therefore C=4$

따라서 $f(x)=\sin x-2\cos x-\tan x+4$이므로

$f(\pi)=2+4=6$ 답 ④

0947 $x^3+2=t$로 놓으면 $3x^2=\dfrac{dt}{dx}$이므로

$f(x)=\displaystyle\int x^2(x^3+2)^5\,dx$

$\qquad =\displaystyle\int t^5\times\frac{1}{3}\,dt=\frac{1}{3}\int t^5\,dt$

$\qquad =\dfrac{1}{3}\times\dfrac{1}{6}t^6+C=\dfrac{1}{18}t^6+C$

$\qquad =\dfrac{1}{18}(x^3+2)^6+C$

$f(0)=4$이므로 $\dfrac{64}{18}+C=4$ $\therefore C=\dfrac{4}{9}$

$\therefore f(x)=\dfrac{1}{18}(x^3+2)^6+\dfrac{4}{9}$

따라서 $f(x)$를 $x+1$로 나눈 나머지는 나머지정리에 의하여

$f(-1)=\dfrac{1}{18}+\dfrac{4}{9}=\dfrac{1}{2}$ 답 ②

0948 $2x+5=t$로 놓으면 $2=\dfrac{dt}{dx}$이므로

$\displaystyle\int (2x+5)^4\,dx=\int t^4\times\frac{1}{2}\,dt=\frac{1}{2}\int t^4\,dt$

$\qquad\qquad\qquad =\dfrac{1}{10}t^5+C$

$\qquad\qquad\qquad =\dfrac{1}{10}(2x+5)^5+C$

따라서 $a=10$, $b=5$이므로 $ab=50$ 답 **50**

0949 $x^2+2x-1=t$로 놓으면 $2x+2=\dfrac{dt}{dx}$이므로

$f(x)=\displaystyle\int (x+1)(x^2+2x-1)^3\,dx$

$\qquad =\displaystyle\int t^3\times\frac{1}{2}\,dt=\frac{1}{8}t^4+C$

$\qquad =\dfrac{1}{8}(x^2+2x-1)^4+C$

$f(0)=1$이므로 $\dfrac{1}{8}+C=1$ $\therefore C=\dfrac{7}{8}$

따라서 $f(x)=\dfrac{1}{8}(x^2+2x-1)^4+\dfrac{7}{8}$이므로

$f(1)=\dfrac{16}{8}+\dfrac{7}{8}=\dfrac{23}{8}$ 답 $\dfrac{23}{8}$

0950 $ax-2=t$로 놓으면 $a=\dfrac{dt}{dx}$이므로

$f(x)=\displaystyle\int (ax-2)^8\,dx=\int t^8\times\frac{1}{a}\,dt$

$\qquad =\dfrac{1}{9a}t^9+C=\dfrac{1}{9a}(ax-2)^9+C$

                             ㉮

$f(x)$의 최고차항의 계수가 3^6이므로

$\dfrac{1}{9a}\times a^9=3^6$, $a^8=3^8$ $\therefore a=3\ (\because a>0)$

                             ㉯

                               답 **3**

단계	채점요소	배점
㉮	$ax-2=t$로 놓고 $f(x)$를 적분상수를 사용하여 나타내기	50%
㉯	a의 값 구하기	50%

다른풀이 $f(x)=\displaystyle\int (ax-2)^8\,dx$는 9차식이고, 최고차항의 계수가 3^6이므로 $f'(x)$의 최고차항의 계수는 $3^6\times 9$이다.

$f'(x)=(ax-2)^8$이므로

$a^8=3^6\times 9=3^8$ $\therefore a=3\ (\because a>0)$

0951 $4-3x^2=t$로 놓으면 $-6x=\dfrac{dt}{dx}$이므로

$\displaystyle\int \frac{2x}{\sqrt{4-3x^2}}\,dx=\int \frac{1}{\sqrt{t}}\times\left(-\frac{1}{3}\right)dt=-\frac{1}{3}\int t^{-\frac{1}{2}}\,dt$

$\qquad\qquad\qquad =-\dfrac{2}{3}\sqrt{t}+C=-\dfrac{2}{3}\sqrt{4-3x^2}+C$

$\therefore a=-\dfrac{2}{3}$ 답 ①

0952 $x^2-x+1=t$로 놓으면 $2x-1=\dfrac{dt}{dx}$이므로

$\displaystyle\int (2x-1)\sqrt[3]{x^2-x+1}\,dx=\int \sqrt[3]{t}\,dt=\int t^{\frac{1}{3}}\,dt$

$\qquad\qquad\qquad =\dfrac{3}{4}t^{\frac{4}{3}}+C$

$\qquad\qquad\qquad =\dfrac{3}{4}\sqrt[3]{(x^2-x+1)^4}+C$

                         답 ④

0953 $\sqrt{x+2}=t$로 놓으면 $x+2=t^2$

즉, $x=t^2-2$에서 $\dfrac{dx}{dt}=2t$이므로

$f(x)=\displaystyle\int \frac{x}{\sqrt{x+2}}\,dx=\int \frac{t^2-2}{t}\times 2t\,dt$

$\qquad =2\displaystyle\int (t^2-2)\,dt=\frac{2}{3}t^3-4t+C$

$\qquad =\dfrac{2}{3}(x+2)\sqrt{x+2}-4\sqrt{x+2}+C$

$\qquad =\dfrac{2}{3}(x-4)\sqrt{x+2}+C$

곡선 $y=f(x)$가 점 $(4, 0)$을 지나므로
$$f(4)=C=0$$
따라서 $f(x)=\dfrac{2}{3}(x-4)\sqrt{x+2}$이므로
$$f(2)=\dfrac{2}{3}\times(-2)\times2=-\dfrac{8}{3}$$
답 ②

0954 $e^x+3=t$로 놓으면 $e^x=\dfrac{dt}{dx}$이므로
$$f(x)=\int\dfrac{e^x}{\sqrt{e^x+3}}dx=\int\dfrac{1}{\sqrt{t}}dt=2\sqrt{t}+C$$
$$=2\sqrt{e^x+3}+C$$
$f(0)=1$이므로 $4+C=1$ $\quad\therefore C=-3$
따라서 $f(x)=2\sqrt{e^x+3}-3$이므로
$$f(\ln 6)=2\sqrt{e^{\ln 6}+3}-3=6-3=3$$
답 ③

0955 $x^2+3=t$로 놓으면 $2x=\dfrac{dt}{dx}$이므로
$$\int x\times4^{x^2+3}dx=\int 4^t\times\dfrac{1}{2}dt=\dfrac{1}{2}\times\dfrac{4^t}{\ln 4}+C$$
$$=\dfrac{4^{x^2+3}}{4\ln 2}+C$$
따라서 $a=2$, $b=3$이므로
$$a+b=5$$
답 5

0956 $e^x+1=t$로 놓으면 $e^x=\dfrac{dt}{dx}$이므로
$$f(x)=\int f'(x)\,dx=\int 4e^x(e^x+1)^3\,dx$$
$$=4\int t^3\,dt=t^4+C=(e^x+1)^4+C$$
$f(0)=16$이므로 $16+C=16$ $\quad\therefore C=0$
따라서 $f(x)=(e^x+1)^4$이므로
$$f(\ln 2)=(e^{\ln 2}+1)^4=3^4=81$$
답 81

0957 조건 ㈎에서
$$\lim_{h\to 0}\dfrac{f(x+h)-f(x-h)}{h}$$
$$=\lim_{h\to 0}\dfrac{f(x+h)-f(x)-\{f(x-h)-f(x)\}}{h}$$
$$=\lim_{h\to 0}\dfrac{f(x+h)-f(x)}{h}+\lim_{h\to 0}\dfrac{f(x-h)-f(x)}{-h}$$
$$=2f'(x)$$
즉, $2f'(x)=4xe^{x^2}$이므로 $f'(x)=2xe^{x^2}$
$$\therefore f(x)=\int f'(x)\,dx=\int 2xe^{x^2}\,dx$$
$x^2=t$로 놓으면 $2x=\dfrac{dt}{dx}$이므로
$$f(x)=\int 2xe^{x^2}\,dx=\int e^t\,dt=e^t+C=e^{x^2}+C$$

함수 $f(x)$가 실수 전체의 집합에서 미분가능하므로 $f(x)$는 실수 전체의 집합에서 연속이다. 즉, 함수 $f(x)$는 $x=1$에서 연속이므로
$$f(1)=\lim_{x\to 1}f(x)$$
조건 ㈏에서 $\lim_{x\to 1}f(x)=2e$이므로 $f(1)=2e$
$$e+C=2e\quad\therefore C=e$$
따라서 $f(x)=e^{x^2}+e$이므로
$$f(-1)=e+e=2e$$
답 ①

0958 $\ln x=t$로 놓으면 $\dfrac{1}{x}=\dfrac{dt}{dx}$이므로
$$f(x)=\int f'(x)\,dx=\int\dfrac{(\ln x)^2}{x}\,dx=\int t^2\,dt$$
$$=\dfrac{1}{3}t^3+C=\dfrac{1}{3}(\ln x)^3+C$$
$f(e)=\dfrac{4}{3}$이므로 $\dfrac{1}{3}+C=\dfrac{4}{3}$ $\quad\therefore C=1$
$$\therefore f(x)=\dfrac{1}{3}(\ln x)^3+1$$
답 ②

0959 $\ln x+7=t$로 놓으면 $\dfrac{1}{x}=\dfrac{dt}{dx}$이므로
$$f(x)=\int\dfrac{1}{x\sqrt{\ln x+7}}\,dx=\int\dfrac{1}{\sqrt{t}}\,dt$$
$$=2\sqrt{t}+C=2\sqrt{\ln x+7}+C$$
㉠

$f(e^2)=4$이므로 $6+C=4$ $\quad\therefore C=-2$
㉡

따라서 $f(x)=2\sqrt{\ln x+7}-2$이므로
$$f\left(\dfrac{1}{e^3}\right)=2\sqrt{\ln\dfrac{1}{e^3}+7}-2=4-2=2$$
㉢

답 2

단계	채점요소	배점
㉠	$\ln x+7=t$로 놓고 $f(x)$를 적분상수를 사용하여 나타내기	50 %
㉡	적분상수 구하기	20 %
㉢	$f\left(\dfrac{1}{e^3}\right)$의 값 구하기	30 %

0960 $\log x=t$로 놓으면 $\dfrac{1}{x\ln 10}=\dfrac{dt}{dx}$이므로
$$F(x)=\int F'(x)\,dx=\int\dfrac{\log x}{x}\,dx=\int t\ln 10\,dt$$
$$=\dfrac{\ln 10}{2}t^2+C=\dfrac{\ln 10}{2}(\log x)^2+C$$
$F(1)=0$이므로 $C=0$
따라서 $F(x)=\dfrac{\ln 10}{2}(\log x)^2$이므로
$$F(10)=\dfrac{\ln 10}{2}$$
답 $\dfrac{\ln 10}{2}$

0961 $F(x)=xf(x)-x\ln x$의 양변을 x에 대하여 미분하면

$f(x)=f(x)+xf'(x)-\ln x-1$

$xf'(x)=\ln x+1$ $\therefore f'(x)=\dfrac{\ln x+1}{x}$

$\ln x+1=t$로 놓으면 $\dfrac{1}{x}=\dfrac{dt}{dx}$이므로

$f(x)=\displaystyle\int f'(x)dx=\int\dfrac{\ln x+1}{x}dx=\int t\,dt$

$\qquad=\dfrac{1}{2}t^2+C=\dfrac{1}{2}(\ln x+1)^2+C$

$f(e)=2$이므로 $2+C=2$ $\therefore C=0$

따라서 $f(x)=\dfrac{1}{2}(\ln x+1)^2$이므로

$f(1)=\dfrac{1}{2}$ 답 $\dfrac{1}{2}$

0962 $\displaystyle\int(\sin x-1)^2\,dx$

$=\displaystyle\int(\sin^2 x-2\sin x+1)dx$

$=\displaystyle\int\Big(\dfrac{1-\cos 2x}{2}-2\sin x+1\Big)dx$

$=\displaystyle\int\Big(-\dfrac{1}{2}\cos 2x-2\sin x+\dfrac{3}{2}\Big)dx$

$=-\dfrac{1}{4}\sin 2x+2\cos x+\dfrac{3}{2}x+C$

따라서 $a=-\dfrac{1}{4}$, $b=2$이므로

$ab=-\dfrac{1}{2}$ 답 $-\dfrac{1}{2}$

참고 $\displaystyle\int\cos 2x\,dx$에서 $2x=t$로 놓으면 $2=\dfrac{dt}{dx}$이므로

$\displaystyle\int\cos 2x\,dx=\int\cos t\times\dfrac{1}{2}dt=\dfrac{1}{2}\sin t+C=\dfrac{1}{2}\sin 2x+C$

0963 $f(x)=\displaystyle\int(\sin^2 x+\sin 3x)dx$

$\qquad=\displaystyle\int\Big(\dfrac{1-\cos 2x}{2}+\sin 3x\Big)dx$

$\qquad=\dfrac{1}{2}x-\dfrac{1}{4}\sin 2x-\dfrac{1}{3}\cos 3x+C$

$f(0)=1$이므로 $-\dfrac{1}{3}+C=1$ $\therefore C=\dfrac{4}{3}$

따라서 $f(x)=\dfrac{1}{2}x-\dfrac{1}{4}\sin 2x-\dfrac{1}{3}\cos 3x+\dfrac{4}{3}$이므로

$f(2\pi)=\pi-\dfrac{1}{3}+\dfrac{4}{3}=\pi+1$ 답 $\pi+1$

0964 $f'(x)=0$에서 $\sin 2x-\cos 2x=0$

$\sin 2x=\cos 2x$, $\tan 2x=1$

$\therefore 2x=\dfrac{\pi}{4}$ 또는 $2x=\dfrac{5}{4}\pi$ $(\because 0<2x<2\pi)$

$\therefore x=\dfrac{\pi}{8}$ 또는 $x=\dfrac{5}{8}\pi$

x	0	$\cdots$	$\dfrac{\pi}{8}$	$\cdots$	$\dfrac{5}{8}\pi$	$\cdots$	π
$f'(x)$		$-$	0	$+$	0	$-$	
$f(x)$		$\searrow$	극소	$\nearrow$	극대	$\searrow$	

따라서 함수 $f(x)$는 $x=\dfrac{\pi}{8}$에서 극솟값을 갖고, $x=\dfrac{5}{8}\pi$에서 극댓값을 갖는다.

$f(x)=\displaystyle\int f'(x)dx=\int(\sin 2x-\cos 2x)dx$

$\qquad=-\dfrac{1}{2}\cos 2x-\dfrac{1}{2}\sin 2x+C$

이고 극솟값이 $\dfrac{\sqrt{2}}{2}$이므로 $f\Big(\dfrac{\pi}{8}\Big)=\dfrac{\sqrt{2}}{2}$

$-\dfrac{\sqrt{2}}{4}-\dfrac{\sqrt{2}}{4}+C=\dfrac{\sqrt{2}}{2}$ $\therefore C=\sqrt{2}$

따라서 $f(x)=-\dfrac{1}{2}\cos 2x-\dfrac{1}{2}\sin 2x+\sqrt{2}$이므로 극댓값은

$f\Big(\dfrac{5}{8}\pi\Big)=\dfrac{\sqrt{2}}{4}+\dfrac{\sqrt{2}}{4}+\sqrt{2}=\dfrac{3\sqrt{2}}{2}$ 답 $\dfrac{3\sqrt{2}}{2}$

0965 조건 (나)에서 $x\to\dfrac{\pi}{6}$일 때 (분모)$\to 0$이고 극한값이 존재하므로 (분자)$\to 0$이다.

즉, $\displaystyle\lim_{x\to\frac{\pi}{6}}f(x)=0$이므로 $f\Big(\dfrac{\pi}{6}\Big)=0$

$\therefore \displaystyle\lim_{x\to\frac{\pi}{6}}\dfrac{f(x)}{x-\dfrac{\pi}{6}}=\lim_{x\to\frac{\pi}{6}}\dfrac{f(x)-f\Big(\dfrac{\pi}{6}\Big)}{x-\dfrac{\pi}{6}}=f'\Big(\dfrac{\pi}{6}\Big)=a-1$

조건 (가)에서 $f'\Big(\dfrac{\pi}{6}\Big)=a\cos\dfrac{\pi}{3}=\dfrac{1}{2}a$이므로

$\dfrac{1}{2}a=a-1$ $\therefore a=2$

즉, $f'(x)=2\cos 2x$이므로

$f(x)=\displaystyle\int f'(x)dx=\int 2\cos 2x\,dx=\sin 2x+C$

$f\Big(\dfrac{\pi}{6}\Big)=0$이므로 $\dfrac{\sqrt{3}}{2}+C=0$ $\therefore C=-\dfrac{\sqrt{3}}{2}$

따라서 $f(x)=\sin 2x-\dfrac{\sqrt{3}}{2}$이므로

$af\Big(\dfrac{\pi}{2}\Big)=2\times\Big(-\dfrac{\sqrt{3}}{2}\Big)=-\sqrt{3}$ 답 $-\sqrt{3}$

0966 $1-\cos x=t$로 놓으면 $\sin x=\dfrac{dt}{dx}$이므로

$f(x)=\displaystyle\int(1-\cos x)^3\sin x\,dx$

$\qquad=\displaystyle\int t^3\,dt=\dfrac{1}{4}t^4+C$

$\qquad=\dfrac{1}{4}(1-\cos x)^4+C$

$f(0)=0$이므로 $C=0$

따라서 $f(x)=\dfrac{1}{4}(1-\cos x)^4$이고 $0\leq x\leq 2\pi$에서

$-1\leq\cos x\leq 1$이므로 함수 $f(x)$의 최댓값은

$\dfrac{1}{4}\{1-(-1)\}^4=4$ 답 **4**

0967 $\cos x=t$로 놓으면 $-\sin x=\dfrac{dt}{dx}$이므로

$\displaystyle\int\sin x\cos^2 x\,dx=\int t^2\times(-1)dt=-\dfrac{1}{3}t^3+C$

$\qquad\qquad\qquad\qquad=-\dfrac{1}{3}\cos^3 x+C$ 답 ⑤

0968 $\tan x=t$로 놓으면 $\sec^2 x=\dfrac{dt}{dx}$이므로

$f(x)=\displaystyle\int f'(x)dx=\int\sec^2 x\tan x\,dx=\int t\,dt$

$\qquad=\dfrac{1}{2}t^2+C=\dfrac{1}{2}\tan^2 x+C$

$f\left(\dfrac{\pi}{4}\right)=-\dfrac{1}{2}$이므로 $\dfrac{1}{2}+C=-\dfrac{1}{2}$ $\therefore C=-1$

따라서 $f(x)=\dfrac{1}{2}\tan^2 x-1$이므로

$f\left(\dfrac{\pi}{6}\right)=\dfrac{1}{2}\times\left(\dfrac{1}{\sqrt{3}}\right)^2-1=-\dfrac{5}{6}$ 답 $-\dfrac{5}{6}$

0969 $f(x)=\displaystyle\int\sin^3 x\,dx=\int\sin^2 x\times\sin x\,dx$

$\qquad\qquad=\displaystyle\int(1-\cos^2 x)\sin x\,dx$

$\cos x=t$로 놓으면 $-\sin x=\dfrac{dt}{dx}$이므로

$f(x)=\displaystyle\int(1-\cos^2 x)\sin x\,dx=\int(1-t^2)\times(-1)dt$

$\qquad=\displaystyle\int(t^2-1)dt=\dfrac{1}{3}t^3-t+C$

$\qquad=\dfrac{1}{3}\cos^3 x-\cos x+C$

$f(0)=0$이므로 $-\dfrac{2}{3}+C=0$ $\therefore C=\dfrac{2}{3}$

따라서 $f(x)=\dfrac{1}{3}\cos^3 x-\cos x+\dfrac{2}{3}$이므로

$f\left(\dfrac{\pi}{3}\right)=\dfrac{1}{3}\times\left(\dfrac{1}{2}\right)^3-\dfrac{1}{2}+\dfrac{2}{3}=\dfrac{5}{24}$ 답 $\dfrac{5}{24}$

0970 $(x^3+1)'=3x^2$이므로

$f(x)=\displaystyle\int\dfrac{3x^2}{x^3+1}dx=\int\dfrac{(x^3+1)'}{x^3+1}dx$

$\qquad=\ln|x^3+1|+C$

$f(0)=1$이므로 $C=1$

따라서 $f(x)=\ln|x^3+1|+1$이므로

$f(1)=\ln 2+1$ 답 ②

0971 $(x^2+4x+5)'=2x+4$이므로

$f(x)=\displaystyle\int f'(x)dx=\int\dfrac{x+2}{x^2+4x+5}dx$

$\qquad=\dfrac{1}{2}\displaystyle\int\dfrac{(x^2+4x+5)'}{x^2+4x+5}dx$

$\qquad=\dfrac{1}{2}\ln|x^2+4x+5|+C=\dfrac{1}{2}\ln(x^2+4x+5)+C$

$\qquad\qquad(\because x^2+4x+5=(x+2)^2+1>0)$

$f(-2)=0$이므로 $C=0$

$\therefore f(x)=\dfrac{1}{2}\ln(x^2+4x+5)$

답 $f(x)=\dfrac{1}{2}\ln(x^2+4x+5)$

0972 $(3e^x+1)'=3e^x$이므로

$F(x)=\displaystyle\int f(x)dx=\int\dfrac{e^x}{3e^x+1}dx$

$\qquad=\dfrac{1}{3}\displaystyle\int\dfrac{(3e^x+1)'}{3e^x+1}dx=\dfrac{1}{3}\ln|3e^x+1|+C$

$\qquad=\dfrac{1}{3}\ln(3e^x+1)+C\ (\because 3e^x+1>0)$

$\therefore F(\ln 5)-F(0)=\left(\dfrac{1}{3}\ln 16+C\right)-\left(\dfrac{1}{3}\ln 4+C\right)$

$\qquad\qquad\qquad=\dfrac{4}{3}\ln 2-\dfrac{2}{3}\ln 2=\dfrac{2}{3}\ln 2$

답 ②

0973 $(x+\cos x)'=1-\sin x$이므로

$f(x)=\displaystyle\int\dfrac{1-\sin x}{x+\cos x}dx=\int\dfrac{(x+\cos x)'}{x+\cos x}dx$

$\qquad=\ln|x+\cos x|+C$

$f(0)=0$이므로 $C=0$

따라서 $f(x)=\ln|x+\cos x|$이므로

$f\left(\dfrac{\pi}{2}\right)=\ln\dfrac{\pi}{2}$ 답 $\ln\dfrac{\pi}{2}$

0974 $f'(x)=3f(x)$에서 $\dfrac{f'(x)}{f(x)}=3\ (\because f(x)>0)$

즉, $\displaystyle\int\dfrac{f'(x)}{f(x)}dx=\int 3\,dx$이므로

$\ln f(x)=3x+C\ (\because f(x)>0)$ $\therefore f(x)=e^{3x+C}$

$f'(x)=3e^{3x+C}$에서 $f'(0)=3$이므로

$3e^C=3$ $\therefore C=0$

따라서 $f(x)=e^{3x}$이므로 $f(1)=e^3$ 답 ④

0975 $f(x)=\displaystyle\int f'(x)dx=\int\dfrac{2x^2+x+2}{x-1}dx$

$\qquad=\displaystyle\int\left(2x+3+\dfrac{5}{x-1}\right)dx$

$\qquad=x^2+3x+5\ln|x-1|+C$

$f(0)=0$이므로 $C=0$

따라서 $f(x)=x^2+3x+5\ln|x-1|$이므로

$f(2)=4+6=10$ 답 ⑤

0976 $f(x)=\displaystyle\int\dfrac{4-x}{x+2}dx=\int\Big(-1+\dfrac{6}{x+2}\Big)dx$

$\qquad\quad=-x+6\ln|x+2|+C$

⑰

$f(-1)=0$이므로 $1+C=0$ $\quad\therefore C=-1$

따라서 $f(x)=-x+6\ln|x+2|-1$이므로

⑭

$f(0)=6\ln2-1$

⑮

답 6 ln 2−1

단계	채점요소	배점
⑰	부정적분 구하기	40 %
⑭	$f(x)$ 구하기	40 %
⑮	$f(0)$의 값 구하기	20 %

0977 $\dfrac{x+5}{x^2+x-2}=\dfrac{x+5}{(x+2)(x-1)}=\dfrac{A}{x+2}+\dfrac{B}{x-1}$ 라

하면

$\dfrac{x+5}{x^2+x-2}=\dfrac{(A+B)x-A+2B}{(x+2)(x-1)}$

위의 식은 x에 대한 항등식이므로

$A+B=1,\ -A+2B=5$

위의 두 식을 연립하여 풀면

$A=-1,\ B=2$

$\therefore \displaystyle\int\dfrac{x+5}{x^2+x-2}dx=\int\Big(\dfrac{2}{x-1}-\dfrac{1}{x+2}\Big)dx$

$\qquad\qquad\qquad\quad=2\ln|x-1|-\ln|x+2|+C$

$\qquad\qquad\qquad\quad=\ln\left|\dfrac{(x-1)^2}{x+2}\right|+C$

따라서 $a=2,\ b=-1$이므로 $a+b=1$

답 ②

0978 $\displaystyle\int\dfrac{1}{x(x+3)}dx=\int\dfrac{1}{3}\Big(\dfrac{1}{x}-\dfrac{1}{x+3}\Big)dx$

$\qquad\qquad\qquad=\dfrac{1}{3}(\ln|x|-\ln|x+3|)+C$

$\qquad\qquad\qquad=\dfrac{1}{3}\ln\left|\dfrac{x}{x+3}\right|+C$

답 ④

0979 $\dfrac{x+2}{x^2+2x-3}=\dfrac{x+2}{(x+3)(x-1)}=\dfrac{A}{x+3}+\dfrac{B}{x-1}$ 라

하면

$\dfrac{x+2}{x^2+2x-3}=\dfrac{(A+B)x+(3B-A)}{(x+3)(x-1)}$

위의 식은 x에 대한 항등식이므로

$A+B=1,\ 3B-A=2$

위의 두 식을 연립하여 풀면

$A=\dfrac{1}{4},\ B=\dfrac{3}{4}$

$\therefore f(x)=\displaystyle\int\dfrac{x+2}{x^2+2x-3}dx$

$\qquad\quad=\displaystyle\int\Big(\dfrac{1}{4}\times\dfrac{1}{x+3}+\dfrac{3}{4}\times\dfrac{1}{x-1}\Big)dx$

$\qquad\quad=\dfrac{1}{4}\ln|x+3|+\dfrac{3}{4}\ln|x-1|+C$

$f(0)=0$이므로 $\dfrac{1}{4}\ln3+C=0$ $\quad\therefore C=-\dfrac{1}{4}\ln3$

따라서 $f(x)=\dfrac{1}{4}\ln|x+3|+\dfrac{3}{4}\ln|x-1|-\dfrac{1}{4}\ln3$이므로

$f(2)=\dfrac{1}{4}\ln5-\dfrac{1}{4}\ln3=\dfrac{1}{4}\ln\dfrac{5}{3}$

$\therefore 3e^{4f(2)}=3e^{\ln\frac{5}{3}}=3\times\dfrac{5}{3}=5$

답 5

0980 $u(x)=x-2,\ v'(x)=e^x$으로 놓으면

$u'(x)=1,\ v(x)=e^x$

$\therefore f(x)=\displaystyle\int(x-2)e^x\,dx=(x-2)e^x-\int e^x\,dx$

$\qquad\qquad=(x-2)e^x-e^x+C=(x-3)e^x+C$

$f(0)=-3$이므로 $-3+C=-3$ $\quad\therefore C=0$

따라서 $f(x)=(x-3)e^x$이므로

$f(5)=2e^5$

답 2e⁵

0981 $u(x)=\ln(x-1),\ v'(x)=1$로 놓으면

$u'(x)=\dfrac{1}{x-1},\ v(x)=x$

$\therefore \displaystyle\int\ln(x-1)dx=x\ln(x-1)-\int\dfrac{x}{x-1}dx$

$\qquad\qquad\qquad=x\ln(x-1)-\displaystyle\int\Big(1+\dfrac{1}{x-1}\Big)dx$

$\qquad\qquad\qquad=x\ln(x-1)-x-\ln(x-1)+C$

$\qquad\qquad\qquad=(x-1)\ln(x-1)-x+C$

따라서 $f(x)=x-1$이므로

$f(2020)=2019$

답 ②

0982 $u(x)=x,\ v'(x)=\cos2x$로 놓으면

$u'(x)=1,\ v(x)=\dfrac{1}{2}\sin2x$

$\therefore f(x)=\displaystyle\int x\cos2x\,dx$

$\qquad\qquad=x\times\dfrac{1}{2}\sin2x-\displaystyle\int\dfrac{1}{2}\sin2x\,dx$

$\qquad\qquad=\dfrac{1}{2}x\sin2x+\dfrac{1}{4}\cos2x+C$

⑰

$f(0)=\dfrac{5}{4}$이므로 $\dfrac{1}{4}+C=\dfrac{5}{4}$ $\quad\therefore C=1$

따라서 $f(x)=\dfrac{1}{2}x\sin2x+\dfrac{1}{4}\cos2x+1$이므로

⑭

$$f\left(\frac{\pi}{4}\right)=\frac{\pi}{8}\times\sin\frac{\pi}{2}+\frac{1}{4}\cos\frac{\pi}{2}+1$$
$$=\frac{\pi}{8}+1$$

.... ㉼

답 $\dfrac{\pi}{8}+1$

단계	채점요소	배점
㉮	부정적분 구하기	40%
㉯	$f(x)$ 구하기	40%
㉰	$f\left(\dfrac{\pi}{4}\right)$의 값 구하기	20%

0983 조건 ㈎에서
$$\lim_{h\to 0}\frac{f(x)-f(x-2h)}{h}=\lim_{h\to 0}\frac{f(x-2h)-f(x)}{-2h}\times 2$$
$$=2f'(x)=\ln x$$

즉, $f'(x)=\dfrac{1}{2}\ln x$이므로

$$f(x)=\int f'(x)dx=\frac{1}{2}\int \ln x\,dx$$

$u(x)=\ln x,\ v'(x)=1$로 놓으면

$$u'(x)=\frac{1}{x},\ v(x)=x$$

$$\therefore f(x)=\frac{1}{2}\left(x\ln x-\int \frac{1}{x}\times x\,dx\right)$$
$$=\frac{1}{2}x\ln x-\frac{1}{2}x+C$$

조건 ㈏에서 $f(1)=1$이므로 $-\dfrac{1}{2}+C=1$ $\quad\therefore C=\dfrac{3}{2}$

따라서 함수 $f(x)$의 상수항은 $\dfrac{3}{2}$이다.

답 $\dfrac{3}{2}$

📖 유형 Up

본문 138쪽

0984 $u(x)=(\ln x)^2,\ v'(x)=x$로 놓으면

$$u'(x)=\frac{2\ln x}{x},\ v(x)=\frac{1}{2}x^2$$

$$\therefore f(x)=\int x(\ln x)^2\,dx$$
$$=\frac{1}{2}x^2(\ln x)^2-\int x\ln x\,dx \quad\cdots\cdots ㉠$$

$\displaystyle\int x\ln x\,dx$에서 $p(x)=\ln x,\ q'(x)=x$로 놓으면

$$p'(x)=\frac{1}{x},\ q(x)=\frac{1}{2}x^2$$

$$\therefore \int x\ln x\,dx=\frac{1}{2}x^2\ln x-\int \frac{1}{2}x\,dx$$
$$=\frac{1}{2}x^2\ln x-\frac{1}{4}x^2+C_1 \quad\cdots\cdots ㉡$$

㉡을 ㉠에 대입하면
$$f(x)=\frac{1}{2}x^2(\ln x)^2-\frac{1}{2}x^2\ln x+\frac{1}{4}x^2+C$$

$f(1)=-1$이므로 $\dfrac{1}{4}+C=-1$ $\quad\therefore C=-\dfrac{5}{4}$

따라서 $f(x)=\dfrac{1}{2}x^2(\ln x)^2-\dfrac{1}{2}x^2\ln x+\dfrac{1}{4}x^2-\dfrac{5}{4}$이므로

$$f(e)=\frac{1}{2}e^2-\frac{1}{2}e^2+\frac{1}{4}e^2-\frac{5}{4}$$
$$=\frac{1}{4}(e^2-5)$$

답 ②

0985 $u(x)=x^2-2x,\ v'(x)=e^x$으로 놓으면

$$u'(x)=2x-2,\ v(x)=e^x$$

$$\therefore \int (x^2-2x)e^x\,dx$$
$$=(x^2-2x)e^x-\int(2x-2)e^x\,dx \quad\cdots\cdots ㉠$$

$\displaystyle\int(2x-2)e^x\,dx$에서 $p(x)=2x-2,\ q'(x)=e^x$으로 놓으면

$$p'(x)=2,\ q(x)=e^x$$

$$\therefore \int(2x-2)e^x\,dx=(2x-2)e^x-\int 2e^x\,dx$$
$$=(2x-2)e^x-2e^x+C_1 \quad\cdots\cdots ㉡$$

㉡을 ㉠에 대입하면
$$\int(x^2-2x)e^x\,dx=(x^2-2x)e^x-(2x-2)e^x+2e^x+C$$
$$=(x^2-4x+4)e^x+C$$

따라서 $f(x)=x^2-4x+4$이므로 방정식 $f(x)=0$, 즉
$x^2-4x+4=0$의 두 실근의 합은 근과 계수의 관계에 의하여
4이다.

답 **4**

0986 $u(x)=x^2,\ v'(x)=\sin x$로 놓으면

$$u'(x)=2x,\ v(x)=-\cos x$$

$$\therefore f(x)=\int x^2\sin x\,dx$$
$$=x^2(-\cos x)-\int 2x(-\cos x)\,dx$$
$$=-x^2\cos x+2\int x\cos x\,dx \quad\cdots\cdots ㉠$$

$\displaystyle\int x\cos x\,dx$에서 $p(x)=x,\ q'(x)=\cos x$로 놓으면

$$p'(x)=1,\ q(x)=\sin x$$

$$\therefore \int x\cos x\,dx=x\sin x-\int \sin x\,dx$$
$$=x\sin x+\cos x+C_1 \quad\cdots\cdots ㉡$$

㉡을 ㉠에 대입하면
$$f(x)=-x^2\cos x+2(x\sin x+\cos x+C_1)$$
$$=(2-x^2)\cos x+2x\sin x+C$$

$f\left(\dfrac{\pi}{2}\right)=\pi$이므로 $\pi+C=\pi$ $\quad\therefore C=0$

따라서 $f(x)=(2-x^2)\cos x+2x\sin x$이므로
$f(\pi)=(2-\pi^2)\times(-1)=\pi^2-2$ 답 ①

0987 $f'(x)=(x+2)\sqrt{x+1}$이므로
$$f(x)=\int f'(x)dx=\int(x+2)\sqrt{x+1}\,dx$$
$\sqrt{x+1}=t$로 놓으면 $x+1=t^2$이므로 $\dfrac{dx}{dt}=2t$
$$\begin{aligned}\therefore\ f(x)&=\int(x+2)\sqrt{x+1}\,dx\\&=\int(t^2+1)t\times 2t\,dt\\&=2\int(t^4+t^2)dt\\&=\frac{2}{5}t^5+\frac{2}{3}t^3+C\\&=\frac{2}{5}(\sqrt{x+1})^5+\frac{2}{3}(\sqrt{x+1})^3+C\end{aligned}$$
곡선 $y=f(x)$가 점 $(0,1)$을 지나므로
$$f(0)=\frac{2}{5}+\frac{2}{3}+C=1 \quad\therefore C=-\frac{1}{15}$$
따라서 $f(x)=\dfrac{2}{5}(\sqrt{x+1})^5+\dfrac{2}{3}(\sqrt{x+1})^3-\dfrac{1}{15}$이므로
$$f(-1)=-\frac{1}{15}$$ 답 ③

0988 $x^2+k=t$로 놓으면 $2x=\dfrac{dt}{dx}$이므로
$$\begin{aligned}f(x)&=\int f'(x)dx=\int xe^{x^2+k}dx=\int e^t\times\frac{1}{2}dt\\&=\frac{1}{2}e^t+C=\frac{1}{2}e^{x^2+k}+C\end{aligned}$$
         ㉮

곡선 $y=f(x)$가 두 점 $\mathrm{P}(0,m)$, $\mathrm{Q}(1,n)$을 지나므로
$$f(0)=\frac{1}{2}e^k+C=m,\ f(1)=\frac{1}{2}e^{1+k}+C=n$$
$$\begin{aligned}\therefore\ (직선\ \mathrm{PQ}의\ 기울기)&=\frac{n-m}{1-0}\\&=\left(\frac{1}{2}e^{1+k}+C\right)-\left(\frac{1}{2}e^k+C\right)\\&=\frac{e^k(e-1)}{2}\end{aligned}$$
         ㉯

즉, $\dfrac{e^k(e-1)}{2}=\dfrac{e-1}{2e^5}$이므로 $k=-5$
         ㉰

     답 -5

단계	채점요소	배점
㉮	$f(x)$를 적분상수를 사용하여 나타내기	40 %
㉯	직선 PQ의 기울기 구하기	40 %
㉰	k의 값 구하기	20 %

0989 $F(x)=xf(x)-x^2\sin x$이고 $F(\pi)=\pi$이므로
$\pi f(\pi)=\pi \quad\therefore f(\pi)=1$ …… ㉠
$F(x)=xf(x)-x^2\sin x$의 양변을 x에 대하여 미분하면
$$f(x)=f(x)+xf'(x)-2x\sin x-x^2\cos x$$
$$xf'(x)=2x\sin x+x^2\cos x$$
$$\therefore\ f'(x)=2\sin x+x\cos x\ (\because x>0)$$
$$\begin{aligned}\therefore\ f(x)&=\int f'(x)dx\\&=\int(2\sin x+x\cos x)dx\\&=-2\cos x+\int x\cos x\,dx\end{aligned}$$ …… ㉡
$\displaystyle\int x\cos x\,dx$에서 $u(x)=x$, $v'(x)=\cos x$로 놓으면
$u'(x)=1$, $v(x)=\sin x$
$$\begin{aligned}\therefore\ \int x\cos x\,dx&=x\sin x-\int\sin x\,dx\\&=x\sin x+\cos x+C\end{aligned}$$ …… ㉢
㉢을 ㉡에 대입하면
$$\begin{aligned}f(x)&=-2\cos x+x\sin x+\cos x+C\\&=x\sin x-\cos x+C\end{aligned}$$
㉠에서 $f(\pi)=1$이므로 $1+C=1 \quad\therefore C=0$
따라서 $f(x)=x\sin x-\cos x$이므로
$$f\left(\frac{\pi}{2}\right)=\frac{\pi}{2}$$ 답 $\dfrac{\pi}{2}$

0990 $f(x)=\displaystyle\int\dfrac{3}{\sqrt{x+1}+\sqrt{x}}dx$
$$\begin{aligned}&=\int\frac{3(\sqrt{x+1}-\sqrt{x})}{(\sqrt{x+1}+\sqrt{x})(\sqrt{x+1}-\sqrt{x})}dx\\&=\int 3(\sqrt{x+1}-\sqrt{x})dx\\&=3\left\{\frac{2}{3}(x+1)^{\frac{3}{2}}-\frac{2}{3}x^{\frac{3}{2}}\right\}+C\\&=2(x+1)\sqrt{x+1}-2x\sqrt{x}+C\end{aligned}$$
$f(0)=2$이므로 $2+C=2 \quad\therefore C=0$
따라서 $f(x)=2(x+1)\sqrt{x+1}-2x\sqrt{x}$이므로
$f(1)=4\sqrt{2}-2$ 답 ①

0991 $\dfrac{d}{dx}\displaystyle\int f(x)dx=2^x+e$에서
$f(x)=2^x+e$
$\therefore\ \displaystyle\int f(x)dx=\int(2^x+e)dx=\dfrac{2^x}{\ln 2}+ex+C$ 답 ④

0992 $f(x)=1-\cos x+\cos^2 x-\cos^3 x+\cdots$는 첫째항이 1, 공비가 $-\cos x$인 등비급수의 합이다.

$0<x<\pi$에서 $-1<-\cos x<1$이므로

$$f(x)=\frac{1}{1-(-\cos x)}=\frac{1}{1+\cos x}$$

$$=\frac{1-\cos x}{(1+\cos x)(1-\cos x)}$$

$$=\frac{1-\cos x}{1-\cos^2 x}=\frac{1-\cos x}{\sin^2 x}$$

$$=\frac{1}{\sin^2 x}-\frac{1}{\sin x}\times\frac{\cos x}{\sin x}$$

$$=\csc^2 x-\csc x\cot x$$

$$\therefore \int f(x)dx=\int(\csc^2 x-\csc x\cot x)dx$$

$$=-\cot x+\csc x+C \qquad \text{답 ②}$$

0993 ㄱ. $\displaystyle\int\frac{x+1}{x^2}dx=\int\left(\frac{1}{x}+\frac{1}{x^2}\right)dx$

$$=\ln|x|-\frac{1}{x}+C$$

ㄴ. $\displaystyle\int(e^x-1)dx=e^x-x+C$

ㄷ. $\displaystyle\int\frac{1-\cos^2 x}{\cos^2 x}dx=\int\left(\frac{1}{\cos^2 x}-1\right)dx$

$$=\int(\sec^2 x-1)dx$$

$$=\tan x-x+C$$

따라서 옳은 것은 ㄷ뿐이다. $\qquad$ 답 ③

0994 $x^2-1=t$로 놓으면 $2x=\dfrac{dt}{dx}$이므로

$$f(x)=\int f'(x)dx=\int x(x^2-1)^4\,dx$$

$$=\int t^4\times\frac{1}{2}\,dt=\frac{1}{2}\int t^4\,dt$$

$$=\frac{1}{2}\times\frac{1}{5}t^5+C=\frac{1}{10}t^5+C$$

$$=\frac{1}{10}(x^2-1)^5+C$$

$f(1)=0$이므로 $C=0$

따라서 $f(x)=\dfrac{1}{10}(x^2-1)^5$이므로

$$f(0)=-\frac{1}{10} \qquad \text{답 ②}$$

0995 $e^x+8=t$로 놓으면 $e^x=\dfrac{dt}{dx}$이므로

$$f(x)=\int\frac{e^x}{\sqrt{e^x+8}}\,dx=\int\frac{1}{\sqrt{t}}\,dt=2\sqrt{t}+C$$

$$=2\sqrt{e^x+8}+C$$

$f(0)=1$이므로 $6+C=1$ $\quad\therefore C=-5$

따라서 $f(x)=2\sqrt{e^x+8}-5$이므로

$$f(\ln 8)=2\sqrt{8+8}-5=8-5=3 \qquad \text{답 ③}$$

0996 $\sin x=t$로 놓으면 $\cos x=\dfrac{dt}{dx}$이므로

$$f(x)=\int\frac{\cos x(1+\sin x)}{\sin^2 x}\,dx$$

$$=\int\frac{1+t}{t^2}\,dt=\int\left(\frac{1}{t^2}+\frac{1}{t}\right)dt$$

$$=-\frac{1}{t}+\ln|t|+C$$

$$=-\frac{1}{\sin x}+\ln(\sin x)+C$$

$$(\because 0<x<\pi\text{에서 }\sin x>0)$$

$f\left(\dfrac{\pi}{2}\right)=1$이므로 $-1+C=1$ $\quad\therefore C=2$

따라서 $f(x)=-\dfrac{1}{\sin x}+\ln(\sin x)+2$이므로

$$f\left(\frac{\pi}{6}\right)=-2+\ln\frac{1}{2}+2=-\ln 2 \qquad \text{답 }-\ln 2$$

0997 $\{T(t)-20\}'=T'(t)$이므로

$$\int\frac{T'(t)}{T(t)-20}\,dt=\ln|T(t)-20|+C_1=kt+C$$

$T(0)=100$이므로 $C-C_1=C_2$라 하면 $t=0$일 때

$\ln|100-20|=C_2$ $\quad\therefore C_2=\ln 80$ $\qquad\cdots\cdots$ ㉠

$T(3)=60$이므로 $t=3$일 때

$\ln|60-20|=3k+C_2$

$\ln 40=3k+\ln 80$ $(\because$ ㉠$)$

$3k=\ln 40-\ln 80=\ln\dfrac{1}{2}=-\ln 2$

$$\therefore k=-\frac{\ln 2}{3} \qquad \text{답 ①}$$

0998 $\dfrac{2}{(2x-1)(2x+1)}=\dfrac{A}{2x-1}+\dfrac{B}{2x+1}$라 하면

$$\frac{2}{(2x-1)(2x+1)}=\frac{(2A+2B)x+A-B}{(2x-1)(2x+1)}$$

위의 식은 x에 대한 항등식이므로

$2A+2B=0$, $A-B=2$

위의 두 식을 연립하여 풀면

$A=1$, $B=-1$

$$\therefore \int\frac{2}{(2x-1)(2x+1)}\,dx$$

$$=\int\left(\frac{1}{2x-1}-\frac{1}{2x+1}\right)dx$$

$$=\frac{1}{2}(\ln|2x-1|-\ln|2x+1|)+C$$

$$=\frac{1}{2}\ln\left|\frac{2x-1}{2x+1}\right|+C \qquad \text{답 }\frac{1}{2}\ln\left|\frac{2x-1}{2x+1}\right|+C$$

0999 $\lim\limits_{h\to0}\dfrac{f(x+h)-f(x)}{h}=\ln x$에서

$f'(x)=\ln x$

$u(x)=\ln x,\ v'(x)=1$로 놓으면

$u'(x)=\dfrac{1}{x},\ v(x)=x$

$\therefore f(x)=\displaystyle\int f'(x)dx=\int \ln x\,dx$

$\qquad =x\ln x-\displaystyle\int \dfrac{1}{x}\times x\,dx$

$\qquad =x\ln x-x+C$

$\lim\limits_{x\to1}f(x)=1$에서 $f(1)=1$이므로 $-1+C=1$ $\quad\therefore C=2$

따라서 $f(x)=x\ln x-x+2$이므로

$f(e^2)=2e^2-e^2+2=e^2+2$

즉, $a=1,\ b=2$이므로 $a+b=3$ 답 **3**

1000 $\{f(x)g(x)\}'=f'(x)g(x)+f(x)g'(x)$이므로

조건 ㈎에서 $\{f(x)g(x)\}'=h(x)$

$\therefore f(x)g(x)=\displaystyle\int h(x)dx$

이때 $f(x)=x,\ h(x)=\ln x$이므로

$xg(x)=\displaystyle\int \ln x\,dx$

$u(x)=\ln x,\ v'(x)=1$로 놓으면

$u'(x)=\dfrac{1}{x},\ v(x)=x$

$\therefore xg(x)=x\ln x-\displaystyle\int \dfrac{1}{x}\times x\,dx$

$\qquad\quad =x\ln x-x+C$

위의 식의 양변에 $x=1$을 대입하면 $g(1)=-1+C$

조건 ㈏에서 $g(1)=-1$이므로 $-1+C=-1$ $\quad\therefore C=0$

따라서 $xg(x)=x\ln x-x$이므로 $g(x)=\ln x-1\ (\because x>0)$

$\therefore g(e)=0$ 답 ③

1001 $u(x)=\sin x,\ v'(x)=e^x$으로 놓으면

$u'(x)=\cos x,\ v(x)=e^x$

$\therefore f(x)=\displaystyle\int e^x\sin x\,dx=e^x\sin x-\int e^x\cos x\,dx$ $\cdots\cdots$ ㉠

$\displaystyle\int e^x\cos x\,dx$에서 $p(x)=\cos x,\ q'(x)=e^x$으로 놓으면

$p'(x)=-\sin x,\ q(x)=e^x$

$\therefore \displaystyle\int e^x\cos x\,dx=e^x\cos x+\int e^x\sin x\,dx$

$\qquad\qquad\qquad =e^x\cos x+f(x)+C_1$ $\cdots\cdots$ ㉡

㉡을 ㉠에 대입하면

$f(x)=e^x\sin x-\{e^x\cos x+f(x)+C_1\}$

$\qquad =e^x\sin x-e^x\cos x-f(x)-C_1$

$2f(x)=e^x(\sin x-\cos x)-C_1$

$\therefore f(x)=\dfrac{1}{2}e^x(\sin x-\cos x)+C$

$f\left(\dfrac{\pi}{4}\right)=0$이므로 $C=0$

따라서 $f(x)=\dfrac{1}{2}e^x(\sin x-\cos x)$이므로

$f(\pi)=\dfrac{1}{2}e^\pi(0+1)=\dfrac{1}{2}e^\pi$ 답 ④

1002 $\{xf(x)\}'=f(x)+xf'(x)$이므로

$\{xf(x)\}'=(\ln x)^2$

$\therefore xf(x)=\displaystyle\int(\ln x)^2\,dx$ $\cdots\cdots$ ㉠

$u(x)=(\ln x)^2,\ v'(x)=1$로 놓으면

$u'(x)=\dfrac{2\ln x}{x},\ v(x)=x$

$\therefore \displaystyle\int(\ln x)^2\,dx=(\ln x)^2\times x-\int \dfrac{2\ln x}{x}\times x\,dx$

$\qquad\qquad\qquad =x(\ln x)^2-2\displaystyle\int \ln x\,dx$ $\cdots\cdots$ ㉡

$\displaystyle\int \ln x\,dx$에서 $p(x)=\ln x,\ q'(x)=1$로 놓으면

$p'(x)=\dfrac{1}{x},\ q(x)=x$

$\therefore \displaystyle\int \ln x\,dx=x\ln x-\int x\times\dfrac{1}{x}\,dx$

$\qquad\qquad =x\ln x-x+C_1$ $\cdots\cdots$ ㉢

㉢을 ㉡에 대입하면

$\displaystyle\int(\ln x)^2\,dx=x(\ln x)^2-2(x\ln x-x)+C$

㉠에서

$xf(x)=x(\ln x)^2-2(x\ln x-x)+C$

$f(1)=2$이므로 위의 식의 양변에 $x=1$을 대입하면

$f(1)=2+C=2$ $\quad\therefore C=0$

따라서 $xf(x)=x(\ln x)^2-2(x\ln x-x)$이므로

$f(x)=(\ln x)^2-2(\ln x-1)\ (\because x>0)$

$\therefore f(e)=1$ 답 **1**

1003 $f'(x)=\dfrac{\sin(\ln x)}{x}$이므로

$f(x)=\displaystyle\int \dfrac{\sin(\ln x)}{x}\,dx$

$\ln x=t$로 놓으면 $\dfrac{1}{x}=\dfrac{dt}{dx}$

$\therefore f(x)=\displaystyle\int \sin t\,dt=-\cos t+C$

$\qquad\quad =-\cos(\ln x)+C$

곡선 $y=f(x)$가 점 $(1,\ 1)$을 지나므로

$f(1)=-1+C=1$ $\quad\therefore C=2$

따라서 $f(x)=-\cos(\ln x)+2$이므로

$f(e^\pi)=-\cos(\ln e^\pi)+2$

$\qquad\quad =-\cos\pi+2=3$ 답 **3**

1004 $f'(x)=\ln x+x\times\dfrac{1}{x}-1=\ln x$이므로

⑦

$y=\ln x$라 하면 $x=e^y$

x와 y를 서로 바꾸면 $y=e^x$

$\therefore g(x)=e^x$

④

$\therefore \displaystyle\int g(x)\,dx=\int e^x\,dx=e^x+C$

⑤

답 e^x+C

단계	채점요소	배점
⑦	$f'(x)$ 구하기	30%
④	$g(x)$ 구하기	40%
⑤	$\displaystyle\int g(x)\,dx$ 구하기	30%

1005 $e^x+1=t$로 놓으면 $e^x=\dfrac{dt}{dx}$

$\therefore f(x)=\displaystyle\int\sqrt{t}\,dt=\int t^{\frac{1}{2}}\,dt=\dfrac{2}{3}t^{\frac{3}{2}}+C$

$\qquad=\dfrac{2}{3}(e^x+1)\sqrt{e^x+1}+C$

⑦

이때 $f'(x)=e^x\sqrt{e^x+1}>0$이므로 $f(x)$는 증가함수이다.

따라서 $f(x)$는 $0\le x\le\ln 3$에서 $x=0$일 때 최솟값을 갖는다.

즉, $f(0)=\dfrac{4\sqrt{2}}{3}$이므로 $\dfrac{4\sqrt{2}}{3}+C=\dfrac{4\sqrt{2}}{3}$ $\qquad\therefore C=0$

$\therefore f(x)=\dfrac{2}{3}(e^x+1)\sqrt{e^x+1}$

④

따라서 $0\le x\le\ln 3$에서 $f(x)$의 최댓값은

$f(\ln 3)=\dfrac{2}{3}(3+1)\sqrt{3+1}=\dfrac{16}{3}$

⑤

답 $\dfrac{16}{3}$

단계	채점요소	배점
⑦	$f(x)$를 적분상수를 사용하여 나타내기	40%
④	$f(x)$ 구하기	40%
⑤	$f(x)$의 최댓값 구하기	20%

1006 $f'(x)=(x-2)\ln x=0$에서 $x=1$ 또는 $x=2$

따라서 함수 $f(x)$의 증가와 감소를 표로 나타내면 다음과 같다.

x	0	$\cdots$	1	$\cdots$	2	$\cdots$
$f'(x)$		$+$	0	$-$	0	$+$
$f(x)$		↗	극대	↘	극소	↗

$f(x)$의 극댓값이 $\dfrac{3}{4}$이므로 $f(1)=\dfrac{3}{4}$

⑦

$f(x)=\displaystyle\int f'(x)\,dx=\int (x-2)\ln x\,dx$에서

$u(x)=\ln x,\ v'(x)=x-2$로 놓으면

$u'(x)=\dfrac{1}{x},\ v(x)=\dfrac{1}{2}x^2-2x$

$\therefore f(x)=\displaystyle\int (x-2)\ln x\,dx$

$\qquad=\left(\dfrac{1}{2}x^2-2x\right)\ln x-\displaystyle\int\left(\dfrac{1}{2}x^2-2x\right)\times\dfrac{1}{x}\,dx$

$\qquad=\left(\dfrac{1}{2}x^2-2x\right)\ln x-\displaystyle\int\left(\dfrac{1}{2}x-2\right)dx$

$\qquad=\left(\dfrac{1}{2}x^2-2x\right)\ln x-\dfrac{1}{4}x^2+2x+C$

$f(1)=\dfrac{3}{4}$이므로 $\dfrac{7}{4}+C=\dfrac{3}{4}$ $\qquad\therefore C=-1$

$\therefore f(x)=\left(\dfrac{1}{2}x^2-2x\right)\ln x-\dfrac{1}{4}x^2+2x-1$

④

따라서 $f(x)$의 극솟값은

$f(2)=-2\ln 2-1+4-1=2-2\ln 2$

⑤

답 $2-2\ln 2$

단계	채점요소	배점
⑦	$f(1)=\dfrac{3}{4}$임을 알기	30%
④	$f(x)$ 구하기	50%
⑤	$f(x)$의 극솟값 구하기	20%

1007 $f'(x)=\sin^2 x\cos x$이므로

$f(x)=\displaystyle\int f'(x)\,dx=\int\sin^2 x\cos x\,dx$

⑦

$\sin x=t$로 놓으면 $\cos x=\dfrac{dt}{dx}$

$\therefore f(x)=\displaystyle\int\sin^2 x\cos x\,dx=\int t^2\,dt$

$\qquad=\dfrac{1}{3}t^3+C=\dfrac{1}{3}\sin^3 x+C$

$f\left(\dfrac{\pi}{2}\right)=0$이므로 $\dfrac{1}{3}+C=0$ $\qquad\therefore C=-\dfrac{1}{3}$

따라서 $f(x)=\dfrac{1}{3}\sin^3 x-\dfrac{1}{3}$이므로

④

$f(\pi)=-\dfrac{1}{3}$

⑤

답 $-\dfrac{1}{3}$

단계	채점요소	배점
⑦	$f(x)=\displaystyle\int f'(x)\,dx$ 이용하기	30%
④	$f(x)$ 구하기	50%
⑤	$f(\pi)$의 값 구하기	20%

1008 조건 ㈐에서

(i) $x<0$일 때

$$f(x)=\int(\cos x+k)dx=\sin x+kx+C_1$$

(ii) $x>0$일 때

$$f(x)=\int\frac{1-\cos x}{2}dx=\frac{1}{2}x-\frac{1}{2}\sin x+C_2$$

조건 ㈑에서

$f(-\pi)=0$이므로 $-k\pi+C_1=0$ $\quad\therefore C_1=k\pi$

$f(\pi)=\pi$이므로 $\frac{1}{2}\pi+C_2=\pi$ $\quad\therefore C_2=\frac{\pi}{2}$

$$\therefore f(x)=\begin{cases}\sin x+kx+k\pi & (x<0)\\[2mm]\frac{1}{2}x-\frac{1}{2}\sin x+\frac{\pi}{2} & (x>0)\end{cases}$$

조건 ㈎에서 함수 $f(x)$는 $x=0$에서 연속이므로

$$f(0)=\lim_{x\to 0-}f(x)=\lim_{x\to 0+}f(x)$$

$f(0)=k\pi=\frac{\pi}{2}$ $\quad\therefore k=\frac{1}{2}$ $\qquad\qquad$ 답 $\dfrac{1}{2}$

1009 조건 ㈎에서

$$\int 2\{f(x)\}^2 f'(x)dx=\int\{f(2x+1)\}^2 f'(2x+1)dx$$

이므로

$$\frac{2}{3}\{f(x)\}^3=\frac{1}{3}\{f(2x+1)\}^3\times\frac{1}{2}+C$$

$$\{f(2x+1)\}^3=4\{f(x)\}^3+C' \qquad\qquad \cdots\cdots ㉠$$

㉠에 $x=-1$을 대입하면

$$\{f(-1)\}^3=4\{f(-1)\}^3+C'$$

$$\therefore C'=-3\{f(-1)\}^3 \qquad\qquad \cdots\cdots ㉡$$

㉠에 $x=-\frac{1}{8}$을 대입하면

$$\left\{f\left(\frac{3}{4}\right)\right\}^3=4\left\{f\left(-\frac{1}{8}\right)\right\}^3+C'$$

조건 ㈏에서 $f\left(-\frac{1}{8}\right)=1$이므로

$$\left\{f\left(\frac{3}{4}\right)\right\}^3=4+C'$$

㉠에 $x=\frac{3}{4}$을 대입하면

$$\left\{f\left(\frac{5}{2}\right)\right\}^3=4\left\{f\left(\frac{3}{4}\right)\right\}^3+C'=4(4+C')+C'=16+5C'$$

㉠에 $x=\frac{5}{2}$를 대입하면

$$\{f(6)\}^3=4\left\{f\left(\frac{5}{2}\right)\right\}^3+C'$$

조건 ㈏에서 $f(6)=2$이므로

$$8=4(16+5C')+C'$$

$$8=64+21C' \qquad\therefore C'=-\frac{8}{3} \qquad\qquad \cdots\cdots ㉢$$

㉡, ㉢에서 $-3\{f(-1)\}^3=-\frac{8}{3}$이므로

$$\{f(-1)\}^3=\frac{8}{9} \qquad\therefore f(-1)=\frac{2\sqrt[3]{3}}{3} \qquad\qquad 답 ④$$

1010

$$f(x)=\int f'(x)dx$$
$$=\int(\sin x+\sqrt{3}\cos x-1)dx$$
$$=\sqrt{3}\sin x-\cos x-x+C \qquad\cdots\cdots ㉠$$

$f'(x)=0$에서 $\sin x+\sqrt{3}\cos x-1=0$

$2\sin\left(x+\frac{\pi}{3}\right)-1=0$

$\sin\left(x+\frac{\pi}{3}\right)=\frac{1}{2}$

그런데 $-\pi<x<\pi$에서 $-\frac{2}{3}\pi<x+\frac{\pi}{3}<\frac{4}{3}\pi$이므로

$x+\frac{\pi}{3}=\frac{\pi}{6}$ 또는 $x+\frac{\pi}{3}=\frac{5}{6}\pi$

$\therefore x=-\frac{\pi}{6}$ 또는 $x=\frac{\pi}{2}$

따라서 함수 $f(x)$의 증가와 감소를 표로 나타내면 다음과 같다.

x	$-\pi$	$\cdots$	$-\frac{\pi}{6}$	$\cdots$	$\frac{\pi}{2}$	$\cdots$	π
$f'(x)$		$-$	0	$+$	0	$-$	
$f(x)$		$\searrow$	극소	$\nearrow$	극대	$\searrow$	

즉, 함수 $f(x)$는 $x=-\frac{\pi}{6}$에서 극소이므로

$$f\left(-\frac{\pi}{6}\right)=\frac{2}{3}\pi-\sqrt{3}$$

㉠에 $x=-\frac{\pi}{6}$를 대입하면

$$\frac{2}{3}\pi-\sqrt{3}=-\frac{\sqrt{3}}{2}-\frac{\sqrt{3}}{2}+\frac{\pi}{6}+C \qquad\therefore C=\frac{\pi}{2}$$

따라서 $f(x)=\sqrt{3}\sin x-\cos x-x+\frac{\pi}{2}$이므로 $f(x)$의 극댓값은

$$f\left(\frac{\pi}{2}\right)=\sqrt{3}-\frac{\pi}{2}+\frac{\pi}{2}=\sqrt{3} \qquad\qquad 답 \sqrt{3}$$

09 | 정적분

📖 교과서 문제 정/복/하/기

본문 143쪽

1011
$$\int_0^8 \sqrt[3]{x}\, dx = \int_0^8 x^{\frac{1}{3}}\, dx = \left[\frac{3}{4} x^{\frac{4}{3}}\right]_0^8$$
$$= 12 \qquad \text{답 } 12$$

1012
$$\int_1^6 \frac{1}{x}\, dx = \left[\ln|x|\right]_1^6 = \ln 6 - \ln 1 = \ln 6$$
$$\text{답 } \ln 6$$

1013
$$\int_0^{\ln 2} e^x\, dx = \left[e^x\right]_0^{\ln 2} = 2 - 1 = 1 \qquad \text{답 } 1$$

1014
$$\int_0^3 3^x dx = \left[\frac{3^x}{\ln 3}\right]_0^3 = \frac{27}{\ln 3} - \frac{1}{\ln 3} = \frac{26}{\ln 3}$$
$$\text{답 } \frac{26}{\ln 3}$$

1015
$$\int_0^\pi \sin x\, dx = \left[-\cos x\right]_0^\pi = 1 - (-1) = 2 \qquad \text{답 } 2$$

1016
$$\int_{\frac{\pi}{6}}^{\frac{\pi}{2}} \cos x\, dx = \left[\sin x\right]_{\frac{\pi}{6}}^{\frac{\pi}{2}} = 1 - \frac{1}{2} = \frac{1}{2} \qquad \text{답 } \frac{1}{2}$$

1017
$$\int_0^2 (\sqrt{x}-1)\, dx + \int_0^2 (\sqrt{x}+1)\, dx$$
$$= \int_0^2 (\sqrt{x}-1+\sqrt{x}+1)\, dx$$
$$= \int_0^2 2\sqrt{x}\, dx = \left[\frac{4}{3} x^{\frac{3}{2}}\right]_0^2$$
$$= \frac{8\sqrt{2}}{3} \qquad \text{답 } \frac{8\sqrt{2}}{3}$$

1018
$$\int_{-1}^0 (e^x+1)\, dx + \int_0^{-1} (e^{-x}+1)\, dx$$
$$= \int_{-1}^0 (e^x+1)\, dx - \int_{-1}^0 (e^{-x}+1)\, dx$$
$$= \int_{-1}^0 (e^x - e^{-x})\, dx = \left[e^x + e^{-x}\right]_{-1}^0$$
$$= 2 - (e^{-1}+e) = 2 - e - \frac{1}{e} \qquad \text{답 } 2 - e - \frac{1}{e}$$

1019
$$\int_0^1 (2^x-1)\, dx + \int_1^3 (2^x-1)\, dx$$
$$= \int_0^3 (2^x-1)\, dx = \left[\frac{2^x}{\ln 2} - x\right]_0^3$$
$$= \left(\frac{8}{\ln 2} - 3\right) - \frac{1}{\ln 2} = \frac{7}{\ln 2} - 3 \qquad \text{답 } \frac{7}{\ln 2} - 3$$

1020
$$\int_0^\pi (\cos x - x)\, dx + \int_{2\pi}^\pi (x - \cos x)\, dx$$
$$= \int_0^\pi (\cos x - x)\, dx + \int_\pi^{2\pi} (\cos x - x)\, dx$$
$$= \int_0^{2\pi} (\cos x - x)\, dx = \left[\sin x - \frac{1}{2} x^2\right]_0^{2\pi}$$
$$= -2\pi^2 \qquad \text{답 } -2\pi^2$$

1021 $|x|$는 우함수이므로
$$\int_{-2}^2 |x|\, dx = 2\int_0^2 x\, dx = 2\left[\frac{1}{2} x^2\right]_0^2 = 4 \qquad \text{답 } 4$$

1022 $f(x) = e^x + e^{-x}$으로 놓으면
$$f(-x) = e^{-x} + e^x = f(x)$$
즉, $f(x) = e^x + e^{-x}$은 우함수이므로
$$\int_{-4}^4 (e^x + e^{-x})\, dx = 2\int_0^4 (e^x + e^{-x})\, dx$$
$$= 2\left[e^x - e^{-x}\right]_0^4$$
$$= 2\left(e^4 - \frac{1}{e^4}\right) \qquad \text{답 } 2\left(e^4 - \frac{1}{e^4}\right)$$

1023 $\sin x$는 기함수, $\cos x$는 우함수이므로
$$\int_{-\frac{\pi}{2}}^{\frac{\pi}{2}} (\sin x + \cos x)\, dx = 2\int_0^{\frac{\pi}{2}} \cos x\, dx$$
$$= 2\left[\sin x\right]_0^{\frac{\pi}{2}} = 2 \qquad \text{답 } 2$$

1024 $2x-1=t$로 놓으면 $2 = \dfrac{dt}{dx}$

$x=0$일 때 $t=-1$, $x=3$일 때 $t=5$이므로
$$\int_0^3 (2x-1)^2 dx = \int_{-1}^5 t^2 \times \frac{1}{2}\, dt$$
$$= \frac{1}{2}\int_{-1}^5 t^2\, dt = \frac{1}{2}\left[\frac{1}{3} t^3\right]_{-1}^5$$
$$= \frac{1}{2}\left\{\frac{125}{3} - \left(-\frac{1}{3}\right)\right\} = 21 \qquad \text{답 } 21$$

1025 $x+2=t$로 놓으면 $1 = \dfrac{dt}{dx}$

$x=0$일 때 $t=2$, $x=1$일 때 $t=3$이므로
$$\int_0^1 \sqrt{x+2}\, dx = \int_2^3 \sqrt{t}\, dt = \int_2^3 t^{\frac{1}{2}}\, dt$$
$$= \left[\frac{2}{3} t^{\frac{3}{2}}\right]_2^3 = 2\sqrt{3} - \frac{4\sqrt{2}}{3} \qquad \text{답 } 2\sqrt{3} - \frac{4\sqrt{2}}{3}$$

1026 $x^2-1=t$로 놓으면 $2x = \dfrac{dt}{dx}$

$x=0$일 때 $t=-1$, $x=2$일 때 $t=3$이므로
$$\int_0^2 x(x^2-1)^2 dx = \int_{-1}^3 t^2 \times \frac{1}{2}\, dt$$
$$= \left[\frac{1}{6} t^3\right]_{-1}^3 = \frac{14}{3} \qquad \text{답 } \frac{14}{3}$$

1027 $3x^2+1=t$로 놓으면 $6x=\dfrac{dt}{dx}$

$x=1$일 때 $t=4$, $x=2$일 때 $t=13$이므로

$$\int_1^2 \frac{x}{3x^2+1}dx=\int_4^{13}\frac{1}{t}\times\frac{1}{6}dt=\left[\frac{1}{6}\ln|t|\right]_4^{13}$$
$$=\frac{1}{6}\ln 13-\frac{1}{6}\ln 4$$
$$=\frac{1}{6}\ln\frac{13}{4}$$

답 $\dfrac{1}{6}\ln\dfrac{13}{4}$

1028 $f(x)=\ln x$, $g'(x)=1$로 놓으면

$f'(x)=\dfrac{1}{x}$, $g(x)=x$

$$\therefore \int_1^e \ln x\,dx=\left[x\ln x\right]_1^e-\int_1^e \frac{1}{x}\times x\,dx$$
$$=e-\left[x\right]_1^e=e-(e-1)$$
$$=1$$

답 **1**

1029 $f(x)=2x$, $g'(x)=e^x$으로 놓으면

$f'(x)=2$, $g(x)=e^x$

$$\therefore \int_0^1 2xe^x dx=\left[2xe^x\right]_0^1-\int_0^1 2e^x dx$$
$$=2e-\left[2e^x\right]_0^1$$
$$=2e-(2e-2)$$
$$=2$$

답 **2**

1030 주어진 등식의 양변을 x에 대하여 미분하면

$f(x)=e^x$

답 $f(x)=e^x$

1031 주어진 등식의 양변을 x에 대하여 미분하면

$f(x)=\dfrac{1}{x}+4$

답 $f(x)=\dfrac{1}{x}+4$

1032 주어진 등식의 양변을 x에 대하여 미분하면

$f(x)=2\cos x$

답 $f(x)=2\cos x$

1033 $F'(t)=e^t-1$이라 하면

$$\lim_{x\to 0}\frac{1}{x}\int_0^x (e^t-1)dt=\lim_{x\to 0}\frac{1}{x}\int_0^x F'(t)dt$$
$$=\lim_{x\to 0}\frac{F(x)-F(0)}{x}$$
$$=F'(0)=e^0-1=0$$

답 **0**

1034 $F'(t)=\sin t+t$라 하면

$$\lim_{x\to\pi}\frac{1}{x-\pi}\int_\pi^x (\sin t+t)dt$$
$$=\lim_{x\to\pi}\frac{1}{x-\pi}\int_\pi^x F'(t)dt$$
$$=\lim_{x\to\pi}\frac{F(x)-F(\pi)}{x-\pi}$$
$$=F'(\pi)=\sin\pi+\pi=\pi$$

답 π

1035
$$\int_0^3 \frac{3}{x^2+5x+4}dx=\int_0^3 \frac{3}{(x+1)(x+4)}dx$$
$$=\int_0^3\left(\frac{1}{x+1}-\frac{1}{x+4}\right)dx$$
$$=\left[\ln|x+1|-\ln|x+4|\right]_0^3$$
$$=(\ln 4-\ln 7)-(\ln 1-\ln 4)$$
$$=4\ln 2-\ln 7$$

답 ①

1036
$$\int_1^2 (5x+6)\sqrt{x}\,dx=\int_1^2 (5x\sqrt{x}+6\sqrt{x})dx$$
$$=\int_1^2\left(5x^{\frac{3}{2}}+6x^{\frac{1}{2}}\right)dx$$
$$=\left[2x^{\frac{5}{2}}+4x^{\frac{3}{2}}\right]_1^2$$
$$=16\sqrt{2}-6$$

답 $16\sqrt{2}-6$

1037
$$\int_1^4 \frac{(1-\sqrt{x})^2}{\sqrt{x}}dx=\int_1^4 \frac{1-2\sqrt{x}+x}{\sqrt{x}}dx$$
$$=\int_1^4\left(x^{-\frac{1}{2}}-2+x^{\frac{1}{2}}\right)dx$$
$$=\left[2x^{\frac{1}{2}}-2x+\frac{2}{3}x^{\frac{3}{2}}\right]_1^4$$
$$=\frac{4}{3}-\frac{2}{3}=\frac{2}{3}$$

답 ①

1038
$$\int_1^9 \frac{(\sqrt{x}+1)^2}{x}dx=\int_1^9 \frac{x+2\sqrt{x}+1}{x}dx$$
$$=\int_1^9\left(1+2x^{-\frac{1}{2}}+\frac{1}{x}\right)dx$$

⑦

$$=\left[x+4x^{\frac{1}{2}}+\ln|x|\right]_1^9$$
$$=(21+2\ln 3)-5$$
$$=2\ln 3+16$$

⑭

따라서 $a=2$, $b=16$이므로

$a+b=18$

⑭

답 **18**

단계	채점요소	배점
⑦	피적분함수 간단히 하기	30%
⑭	정적분의 값 구하기	50%
⑭	$a+b$의 값 구하기	20%

1039 $\displaystyle\int_0^{\ln 2}\frac{e^{2x}}{e^x+1}dx+\int_{\ln 2}^0\frac{1}{e^t+1}dt$

$=\displaystyle\int_0^{\ln 2}\frac{e^{2x}}{e^x+1}dx-\int_0^{\ln 2}\frac{1}{e^x+1}dx$

$=\displaystyle\int_0^{\ln 2}\frac{e^{2x}-1}{e^x+1}dx=\int_0^{\ln 2}\frac{(e^x+1)(e^x-1)}{e^x+1}dx$

$=\displaystyle\int_0^{\ln 2}(e^x-1)dx=\Big[e^x-x\Big]_0^{\ln 2}$

$=(2-\ln 2)-1=1-\ln 2$ 　　　　답 ②

1040 $\displaystyle\int_0^1(e^x+e^{-x})^2dx=\int_0^1(e^{2x}+2+e^{-2x})dx$

$\qquad\qquad=\Big[\dfrac{1}{2}e^{2x}+2x-\dfrac{1}{2}e^{-2x}\Big]_0^1$

$\qquad\qquad=\Big(\dfrac{e^2}{2}+2-\dfrac{e^{-2}}{2}\Big)-\Big(\dfrac{1}{2}+0-\dfrac{1}{2}\Big)$

$\qquad\qquad=\dfrac{e^2}{2}+2-\dfrac{1}{2e^2}$

답 $\dfrac{e^2}{2}+2-\dfrac{1}{2e^2}$

1041 $\displaystyle\int_{-1}^1\sqrt{e^{2x}+2e^x+1}\,dx$

$=\displaystyle\int_{-1}^1\sqrt{(e^x+1)^2}\,dx$

$=\displaystyle\int_{-1}^1(e^x+1)dx\ (\because e^x+1>0)$

$=\Big[e^x+x\Big]_{-1}^1=(e+1)-(e^{-1}-1)$

$=e-\dfrac{1}{e}+2$ 　　　　답 ③

1042 $\displaystyle\int_0^1(3^x-1)(9^x+3^x+1)dx$

$=\displaystyle\int_0^1\{(3^x)^3-1\}dx=\int_0^1(27^x-1)dx$

$=\Big[\dfrac{27^x}{\ln 27}-x\Big]_0^1=\Big(\dfrac{27}{\ln 27}-1\Big)-\dfrac{1}{\ln 27}$

$=\dfrac{26}{3\ln 3}-1$

따라서 $a=26,\ b=1$이므로

$a-b=25$ 　　　　답 25

1043 $\displaystyle\int_0^{\frac{\pi}{2}}\frac{1}{1+\sin x}dx+\int_{\frac{\pi}{2}}^0\frac{\sin^2 x}{1+\sin x}dx$

$=\displaystyle\int_0^{\frac{\pi}{2}}\frac{1}{1+\sin x}dx-\int_0^{\frac{\pi}{2}}\frac{\sin^2 x}{1+\sin x}dx$

$=\displaystyle\int_0^{\frac{\pi}{2}}\frac{1-\sin^2 x}{1+\sin x}dx$

$=\displaystyle\int_0^{\frac{\pi}{2}}\frac{(1+\sin x)(1-\sin x)}{1+\sin x}dx$

$=\displaystyle\int_0^{\frac{\pi}{2}}(1-\sin x)dx=\Big[x+\cos x\Big]_0^{\frac{\pi}{2}}$

$=\Big(\dfrac{\pi}{2}+0\Big)-(0+1)=\dfrac{\pi}{2}-1$ 　　답 $\dfrac{\pi}{2}-1$

1044 $\displaystyle\int_0^{\frac{\pi}{2}}(\sin x+\cos x)^2dx-\int_{\frac{\pi}{2}}^0(\sin x-\cos x)^2dx$

$=\displaystyle\int_0^{\frac{\pi}{2}}(\sin x+\cos x)^2dx+\int_0^{\frac{\pi}{2}}(\sin x-\cos x)^2dx$

$=\displaystyle\int_0^{\frac{\pi}{2}}2\,dx=\Big[2x\Big]_0^{\frac{\pi}{2}}=\pi$ 　　답 π

1045 $\displaystyle\int_1^2(\sin^2 x+x)dx+\int_2^1(5-\cos^2 t)dt$

$=\displaystyle\int_1^2(\sin^2 x+x)dx-\int_1^2(5-\cos^2 x)dx$

$=\displaystyle\int_1^2(\sin^2 x+\cos^2 x+x-5)dx$

$=\displaystyle\int_1^2(x-4)dx=\Big[\dfrac{1}{2}x^2-4x\Big]_1^2$

$=(2-8)-\Big(\dfrac{1}{2}-4\Big)=-\dfrac{5}{2}$ 　　답 ②

1046 $\displaystyle\int_{\frac{\pi}{6}}^{\frac{\pi}{3}}\frac{1+3\sin^3 x}{\sin^2 x}dx=\int_{\frac{\pi}{6}}^{\frac{\pi}{3}}\Big(\frac{1}{\sin^2 x}+3\sin x\Big)dx$

$\qquad\qquad=\displaystyle\int_{\frac{\pi}{6}}^{\frac{\pi}{3}}(\csc^2 x+3\sin x)dx$

$\qquad\qquad=\Big[-\cot x-3\cos x\Big]_{\frac{\pi}{6}}^{\frac{\pi}{3}}$

$\qquad\qquad=\Big(-\dfrac{\sqrt{3}}{3}-\dfrac{3}{2}\Big)-\Big(-\sqrt{3}-\dfrac{3\sqrt{3}}{2}\Big)$

$\qquad\qquad=\dfrac{13}{6}\sqrt{3}-\dfrac{3}{2}$

따라서 $a=\dfrac{13}{6},\ b=-\dfrac{3}{2}$이므로

$a+b=\dfrac{2}{3}$ 　　답 $\dfrac{2}{3}$

1047 $\displaystyle\int_{-1}^{\pi}f(x)dx=\int_{-1}^0(e^{-x}-1)dx+\int_0^{\pi}\sin x\,dx$

$\qquad\qquad=\Big[-e^{-x}-x\Big]_{-1}^0+\Big[-\cos x\Big]_0^{\pi}$

$\qquad\qquad=-1-(-e+1)+(1+1)$

$\qquad\qquad=e$ 　　답 ②

1048 $\displaystyle\int_0^e f(x)dx=\int_0^1(\cos \pi x+3)dx+\int_1^e\frac{2}{x}dx$

$\qquad\qquad=\Big[\dfrac{1}{\pi}\sin \pi x+3x\Big]_0^1+2\Big[\ln|x|\Big]_1^e$

$\qquad\qquad=3+2=5$ 　　답 5

1049 $\displaystyle\int_0^{\pi}f(x)dx$

$=\displaystyle\int_0^{\frac{\pi}{2}}(\cos x+2)dx+\int_{\frac{\pi}{2}}^{\pi}(3\sin x-1)dx$

$=\Big[\sin x+2x\Big]_0^{\frac{\pi}{2}}+\Big[-3\cos x-x\Big]_{\frac{\pi}{2}}^{\pi}$

$=(1+\pi)+\Big(3-\pi+\dfrac{\pi}{2}\Big)$

$=4+\dfrac{\pi}{2}$ 　　답 $4+\dfrac{\pi}{2}$

1050 함수 $f(x)$가 모든 실수 x에서 연속이므로 $x=0$에서 연속이다.

즉, $\displaystyle\lim_{x\to 0-}f(x)=\lim_{x\to 0+}f(x)=f(0)$이므로

$0=1+k$에서 $k=-1$

$\therefore f(x)=\begin{cases} \sin x & (x<0) \\ \cos x-1 & (x\geq 0) \end{cases}$

··· ㉮

$\therefore \displaystyle\int_{-\pi}^{\pi}f(x)dx=\int_{-\pi}^{0}\sin x\,dx+\int_{0}^{\pi}(\cos x-1)dx$

$\qquad\qquad = \Big[-\cos x\Big]_{-\pi}^{0}+\Big[\sin x-x\Big]_{0}^{\pi}$

$\qquad\qquad = -\pi-2$

··· ㉯

답 $-\pi-2$

단계	채점요소	배점
㉮	함수 $f(x)$ 구하기	50 %
㉯	정적분 $\displaystyle\int_{-\pi}^{\pi}f(x)dx$의 값 구하기	50 %

1051 $|\sin x-\cos x|=\begin{cases} \cos x-\sin x & \left(0\leq x\leq \dfrac{\pi}{4}\right) \\ \sin x-\cos x & \left(\dfrac{\pi}{4}\leq x\leq \pi\right) \end{cases}$

이므로

$\displaystyle\int_{0}^{\pi}|\sin x-\cos x|dx$

$=\displaystyle\int_{0}^{\frac{\pi}{4}}(\cos x-\sin x)dx+\int_{\frac{\pi}{4}}^{\pi}(\sin x-\cos x)dx$

$=\Big[\sin x+\cos x\Big]_{0}^{\frac{\pi}{4}}+\Big[-\cos x-\sin x\Big]_{\frac{\pi}{4}}^{\pi}$

$=(\sqrt{2}-1)+(1+\sqrt{2})=2\sqrt{2}$

답 ②

1052 $e^x-1=0$에서 $e^x=1$ $\quad\therefore x=0$

$|e^x-1|=\begin{cases} e^x-1 & (x\geq 0) \\ 1-e^x & (x<0) \end{cases}$ 이므로

$\displaystyle\int_{-1}^{1}|e^x-1|dx$

$=\displaystyle\int_{-1}^{0}(1-e^x)dx+\int_{0}^{1}(e^x-1)dx$

$=\Big[x-e^x\Big]_{-1}^{0}+\Big[e^x-x\Big]_{0}^{1}$

$=\dfrac{1}{e}+e-2$

답 $\dfrac{1}{e}+e-2$

1053 곡선 $f(x)=a\sin x$가 점 $\left(\dfrac{\pi}{2},\,2\right)$를 지나므로

$2=a\sin\dfrac{\pi}{2}$ $\quad\therefore a=2$

따라서 $f(x)=2\sin x$이므로 $f'(x)=2\cos x$

$\therefore \displaystyle\int_{0}^{\pi}|f'(x)|dx=\int_{0}^{\frac{\pi}{2}}2\cos x\,dx+\int_{\frac{\pi}{2}}^{\pi}(-2\cos x)dx$

$\qquad\qquad =\Big[2\sin x\Big]_{0}^{\frac{\pi}{2}}+\Big[-2\sin x\Big]_{\frac{\pi}{2}}^{\pi}=4$

답 **4**

1054 $\left|\dfrac{x-2}{x+2}\right|=\begin{cases} \dfrac{x-2}{x+2} & (x<-2 \text{ 또는 } x\geq 2) \\ -\dfrac{x-2}{x+2} & (-2<x<2) \end{cases}$ 이므로

$\displaystyle\int_{-1}^{3}\left|\dfrac{x-2}{x+2}\right|dx=\int_{-1}^{2}\left(-\dfrac{x-2}{x+2}\right)dx+\int_{2}^{3}\dfrac{x-2}{x+2}dx$

$\qquad =-\displaystyle\int_{-1}^{2}\left(1-\dfrac{4}{x+2}\right)dx+\int_{2}^{3}\left(1-\dfrac{4}{x+2}\right)dx$

$\qquad =-\Big[x-4\ln|x+2|\Big]_{-1}^{2}+\Big[x-4\ln|x+2|\Big]_{2}^{3}$

$\qquad =-(3-8\ln 2)+(1-4\ln 5+8\ln 2)$

$\qquad =16\ln 2-4\ln 5-2$

따라서 $a=16$, $b=-4$, $c=-2$이므로

$a+b-c=16-4+2=14$

답 **14**

1055 $f(x)=e^{2x}+e^{-2x}$으로 놓으면

$f(-x)=e^{-2x}+e^{2x}=f(x)$이므로 $f(x)$는 우함수이다.

$\therefore \displaystyle\int_{-1}^{1}(e^{2x}+e^{-2x})dx=2\int_{0}^{1}(e^{2x}+e^{-2x})dx$

$\qquad\qquad =2\Big[\dfrac{1}{2}e^{2x}-\dfrac{1}{2}e^{-2x}\Big]_{0}^{1}$

$\qquad\qquad =2\left\{\left(\dfrac{1}{2}e^{2}-\dfrac{1}{2}e^{-2}\right)-\left(\dfrac{1}{2}-\dfrac{1}{2}\right)\right\}$

$\qquad\qquad =e^{2}-\dfrac{1}{e^{2}}$

답 $e^{2}-\dfrac{1}{e^{2}}$

1056 $y=x$는 기함수, $y=\sin x$가 기함수이므로 $y=\sin^2 x$는 우함수이고, $y=x\sin^2 x$는 기함수이다. 또, $y=-2x^3$은 기함수이고, $y=\cos 2x$는 우함수이다.

$\therefore \displaystyle\int_{-\pi}^{\pi}(x\sin^2 x-2x^3+\cos 2x)dx=2\int_{0}^{\pi}\cos 2x\,dx$

$\qquad\qquad =2\Big[\dfrac{1}{2}\sin 2x\Big]_{0}^{\pi}=0$

답 **0**

참고 **우함수, 기함수의 곱**

① (우함수)×(우함수)=(우함수)

② (우함수)×(기함수)=(기함수)

③ (기함수)×(기함수)=(우함수)

1057 $\displaystyle\int_{-\frac{\pi}{2}}^{\pi}f(x)dx+\int_{\pi}^{\frac{\pi}{2}}f(x)dx=\int_{-\frac{\pi}{2}}^{\frac{\pi}{2}}f(x)dx$

이때 $f(x)=(1-x)\cos x=\cos x-x\cos x$에서

$y=x$는 기함수, $y=\cos x$는 우함수이므로

$y=x\cos x$는 기함수이다.

$\therefore \displaystyle\int_{-\frac{\pi}{2}}^{\pi}f(x)dx+\int_{\pi}^{\frac{\pi}{2}}f(x)dx$

$\qquad =\displaystyle\int_{-\frac{\pi}{2}}^{\frac{\pi}{2}}f(x)dx=\int_{-\frac{\pi}{2}}^{\frac{\pi}{2}}(\cos x-x\cos x)dx$

$\qquad =2\displaystyle\int_{0}^{\frac{\pi}{2}}\cos x\,dx=2\Big[\sin x\Big]_{0}^{\frac{\pi}{2}}=2$

답 **2**

1058 ㄱ. $\sin f(-x)=\sin(-f(x))=-\sin f(x)$

이므로 $\sin f(x)$는 기함수이다.

$$\therefore \int_{-\frac{\pi}{2}}^{\frac{\pi}{2}} \sin f(x)\,dx=0$$

ㄴ. $\cos f(-x)=\cos(-f(x))=\cos f(x)$

이므로 $\cos f(x)$는 우함수이다.

$$\therefore \int_{-\pi}^{\pi} \cos f(x)\,dx=2\int_{0}^{\pi} \cos f(x)\,dx$$

ㄷ. $f(x)$는 기함수, $\cos x$는 우함수이므로 $f(x)\cos x$는 기함수이다.

$$\therefore \int_{-\frac{\pi}{2}}^{\frac{\pi}{2}} f(x)\cos x\,dx=0$$

이상에서 정적분의 값이 항상 0인 것은 ㄱ, ㄷ이다.　　답 ③

1059 $y=|\sin x|$는 주기가 π인 주기함수이므로

$$\int_{0}^{\pi} |\sin x|\,dx=\int_{\pi}^{2\pi} |\sin x|\,dx=\int_{2\pi}^{3\pi} |\sin x|\,dx$$
$$=\int_{3\pi}^{4\pi} |\sin x|\,dx$$

$$\therefore \int_{0}^{4\pi} |\sin x|\,dx=4\int_{0}^{\pi} |\sin x|\,dx=4\int_{0}^{\pi} \sin x\,dx$$
$$=4\big[-\cos x\big]_{0}^{\pi}=4(1+1)$$
$$=8 \qquad\qquad 답 ④$$

1060 $y=\cos \pi x$는 주기가 2인 주기함수이므로

$$\int_{a}^{a+4} \cos \pi x\,dx=\int_{0}^{4} \cos \pi x\,dx$$
$$=\int_{0}^{2} \cos \pi x\,dx+\int_{2}^{4} \cos \pi x\,dx$$
$$=2\int_{0}^{2} \cos \pi x\,dx$$
$$=2\Big[\frac{1}{\pi}\sin \pi x\Big]_{0}^{2}=0 \qquad\qquad 답 ③$$

1061 조건 ㈏에서 $f(x)$는 주기가 π인 주기함수이다.

이때 조건 ㈎에서

$$\int_{0}^{\pi} f(x)\,dx=\int_{0}^{\pi} \sin x\,dx=\big[-\cos x\big]_{0}^{\pi}=1+1=2$$

이므로

$$\int_{0}^{a} f(x)\,dx=10=5\times 2$$
$$=5\int_{0}^{\pi} f(x)\,dx$$
$$=\int_{0}^{\pi} f(x)\,dx+\int_{\pi}^{2\pi} f(x)\,dx+\int_{2\pi}^{3\pi} f(x)\,dx$$
$$\qquad\qquad +\int_{3\pi}^{4\pi} f(x)\,dx+\int_{4\pi}^{5\pi} f(x)\,dx$$
$$=\int_{0}^{5\pi} f(x)\,dx$$

$$\therefore a=5\pi \qquad\qquad 답 \; 5\pi$$

1062 $x^2+2x+2=t$로 놓으면 $2x+2=\dfrac{dt}{dx}$

$x=0$일 때 $t=2$, $x=1$일 때 $t=5$이므로

$$\int_{0}^{1} \frac{x+1}{x^2+2x+2}\,dx=\int_{2}^{5} \frac{1}{t}\times\frac{1}{2}\,dt=\int_{2}^{5} \frac{1}{2t}\,dt$$
$$=\Big[\frac{1}{2}\ln|t|\Big]_{2}^{5}$$
$$=\frac{1}{2}(\ln 5-\ln 2)$$
$$=\frac{1}{2}\ln\frac{5}{2} \qquad\qquad 답 ③$$

다른풀이 $\displaystyle\int_{0}^{1} \frac{x+1}{x^2+2x+2}\,dx$

$$=\frac{1}{2}\int_{0}^{1} \frac{(x^2+2x+2)'}{x^2+2x+2}\,dx$$
$$=\frac{1}{2}\Big[\ln(x^2+2x+2)\Big]_{0}^{1} \;(\because x^2+2x+2>0)$$
$$=\frac{1}{2}(\ln 5-\ln 2)=\frac{1}{2}\ln\frac{5}{2}$$

1063 $3-2x=t$로 놓으면 $-2=\dfrac{dt}{dx}$

$x=0$일 때 $t=3$, $x=1$일 때 $t=1$이므로

$$\int_{0}^{1} \frac{1}{(3-2x)^2}\,dx=\int_{3}^{1} \frac{1}{t^2}\times\Big(-\frac{1}{2}\Big)dt$$
$$=\int_{1}^{3} \frac{1}{2t^2}\,dt=\int_{1}^{3} \frac{1}{2}t^{-2}\,dt$$
$$=\Big[-\frac{1}{2}t^{-1}\Big]_{1}^{3}=\Big[-\frac{1}{2t}\Big]_{1}^{3}$$
$$=-\frac{1}{6}-\Big(-\frac{1}{2}\Big)=\frac{1}{3} \qquad\qquad 답 \; \frac{1}{3}$$

1064 $x^2+1=t$로 놓으면 $2x=\dfrac{dt}{dx}$

$x=0$일 때 $t=1$, $x=1$일 때 $t=2$이므로

$$\int_{0}^{1} \frac{x}{\sqrt{x^2+1}}\,dx=\int_{1}^{2} \frac{1}{\sqrt{t}}\times\frac{1}{2}\,dt$$

──────────────── ㉮

$$=\int_{1}^{2} \frac{1}{2}t^{-\frac{1}{2}}\,dt$$
$$=\Big[\sqrt{t}\,\Big]_{1}^{2}=\sqrt{2}-1$$

──────────────── ㉯

따라서 $a=-1$, $b=1$이므로

$a+b=0$

──────────────── ㉰

답 **0**

단계	채점요소	배점
㉮	치환하여 피적분함수 변형하기	40%
㉯	정적분의 값 구하기	40%
㉰	$a+b$의 값 구하기	20%

1065 $\sqrt{x-2}=t$로 놓으면 $x-2=t^2$, $x=t^2+2$

$\therefore \dfrac{dx}{dt}=2t$

$x=6$일 때 $t=2$, $x=11$일 때 $t=3$이므로

$$\begin{aligned}
\int_6^{11}\frac{1}{(x-3)\sqrt{x-2}}dx&=\int_2^3\frac{1}{t^2-1}\times\frac{1}{t}\times 2t\,dt\\
&=\int_2^3\frac{2}{t^2-1}dt\\
&=\int_2^3\frac{2}{(t-1)(t+1)}dt\\
&=\int_2^3\left(\frac{1}{t-1}-\frac{1}{t+1}\right)dt\\
&=\Big[\ln|t-1|-\ln|t+1|\Big]_2^3\\
&=\ln 2-\ln 4+\ln 3\\
&=\ln\frac{3}{2}
\end{aligned}$$

답 ②

1066 $1-x^2=t$로 놓으면 $-2x=\dfrac{dt}{dx}$

$x=0$일 때 $t=1$, $x=1$일 때 $t=0$이므로

$$\begin{aligned}
\int_0^1 xe^{1-x^2}dx&=\int_1^0 e^t\times\left(-\frac{1}{2}\right)dt\\
&=\int_0^1\frac{1}{2}e^t\,dt\\
&=\frac{1}{2}\Big[e^t\Big]_0^1=\frac{1}{2}(e-1)
\end{aligned}$$

답 ①

1067 $\displaystyle\int_{-2}^0\frac{e^x}{e^x+1}dx+\int_0^2\frac{e^x}{e^x+1}dx=\int_{-2}^2\frac{e^x}{e^x+1}dx$에서

$e^x+1=t$로 놓으면 $e^x=\dfrac{dt}{dx}$

$x=-2$일 때 $t=e^{-2}+1$, $x=2$일 때 $t=e^2+1$이므로

$$\begin{aligned}
&\int_{-2}^0\frac{e^x}{e^x+1}dx+\int_0^2\frac{e^x}{e^x+1}dx\\
&=\int_{-2}^2\frac{e^x}{e^x+1}dx=\int_{e^{-2}+1}^{e^2+1}\frac{1}{t}dt=\Big[\ln|t|\Big]_{e^{-2}+1}^{e^2+1}\\
&=\ln(e^2+1)-\ln(e^{-2}+1)\\
&=\ln\frac{e^2+1}{e^{-2}+1}=\ln e^2=2
\end{aligned}$$

답 ②

다른풀이
$$\begin{aligned}
\int_{-2}^2\frac{e^x}{e^x+1}dx&=\int_{-2}^2\frac{(e^x+1)'}{e^x+1}dx\\
&=\Big[\ln(e^x+1)\Big]_{-2}^2\quad(\because e^x+1>0)\\
&=\ln(e^2+1)-\ln(e^{-2}+1)\\
&=\ln\frac{e^2+1}{e^{-2}+1}=\ln e^2=2
\end{aligned}$$

1068 $1+\ln x=t$로 놓으면 $\dfrac{1}{x}=\dfrac{dt}{dx}$

$x=1$일 때 $t=1$, $x=e$일 때 $t=2$이므로

$$\begin{aligned}
\int_1^e\frac{1}{x(1+\ln x)^2}dx&=\int_1^2\frac{1}{t^2}\,dt=\Big[-\frac{1}{t}\Big]_1^2\\
&=-\frac{1}{2}-(-1)=\frac{1}{2}
\end{aligned}$$

답 $\dfrac{1}{2}$

1069 $\ln x=t$로 놓으면 $\dfrac{1}{x}=\dfrac{dt}{dx}$

$x=1$일 때 $t=0$, $x=k$일 때 $t=\ln k$이므로

$$\int_1^k\frac{(\ln x)^3}{x}dx=\int_0^{\ln k}t^3\,dt$$

······ ㉠

$$=\Big[\frac{1}{4}t^4\Big]_0^{\ln k}=\frac{1}{4}(\ln k)^4$$

······ ㉡

따라서 $\dfrac{1}{4}(\ln k)^4=4$이므로

$(\ln k)^4=16$, $\ln k=2$ $(\because k>1)$

$\therefore k=e^2$

······ ㉢

답 e^2

단계	채점요소	배점
㉠	치환하여 피적분함수 변형하기	40%
㉡	정적분의 값 구하기	40%
㉢	k의 값 구하기	20%

1070 $1+\cos x=t$로 놓으면 $-\sin x=\dfrac{dt}{dx}$

$x=0$일 때 $t=2$, $x=\dfrac{\pi}{2}$일 때 $t=1$이므로

$$\begin{aligned}
\int_0^{\frac{\pi}{2}}\frac{\sin x}{1+\cos x}dx&=\int_2^1\frac{1}{t}\times(-1)dt\\
&=\int_1^2\frac{1}{t}dt=\Big[\ln|t|\Big]_1^2\\
&=\ln 2
\end{aligned}$$

답 $\ln 2$

1071 $\cos x=t$로 놓으면 $-\sin x=\dfrac{dt}{dx}$

$x=0$일 때 $t=1$, $x=\pi$일 때 $t=-1$이므로

$$\begin{aligned}
\int_0^\pi f(\cos x)\sin x\,dx&=\int_1^{-1}f(t)\times(-1)dt=\int_{-1}^1 f(t)dt\\
&=\int_{-1}^1 e^t\,dt=\Big[e^t\Big]_{-1}^1\\
&=e-\frac{1}{e}
\end{aligned}$$

답 ②

1072 $\cos x=t$로 놓으면 $-\sin x=\dfrac{dt}{dx}$

$x=0$일 때 $t=1$, $x=\pi$일 때 $t=-1$이므로

$$\begin{aligned}
&\int_0^\pi (1-\cos^3 x)\cos x\sin x\,dx\\
&=\int_1^{-1}(1-t^3)t\times(-1)dt\\
&=\int_{-1}^1 (t-t^4)dt=\Big[\frac{1}{2}t^2-\frac{1}{5}t^5\Big]_{-1}^1\\
&=\left(\frac{1}{2}-\frac{1}{5}\right)-\left(\frac{1}{2}+\frac{1}{5}\right)\\
&=-\frac{2}{5}
\end{aligned}$$

답 $-\dfrac{2}{5}$

1073 $\displaystyle\int_0^{\frac{\pi}{2}} \sin^3 x\,dx = \int_0^{\frac{\pi}{2}} \sin^2 x \sin x\,dx$

$$= \int_0^{\frac{\pi}{2}} (1-\cos^2 x)\sin x\,dx$$

$\cos x = t$로 놓으면 $-\sin x = \dfrac{dt}{dx}$

$x=0$일 때 $t=1$, $x=\dfrac{\pi}{2}$일 때 $t=0$이므로

$\displaystyle\int_0^{\frac{\pi}{2}} \sin^3 x\,dx = \int_0^{\frac{\pi}{2}} (1-\cos^2 x)\sin x\,dx$

$$= \int_1^0 (1-t^2)\times(-1)\,dt = \int_0^1 (1-t^2)\,dt$$

$$= \left[t - \frac{1}{3}t^3 \right]_0^1$$

$$= 1 - \frac{1}{3} = \frac{2}{3}$$

답 ⑤

1074 $x = 2\sin\theta \left(-\dfrac{\pi}{2} < \theta < \dfrac{\pi}{2} \right)$로 놓으면

$\dfrac{dx}{d\theta} = 2\cos\theta$

$x=0$일 때 $\theta=0$, $x=1$일 때 $\theta=\dfrac{\pi}{6}$이므로

$\displaystyle\int_0^1 \frac{1}{\sqrt{4-x^2}}\,dx = \int_0^{\frac{\pi}{6}} \frac{1}{\sqrt{4-4\sin^2\theta}} \times 2\cos\theta\,d\theta$

$$= \int_0^{\frac{\pi}{6}} \frac{2\cos\theta}{\sqrt{4\cos^2\theta}}\,d\theta$$

$$= \int_0^{\frac{\pi}{6}} \frac{2\cos\theta}{2\cos\theta}\,d\theta$$

$$= \int_0^{\frac{\pi}{6}} 1\,d\theta = \left[\theta \right]_0^{\frac{\pi}{6}}$$

$$= \frac{\pi}{6}$$

답 ②

1075 $x = 2\tan\theta \left(-\dfrac{\pi}{2} < \theta < \dfrac{\pi}{2} \right)$로 놓으면

$\dfrac{dx}{d\theta} = 2\sec^2\theta$

$x=0$일 때 $\theta=0$, $x=2$일 때 $\theta=\dfrac{\pi}{4}$이므로

$\displaystyle\int_0^2 \frac{1}{x^2+4}\,dx = \int_0^{\frac{\pi}{4}} \frac{1}{4\tan^2\theta+4} \times 2\sec^2\theta\,d\theta$

$$= \int_0^{\frac{\pi}{4}} \frac{2\sec^2\theta}{4\sec^2\theta}\,d\theta$$

$$= \int_0^{\frac{\pi}{4}} \frac{1}{2}\,d\theta = \left[\frac{1}{2}\theta \right]_0^{\frac{\pi}{4}}$$

$$= \frac{\pi}{8}$$

답 $\dfrac{\pi}{8}$

1076 $x = \tan\theta \left(-\dfrac{\pi}{2} < \theta < \dfrac{\pi}{2} \right)$로 놓으면

$\dfrac{dx}{d\theta} = \sec^2\theta$

$x=0$일 때 $\theta=0$, $x=\sqrt{3}$일 때 $\theta=\dfrac{\pi}{3}$이므로

$\displaystyle\int_0^{\sqrt{3}} \frac{2}{\pi(1+x^2)}\,dx = \int_0^{\frac{\pi}{3}} \frac{2}{\pi(1+\tan^2\theta)} \times \sec^2\theta\,d\theta$

$$= \int_0^{\frac{\pi}{3}} \frac{2\sec^2\theta}{\pi\sec^2\theta}\,d\theta$$

$$= \int_0^{\frac{\pi}{3}} \frac{2}{\pi}\,d\theta = \left[\frac{2}{\pi}\theta \right]_0^{\frac{\pi}{3}}$$

$$= \frac{2}{3}$$

따라서 $a=\dfrac{2}{3}$이므로 a에 가장 가까운 정수는 1이다. 답 ②

1077 $x = a\tan\theta \left(-\dfrac{\pi}{2} < \theta < \dfrac{\pi}{2} \right)$로 놓으면

$\dfrac{dx}{d\theta} = a\sec^2\theta$

$x=0$일 때 $\theta=0$, $x=a$일 때 $\theta=\dfrac{\pi}{4}$이므로

$\displaystyle\int_0^a \frac{1}{a^2+x^2}\,dx = \int_0^{\frac{\pi}{4}} \frac{1}{a^2+a^2\tan^2\theta} \times a\sec^2\theta\,d\theta$

$$= \int_0^{\frac{\pi}{4}} \frac{a\sec^2\theta}{a^2\sec^2\theta}\,d\theta$$

$$= \int_0^{\frac{\pi}{4}} \frac{1}{a}\,d\theta = \left[\frac{1}{a}\theta \right]_0^{\frac{\pi}{4}}$$

$$= \frac{\pi}{4a}$$

즉, $b = \dfrac{\pi}{4a}$이므로 $4ab = \pi$ 답 π

1078 $x = a\sin\theta \left(-\dfrac{\pi}{2} \leq \theta \leq \dfrac{\pi}{2} \right)$로 놓으면

$\dfrac{dx}{d\theta} = a\cos\theta$

$x=0$일 때 $\theta=0$, $x=a$일 때 $\theta=\dfrac{\pi}{2}$이므로

$\displaystyle\int_0^a \sqrt{a^2-x^2}\,dx = \int_0^{\frac{\pi}{2}} \sqrt{a^2-a^2\sin^2\theta} \times a\cos\theta\,d\theta$

$$= \int_0^{\frac{\pi}{2}} \sqrt{a^2\cos^2\theta} \times a\cos\theta\,d\theta$$

$$= \int_0^{\frac{\pi}{2}} a^2\cos^2\theta\,d\theta \quad\longleftarrow \cos 2\theta = 2\cos^2\theta - 1 \text{이므로}\; \cos^2\theta = \frac{1+\cos 2\theta}{2}$$

$$= a^2\int_0^{\frac{\pi}{2}} \frac{1+\cos 2\theta}{2}\,d\theta$$

$$= a^2\left[\frac{1}{2}\theta + \frac{1}{4}\sin 2\theta \right]_0^{\frac{\pi}{2}} = \frac{a^2}{4}\pi$$

따라서 $\dfrac{a^2}{4}\pi = \pi$이므로 $a^2 = 4$

$\therefore a = 2\ (\because a > 0)$ 답 ③

1079 $f(x) = x$, $g'(x) = e^{1-x}$으로 놓으면

$f'(x) = 1$, $g(x) = -e^{1-x}$

$\therefore \displaystyle\int_0^1 xe^{1-x}\,dx = \left[-xe^{1-x} \right]_0^1 - \int_0^1 (-e^{1-x})\,dx$

$$= -1 + \left[-e^{1-x} \right]_0^1$$

$$= -1 + (-1+e)$$

$$= e - 2$$

답 ①

1080 $f(x)=x$, $g'(x)=\sin 2x$로 놓으면

$f'(x)=1$, $g(x)=-\dfrac{1}{2}\cos 2x$

$\therefore \displaystyle\int_0^{\frac{\pi}{4}} x\sin 2x\,dx$

$\quad=\Big[-\dfrac{1}{2}x\cos 2x\Big]_0^{\frac{\pi}{4}}-\displaystyle\int_0^{\frac{\pi}{4}}\Big(-\dfrac{1}{2}\cos 2x\Big)dx$

$\quad=0+\Big[\dfrac{1}{4}\sin 2x\Big]_0^{\frac{\pi}{4}}=\dfrac{1}{4}$ 답 ②

1081 $f(x)=\ln x$, $g'(x)=\dfrac{1}{x^2}$로 놓으면

$f'(x)=\dfrac{1}{x}$, $g(x)=-\dfrac{1}{x}$

$\therefore \displaystyle\int_1^3 \dfrac{\ln x}{x^2}dx=\Big[-\dfrac{1}{x}\ln x\Big]_1^3-\displaystyle\int_1^3\Big(-\dfrac{1}{x^2}\Big)dx$

$\qquad\qquad\quad=-\dfrac{1}{3}\ln 3+\Big[-\dfrac{1}{x}\Big]_1^3$

$\qquad\qquad\quad=-\dfrac{1}{3}\ln 3+\dfrac{2}{3}$

$\qquad\qquad\quad=\dfrac{1}{3}(2-\ln 3)$

따라서 $a=\dfrac{1}{3}$, $b=2$이므로

$\dfrac{b}{a}=6$ 답 **6**

1082 $\displaystyle\int_2^4 f(x)dx-\int_3^4 f(x)dx+\int_1^2 f(x)dx$

$=\displaystyle\int_1^2 f(x)dx+\int_2^4 f(x)dx-\int_3^4 f(x)dx$

$=\displaystyle\int_1^4 f(x)dx-\int_3^4 f(x)dx$

$=\displaystyle\int_1^3 f(x)dx$ ㉮

$f(x)=2x\ln x$에서

$u(x)=\ln x$, $v'(x)=2x$로 놓으면

$u'(x)=\dfrac{1}{x}$, $v(x)=x^2$ ㉯

$\therefore \displaystyle\int_2^4 f(x)dx-\int_3^4 f(x)dx+\int_1^2 f(x)dx$

$=\displaystyle\int_1^3 f(x)dx=\int_1^3 2x\ln x\,dx$

$=\Big[x^2\ln x\Big]_1^3-\displaystyle\int_1^3 \dfrac{1}{x}\times x^2\,dx$

$=9\ln 3-\Big[\dfrac{1}{2}x^2\Big]_1^3$

$=9\ln 3-4$ ㉰

답 **9 ln 3−4**

단계	채점요소	배점
㉮	정적분을 간단히 나타내기	30 %
㉯	$\ln x$와 $2x$를 $u(x)$와 $v'(x)$로 놓고 $u'(x)$, $v(x)$ 구하기	30 %
㉰	정적분의 값 구하기	40 %

1083 $f(x)=\cos x$, $g'(x)=e^{-x}$으로 놓으면

$f'(x)=-\sin x$, $g(x)=-e^{-x}$

$\therefore \displaystyle\int_0^\pi e^{-x}\cos x\,dx$

$\quad=\Big[-e^{-x}\cos x\Big]_0^\pi-\displaystyle\int_0^\pi e^{-x}\sin x\,dx$

$\quad=\dfrac{1}{e^\pi}+1-\displaystyle\int_0^\pi e^{-x}\sin x\,dx$ …… ㉠

$\displaystyle\int_0^\pi e^{-x}\sin x\,dx$에서 $u(x)=\sin x$, $v'(x)=e^{-x}$으로 놓으면

$u'(x)=\cos x$, $v(x)=-e^{-x}$

$\therefore \displaystyle\int_0^\pi e^{-x}\sin x\,dx$

$\quad=\Big[-e^{-x}\sin x\Big]_0^\pi-\displaystyle\int_0^\pi(-e^{-x})\cos x\,dx$

$\quad=\displaystyle\int_0^\pi e^{-x}\cos x\,dx$ …… ㉡

㉡을 ㉠에 대입하면

$\displaystyle\int_0^\pi e^{-x}\cos x\,dx=\dfrac{1}{e^\pi}+1-\int_0^\pi e^{-x}\cos x\,dx$

$2\displaystyle\int_0^\pi e^{-x}\cos x\,dx=\dfrac{1}{e^\pi}+1$

$\therefore \displaystyle\int_0^\pi e^{-x}\cos x\,dx=\dfrac{1+e^\pi}{2e^\pi}$ 답 ②

1084 $a=\displaystyle\int_0^{\frac{\pi}{2}} e^x\cos x\,dx$에서

$f(x)=\cos x$, $g'(x)=e^x$으로 놓으면

$f'(x)=-\sin x$, $g(x)=e^x$이므로

$a=\displaystyle\int_0^{\frac{\pi}{2}} e^x\cos x\,dx$

$\quad=\Big[e^x\cos x\Big]_0^{\frac{\pi}{2}}+\displaystyle\int_0^{\frac{\pi}{2}} e^x\sin x\,dx$

$\quad=-1+b$

$\therefore a-b=-1$

$b=\displaystyle\int_0^{\frac{\pi}{2}} e^x\sin x\,dx$에서

$u(x)=\sin x$, $v'(x)=e^x$으로 놓으면

$u'(x)=\cos x$, $v(x)=e^x$이므로

$b=\displaystyle\int_0^{\frac{\pi}{2}} e^x\sin x\,dx$

$\quad=\Big[e^x\sin x\Big]_0^{\frac{\pi}{2}}-\displaystyle\int_0^{\frac{\pi}{2}} e^x\cos x\,dx$

$\quad=e^{\frac{\pi}{2}}-a$

$\therefore a+b=e^{\frac{\pi}{2}}$

$\therefore (a+b)^2+(a-b)^2=e^\pi+1$ 답 ④

1085 $f(x)=e^x+\displaystyle\int_0^1 xf(t)dt$에서

$f(x)=e^x+x\displaystyle\int_0^1 f(t)dt$

$\displaystyle\int_0^1 f(t)dt=k$ $(k$는 상수$)$로 놓으면 $f(x)=e^x+kx$

$$\therefore k=\int_0^1 (e^t+kt)dt=\left[e^t+\frac{1}{2}kt^2\right]_0^1=e+\frac{1}{2}k-1$$

$$\frac{1}{2}k=e-1 \quad \therefore k=2(e-1)$$

따라서 $f(x)=e^x+2(e-1)x$이므로

$$f(1)=e+2(e-1)=3e-2$$

$$\therefore a=3, \ b=-2$$

$$\therefore a+b=1 \qquad\qquad\qquad 답 ①$$

1086 $\int_1^e f(t)dt=k$ $(k$는 상수$)$로 놓으면

$$f(x)=\ln x+k$$

$$\therefore k=\int_1^e (\ln t+k)dt$$

이때 $u(t)=\ln t+k$, $v'(t)=1$로 놓으면

$$u'(t)=\frac{1}{t}, \ v(t)=t$$

$$\therefore \int_1^e (\ln t+k)dt=\left[t\ln t+kt\right]_1^e-\int_1^e \frac{1}{t}\times t\, dt$$

$$=e+ke-k-\int_1^e 1\, dt$$

$$=e+ke-k-\left[t\right]_1^e$$

$$=ke-k+1$$

즉, $ke-k+1=k$이므로

$$(e-2)k+1=0 \quad \therefore k=\frac{1}{2-e}$$

$$\therefore f(x)=\ln x+\frac{1}{2-e} \qquad 답\ f(x)=\ln x+\frac{1}{2-e}$$

1087 $\int_0^\pi f(t)dt=k$ $(k$는 상수$)$로 놓으면

$$f(x)=\cos x+k$$

$$\therefore k=\int_0^\pi (\cos t+k)dt=\left[\sin t+kt\right]_0^\pi=\pi k$$

즉, $k=\pi k \quad \therefore k=0$

따라서 $f(x)=\cos x$이므로

$$f\left(\frac{\pi}{3}\right)=\frac{1}{2} \qquad\qquad 답\ \frac{1}{2}$$

1088 $\int_0^1 f'(t)dt=k$ $(k$는 상수$)$로 놓으면

$$f(x)=e^x-2x+k$$

이므로 $f'(x)=e^x-2$

$$\therefore k=\int_0^1 (e^t-2)dt=\left[e^t-2t\right]_0^1=(e-2)-1=e-3$$

따라서 $f(x)=e^x-2x+e-3$이므로

$$f(1)=e-2+e-3=2e-5 \qquad 답\ 2e-5$$

1089 $\int_0^x f(t)dt=e^{2x}+ae^x$ $\qquad\cdots\cdots$ ㉠

㉠의 양변을 x에 대하여 미분하면 $f(x)=2e^{2x}+ae^x$

㉠의 양변에 $x=0$을 대입하면 $\int_0^0 f(t)dt=0$이므로

$$0=1+a \quad \therefore a=-1$$

따라서 $f(x)=2e^{2x}-e^x$이므로

$$f(\ln 2)=2e^{2\ln 2}-e^{\ln 2}=2e^{\ln 4}-2$$

$$=8-2=6 \qquad\qquad 답 ⑤$$

1090 $\int_{\ln 9}^x e^t f(t)dt=e^{2x}-ae^x+9$ $\qquad\cdots\cdots$ ㉠

㉠의 양변을 x에 대하여 미분하면

$$e^x f(x)=2e^{2x}-ae^x \quad \therefore f(x)=2e^x-a$$

$$\qquad\qquad\qquad\qquad\qquad\qquad ㉮$$

㉠의 양변에 $x=\ln 9$를 대입하면 $\int_{\ln 9}^{\ln 9} e^t f(t)dt=0$이므로

$$0=e^{2\ln 9}-ae^{\ln 9}+9, \ 81-9a+9=0$$

$$9a=90 \quad \therefore a=10$$

$$\qquad\qquad\qquad\qquad\qquad\qquad ㉯$$

따라서 $f(x)=2e^x-10$이므로

$$f(0)=2-10=-8$$

$$\qquad\qquad\qquad\qquad\qquad\qquad ㉰$$

$$답\ -8$$

단계	채점요소	배점
㉮	함수 $f(x)$를 a에 대한 식으로 나타내기	40%
㉯	a의 값 구하기	40%
㉰	$f(0)$의 값 구하기	20%

1091 $f(x)=2\int_0^x e^t f(t)dt+1$ $\qquad\cdots\cdots$ ㉠

㉠의 양변을 x에 대하여 미분하면

$$f'(x)=2e^x f(x) \qquad\qquad\cdots\cdots$ ㉡

㉡의 양변을 x에 대하여 미분하면

$$f''(x)=2e^x f(x)+2e^x f'(x)$$

$$=2e^x f(x)+2e^x\times 2e^x f(x)\ (\because ㉡)$$

$$=2e^x(1+2e^x)f(x)$$

㉠의 양변에 $x=0$을 대입하면 $f(0)=1$이므로

$$f''(0)=2(1+2)f(0)=6\times 1=6 \qquad 답\ 6$$

1092 $xf(x)=x^2\ln x+\int_1^x f(t)dt$ $\qquad\cdots\cdots$ ㉠

㉠의 양변을 x에 대하여 미분하면

$$f(x)+xf'(x)=2x\ln x+x+f(x)$$

$$\therefore xf'(x)=2x\ln x+x$$

이때 $x>0$이므로 $f'(x)=2\ln x+1$

$$\therefore f(x)=\int f'(x)dx=\int (2\ln x+1)dx$$

$$=2(x\ln x-x)+x+C$$

$$=2x\ln x-x+C \qquad\qquad\cdots\cdots$ ㉡

한편 ㉠의 양변에 $x=1$을 대입하면

$f(1)=\displaystyle\int_1^1 f(t)dt=0$이므로

$-1+C=0\ (\because \text{㉡})\qquad \therefore C=1$

따라서 $f(x)=2x\ln x-x+1$이므로

$f(e)=2e-e+1=e+1$　　　　　　　　　답 $e+1$

1093　$f(x)=\displaystyle\int_0^x (x-t)\sin t\,dt$

$\qquad\quad =\displaystyle\int_0^x (x\sin t-t\sin t)dt$

$\qquad\quad =x\displaystyle\int_0^x \sin t\,dt-\int_0^x t\sin t\,dt$

양변을 x에 대하여 미분하면

$f'(x)=\displaystyle\int_0^x \sin t\,dt+x\sin x-x\sin x$

$\qquad =\displaystyle\int_0^x \sin t\,dt=\Big[-\cos t\Big]_0^x$

$\qquad =-\cos x+1$

$\therefore f'\left(\dfrac{\pi}{2}\right)=1$　　　　　　　　　답 1

1094　$\displaystyle\int_0^x (x-t)f(t)dt=e^x-x+a$에서

$x\displaystyle\int_0^x f(t)dt-\int_0^x tf(t)dt=e^x-x+a$　　……㉠

㉠의 양변을 x에 대하여 미분하면

$\displaystyle\int_0^x f(t)dt+xf(x)-xf(x)=e^x-1$

$\therefore \displaystyle\int_0^x f(t)dt=e^x-1$

위의 등식을 다시 x에 대하여 미분하면

$f(x)=e^x\qquad \therefore f(1)=e$

㉠의 양변에 $x=0$을 대입하면 $0=1+a\qquad \therefore a=-1$

$\therefore a+f(1)=e-1$　　　　　　　　　답 $e-1$

1095　$\displaystyle\int_1^x (x-t)f(t)dt=x\ln x+2ax+b$에서

$x\displaystyle\int_1^x f(t)dt-\int_1^x tf(t)dt=x\ln x+2ax+b$　　……㉠

㉠의 양변을 x에 대하여 미분하면

$\displaystyle\int_1^x f(t)dt+xf(x)-xf(x)=\ln x+x\times\dfrac{1}{x}+2a$

$\therefore \displaystyle\int_1^x f(t)dt=\ln x+1+2a$　　……㉡

㉠, ㉡의 양변에 $x=1$을 각각 대입하면

$0=2a+b,\ 0=1+2a$

위의 두 식을 연립하여 풀면 $a=-\dfrac{1}{2},\ b=1$

$\therefore a^2+b^2=\dfrac{5}{4}$　　　　　　　　　답 ④

1096　$\displaystyle\int_0^x (x-t)f'(t)dt=\dfrac{1}{2}\sin 2x-x$에서

$x\displaystyle\int_0^x f'(t)dt-\int_0^x tf'(t)dt=\dfrac{1}{2}\sin 2x-x$　　……㉠

㉠의 양변을 x에 대하여 미분하면

$\displaystyle\int_0^x f'(t)dt+xf'(x)-xf'(x)=\cos 2x-1$

$\displaystyle\int_0^x f'(t)dt=\cos 2x-1,\ \Big[f(t)\Big]_0^x=\cos 2x-1$

$f(x)-f(0)=\cos 2x-1$

이때 $f(0)=1$이므로 $f(x)=\cos 2x$　　　답 $f(x)=\cos 2x$

1097　$f(x)$의 한 부정적분을 $F(x)$라 하면

$\displaystyle\lim_{h\to 0}\dfrac{1}{h}\int_1^{1+2h} f(t)dt=\lim_{h\to 0}\dfrac{F(1+2h)-F(1)}{h}$

$\qquad\qquad\qquad =\displaystyle\lim_{h\to 0}\left\{\dfrac{F(1+2h)-F(1)}{2h}\times 2\right\}$

$\qquad\qquad\qquad =2F'(1)=2f(1)=2e$　　　답 ③

1098　$f(t)=e^{2t}(\cos t-\sin t)$라 하고, $f(t)$의 한 부정적분을 $F(t)$라 하면

$\displaystyle\lim_{h\to 0}\dfrac{1}{h}\int_{\pi-h}^{\pi+h} f(t)dt$

$=\displaystyle\lim_{h\to 0}\dfrac{F(\pi+h)-F(\pi-h)}{h}$

$=\displaystyle\lim_{h\to 0}\dfrac{F(\pi+h)-F(\pi)-F(\pi-h)+F(\pi)}{h}$

$=\displaystyle\lim_{h\to 0}\dfrac{F(\pi+h)-F(\pi)}{h}+\lim_{h\to 0}\dfrac{F(\pi-h)-F(\pi)}{-h}$

$=F'(\pi)+F'(\pi)=2F'(\pi)$

$=2f(\pi)=-2e^{2\pi}$　　　　　　　　　답 $-2e^{2\pi}$

1099　$f(x)=e^x+a$라 하고, $f(x)$의 한 부정적분을 $F(x)$라 하면

$\displaystyle\lim_{h\to 0}\dfrac{1}{h}\int_0^h f(x)dx=\lim_{h\to 0}\dfrac{F(h)-F(0)}{h}$

$\qquad\qquad\qquad =F'(0)=f(0)$

즉, $f(0)=6$이므로

$1+a=6\qquad \therefore a=5$　　　　　　답 ⑤

1100　$f(t)=t\cos t$라 하고, $f(t)$의 한 부정적분을 $F(t)$라 하면

$\displaystyle\lim_{x\to\pi}\dfrac{1}{x-\pi}\int_\pi^x f(t)dt=\lim_{x\to\pi}\dfrac{F(x)-F(\pi)}{x-\pi}$

$\qquad\qquad\qquad =F'(\pi)=f(\pi)$

$\qquad\qquad\qquad =\pi\cos\pi=-\pi$　　　　답 ①

1101 $f(x)$의 한 부정적분을 $F(x)$라 하면

$$\lim_{x \to 1} \frac{1}{x^2-1} \int_1^{x^3} f(t)\,dt = \lim_{x \to 1} \frac{F(x^3)-F(1)}{x^2-1}$$

$$= \lim_{x \to 1} \left\{ \frac{F(x^3)-F(1)}{x^3-1} \times \frac{x^3-1}{x^2-1} \right\}$$

$$= \lim_{x \to 1} \left\{ \frac{F(x^3)-F(1)}{x^3-1} \times \frac{x^2+x+1}{x+1} \right\}$$

$$= \frac{3}{2} F'(1) = \frac{3}{2} f(1)$$

$$= \frac{3}{2}(e+1) \qquad \text{답} \ \boldsymbol{\frac{3}{2}(e+1)}$$

1102 $f(t)=e^{t^2}$이라 하고, $f(t)$의 한 부정적분을 $F(t)$라 하면

$$\lim_{x \to 1} \frac{1}{x-1} \int_1^{\sqrt{x}} f(t)\,dt = \lim_{x \to 1} \frac{F(\sqrt{x})-F(1)}{x-1}$$

$$= \lim_{x \to 1} \left\{ \frac{F(\sqrt{x})-F(1)}{\sqrt{x}-1} \times \frac{1}{\sqrt{x}+1} \right\}$$

$$= \frac{1}{2} F'(1) = \frac{1}{2} f(1) = \frac{e}{2} \qquad \text{답} \ \boldsymbol{\frac{e}{2}}$$

1103 $f(t)=\cos t - \sin t$라 하고, $f(t)$의 한 부정적분을 $F(t)$라 하면

$$\lim_{x \to a} \frac{1}{x-a} \int_a^x f(t)\,dt = \lim_{x \to a} \frac{F(x)-F(a)}{x-a}$$

$$= F'(a) = f(a)$$

$$\rule{8cm}{0.4pt} \ \boldsymbol{㉮}$$

즉, $f(a)=0$이므로 $\cos a - \sin a = 0$

$\cos a = \sin a \qquad \therefore a = \dfrac{\pi}{4} \ (\because 0 \le a \le \pi)$

$$\rule{8cm}{0.4pt} \ \boldsymbol{㉯}$$

$$\text{답} \ \boldsymbol{\frac{\pi}{4}}$$

단계	채점요소	배점
㉮	$f(t)=\cos t - \sin t$, $F'(t)=f(t)$로 놓고 식 간단히 하기	60 %
㉯	a의 값 구하기	40 %

📋 유형 Up

본문 153쪽

1104 $f(x)=\displaystyle\int_0^x t\cos t\,dt$의 양변을 x에 대하여 미분하면

$f'(x)=x\cos x$

$f'(x)=0$에서 $\cos x = 0 \ (\because 0 < x < \pi)$

$\therefore x = \dfrac{\pi}{2} \ (\because 0 < x < \pi)$

x	0	$\cdots$	$\dfrac{\pi}{2}$	$\cdots$	π
$f'(x)$		$+$	0	$-$	
$f(x)$		↗	극대	↘	

따라서 함수 $f(x)$는 $x=\dfrac{\pi}{2}$에서 극대이고 극댓값은

$$f\left(\frac{\pi}{2}\right) = \int_0^{\frac{\pi}{2}} t\cos t\,dt$$

이때 $u(t)=t$, $v'(t)=\cos t$라 하면

$u'(t)=1$, $v(t)=\sin t$

$$\therefore \int_0^{\frac{\pi}{2}} t\cos t\,dt = \left[t\sin t \right]_0^{\frac{\pi}{2}} - \int_0^{\frac{\pi}{2}} \sin t\,dt$$

$$= \frac{\pi}{2} - \left[-\cos t \right]_0^{\frac{\pi}{2}} = \frac{\pi}{2} - 1$$

따라서 $\alpha = \dfrac{\pi}{2}$, $\beta = \dfrac{\pi}{2} - 1$이므로

$\alpha - \beta = 1$ $\qquad\qquad$ 답 ③

1105 $f(x)=\displaystyle\int_0^x \sin t(1+2\cos t)\,dt$의 양변을 x에 대하여 미분하면

$f'(x)=\sin x(1+2\cos x)$

$f'(x)=0$에서 $1+2\cos x = 0 \ (\because 0 < x < \pi)$

$\therefore \cos x = -\dfrac{1}{2}$

$\therefore x = \dfrac{2}{3}\pi \ (\because 0 < x < \pi)$

x	0	$\cdots$	$\dfrac{2}{3}\pi$	$\cdots$	π
$f'(x)$		$+$	0	$-$	
$f(x)$		↗	극대	↘	

따라서 함수 $f(x)$는 $x=\dfrac{2}{3}\pi$에서 극대이고 극댓값은

$$f\left(\frac{2}{3}\pi\right) = \int_0^{\frac{2}{3}\pi} \sin t(1+2\cos t)\,dt$$

이때 $\cos t = u$로 놓으면 $-\sin t = \dfrac{du}{dt}$

$t=0$일 때 $u=1$, $t=\dfrac{2}{3}\pi$일 때 $u=-\dfrac{1}{2}$

$$\therefore f\left(\frac{2}{3}\pi\right) = \int_0^{\frac{2}{3}\pi} \sin t(1+2\cos t)\,dt$$

$$= -\int_1^{-\frac{1}{2}} (1+2u)\,du = \int_{-\frac{1}{2}}^1 (1+2u)\,du$$

$$= \left[u+u^2 \right]_{-\frac{1}{2}}^1 = \frac{9}{4} \qquad \text{답} \ \boldsymbol{\frac{9}{4}}$$

다른풀이
$$f\left(\frac{2}{3}\pi\right) = \int_0^{\frac{2}{3}\pi} \sin t(1+2\cos t)\,dt$$

$$= \int_0^{\frac{2}{3}\pi} (\sin t + \sin 2t)\,dt$$

$$= \left[-\cos t - \frac{1}{2}\cos 2t \right]_0^{\frac{2}{3}\pi} = \frac{9}{4}$$

1106 $f(x)=\displaystyle\int_{-1}^x \frac{kt}{t^2+1}\,dt$의 양변을 x에 대하여 미분하면

$f'(x)=\dfrac{kx}{x^2+1}$

이때 함수 $f(x)$가 $x=\alpha$에서 극솟값 $-\ln 2$를 가지므로

$f'(\alpha)=0$, $f(\alpha)=-\ln 2$

$f'(\alpha)=0$에서 $\dfrac{k\alpha}{\alpha^2+1}=0$ $\qquad \therefore \alpha=0\ (\because k\neq 0)$

따라서 $f(0)=-\ln 2$이므로

$$f(0)=\int_{-1}^{0}\dfrac{kt}{t^2+1}dt=\int_{-1}^{0}\dfrac{k}{2}\times\dfrac{(t^2+1)'}{t^2+1}dt$$

$$=\left[\dfrac{k}{2}\ln(t^2+1)\right]_{-1}^{0}=-\dfrac{k}{2}\ln 2$$

즉, $-\dfrac{k}{2}\ln 2=-\ln 2$이므로 $k=2$

$$\therefore k+\alpha=2 \qquad\qquad\qquad\qquad\text{답 ②}$$

1107 $f(x)=\displaystyle\int_{0}^{x}(1-t)e^{t}\,dt$의 양변을 x에 대하여 미분하면

$f'(x)=(1-x)e^{x}$

$f'(x)=0$에서 $x=1$

x	$\cdots$	1	$\cdots$
$f'(x)$	$+$	0	$-$
$f(x)$	$\nearrow$	극대	$\searrow$

따라서 함수 $f(x)$는 $x=1$에서 극대이면서 최대이므로 최댓값은

$f(1)=\displaystyle\int_{0}^{1}(1-t)e^{t}\,dt$

$u(t)=1-t,\ v'(t)=e^{t}$으로 놓으면 $u'(t)=-1,\ v(t)=e^{t}$

$$\therefore \int_{0}^{1}(1-t)e^{t}\,dt=\left[(1-t)e^{t}\right]_{0}^{1}+\int_{0}^{1}e^{t}\,dt$$

$$=-1+\left[e^{t}\right]_{0}^{1}=e-2$$

따라서 $f(x)$의 최댓값은 $f(1)=e-2$ $\qquad$ 답 $e-2$

1108 $f(x)=\displaystyle\int_{0}^{x}(1-2\cos t)dt$의 양변을 x에 대하여 미분

하면

$f'(x)=1-2\cos x$

$f'(x)=0$에서 $\cos x=\dfrac{1}{2}$ $\qquad \therefore x=\dfrac{\pi}{3}\left(\because 0<x<\dfrac{\pi}{2}\right)$

x	0	$\cdots$	$\dfrac{\pi}{3}$	$\cdots$	$\dfrac{\pi}{2}$
$f'(x)$		$-$	0	$+$	
$f(x)$		$\searrow$	극소	$\nearrow$	

따라서 함수 $f(x)$는 $x=\dfrac{\pi}{3}$에서 극소이면서 최소이므로 최솟값은

$f\left(\dfrac{\pi}{3}\right)=\displaystyle\int_{0}^{\frac{\pi}{3}}(1-2\cos t)dt$

$$=\left[t-2\sin t\right]_{0}^{\frac{\pi}{3}}=\dfrac{\pi}{3}-\sqrt{3} \qquad\text{답 ①}$$

1109 $f(x)=\displaystyle\int_{x}^{x+1}\left(t+\dfrac{6}{t}\right)dt$의 양변을 x에 대하여 미분하면

$f'(x)=x+1+\dfrac{6}{x+1}-\left(x+\dfrac{6}{x}\right)$

$$=1+\dfrac{6}{x+1}-\dfrac{6}{x}=\dfrac{x^2+x-6}{x(x+1)}$$

$$=\dfrac{(x+3)(x-2)}{x(x+1)}$$

$f'(x)=0$에서 $x=2\ (\because x>0)$

x	0	$\cdots$	2	$\cdots$
$f'(x)$		$-$	0	$+$
$f(x)$		$\searrow$	극소	$\nearrow$

따라서 함수 $f(x)$는 $x=2$에서 극소이면서 최소이므로 최솟값은

$f(2)=\displaystyle\int_{2}^{3}\left(t+\dfrac{6}{t}\right)dt=\left[\dfrac{1}{2}t^2+6\ln|t|\right]_{2}^{3}$

$$=\dfrac{5}{2}+6\ln\dfrac{3}{2} \qquad\qquad\qquad\text{답 ②}$$

1110
$$\int_{1}^{3}\dfrac{2x+3}{x^2}dx=\int_{1}^{3}\left(\dfrac{2}{x}+\dfrac{3}{x^2}\right)dx$$

$$=\left[2\ln|x|-\dfrac{3}{x}\right]_{1}^{3}$$

$$=(2\ln 3-1)-(-3)$$

$$=2\ln 3+2 \qquad\qquad\text{답 ④}$$

1111
$$\int_{1}^{4}\sqrt[3]{x}\,dx+\int_{2}^{8}\sqrt[3]{x}\,dx-\int_{2}^{4}\sqrt[3]{x}\,dx$$

$$=\int_{1}^{4}\sqrt[3]{x}\,dx-\int_{2}^{4}\sqrt[3]{x}\,dx+\int_{2}^{8}\sqrt[3]{x}\,dx$$

$$=\int_{1}^{2}\sqrt[3]{x}\,dx+\int_{2}^{8}\sqrt[3]{x}\,dx$$

$$=\int_{1}^{8}\sqrt[3]{x}\,dx=\left[\dfrac{3}{4}x^{\frac{4}{3}}\right]_{1}^{8}$$

$$=\dfrac{3}{4}(16-1)=\dfrac{45}{4} \qquad\qquad\text{답 ④}$$

1112 $\displaystyle\int_{a}^{x}f(t)dt=e^{2x}+e^{x}-6$에 $x=a$를 대입하면

$\displaystyle\int_{a}^{a}f(t)dt=e^{2a}+e^{a}-6$

$(e^{a})^2+e^{a}-6=0,\ (e^{a}+3)(e^{a}-2)=0$

$\therefore e^{a}=2\ (\because e^{a}+3>0)$

$$\therefore a=\ln 2 \qquad\qquad\qquad\qquad\text{답 ②}$$

1113 $f(x)=\begin{cases} e^{x-2} & (x\geq 2) \\ e^{-x+2} & (x<2) \end{cases}$이므로

$\displaystyle\int_{1}^{4}f(x)dx=\int_{1}^{2}e^{-x+2}\,dx+\int_{2}^{4}e^{x-2}\,dx$

$$=\left[-e^{-x+2}\right]_{1}^{2}+\left[e^{x-2}\right]_{2}^{4}$$

$$=(-1+e)+(e^2-1)$$

$$=e^2+e-2 \qquad\qquad\text{답 } e^2+e-2$$

1114 $f(-x)=e^{-x}+e^{x}=f(x)$이고,

$g(-x)=\tan(-x)=-\tan x=-g(x)$이므로

$f(x)$는 우함수, $g(x)$는 기함수이다.

따라서 $f(x)g(x)$는 기함수이므로

$$\int_{-1}^{1}f(x)g(x)dx=0$$

답 ①

1115 $x+1=t$로 놓으면 $x=t-1$이고 $1=\dfrac{dt}{dx}$

$x=-1$일 때 $t=0$, $x=1$일 때 $t=2$이므로

$$\int_{-1}^{1}e^{x}f(x+1)dx=\int_{0}^{2}e^{t-1}f(t)dt$$

이때 $0\leq t\leq 2$에서 $f(t)=2$이므로

$$\begin{aligned}\int_{0}^{2}e^{t-1}f(t)dt&=\int_{0}^{2}e^{t-1}\times 2\,dt\\&=2\Big[e^{t-1}\Big]_{0}^{2}\\&=2\Big(e-\dfrac{1}{e}\Big)\end{aligned}$$

답 $2\Big(e-\dfrac{1}{e}\Big)$

[다른풀이] 함수 $y=f(x+1)$의 그래프는 함수 $y=f(x)$의 그래프를 x축의 방향으로 -1만큼 평행이동한 것이므로

$$f(x+1)=\begin{cases}2x+4 & (-2\leq x<-1)\\2 & (-1\leq x\leq 1)\end{cases}$$

$$\begin{aligned}\therefore \int_{-1}^{1}e^{x}f(x+1)dx&=\int_{-1}^{1}e^{x}\times 2\,dx\\&=2\Big[e^{x}\Big]_{-1}^{1}\\&=2\Big(e-\dfrac{1}{e}\Big)\end{aligned}$$

1116 $1+\sqrt{x}=t$로 놓으면 $\dfrac{1}{2\sqrt{x}}=\dfrac{dt}{dx}$

$x=1$일 때 $t=2$, $x=4$일 때 $t=3$이므로

$$\begin{aligned}\int_{1}^{4}\sqrt{\dfrac{1+\sqrt{x}}{x}}dx&=2\int_{2}^{3}\sqrt{t}\,dt=2\Big[\dfrac{2}{3}t^{\frac{3}{2}}\Big]_{2}^{3}\\&=\dfrac{4(3\sqrt{3}-2\sqrt{2})}{3}\end{aligned}$$

답 ④

1117 $$\begin{aligned}\int_{0}^{\frac{\pi}{2}}\cos^{3}x\,dx&=\int_{0}^{\frac{\pi}{2}}\cos^{2}x\cos x\,dx\\&=\int_{0}^{\frac{\pi}{2}}(1-\sin^{2}x)\cos x\,dx\end{aligned}$$

이때 $\sin x=t$로 놓으면 $\cos x=\dfrac{dt}{dx}$

$x=0$일 때 $t=0$, $x=\dfrac{\pi}{2}$일 때 $t=1$이므로

$$\begin{aligned}\int_{0}^{\frac{\pi}{2}}\cos^{3}x\,dx&=\int_{0}^{\frac{\pi}{2}}(1-\sin^{2}x)\cos x\,dx\\&=\int_{0}^{1}(1-t^{2})dt\\&=\Big[t-\dfrac{t^{3}}{3}\Big]_{0}^{1}=\dfrac{2}{3}\end{aligned}$$

답 ③

1118 $\ln x=t$로 놓으면 $\dfrac{1}{x}=\dfrac{dt}{dx}$

$x=1$일 때 $t=0$, $x=e$일 때 $t=1$이므로

$$\int_{1}^{e}\dfrac{\sin(\pi\ln x)}{x}dx=\int_{0}^{1}\sin \pi t\,dt=\Big[-\dfrac{1}{\pi}\cos \pi t\Big]_{0}^{1}=\dfrac{2}{\pi}$$

즉, $\dfrac{2}{\pi}=\dfrac{k}{\pi}$이므로 $k=2$

답 2

1119 $x=\dfrac{1}{3}\tan\theta\left(-\dfrac{\pi}{2}<\theta<\dfrac{\pi}{2}\right)$로 놓으면

$$\dfrac{dx}{d\theta}=\dfrac{1}{3}\sec^{2}\theta$$

$x=0$일 때 $\theta=0$, $x=\dfrac{1}{3}$일 때 $\theta=\dfrac{\pi}{4}$이므로

$$\begin{aligned}\int_{0}^{\frac{1}{3}}\dfrac{1}{9x^{2}+1}dx&=\int_{0}^{\frac{\pi}{4}}\dfrac{1}{\tan^{2}\theta+1}\times\dfrac{1}{3}\sec^{2}\theta\,d\theta\\&=\int_{0}^{\frac{\pi}{4}}\dfrac{\sec^{2}\theta}{3\sec^{2}\theta}d\theta=\int_{0}^{\frac{\pi}{4}}\dfrac{1}{3}d\theta\\&=\Big[\dfrac{1}{3}\theta\Big]_{0}^{\frac{\pi}{4}}=\dfrac{\pi}{12}\end{aligned}$$

답 ③

1120 $\int_{0}^{\pi}x\cos(\pi-x)dx=\int_{0}^{\pi}x(-\cos x)dx$

$f(x)=x$, $g'(x)=-\cos x$로 놓으면

$f'(x)=1$, $g(x)=-\sin x$

$$\begin{aligned}\therefore \int_{0}^{\pi}x\cos(\pi-x)dx&=\int_{0}^{\pi}x(-\cos x)dx\\&=\Big[x(-\sin x)\Big]_{0}^{\pi}+\int_{0}^{\pi}\sin x\,dx\\&=\Big[-\cos x\Big]_{0}^{\pi}=2\end{aligned}$$

답 2

1121 $f(x)=2x-3$, $g'(x)=e^{-2x+2}$으로 놓으면

$f'(x)=2$, $g(x)=-\dfrac{1}{2}e^{-2x+2}$

$$\begin{aligned}\therefore &\int_{0}^{1}(2x-3)e^{-2x+2}\,dx\\&=\Big[-\dfrac{1}{2}(2x-3)e^{-2x+2}\Big]_{0}^{1}+\int_{0}^{1}e^{-2x+2}\,dx\\&=\Big(\dfrac{1}{2}-\dfrac{3}{2}e^{2}\Big)+\Big[-\dfrac{1}{2}e^{-2x+2}\Big]_{0}^{1}\\&=\Big(\dfrac{1}{2}-\dfrac{3}{2}e^{2}\Big)+\Big(-\dfrac{1}{2}+\dfrac{1}{2}e^{2}\Big)=-e^{2}\end{aligned}$$

답 ①

1122 $$\int_{-3\pi}^{\pi}f(x)dx-\int_{2\pi}^{\pi}f(x)dx+\int_{2\pi}^{3\pi}f(x)dx$$

$$=\int_{-3\pi}^{\pi}f(x)dx+\int_{\pi}^{2\pi}f(x)dx+\int_{2\pi}^{3\pi}f(x)dx$$

$$=\int_{-3\pi}^{3\pi}f(x)dx$$

이때 x는 기함수, $\cos x$는 우함수, $\sin x$는 기함수이므로

$x\cos x$는 기함수, $x\sin x$는 우함수이다.

$$\begin{aligned}\therefore \int_{-3\pi}^{3\pi}f(x)dx&=\int_{-3\pi}^{3\pi}(x\cos x+x\sin x)dx\\&=2\int_{0}^{3\pi}x\sin x\,dx\end{aligned}$$

$u(x)=x$, $v'(x)=\sin x$로 놓으면

$u'(x)=1$, $v(x)=-\cos x$이므로

$$2\int_0^{3\pi} x\sin x\,dx=2\left(\left[-x\cos x\right]_0^{3\pi}+\int_0^{3\pi}\cos x\,dx\right)$$

$$=2\left(3\pi+\left[\sin x\right]_0^{3\pi}\right)$$

$$=6\pi \qquad\qquad \text{답 ⑤}$$

1123 ㄱ. $\displaystyle\int_1^{e^2}\ln x\,dx=\left[x\ln x\right]_1^{e^2}-\int_1^{e^2}x\times\dfrac{1}{x}\,dx$

$$=2e^2-\left[x\right]_1^{e^2}=2e^2-(e^2-1)$$

$$=e^2+1$$

ㄴ. $f(x)=e^x+e^{-x}$으로 놓으면 $f(-x)=e^{-x}+e^x=f(x)$이므로 $f(x)$는 우함수이다.

$$\therefore \int_{-1}^{1}(e^x+e^{-x})dx=2\int_0^1(e^x+e^{-x})dx\neq 0$$

ㄷ. x^2은 우함수, $\sin x$는 기함수이므로 $x^2\sin x$는 기함수이다. 또한, $\cos 2x$는 우함수이므로

$$\int_{-\pi}^{\pi}(x^2\sin x+\cos 2x)dx=2\int_0^{\pi}\cos 2x\,dx$$

$$=2\left[\dfrac{1}{2}\sin 2x\right]_0^{\pi}=0$$

이상에서 옳은 것은 ㄱ, ㄷ이다. $\qquad\qquad$ 답 ③

1124 $\displaystyle\int_0^{\frac{1}{2}}f(t)dt=k$ (k는 상수)로 놓으면

$f(x)=\sin\pi x+k$

$$\therefore k=\int_0^{\frac{1}{2}}(\sin\pi t+k)dt=\left[-\dfrac{1}{\pi}\cos\pi t+kt\right]_0^{\frac{1}{2}}$$

$$=\dfrac{1}{2}k+\dfrac{1}{\pi}$$

즉, $k=\dfrac{1}{2}k+\dfrac{1}{\pi}$ $\qquad \therefore k=\dfrac{2}{\pi}$

따라서 $f(x)=\sin\pi x+\dfrac{2}{\pi}$이므로

$$f\left(\dfrac{1}{2}\right)=\sin\dfrac{\pi}{2}+\dfrac{2}{\pi}=1+\dfrac{2}{\pi} \qquad\qquad \text{답 ②}$$

1125 $\displaystyle\int_0^2 tf(t)dt=k$ (k는 상수)로 놓으면 $f(x)=e^x-k$

$$\therefore k=\int_0^2 tf(t)dt=\int_0^2 t(e^t-k)dt$$

$$=\int_0^2 te^t\,dt-\int_0^2 kt\,dt$$

$\displaystyle\int_0^2 te^t\,dt$에서 $u(t)=t$, $v'(t)=e^t$으로 놓으면

$u'(t)=1$, $v(t)=e^t$이므로

$$\int_0^2 te^t\,dt=\left[te^t\right]_0^2-\int_0^2 e^t\,dt=2e^2-\left[e^t\right]_0^2$$

$$=2e^2-(e^2-1)=e^2+1$$

$$\therefore k=\int_0^2 te^t\,dt-\int_0^2 kt\,dt=e^2+1-\left[\dfrac{1}{2}kt^2\right]_0^2$$

$$=e^2+1-2k$$

즉, $k=e^2+1-2k$에서 $3k=e^2+1$이므로

$$\int_0^2 3xf(x)dx=3\int_0^2 xf(x)dx$$

$$=3k=e^2+1 \qquad\qquad \text{답 ⑤}$$

1126 $\displaystyle\int_1^x f(t)dt=xf(x)+x^2e^{-x}$ $\quad\cdots\cdots$ ㉠

㉠의 양변을 x에 대하여 미분하면

$f(x)=f(x)+xf'(x)+2xe^{-x}-x^2e^{-x}$

$xf'(x)=-2xe^{-x}+x^2e^{-x}$

$$\therefore f'(x)=-2e^{-x}+xe^{-x}\ (\because x>0)$$

$$=(-2+x)e^{-x}$$

이때 $u(x)=-2+x$, $v'(x)=e^{-x}$으로 놓으면

$u'(x)=1$, $v(x)=-e^{-x}$

$$\therefore f(x)=\int(-2+x)e^{-x}\,dx$$

$$=-(-2+x)e^{-x}+\int e^{-x}\,dx$$

$$=-(-2+x)e^{-x}-e^{-x}+C$$

$$=(1-x)e^{-x}+C \qquad\qquad \cdots\cdots ㉡$$

㉠, ㉡의 양변에 $x=1$을 각각 대입하여 정리하면

$f(1)=-e^{-1}$, $f(1)=C$

$$\therefore C=-e^{-1}$$

따라서 $f(x)=(1-x)e^{-x}-e^{-1}$이므로

$$f(-1)=2e-\dfrac{1}{e} \qquad\qquad \text{답 } 2e-\dfrac{1}{e}$$

1127 $\displaystyle\int_1^x(x-t)f(t)dt=x^2\ln x+ax+b$에서

$$x\int_1^x f(t)dt-\int_1^x tf(t)dt=x^2\ln x+ax+b \quad\cdots\cdots ㉠$$

㉠의 양변에 $x=1$을 대입하면

$$0=a+b \qquad\qquad \cdots\cdots ㉡$$

㉠의 양변을 x에 대하여 미분하면

$$\int_1^x f(t)dt+xf(x)-xf(x)=2x\ln x+x^2\times\dfrac{1}{x}+a$$

$$\therefore \int_1^x f(t)dt=2x\ln x+x+a$$

위의 식의 양변에 $x=1$을 대입하면

$0=1+a$ $\qquad \therefore a=-1$

㉡에 $a=-1$을 대입하면 $b=1$

$$\therefore ab=-1 \qquad\qquad \text{답 } -1$$

1128 $f(t)=(\cos\pi t+\ln t)e^t$으로 놓고, $f(t)$의 한 부정적분을 $F(t)$라 하면

$$\lim_{x\to 1}\dfrac{1}{x-1}\int_1^{x^2}(\cos\pi t+\ln t)e^t\,dt$$

$$=\lim_{x\to 1}\dfrac{F(x^2)-F(1)}{x-1}$$

$$=\lim_{x\to 1}\left\{\dfrac{F(x^2)-F(1)}{x^2-1}\times(x+1)\right\}$$

$$=2F'(1)=2f(1)=-2e \qquad\qquad \text{답 ①}$$

1129 $f(x)=\displaystyle\int_0^x (1+\sin t)\cos t\,dt$의 양변을 x에 대하여 미분하면

$f'(x)=(1+\sin x)\cos x$

$f'(x)=0$에서 $\sin x=-1$ 또는 $\cos x=0$

$\therefore x=\dfrac{\pi}{2}\ (\because 0<x<\pi)$

x	0	$\cdots$	$\dfrac{\pi}{2}$	$\cdots$	π
$f'(x)$		$+$	0	$-$	
$f(x)$		$\nearrow$	극대	$\searrow$	

따라서 함수 $f(x)$는 $x=\dfrac{\pi}{2}$에서 극댓값을 갖는다.

$\therefore a=\dfrac{\pi}{2}$ 답 ⑤

1130 $f(x)=\displaystyle\int_0^x \dfrac{2t-1}{t^2-t+1}\,dt$의 양변을 x에 대하여 미분하면

$f'(x)=\dfrac{2x-1}{x^2-x+1}$

$f'(x)=0$에서 $x=\dfrac{1}{2}$

x	$\cdots$	$\dfrac{1}{2}$	$\cdots$
$f'(x)$	$-$	0	$+$
$f(x)$	$\searrow$	극소	$\nearrow$

따라서 함수 $f(x)$는 $x=\dfrac{1}{2}$에서 극소이면서 최소이므로 최솟값은

$f\left(\dfrac{1}{2}\right)=\displaystyle\int_0^{\frac{1}{2}} \dfrac{2t-1}{t^2-t+1}\,dt=\int_0^{\frac{1}{2}} \dfrac{(t^2-t+1)'}{t^2-t+1}\,dt$

$\qquad\quad=\Big[\ln|t^2-t+1|\Big]_0^{\frac{1}{2}}=\ln\dfrac{3}{4}$ 답 ③

1131 $f(x)=\sin(\cos x)$에서

$f(-x)=\sin(\cos(-x))=\sin(\cos x)=f(x)$

즉, 함수 $f(x)$는 우함수이므로 ㉮

$\displaystyle\int_{-1}^1 f(x)\,dx=2\int_0^1 f(x)\,dx=2A$

$\displaystyle\int_{-2}^2 f(x)\,dx=2\int_0^2 f(x)\,dx=2B$ ㉯

$\therefore \displaystyle\int_{-1}^1 f(x)\,dx+\int_{-2}^2 f(x)\,dx=2A+2B$ ㉰

답 $2A+2B$

단계	채점요소	배점
㉮	함수 $f(x)$가 우함수임을 알기	40 %
㉯	$\displaystyle\int_{-1}^1 f(x)dx,\ \int_{-2}^2 f(x)dx$를 A 또는 B를 사용하여 나타내기	40 %
㉰	$\displaystyle\int_{-1}^1 f(x)dx+\int_{-2}^2 f(x)dx$를 $A,\ B$를 사용하여 나타내기	20 %

1132 $f(x)=a\ln x+b$에서 $f'(x)=\dfrac{a}{x}$

조건 ㈎에서 $\displaystyle\lim_{x\to 1}\dfrac{f(x)-f(1)}{x-1}=f'(1)$이므로

$f'(1)=3$

즉, $f'(1)=\dfrac{a}{1}=3$ $\quad\therefore a=3$ ㉮

조건 ㈏에서

$\displaystyle\int_1^e f(x)\,dx=\int_1^e (3\ln x+b)\,dx$

$u(x)=3\ln x+b,\ v'(x)=1$로 놓으면

$u'(x)=\dfrac{3}{x},\ v(x)=x$

$\therefore \displaystyle\int_1^e f(x)\,dx=\Big[x(3\ln x+b)\Big]_1^e-\int_1^e 3\,dx$

$\qquad\qquad\quad =e(3+b)-b-\Big[3x\Big]_1^e$

$\qquad\qquad\quad =3e+(e-1)b-3e+3$

$\qquad\qquad\quad =(e-1)b+3$ ㉯

따라서 $(e-1)b+3=e+2$에서

$(e-1)b=e-1$ $\quad\therefore b=1$ ㉰

답 $a=3,\ b=1$

단계	채점요소	배점
㉮	a의 값 구하기	40 %
㉯	$\displaystyle\int_1^e f(x)dx$의 값 구하기	40 %
㉰	b의 값 구하기	20 %

1133 $f(x)=e^{-x}+x+\displaystyle\int_0^x f'(t)e^{-t}\,dt$ …… ㉠

㉠의 양변을 x에 대하여 미분하면

$f'(x)=-e^{-x}+1+f'(x)e^{-x}$

$(-e^{-x}+1)f'(x)=-e^{-x}+1$

위의 등식이 모든 실수 x에 대하여 성립하므로

$f'(x)=1$ ㉮

㉠의 양변에 $x=0$을 대입하면 $f(0)=1$ ㉯

$\therefore f(x)=\displaystyle\int f'(x)\,dx=\int 1\,dx=x+C$

이때 $f(0)=1$이므로 $C=1$

$\therefore f(x)=x+1$ ㉰

답 $f(x)=x+1$

단계	채점요소	배점
㉮	$f'(x)$ 구하기	40 %
㉯	$f(0)$의 값 구하기	30 %
㉰	$f(x)$ 구하기	30 %

  $f(x)=\displaystyle\int_0^x (1-\sin t)\cos t\,dt$의 양변을 x에 대하여

미분하면

$f'(x)=(1-\sin x)\cos x$

$f'(x)=0$에서 $\sin x=1$ 또는 $\cos x=0$

$\therefore x=\dfrac{\pi}{2}$ $(\because 0<x<\pi)$ ⑦

x	0	$\cdots$	$\dfrac{\pi}{2}$	$\cdots$	π
$f'(x)$		$+$	0	$-$	
$f(x)$		↗	극대	↘	

따라서 함수 $f(x)$는 $x=\dfrac{\pi}{2}$에서 극대이고 극댓값은   ④

$f\left(\dfrac{\pi}{2}\right)=\displaystyle\int_0^{\frac{\pi}{2}} (1-\sin t)\cos t\,dt$

$\sin t=u$로 놓으면 $\cos t=\dfrac{du}{dt}$

$t=0$일 때 $u=0$, $t=\dfrac{\pi}{2}$일 때 $u=1$

$\therefore f\left(\dfrac{\pi}{2}\right)=\displaystyle\int_0^1 (1-u)du=\left[u-\dfrac{1}{2}u^2\right]_0^1=\dfrac{1}{2}$ ㉡

답 $\dfrac{1}{2}$

단계	채점요소	배점
⑦	$f'(x)=0$을 만족시키는 x의 값 구하기	30 %
④	$x=\dfrac{\pi}{2}$일 때 극대임을 알기	30 %
㉡	$f(x)$의 극댓값 구하기	40 %

1135 $2f(x)+\dfrac{1}{x^2}f\left(\dfrac{1}{x}\right)=\dfrac{1}{x}+\dfrac{1}{x^2}$ ……㉠

㉠에서 x 대신 $\dfrac{1}{x}$을 대입하면

$2f\left(\dfrac{1}{x}\right)+x^2 f(x)=x+x^2$

이 식의 양변을 $2x^2$으로 나누면

$\dfrac{1}{x^2}f\left(\dfrac{1}{x}\right)+\dfrac{1}{2}f(x)=\dfrac{1}{2x}+\dfrac{1}{2}$ ……㉡

㉠-㉡을 하면

$\dfrac{3}{2}f(x)=\dfrac{1}{2x}+\dfrac{1}{x^2}-\dfrac{1}{2}$

$\therefore f(x)=\dfrac{1}{3x}+\dfrac{2}{3x^2}-\dfrac{1}{3}$

$\therefore \displaystyle\int_{\frac{1}{2}}^2 f(x)dx=\int_{\frac{1}{2}}^2\left(\dfrac{1}{3x}+\dfrac{2}{3x^2}-\dfrac{1}{3}\right)dx$

$\qquad=\left[\dfrac{1}{3}\ln|x|-\dfrac{2}{3x}-\dfrac{1}{3}x\right]_{\frac{1}{2}}^2$

$\qquad=\left(\dfrac{1}{3}\ln 2-1\right)-\left(\dfrac{1}{3}\ln\dfrac{1}{2}-\dfrac{3}{2}\right)$

$\qquad=\dfrac{2\ln 2}{3}+\dfrac{1}{2}$ 답 ②

1136 $2\cos x-1$은 우함수이므로

$\displaystyle\int_{-\pi}^{\pi}\{f(x)+f(-x)\}dx=\int_{-\pi}^{\pi}(2\cos x-1)dx$

$\qquad\qquad\qquad=2\displaystyle\int_0^{\pi}(2\cos x-1)dx$ ……㉠

$\displaystyle\int_{-\pi}^{\pi}f(-x)dx$에서 $-x=t$로 놓으면 $-1=\dfrac{dt}{dx}$

$x=-\pi$일 때 $t=\pi$, $x=\pi$일 때 $t=-\pi$이므로

$\displaystyle\int_{-\pi}^{\pi}f(-x)dx=-\int_{\pi}^{-\pi}f(t)dt$

$\qquad\qquad=\displaystyle\int_{-\pi}^{\pi}f(t)dt=\int_{-\pi}^{\pi}f(x)dx$ ……㉡

㉡을 ㉠에 대입하면

$\displaystyle\int_{-\pi}^{\pi}\{f(x)+f(-x)\}dx=2\int_{-\pi}^{\pi}f(x)dx=2\int_0^{\pi}(2\cos x-1)dx$

$\therefore \displaystyle\int_{-\pi}^{\pi}f(x)dx=\int_0^{\pi}(2\cos x-1)dx$

$\qquad=\left[2\sin x-x\right]_0^{\pi}=-\pi$ 답 $-\pi$

다른풀이 $\displaystyle\int_{-\pi}^{\pi}f(x)dx=\int_{-\pi}^0 f(x)dx+\int_0^{\pi}f(x)dx$

$\displaystyle\int_{-\pi}^0 f(x)dx$에서 $x=-t$로 놓으면 $\dfrac{dx}{dt}=-1$

$x=-\pi$일 때 $t=\pi$, $x=0$일 때 $t=0$이므로

$\displaystyle\int_{-\pi}^0 f(x)dx=-\int_{\pi}^0 f(-t)dt=\int_0^{\pi}f(-t)dt=\int_0^{\pi}f(-x)dx$

$\therefore \displaystyle\int_{-\pi}^{\pi}f(x)dx=\int_0^{\pi}f(-x)dx+\int_0^{\pi}f(x)dx$

$\qquad=\displaystyle\int_0^{\pi}\{f(-x)+f(x)\}dx$

$\qquad=\displaystyle\int_0^{\pi}(2\cos x-1)dx$

$\qquad=\left[2\sin x-x\right]_0^{\pi}=-\pi$

1137 $2xf(x)-x=\displaystyle\int_1^x\{f(t)-1\}dt$ ……㉠

㉠의 양변에 $x=1$을 대입하면

$2f(1)-1=0$ $\therefore f(1)=\dfrac{1}{2}$

㉠의 양변을 x에 대하여 미분하면

$2f(x)+2xf'(x)-1=f(x)-1$, $2xf'(x)=-f(x)$

$\therefore \dfrac{f'(x)}{f(x)}=-\dfrac{1}{2x}$

이때 $\displaystyle\int \dfrac{f'(x)}{f(x)}dx=\int\left(-\dfrac{1}{2x}\right)dx$이므로

$\ln f(x)=-\dfrac{1}{2}\ln x+C$ $(\because x>0,\ f(x)>0)$ ……㉡

㉡이 양변에 $x=1$을 대입하면

$\ln f(1)=C$ $\therefore C=\ln\dfrac{1}{2}\left(\because f(1)=\dfrac{1}{2}\right)$

즉, $\ln f(x)=-\dfrac{1}{2}\ln x+\ln\dfrac{1}{2}=\ln\dfrac{1}{2\sqrt{x}}$이므로

$f(x)=\dfrac{1}{2\sqrt{x}}$ $\therefore f(4)=\dfrac{1}{2\sqrt{4}}=\dfrac{1}{4}$ 답 ①

10 | 정적분의 활용

📖 교과서 문제 정/복/하/기

1138 S_n은 밑변의 길이가 $\dfrac{1}{n}$이고 높이가 각각 $\left(\dfrac{1}{n}\right)^2$, $\left(\dfrac{2}{n}\right)^2$, $\cdots$, $\left(\dfrac{n+1}{n}\right)^2$, $\left(\dfrac{n}{n}\right)^2$인 직사각형의 넓이의 합이므로

$$S_n = \boxed{\dfrac{1}{n}} \times \left(\dfrac{1}{n}\right)^2 + \boxed{\dfrac{1}{n}} \times \left(\dfrac{2}{n}\right)^2 + \cdots + \boxed{\dfrac{1}{n}} \times \left(\dfrac{n}{n}\right)^2$$

$$= \sum_{k=1}^{n} \dfrac{1}{n} \times \left(\dfrac{k}{n}\right)^2$$

$$= \sum_{k=1}^{n} \boxed{\dfrac{k^2}{n^3}}$$

$$\therefore S = \lim_{n \to \infty} S_n = \lim_{n \to \infty} \sum_{k=1}^{n} \dfrac{k^2}{n^3}$$

$$= \lim_{n \to \infty} \dfrac{n(n+1)(2n+1)}{6n^3}$$

$$= \boxed{\dfrac{1}{3}}$$

답 $\dfrac{1}{n}$, $\dfrac{1}{n}$, $\dfrac{1}{n}$, $\dfrac{k^2}{n^3}$, $\dfrac{1}{3}$

1139 $f(x)=x^2$, $a=0$, $b=2$로 놓으면

$$\varDelta x = \dfrac{2}{n}, \quad x_k = \dfrac{2k}{n}$$

$$\therefore \lim_{n \to \infty} \sum_{k=1}^{n} \left(\dfrac{2k}{n}\right)^2 \times \dfrac{2}{n} = \lim_{n \to \infty} \sum_{k=1}^{n} f(x_k) \varDelta x$$

$$= \int_0^2 x^2 \, dx$$

$$= \left[\dfrac{1}{3}x^3\right]_0^2 = \dfrac{8}{3}$$

답 $\dfrac{8}{3}$

1140 $f(x)=4+x$, $a=0$, $b=2$로 놓으면

$$\varDelta x = \dfrac{2}{n}, \quad x_k = \dfrac{2k}{n}$$

$$\therefore \lim_{n \to \infty} \sum_{k=1}^{n} \left(4 + \dfrac{2k}{n}\right) \times \dfrac{2}{n} = \lim_{n \to \infty} \sum_{k=1}^{n} f(x_k) \varDelta x$$

$$= \int_0^2 (4+x) \, dx$$

$$= \left[4x + \dfrac{1}{2}x^2\right]_0^2 = 10$$

답 **10**

다른풀이 $f(x)=x$, $a=4$, $b=6$으로 놓으면

$$\varDelta x = \dfrac{2}{n}, \quad x_k = 4 + \dfrac{2k}{n}$$

$$\therefore \lim_{n \to \infty} \sum_{k=1}^{n} \left(4 + \dfrac{2k}{n}\right) \times \dfrac{2}{n} = \lim_{n \to \infty} \sum_{k=1}^{n} f(x_k) \varDelta x$$

$$= \int_4^6 x \, dx$$

$$= \left[\dfrac{1}{2}x^2\right]_4^6 = 10$$

1141
$$\lim_{n \to \infty} \dfrac{3}{n}\left\{\left(\dfrac{n+1}{n}\right)^2 + \left(\dfrac{n+2}{n}\right)^2 + \cdots + \left(\dfrac{n+n}{n}\right)^2\right\}$$

$$= \lim_{n \to \infty} \dfrac{3}{n} \sum_{k=1}^{n} \left(1 + \dfrac{k}{n}\right)^2$$

$$= 3 \lim_{n \to \infty} \sum_{k=1}^{n} \left(1 + \dfrac{k}{n}\right)^2 \times \dfrac{1}{n}$$

$f(x)=x^2$, $a=1$, $b=2$로 놓으면

$$\varDelta x = \dfrac{1}{n}, \quad x_k = 1 + \dfrac{k}{n}$$

$$\therefore \text{(주어진 식)} = 3 \int_1^2 x^2 \, dx = 3 \left[\dfrac{1}{3}x^3\right]_1^2 = 7$$

답 **7**

1142
$$\lim_{n \to \infty} \dfrac{\pi}{n}\left(\sin \dfrac{\pi}{n} + \sin \dfrac{2\pi}{n} + \cdots + \sin \dfrac{n\pi}{n}\right)$$

$$= \lim_{n \to \infty} \dfrac{\pi}{n} \sum_{k=1}^{n} \sin \dfrac{k\pi}{n}$$

$f(x)=\sin x$, $a=0$, $b=\pi$로 놓으면

$$\varDelta x = \dfrac{\pi}{n}, \quad x_k = \dfrac{k\pi}{n}$$

$$\therefore \text{(주어진 식)} = \int_0^\pi \sin x \, dx = \left[-\cos x\right]_0^\pi = 2$$

답 **2**

1143 곡선 $y=\sin x$와 x축의 교점의 x좌표는 $\sin x = 0$에서 $x=0$ 또는 $x=\pi$ $(\because 0 \le x \le \pi)$ 따라서 구하는 넓이는

$$\int_0^\pi \sin x \, dx = \left[-\cos x\right]_0^\pi = 2$$

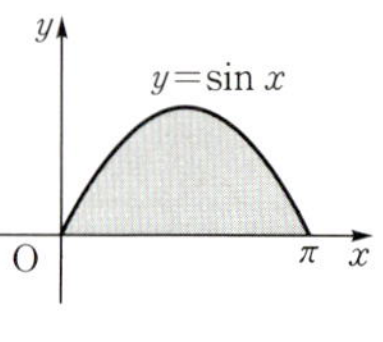

답 **2**

1144 오른쪽 그림에서 구하는 넓이는

$$\int_0^9 \sqrt{x} \, dx = \left[\dfrac{2}{3}x^{\frac{3}{2}}\right]_0^9 = 18$$

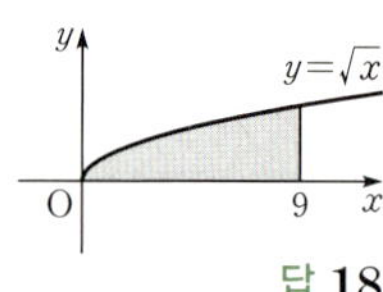

답 **18**

1145 오른쪽 그림에서 구하는 넓이는

$$\int_0^1 \{-(e^x - 3)\} \, dx = -\left[e^x - 3x\right]_0^1$$

$$= -e + 4$$

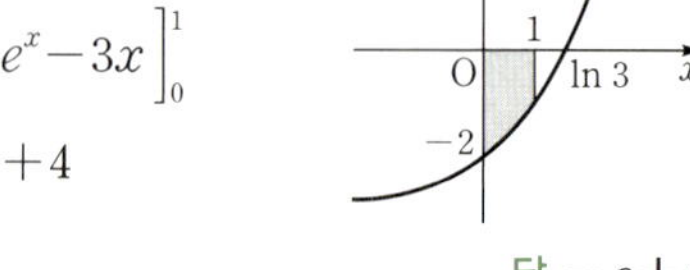

답 $-e+4$

1146 오른쪽 그림에서 구하는 넓이는

$$\int_1^e \ln x \, dx = \left[x \ln x\right]_1^e - \int_1^e 1 \, dx$$

$$= e - \left[x\right]_1^e$$

$$= e - (e-1) = 1$$

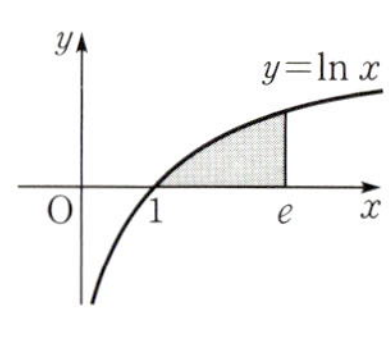

답 **1**

1147 구하는 넓이는

$$\int_{-2}^{0}\{-(y^2+2y)\}dy=-\left[\frac{1}{3}y^3+y^2\right]_{-2}^{0}=\frac{4}{3}$$

답 $\dfrac{4}{3}$

1148 $y=\sqrt{x+4}$에서 $x=y^2-4$

오른쪽 그림에서 구하는 넓이는

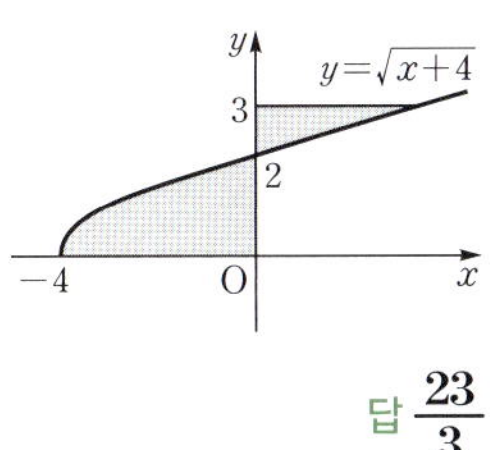

$$\int_{0}^{2}\{-(y^2-4)\}dy+\int_{2}^{3}(y^2-4)dy$$

$$=-\left[\frac{1}{3}y^3-4y\right]_{0}^{2}+\left[\frac{1}{3}y^3-4y\right]_{2}^{3}$$

$$=\frac{16}{3}+\frac{7}{3}=\frac{23}{3}$$

답 $\dfrac{23}{3}$

1149 $y=e^x$에서 $x=\ln y$

오른쪽 그림에서 구하는 넓이는

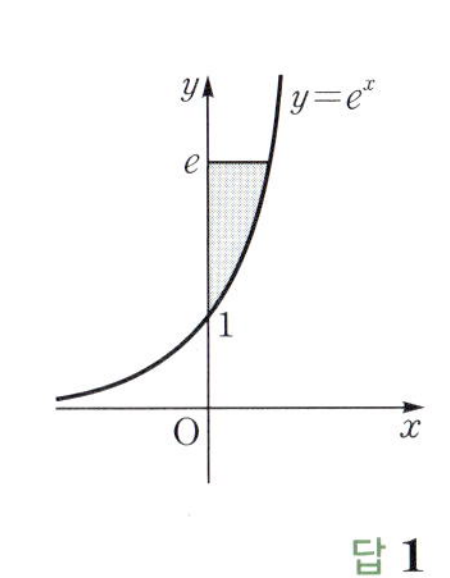

$$\int_{1}^{e}\ln y\,dy$$

$$=\left[y\ln y\right]_{1}^{e}-\int_{1}^{e}1\,dy$$

$$=e-\left[y\right]_{1}^{e}$$

$$=e-(e-1)=1$$

답 1

1150 $y=-\ln(x-2)$에서

$x-2=e^{-y}$ $\quad\therefore x=e^{-y}+2$

오른쪽 그림에서 구하는 넓이는

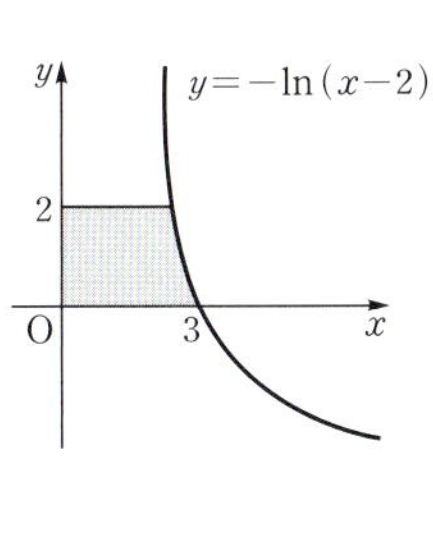

$$\int_{0}^{2}(e^{-y}+2)dy$$

$$=\left[-e^{-y}+2y\right]_{0}^{2}$$

$$=-\frac{1}{e^2}+5$$

답 $-\dfrac{1}{e^2}+5$

1151 곡선 $y=\dfrac{2}{x}$와 직선 $y=-x+3$의 교점의 x좌표는

$\dfrac{2}{x}=-x+3$에서

$x^2-3x+2=0,\ (x-1)(x-2)=0$

$\therefore x=1$ 또는 $x=2$

오른쪽 그림에서 구하는 넓이는

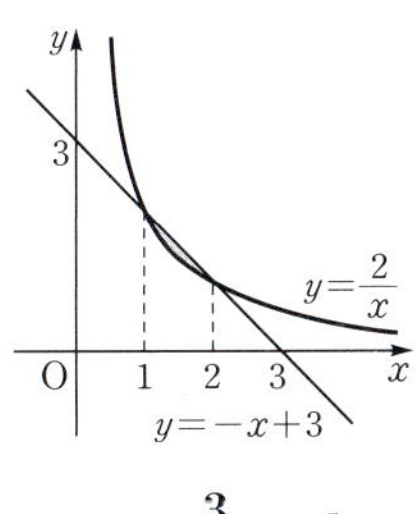

$$\int_{1}^{2}\left\{(-x+3)-\frac{2}{x}\right\}dx$$

$$=\left[-\frac{1}{2}x^2+3x-2\ln x\right]_{1}^{2}$$

$$=\frac{3}{2}-2\ln 2$$

답 $\dfrac{3}{2}-2\ln 2$

1152 곡선 $y=\sqrt{x-1}$과 직선 $y=x-1$의 교점의 x좌표는

$\sqrt{x-1}=x-1$에서

$x-1=x^2-2x+1,\ x^2-3x+2=0,\ (x-1)(x-2)=0$

$\therefore x=1$ 또는 $x=2$

오른쪽 그림에서 구하는 넓이는

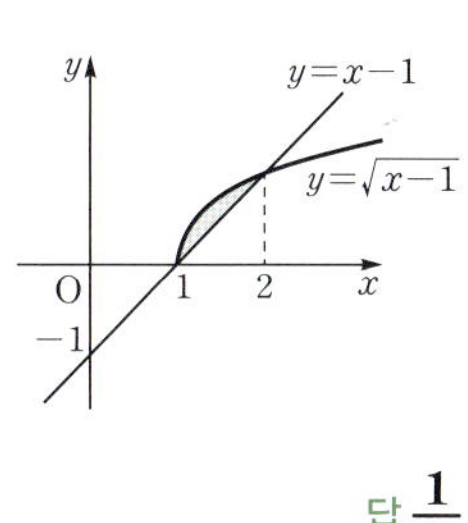

$$\int_{1}^{2}\{\sqrt{x-1}-(x-1)\}dx$$

$$=\left[\frac{2}{3}(x-1)^{\frac{3}{2}}-\frac{1}{2}x^2+x\right]_{1}^{2}$$

$$=\frac{1}{6}$$

답 $\dfrac{1}{6}$

1153 두 곡선 $y=\sin x$, $y=\cos x$의 교점의 x좌표는

$\sin x=\cos x$에서 $x=\dfrac{\pi}{4}\left(\because 0\leq x\leq\dfrac{\pi}{4}\right)$

오른쪽 그림에서 구하는 넓이는

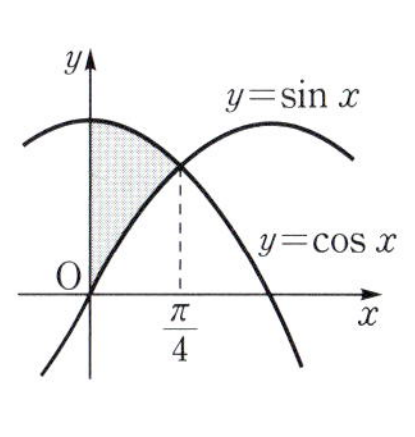

$$\int_{0}^{\frac{\pi}{4}}(\cos x-\sin x)dx$$

$$=\left[\sin x+\cos x\right]_{0}^{\frac{\pi}{4}}$$

$$=\sqrt{2}-1$$

답 $\sqrt{2}-1$

1154 구하는 부피는

$$\int_{0}^{6}(x+1)^2dx=\int_{0}^{6}(x^2+2x+1)dx$$

$$=\left[\frac{1}{3}x^3+x^2+x\right]_{0}^{6}$$

$$=114\,(\text{cm}^3)$$

답 $114\ \text{cm}^3$

1155 구하는 부피는

$$\int_{0}^{4}(e^{2x}+x+2)dx=\left[\frac{1}{2}e^{2x}+\frac{1}{2}x^2+2x\right]_{0}^{4}$$

$$=\frac{1}{2}(e^8+31)\,(\text{cm}^3)$$

답 $\dfrac{1}{2}(e^8+31)\ \text{cm}^3$

1156 $t=0$에서의 위치가 0이므로

(1) 구하는 위치는

$$0+\int_{0}^{t}(e^t-1)dt=\left[e^t-t\right]_{0}^{t}$$

$$=e^t-t-1$$

(2) 구하는 거리는

$$\int_{0}^{4}|e^t-1|dt=\int_{0}^{4}(e^t-1)dt$$

$$=\left[e^t-t\right]_{0}^{4}$$

$$=e^4-5$$

답 (1) e^t-t-1 (2) e^4-5

1157 $x=-3t,\ y=4t-1$에서

$$\frac{dx}{dt}=-3,\ \frac{dy}{dt}=4$$

따라서 구하는 거리는
$$\int_0^3 \sqrt{(-3)^2+4^2}\,dt=\int_0^3 5\,dt$$
$$=\Big[\,5t\,\Big]_0^3=15 \qquad \text{답 } \mathbf{15}$$

1158 $x=t^2,\ y=2t^2$에서
$$\frac{dx}{dt}=2t,\ \frac{dy}{dt}=4t$$
따라서 구하는 거리는
$$\int_0^3 \sqrt{(2t)^2+(4t)^2}\,dt=\int_0^3 2\sqrt{5}\,t\,dt$$
$$=\Big[\,\sqrt{5}\,t^2\,\Big]_0^3=9\sqrt{5} \qquad \text{답 } \mathbf{9\sqrt{5}}$$

1159 $x=2t^2,\ y=-\dfrac{3}{2}t^2+1$에서
$$\frac{dx}{dt}=4t,\ \frac{dy}{dt}=-3t$$
따라서 구하는 거리는
$$\int_0^3 \sqrt{(4t)^2+(-3t)^2}\,dt=\int_0^3 5t\,dt$$
$$=\Big[\,\frac{5}{2}t^2\,\Big]_0^3=\frac{45}{2} \qquad \text{답 } \mathbf{\dfrac{45}{2}}$$

1160 $x=t-\dfrac{1}{3}t^3,\ y=t^2$에서
$$\frac{dx}{dt}=1-t^2,\ \frac{dy}{dt}=2t$$
따라서 구하는 거리는
$$\int_0^3 \sqrt{(1-t^2)^2+(2t)^2}\,dt=\int_0^3 \sqrt{(t^2+1)^2}\,dt$$
$$=\int_0^3 (t^2+1)\,dt$$
$$=\Big[\,\frac{1}{3}t^3+t\,\Big]_0^3=12 \qquad \text{답 } \mathbf{12}$$

1161 $x=1-\cos t,\ y=2+\sin t$에서
$$\frac{dx}{dt}=\sin t,\ \frac{dy}{dt}=\cos t$$
따라서 구하는 거리는
$$\int_0^2 \sqrt{\sin^2 t+\cos^2 t}\,dt=\int_0^2 dt=\Big[\,t\,\Big]_0^2=2 \qquad \text{답 } \mathbf{2}$$

1162 $x=\cos 2t,\ y=-\sin 2t+1$에서
$$\frac{dx}{dt}=-2\sin 2t,\ \frac{dy}{dt}=-2\cos 2t$$
따라서 구하는 거리는
$$\int_0^2 \sqrt{(-2\sin 2t)^2+(-2\cos 2t)^2}\,dt=\int_0^2 2\,dt$$
$$=\Big[\,2t\,\Big]_0^2=4 \qquad \text{답 } \mathbf{4}$$

1163 $x=3\sin t,\ y=1-3\cos t$에서
$$\frac{dx}{dt}=3\cos t,\ \frac{dy}{dt}=3\sin t$$

따라서 구하는 거리는
$$\int_0^2 \sqrt{(3\cos t)^2+(3\sin t)^2}\,dt=\int_0^2 3\,dt$$
$$=\Big[\,3t\,\Big]_0^2=6 \qquad \text{답 } \mathbf{6}$$

1164 $x=e^t\cos t,\ y=e^t\sin t$에서
$$\frac{dx}{dt}=e^t\cos t-e^t\sin t=e^t(\cos t-\sin t)$$
$$\frac{dy}{dt}=e^t\sin t+e^t\cos t=e^t(\sin t+\cos t)$$
따라서 구하는 거리는
$$\int_0^2 \sqrt{\{e^t(\cos t-\sin t)\}^2+\{e^t(\sin t+\cos t)\}^2}\,dt$$
$$=\int_0^2 \sqrt{2}\,e^t\,dt=\Big[\,\sqrt{2}\,e^t\,\Big]_0^2$$
$$=\sqrt{2}\,e^2-\sqrt{2} \qquad \text{답 } \mathbf{\sqrt{2}\,e^2-\sqrt{2}}$$

1165 $x=3t^2,\ y=1-t^2$에서
$$\frac{dx}{dt}=6t,\ \frac{dy}{dt}=-2t$$
따라서 구하는 곡선의 길이는
$$\int_0^2 \sqrt{(6t)^2+(-2t)^2}\,dt=\int_0^2 2\sqrt{10}\,t\,dt$$
$$=\Big[\,\sqrt{10}\,t^2\,\Big]_0^2=4\sqrt{10} \qquad \text{답 } \mathbf{4\sqrt{10}}$$

1166 $x=2\sin t,\ y=1-2\cos t$에서
$$\frac{dx}{dt}=2\cos t,\ \frac{dy}{dt}=2\sin t$$
따라서 구하는 곡선의 길이는
$$\int_0^\pi \sqrt{(2\cos t)^2+(2\sin t)^2}\,dt=\int_0^\pi 2\,dt$$
$$=\Big[\,2t\,\Big]_0^\pi=2\pi \qquad \text{답 } \mathbf{2\pi}$$

1167 $y=\dfrac{2}{3}x\sqrt{x}-\dfrac{1}{2}\sqrt{x}=\dfrac{2}{3}x^{\frac{3}{2}}-\dfrac{1}{2}x^{\frac{1}{2}}$에서
$$\frac{dy}{dx}=x^{\frac{1}{2}}-\frac{1}{4}x^{-\frac{1}{2}}=\sqrt{x}-\frac{1}{4\sqrt{x}}$$
따라서 구하는 곡선의 길이는
$$\int_0^4 \sqrt{1+\Big(\sqrt{x}-\frac{1}{4\sqrt{x}}\Big)^2}\,dx=\int_0^4 \sqrt{x+\frac{1}{2}+\frac{1}{16x}}\,dx$$
$$=\int_0^4 \sqrt{\Big(\sqrt{x}+\frac{1}{4\sqrt{x}}\Big)^2}\,dx$$
$$=\int_0^4 \Big(\sqrt{x}+\frac{1}{4\sqrt{x}}\Big)\,dx$$
$$=\Big[\,\frac{2}{3}x\sqrt{x}+\frac{1}{2}\sqrt{x}\,\Big]_0^4$$
$$=\frac{19}{3} \qquad \text{답 } \mathbf{\dfrac{19}{3}}$$

1168 $y=\dfrac{e^x+e^{-x}}{2}$에서 $\dfrac{dy}{dx}=\dfrac{e^x-e^{-x}}{2}$

따라서 구하는 곡선의 길이는

$$\int_{-1}^{1}\sqrt{1+\left(\dfrac{e^x-e^{-x}}{2}\right)^2}\,dx=\int_{-1}^{1}\sqrt{\dfrac{e^{2x}+2+e^{-2x}}{4}}\,dx$$

$$=\int_{-1}^{1}\sqrt{\left(\dfrac{e^x+e^{-x}}{2}\right)^2}\,dx$$

$$=\int_{-1}^{1}\dfrac{e^x+e^{-x}}{2}\,dx$$

$$=\dfrac{1}{2}\Big[e^x-e^{-x}\Big]_{-1}^{1}$$

$$=e-\dfrac{1}{e}$$

답 $e-\dfrac{1}{e}$

본문 162~169쪽

1169 $\displaystyle\lim_{n\to\infty}\dfrac{1}{n}\sum_{k=1}^{n}\sin\left(1+\dfrac{2k}{n}\right)$

$$=\dfrac{1}{2}\lim_{n\to\infty}\sum_{k=1}^{n}\sin\left(1+\dfrac{2k}{n}\right)\times\dfrac{2}{n}$$

$$=\dfrac{1}{2}\int_{1}^{3}\sin x\,dx$$

따라서 $a=\dfrac{1}{2}$, $b=1$, $c=3$이므로

$$abc=\dfrac{3}{2}$$

답 $\dfrac{3}{2}$

1170 $\displaystyle\lim_{n\to\infty}\dfrac{1}{n^2}\sum_{k=1}^{n}ke^{\frac{k}{n}}=\lim_{n\to\infty}\boxed{\dfrac{1}{n}}\sum_{k=1}^{n}\dfrac{k}{n}e^{\frac{k}{n}}$

$$=\int_{0}^{1}xe^x\,dx$$

$$=\Big[x\times\boxed{e^x}\Big]_{0}^{1}-\int_{0}^{1}\boxed{e^x}\,dx$$

$$=e-\Big[e^x\Big]_{0}^{1}$$

$$=e-(e-1)$$

$$=\boxed{1}$$

답 (가) $\dfrac{1}{n}$ (나) e^x (다) 1

1171 $f(x)=(-3x)^2=9x^2$으로 놓으면 $f(x)$는 닫힌구간 $[0,\,4]$에서 연속이므로

$$\varDelta x=\dfrac{4-0}{n}=\dfrac{4}{n},\ x_k=0+k\varDelta x=\dfrac{4k}{n}$$

$$f(x_k)=9x_k{}^2=9\left(\dfrac{4k}{n}\right)^2=\dfrac{144k^2}{n^2}$$

$$\therefore a=144$$

이때

$$\int_{0}^{4}(-3x)^2\,dx=\int_{0}^{4}9x^2\,dx=\Big[3x^3\Big]_{0}^{4}=192$$

이므로 $b=192$

$$\therefore a+b=336$$

답 336

1172 $\dfrac{\sqrt{n}}{n^2}\left(\sqrt{n+1}+\sqrt{n+2}+\sqrt{n+3}+\cdots+\sqrt{n+n}\right)$

$$=\dfrac{1}{n}\left(\sqrt{\dfrac{n+1}{n}}+\sqrt{\dfrac{n+2}{n}}+\sqrt{\dfrac{n+3}{n}}+\cdots+\sqrt{\dfrac{n+n}{n}}\right)$$

$$=\dfrac{1}{n}\left(\sqrt{1+\dfrac{1}{n}}+\sqrt{1+\dfrac{2}{n}}+\sqrt{1+\dfrac{3}{n}}+\cdots+\sqrt{1+\dfrac{n}{n}}\right)$$

$$=\sum_{k=1}^{n}\sqrt{1+\dfrac{k}{n}}\times\dfrac{1}{n}$$

이므로

$$\lim_{n\to\infty}\dfrac{\sqrt{n}}{n^2}\left(\sqrt{n+1}+\sqrt{n+2}+\sqrt{n+3}+\cdots+\sqrt{n+n}\right)$$

$$=\lim_{n\to\infty}\sum_{k=1}^{n}\sqrt{1+\dfrac{k}{n}}\times\dfrac{1}{n}$$

$$=\int_{1}^{2}\sqrt{x}\,dx$$

$$=\Big[\dfrac{2}{3}x\sqrt{x}\Big]_{1}^{2}$$

$$=\dfrac{2}{3}(2\sqrt{2}-1)$$

답 ①

1173 $\displaystyle\lim_{n\to\infty}\dfrac{1}{n}\left(e^{\frac{1}{n}}+e^{\frac{2}{n}}+e^{\frac{3}{n}}+\cdots+e^{\frac{n}{n}}\right)$

$$=\lim_{n\to\infty}\sum_{k=1}^{n}e^{\frac{k}{n}}\times\dfrac{1}{n}$$

$$=\int_{0}^{1}e^x\,dx=\Big[e^x\Big]_{0}^{1}$$

$$=e-1$$

답 $e-1$

1174 $\displaystyle\lim_{n\to\infty}\left(\dfrac{1^2}{n^3+1^3}+\dfrac{2^2}{n^3+2^3}+\dfrac{3^2}{n^3+3^3}+\cdots+\dfrac{n^2}{n^3+n^3}\right)$

$$=\lim_{n\to\infty}\sum_{k=1}^{n}\dfrac{k^2}{n^3+k^3}$$

$$=\lim_{n\to\infty}\sum_{k=1}^{n}\dfrac{\left(\dfrac{k}{n}\right)^2}{1+\left(\dfrac{k}{n}\right)^3}\times\dfrac{1}{n}$$

$$=\int_{0}^{1}\dfrac{x^2}{1+x^3}\,dx$$

$1+x^3=t$로 놓으면 $3x^2=\dfrac{dt}{dx}$이고

$x=0$일 때 $t=1$, $x=1$일 때 $t=2$이므로

$$(\text{주어진 식})=\int_{0}^{1}\dfrac{x^2}{1+x^3}\,dx$$

$$=\dfrac{1}{3}\int_{1}^{2}\dfrac{1}{t}\,dt=\dfrac{1}{3}\Big[\ln t\Big]_{1}^{2}$$

$$=\dfrac{1}{3}\ln 2$$

답 $\dfrac{1}{3}\ln 2$

1175 $\displaystyle\lim_{n\to\infty}\frac{\pi}{n^2}\left\{f\left(\frac{1}{n}\right)+2f\left(\frac{2}{n}\right)+3f\left(\frac{3}{n}\right)+\cdots+nf\left(\frac{1}{n}\right)\right\}$

$=\displaystyle\lim_{n\to\infty}\sum_{k=1}^{n}\frac{\pi}{n^2}\times kf\left(\frac{k}{n}\right)=\pi\lim_{n\to\infty}\sum_{k=1}^{n}\frac{k}{n}\times f\left(\frac{k}{n}\right)\times\frac{1}{n}$

$=\pi\displaystyle\int_0^1 xf(x)dx=\pi\int_0^1 x\sin\pi x\,dx$

$=\left[-x\cos\pi x\right]_0^1+\displaystyle\int_0^1\cos\pi x\,dx$

$=1+\left[\dfrac{1}{\pi}\sin\pi x\right]_0^1=1$ 답 **1**

1176 $y=\sin x+\sqrt{3}\cos x$

   $=2\sin\left(x+\dfrac{\pi}{3}\right)$

따라서 구하는 넓이는

$\displaystyle\int_{-\frac{\pi}{3}}^{\frac{2}{3}\pi}2\sin\left(x+\frac{\pi}{3}\right)dx$

$=\left[-2\cos\left(x+\dfrac{\pi}{3}\right)\right]_{-\frac{\pi}{3}}^{\frac{2}{3}\pi}=4$ 답 **4**

1177 오른쪽 그림에서 어두운 부분의
넓이는

$\displaystyle\int_0^{\frac{\pi}{2}}a\cos x\,dx=\left[a\sin x\right]_0^{\frac{\pi}{2}}=a$

$\therefore a=2$ 답 **⑤**

1178 구하는 넓이는

$\displaystyle\int_0^{\frac{3}{2}\pi}|\sin x|\,dx=\int_0^{\pi}\sin x\,dx+\int_{\pi}^{\frac{3}{2}\pi}(-\sin x)dx$

$=\left[-\cos x\right]_0^{\pi}+\left[\cos x\right]_{\pi}^{\frac{3}{2}\pi}$

$=2+1=3$ 답 **3**

1179 오른쪽 그림에서 어두
운 부분의 넓이는

$\displaystyle\int_2^{a}\frac{1}{x-1}dx=\left[\ln(x-1)\right]_2^{a}$

     $=\ln(a-1)$ ㉮

따라서 $\ln(a-1)=3$이므로

$a-1=e^3$ $\therefore a=e^3+1$ ㉯

답 e^3+1

단계	채점요소	배점
㉮	도형의 넓이 구하기	60 %
㉯	a의 값 구하기	40 %

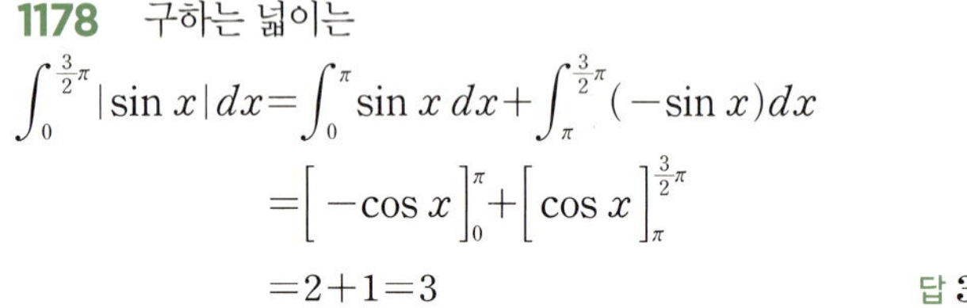

1180 오른쪽 그림에서 구하는 넓이는

$\displaystyle\int_{\frac{1}{e}}^{e^2}|\ln x|\,dx$

$=\displaystyle\int_{\frac{1}{e}}^{1}(-\ln x)\,dx+\int_1^{e^2}\ln x\,dx$

$=-\left[x\ln x-x\right]_{\frac{1}{e}}^{1}+\left[x\ln x-x\right]_1^{e^2}$

$=-\left(-1+\dfrac{2}{e}\right)+(e^2+1)$

$=e^2-\dfrac{2}{e}+2$ 답 $e^2-\dfrac{2}{e}+2$

참고 $\displaystyle\int\ln x\,dx=x\ln x-x+C$

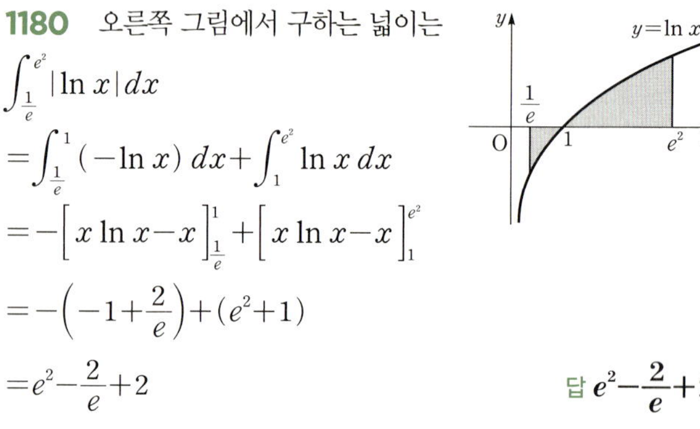

1181 오른쪽 그림에서 구하는 넓이는

$\displaystyle\int_{-1}^{1}|xe^x|\,dx$

$=\displaystyle\int_{-1}^{0}(-xe^x)\,dx+\int_0^1 xe^x\,dx$

$=-\left(\left[xe^x\right]_{-1}^{0}-\displaystyle\int_{-1}^{0}e^x\,dx\right)+\left[xe^x\right]_0^1-\int_0^1 e^x\,dx$

$=-\left(\dfrac{1}{e}-\left[e^x\right]_{-1}^{0}\right)+e-\left[e^x\right]_0^1$

$=-\left\{\dfrac{1}{e}-\left(1-\dfrac{1}{e}\right)\right\}+e-(e-1)$

$=2-\dfrac{2}{e}$ 답 **④**

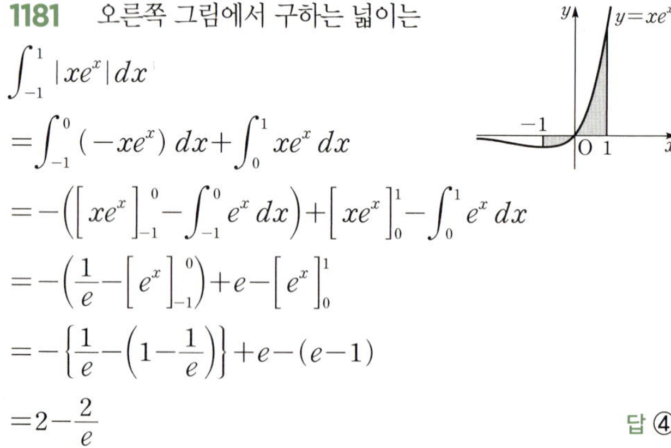

1182 $y=\ln(x+1)$에서

$x+1=e^y$ $\therefore x=e^y-1$

따라서 구하는 넓이는

$\displaystyle\int_0^1(e^y-1)dy=\left[e^y-y\right]_0^1$

      $=e-2$ 답 **①**

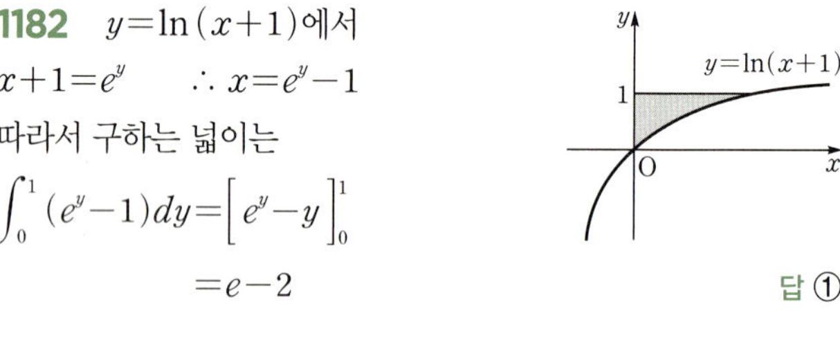

1183 $y=\dfrac{1}{x}$에서 $x=\dfrac{1}{y}$

따라서 구하는 넓이는

$\displaystyle\int_2^3\frac{1}{y}\,dy=\left[\ln y\right]_2^3$

    $=\ln 3-\ln 2$

    $=\ln\dfrac{3}{2}$ 답 **②**

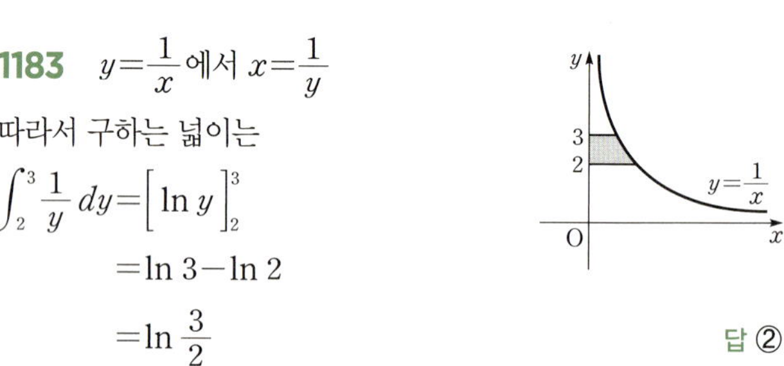

1184 $y=\sqrt{x+1}+1$에서

$y-1=\sqrt{x+1}$

$(y-1)^2=x+1$ $\therefore x=y^2-2y$

따라서 구하는 넓이는

$\displaystyle\int_1^2\{-(y^2-2y)\}dy+\int_2^3(y^2-2y)dy$

$=-\left[\dfrac{1}{3}y^3-y^2\right]_1^2+\left[\dfrac{1}{3}y^3-y^2\right]_2^3$

$=\dfrac{2}{3}+\dfrac{4}{3}=2$ 답 **2**

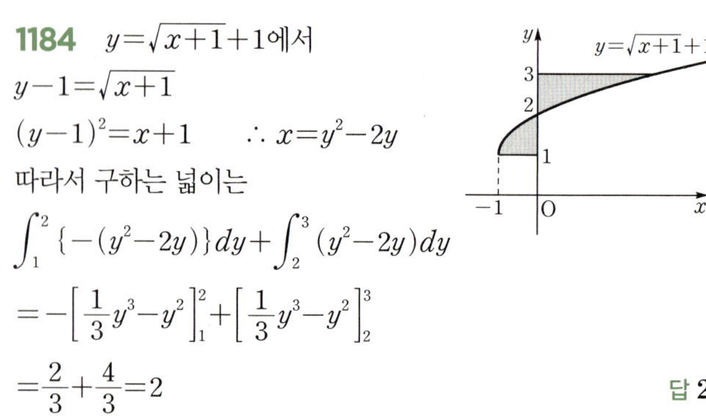

1185 $y=e^x-1$에서

$e^x=y+1$ $\therefore x=\ln(y+1)$

따라서 구하는 넓이는

$$\int_0^1 \ln(y+1)\,dy$$

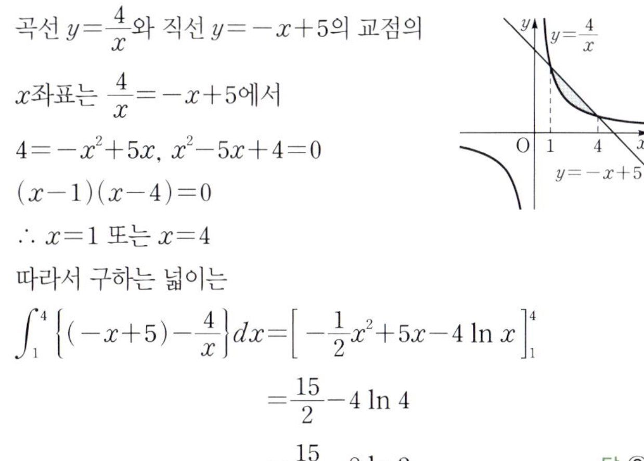

이때 $y+1=t$로 놓으면 $1=\dfrac{dt}{dy}$이고

$y=0$일 때 $t=1$, $y=1$일 때 $t=2$이므로

$$\int_0^1 \ln(y+1)\,dy=\int_1^2 \ln t\,dt$$
$$=\Big[\,t\ln t-t\,\Big]_1^2$$
$$=2\ln 2-1$$

답 $2\ln 2-1$

 위의 그림에서 어두운 부분의 넓이는

$$1\times\ln 2-\int_0^{\ln 2}(e^x-1)\,dx=\ln 2-\Big[\,e^x-x\,\Big]_0^{\ln 2}$$
$$=\ln 2-(1-\ln 2)$$
$$=2\ln 2-1$$

1186 $y=-\ln(x-2)$에서

$\ln(x-2)=-y$

$x-2=e^{-y}$

$\therefore x=e^{-y}+2$

따라서 구하는 넓이는

$$\int_0^2(e^{-y}+2)\,dy=\Big[\,-e^{-y}+2y\,\Big]_0^2$$
$$=5-\frac{1}{e^2}$$

답 ④

1187 곡선 $y=\dfrac{x}{x^2+2}$와 직선 $y=\dfrac{1}{3}x$의 교점의 x좌표는

$\dfrac{x}{x^2+2}=\dfrac{1}{3}x$에서

$x^3+2x=3x$, $x^3-x=0$

$x(x+1)(x-1)=0$

$\therefore x=-1$ 또는 $x=0$ 또는 $x=1$

따라서 구하는 넓이는

$$\int_{-1}^0\left(\frac{1}{3}x-\frac{x}{x^2+2}\right)dx+\int_0^1\left(\frac{x}{x^2+2}-\frac{1}{3}x\right)dx$$
$$=\left[\frac{1}{6}x^2-\frac{1}{2}\ln(x^2+2)\right]_{-1}^0+\left[\frac{1}{2}\ln(x^2+2)-\frac{1}{6}x^2\right]_0^1$$
$$=\left(-\frac{1}{2}\ln 2-\frac{1}{6}+\frac{1}{2}\ln 3\right)+\left(\frac{1}{2}\ln 3-\frac{1}{6}-\frac{1}{2}\ln 2\right)$$
$$=\ln 3-\ln 2-\frac{1}{3}$$
$$=\ln\frac{3}{2}-\frac{1}{3}$$

답 ①

1188 $xy=4$에서 $y=\dfrac{4}{x}$

$x+y=5$에서 $y=-x+5$

곡선 $y=\dfrac{4}{x}$와 직선 $y=-x+5$의 교점의

x좌표는 $\dfrac{4}{x}=-x+5$에서

$4=-x^2+5x$, $x^2-5x+4=0$

$(x-1)(x-4)=0$

$\therefore x=1$ 또는 $x=4$

따라서 구하는 넓이는

$$\int_1^4\left\{(-x+5)-\frac{4}{x}\right\}dx=\left[-\frac{1}{2}x^2+5x-4\ln x\right]_1^4$$
$$=\frac{15}{2}-4\ln 4$$
$$=\frac{15}{2}-8\ln 2$$

답 ③

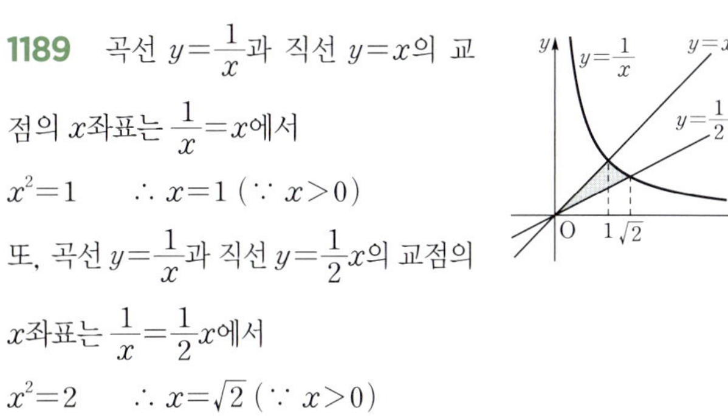

1189 곡선 $y=\dfrac{1}{x}$과 직선 $y=x$의 교

점의 x좌표는 $\dfrac{1}{x}=x$에서

$x^2=1$ $\therefore x=1$ $(\because x>0)$

또, 곡선 $y=\dfrac{1}{x}$과 직선 $y=\dfrac{1}{2}x$의 교점의

x좌표는 $\dfrac{1}{x}=\dfrac{1}{2}x$에서

$x^2=2$ $\therefore x=\sqrt{2}$ $(\because x>0)$

… ㉮

따라서 구하는 넓이는

$$\int_0^1\left(x-\frac{1}{2}x\right)dx+\int_1^{\sqrt{2}}\left(\frac{1}{x}-\frac{1}{2}x\right)dx$$
$$=\int_0^1\frac{1}{2}x\,dx+\int_1^{\sqrt{2}}\left(\frac{1}{x}-\frac{1}{2}x\right)dx$$
$$=\left[\frac{1}{4}x^2\right]_0^1+\left[\ln x-\frac{1}{4}x^2\right]_1^{\sqrt{2}}$$
$$=\frac{1}{4}+\left(\ln\sqrt{2}-\frac{1}{4}\right)=\ln\sqrt{2}=\frac{1}{2}\ln 2$$

… ㉯

답 $\dfrac{1}{2}\ln 2$

단계	채점요소	배점
㉮	곡선과 두 직선의 교점의 x좌표 구하기	50%
㉯	도형의 넓이 구하기	50%

1190 곡선 $y=a\sqrt{x}$와 직선 $y=x$의

교점의 x좌표는 $a\sqrt{x}=x$에서

$a^2x=x^2$, $x(x-a^2)=0$

$\therefore x=0$ 또는 $x=a^2$

오른쪽 그림에서 어두운 부분의 넓이는

$$\int_0^{a^2}(a\sqrt{x}-x)\,dx=\left[\frac{2}{3}ax\sqrt{x}-\frac{1}{2}x^2\right]_0^{a^2}$$
$$=\frac{1}{6}a^4$$

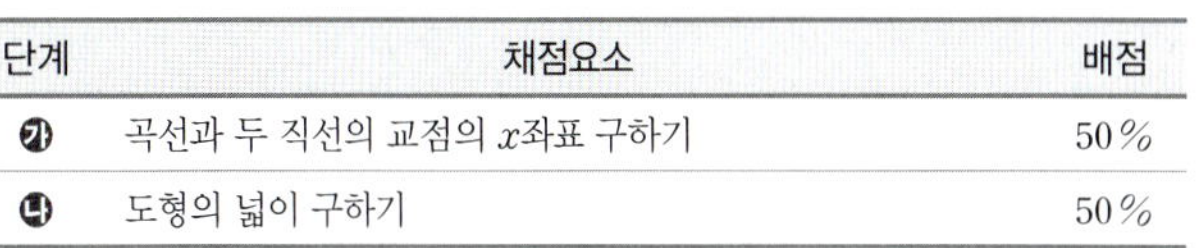

즉, $\dfrac{1}{6}a^4=\dfrac{8}{3}$이므로

$a^4=16$ $\therefore a=2\ (\because a>0)$ 답 2

1191 두 곡선 $y=\dfrac{1}{x}$과 $y=\sqrt{x}$의 교점

의 x좌표는 $\dfrac{1}{x}=\sqrt{x}$에서

$\dfrac{1}{x^2}=x,\ x^3-1=0$

$(x-1)(x^2+x+1)=0$

$\therefore\ x=1$

따라서 구하는 넓이는

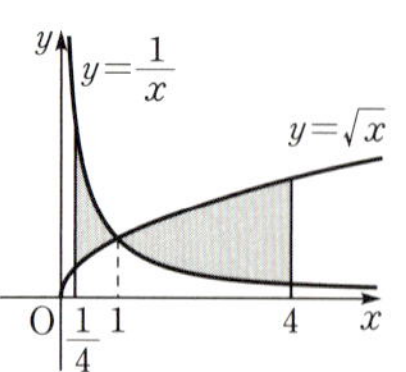

$$\int_{\frac{1}{4}}^{1}\left(\dfrac{1}{x}-\sqrt{x}\right)dx+\int_{1}^{4}\left(\sqrt{x}-\dfrac{1}{x}\right)dx$$

$$=\left[\ln x-\dfrac{2}{3}x\sqrt{x}\right]_{\frac{1}{4}}^{1}+\left[\dfrac{2}{3}x\sqrt{x}-\ln x\right]_{1}^{4}$$

$$=\left(-\dfrac{7}{12}-\ln\dfrac{1}{4}\right)+\left(\dfrac{14}{3}-\ln 4\right)$$

$$=\dfrac{49}{12}$$

답 $\dfrac{49}{12}$

1192 $y=\ln x$에서 $x=e^y$

$y=\ln\dfrac{1}{x}$에서 $x=e^{-y}$

따라서 구하는 넓이는

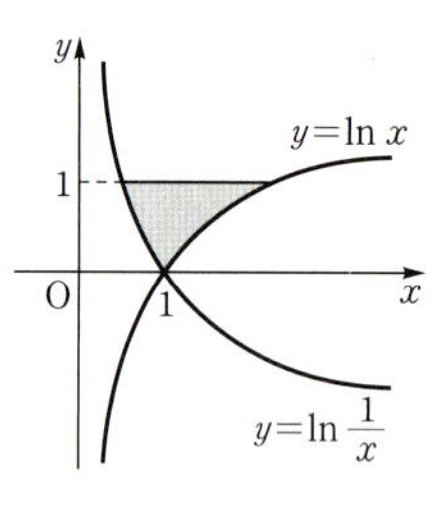

$$\int_{0}^{1}(e^y-e^{-y})dy=\left[e^y+e^{-y}\right]_{0}^{1}$$

$$=e+\dfrac{1}{e}-2$$

답 $e+\dfrac{1}{e}-2$

1193 두 곡선 $y=\sin x$,

$y=\cos x$의 교점의 x좌표는

$\sin x=\cos x$에서

$x=\dfrac{\pi}{4}$ 또는 $x=\dfrac{5}{4}\pi$

$$(\because 0\le x\le 2\pi)$$

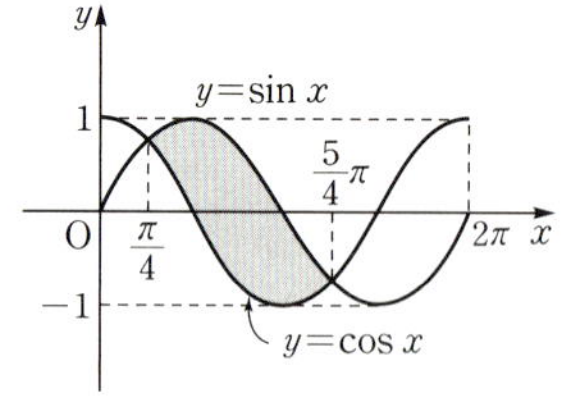

⑦

따라서 구하는 넓이는

$$\int_{\frac{\pi}{4}}^{\frac{5}{4}\pi}(\sin x-\cos x)dx=\left[-\cos x-\sin x\right]_{\frac{\pi}{4}}^{\frac{5}{4}\pi}$$

$$=2\sqrt{2}$$

⑭

답 $2\sqrt{2}$

단계	채점요소	배점
⑦	두 곡선의 교점의 x좌표 구하기	40%
⑭	도형의 넓이 구하기	60%

1194 $y=e^x$에서 $x=\ln y$

$y=e^{-x}$에서 $-x=\ln y$

$\therefore\ x=-\ln y$

따라서 구하는 넓이는

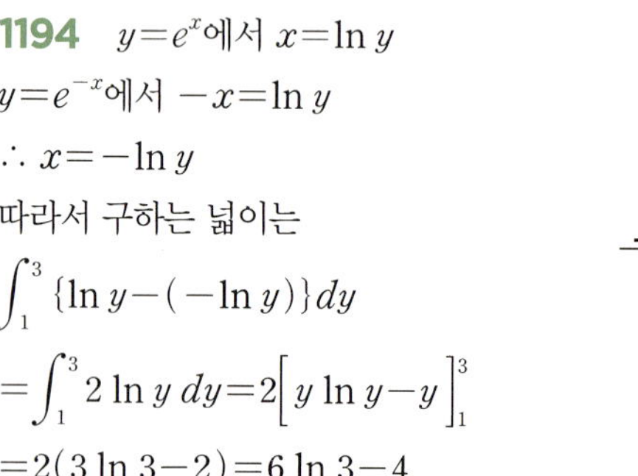
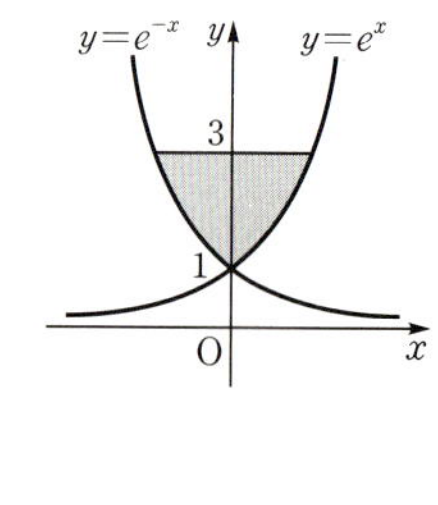

$$\int_{1}^{3}\{\ln y-(-\ln y)\}dy$$

$$=\int_{1}^{3}2\ln y\,dy=2\left[y\ln y-y\right]_{1}^{3}$$

$$=2(3\ln 3-2)=6\ln 3-4$$

답 ③

1195 $y=e^{-x}$에서 $y'=-e^{-x}$이므로 곡선 위의 점 $(t,\ e^{-t})$에

서의 접선의 방정식은

$$y-e^{-t}=-e^{-t}(x-t)$$

이 직선이 원점을 지나므로

$-e^{-t}=te^{-t},\ e^{-t}(t+1)=0$ $\therefore t=-1$

즉, 곡선 $y=e^{-x}$ 위의 점 $(-1,\ e)$에서의 접선의 방정식은

$y-e=-e(x+1)$ $\therefore y=-ex$

따라서 구하는 넓이는

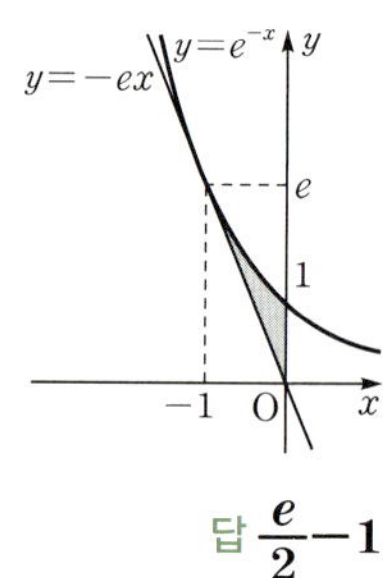

$$\int_{-1}^{0}\{e^{-x}-(-ex)\}dx$$

$$=\int_{-1}^{0}(e^{-x}+ex)dx$$

$$=\left[-e^{-x}+\dfrac{e}{2}x^2\right]_{-1}^{0}$$

$$=\dfrac{e}{2}-1$$

답 $\dfrac{e}{2}-1$

1196 $y=\ln x$에서 $y'=\dfrac{1}{x}$이므로 곡선 위의 점 $(e,\ 1)$에서의

접선의 방정식은

$y-1=\dfrac{1}{e}(x-e)$ $\therefore y=\dfrac{1}{e}x$

따라서 구하는 넓이는

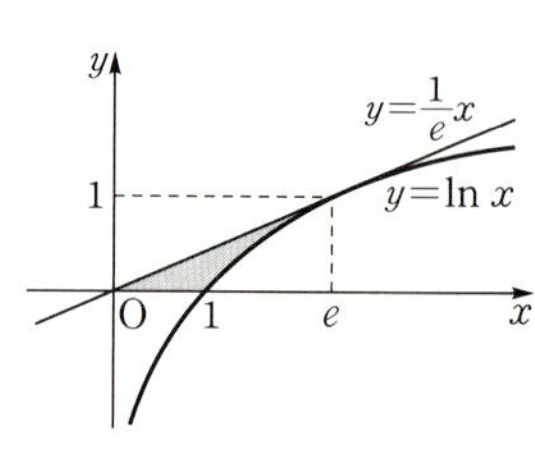

$$\dfrac{1}{2}\times e\times 1-\int_{1}^{e}\ln x\,dx$$

$$=\dfrac{1}{2}e-\left[x\ln x-x\right]_{1}^{e}$$

$$=\dfrac{1}{2}e-1$$

답 ①

다른풀이 $y=\ln x$에서 $y'=\dfrac{1}{x}$이므로 곡선 위의 점 $(e,\ 1)$에서의

접선의 방정식은

$y-1=\dfrac{1}{e}(x-e)$ $\therefore y=\dfrac{1}{e}x$

$y=\ln x$에서 $x=e^y$

$y=\dfrac{1}{e}x$에서 $x=ey$

따라서 구하는 넓이는

$$\int_{0}^{1}(e^y-ey)dy=\left[e^y-\dfrac{e}{2}y^2\right]_{0}^{1}$$

$$=\dfrac{1}{2}e-1$$

1197 $y=3\sqrt{x-1}$에서 $y'=\dfrac{3}{2\sqrt{x-1}}$이므로 곡선 위의 점

$(10,\ 9)$에서의 접선의 기울기는 $\dfrac{3}{2\sqrt{10-1}}=\dfrac{1}{2}$이고 접선의 방

정식은

$$y-9=\frac{1}{2}(x-10) \qquad \therefore y=\frac{1}{2}x+4$$

따라서 구하는 넓이는

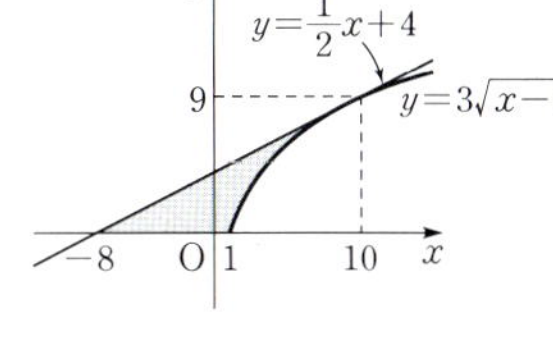

$$\frac{1}{2}\times18\times9-\int_1^{10}3\sqrt{x-1}\,dx$$

$$=81-3\left[\frac{2}{3}(x-1)\sqrt{x-1}\right]_1^{10}$$

$$=81-3\times18=27$$

답 ③

1198 $y=e^x$에서 $y'=e^x$이므로 곡선 위의 점 $(t,\ e^t)$에서의 접
선의 방정식은

$$y-e^t=e^t(x-t)$$

이 직선이 점 $(1,\ 0)$을 지나므로

$$-e^t=e^t(1-t),\ e^t(2-t)=0 \qquad \therefore t=2$$

즉, 곡선 $y=e^x$ 위의 점 $(2,\ e^2)$에서의 접선의 방정식은

$$y-e^2=e^2(x-2) \qquad \therefore y=e^2x-e^2$$

따라서 구하는 넓이는

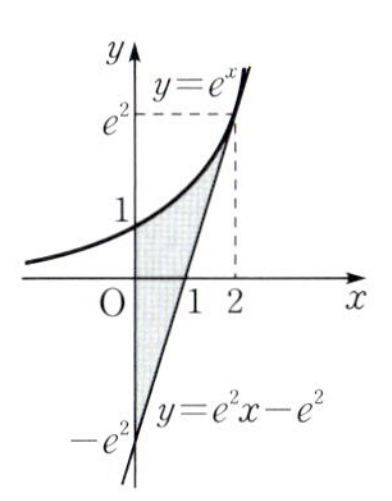

$$\int_0^2\{e^x-(e^2x-e^2)\}dx$$

$$=\left[e^x-\frac{e^2}{2}x^2+e^2x\right]_0^2$$

$$=e^2-1$$

답 e^2-1

1199 $\displaystyle\int_0^1(x\sqrt{x}-a)dx=0$이므로

$$\int_0^1(x^{\frac{3}{2}}-a)dx=\left[\frac{2}{5}x^{\frac{5}{2}}-ax\right]_0^1=\frac{2}{5}-a=0$$

$$\therefore a=\frac{2}{5}$$

답 ③

1200 $\displaystyle\int_0^2(\sqrt{x}+k)dx=0$이므로

$$\int_0^2(\sqrt{x}+k)dx=\left[\frac{2}{3}x\sqrt{x}+kx\right]_0^2=\frac{4\sqrt{2}}{3}+2k=0$$

$$\therefore k=-\frac{2\sqrt{2}}{3}$$

답 $-\dfrac{2\sqrt{2}}{3}$

1201 $\displaystyle\int_0^{\frac{\pi}{2}}(\sin x-k)dx=0$이므로

$$\int_0^{\frac{\pi}{2}}(\sin x-k)dx=\left[-\cos x-kx\right]_0^{\frac{\pi}{2}}$$

$$=-\frac{\pi}{2}k+1=0$$

$$\therefore k=\frac{2}{\pi}$$

답 $\dfrac{2}{\pi}$

1202 곡선 $y=\dfrac{1}{x}$과 x축 및 두 직
선 $x=1$, $x=9$로 둘러싸인 도형의
넓이를 S_1이라 하면

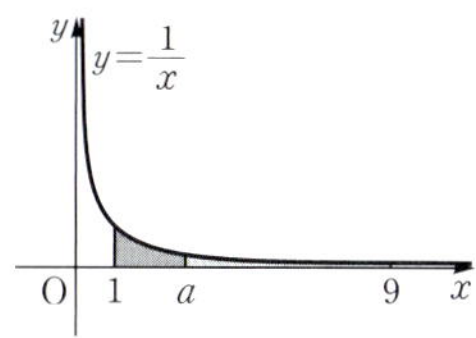

$$S_1=\int_1^9\frac{1}{x}\,dx$$

$$=\left[\ln x\right]_1^9=\ln 9$$

곡선 $y=\dfrac{1}{x}$과 x축 및 두 직선 $x=1$, $x=a$로 둘러싸인 도형의

넓이를 S_2라 하면

$$S_2=\int_1^a\frac{1}{x}\,dx=\left[\ln x\right]_1^a=\ln a$$

이때 $S_2=\dfrac{1}{2}S_1$이므로

$$\ln a=\frac{1}{2}\ln 9,\ \ln a=\ln 3$$

$$\therefore a=3$$

답 ①

1203 곡선 $y=\dfrac{2}{x}$와 x축 및 두 직선

$x=1$, $x=e^2$으로 둘러싸인 도형의 넓이가

직선 $x=k$에 의하여 이등분되므로

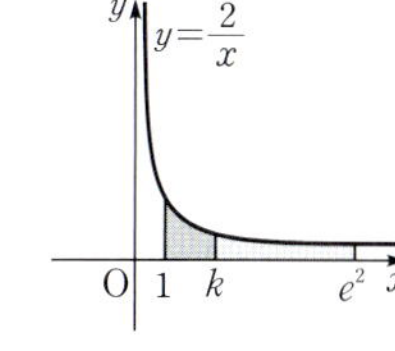

$$\int_1^k\frac{2}{x}\,dx=\frac{1}{2}\int_1^{e^2}\frac{2}{x}\,dx$$

$$2\left[\ln x\right]_1^k=\left[\ln x\right]_1^{e^2}$$

$$2\ln k=2,\ \ln k=1 \qquad \therefore k=e$$

답 e

1204 곡선 $y=\sqrt{x}$와 x축 및 직선
$x=2$로 둘러싸인 도형의 넓이가 곡선
$y=\sqrt{kx}$에 의하여 이등분되므로

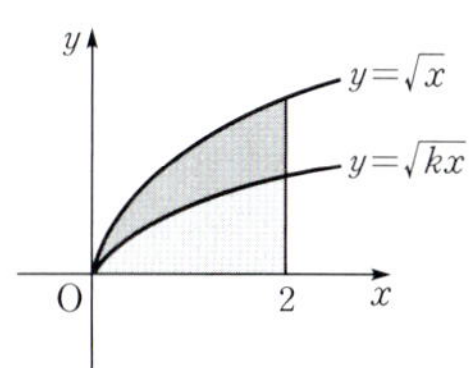

$$\int_0^2\sqrt{kx}\,dx=\frac{1}{2}\int_0^2\sqrt{x}\,dx$$

㉮

$$\sqrt{k}\int_0^2\sqrt{x}\,dx=\frac{1}{2}\int_0^2\sqrt{x}\,dx$$

$$\sqrt{k}=\frac{1}{2} \qquad \therefore k=\frac{1}{4}$$

㉯

답 $\dfrac{1}{4}$

단계	채점요소	배점
㉮	도형의 넓이를 이용하여 식 세우기	50 %
㉯	k의 값 구하기	50 %

1205 곡선 $y=e^x$과 두 직선 $x=0$,
$x=\ln 3$ 및 x축으로 둘러싸인 도형의 넓
이가 곡선 $y=ae^{2x}$에 의하여 이등분되
므로

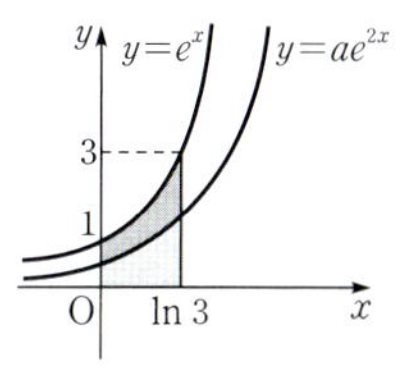

$$\int_0^{\ln 3} ae^{2x}\,dx=\frac{1}{2}\int_0^{\ln 3} e^x\,dx$$

$$\left[\frac{1}{2}ae^{2x}\right]_0^{\ln 3}=\frac{1}{2}\left[e^x\right]_0^{\ln 3}$$

$$\left[ae^{2x}\right]_0^{\ln 3}=\left[e^x\right]_0^{\ln 3}$$

$$8a=2 \qquad \therefore a=\frac{1}{4}$$

답 $\dfrac{1}{4}$

1206 깊이가 x일 때 수면의 넓이를 $S(x)$라 하면

$$S(x)=\ln(x+1)$$

따라서 구하는 부피는

$$\int_0^5 \ln(x+1)\,dx$$

이때 $x+1=t$로 놓으면 $1=\dfrac{dt}{dx}$이고

$x=0$일 때 $t=1$, $x=5$일 때 $t=6$이므로

$$\int_0^5 \ln(x+1)\,dx=\int_1^6 \ln t\,dt$$
$$=\left[t\ln t-t\right]_1^6$$
$$=6\ln 6-5$$

답 $6\ln 6-5$

1207 높이가 x일 때 단면의 넓이를 $S(x)$라 하면

$$S(x)=\sqrt{3x}$$

따라서 구하는 부피는

$$\int_0^3 \sqrt{3x}\,dx=\sqrt{3}\int_0^3 \sqrt{x}\,dx=\sqrt{3}\left[\frac{2}{3}x\sqrt{x}\right]_0^3$$
$$=\sqrt{3}\times 2\sqrt{3}=6$$

답 6

1208 깊이가 $x\,\text{cm}$일 때 수면은 한 변의 길이가 $e^{-\frac{x}{2}}\,\text{cm}$인 정사각형이므로 수면의 넓이를 $S(x)\,\text{cm}^2$라 하면

$$S(x)=(e^{-\frac{x}{2}})^2=e^{-x}$$

따라서 구하는 부피는

$$\int_0^8 e^{-x}\,dx=\left[-e^{-x}\right]_0^8=1-\frac{1}{e^8}\,(\text{cm}^3)$$

답 $\left(1-\dfrac{1}{e^8}\right)\text{cm}^3$

1209 높이가 x일 때 단면은 반지름의 길이가 $\sqrt{16-x^2}$인 원이므로 단면의 넓이를 $S(x)$라 하면

$$S(x)=\pi(16-x^2)$$

따라서 입체도형의 부피는

$$\int_0^4 \pi(16-x^2)\,dx=\pi\left[16x-\frac{1}{3}x^3\right]_0^4=\frac{128}{3}\pi$$

$$\therefore k=128$$

답 128

1210 $\overline{\text{PH}}=\sqrt{4-x^2}$이므로 직각이등변삼각형 PRH의 넓이를 $S(x)$라 하면

$$S(x)=\frac{1}{2}\times\sqrt{4-x^2}\times\sqrt{4-x^2}=\frac{1}{2}(4-x^2)$$

따라서 구하는 부피는

$$\int_0^2 \frac{1}{2}(4-x^2)\,dx=\frac{1}{2}\left[4x-\frac{1}{3}x^3\right]_0^2$$
$$=\frac{1}{2}\times\frac{16}{3}=\frac{8}{3}$$

답 $\dfrac{8}{3}$

1211 곡선 $y=2\sqrt{\sin x}$ 위의 점 $\text{P}(x,\,2\sqrt{\sin x})$에서 x축에 내린 수선의 발을 H라 하면 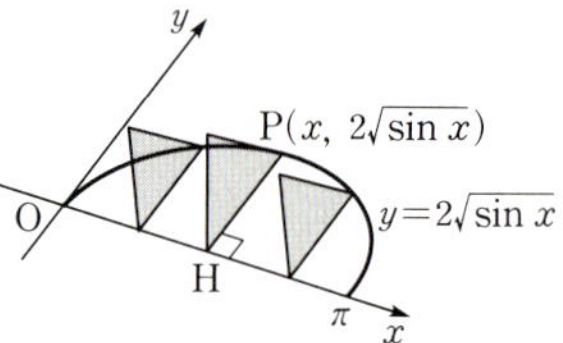

$\overline{\text{PH}}=2\sqrt{\sin x}$이므로 x축에 수직인 평면으로 자른 단면의 넓이를 $S(x)$라 하면

$$S(x)=\frac{\sqrt{3}}{4}(2\sqrt{\sin x})^2=\sqrt{3}\sin x$$

따라서 구하는 부피는

$$\int_0^\pi \sqrt{3}\sin x\,dx=\left[-\sqrt{3}\cos x\right]_0^\pi$$
$$=2\sqrt{3}$$

답 $2\sqrt{3}$

참고 한 변의 길이가 a인 정삼각형의 넓이는 $\dfrac{\sqrt{3}}{4}a^2$이다.

1212 곡선 $y=e^{-x}$ 위의 점 $\text{P}(x,\,e^{-x})$에서 x축에 수직인 평면으로 자른 단면을 $\square\text{PQRS}$라 하면 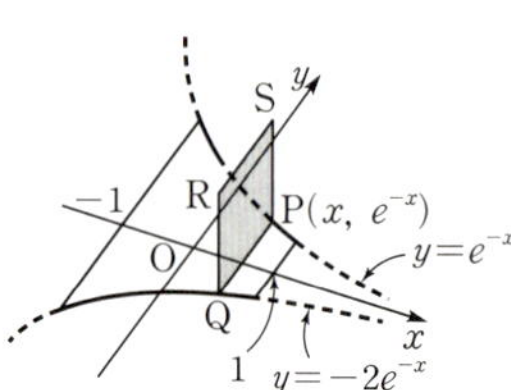

$\text{Q}(x,\,-2e^{-x})$이므로

$$\overline{\text{PQ}}=3e^{-x}$$

$$\therefore \square\text{PQRS}=(3e^{-x})^2=9e^{-2x}$$

따라서 구하는 부피는

$$\int_{-1}^1 9e^{-2x}\,dx=\left[-\frac{9}{2}e^{-2x}\right]_{-1}^1$$
$$=\frac{9}{2}\left(e^2-\frac{1}{e^2}\right)$$

답 $\dfrac{9}{2}\left(e^2-\dfrac{1}{e^2}\right)$

1213 곡선 $y=e^{\sqrt{x+1}}$ 위의 점 $\text{P}(x,\,e^{\sqrt{x+1}})$에서 x축에 수직인 평면으로 자른 단면을 $\square\text{PQRS}$라 하면 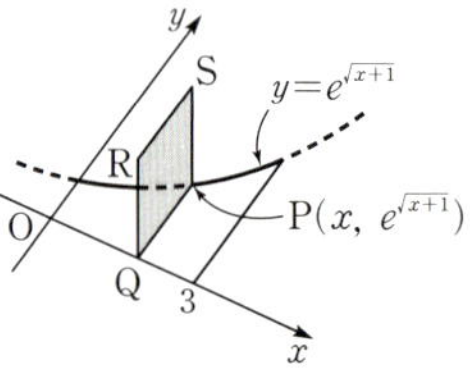

$\overline{\text{PQ}}=e^{\sqrt{x+1}}$이므로

$$\square\text{PQRS}=(e^{\sqrt{x+1}})^2=e^{2\sqrt{x+1}}$$

따라서 구하는 부피는

$$\int_0^3 e^{2\sqrt{x+1}}\,dx$$

이때 $\sqrt{x+1}=t$로 놓으면 $x=t^2-1$이므로 $1=2t\dfrac{dt}{dx}$이고

$x=0$일 때 $t=1$, $x=3$일 때 $t=2$이므로

$$\int_0^3 e^{2\sqrt{x+1}}\,dx=\int_1^2 2te^{2t}\,dt$$
$$=\Big[te^{2t}\Big]_1^2-\int_1^2 e^{2t}\,dt$$
$$=2e^4-e^2-\Big[\tfrac{1}{2}e^{2t}\Big]_1^2$$
$$=2e^4-e^2-\Big(\tfrac{1}{2}e^4-\tfrac{1}{2}e^2\Big)$$
$$=\tfrac{3}{2}e^4-\tfrac{1}{2}e^2$$

답 $\dfrac{3}{2}e^4-\dfrac{1}{2}e^2$

1214 오른쪽 그림과 같이 밑면의 중심을 원점으로 잡고 좌표축을 정한다. 점 $P(x,\,0)$에서 x축에 수직인 평면으로 자른 단면을 $\triangle PQR$라 하면 $\angle Q=90°$이고 $\overline{PQ}=\sqrt{4-x^2}$이므로

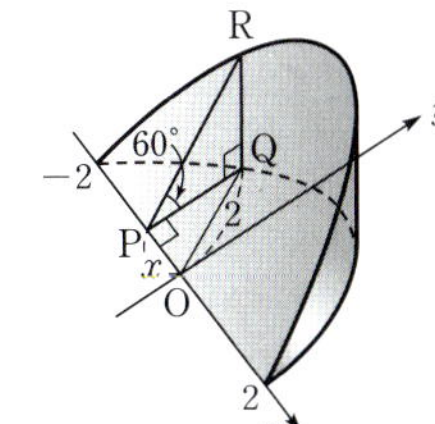

$$\overline{RQ}=\overline{PQ}\tan 60°=\sqrt{4-x^2}\times\sqrt{3}$$
$$\therefore \triangle PQR=\frac{1}{2}\times\sqrt{4-x^2}\times\sqrt{4-x^2}\times\sqrt{3}$$
$$=\frac{\sqrt{3}}{2}(4-x^2)$$

⸻ ㉮

따라서 구하는 부피는
$$\int_{-2}^{2}\frac{\sqrt{3}}{2}(4-x^2)\,dx=\frac{\sqrt{3}}{2}\Big[4x-\frac{1}{3}x^3\Big]_{-2}^{2}$$
$$=\frac{16\sqrt{3}}{3}$$

⸻ ㉯

답 $\dfrac{16\sqrt{3}}{3}$

단계	채점요소	배점
㉮	주어진 입체도형의 밑면을 좌표평면 위에 나타내고, 단면의 넓이를 x에 대한 식으로 나타내기	50%
㉯	입체도형의 부피 구하기	50%

1215 $0\le t\le 1$일 때 $v(t)\le 0$이고, $t\ge 1$일 때 $v(t)\ge 0$이므로 시각 $t=0$에서 $t=3$까지 점 P가 움직인 거리는
$$\int_0^3 |e^t-e|\,dt=\int_0^1 (e-e^t)\,dt+\int_1^3 (e^t-e)\,dt$$
$$=\Big[et-e^t\Big]_0^1+\Big[e^t-et\Big]_1^3$$
$$=1+(e^3-3e)=e^3-3e+1$$

답 e^3-3e+1

1216 $0\le t\le\pi$, $2\pi\le t\le 3\pi$, $4\pi\le t\le 5\pi$, $\cdots$일 때 $v(t)\ge 0$, $\pi\le t\le 2\pi$, $3\pi\le t\le 4\pi$, $5\pi\le t\le 6\pi$, $\cdots$일 때 $v(t)\le 0$이고, 시각 $t=0$에서 $t=a$까지 점 P가 움직인 거리는
$$\int_0^a |\sin t|\,dt=6$$

이때
$$\int_0^\pi |\sin t|\,dt=\int_0^\pi \sin t\,dt=\Big[-\cos t\Big]_0^\pi=2$$
이고 $6=2\times 3$이므로
$$\int_0^a |\sin t|\,dt=\int_0^\pi \sin t\,dt+\int_\pi^{2\pi}(-\sin t)\,dt+\int_{2\pi}^{3\pi}\sin t\,dt$$
$$=2+2+2=6$$
$$\therefore a=3\pi$$

답 ③

1217 $t=k\ (0<k<10)$일 때, 점 P의 위치는
$$0+\int_0^k \sin\pi t\,dt=\Big[-\frac{1}{\pi}\cos\pi t\Big]_0^k=\frac{1}{\pi}(1-\cos k\pi)$$
점 P가 원점을 지날 때
$$\frac{1}{\pi}(1-\cos k\pi)=0,\ \cos k\pi=1$$
$$\therefore k=2,\,4,\,6,\,8\ (\because 0<k<10)$$
따라서 $0<t<10$에서 점 P는 원점을 4번 지난다.

답 ④

1218 운동 방향을 바꾸는 순간의 속도는 0이므로 $v(t)=0$에서
$$\cos 2t-\cos t=0$$
$$(2\cos^2 t-1)-\cos t=0,\ (2\cos t+1)(\cos t-1)=0$$
$$\therefore \cos t=-\frac{1}{2}\ \text{또는}\ \cos t=1$$
$$\therefore t=\frac{2}{3}\pi,\,\frac{4}{3}\pi,\,2\pi,\,\frac{8}{3}\pi,\,\cdots$$

따라서 처음으로 운동 방향을 바꾸는 시각은 $t=\dfrac{2}{3}\pi$이므로 구하는 거리는
$$\int_0^{\frac{2}{3}\pi}|\cos 2t-\cos t|\,dt=\int_0^{\frac{2}{3}\pi}(\cos t-\cos 2t)\,dt$$
$$=\Big[\sin t-\frac{1}{2}\sin 2t\Big]_0^{\frac{2}{3}\pi}$$
$$=\frac{3\sqrt{3}}{4}$$

답 ③

1219 $\dfrac{dx}{dt}=\cos t-2\sin t$, $\dfrac{dy}{dt}=-\sin t-2\cos t$

따라서 시각 $t=0$에서 $t=2$까지 점 P가 움직인 거리는
$$\int_0^2 \sqrt{(\cos t-2\sin t)^2+(-\sin t-2\cos t)^2}\,dt$$
$$=\int_0^2 \sqrt{5(\sin^2 t+\cos^2 t)}\,dt=\int_0^2 \sqrt{5}\,dt$$
$$=\Big[\sqrt{5}\,t\Big]_0^2=2\sqrt{5}$$

답 ③

1220 $\dfrac{dx}{dt}=2$, $\dfrac{dy}{dt}=e^t-e^{-t}$

따라서 시각 $t=0$에서 $t=2$까지 점 P가 움직인 거리는

$$\int_0^3 \sqrt{2^2+(e^t-e^{-t})^2}\,dt=\int_0^3 \sqrt{e^{2t}+2+e^{-2t}}\,dt$$
$$=\int_0^3 \sqrt{(e^t+e^{-t})^2}\,dt$$
$$=\int_0^3 (e^t+e^{-t})dt$$
$$=\Big[e^t-e^{-t}\Big]_0^3$$
$$=e^3-\frac{1}{e^3} \qquad\qquad \text{답 } e^3-\frac{1}{e^3}$$

1221 $\dfrac{dx}{dt}=\sqrt{3}\cos t-\sin t,\ \dfrac{dy}{dt}=-\sqrt{3}\sin t-\cos t$

따라서 시각 $t=0$에서 $t=a$까지 점 P가 움직인 거리는

$$\int_0^a \sqrt{(\sqrt{3}\cos t-\sin t)^2+(-\sqrt{3}\sin t-\cos t)^2}\,dt$$
$$=\int_0^a \sqrt{4(\sin^2 t+\cos^2 t)}\,dt=\int_0^a 2\,dt$$
$$=\Big[2t\Big]_0^a=2a$$

즉, $2a=2\pi$이므로 $a=\pi$ \qquad\qquad 답 π

1222 $\dfrac{dx}{dt}=\sqrt{2}e^t(\cos t-\sin t),\ \dfrac{dy}{dt}=\sqrt{2}e^t(\sin t+\cos t)$

따라서 시각 $t=0$에서 $t=\pi$까지 점 P가 움직인 거리는

$$\int_0^\pi \sqrt{\{\sqrt{2}e^t(\cos t-\sin t)\}^2+\{\sqrt{2}e^t(\sin t+\cos t)\}^2}\,dt$$
$$=\int_0^\pi \sqrt{4e^{2t}(\sin^2 t+\cos^2 t)}\,dt$$
$$=\int_0^\pi 2e^t\,dt=\Big[2e^t\Big]_0^\pi$$
$$=2e^\pi-2 \qquad\qquad \text{답 } 2e^\pi-2$$

1223 $\dfrac{dx}{dt}=\dfrac{1}{2}\left(1-\dfrac{1}{t^2}\right),\ \dfrac{dy}{dt}=\dfrac{1}{t}$

따라서 구하는 곡선의 길이는

$$\int_1^e \sqrt{\left\{\frac{1}{2}\left(1-\frac{1}{t^2}\right)\right\}^2+\left(\frac{1}{t}\right)^2}\,dt$$
$$=\int_1^e \sqrt{\left\{\frac{1}{2}\left(1+\frac{1}{t^2}\right)\right\}^2}\,dt$$
$$=\int_1^e \frac{1}{2}\left(1+\frac{1}{t^2}\right)dt$$
$$=\frac{1}{2}\Big[t-\frac{1}{t}\Big]_1^e$$
$$=\frac{1}{2}\left(e-\frac{1}{e}\right) \qquad\qquad \text{답 } ①$$

1224 $\dfrac{dy}{dx}=\dfrac{1}{2}(e^{2x}-e^{-2x})$

따라서 구하는 곡선의 길이는

$$\int_0^{\ln 2} \sqrt{1+\left\{\frac{1}{2}(e^{2x}-e^{-2x})\right\}^2}\,dx$$
$$=\int_0^{\ln 2} \sqrt{\left\{\frac{1}{2}(e^{2x}+e^{-2x})\right\}^2}\,dx$$
$$=\frac{1}{2}\int_0^{\ln 2} (e^{2x}+e^{-2x})\,dx$$
$$=\frac{1}{4}\Big[e^{2x}-e^{-2x}\Big]_0^{\ln 2}$$
$$=\frac{1}{4}(e^{2\ln 2}-e^{-2\ln 2})$$
$$=\frac{1}{4}\left(4-\frac{1}{4}\right)=\frac{15}{16} \qquad\qquad \text{답 } ①$$

1225 $\dfrac{dy}{dx}=x-\dfrac{1}{4x}$

⋯⋯⋯⋯⋯⋯⋯⋯⋯⋯⋯⋯⋯⋯⋯⋯⋯⋯⋯⋯⋯ ㉮

따라서 구하는 곡선의 길이는

$$\int_1^e \sqrt{1+\left(x-\frac{1}{4x}\right)^2}\,dx$$
$$=\int_1^e \sqrt{\left(x+\frac{1}{4x}\right)^2}\,dx$$
$$=\int_1^e \left(x+\frac{1}{4x}\right)dx$$
$$=\Big[\frac{1}{2}x^2+\frac{1}{4}\ln x\Big]_1^e$$
$$=\frac{1}{2}e^2-\frac{1}{4}$$

⋯⋯⋯⋯⋯⋯⋯⋯⋯⋯⋯⋯⋯⋯⋯⋯⋯⋯⋯⋯⋯ ㉯

답 $\dfrac{1}{2}e^2-\dfrac{1}{4}$

단계	채점요소	배점
㉮	$\dfrac{dy}{dx}$ 구하기	30%
㉯	곡선의 길이 구하기	70%

1226 $\dfrac{dx}{dt}=4t,\ \dfrac{dy}{dt}=3t^2$

따라서 구하는 곡선의 길이 l은

$$l=\int_0^1 \sqrt{(4t)^2+(3t^2)^2}\,dt$$
$$=\int_0^1 t\sqrt{16+9t^2}\,dt$$

이때 $16+9t^2=u$로 놓으면 $18t=\dfrac{du}{dt}$이고,

$t=0$일 때 $u=16$, $t=1$일 때 $u=25$이므로

$$l=\int_{16}^{25} \frac{1}{18}\sqrt{u}\,du$$
$$=\Big[\frac{1}{27}u\sqrt{u}\Big]_{16}^{25}$$
$$=\frac{61}{27} \qquad\qquad \text{답 } \frac{61}{27}$$

유형 Up

1227 점 A_1, A_2, A_3, $\cdots$, A_{n-1}이 x축 위의 닫힌구간 $[0, 1]$을 n등분 한 점이므로 $A_k\left(\dfrac{k}{n}, 0\right)$

따라서 $B_k\left(\dfrac{k}{n}, \left(\dfrac{k}{n}\right)^2\right)$이므로

$$\overline{A_kB_k}=\left(\dfrac{k}{n}\right)^2$$

$$\begin{aligned}
\therefore \lim_{n\to\infty}\frac{1}{n}\sum_{k=1}^{n}\overline{A_kB_k}&=\lim_{n\to\infty}\frac{1}{n}\sum_{k=1}^{n}\left(\frac{k}{n}\right)^2 \\
&=\lim_{n\to\infty}\sum_{k=1}^{n}\left(\frac{k}{n}\right)^2\times\frac{1}{n} \\
&=\int_0^1 x^2\,dx \\
&=\left[\frac{1}{3}x^3\right]_0^1=\frac{1}{3}
\end{aligned}$$

답 $\dfrac{1}{3}$

1228 $\overline{BC}=\overline{AB}=1$이므로 닮음의 성질에 의하여

$$\overline{B_1C_1}=\frac{1}{n},\ \overline{B_2C_2}=\frac{2}{n},\ \overline{B_3C_3}=\frac{3}{n},\ \cdots,\ \overline{B_kC_k}=\frac{k}{n}$$

$$\begin{aligned}
\therefore \lim_{n\to\infty}\frac{1}{n}\sum_{k=1}^{n-1}\overline{B_kC_k}^{\,3}&=\lim_{n\to\infty}\frac{1}{n}\sum_{k=1}^{n-1}\left(\frac{k}{n}\right)^3 \\
&=\lim_{n\to\infty}\sum_{k=1}^{n-1}\left(\frac{k}{n}\right)^3\times\frac{1}{n} \\
&=\int_0^1 x^3\,dx \\
&=\left[\frac{1}{4}x^4\right]_0^1=\frac{1}{4}
\end{aligned}$$

답 $\dfrac{1}{4}$

1229 부채꼴의 호의 길이는 중심각의 크기에 정비례하므로

$$\angle AOP_k=\frac{\pi}{2}\times\frac{k}{n}=\frac{\pi k}{2n}$$

$$\overline{P_kQ_k}=\overline{OP_k}\sin(\angle AOP_k)=2\sin\frac{\pi k}{2n}$$

$$\begin{aligned}
\therefore \lim_{n\to\infty}\frac{1}{n}\sum_{k=1}^{n-1}\overline{P_kQ_k}&=\lim_{n\to\infty}\frac{1}{n}\sum_{k=1}^{n-1}2\sin\frac{\pi k}{2n} \\
&=2\lim_{n\to\infty}\sum_{k=1}^{n-1}\sin\frac{\pi k}{2n}\times\frac{1}{n} \\
&=2\int_0^1 \sin\frac{\pi}{2}x\,dx \\
&=2\left[-\frac{2}{\pi}\cos\frac{\pi}{2}x\right]_0^1 \\
&=2\times\frac{2}{\pi}=\frac{4}{\pi}
\end{aligned}$$

답 $\dfrac{4}{\pi}$

1230 곡선 $y=f(x)$와 y축 및 직선 $y=e+\dfrac{1}{2}$로 둘러싸인 도형의 넓이를 A, 곡선 $y=g(x)$와 x축 및 직선 $x=e+\dfrac{1}{2}$로 둘러싸인 도형의 넓이를 B라 하면 $A=B$이다.

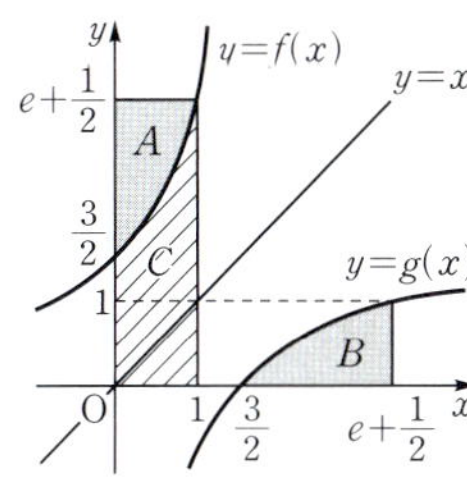

이때 $\displaystyle\int_0^1 f(x)\,dx=C$라 하면

$$\begin{aligned}
\int_0^1 f(x)\,dx&+\int_{\frac{3}{2}}^{e+\frac{1}{2}} g(x)\,dx \\
&=C+B=C+A \\
&=1\times\left(e+\frac{1}{2}\right) \\
&=e+\frac{1}{2}
\end{aligned}$$

답 $e+\dfrac{1}{2}$

1231 곡선 $y=f(x)$와 x축 및 직선 $x=4$로 둘러싸인 도형의 넓이를 A, 곡선 $y=g(x)$와 y축 및 직선 $y=4$로 둘러싸인 도형의 넓이를 B라 하면 $A=B$이다.

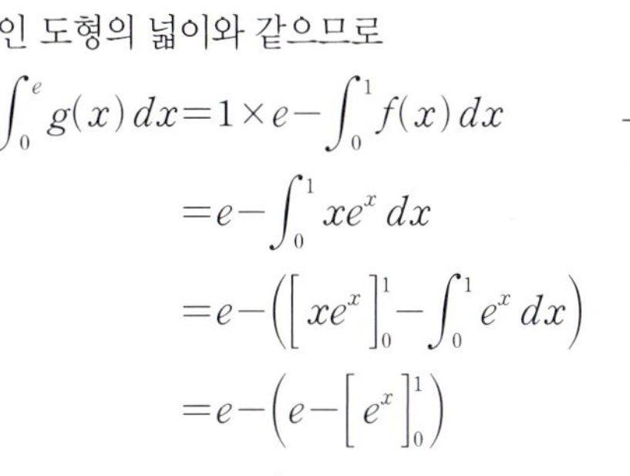

이때 $\displaystyle\int_0^2 g(x)\,dx=C$라 하면

$$\begin{aligned}
\int_0^2 g(x)\,dx+\int_2^4 f(x)\,dx&=C+A=C+B \\
&=2\times 4=8
\end{aligned}$$

답 8

1232 $\displaystyle\int_0^e g(x)\,dx$의 값은 곡선 $y=f(x)$와 y축 및 직선 $y=e$로 둘러싸인 도형의 넓이와 같으므로

$$\begin{aligned}
\int_0^e g(x)\,dx&=1\times e-\int_0^1 f(x)\,dx \\
&=e-\int_0^1 xe^x\,dx \\
&=e-\left(\left[xe^x\right]_0^1-\int_0^1 e^x\,dx\right) \\
&=e-\left(e-\left[e^x\right]_0^1\right) \\
&=e-1
\end{aligned}$$

답 $e-1$

1233 두 곡선 $y=f(x)$, $y=g(x)$의 교점의 x좌표는 곡선 $y=f(x)$와 직선 $y=x$의 교점의 x좌표와 같으므로

$\sqrt{3x-2}=x$에서 $3x-2=x^2$

$x^2-3x+2=0$, $(x-1)(x-2)=0$

$\therefore x=1$ 또는 $x=2$

이때 두 곡선 $y=f(x)$와 $y=g(x)$는 직선 $y=x$에 대하여 대칭이므로 두 곡선으로 둘러싸인 도형의 넓이는 곡선 $y=f(x)$와 직선 $y=x$로 둘러싸인 도형의 넓이의 2배와 같다.

따라서 구하는 넓이는

$$\begin{aligned}
2\int_1^2 (\sqrt{3x-2}-x)\,dx& \\
=2\left[\frac{2}{9}(3x-2)\sqrt{3x-2}-\frac{1}{2}x^2\right]_1^2& \\
=2\times\frac{1}{18}=\frac{1}{9}&
\end{aligned}$$

답 $\dfrac{1}{9}$

1234 $\displaystyle\lim_{n\to\infty}\frac{\pi^2}{n^2}\left(\cos\frac{\pi}{n}+2\cos\frac{2}{n}\pi+\cdots+n\cos\frac{n}{n}\pi\right)$

$=\displaystyle\lim_{n\to\infty}\frac{\pi^2}{n^2}\sum_{k=1}^{n}k\cos\frac{k}{n}\pi=\lim_{n\to\infty}\sum_{k=1}^{n}\frac{\pi}{n}k\cos\frac{\pi}{n}k\times\frac{\pi}{n}$

$=\displaystyle\int_0^\pi x\cos x\,dx=\Big[\,x\sin x\,\Big]_0^\pi-\int_0^\pi \sin x\,dx$

$=0-\Big[-\cos x\Big]_0^\pi=-2$ 답 ②

1235 $y=x\sqrt{1+x}$에서 $1+x\geq0$이므로 $x\geq-1$

$x\sqrt{1+x}=0$에서 $x=-1$ 또는 $x=0$

이때 $-1<x<0$이면 $\sqrt{1+x}>0$이므로 $y=x\sqrt{1+x}<0$

따라서 구하는 넓이는

$-\displaystyle\int_{-1}^{0}x\sqrt{1+x}\,dx$

이때 $\sqrt{1+x}=t$로 놓으면

$1+x=t^2$에서 $1=2t\dfrac{dt}{dx}$이고,

$x=-1$일 때 $t=0$, $x=0$일 때 $t=1$이므로

$-\displaystyle\int_{-1}^{0}x\sqrt{1+x}\,dx=-\int_0^1(t^2-1)\times t\times 2t\,dt$

$\qquad\qquad\qquad\qquad=2\displaystyle\int_0^1(t^2-t^4)\,dt$

$\qquad\qquad\qquad\qquad=2\Big[\dfrac{1}{3}t^3-\dfrac{1}{5}t^5\Big]_0^1$

$\qquad\qquad\qquad\qquad=2\times\dfrac{2}{15}=\dfrac{4}{15}$ 답 ①

1236 $y=\ln|x|=\begin{cases}\ln x & (x>0)\\ \ln(-x) & (x<0)\end{cases}$

이므로 그래프는 y축에 대하여 대칭 이다.

$y=\ln x$에서 $x=e^y$

따라서 구하는 넓이는

$2\displaystyle\int_0^1 e^y\,dy=2\Big[e^y\Big]_0^1=2(e-1)$ 답 ③

다른풀이 위의 그림에서 어두운 부분의 넓이는

$2\left(e\times1-\displaystyle\int_1^e \ln x\,dx\right)=2\left(e-\Big[x\ln x-x\Big]_1^e\right)=2(e-1)$

1237 $y=\ln(2x+k)$에서 $2x+k=e^y$

$\therefore x=\dfrac{1}{2}(e^y-k)$

따라서 오른쪽 그림에서 어두운 부분의 넓이는

$\displaystyle\int_0^{\ln k}\left\{-\dfrac{1}{2}(e^y-k)\right\}dy$

$=\dfrac{1}{2}\Big[ky-e^y\Big]_0^{\ln k}=\dfrac{1}{2}(k\ln k-k+1)$

즉, $\dfrac{1}{2}(k\ln k-k+1)=\dfrac{1}{2}$이므로

$k\ln k-k+1=1$

$k(\ln k-1)=0$

$\therefore k=e\ (\because k>1)$ 답 e

1238 구하는 두 도형의 넓이의 합은

$\displaystyle\int_{-1}^{0}\left(x-\dfrac{2x}{x^2+1}\right)dx+\int_0^1\left(\dfrac{2x}{x^2+1}-x\right)dx$

$=\Big[\dfrac{1}{2}x^2-\ln(x^2+1)\Big]_{-1}^{0}+\Big[\ln(x^2+1)-\dfrac{1}{2}x^2\Big]_0^1$

$=-\left(\dfrac{1}{2}-\ln 2\right)+\left(\ln 2-\dfrac{1}{2}\right)$

$=2\ln 2-1$ 답 ③

1239 $S_n=\displaystyle\int_0^n\{e^{-x}-(-e^{-x})\}\,dx$

$\qquad=\displaystyle\int_0^n 2e^{-x}\,dx=\Big[-2e^{-x}\Big]_0^n$

$\qquad=-\dfrac{2}{e^n}+2$

$\therefore \displaystyle\lim_{n\to\infty}S_n=\lim_{n\to\infty}\left(-\dfrac{2}{e^n}+2\right)=2$ 답 **2**

1240 $0\leq x\leq1$에서 $\left|\sin\dfrac{\pi}{2}x\right|=\sin\dfrac{\pi}{2}x$이고,

$\sin\dfrac{\pi}{2}x\geq2^x-1$

따라서 구하는 넓이는

$\displaystyle\int_0^1\left\{\sin\dfrac{\pi}{2}x-(2^x-1)\right\}dx$

$=\displaystyle\int_0^1\left(\sin\dfrac{\pi}{2}x-2^x+1\right)dx$

$=\Big[-\dfrac{2}{\pi}\cos\dfrac{\pi}{2}x-\dfrac{2^x}{\ln 2}+x\Big]_0^1$

$=\left(-\dfrac{2}{\ln 2}+1\right)-\left(-\dfrac{2}{\pi}-\dfrac{1}{\ln 2}\right)$

$=\dfrac{2}{\pi}-\dfrac{1}{\ln 2}+1$ 답 ②

1241 오른쪽 그림에서 어두운 두 도형의 넓이가 서로 같으므로

$\displaystyle\int_0^{e-1}\{\ln(x+1)-k\}\,dx=0$

이때 $x+1=t$로 놓으면 $1=\dfrac{dt}{dx}$이고, $x=0$일 때 $t=1$, $x=e-1$일 때 $t=e$이므로

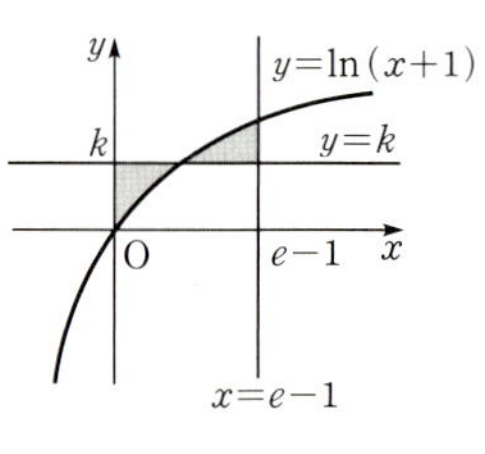

$$\int_0^{e-1} \{\ln(x+1)-k\}\,dx = \int_1^e (\ln t - k)\,dt$$
$$= \Big[\, t\ln t - t - kt\,\Big]_1^e$$
$$= -ke + 1 + k = 0$$

$$\therefore\ k = \frac{1}{e-1} \qquad\qquad \text{답 } \frac{1}{e-1}$$

1242 두 곡선 $y=\cos x$, $y=\dfrac{\sqrt{3}}{3}\sin x$의 교점의 x좌표는

$\cos x = \dfrac{\sqrt{3}}{3}\sin x$에서

$\sin x - \sqrt{3}\cos x = 0$

$2\sin\left(x-\dfrac{\pi}{3}\right)=0$

$\therefore\ x=\dfrac{\pi}{3}\ \left(\because\ 0\le x\le\dfrac{\pi}{2}\right)$

이때

$$S_A = \int_0^{\frac{\pi}{3}}\left(\cos x - \frac{\sqrt{3}}{3}\sin x\right)dx$$
$$= \left[\sin x + \frac{\sqrt{3}}{3}\cos x\right]_0^{\frac{\pi}{3}} = \frac{\sqrt{3}}{3}$$

$$S_B = \int_0^{\frac{\pi}{2}}\cos x\,dx - S_A = \left[\sin x\right]_0^{\frac{\pi}{2}} - \frac{\sqrt{3}}{3} = 1 - \frac{\sqrt{3}}{3}$$

$$\therefore\ \frac{S_A}{S_B} = \frac{\dfrac{\sqrt{3}}{3}}{1-\dfrac{\sqrt{3}}{3}} = \frac{\sqrt{3}}{3-\sqrt{3}} = \frac{\sqrt{3}+1}{2} \qquad \text{답 } \frac{\sqrt{3}+1}{2}$$

1243 깊이가 x일 때 수면의 넓이를 $S(x)$라 하면
$S(x) = (\sqrt{\ln(2x+1)}\,)^2 = \ln(2x+1)$
따라서 구하는 부피는

$$\int_0^{\frac{e-1}{2}} \ln(2x+1)\,dx$$

이때 $2x+1=t$로 놓으면 $2=\dfrac{dt}{dx}$이고,

$x=0$일 때 $t=1$, $x=\dfrac{e-1}{2}$일 때 $t=e$이므로

$$\int_0^{\frac{e-1}{2}} \ln(2x+1)\,dx = \int_1^e \frac{1}{2}\ln t\,dt$$
$$= \frac{1}{2}\Big[\, t\ln t - t\,\Big]_1^e$$
$$= \frac{1}{2} \qquad\qquad \text{답 } \frac{1}{2}$$

1244 높이가 $x\,\mathrm{cm}$일 때 단면의 넓이를 $S(x)\,\mathrm{cm^2}$라 하면

$S(x) = \dfrac{\sqrt{3}}{4}(\sqrt{e^{3x}}\,)^2 = \dfrac{\sqrt{3}}{4}e^{3x}$

따라서 구하는 부피는

$$\int_0^4 \frac{\sqrt{3}}{4}e^{3x}\,dx = \frac{\sqrt{3}}{4}\left[\frac{1}{3}e^{3x}\right]_0^4 = \frac{\sqrt{3}}{12}(e^{12}-1)\,(\mathrm{cm^3})$$

$$\text{답 } \frac{\sqrt{3}}{12}(e^{12}-1)\,\mathrm{cm^3}$$

1245 $y=\ln x\ (1\le x\le e)$에서

$x=e^y\ (0\le y\le 1)$

이때 $\overline{AB}=x=e^y$이므로 직각이등변삼각형 ABC의 넓이를 $S(y)$라 하면

$$S(y) = \frac{1}{2}\times e^y \times e^y = \frac{1}{2}e^{2y}$$

따라서 구하는 부피는

$$\int_0^1 \frac{1}{2}e^{2y}\,dy = \left[\frac{1}{4}e^{2y}\right]_0^1 = \frac{e^2-1}{4} \qquad \text{답 } \frac{e^2-1}{4}$$

1246 $\dfrac{dx}{dt}=e^{2t}-a$, $\dfrac{dy}{dt}=2\sqrt{a}\,e^t$

따라서 시각 $t=0$에서 $t=1$까지 점 P가 움직인 거리는

$$\int_0^1 \sqrt{(e^{2t}-a)^2+(2\sqrt{a}\,e^t)^2}\,dt = \int_0^1 \sqrt{(e^{2t}+a)^2}\,dt$$
$$= \int_0^1 (e^{2t}+a)\,dt$$
$$= \left[\frac{1}{2}e^{2t}+at\right]_0^1$$
$$= \frac{1}{2}e^2 + a - \frac{1}{2}$$

즉, $\dfrac{1}{2}e^2 + a - \dfrac{1}{2} = \dfrac{1}{2}(3e^2-1)$이므로

$$a=e^2 \qquad\qquad \text{답 } e^2$$

1247 $\dfrac{dx}{dt} = -e^{-t}\sin t + e^{-t}\cos t$
$$= -e^{-t}(\sin t - \cos t)$$

$\dfrac{dy}{dt} = -e^{-t}\cos t - e^{-t}\sin t$
$$= -e^{-t}(\sin t + \cos t)$$

따라서 시각 $t=0$에서 $t=a$까지 점 P가 움직인 거리 L은

$$L = \int_0^a \sqrt{e^{-2t}(\sin t - \cos t)^2 + e^{-2t}(\sin t + \cos t)^2}\,dt$$
$$= \int_0^a \sqrt{2e^{-2t}}\,dt = \int_0^a \sqrt{2}\,e^{-t}\,dt$$
$$= \sqrt{2}\Big[-e^{-t}\Big]_0^a$$
$$= \sqrt{2}(1-e^{-a})$$
$$\therefore\ \lim_{a\to\infty} L = \lim_{a\to\infty}\sqrt{2}(1-e^{-a}) = \sqrt{2} \qquad \text{답 ③}$$

1248 $\dfrac{dy}{dx} = \dfrac{1}{4}e^{2x} - e^{-2x}$

따라서 구하는 곡선의 길이는

$$\int_0^{\ln 2} \sqrt{1+\left(\frac{1}{4}e^{2x}-e^{-2x}\right)^2}\,dx$$
$$= \int_0^{\ln 2} \sqrt{\left(\frac{1}{4}e^{2x}+e^{-2x}\right)^2}\,dx = \int_0^{\ln 2}\left(\frac{1}{4}e^{2x}+e^{-2x}\right)dx$$
$$= \left[\frac{1}{8}e^{2x}-\frac{1}{2}e^{-2x}\right]_0^{\ln 2} = \left(\frac{1}{8}e^{2\ln 2}-\frac{1}{2}e^{-2\ln 2}\right) - \left(\frac{1}{8}-\frac{1}{2}\right)$$
$$= \left(\frac{1}{8}e^{\ln 4}-\frac{1}{2}e^{\ln\frac{1}{4}}\right) - \left(-\frac{3}{8}\right)$$
$$= \frac{1}{2}-\frac{1}{8}+\frac{3}{8} = \frac{3}{4} \qquad\qquad \text{답 ⑤}$$

1249 $y=\sqrt{kx}$에서 $y^2=kx$ $\therefore x=\dfrac{1}{k}y^2$

x와 y를 서로 바꾸면 $y=\dfrac{1}{k}x^2$ $\therefore g(x)=\dfrac{1}{k}x^2 \ (x\geq 0)$

곡선 $y=\dfrac{1}{k}x^2$과 직선 $y=x$의 교점의 x좌표는

$\dfrac{1}{k}x^2=x$에서 $x^2-kx=0,\ x(x-k)=0$

$\therefore x=0$ 또는 $x=k$

두 곡선 $y=f(x)$와 $y=g(x)$는 직선
$y=x$에 대하여 대칭이므로 두 곡선으
로 둘러싸인 도형의 넓이는 곡선
$y=g(x)$와 직선 $y=x$로 둘러싸인 도
형의 넓이의 2배와 같다.

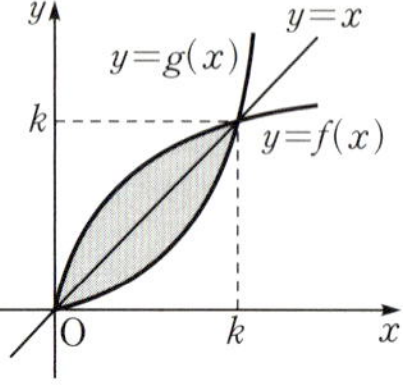

따라서 두 곡선 $y=f(x)$, $y=g(x)$로 둘러싸인 도형의 넓이는

$2\displaystyle\int_0^k \left(x-\dfrac{1}{k}x^2\right)dx=2\left[\dfrac{1}{2}x^2-\dfrac{1}{3k}x^3\right]_0^k=\dfrac{1}{3}k^2$

즉, $\dfrac{1}{3}k^2=\dfrac{49}{3}$이므로 $k^2=49$

$\therefore k=7 \ (\because k>0)$ 답 **7**

1250 $\displaystyle\lim_{n\to\infty}\sum_{k=1}^{n}\dfrac{k}{n^2}f\left(\dfrac{k}{n}\right)=\lim_{n\to\infty}\sum_{k=1}^{n}\dfrac{k}{n}f\left(\dfrac{k}{n}\right)\times\dfrac{1}{n}$

$\qquad\qquad =\displaystyle\int_0^1 xf(x)\,dx$ ㉮

$\qquad\qquad =\displaystyle\int_0^1 xe^x\,dx$

$\qquad\qquad =\Big[xe^x\Big]_0^1-\displaystyle\int_0^1 e^x\,dx$

$\qquad\qquad =e-\Big[e^x\Big]_0^1=e-(e-1)=1$ ㉯

답 **1**

단계	채점요소	배점
㉮	주어진 식을 정적분으로 나타내기	50%
㉯	식의 값 구하기	50%

1251 높이가 x일 때 단면의 넓이를 $S(x)$라 하면

$S(x)=\dfrac{\sqrt{3}}{4}\tan^2 x$ ㉮

따라서 구하는 부피는

$\displaystyle\int_0^{\frac{\pi}{4}}\dfrac{\sqrt{3}}{4}\tan^2 x\,dx=\int_0^{\frac{\pi}{4}}\dfrac{\sqrt{3}}{4}(\sec^2 x-1)\,dx$

$\qquad\qquad\qquad =\dfrac{\sqrt{3}}{4}\Big[\tan x-x\Big]_0^{\frac{\pi}{4}}$

$\qquad\qquad\qquad =\dfrac{\sqrt{3}}{4}\left(1-\dfrac{\pi}{4}\right)$ ㉯

답 $\dfrac{\sqrt{3}}{4}\left(1-\dfrac{\pi}{4}\right)$

단계	채점요소	배점
㉮	단면의 넓이 $S(x)$ 구하기	30%
㉯	입체도형의 부피 구하기	70%

1252 $\dfrac{dy}{dx}=\dfrac{-\sin x}{\cos x}=-\tan x$ ㉮

따라서 구하는 곡선의 길이 l은

$l=\displaystyle\int_0^{\frac{\pi}{6}}\sqrt{1+(-\tan x)^2}\,dx=\int_0^{\frac{\pi}{6}}\sqrt{\sec^2 x}\,dx$

$\ =\displaystyle\int_0^{\frac{\pi}{6}}\dfrac{1}{\cos x}\,dx=\int_0^{\frac{\pi}{6}}\dfrac{\cos x}{\cos^2 x}\,dx$

$\ =\displaystyle\int_0^{\frac{\pi}{6}}\dfrac{\cos x}{1-\sin^2 x}\,dx$ ㉯

$\sin x=t$로 놓으면 $\cos x\,dx=dt$이고

$x=0$일 때 $t=0$, $x=\dfrac{\pi}{6}$일 때 $t=\dfrac{1}{2}$이므로

$l=\displaystyle\int_0^{\frac{1}{2}}\dfrac{1}{1-t^2}\,dt$

$\ =\dfrac{1}{2}\displaystyle\int_0^{\frac{1}{2}}\left(\dfrac{1}{1-t}+\dfrac{1}{1+t}\right)dt$

$\ =\dfrac{1}{2}\Big[-\ln|1-t|+\ln|1+t|\Big]_0^{\frac{1}{2}}$

$\ =\dfrac{1}{2}\ln 3$ ㉰

답 $\dfrac{1}{2}\ln 3$

단계	채점요소	배점
㉮	$\dfrac{dy}{dx}$ 구하기	20%
㉯	곡선의 길이 구하는 식 세우기	40%
㉰	치환적분법을 이용하여 곡선의 길이 구하기	40%

1253 $y=e^{ax}$에서 $ax=\ln y$ $\therefore x=\dfrac{1}{a}\ln y$

x와 y를 서로 바꾸면 $y=\dfrac{1}{a}\ln x$ $\therefore g(x)=\dfrac{1}{a}\ln x$ ㉮

두 곡선 $f(x)=e^{ax}$, $g(x)=\dfrac{1}{a}\ln x$가 $x=e$인 점에서 접하므로

$f(e)=g(e),\ f'(e)=g'(e)$

(i) $f(e)=g(e)$에서

$\quad e^{ae}=\dfrac{1}{a}$ …… ㉠

(ii) $f'(x)=ae^{ax}$, $g'(x)=\dfrac{1}{ax}$이므로

$\quad f'(e)=g'(e)$에서

$\quad ae^{ae}=\dfrac{1}{ae}$ …… ㉡

㉠, ㉡에서 $a=\dfrac{1}{e}$ ㉯

$$\therefore f(x)=e^{\frac{x}{e}},\ g(x)=e\ln x$$

두 곡선 $y=e^{\frac{x}{e}}$, $y=e\ln x$와 x축 및 y축으로 둘러싸인 도형은 곡선 $y=e^{\frac{x}{e}}$과 직선 $y=x$로 둘러싸인 도형의 넓이의 2배와 같다.

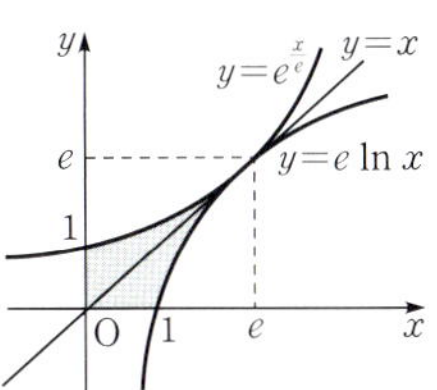

따라서 구하는 넓이는

$$2\int_0^e \left(e^{\frac{x}{e}}-x\right)dx=2\left[e\times e^{\frac{x}{e}}-\frac{1}{2}x^2\right]_0^e$$
$$=e^2-2e$$

答 e^2-2e

단계	채점요소	배점
㉮	역함수 $g(x)$ 구하기	20%
㉯	a의 값 구하기	40%
㉰	도형의 넓이 구하기	40%

1254
$$S_n=\int_{(n-1)\pi}^{n\pi}\left|\left(\frac{1}{2}\right)^n\sin x\right|dx$$
$$=\left(\frac{1}{2}\right)^n\int_{(n-1)\pi}^{n\pi}|\sin x|\,dx$$

이때 $y=|\sin x|$는 주기가 π인 주기함수이므로 임의의 자연수 n에 대하여

$$\int_{(n-1)\pi}^{n\pi}|\sin x|\,dx=\int_0^\pi \sin x\,dx$$
$$=\left[-\cos x\right]_0^\pi=2$$

$$\therefore S_n=\left(\frac{1}{2}\right)^n\int_{(n-1)\pi}^{n\pi}|\sin x|\,dx$$
$$=\left(\frac{1}{2}\right)^n\times 2=\left(\frac{1}{2}\right)^{n-1}$$

$$\therefore \sum_{n=1}^{\infty}S_n=\sum_{n=1}^{\infty}\left(\frac{1}{2}\right)^{n-1}=\frac{1}{1-\frac{1}{2}}=2$$

答 **2**

1255 $y=x\sin 2x$에서 $y'=\sin 2x+2x\cos 2x$이므로 곡선 위의 점 $\left(\frac{\pi}{4},\frac{\pi}{4}\right)$에서의 접선의 방정식은

$$y-\frac{\pi}{4}=1\times\left(x-\frac{\pi}{4}\right)\qquad \therefore y=x$$

곡선 $y=x\sin 2x$와 직선 $y=x$의 교점의 x좌표는

$x\sin 2x=x$에서 $x(\sin 2x-1)=0$

$x=0$ 또는 $\sin 2x=1$

$$\therefore x=0\ \text{또는}\ x=\frac{\pi}{4}\ \left(\because 0\le x\le\frac{\pi}{2}\right)$$

$0\le x\le\frac{\pi}{2}$에서

$x-x\sin 2x=x(1-\sin 2x)\ge 0$

이므로 곡선 $y=x\sin 2x$가 직선 $y=x$의 아래쪽에 위치한다.

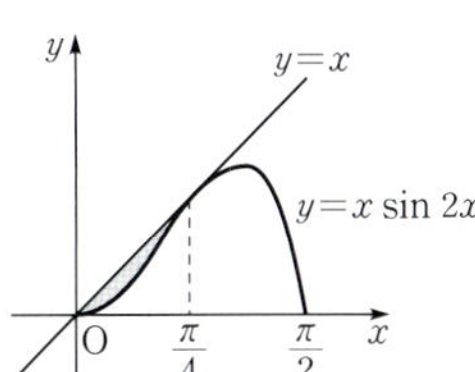

따라서 구하는 넓이는

$$\int_0^{\frac{\pi}{4}}(x-x\sin 2x)dx$$
$$=\int_0^{\frac{\pi}{4}}x\,dx-\int_0^{\frac{\pi}{4}}x\sin 2x\,dx$$
$$=\left[\frac{1}{2}x^2\right]_0^{\frac{\pi}{4}}-\left(\left[-\frac{1}{2}x\cos 2x\right]_0^{\frac{\pi}{4}}+\int_0^{\frac{\pi}{4}}\frac{1}{2}\cos 2x\,dx\right)$$
$$=\frac{\pi^2}{32}-\left[\frac{1}{4}\sin 2x\right]_0^{\frac{\pi}{4}}$$
$$=\frac{\pi^2}{32}-\frac{1}{4}$$

答 $\dfrac{\pi^2}{32}-\dfrac{1}{4}$

1256 곡선 $y=(x^2-a)\sin x$와 x축의 교점의 x좌표는

$(x^2-a)\sin x=0$에서

$x^2-a=0$ 또는 $\sin x=0$

이때 $0\le x\le\pi$, $0<a<\pi$이므로

$x=0$ 또는 $x=\sqrt{a}$ 또는 $x=\pi$

따라서 오른쪽 그림에서 어두운 두 도형의 넓이가 서로 같으므로

$$\int_0^\pi (x^2-a)\sin x\,dx=0$$
$$\left[(x^2-a)(-\cos x)\right]_0^\pi+2\int_0^\pi x\cos x\,dx=0$$
$$\pi^2-2a+2\left[x\sin x\right]_0^\pi-2\int_0^\pi \sin x\,dx=0$$
$$\pi^2-2a+2\left[\cos x\right]_0^\pi=0$$
$$\pi^2-2a-4=0$$
$$2a=\pi^2-4\qquad \therefore a=\frac{\pi^2}{2}-2$$

答 $\dfrac{\pi^2}{2}-2$

1257 곡선 $f(x)=\sqrt{x\sin x^2}$ 위의 점 $(x,\sqrt{x\sin x^2})$에서 x축에 수직인 평면으로 자른 단면은 한 변의 길이가 $2\sqrt{x\sin x^2}$인 정사각형이므로 그 넓이는

$$(2\sqrt{x\sin x^2})^2=4x\sin x^2$$

따라서 구하는 부피는

$$\int_{\frac{\sqrt{\pi}}{2}}^{\frac{\sqrt{3\pi}}{2}}4x\sin x^2\,dx$$

$x^2=t$로 놓으면 $2x=\dfrac{dt}{dx}$이고,

$x=\dfrac{\sqrt{\pi}}{2}$일 때 $t=\dfrac{\pi}{4}$, $x=\dfrac{\sqrt{3\pi}}{2}$일 때 $t=\dfrac{3\pi}{4}$이므로

$$\int_{\frac{\sqrt{\pi}}{2}}^{\frac{\sqrt{3\pi}}{2}}4x\sin x^2\,dx=\int_{\frac{\pi}{4}}^{\frac{3\pi}{4}}2\sin t\,dt$$
$$=\left[-2\cos t\right]_{\frac{\pi}{4}}^{\frac{3\pi}{4}}$$
$$=2\sqrt{2}$$

答 ①

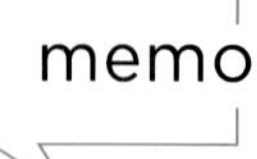
memo